国家社科基金
GUOJIA SHEKE JIJIN HOUQI ZIZHU XIANGMU
后期资助项目

清代武科考试研究

Imperial Military Examinations in the Qing Dynasty

李　林著

中华书局
ZHONGHUA BOOK COMPANY

图书在版编目（CIP）数据

清代武科考试研究/李林著. —北京：中华书局，2022.12
（国家社科基金后期资助项目）
ISBN 978-7-101-16005-5

Ⅰ.清…　Ⅱ.李…　Ⅲ.科举考试-研究-中国-清代
Ⅳ.D691.46

中国版本图书馆 CIP 数据核字（2022）第 226321 号

书　　　名	清代武科考试研究
著　　　者	李　林
丛 书 名	国家社科基金后期资助项目
责任编辑	齐浣心
责任印制	管　斌
出版发行	中华书局
	（北京市丰台区太平桥西里 38 号　100073）
	http://www.zhbc.com.cn
	E-mail:zhbc@zhbc.com.cn
印　　　刷	三河市宏盛印务有限公司
版　　　次	2022 年 12 月第 1 版
	2022 年 12 月第 1 次印刷
规　　　格	开本/710×1000 毫米　1/16
	印张 35　插页 2　字数 550 千字
国际书号	ISBN 978-7-101-16005-5
定　　　价	168.00 元

国家社科基金后期资助项目出版说明

后期资助项目是国家社科基金设立的一类重要项目,旨在鼓励广大社科研究者潜心治学,支持基础研究多出优秀成果。它是经过严格评审,从接近完成的科研成果中遴选立项的。为扩大后期资助项目的影响,更好地推动学术发展,促进成果转化,全国哲学社会科学工作办公室按照"统一设计、统一标识、统一版式、形成系列"的总体要求,组织出版国家社科基金后期资助项目成果。

全国哲学社会科学工作办公室

目 录

卷下　武科主题专论

序

　　喜见李林博士的新作《清代武科考试研究》即将出版。该书是由他的博士论文《"干城之选"——清代武举制度之设计、运作及其功效》(香港：香港中文大学博士学位论文，2014年)扩充修订而成。全书三卷、五百多页的内容，非常充实，令人回味无穷。我捧读再三，恍惚回到当年与他讨论有关课题的情景，如梦如真。早前他补充修订硕士论文而成《最后的天子门生——晚清进士馆及其进士群体研究》(北京：商务印书馆，2017年)一书时，我已预见他将成为科举研究专才。近年科举学渐成重要专学，成果丰硕，不过研究重点仍在文科举，武科研究成果较少，自有功用。武科成书数量远不及文科研究，有关领域留白尚多。其实，武科举的研究意义与文科举相比，自有独到特色。尤其因涉及十九世纪末中国遭逢巨变时不得不急起直追、扭转所谓"无兵文化"、与世界深度接轨的沧桑变迁。其中关涉华夏文化的重要转型，研究方兴未艾，至今仍待展开。

　　本书题名《清代武科考试研究》，其平实风格或许反映了作者益加谦和低调的性格。相比之下，前书《最后的天子门生——晚清进士馆及其进士群体研究》倒有比较引人注目的标题。本书内容详尽丰富，隽永多姿，足以起予。可能因为此前相关著作实在太少，当初捧读修订书稿时，最先瞩目的是其包罗中外资料的详尽参考文献，包括已刊和未刊文献档案，又分满文之部和中文之部；传统文献则有经、史、子、集诸部各属，尤其是较多发掘运用武科金榜、武进士及武举人试卷、武进士登科录、武举会试录、武举乡试录等珍贵档案史料；以及各类近代文集、笔记、报刊等文献。除了征引史料丰富，作者在博览前人研究的基础之上，也多方参考有关论述，包括文科研究如 Benjamin Elman 等中外学者的代表著述，参互对观之后，再加判摄和发覆。作者所参考的原始资料和重要著述，目前在同类研究中应有其独步之处，本书的出版当能实质推进有关清代武科重要议题的认识。

再三研读此书内容,令我愈感武科研究的重要性。有关课题如能继续展开,当可深入探讨中国在近代转型中经历的沧桑巨变,以及所面对的各种问题,包括内部变迁与族群关系、外在冲击与转型挑战等。对于本书核心内容而言,有关问题似非中心论述,可待将来跟进。冀望作者未来展开文科、武科、翻译科的综合研究时,也同时开展有关本书的后续研究,包括千年巨变的原委、问题以及前景。

本书洋洋十章,内容宏富,分三部叙述:上卷"总论"共二章,总述历代武科选士;中卷"分论"共四章,分述清代各级武科;下卷"专论"共四章,各述清代武科主题。第一章"武科考试研究之旨趣、意涵及进路",凸显武科研究的意义;第二章"武科考试之前史及其源流",述及历代武选源流,以及"轻武"传统的形成与影响。第三至第六章详述清代武科童试、乡试、会试、殿试的有关议题,指出八旗子弟不以武科为进身要途,而武贡士群体人数仅约文贡士三分一;武场考试内容日渐简化后,内场只须默写《武经》简短文句而已。作者指出,清代武科二百余年仪节相沿,其中礼制、恩荣等有利塑造身份认同,也便利统合控制。第七章"清代武进士群体之人数、结构及分布",详考其群体人数与地域分布,兼顾分析"社会流动"和武科作为"成功阶梯"的关联议题,惟所举"武举家族"实证个案尚不太多,有待日后深研。第八章"清代武科出身者之授职、迁转及其影响"指出武科地位不断下滑,嘉庆朝以后更为严重,武科士子始终未成重要的建制力量,且因整体素质下降,在清季危局中贡献有限。与此同时,各类地方势力兴起,行伍、团练等出身者益加冲击武科士子的仕途及地位。此章其实已指出新的时代和局面的来临,或因有关课题非其中心内容,暂未详析。第九章"清代武科之弊情及武科之革废"先论其部分弊情,并述"庚子事变"之后,武科由革而废,军界要人出自行伍和新式学堂的巨变已然来临,影响深远。武备学堂、新军、游学的新式武人等应运登台,书中仅略述及此,或因此乃中国近代军事史范畴,逸出传统武科之外。

第十章为结语,总括并引申讨论清代武科考试的理想、现实及其功效,分为三节。第一节为"传统政治'文武合一'之理想及其实践",总结政局变化带来文武交困的局面,令文武全才更多成为难以追望的理想,少数武科士子甚至沦为地方"劣绅",素质不佳乃成武科不受重视的原因。此外,清代武科考选的根本症结是内场多为高度儒化的"纸上谈兵",而且考生文艺程度还不断下降,逐渐难符期待。清代中期武科内场废考"四书",其后一并废除论策考试,以致最后只需默写简短《武经》,而仍有不能完卷者;其外场考试重视规制、典礼和仪式,不过主要属于个人演艺而非对抗竞技,其内容与形式均与实际战阵渐行渐远。

本章第二节"清代科举考选体制内之满汉互动"指出,获得武科功名者多为民籍汉人及八旗汉军,八旗满蒙人士不以武科为进身要途。终清一代,武略骑射的"满洲本习"被不断强调,以为"根本",可见其保留"本习"的自觉和努力,也正反映八旗人士受汉文化和制度影响日深。清语渐不用,骑射亦衰落。到了最后,不仅普通旗人、宗室子弟,就连皇帝本人亦不通清语,其中巨变若此。此一过程涉及深层而复杂的族群关系和文化议题,具有较多深研空间,宜以更多非汉文资料补充有关解释。此非本书要点,如能在后续研究中加以深入,应当大有可为。此外,作者以互动视角阐释清代科举考选中满汉之间的"动态均势",当是另一值得深研的专题。

在本章第三节"内外易势、政局变迁与武科功用"中,作者透过"文与武、满与汉、内与外"几组关系交织互动,探讨千年未有的变局中武科的地位与功用。无论在"台面论述"中,如何称述该制度拔擢"干城之才、腹心之寄",现实形势仍然越益严峻,以致光绪二十七年(1901)废除武科的上谕中,将其彻底判为"无所用"。而且,由于清季武科士子素质整体不佳,少数甚至武断乡曲,胡作非为,以致其群体形象趋于负面。不过,作者在最后一节"重思'无用'与有用"中,对此进一步展开辨析,除了提示文人主导的记录书写对于武人的可能贬抑,还指出若说武科"无用",乃谓其作为旨在考选武官的制度,并未系统性地发挥应有效用,进而对清代军事力量产生建制性贡献,而非判其毫无作用;由于科举的意涵并不止于考试本身,武科对于清代政教系统而言,仍有平衡文武、调剂满汉的功用,朝廷既可以此驱策双方、维持均衡,又可以之宣示恩典权威,笼络地方,统合社会,自有其特殊的功用。

作者在终篇之际指出,今日研究武科,不仅体现武科士子"主体性"的材料不多,"更有一层'时代意见'之左右"。的确,"主体的追寻"谈何容易！尽管如此，作者在后记中，仍然提出"三部曲"的研究想望：计划在本书出版之后，尝试续作《清代武进士题名辑考》及《清代武进士群体研究》（与此书合成"小三部"）；并循此更进一层，将清代文科、武科、翻译科作综合研究（三系研究合成"大三部"）。愿本书开启作者的研撰宏图。

香港中文大学历史系

叶汉明

2022 年初冬

卷上　武科选士总论

第一章　武科考试研究之旨趣、意涵及进路

　　人才选拔及任用,乃政治体制之核心议题。传统中国之造士抡才,历代皆有其法;其中最称规制完备而沿用久远者,当属科举。文科考选之制,学界多以隋大业元年(605)创设进士科为其发端,直至清光绪三十一年(1905)停罢,相沿一千三百年。至于武举常科,则创自武则天,长安二年(702),创置武举。[①] 其后各朝,除元朝不设武科,宋、金、明三朝偶有停罢,武科大致相沿不辍,清代因之。迄至光绪二十七年(1901)正式废除,武科存续亦近一千二百年,几与文科相当。尤应注意者,与武科抡才体制相匹配,尚有武庙之设立、武学之兴建、《武经》之颁定。因此,中古以降中国之造士抡才,于"文系"(文科、文庙、儒学、儒经)之外,尚有"武系"(武科、武庙、武学、武经),并驾而行。[②]

　　然而,今日提及武科考试,则几近湮默无闻,世人甚或嗤之以鼻。与原始材料汗牛充栋、学术经典层出不穷之文科研究相较,武科研究少人问津,史料文献及研究成果出版甚少。日本史家宫崎市定覃研中国选官制度,曾作一论:

　　　　作为中国政治之原则,文与武犹如车之两轮,无视其任意一端,政治便不能顺畅运作。以是之故,科举实际亦有文科举与武科举之二分,然论其比重,则无疑文科举更受尊重。若单言科举,即指文科举。[③]

　　所谓武以安邦、文以治国,又谓"官分文武,惟王之二术也"[④]。传统

---

① 欧阳修、宋祁:《新唐书》卷44《选举志上》,中华书局,1975年,第1170页。
② 艾尔曼(Benjamin A. Elman)视文武两途科举考试为"平行路径"(parallel tracks),但未展开论析。见 Benjamin A. Elman, *Civil Examinations and Meritocracy in Late Imperial China*, Cambridge, Mass.: Harvard University Press, 2013, "Conventions", p. x.
③ 宫崎市定:《科举:中国の試験地獄》,東京:中央公論新社,2003年,第189页。
④ 尉缭:《尉缭子》卷3《原官》,中华书局,1985年影印本,第28页。

中国政治之运作,讲求文武之协调与制衡;至于人才之考选与任用,更追求"文武合一"之理想。设官分职既有文武之别,选官体制亦分文武两途,乃应然易明之事。不过,宫崎市定所言非虚,若照今日约定俗成之理解,或学术研究提及"科举"一词,若非特予界定申明,其概念外延仅自动涵括文科举,绝少用以指涉武科举,遑论清代特设之"翻译科"。近年,科举研究广受学界关注,成为重要专学,[①] 新论迭出,而学者主要着目点仍在文科。哈佛燕京学社所刊综合研究指南《中国历史新手册》,亦谓武科考试尚未引起现代历史学者太多关注,此或反映出"传统学者之偏见"。[②] 千年武科,传统亦称"抡才大典"。作为选士"平行路径"之一,其影响及于传统政治、军事、教育及社会诸多领域,然至今公刊之切实研究尚不多见,正宜着力研讨,以期深入。

第一节　武科研究之旨趣及意涵

所谓殷因夏礼,损益可知。传统中国政治与文化之衍续,通常表现为继起王朝对于前代典制之沿用及调整。学界习称之"清承明制",在学校及选举制度方面体现得尤为明显。顺治元年(1644)十月初一日,颁即位诏于天下,明定文、武科举照例进行。[③] 次年兵部题请开武科乡试,称颂大清之"承天应运",并对武科寄予厚望,其疏曰:

> 武举之设,期得干城腹心之士,以为国家用。今逢龙飞定鼎,鹰扬应运,开国伊始,振武方殷。凡有主司监临、提调之责者,须矢心精白,综理周详,比前加慎,以仰体朝廷开科抡才盛典,斯不负矣。[④]

该奏疏内所称"干城腹心",典出《诗·国风·兔罝》之章。其诗云:

---

① 详参刘海峰:《科举学导论》,华中师范大学出版社,2005 年。

② Endymion Wilkinson, *Chinese History: A New Manual* (Fourth Edition), Cambridge, Mass.: Harvard University Asia Center, 2015, pp.326—327.

③ 《世祖章皇帝登极恩诏》,1644 年,台北"中研院"史语所历史文物陈列馆展陈。

④ 朱马喇:《兵部侍郎题为武举事》,1645 年,台北"中研院"史语所藏内阁大库档案,档案号:185044-061。

"赳赳武夫,公侯干城";又曰"赳赳武夫,公侯腹心"。"干"为盾牌,"城"即城墙,"干城"引申为御敌卫国之将。历代武科多用此典,谓武科抡才乃备"干城之选",以为"腹心之寄"。乾隆皇帝于紫光阁亲试天下武举,亦有诗云:"抡材临别苑,射策对明廷。养士百年久,干城九塞宁。雕弓悬满月,羽箭迅流星。为问赳桓辈,能通《黄石经》。"[1]其中"干城"、"赳桓"等典,俱出《诗经》此章。引儒经而论武选,乃历代常例。

清初诏令既颁,奏议亦准,顺治二年(1645)起,各省陆续开考武科,至光绪二十七年(1901)正式停废。其间除清初南方未定、清季咸同军兴而致部分省份推迟、暂停武科,该制度行于清代长达二百五十余年,几乎横亘全国、纵贯全清。其运行时间与范围,亦与文科相当。若论制度之延续、规程之完备,历代武科莫能相比。

武科选士既与文科并驾而行,文科研究之关键议题,武科一途亦多有对应之处。因此,探论武科研究之意涵、旨趣与进路,既应当与文科研究参互而观,又需揭橥武科选士之特色所在。兹择其要者,略析如次。

其一在制度史层面。无论在通史抑或断代层面,厘清武科之制度设计、沿革与运作,均为后续深入研究之必要根基,此亦本项研究之入手点。研习制度,未可局限于条文,应当察其运作而明其沿革。钱穆曾谓:"某一制度之创立,决不是凭空忽然地创立;它必有渊源,早在此项制度创立之先,已有此项制度之前身,渐渐地在创立。某一制度之消失,也决不是无端忽然地消失了;它必有流变,早在此项制度消失之前,已有此项制度之后影,渐渐地在变质。"[2]文武科举同称抡才大典,其制度之设计与运作,亦有会通之处。因此,若将两者对照考察,各明其制度,辨其异同,其中自有深意可寻。而且,武科绝非孤立运作,必与职官、选举、学校、兵役、八旗、礼乐等重要制度相互关联。因此,全面考察武科,对于认识各项制度之设计、运作与互动,亦有裨益。

其二在政治史层面。立政安民之事,头绪纷繁,而以选贤举能、设官分职为其要项,尤其注重所涉各方之"权"与"利"之均衡。清代以边疆

---

① 于敏中等:《日下旧闻考》卷24《国朝宫室》,北京古籍出版社,1981年影印本,第2册,第338页。
② 钱穆:《中国历代政治得失》,九州出版社,2011年,第2页。

部族入主中原,政治架构呈现复杂多维之特性。其政治场域之内,各方力量之博弈与共存形式,亦迥异于前朝。文武科举本为"汉制",清代因之而作调整;其中最为显著者,莫过于以之与八旗制度融合。清代武科之应试资格、考试内容、学额中额及授职迁转诸方面,均体现满汉之分、旗民之别。以是之故,详解清代武科之设计、运作及其功效,对于学界关切之满人"汉化"(Sinicization)问题,亦可提供实证与诠释路向。若能循此更进一步,将武科研究置诸清代横向政治势力交错、纵向政情大势变迁之宏阔视域内,亦可试探清代如何借助文科、武科、翻译科三途考选授职,维持满、蒙、汉等族群权益之"动态均势"。

其三在军事史层面。武科之设,本为拔擢将领,以备国用。作为武选正途,武科持续向军事系统输入人才,随营操练,随军征战,进而升转陟黜,其中自有详细规制。清代兵制甚为复杂,整体上八旗与绿营参用,清季则有练勇及新军继起,先后各领风骚。清代武科与军事制度之交汇,及其对军事制度与军事力量之影响,亦可考究。此外,晚清改革军制,革新武器,革废武科,其间武科之位置与应变如何,尤应详察。晚清之改制,除了推进军备近代化之外,更促成新式军阀之崛兴,极大影响二十世纪中国之政局,此尤为不可忽略者。

其四在社会史层面。武科亦一常规抡才途径,其对传统中国社会之影响如何,亦可与文科对照考察。关于文科考试之社会功效,学者各有论说。其代表者如何炳棣力证"成功阶梯"(ladder of success)与"社会流动"(social mobility)之说,[1] 武科是否亦有类似功效?抑或如艾尔曼所言,此乃精英阶层内部政治、社会与文化之"再生产"(reproduction)与"循环"(circulation)?[2] 又如张杰所论"科举家族",[3] 清代是否亦有

---

[1] Ho Ping-ti, *The Ladder of Success in Imperial China: Aspects of Social Mobility, 1368-1911*, New York : Columbia University Press, 1962. 中译本见何炳棣著,徐泓译注:《明清社会史论》,台北:联经出版事业股份有限公司,2013 年。与艾尔曼之论争与回应,可参何炳棣:《读史阅世六十年》,广西师范大学出版社,2005 年。

[2] 见 Benjamin A. Elman, *A Cultural History of Civil Examination in Late Imperial China*, Berkeley: University of California Press, 2000. 亦见 Benjamin A. Elman, "The Civil Examination System in Late Imperial China, 1400–1900", in *Frontiers of History in China*, 2013, 8 (1): 32–50.

[3] 参考张杰:《清代科举家族》,社会科学文献出版社,2003 年。

"武举家族"？凡此皆属重大议题，亟应对照考察。此外，武科之长期运作，必有为数不少之功名群体相伴而生。武生员、武举人、武进士群体对地方社会之影响，及其所反映清廷控制地方能力之变迁，其中亦颇有利害可观。

其五在教育史层面。武科兼试文艺，历代皆然，清代更曾加试《四书》，甚至一度准许文武士子互试。又宋、明二代，皆曾专设武学，乃学校体系之一环；清代并不专设武学，文武生员同归儒学管理。因此，文武科举之知识资源与论策范式，有其"交集"可资考述。至于武科特有者，如《武经》之颁定、注解、教学与考试，亦应加意研究。此外，清季革废武科，设置武备学堂，派遣军事留学。新式武学与军事教育之兴起，对传统武科、武艺与兵学之冲击，以及旧式武科士子如何因应社会钜变，更可详论。

其六在体育史层面。武科之运作，涉及武艺技勇之训练与考核。此种长期制度化之考选，对于民间尚武风气影响如何，武科与传统武术发展有何关联，均可关注。此外，旧式武科考验之项目，与近代竞技体育项目之相类者如骑术、射箭、举重之间，其竞选旨趣与准绳有何异同，亦可探究。传统武科考场，号称百步穿杨、力举巨石者甚多，然近代中国竞技体育为何一蹶不振，以致长期背负"东亚病夫"之辱名；又现代竞技体育之发展，可从传统武科考选中取得何种启示或教训，亦可审思。对于此类问题，应当展拓学科界限，以作综合考论。

概而言之，文武科举考试于传统中国并进而行千余载，应予关注探究；清代武科能相沿不辍达两个半世纪，规制细密，更不容忽视。文科一系可以探究之关键议题，武科一系亦多有与之相应者，当可视作研究帝制后期中国之重要"增长点"。尤为关键者，清代以边疆部族入主中原，政情殊特，结构复杂；晚清更直面西洋冲击，千年钜变引致政治、军事诸领域之变法革命，最终帝制崩解。凡此种种，又为清代武科考试之研究，增添更为丰富之意涵，提供更加多维之面向。

第二节　先行研究回顾述评

邓嗣禹乃中国考试史研究之先驱，其《中国考试制度史》内尝言，中国之典籍"言及考试者,几于无书无之";然邓氏之论,特指文科而言,故该书亦称关于武举方面,"又当别论,兹编概付阙如。"[①]武科研究论著,自然不及文科之宏富;然前贤亦有致力于此者,且近年所见渐多。兹择其要者,分述如次。

一、武举制度之通概研究

武科考试之基本规制,主要载录于唐代以降历朝正史之《选举志》,以及典制体史籍如《十通》、历朝《会典》《会要》、科场(包括武场)之考试条例;地方史志之"选举"、"学校"等部分,亦有零散记述。最早试图为历代武举制度作专题考论者,当推清初谭吉璁之《历代武举考》一卷,以传统学术体例,简要考述历代武举沿革,兼作评析。[②]至于清末,则有徐伯愚(Etienne Zi)所著法文《中华武科试实则》,乃近代武科研究之首部学术专著(下文详及)。民国学者对中国古代政治、教育与考试多有研究,然就笔者管见所及,除了部分通论著作附带略述武举制度,[③]针对武举之专题论著尚付阙如。

当代学者对于历代武科之研究,黄光亮较早撰有《中国武举制度之研究》。该书简述历代武举制度,详于清代部分。涉及清代武科各级应试资格、年期与场期、录取名额,旁及其考试项目及合式标准、考官简派、覆试与回避、防止舞弊、武举出路诸议题。[④]该书体例宏大,惜乎总体篇幅甚简,仅限提纲领挈,对诸多问题点到即止,未遑深入。

许友根研究武举制度起步甚早,着力亦多。其《武举制度史略》一书,考述武举制度创立、发展、完善及废除之历程,介绍武举史上名人轶事,并对武举制度作出评价。该书亦详于清代,书后所附清代武殿试策文、答卷、武科金榜、鼎甲名录及武场器械图录等,甚有参考价值。[⑤]或囿于史料之限,书中对清代武科诸多制度细节未及详明,制度之运作

---

① 邓嗣禹:《中国考试制度史》,台北:台湾学生书局,1977年,第1、387页。
② 谭吉璁:《历代武举考》,上海古籍出版社,1997年影印本,载《续修四库全书》第859册,第 1—4页。
③ 其代表者如陈东原:《中国教育史》,商务印书馆,1936年。
④ 黄光亮:《中国武举制度之研究》,台北:振英排版打字行,1977年。
⑤ 许友根:《武举制度史略》,苏州大学出版社,1997年。

实况亦可深入解析。针对该制度之整体地位与功效等议题，未尽之意亦多。

　　上述两种制度概述之外，尚有赵冬梅关于武举与武学之研究，以及戴伟谦对武举与武术关系之探析。前者考察历代武举取士标准，并分析武进士之前途与命运，亦涉及历代武举革废之论争与纠葛。此外，该书述及武学之沿革流变，亦分析武举之失败与原因，探讨中国古代军事人才选拔之问题。①后者旨在探究武举与武术之关联，分别考察武举与科举及军事之联系，及其起源、发展与功能。此外，该书亦分析武举与武术之交融，以及传统武举与武术对现代体育之影响。②

　　武科考试既为传统选官制度之一环，中国古代政治及教育、考试制度之通史著述，亦有涉及武举制度者。至于其中代表，如白钢主编之十卷本《中国政治制度通史》，③杨学为主编之五卷本《中国考试通史》，④以及近年汇集王炳照、李国钧、阎国华主编之十六卷本《中国教育通史》等。⑤此类著作均在相应分卷涉及武科考试，然仅依据典章略述制度通概。此外，中国古代军事、武术及兵学通论著作，亦会述及历代武举与武学制度，兼及古代兵学代表著作暨武科考试范畴如《武经七书》《武经总要》之介绍及注解。⑥此类通论著作之体例与各部篇幅既定，对于武科考试之具体专题，未能深入展开。

二、唐、宋武科之研究

　　唐代为武举初创时期，学者多有关注。有关唐代武举，盛奇秀及陈志学较早各有一文，考述其创设时间、举送程序、考试项目及常贡与制举之区别，为此后讨论该主题奠定基础。⑦唐代武举及武庙之创置，以及官

① 赵冬梅：《武道彷徨：历史上的武举和武学》，解放军出版社，2000年。
② 戴伟谦：《中国武举与武术之探微》，台北：师大书苑，2006年。
③ 白钢主编：《中国政治制度通史》，人民出版社，1996年。
④ 杨学为总主编：《中国考试通史》，首都师范大学出版社，2004年。
⑤ 王炳照、李国钧、阎国华总主编：《中国教育通史》，北京师范大学出版社，2013年。
⑥ 此类著作之代表，如国家体委武术研究院编纂：《中国武术史》，人民体育出版社，1997年；军事科学院主编：《中国军事通史》，军事科学出版社，1998年；林伯原：《中国武術史：先史時代から十九世紀中期まで》，東京：技藝社，2015年。
⑦ 盛奇秀：《唐代武举小考》，《山东大学学报》（哲学社会科学版）1988年第2期。陈志学：《唐代武举述论》，《四川大学学报》（哲学社会科学版）1988年第4期。

制、贡举制度、庙制（教育）之内文与武之关系，高明士亦较早着手研究，且较为精审。① 刘琴丽则依据新出墓志等资料，对该制度尤其是及第人物续有考论和增补，对于拓展该主题之探究贡献甚多。② 许继莹在武举及第人物之考补以及文武科举之比较方面，亦有新见。③ 何晃理则专论武周时代之武举，分析其设立原因，并解析其运作情形，略及武举制在历后各朝之发展与影响。④ 此外，周兴涛等对武贡举与武制举之异同续有考论。⑤ 武举及第人物之考辨，乃该主题研究之重点与难点所在，孟二冬、王洪军、许友根基于徐松《登科记考》之再补正与考补对此续有展拓。⑥ 金滢坤除了略述唐代武举之基本流程，对于武举分科及其考试细节有所深化，并对武举入仕尤其是及第人物之授官实例进行综合论析。⑦ 总体来看，目前唐代武举研究主要集中在其创置背景与时间，考试流程与项目，及第人物及其授官，以及武举与武庙关系等主题。不过囿于史料所限，相较其他断代而言，唐代武举研究仍属薄弱。

对于文、武科举考试，宋代皆为其关键发展与完备时期。尤其是宋代文、武两途之关系，向为学界注目。杨康荪较早有专文论述宋代武举之基本规制；此后，吴九龙、王菡进一步申论武学与武举制度。⑧ 赵冬梅多年关注宋代政治、军事与教育内之文武关系，因此宋代武举与武学亦为前述《武道彷徨》一书之论述要项。宋代武举与武学之关联，及其所折射之宋代文武考选困境，郑国铭及方震华之系列研究尤其值得

---

① 高明士：《唐代的武举与武庙》，载《第一届唐代国际学术会议论文集》，台北：唐代研究学者联谊会，1989 年；修订收入高明士：《隋唐贡举制度》，台北：文津出版社，1999 年，第 173—225 页。高明士：《中国中古政治的探索》，台北：五南图书出版公司，2006 年，第 201—225 页。
② 刘琴丽：《从出土墓志看唐代的武贡举》，《中国史研究》2003 年第 3 期。刘琴丽：《唐代武官选任制度初探》，社会科学文献出版社，2006 年，第 106—156 页。
③ 许继莹：《唐代武举制度初探》，硕士学位论文，西北师范大学文学院，2007 年。
④ 何晃理：《武周时代（690—704）武举制度研究》，硕士学位论文，香港大学中文学院，2009 年。
⑤ 周兴涛、汪荣：《唐代武举考论》，《山西师大学报》（社会科学版）2009 年第 3 期。
⑥ 徐松撰，孟二冬补正：《〈登科记考〉补正》，北京燕山出版社，2003 年。王洪军：《〈登科记考〉再补正》，广西师范大学出版社，2010 年。许友根：《〈登科记考补正〉考补》，南京大学出版社，2011 年。许友根：《唐代武举及第者考述》，《湖北职业技术学院学报》2011 年第 1 期。
⑦ 金滢坤：《中国科举制度通史·隋唐五代卷》，上海人民出版社，2015 年，第 701—730 页。
⑧ 杨康荪：《宋武举述略》，《中国史研究》1985 年第 3 期。吴九龙、王菡：《宋代武学武举制度考述》，《文史》第 36 辑（1992 年 8 月）。

关注。① 方震华论析唐宋之际从传统"文武合一"之追求,逐渐演变为文武分途,继而文升武降,终于文武对立之大势,对于深入认识该期文武关系演变,尤有裨益。

对于宋代武科考试之关联问题,周兴涛着力甚多,成果亦丰。周氏先以《宋代武举武学研究》为题,撰成博士论文。而后以此为基础,刊布系列论文,广涉宋代武学之教学管理、武学博士、地方武学、文武举互换、武科文学创作与程文考试,以及宋代武举与社会生活等议题。新近更汇为专著出版,考证宋代武举之应试资格、考试内容、考试程序、录取标准、除授变化等,乃目前同类著作中最为全面详实者。② 此外,何忠礼关于南宋科举制度之专著,亦分专节概述两宋武举沿革,南宋武举之考试、等第及授官,并分析南宋武举功用不彰之原因。③ 张希清考述宋朝武举制度之沿革及实施概况,对其成效与意义之分析亦切中实际,乃近出同类著作中在制度层面论述简明而能扼要者。④ 针对宋代正式颁定之《武经七书》,刘瑛、周兴涛各有专文,论及典籍之确立、改动,及其与宋代武举、武学之关系。⑤ 由于武举制度发展至宋代有较多新意,如武学之设立、武经之汇总颁定、殿试之定制、程文之考试等,传世文献有关武举者亦较前代丰富,因此学界研究相对更为深入。整体来看,当前研究主要涉及宋代武学、武经之概要,武科之应试资格、考试内容、考试程序、录取标准、除授变化,以及与之关联的文武关系等;而在武经内容之解析、武科程文内容之论析,以及武科人物群体等方面,尚有推进空间。

三、金、明武科之研究

辽、金、元三代政权之中,仅有金代曾设武科,但为时较短,专题研究

---

① 郑国铭:《北宋武学初探》,《体育学报》(台湾)第21期(1996年6月)。郑国铭:《再论宋代武学》,《体育学报》(台湾)第22期(1997年1月)。郑国铭:《宋代武学制度延续的过程与内容》,《东师体育》(台湾)第7期(2000年6月)。方震华:《文武纠结的困境——宋代的武举与武学》,《台大历史学报》第33期(2004年6月)。方震华:《权力结构与文化认同——唐宋之际的文武关系(875—1063)》,社会科学文献出版社,2019年。
② 详参周兴涛:《宋代武举武学研究》,博士学位论文,四川大学文学与新闻学院,2009年。周兴涛:《宋代武举锥指》,云南人民出版社,2017年。
③ 何忠礼:《南宋科举制度史》,人民出版社,2009年。
④ 张希清:《中国科举制度通史·宋代卷》,上海人民出版社,2015年,第635—692页。
⑤ 刘瑛:《〈武经七书〉与宋代武学》,《北京大学中国古文献研究中心集刊》第5辑(2005年5月)。周兴涛:《〈武经七书〉确定及改动》,《昆明学院学报》2012年第4期。

亦少。兰婷、王梅综合考论金代之武举与武学教育,略述其基本规制,并
指出武举及第者授官不及文举,为人所轻。①闫兴潘据贞祐二年(1214)
"许诸色人试武举"之诏反推,认为在此之前金代武举之考试,仅针对女
真人开放,反映出统治者警惕"汉化"、维护旧俗之政策。②近刊《中国科
举制度通史》之辽金元卷,将金代武举与特科归入一个小节,述其考试内
容及授职事宜,较为简略。③整体来看,由于金代武科为时较短,影响不
大,加之可用史料较少,专题研究难以深入展开。

　　明代元兴,武科推行颇经周折。有关明代武举之较早专题研究,松
本晴隆解析明代武选由初期"举用将才"及"推举",演变至天顺八年
(1464)确立武举法之经过,并考察正德"武举条格",分析明代武举制度
之嬗变。④晁中辰陆续考述明代武举制度之确立与发展,评价其得失。⑤
对于明代武学之类型、设官与教学、学生来源及出路等,周致元较早着手
研究,周氏并论及明代武举之开始时间、发展、运作及评价。⑥此外,李
建军亦论述明代武举规制,涉及考官委派、考生范围、考试科目、评核标
准及分等升赏之法。⑦王凯旋以武举为明代科举之重要组成,指出其发
展特点及存在问题。⑧张祥明对天顺八年开设武举之说提出辨疑,并论
述武举在明代不同时期之影响,及其在明代武官选任中"不宜评价过高"
之地位,⑨其中立论值得重视。

　　关于明代武学之设立、运作与管理,以及武举制度之恢复与发展,赖
盟骐亦有专文详细考论;黄谋军则考论明代武学之始置时间,以及京卫

① 兰婷、王梅:《金代武举与武学教育》,《黑龙江民族丛刊》2007年第5期。
② 闫兴潘:《金代武举的民族属性——民族关系影响下的制度变革》,《北方文物》2015年第
　2期。
③ 武玉环等:《中国科举制度通史·辽金元卷》,上海人民出版社,2015年,第223—225页。
④ 松本隆晴:《明代武举についての一考察》,载明代史研究会编《山根幸夫教授退休記念明代
　史論叢》卷上,東京:汲古書院,1990年,第131—147页。
⑤ 晁中辰、陈风路:《明代的武举制度》,《明史研究》第3辑(1993年7月)。晁中辰:《明代武举
　制度论考》,《文化学刊》2007年第5期。
⑥ 周致元:《明代武学探微》,《安徽大学学报》(哲学社会科学版)1994年第3期。周致元:《明
　代武举开始时间考》,《文史》第48辑(1999年7月)。周致元:《明代武举研究》,《文史》第
　52辑(2000年10月)。
⑦ 李建军:《明代武举制度述略》,《南开学报》1997年第3期。
⑧ 王凯旋:《明代武举考论》,《社会科学战线》2008年第11期。
⑨ 张祥明:《明代武举新论》,《齐鲁学刊》2011年第3期。

武学生员之出路；曹循亦专论两京武学会举之开设、规制与作用。① 此外亦应留意者，近年已陆续有数篇学位论文，专论明代武举与社会、明代之武科乡试，以及明代之武举与武学等议题，可见该领域之研究缺位已逐渐为学界新秀重视。② 对于明代科举诸多议题，郭培贵均有专精研究。郭氏早期考论《明史·选举志》，已较多涉及武举议题，如对明代武举未设殿试之重要判断与申论；郭氏并著有专文，详考明代武举之形成与确立；此外，郭氏指出明代武举研究仍属薄弱，其所执笔之《中国科举制度通史·明代卷》亦无专章论述武举议题。③

总括而言，目前学界对于明代武举制度，主要集中于考辨其开科时间、沿革分期、考试内容、武学规制、及第人物等议题，尚无专著出版；在综合发掘利用档案、实录、典制、武科乡会试录、方志、文集、笔记小说等文献资料。整体推进研究深度与广度方面，尚有较多拓展空间。

四、清代武科之研究

清代为传统武科臻于完备而后被革废之时期。研究清代武科之最早专题论著，当推前述徐伯愚（Etienne Zi）以法文所撰《中华武科试实则》（*Pratique des Examens Militaires en Chine*）一书。④ 此乃具有近代

① 赖盟骐：《明代的武学与武举制度》，《高雄应用科技大学学报》（台湾）第33期（2004年5月）。黄谋军：《论明代京卫武学生员的出路》，《教育与考试》2015年第6期。黄谋军：《明代武学始置时间考辨》，《牡丹江大学学报》2016年第2期。曹循：《明代两京武学的会举》，《历史档案》2018年第1期。

② 详参谢建平：《明代武举与社会》，硕士学位论文，华中师范大学历史学院，2002年。黄群昂：《明代武举乡试研究》，硕士学位论文，福建师范大学社会历史学院，2016年。陈珊：《明代武学与武举研究》，硕士学位论文，云南大学历史与档案学院，2017年。

③ 郭培贵：《明史选举志考论》，中华书局，2006年。刘小龙、郭培贵：《明代武举未设殿试考》，《教育与考试》2014年第1期。郭培贵：《明代武举的形成与确立》，《明史研究》第15辑（2017年4月）。郭培贵：《中国科举制度通史·明代卷》，上海人民出版社，2015年。本书主体改定之后，另见刘海峰主编之《中国科举通史》出版，其中明代卷亦为郭培贵所著。对于这套新近成果，本书未及述评征引，留俟日后补足。

④ 见 Etienne Zi, *Pratique des Examens Militaires en Chine*, Chang-hai: Imprimerie de la Mission Catholique a L'orphelinat de T'tou-sè-wè, 1896. 作者 Etienne Zi，本名徐劢（1851—1932），字伯愚，江苏吴县人，江南耶稣会司铎。徐劢曾以此书，与黄伯禄（Pierre Hoang）同获1899年法国汉学儒莲奖（Prix Stanislas Julien），乃华人获此殊荣之最早者。徐劢另以法文撰有《中华文科试实则》（*Pratique des Examens Littéraires en Chine*），同列《汉学丛书》（*Variétés Sinologiques*），于1894年由上海土山湾印书馆出版。参王国强：《Etienne Zi 何许人也？》，载王国强《网洋撷英：数字资源与汉学研究》，江西高校出版社，2020年，第131—135页。

学术体例之首部武科研究专著,题名虽称"中华武科",其研究重点实际即是清代武科。该书主体仍分武秀才、武举人、武进士三级考试,叙述其制度要略。该书初刊之时,武科尚未废除;其中所录制度细节,颇有别项史料未能涵括之处。尤为可贵者,书内保存多幅关涉清代武科之图片(应为木刻版画),洵属难得。然此书篇幅稍小(132页),而且既称"实则",书如其名,其中大部乃依据《武场条例》等章则,直接加以译解;对于该制度之整体功效,及其政治史、文化史及教育史之意涵,皆未详及。

徐氏专著之出版,恰在十九世纪之末、武科革废之前。二十世纪之中,寰球人文社科学术进境甚多;针对清代武科研究,则仅有局部进展,而无整体突破,大多以研讨清代科举之论著,略涉武科。至于其中代表,如张仲礼关于中国绅士之经典研究,亦将考获武科功名者归入其中。书内涉及文武绅士群体人数、年龄、地位与特权等问题,并统计光绪七年(1881)武职官员之出身背景。① 商衍鎏亲历科举,后著《清代科举考试述录》,述论清代文科甚详,然对武科则仅略分武童试、乡试、会试、殿试四级,述其制度,亦略述甲寅四年(1854)太平天国武科乡、会试。② 齐如山亲见清季文武场实况,其《中国的科名》论及武科士子各项名目、考法及其影响。书中对清季武科弊情及乡居武举之劣迹,所言尤为剀切。③ 宫崎市定称武科举为"科举之别科",略析其设科旨趣、考选经历与规程,并分析清代武科之问题,论及文武科举出身者仕途之差异及其原因。④ 刘兆璸《清代科举》亦略述清代武科考试之流程、场次及内容,惟仅限于静态制度概述,未及其流变。⑤ 此外,庄吉发研究乾隆朝乡试,涉及其时武乡试之规制与内容,以及应试人数与中额等问题。⑥ 详文而略武,抑武而扬文,乃此类研究之整体倾向。

---

① 张仲礼著,李荣昌译:《中国绅士:关于其在19世纪中国社会中作用的研究》,上海社会科学院出版社,2001年。

② 商衍鎏:《清代科举考试述录》,生活·读书·新知三联书店,1958年,第185—202页。商衍鎏著,商志醰校注:《清代科举考试述录及有关著作》,百花文艺出版社,2004年,第362页。

③ 齐如山:《中国的科名》,辽宁教育出版社,2006年。

④ 宫崎市定:《科举:中国的试验地狱》,第189—195页。

⑤ 刘兆璸:《清代科举》,台北:东大图书有限公司,1977年,第131—142页。

⑥ 庄吉发:《清高宗乾隆时代的乡试》,载庄吉发《清史论集》第3辑,台北:文史哲出版社,1998年,第199—234页。

　　进入二十一世纪,侧重文科而涉及清代武科者,仍有代表研究。如艾尔曼亦视文武两途科举为"平行路径",其著略涉清代武科之舞弊、地方武生童之考选与管课,以及清季武科之革废,并谓宋代以降之武科考试尚需专门研究。[①] 陈业新结合灾害环境及社会变迁,对比考论明清皖北地区之文武举士,揭示其中"由文至武"之转变。[②] 刘海峰考论清代台湾士子在福建武闱之表现,指出台湾武生参加福建武乡试中举人数甚多,而且名次表现突出。[③] 近期综论清代科举而兼涉武科之论著代表,为李世愉、胡平执笔之《中国科举制度通史·清代卷》。该书设立专章论析武举制度,且内容较为详明,仍分武童试、武乡试、武会试及武殿试,展开论析。[④] 惟其体例及篇幅既定,所据主要为清代历朝实录、会典及《武场条例》,于制度运作之详情,尤其是中额变化、群体人数及其实际影响等议题,尚有可以细化深入之处。

　　最近十余年间,清代武科研究渐受重视,局部专题成果陆续发表。其中,人物群体乃其重点及难点。前代学者如朱彭寿著《旧典备征》,尝试考列清代武科鼎甲名录;钱实甫作《清代职官名录》,举述清代历科武会试中额。[⑤] 二者均有开创之功,但空缺及疏漏亦不在少数。此后,学者赓续努力,如前述许友根所著《武举制度史略》,以及王鸿鹏等对历代武状元名衔事迹之考述,其中对清代部分着力尤勤,此外尚有王晓勇对清代武进士群体之探讨。此类研究所涉范围,主要限于一甲三人,且网罗未尽,颇有疏漏;对于清代武进士群体人数之统计与估算,亦多参差。[⑥] 若无翔实制度考述及可靠题名史料为依据,武科人物群体研究不易深入。近年,王金龙以清宫档案及官书记载为基础,着力辑录清代武科进

① 详见 Benjamin A. Elman, *A Cultural History of Civil Examination in Late Imperial China*, p. xxviii, pp.222—223, pp.578—595. Benjamin A. Elman, *Civil Examinations and Meritocracy in Late Imperial China*. pp.84—85, pp.233—235.

② 陈业新:《明清时期皖北地区灾害环境与社会变迁——以文武举士的变化为例》,《江汉论坛》2011 年第 1 期。

③ 刘海峰:《台湾举人在福建乡试中的表现》,《厦门大学学报》(哲学社会科学版)2013 年第 6 期。

④ 李世愉、胡平:《中国科举制度通史·清代卷》,上海人民出版社,2015 年,第 524—611 页。

⑤ 朱彭寿:《旧典备征》卷 4《武鼎甲考》,中华书局,1982 年,第 81—87 页。钱实甫编:《清代职官年表》第 4 册,中华书局,1980 年,第 2767—2880 页。

⑥ 王鸿鹏等:《中国历代武状元》,解放军出版社,2002 年。王晓勇:《清代武科进士研究》,硕士学位论文,河北师范大学教育学院,2010 年。

士题名,并刊发有关其群体总数及鼎甲籍贯之论文,[①] 较为翔实有据,本书修订之时有所参考。由于清代前中期档案缺失较多,题名信息不全,此乃今后有志突破该项研究者亟需攻克之难关。武科人物统计考辨之外,尚有针对其任官仕进之研究。如刘丹枫专论清代武进士之仕途,分析武进士授官制度之变迁,兼及武进士之作用。[②] 此外,王志明依据清代引见官员履历档案,研究清代职官人事,涉及引见武官之统计分析,部分关涉武科出身之进士及举人,可资参考。[③] 武科人物群体研究之外,针对典型个体尤其是武状元亦有专门研究。[④] 此类研究不仅涉及传主生平及其家族历史,兼能补充稀见史料,惟其制度与史事细节,常见可以斟酌推敲之处。

近年研究清代武科,侧重解析历朝制度变迁或特定时期制度实践者,如龙炳峰对清代武举制度之整体考述,以及张家宁对康熙朝武举制度之研究。[⑤] 侧重于制度之地方实践者,如周祯伟对清代武举制度之梳理,并以浙江江山县武科士绅群体为例,进行统计分析;[⑥] 蒋勤利用浙江石仓之科举账簿,考察清代中后期阙氏之科举参与及其文武之道,为文武科举之在地化比较研究提供具体案例。[⑦] 此外尚有针对清代特殊族群之武科研究,如王凯旋针对清代武举及八旗科举之研究,佟红梅对清代八旗蒙古武举之考察,以及王金龙针对清代回族进士之考辨。[⑧] 又如涉

---

① 详参王金龙:《清代武进士人数考》,《明清论丛》第 16 辑(2016 年 10 月)。王金龙:《清代"武鼎甲"补考》,《清史论丛》2016 年第 2 辑。王金龙:《清代武状元籍贯与地域分布》,《历史档案》2017 年第 4 期。

② 刘丹枫:《清代武进士仕途研究》,硕士学位论文,辽宁大学历史学院,2012 年。此文估算清代武进士总凡 9500 余人,乃先行研究中较早接近实际人数者。

③ 王志明:《清代职官人事研究——基于引见官员履历档案的考证分析》,上海书店出版社,2016 年。

④ 杨承友:《武状元曹维城》,中央民族大学出版社,2019 年。张全海:《武状元:一个从庶民到将军的人才培养工程》,中国画报出版社,2021 年。

⑤ 龙炳峰:《清代武举制度之研究(1644—1901)》,硕士学位论文,台东大学教育研究所,2002 年。张家宁:《清康熙武举制度之研究》,硕士学位论文,台北市立教育大学社会科教育学系,2008 年。

⑥ 周祯伟:《清代武科举制度研究》,硕士学位论文,华东师范大学历史学系,2013 年。

⑦ 蒋勤:《清代石仓阙氏的科举参与和文武之道》,《社会》2018 年第 5 期。

⑧ 佟红梅:《清代八旗蒙古武举探析》,硕士学位论文,内蒙古师范大学教育学系,2009 年。王凯旋:《清代八旗武举与八旗科举》,《辽宁师范大学学报》(社会科学版)2013 年第 6 期。王金龙:《清代回族武进士辨疑及考补》,《回族研究》2018 年第 4 期。

及武科内场考试之研究。对《武经七书》中尤其是《孙子》等书,历来注
解、翻译、研究甚多,然研讨《七书》与武科关系者,则较鲜见。康熙年间
武科内场加试《孟子》《论语》,乾隆朝废除。对于此一历程、论争及其意
涵,吉尔伯特(S. R. Gilbert)撰文详考,指明康熙皇帝倾向以儒家文化统
摄军事文化,并求文武之合一,乾隆皇帝则接受文武分途。[①] 清代武科虽
重外场,其内场考试内容及合式标准与前代亦多相异之处,尚有可以开
拓之论题。

晚清武科之革废向为研究热点。鲍威尔(Ralph L. Powell)较早研
究清季军事,除指明武场考选之无裨困局,同时回顾武科革废之争议与
历程,及其与晚清军事近代化之纠葛。[②] 针对晚清武科革废之原因、历程
及影响,以及武科革废与地方督抚之关系,许友根、王晓勇、龙炳峰、李超
等各有专文考述,颇为详尽。[③] 许友根亦有论文涉及清末首倡废止武科
者及清代武科会试次数等议题,较为翔实有据。[④] 孙璐以甲午战争为界,
回溯晚清武举改革思想之变迁,分析各阶段之思想特征及影响。[⑤] 上述
论著依其主题定位,各有所见。然整体限于论题规模及史料视野,颇难
据以得见清代武科制度及武科群体之整体样态。

上述十余年间之研究动态之中,有一重要趋势值得留意,即两岸研
究生学位论文之选题,关涉清代武科者逐渐增多,可见该领域之空缺已
渐为年轻学人重视。除了上文举述者,清代武科研究近期之实质推进,
应当重点述及以下三篇先后完成之博士论文,及其关联研究工作。其一
为王晓勇于2013年提交之《清代武科举研究》,论及清代以前武科人才
选拔、清代武举制度、武科考官、武科士子及武科变革等议题;并尝依据

---

① S. R. Gilbert, "Mengzi's Art of War: The Kangxi Emperor Reforms the Qing Military
Examinations", in Nicola Di Cosmo ed., *Military Culture in Imperial China*, Cambridge,
Mass.: Harvard University Press, 2009, pp. 243—256.

② Ralph L. Powell, *The Rise of Chinese Military Power, 1895-1912*, Princeton, N.J.: Princeton
University Press, 1955.

③ 参许友根:《清末废武科探因(上)》,《盐城师专学报》(人文社会科学版)1997年第1期。许
友根:《清末废武科原因再探》,《盐城师专学报》(哲学社会科学版)1998年第1期。龙炳
峰:《清代武举制度之变革与废止》,《台东师院学报》第14期上(2003年6月)。李超:《清
末武举制度废除与地方督抚的关系》,《太原师范学院学报》(社会科学版)2011年第4期。

④ 许友根:《有关清代武举制度的两个问题》,《历史档案》2003年第3期。

⑤ 孙璐:《论晚清武举改革思想的变迁》,《学术界》2013年第12期。

于此,发表数篇专题论文,而且全文经过修订,已在台湾正式出版。^①王氏历年研究清代武科,用力甚勤,亦有创获,惟在清代整体政制之设计与运作,以及史料之整理与阐释方面,尚可再加以拓展和深入。其二为笔者于2014年提交之《"干城之选"——清代武举制度之设计、运作及其功效》,尝试总论武科研究之旨趣与进路,以及历代武选制度之演进轨迹;而后分论清代武科各级考试之规程、中额及其群体;最后专论清代武科进士之出路、武科弊情及其革废;亦曾据此刊发专题论文。^②笔者前期在史料发掘及整体制度方面着力较多,然具体论述及局部统计尚欠周密,此亦本书切实着力之处。其三为廖志伟于2015年提交之《晚清武科举改制》,对咸同以降武科改制之论争与历程,以及武科革废之善后与影响发覆较多,推进学界对此一抡才制度清季走向之认识;惟其研究主要着力于该制度在最后阶段自革而废之历程,于其整体架构及运作细节之考论,则兼顾未周。^③总括而言,以上述三项专门针对清代武科之研究为基础,目前已见刊多篇较为详实之专题论文,且预期将有多部专著面世,有助切实推进该领域之研究。

五、述评小结

综上所述,相较文科而言,武科研究之成果难以与之等量齐观。若从断代来看,目前研究较为丰富者首推清代,其次为宋代,各有专著出版;再次为明代;最后为唐、金二代。唐、金二代受史料限制较多,难以

① 详参王晓勇:《清代武科举研究》,博士学位论文,厦门大学教育研究院,2013年。相关公刊论文见王晓勇:《清代武科举废除的历史反思与借鉴》,《河北师范大学学报》(教育科学版)2013年第3期。王晓勇:《清代武科举考官防弊探析》,《教育与考试》2014年第2期。王晓勇:《清代武科举童试制度探析》,载刘海峰、胡宏伟主编《科举学的历史价值与现实意义》,华中师范大学出版社,2016年,第470—485页。修订出版全本见王晓勇:《清代武科举制度之研究》,台北:花木兰文化出版社,2016年。
② 详参李林:《"干城之选"——清代武举制度之设计、运作及其功效》,博士学位论文,香港中文大学历史系,2014年。修改公刊部分见李林:《清代武科乡试应试资格及考生来源》,《历史档案》2015年第3期。李林:《清代武生学额、人数及其地域分布》,《华东师范大学学报》(教育科学版)2015年第3期。李林:《清代武生的管理、训练与考课》,《史学月刊》2015年第12期。李林:《清代武科乡试中额及武举人群体结构试探》,《史林》2016年第6期。李林:《清代武场防弊与舞弊问题述论》,《传统中国研究集刊》第16辑(2017年8月)。
③ 详参廖志伟:《晚清武科举改制》,博士学位论文,中山大学历史学系,2015年。公刊部分见廖志伟:《甲午至戊戌前议改武科探析》,《中山大学学报》(社会科学版)2014年第5期。

深入；然明代武举史料相对而言仍属丰富，尚有不少拓展空间。就研究主题而言，目前之武科研究主要集中在考试制度、授职任官及人物研究三个方面，在此基础之上评估武举制度之于某一时代之作用与影响。若再分而言之，目前制度研究著述之中，绝大多数乃依据正史及典章，考述基本规制；至于制度实施之具体细节及其流变，则多有阙漏。讨论授职任官时，亦仅据基本制度规定及有限案例展开。至于人物群体，则集中于少数武进士等高级功名持有者；且除了清代之外，对于此前各代武科进士总数均无相对准确有据之统计，更低层次功名群体之概况更为模糊。

进而言之，若求在社会史、文化史视角对武举制度及其功效加以切实考察，并能将其纳入传统中国文武选官、文武科举之对照视野，在此基础上形成有关该制度设计与沿革之整体认识，并有档案解析及计量实证支撑之研究成果，尚有较多阙略，有待扎实推进。另外，在文、武两套人才培育及选任体制之内，除了武举制度之外，针对武学、武经及武庙之研究，仍有较多有待拓展之课题。又前近代东亚政权如朝鲜、越南等，亦曾长期采行武科考试制度，其与中国武科之间异同何在、具体功能如何，亦可开展对照综合研究。推进方兴未艾之武科研究，对于深入理解中国乃至东亚地区传统抡才及政治运作中独特的"文武之道"，颇有裨益。

第三节　史料举隅及研究方法

武科研究之难，史料匮乏为其要因。然武科既为抡才常典，与其运行过程相伴之纸本及实物史料，实际不在少数；不过未经系统整理披露，有赖研究者亲力发掘。近年史料公布刊行呈现加速之势，稍微改变既往文、武科举研究史料严重失衡之状态。加之电子资源日新月异，文献获取之便捷，与往日已不可同日而语，凡此皆有助深化武科研究。兹择本书主要参撷者，分类举述如下，兼论各类史料之性质，以及如何互补为用。

其一为未刊档案之类。此类史料多为武科运作中直接产生，最为接近制度原貌，价值甚高。其重要者，如中国第一历史档案馆藏清代硃批奏摺,军机处汉文、满文录副奏摺,以及中国国家图书馆藏清代武进士登科进呈录等。台湾地区所藏史料裨益最多者,当属台北"中研院"历史语言研究所藏内阁大库档案;此外,尚有台北"故宫博物院"图书文献馆藏清代军机档、上谕档、善本古籍及历朝宫中档奏摺,以及台北图书馆藏清代武科满汉文小金榜、武会试录、武进士登科录之缩微胶卷。美国芝加哥大学东亚图书馆藏明代武科乡、会试录,加州大学洛杉矶分校东亚图书馆藏清代科举考卷,以及上海嘉定科举博物馆藏清代武殿试卷,亦得采撷。此类未刊档案之内,除有清代武科运作之章奏文移,更有武科乡试录、题名录、会试录、武进士登科录,及武科大金榜、满汉文小金榜、武科乡试、会试、殿试之考题与答卷,以及武进士取录人数、甲第、履历单、授职清单等核心史料,最为珍贵。若无此类档案,难察武科运作详情,则制度研究不免流于编排典章、摘录条例。

其二为历代正史、典制、官书之类。武科乃常规抡才体制,其制度之沿革变化,载诸典册,有迹可寻。本书考述历代武举制度,多参历朝正史之职官志、兵志、选举志、学校志、礼志及武科关联人物之传记。历代典制之书,则《十通》内关涉选举、学校之部,《古今图书集成》之选举典,《唐六典》《大明会典》及《明实录》等,征引甚多。清代典章部分,以《武场条例》《大清会典》及《大清会典事例》为基础,采及《八旗通志》、《大清会典图》《学政全书》《科场条例》《中枢政考》,以及清代历朝起居注、上谕档、硃批奏摺与奏议等。全书征引《清实录》总逾三百条,以详察武科制度之沿革与运作,端赖《〈清实录〉科举史料汇编》之助。[①]实际引用时虽已逐条检回《清实录》原书,重新校核标点,然索骥之初,受惠于此编甚多。《清史稿》虽述武科规制甚为简略,且不乏疏漏,然其中保存武科士子事例甚多,对于铸成人物群体及个案之"立体论述"甚有助益,不致使内文限于典章条文;复因该书乃最后一部官修"正史",其中可见纂修者对于武科制度及武科士子之态度与笔法,亦可深察。此外,顾廷龙主编《清代硃卷集成》、钱实甫编《清代职官年表》,以及秦国经编《清代官员履历档案全编》,对于考察武科人物群体之出身背景及授职迁转等,助益甚多。

---

① 参考王炜编校:《〈清实录〉科举史料汇编》,武汉大学出版社,2009年。

其三为各地方志、文集、笔记之类。地方史乘有其局限,本书考述武科基本制度及著录武科重要人物,不以方志为直接来源依据。然方志所载,颇能见其制度于地方之运行实况,诸如学校之设立、膏火盘费之发放以及地方武职之迁转,因此文中间有所采。私人文集、笔记之作者,不乏亲见武科运作乃至典试武闱、校阅内场者,其记录尤应参考。本书征引方志较多,难以备举。至于文集笔记等私家著述,如阮元《两浙輶轩录》、王士禛《居易录》、梁章钜《浪迹丛谈》、陈廷敬《午亭文编》、陈康祺《郎潜纪闻》、李棠阶《李文清公日记》、郑观应《盛世危言》、唐才常《唐才常集》、朱彭寿《旧典备征》,以及曾国藩、张之洞之文集等。此类文献,在前述两类档案、官书之外,多能提供关涉清代武科之"地方知识"及"个体认识",对于丰富武科样貌,亦有裨益。

其四为报刊杂志之类。清季局势钜变,报刊杂志兴起,影响近代政治、文化与社会至为深远,学界多有研究。此类文献为认识武科之后期运作,以及民间舆情对待武科之态度,另辟途径。本书论及清季武科之影响及革废,亦参考《点石斋画报》、《申报》、《益闻录》、《格致新报》等报刊较多。其中,《点石斋画报》内容宏富,图文并茂,洵为晚清研究之宝藏。叶汉明等所编《点石斋画报通检》,检索便利,嘉惠甚多。①

亦需指明者,传统文武科举同称"抡才大典",不过武科研究异于文科之处,在于可用史料多为文官、文人所记录和编纂,其中不乏对于武科及武人之偏见与误解,需要审慎辨析,持平立论。为此,需要在研究视野及方法层面,有所留心。学术研究本无定法,因应需要而灵活取用;人文社科之基础研究,所重仍在视野及见识,非止方法与技术。本书所用之基础方法,即文献史料之细致解读,此亦文科研究"诸法之母";必要之时,辅以文本之"话语分析"及视图解析之法。在宏观层面,常存比较研究之视角,涉及文武科举、满汉、旗民等议题,以及清代历朝武科运作情形,尤其多采比较视角,以见异同。细节之处,本书虽以文献解析与质性分析为主,必要时亦多结合计量统计方法,以期细密准确。此外,考察武科家族、人物之授职、迁转及其地位、影响等议题,亦将群体研究与个案分析方法相互结合。

---

① 详参叶汉明、蒋英豪、黄永松编:《点石斋画报通检》,香港:商务印书馆,2007年。

以要言之,本书考论一代典章,主要近于传统史学"书"、"志"之体,兼采其"传"、"表"之例。对于晚近史学之研究视野,及其谋篇、论析、计量、绘图诸法,亦择要采撷,以期兼得其长而有所开拓。

第四节　结构概要、行文说明及研究展望

本书总凡十章,除了首尾两章,其余各章皆专设小结,便利读者把握论点概要。全书略分上、中、下三卷。依照武科选士之历史演进,及其制度设计之运作逻辑,与乎武科考试所关涉之基本问题,将全书统分总论、分论、专论三部,具体结构概述如下。

上卷为"武科选士总论",总凡两章。第一章为绪论性质,指出传统中国选士抡才文武科举并用,然武科研究未受充分重视。进而解析有关武科尤其是清代武科研究之旨趣、意涵与进路,同时回顾评述先行研究,解明关键史料及研究方法。最后略述章节结构,并展望研究前景。第二章勾勒清代以前武举制度之来龙去脉,以"武科前史"统摄唐代以前之武官选任制度,钩稽其沿革流变之轨迹。而后考述武举常科之创设、规制及影响,并缕叙该制度于唐、宋、金、明各朝之沿袭与流变,最后略述明清鼎革之际武人之出处,以及清初武科之恢复。此外,本章择要考述历代武庙、武学之建立及《武经》之颁定。

中卷为"各级武科分论",总凡四章。第三章先述清代武童应试之资格、场次与内容,其次详考武童进额之变化,估算清代武生总数,并考察其地域分布。而后更进一步,考察武生之管理与考课,藉以解析清代武生童何以整体素质日下、声誉欠佳。进而分析武生之权益、出路与地位。最后借助清代《缙绅录》及《清史稿》,考述武生童之任职与表现。第四章将清代武科乡试、会试内外场共通规制,一并详细考察。论述所及,关涉武乡试制度之设计与运作,兼考武乡试中额变化,以及武举人群体人数、分布、年龄与试前身份。藉此再分析清代武举制度之设计意图、运作实态与症结所在。第五章补叙清代武会试流程,涉及武会试之程期与场地、应考资格、磨勘覆试等议题。本章之要,在详考清代武会试之科次、中额及取录总数,进而考察历朝中额变化及武贡士群体之时空分布,并

分析其意涵,兼论会试下第武举之安置政策。第六章详述清代武殿试之程期、规程及仪节,亦涉及殿试应试资格,兼及内、外场考试内容与评衡准绳。对武殿试内场之策题、答卷及默写《武经》之变化,皆佐以实例,具体分析。解明清代武殿试仪节之外,亦指出其恩荣典礼益重,考选实效益弱。

下卷为"武科主题专论",总凡四章。第七章多以计量统计方法,综合武科制度之更迭及清代政情之嬗变,再作解析。本章辨析各类武进士题名史料,厘清清代武进士之科分、甲第及人数,解析武科进士整体及鼎甲进士之地域分布,以及武进士及第所需时间与平均及第年龄。此外,亦略及武进士之家庭背景,以及武科之"社会流动"与"武举家族"问题。第八章结合群体考察与个案研究,探讨清代武举人及武进士之授职与迁转。除了依据清代典制文献,考述其仕途路径之变化,亦依据清代缙绅录及官员履历档案而作统计分析,更依据《清史稿》详细整理武科人物案例,以期综合。考察之中,亦将该群体置诸清代政治、军事大局之内,试探其影响及地位,藉以管见清代政治系统内文武之差、内外之分与旗民之别。第九章先详述清代武场之防弊与舞弊问题,及其惩处法则。而后综合官方档案与民间舆情,揭示清代部分武科士子之弊情。并梳理清季武科革废历程及论争,最后略述废除武科之善后举措及社会反应,稍及晚清军事近代化及武科转型之困境。第十章属结语性质,综合前文所见,将主要论点绾结为清代科举考选之文与武、满与汉、内与外三个方面,再作引申论述。同时更进一步,对中国选士"文武合一"之理想与现实问题,武科考试防弊与舞弊之博弈问题,清代满人之"汉化"议题,以及清代武科之实际功用与存废原因,分别总结论述。

在行文表述中,本书所论"武科",系指武则天所创之武举常科。偶及武举制科之处,特予说明。文献虽有"武举"与"武科"并用者,为免混淆,本书清代以前之部,视乎原始文献及具体语境,换用"武举"或"武科"之称。至若清代部分,则以"武科"、"武科举"或"武举制度"指称该考选制度;若单言"武举",则多指武科乡试之中式者,即"武举人"之略称。

为求紧扣历史背景,本书纪年以帝王年号为先,附注公历年份,必要时详及月日。本书用字遵循现行出版规范,将异体字、俗体字等改为通用简化汉字。在此基础之上,酌情保留部分清代公文及制度之习用术语,以及具有特定意涵之用字,如著交、硃卷、奏摺等。对于见存两种及以上写法者,如较（校）射等,笔者行文统一为常用之字,引文则保留其原本用字,必要时出注说明。引文及注释涉及少数非汉文字如日、英、法文,依据文献原本直书,必要时兼附汉译;惟满文档案与语汇,因原文为由左而右竖行书写,颇不易协调混排,故于汉译之外,必要之处括注其拉丁字母转写,并采用较为通行之"穆麟德"（Möllendorff）转写体系。

笔者研习清代教育与考试,窃存一"三部曲"之规划:先自"文系"入手,次及"武系",再及八旗系统之教育与考试。关于"文系",此前粗有撰述;[①] 至于八旗系统,则有待来日展开。目下之武科研究,实际亦有"三步曲"之想望,皆蒙前贤论著导启。分而言之,拟先考述清代武科制度之设计与运作,此即本书拟致力者,结构略仿商衍鎏《清代科举考试述录》而有损益;次则试作《清代武进士题名辑考》,体例参鉴江庆柏《清朝进士题名录》（中华书局 2007 年版）,其中核心题名资料已得十之七八,留待排比甄核;而后立足前两步,撰写《清代武进士群体研究》,立意推重吴宣德《明代进士的地理分布》（香港中文大学出版社 2009 年版）。如若"小三步"告成,则清代武科之切实研究,庶几可期小成。又若"大三步"亦得展开,循此并可更进一层,将清代文科、武科、翻译科稍作对照综合研究,略窥清代抡才体系之全貌。或可再进一步,将武科研究拓展至东亚范围,比较研究朝鲜李朝及越南后黎朝自中国移植之武举制度。[②] 此于前近代东亚政治格局与文化交流研究,亦有助益。

然则无米之炊,巧妇难为。关涉武科之档案与史料,一则不如文科之富,再则星散各处,未经系统整理,此亦武科研究迄今寥落之主要原因。即便武科一甲三人之名录与籍贯,虽经学者接力考辨,沿至笔者,亦

---

① 参考李林:《最后的天子门生——晚清进士馆及其进士群体研究》,商务印书馆,2017 年。
② 有关朝鲜及越南武举制度实施详情,参李成茂著,平木實、中村葉子译:《韓国の科挙制度：新羅・高麗・朝鮮時代の科挙》,東京：日本評論社,2008 年。周兴涛:《朝鲜李朝武举考略》,《东疆学刊》2009 年第 1 期。Eugene Y. Park, *Between Dreams and Reality: The Military Examination in Late Chosŏn Korea, 1600-1894*, Cambridge, Mass.: Harvard University Asia Center, 2007. 陈文:《越南科举制度研究》,商务印书馆,2015 年。

有极少数尚未彻底厘清(详参书后附录二),其余更可想而知。朱彭寿撰《旧典备征》,尝试胪列清代武科鼎甲,空缺亦多。并谓"文科鼎甲具详进士题名碑录及馆选录中,至武科则各书记载者极少,然一代抡才之典,文武并重,故不容歧视也。"[①] 旨哉斯言! 笔者历年辗转奔走各地图书档案机构,戮力蒐罗,所见甚多,每叹此类史料不为学界所重所采。今于此简编之中,稍加曝表解析。前述各方文献若能系统汇集、整理与出版,裨益于学术研究之处,应非浅鲜,学林有望焉。

---

① 朱彭寿:《旧典备征》卷4《武鼎甲考》,第81页。

第二章　武科考试之前史及其源流

立国安邦需要设官分职,抡才任贤即为其中要务。中国历代注重造士、选士,《尚书》谓帝舜"询于四岳,辟四门",孔颖达疏云:"门者,行之所由,故以门言仕路。以尧、舜之圣,求贤久矣。今更言开门,是开其未开者,谓多设取士之科,以此广致众贤也。"① 迄于三代之政治,文、武尚非歧为二途,公侯卿士内则柄政务,外则掌军事。春秋战国之末,列国竞雄,尚武重刑。选举之法,亦因之而变,文、武分职越益清晰。其后世卿世禄难以为继,继而军功、察举、九品官人诸法代起。至于隋唐,文、武两途各以科举选士,中国之政治与社会遂生钜变。宫崎市定考论九品官人法,有"科举前史"之谓。② 本章稍借此语而作展拓,以唐代以前之武官选任,总谓"武科前史";并循"以武选士"之轨迹,以纵贯视野钩稽其沿革流变。解明"前史",方可考述武举制度之创设、规制及影响,并缕叙该制度于唐、宋、金、明各代之沿袭与变迁;而后聚焦明清之鼎革,以及其间武人之出处与武科之恢复;最后择要考述历代武庙、武学与武经之沿革。

第一节　从文武合一到文武分职

一、文武合一与射御之重

三代以上,史载阙略较多,申论尤难。夏朝"六卿",皆负军事任务,应属信实。《尚书》记载启与有扈氏大战于甘之野,"乃召六卿",传云:

---

① 孔安国传,孔颖达疏:《尚书注疏》卷3《舜典》,载阮元校刻《十三经注疏》上册,中华书局,1980年影印本,第130页。

② 参宫崎市定著,韩昇、刘建英译:《九品官人法研究:科举前史》,中华书局,2008年,第325、349页。

"天子六军,其将皆命卿";疏谓六卿者皆"各有军事之人"。^①至其职官
分途与职掌详情,则尚不明晰。若论造士与养士,三代之时多主文、武合
一。清人谭吉璁考论历代武举,颇得其意:"古之为学必取士,取士必以
文、武,其教养之法出于一。"^②所谓文、武合一,乃培育之理想与目标;至
其具体设学与教学内容,则殷周时期已初见文、武之分。甲骨、金文所见
之商代武学堂多作"羴"(养),即后世所称之"庠";晚商及周代武学堂
则作"𢽤"(射),异体作"𢼸"、"榭",通假为后世习称之"序";作为商周
"大学"之辟雍,则兼习文武。^③传世文献《周礼》拟构周代之理想政治,
记其地官之属"保氏"职掌为:"掌谏王恶,而养国子以道",其设教内容
则包括"六艺"及"六仪"。^④其中,六艺之"五射"、"五驭",六仪之"军旅
之容"、"车马之容",均可归于武艺范畴。文武兼习、礼乐并通之国子,从
君王之召而参预戎祀、交聘、治国之事。其时之养士选士、设官分职,文、
武尚非截然判为两途。《礼记》又谓天子将出征,"受命于祖,受成于学。
出征,执有罪;反,释奠于学,以讯馘告。"^⑤《诗经》亦载"矫矫虎臣,在泮
献馘。淑问如皋陶,在泮献囚",又称"济济多士,克广德心。桓桓于征,
狄彼东南。烝烝皇皇,不吴不扬。不告于讻,在泮献功。"^⑥由此亦可知,
古制学宫,实际兼有习文演武、献囚释奠之功能。

　　冷兵器时代,弓矢以其疾速、射程与威力,成为决胜战场之利器;加
之车战越益重要,"射"与"御"遂为以武选士之核心技艺,而各有规范准
绳。《周礼》所载"五射"与"五驭",要求甚高。依照注疏,"五射"为:白
矢(矢在侯而贯侯过,见其镞白)、参连(前放一矢,后三矢连续而去)、剡

① 孔安国传,孔颖达疏:《尚书注疏》卷7《甘誓》,载阮元校刻《十三经注疏》上册,第155—
　156页。
② 谭吉璁:《历代武举考》,上海古籍出版社,1997年影印本,载《续修四库全书》第859册,第
　1页。
③ 参考王晖:《庠序:商周武学堂考辨——兼论周代小学大学所学内容之别》,《中国史研究》
　2015年第3期。阴崔雪:《基于甲骨文的殷商学校教育研究》,硕士学位论文,华东师范大学
　教育学系,2019年,第38—48页。
④ 郑玄注,贾公彦疏:《周礼注疏》卷14,载阮元校刻《十三经注疏》上册,第731页。西周早期
　金文可见官名"保",职司与《周礼》所述"保氏"相类;且其地位显赫,既是周王之辅弼重臣,
　又是最高执政官。参张亚初、刘雨:《西周金文官制研究》,中华书局,1986年,第1、118页。
⑤ 郑玄注,孔颖达疏:《礼记注疏》卷12《王制》,载阮元校刻《十三经注疏》上册,第1333页。
⑥ 毛亨传,郑玄笺,孔颖达疏:《毛诗注疏》卷20《鲁颂·泮水》,载阮元校刻《十三经注疏》上
　册,第611—612页。

注（羽头高，镞低而去，剡剡然）、襄尺（臣与君射，不与君并立，襄君一尺而退）、井仪（四矢贯侯，如井之容仪）；"五驭"为：鸣和鸾（升车马动，鸾鸣和应）、逐水曲（御车随逐水势之屈曲而不坠水）、过君表（御车疾速经过辕门，中行不偏）、舞交衢（御车在交道，车旋应于舞节）、逐禽左（御驱逆之车，逆驱禽兽，使左当人君以射之）。① 其中所论射、御之标准规范，除了强调技艺精湛超卓，更重视其中之礼仪与名位。

以是之故，先秦文献多有"射"、"御"并举，而言其重要者。《诗经》记周宣王会同诸侯田猎，"四黄既驾，两骖不猗。不失其驰，舍矢如破。"郑笺云："御者之良，得舒疾之中；射者之工，矢发则中，如椎破物也"；② 又述共叔段之武勇，曰："叔善射忌，又良御忌，抑磬控忌，抑纵送忌。"毛传云："骋马曰磬，止马曰控；发矢曰纵，从禽曰送。"③《尚书》载秦穆公之悔誓，其一即为不欲用"射御不违"之"仡仡勇夫"。④ 孔子谦承达巷党人之称誉，亦称："吾何执？执御乎？执射乎？吾执御矣。"⑤《国语》论晋卿荀瑶之贤于人者有五，其一即"射御足力则贤。"⑥ 射、御之同举与并重，由是可见。

二、射礼、射侯与射义

弓箭之发明与使用既早，在上古时代之狩猎与军事活动中为用亦大。因此，早期甲骨文及金文中多见"射"字，分别作⟨图⟩、⟨图⟩及⟨图⟩、⟨图⟩等，本为象形摹写。《说文解字》以"射"字归入矢部，古文写作⟨图⟩（躲），从矢从身，解为"弓弩发于身而中于远也"，属会意字；篆文写作⟨图⟩（射），从寸；

---

① 郑玄注，贾公彦疏：《周礼注疏》卷14，载阮元校刻《十三经注疏》上册，第731页。"过君表"一语，原文注疏颇为晦涩迂曲，后儒或疑不通，今日诠释亦多参差。清人李锺伦之说可备参考："过君表，即辕门者。田猎时，仰辕为门，以旌表之。中容一车，两旁只余四寸。御拙者，则车轊而不得入，故取为驭之善者也。"见李锺伦：《周礼纂训》卷7，上海古籍出版社，1987年影印本，载《景印文渊阁四库全书》第100册，第691页。
② 毛亨传，郑玄笺，孔颖达疏：《毛诗注疏》卷10《小雅·车攻》，载阮元校刻《十三经注疏》上册，第429页。
③ 毛亨传，郑玄笺，孔颖达疏：《毛诗注疏》卷4《国风·郑·大叔于田》，载阮元校刻《十三经注疏》上册，第338页。
④ 孔安国传，孔颖达疏：《尚书注疏》卷20《秦誓》，载阮元校刻《十三经注疏》上册，第256页。
⑤ 何晏集解，邢昺疏：《论语注疏》卷9《子罕》，载阮元校刻《十三经注疏》下册，第2489页。
⑥ 左丘明：《国语》卷15《晋语九》，上海古籍出版社，1978年，第500页。

寸,法度也,亦手也。段玉裁注谓:"射必依法度,故从寸;寸同又,射必用手,故从寸。"① "射"字由象形符号演化为会意字符,该活动更从最初之狩猎、军事目的,延展为兼具宗教、礼仪目的,乃至作为选士之重要考验项目,赋予其更多深层涵义。

尤须指明者,先秦选士之重射,并非只重其勇力杀伐之功。以射艺为核心试士,乃试图将其与礼乐相谐,以陶铸士人之品行节操,使其不致为徒尚勇力之武夫。古人以礼乐序等级、别尊卑,射艺与礼乐结合,于造士、选士之中,宣明天人之际、君臣之义与长幼之序。射礼起源亦早,晚商时代已经流行。甲骨文、金文所见之殷商射礼,已甚为系统繁复,兼具宗教、巫术、教学与军事教练及考察笼络邦国首领等性质;周代射礼承自殷礼,逐渐去其宗教祭祀成分,而为世俗礼仪与技能。西周金文所见之射礼,即有大射、射牲、燕射、宾射、学射、周王习射、射鱼等类。② 传世文献所载之制,诸侯岁献贡士于天子,天子试之于射宫,以射选诸侯、卿、大夫、士,故天子之大射谓之射侯。"射侯者,射为诸侯也。射中,则得为诸侯;射不中,则不得为诸侯。"③ 余英时亦谓,周代之"射"绝非纯属军事训练,而是"含有培养'君子'精神的意味"。④ 因尽礼乐以事射,亦可从中树立德行,故射亦为后世儒家理想之圣贤、帝王所重视。

古之"射"字,亦训作"绎",或曰"舍"。"绎者,各绎己之志也。……为人父者,以为父鹄;为人子者,以为子鹄;为人君者,以为君鹄;为人臣者,以为臣鹄。故射者各射己之鹄。"⑤ 因此,射亦被寄以人各居其位、各尽其份之深远涵义。此外,因射箭须身正心平,内张而后外射,故又引申为正身正志、反求诸己,于是又可从中观德行,而视作"仁之道"。《礼记·射义》申论曰:"射求正诸己,己正而后发,发而不中,则不怨胜己者,反求诸己而已矣。"又云射者"进退周还必中礼,内志正,外体直,然后持弓矢审固;持弓矢审固,然后可以言中,此可以观德行矣。"⑥ 射礼中

① 许慎撰,段玉裁注:《说文解字注》,上海古籍出版社,1981年影印本,第226页。
② 宋镇豪:《从新出甲骨金文考述晚商射礼》,《中国历史文物》2006年第1期。袁俊杰:《两周射礼研究》,科学出版社,2013年,第97—99、127—264页。
③ 郑玄注,孔颖达疏:《礼记注疏》卷62《射义》,载阮元校刻《十三经注疏》下册,第1688页。
④ 余英时:《士与中国文化》,上海人民出版社,2003年,第17页。
⑤ 郑玄注,孔颖达疏:《礼记注疏》卷62《射义》,载阮元校刻《十三经注疏》下册,第1688页。
⑥ 郑玄注,孔颖达疏:《礼记注疏》卷62《射义》,载阮元校刻《十三经注疏》下册,第1687、1689页。

需要"揖让而升,下而饮",孔子亦称此为"君子之争";注疏谓射乃是为了"争中正鹄",不同于小人之"厉色援臂。"[1] 君子之争,须得体适当,中节合礼之射艺,即其表达方式之一。

质言之,以礼乐导引、节制射御,乃先秦政治之理想设计。此种设计强调文武合一,亦在防止武力独擅而致兵燹之祸。《礼记》所述理想政治中,以杀伐摄人远逊于以礼乐服人,此亦后世儒家反复强调之基本原则。春秋末造,尚武争霸虽占主流,尚可得见此种理想表述。楚庄王言武之七德:"夫武,禁暴、戢兵、保大、定功、安民、和众、丰财者也",又云"止戈为武。"[2] 即后世尊为"兵学圣典"之《孙子兵法》,亦谓"百战百胜,非善之善者也;不战而屈人之兵,善之善者也。"[3] 由此,奠定中国传统文化论述中先文后武、崇文抑武之基石;而文武地位之互搏与升降,恰为理解中国历史之一大关键。

影响所及,每当后世杀伐重于礼乐之时,每引上古言论为训,不断回溯并重塑此种先文后武之传统。因此,历代理想之武将形象,皆深晓礼义、精于韬略,能恃羽扇纶巾决胜于千里之外之"儒将"。反之,历代皆力图避免并口诛笔伐者,乃好战成性之鲁莽武夫。故每逢武人当道、武夫擅权,皆视作国之灾祸。循此可知,当文武分途之后,历代一旦砥定承平,大多以文驭武,或崇文抑武,其意在此。后代武科之设立与运作,同样深受此种文化传统影响。

三、官制层面之文武分职

夏朝官制,暂未详明。其武职设官,据前引《尚书·甘誓》可以略知。至于商朝,职官体系已具相当规模,其时"虽然没有形成严格的官员职能划分,但已经出现了侧重军事的职官"。[4] 稍微分而言之,其高层职官之文、武分职似尚不明显,而低层官阶之文、武分工已较明确。[5] 商朝

---

① 何晏集解,邢昺疏:《论语注疏》卷3《八佾》,载阮元校刻《十三经注疏》下册,第2466页。
② 杜预注,孔颖达疏:《春秋左传注疏》卷23"宣公十二年",载阮元校刻《十三经注疏》下册,第1882页。
③ 孙武撰,曹操等注,杨丙安校理:《十一家注孙子校理》卷上《谋攻篇》,中华书局,1999年,第45—46页。
④ 宋镇豪主编:《商代史》卷4,中国社会科学出版社,2011年,第469页。
⑤ 谢维扬:《中国早期国家》,浙江人民出版社,1995年,第440页。

武官之名,见诸甲骨卜辞。据陈梦家考述,计有"多马"、"马"、"多亚"、"亚"、"多箙"、"箙"、"多射"、"射"、"卫"、"犬"、"多犬"、"戍"等名目。[①]学者亦谓殷商官制大别为二系,史系掌祭祀而为文官之滥觞,师系掌征伐而为武官之滥觞。[②]从传世文献及出土材料可见,商代已有配备战车之强大军阵,其职业军队建制亦颇具规模。[③]殷商中央王朝以临时征集之师旅为主要武装,族武装为重要补充力量,兵种则以步兵、车兵为主,可能亦有一定规模之骑兵及水兵。[④]西周金文所见职官中,武职主要归入"师官类官"及"司马类官",名目较多;[⑤]其中,"司马"、"师"、"师氏"、"走马"、"趣马"、"虎臣"等,均属常见武职人员之称,亦可见其职官体系"文武分途及宫中府中的分野。"[⑥]

春秋后期,各国历经变法改革,逐渐建立官僚制。王之下,以将、相分领文、武,故"列国相继出现文武分职。"[⑦]《尉缭子》谓:"官分文、武,惟王之二术也。"[⑧]设官层面之文、武分职,乃国家机器日益精密之结果与要求,亦为政治与军事现实之需要。因处理政务需要行政能力,指挥战事需要军事才能;且文、武分职,将、相分权,互相掣肘,有利君主集权。[⑨]秦、汉以下,文、武分途渐远,且有时互相攻击。如《淮南子》所言:"今世之为武者则非文也,为文者则非武也,文武更相非,而不知时世之用也。"[⑩]

春秋末世文、武之分,主要表现于设官任职层面;在养士造士层面,仍多主张文武合一,冀望培养既可通文济世、又能御敌卫国之全才。即使战国以后文、武之教育、选拔歧为两途,甚至互相攻击对峙,但在传统理想与经典论述中,文武全才始终为孜孜追求之高标。邢义田通过考察汉代官吏养成教育、仕宦过程、官宦生涯、衣冠配饰及身后哀荣,亦指出"汉代士人一般能骑马、射箭,知晓兵书,并不轻视武事","允文允武"乃

---

① 陈梦家:《殷墟卜辞综述》,中华书局,1988年,第508—517页。
② 论点原出贝塚茂树编:《古代殷帝国》,转引自高明士《中国中古政治的探索》,第201页。
③ 张光直著,张良仁、岳红彬、丁晓雷译:《商文明》,辽宁教育出版社,2002年,第184—190页。
④ 李忠林:《殷商兵制若干问题刍议》,《中国史研究》2014年第2期。
⑤ 张亚初、刘雨:《西周金文官制研究》,第2—7、12—22页。
⑥ 许倬云:《西周史》,生活・读书・新知三联书店,1993年,第205、213—216页。
⑦ 韦庆远主编:《中国政治制度史》,中国人民大学出版社,1989年,第75页。
⑧ 尉缭:《尉缭子》卷3《原官》,第28页。
⑨ 参杨宽:《战国史》,上海人民出版社,1998年,第221页。
⑩ 刘文典撰,冯逸、乔华点校:《淮南鸿烈集解》卷13《泛论训》,中华书局,1989年,第439页。

汉代官吏之理想典型。[1]此种传统与情结,于后世武科分别考试武艺与策论之中,亦展露无遗。

回溯上古、三代之造士、选士,最可留意者为"射"之地位。此种源自上古生活与军事之活动与技艺,被后世不断规范化和礼仪化,并因学校与考试之演进,使之进一步制度化和程式化。即便从文献确征之殷商时代起算,射作为一种关键技能,纳入传统学校与考试之中至少长达三千年,并被赋予超越技艺本身之深层意涵,为任何考试单项所难比拟。此在中国文化史上,亦为值得探究之重大关节。

第二节　从世卿世禄制到府兵制

一、世卿世禄

甲骨文献及传世文本均能印证商代实行"世官制度",子承父职亦需商王之册命。[2]至于周朝情形,依照《礼记》,天子封赐禄爵,有公、侯、伯、子、男五等;诸侯封赐,有上大夫卿、下大夫、上士、中士、下士,亦为五等。"卿"乃诸侯所封大夫位阶之最高者。《礼记》有三卿、九卿之谓,"卿"与"大夫"多并见,晏婴亦谓"唯卿为大夫",[3]权位颇重。所谓世卿世禄,依何休之解,世卿者,即"父死子继也",[4]亦即地位世袭。"世禄"即采邑世袭。孟子论周文王治岐仁政,谓"耕者九一,仕者世禄。"[5]世卿世禄,即累世为卿大夫,累世承继封地禄位,或名之"世族与世官制度"。[6]鲍叔牙荐管仲,"子孙世禄于齐,有封邑者十余世,常为名大

---

① 邢义田:《天下一家:皇帝、官僚与社会》,中华书局,2011年,第224—284页。
② 孙亚冰:《从甲骨文看商代的世官制度——兼释甲骨文"工"字》,载宋镇豪主编《甲骨文与殷商史》新4辑,上海古籍出版社,2014年,第26—38页。
③ 晏弱(晏婴父)卒,晏婴居丧,以大夫而行士礼,家臣讥之。晏婴答谓唯卿乃可行大夫之礼。杜预注,孔颖达疏:《春秋左传注疏》卷33"襄公十七年",载阮元校刻《十三经注疏》下册,第1964页。
④ 何休注,徐彦疏:《春秋公羊传注疏》卷2"隐公三年",载阮元校刻《十三经注疏》下册,第2204页。
⑤ 赵岐注,孙奭疏:《孟子注疏》卷2上《梁惠王下》,载阮元校刻《十三经注疏》下册,第2676页。
⑥ 童书业:《春秋史》,开明书店,1947年,第59—62页。

夫。"①鲁襄公使叔孙豹入晋,范宣子历叙其显赫家世,"自虞以上为陶唐氏,在夏为御龙氏,在商为豕韦氏,在周为唐杜氏,晋主夏盟为范氏",欲为其"不朽"之证。叔孙豹则对曰:"此之谓世禄,非不朽也。"②由此可见,在贵族政治体制之下,血缘关系对于政治资源及经济权益之分配与承袭,影响甚深。

春秋时期,贵族之累世为卿者如鲁之三桓、晋之六卿,专权乱国,已为通弊。孔子删《春秋》,径称大夫为某氏,《公羊传》云孔子意在"讥世卿",因世卿之制"非礼"(于礼不符);注谓:"礼,公卿大夫、士皆选贤而用之。卿大夫任重职大,不当世,为其秉政久,恩德广大。小人居之,必夺君之威权。"③《史记》亦谓"陪臣执政,大夫世禄,六卿擅晋权,征伐会盟,威重于诸侯。"④均可得见其时政治形势之一斑。由此而致王纲解纽、诸侯坐大、世卿擅权,列国纷起争雄。武将之选,不能全赖世卿之家,而须另辟途径,强兵兴国。由"任亲"(血缘本位)而"任贤"(才能本位),其间虽有曲折,不同时期亦可能有多种机制并存,不过此乃中国古代人才选任制度演进之主流方向,实际亦为一种政治体制能够平稳运作之重要基础。

二、列国竞雄与军功爵制

周鼎将失,诸侯争雄,无不矢志富国强兵;其朝政旁落者,则力图削弱世卿贵族,重夺权威。因此,各国先后变法改制,选贤任能,逐步建立官僚制。其间武将选任擢升之一大变革,为军功爵制之确立。循此而下,兵役制度亦有相应变动:从主要以"国人"服兵役,到普遍征调"野人",进而发展至"郡县征兵制"。⑤此亦先秦至于两汉,政治与军事方面之一大变革,影响甚深。

严明赏罚,以励将士,乃用兵之常理。春秋末期,各国为求强兵胜

---

① 司马迁:《史记》卷62《管晏列传》,中华书局,1959年,第2132页。
② 杜预注,孔颖达疏:《春秋左传注疏》卷35"襄公二十四年",载阮元校刻《十三经注疏》下册,第1979页。
③ 何休注,徐彦疏:《春秋公羊传注疏》卷2"隐公三年",载阮元校刻《十三经注疏》下册,第2204页。
④ 司马迁:《史记》卷15《六国年表》,第685页。
⑤ 参韦庆远主编:《中国政治制度史》,第79页。

敌,激赏军功。赵简子临敌励士,曰:"克敌者,上大夫受县,下大夫受郡,士田十万,庶人、工、商遂,人臣隶圉免。"①足见其奖赏力度之大与范围之广,以及当时临阵克敌之亟需。然军功爵制之正式确立,则自秦孝公用商鞅变法始。商鞅治国用人之道,主张严刑律、明赏罚,认为"用兵之道,务在壹赏。"②其所谓"壹赏",即"利禄官爵,抟出于兵,无有异施也"③。其论军功、赏罚、爵禄与强国之关系,曰:"行赏而兵强者,爵禄之谓也;爵禄者,兵之实也。是故人君之出爵禄也,道明;道明,则国日强;道幽,则国日削。故爵禄之所道,存亡之机也。"④所论甚为切实,因此,秦国主要依军功赐爵,初分十八等,后为二十等。⑤其"有军功者,各以率受上爵",甚至"宗室非有军功论,不得为属籍";至其结果,则"有功者显荣,无功者虽富无所芬华。"⑥秦国变法,又奖励垦殖,故杜佑谓"秦自孝公纳商鞅策,富国强兵为务。仕进之途,唯辟田与胜敌而已"⑦。除了军功爵制,秦国更建立"全民皆兵"之服役制度,以及严明系统之训练管理制度和较为完备之后勤保障制度。⑧此等制度合力,遂使秦军成为"虎狼之师",吞灭六国。

　　商鞅以外之战国法家,乃至兵家、墨家等,亦有类似尚贤能、重刑律、明赏罚之主张,乃属时势使然。墨子论得士之道,谓"欲众其国之善射御之士者,必将富之贵之,敬之誉之,然后国之善射御之士,将可得而众也"⑨。司马穰苴论战,首言"定爵位"、"著功罪"及"收游士"。⑩尉缭子论治兵之要者有五,称"委积不多则士不行,赏禄不厚则民不劝,武士不选则众不强,备用不便则力不壮,刑赏不中则众不畏。"⑪吴起论行军用将尤详,曰:

---

① 遂,得遂进仕;免,免去厮役。杜预注,孔颖达疏:《春秋左传注疏》卷57"哀公二年",载阮元校刻《十三经注疏》下册,第2156页。

② 商鞅撰,严万里校:《商君书·算地》,中华书局,1954年,第13页。

③ 商鞅撰,严万里校:《商君书·赏刑》,第28页。

④ 商鞅撰,严万里校:《商君书·错法》,第19页。

⑤ 军功爵等级详商鞅撰,严万里校:《商君书·境内》,第34—35页。

⑥ 司马迁:《史记》卷68《商君列传》,第2230页。

⑦ 杜佑:《通典》卷13《选举》,中华书局,1984年影印本,第73页。

⑧ 黄兆宏:《从云梦秦简看秦军制》,《青海师范大学学报》(哲学社会科学版)2014年第6期。

⑨ 孙诒让撰,孙启治点校:《墨子间诂》卷3《尚贤上》,中华书局,2017年,第44页。

⑩ 司马穰苴:《司马法·定爵》,浙江人民出版社,1984年,第2页。

⑪ 尉缭:《尉缭子》卷1《战威》,第8页。

一军之中,必有虎贲之士;力轻扛鼎,足轻戎马,搴旗取将,必有能者。若此之等,选而别之,爱而贵之,是谓军命。其有工用五兵、材力健疾、志在吞敌者,必加其爵列,可以决胜。厚其父母妻子,劝赏畏罚,此坚陈之士,可与持久。[1]

以要言之,战国之世为求强兵富国,广泛以军功遴选、拔擢武将。所谓“主卖官爵,臣卖智力,故曰自恃,无恃人”[2],道出世变之际人才选任之鼎革。军功爵制之设立与推广影响深远。杜正胜谓为“军爵塑造新社会”,认为建立严格军功授爵制,乃秦国能完成耕战合一之编户齐民、进而一统天下之关键。[3]西嶋定生论秦汉统一国家之形成与结构,关键即在克服氏族制而出现专制君主制,并依此达致君主对人民之个别人身支配。而此一结构之基础与特征,即二十等爵制。[4]文官之练达与武将之智勇,以及由此而取得之行政与军事功绩,成为官僚体系中获授名位爵禄之重要依据。

此外还应留意者,先秦兵家典籍被后世选将论兵者奉为圭臬,其地位之尊崇俨如儒家经传之于文官选任。《孙子》《吴子》《六韬》《司马法》《三略》《尉缭子》,与旧题李靖所撰《李卫公问对》,北宋总称《武经七书》。将七书总以“经”之名,由官方颁行全国,意仿儒家“四书五经”。自此而降,《武经七书》不仅成为历代武学典范教程,亦为武科内场命题出典与论述依据。甚至儒生应文举,亦须晓悉其大义,因文科试策时常涵括治兵选将之问对。此类兵学著作,成为传统中国思想文化之重要遗产。

三、察举与军功并行

察举者,下察而后举于上。古者诸侯贡士于天子,已初具此意。齐桓公用管仲变法,谓乡长曰:“于子之乡,有拳勇股肱之力,筋骨秀出于众

---

[1] 孙星衍校:《吴子·料敌》,中华书局,1954年,第4页。
[2] 王先慎:《韩非子集解》卷14《外储说右下》,中华书局,1954年,第255页。
[3] 杜正胜:《编户齐民:传统政治社会结构之形成》,台北:联经出版事业股份有限公司,1990年,第358—371页。
[4] 西嶋定生:《中国古代帝国の形成と构造:二十等爵制の研究》,東京:東京大學出版会,1961年,第41、55—88页。

者,有则以告,有而不以告,谓之蔽才,其罪五。"①此亦略具察举之意。至于战国之际,各国选贤任能,大多不拘常格举士。如淳于髡"一日而见七人于宣王",王斗谏宣王"举士五人任官,齐国大治"②。循此以下,荐举益重。吕思勉论秦汉选举之变,谓"古者平民登庸,仅止于士,大夫以上,即不在选举。……至秦而父兄有天下,子弟为匹夫;及汉,更开布衣卿相之局,实为旷古一大变。"③促成此种局面者,即察举选士与军功选将两套机制之并行。

汉高祖刘邦草创之初,未遑设科。因此,汉初功臣名将,乃至裂土封侯者,多恃军功起自布衣。如韩信、彭越、英布、卢绾、樊哙、周勃等,甚或为囚徒群盗、渔猎屠户,谭吉璁谓为"一时猛将,或出于饿隶鲸徒、鼓刀贩绘之贱"④。汉初砥定之后,亦诏郡国举武勇之士,考选任用。《汉官仪》谓:"高祖命天下郡国选能引关蹶张,材力武猛者,以为轻车、骑士、材官、楼船,常以立秋后讲肄课试,各有员数。平地用车骑,山阻用材官,水泉用楼船。"⑤已初见荐选科目与兵种,惟其实施情况不详。汉武帝元封五年(前106),以非常之功须有非常之人,诏令州郡"察吏民有茂材异等可为将相及使绝国者"⑥。由此而正式开启武职察举之局。其后两汉各朝,皆诏令察举人才,分科甚多。其与武将选任相关者,择要胪列如下。

表 2-1　正史所见两汉武职察举简表

时间	察举科目及内容
元封五年(前106)	令州郡察吏民有茂材异等可为将相及使绝国者
本始二年(前72)	选郡国吏三百石伉健习骑射者,皆从军
元延元年(前12)	北边二十二郡举勇猛知兵法者各一人
建平四年(前3)	诏将军、中二千石举明兵法有大虑者

① 戴望:《管子校正》卷8《小匡》,中华书局,1954年,第124页。
② 刘向集录:《战国策》卷10《齐策三》,卷11《齐策四》,上海古籍出版社,1978年,第388、417页。
③ 吕思勉:《秦汉史》下册,香港:太平书局,1962年,第646页。
④ 谭吉璁:《历代武举考》,载《续修四库全书》第859册,第1页。
⑤ 范晔:《后汉书》卷1《光武帝纪》,中华书局,1965年,第51—52页。
⑥ 班固:《汉书》卷6《武帝纪》,中华书局,1962年,第197页。

续表

时间	察举科目及内容
元始二年（2）	举勇武有节明兵法，郡一人，诣公车
建光元年（121）	诏三公、特进、侯、卿、校尉，举武猛堪将帅者各五人
永和三年（138）	令大将军、三公各举故刺史、二千石及见令、长、郎、谒者、四府掾属刚毅武猛有谋谟任将帅者各二人，特进、卿、校尉各一人
汉安元年（142）	诏大将军、三公选武猛试用有效验任为将校者各一人
延熹九年（166）	诏举武猛，三公各二人，卿、校尉各一人
中平元年（184）	诏公卿出马、弩，举列将子孙及吏民有明战阵之略者，诣公车

　　资料来源：班固：《汉书》卷6《武帝纪》，第197页；卷8《宣帝纪》，第243页；卷10《成帝纪》，第326页；卷11《哀帝纪》，第342页；卷12《平帝纪》，第354页。范晔：《后汉书》卷5《安帝纪》，第234页；卷6《顺帝纪》，第268、272页；卷7《桓帝纪》，第317页；卷8《灵帝纪》，第348页。

　　考察所见两汉武职之察举，就其举荐主体而言，自中央大将军、三公，至地方州郡长官等，皆在其列；就举荐对象而言，或为现职行伍人员，或为民间俊才，选举基础较为宽广；就荐选条件而言，常见用词为刚毅、勇猛、武勇、武猛、习骑射，以及知兵法、明战阵、堪任将帅、有谋略等。以上特征，既能反映文武皆备此一传统要求，亦体现汉代重建秩序、并结合特殊形势下用人需求，相应改革选法，以广人才登进之途。

　　两汉抡才，除了常科察举，亦有特诏征求。其求贤诏令之颁发，多在日月交食、异象星变、地震山崩、旱涝蝗灾之后，或在建元伊始之时，故亦为修省人事、因应天变、施恩揽才之策略。魏晋时期，此制亦行。如魏明帝太和二年（228），诏公卿近臣举良将各一人；[1] 晋成帝咸和八年（333），令诸郡举力人能举千五百斤以上者。[2] 此外，亦有"勇猛秀异"、"将帅"、"良将"诸科之举，然多为特诏察举，并非常制。且此时察举制度"地位与作用持续下降"[3]。人才选任之主导制度，已转为九品中正制。

---

① 陈寿：《三国志·魏书》卷3《明帝纪》，中华书局，1959年，第94页。
② 房玄龄等：《晋书》卷7《成帝纪》，中华书局，1974年，第177页。
③ 阎步克：《察举制度变迁史稿》，辽宁大学出版社，1991年，第129—130、140页。

秦汉之世,军功爵制继续推广。晁错论守边备塞,曰:"凡民守战至死而不降北者,以计为之也。故战胜守固则有拜爵之赏,攻城屠邑则得其财卤以富家室,故能使其众蒙矢石,赴汤火,视死如生。"① 汉武帝时期,因对外征战所需,更以军功用人。谭吉璁谓"武帝欲用文、武,求之如弗及,于是卫青奋于奴隶,日磾出于降敌。汉之得人,于兹为盛"②。因此,彼时将领大多起自行伍。汉代实行义务兵役,中央有南北卫兵,边郡有戍卒,地方有国民兵,国家有事,皆可调动应征。亦有良家子志愿从军,立功受赏。汉代名将如李广、赵充国、傅介子、甘延寿等,皆以六郡良家子从军,积功而为将帅。由军功而授爵、擢升者,尤为广泛。不过,军功授爵升迁之制,其后行之既久,更与门荫、世职之制交错,又积"军功集团"垄断之弊病。武选之制,亦须再变。

四、行伍、军功与府兵

察举之设,本意在世职荫袭系统之外,另辟抡才途径。总期打破爵禄垄断,拔擢真才。实行之初,颇收实效。然行之既久,遂为豪族把持。迨于东汉灵帝、献帝之世,察举制已弊窦丛生。邢义田详考 265 名东汉孝廉之家世资料,指出该群体极少出自经济贫寒之家;其中半数以上出自仕宦之族,而且大部分为关东、关中地区累世高宦之门。③ 时谣更刺曰:"举秀才,不知书;察孝廉,父别居。寒素清白浊如泥,高第良将怯如鸡。"④ 曹魏欲争雄天下,必重用人,故屡次下令,唯才是举。延康元年(220),曹丕从尚书陈群建议,设立九品中正制。⑤ 然行之既久,中正之职多为门阀把持,品第益重家世而轻才德。积至西晋,乃有"上品无寒门,下品无士族"之局面。九品中正制由曹魏前期加强中央选举权之制度,至此演变为世家大族控制仕途之工具。⑥

而且,九品中正制虽为魏晋抡才要途,然主要见于文官之选。其间

① 班固:《汉书》卷 49《爰盎晁错传》,第 2284 页。
② 谭吉璁:《历代武举考》,载《续修四库全书》第 859 册,第 1 页。
③ 邢义田:《天下一家:皇帝、官僚与社会》,第 285—354 页。
④ 葛洪:《抱朴子》外篇卷 15《审举》,中华书局,1954 年,第 127 页。
⑤ 陈寿:《三国志·魏书》卷 22《陈群传》,第 635 页。
⑥ 王晓毅:《曹魏九品中正制的历史真相》,《文史哲》2007 年第 6 期。

分裂割据,战事频仍,武将之选任擢升多自行伍。两汉兵制演变之一大趋势,乃西汉中期以后征兵渐轻渐废,募兵渐重渐兴。[①]相沿而下,魏晋兵士或由召募,或由诏选。西晋伐吴,"募限腰引弩三十六钧、弓四钧,立标简试。"[②]刘宋亦尝"募天下弩手,不问所从,若有马步众艺武力之士应科者,皆加厚赏"[③]。北魏"诏选天下武勇之士十五万人为羽林、虎贲,以充宿卫"[④]。其间察举、诏选与召募武材,已见分科考试之设计,"科"与"举"之意渐备。后世武举之立,至此已渐可觅其踪迹。

其间兵将之制,以西魏始行之府兵制尤为特出。宇文泰以八柱国督十二大将军,十二大将军各统二开府,每一开府领一军兵,是为二十四军。府兵制之设计,初乃兵农分离,至唐而兵农合一。《新唐书》谓实行该制,"居无事时耕于野",有事则"命将以出,事解辄罢,兵散于府,将归于朝",因此可以"士不失业,而将帅无握兵之重,所以防微渐、绝祸乱之萌也"[⑤]。魏晋之世,胡汉相争亦相融。宇文泰为与高欢相争,别采权宜"汉化"之策,"以笼络其部卜之汉族。"[⑥]吕思勉谓:"自府兵之制兴,而兵权乃渐移于汉人矣。"[⑦]府兵制行至唐天宝年间废除,前后凡二百年。其间沿革流变,陈寅恪论曰:"府兵制之前期为鲜卑兵制,为大体兵农分离制,为部酋分属制,为特殊贵族制;其后期为华夏兵制,为大体兵农合一制,为君主直辖制,为比较平民制。"[⑧]此一论见,亦勾勒出中古政治与社会之重要转向:由贵族政治转向君主集权。促成此种转型之重要机制,即为选官制度之鼎革。武举之设,正在府兵制度崩坏之后。

综览汉唐之间近四百年,分裂割据占其大半。征战频繁,故军功仍为进身要途。甚至地方文职,亦有以军功武职兼任者。《北史》谓"诸功

---

① 臧知非:《汉代兵役制度演变论略》,《山东大学学报》(哲学社会科学版)1991年第1期。
② 房玄龄等:《晋书》卷57《马隆传》,第1555页。
③ 沈约:《宋书》卷95《索虏传》,中华书局,1974年,第2349页。
④ 魏收:《魏书》卷7《高祖纪下》,中华书局,1974年,第178页。
⑤ 欧阳修、宋祁:《新唐书》卷50《兵志》,中华书局,1975年,第1328页。
⑥ 陈寅恪:《隋唐制度渊源略论稿·唐代政治史述论稿》,生活·读书·新知三联书店,2015年,第140页。
⑦ 吕思勉:《两晋南北朝史》下册,香港:太平书局,1962年,第1304页。
⑧ 陈寅恪:《隋唐制度渊源略论稿·唐代政治史述论稿》,第155页。

臣多为本州刺史"①，又记"时刺史多任武将，类不称职"②。汉唐之间，自军队出身、以武功扬名者逐渐被视为一个属"武"之群体，其间之分裂战乱，使该群体更多介入国家政治，并日益与属"文"之群体对立，由此而引致文、武由商周以降之"分职"发展至唐宋以后之"分途"。③至隋定天下，隋炀帝指责前朝职任之混乱，谓其"不遑文教，唯尚武功。设官分职，罕以才授，班朝治人，乃由勋叙，莫非拔足行阵，出自勇夫，斆学之道，既所不习，政事之方，故亦无取。"④不事文道、徒擅勇力之武夫，此后益受基于科举制度之文官政府排抑防范。

　　中古军功集团之显著者，以"关陇集团"为其中代表。该集团在隋代唐初政治、军事格局中势力甚大。唐代文、武之选，皆建立科目取士，其意亦在阻抑此类军功贵族之特权。陈寅恪更称有唐一代统治阶级之变迁升降，即是宇文泰"关中本位"政策所鸠合集团之兴衰及其分化。该集团人物在唐初出将入相，并无文、武分途之势；"至于武曌，其氏族本不在西魏以来关陇集团之内，因欲消灭唐室之势力，遂开始施行破坏此传统集团之工作，如崇尚进士文词之科破格用人及渐毁府兵之制者皆是也。"⑤武举常科之创置，亦应置于此种重大历史转变之中加以理解。

　　综上所述，唐代以前武官之选，"以武选士"为其核心，具体制度从世袭而军功，进而设科察举，已含武科选举之意。不过其时之选，"既无具体的考试内容，亦无正式的科目，更无法定的选任程序。"⑥判断武科设立之标准，与文科有相通之处，即通过考试抢才，而且需要定期举行、分科取士、明确内容、规范流程。武举常科之正式设立，及其制度化运作，后文详述。

---

① 李延寿：《北史》卷 67《令狐整传》，中华书局，1974 年，第 2354 页。
② 李延寿：《北史》卷 77《柳彧传》，第 2623 页。
③ 陈奕玲：《魏晋南北朝文武分途的基础性研究——几个概念的辨析》，《唐都学刊》2012 年第 1 期。
④ 魏徵等：《隋书》卷 4《炀帝纪》，中华书局，1973 年，第 83 页。
⑤ 陈寅恪：《隋唐制度渊源略论稿·唐代政治史述论稿》，第 234—235 页。
⑥ 陈志学：《唐代武举述论》，《四川大学学报》1988 年第 4 期。

第三节　唐代武举制度之创置

一、唐代武举常科与制举

（一）武举常科之创置与兴废

此处所论武举之创置，乃指其常科而言。武举常科创于武则天在位之时，《新唐书》谓："长安二年，始置武举。"① 《册府元龟》载之稍详："长安二年正月，初令天下诸州有练习武艺者，每年准明经、进士例举送。"② 《唐会要》亦谓"每年准明经、进士贡举例送。"③ 可见公元702年之设武举，乃仿文举明经、进士科之例，即于贡举中增置武举，列为常科，每年考选。武举之内容及标准，亦借鉴兵部武铨规制及唐初"飞骑制度"④。武举之创置，可视作其时贡举制度、武铨制度及飞骑制度之结合。

唐代武举行至德宗朝，屡有废置之议。建中二年（781），礼部员外郎沈既济历数武举之不堪与弊病，奏请停罢，其辞甚激：

> 兵部举选，右请停废（昔隋置折冲府，所以分镇天下散兵；及武太后升平置武举，恐人之忘战。则武官、武选，本末可征。今内外邦畿，皆有师旅；偏裨将校，所在至多。诚宜设法减除，岂复张门诱入？况若此辈，又非骁雄，徒称武官，不足守御。虽习弓矢，不堪战斗，而坐享禄俸，规逃征徭。今请悉停，以绝奸利）。⑤

沈既济此奏，应未得准。贞元十四年（798），谏议大夫田登奏言："兵部武举人持弓挟矢，数千百人入皇城，恐非所宜"，史载唐德宗"闻之瞿然，乃命停武举"⑥。然《唐会要》谓"其实武举者，每岁不过十人。时议

---

① 欧阳修、宋祁：《新唐书》卷44《选举志上》，第1170页。
② 王钦若等编：《册府元龟》卷639《贡举部·条制一》，香港：中华书局，1960年影印本，第8册，第7669页。
③ 王溥：《唐会要》卷59《兵部侍郎》，中华书局，1955年影印本，第1030页。
④ 参高明士：《唐代的武举与武庙》，载《第一届唐代国际学术会议论文集》，台北：唐代研究学者联谊会，1989年，第1023—1024页。许友根：《武举制度史略》，第8—9页。
⑤ 杜佑：《通典》卷18《选举六·杂议论下》，第103页。
⑥ 刘昫等：《旧唐书》卷13《德宗纪》，中华书局，1975年，第389页。

恶敦虚辞,辄乱旧章,以图称旨。"①田登所言武举人数及潜在威胁,或许
不无夸大;但若事实上只有十人,恐难令皇帝"闻之瞿然"而令停罢;若
将"十人"夸大为"数千百人",亦难掩人耳目。因此,田登所谓"数千百
人"(《唐会要》转述为"每年常数百人")应为与试人数,《唐会要》所谓
"十人"应为及第人数。省试近乎百里挑一,可见其竞争颇为激烈。唐德
宗因此遽尔停罢武举,亦可得见其时武举在武官选任体制之内,尚非不
可或缺。至唐宪宗元和三年(808),兵部请复武举,曰:"伏准贞元十四
年九月敕,乡贡举人权停者。伏以取士之方,文、武并用;举选之制,国朝
旧章。参调者既积资劳,入仕者必先贡举。自经停废,今已十年。别趋
幸门,渐绝根本,典彝具在,可举而行。其乡贡举恐须准式却置。"②此奏
得允,其后除了大和八年(834)因天旱暂停一科,武举常科延至唐末,未
见更有废置之举。

(二)武科制举之施行

武举常科之外,亦有制举。制举由"天子自诏",以待"非常之才"③。
士子应诏赴京,由皇帝亲试,此制汉已有之。唐代诸帝亦屡次下诏,求访
武勇。如唐高宗显庆二年(657),发"采访武勇诏","令京官五品已上及
诸州牧宰,各举所知。"④唐玄宗即位,又令在京文、武官以及朝集使五品
以上者,举堪充将帅者一人,不限年位,务求实用。⑤开元九年(721),再
下"求访武士诏",令两京、中都及天下诸州官人、百姓,具有才智勇力、可
以临敌御寇者,均可自举,由各州府"具以名进,所司速立限期,随表赴
集",而后由皇帝亲自考试,分别任用。⑥

唐代武科制举,自太宗朝至昭宗朝皆行之。其科目名称不尽相同,
如武艺绝伦、才堪将帅、军谋出众、才兼文武等。其考试内容大致分为
武艺及谋略两类。据刘琴丽统计,唐代在安史之乱前武制科制目有23

---

① 王溥:《唐会要》卷59《兵部侍郎》,第1030页。
② 王溥:《唐会要》卷59《兵部侍郎》,第1031页。金滢坤指出,元和复科应与宪宗积极平藩有
　很大关系。见金滢坤:《中国科举制度通史·隋唐五代卷》,第709页。
③ 欧阳修、宋祁:《新唐书》卷44《选举志上》,第1159页。
④ 宋敏求编,洪丕谟等点校:《唐大诏令集》卷102《政事》,学林出版社,1992年,第473页。
⑤ 王钦若等编:《册府元龟》卷68《帝王部·求贤第二》,第1册,第761页。
⑥ 宋敏求编,洪丕谟等点校:《唐大诏令集》卷102《政事》,第475页。

科,试目 17 个,共 40 个;安史之乱后武制科制目有 24 科,试目 9 个,共 33 个。① 唐人韦肇记御驾春明楼亲试武艺绝伦,即武科制举。其赋盛称应试者"骋技于非常之日,争锋于拔类之时。则有六钧用壮,百中无疑。和容就列,省括于兹。射用藏分,不独主皮之善;发殊罕忌,而无失鹄之嗤"②。唐代以降,仍有武科制举,然开科不定,且此后武举常科已制度化。故本书后文所论,皆为常科规制。

二、唐代武举之规制与内容

唐代武举先由乡贡,应举者包括勋官、品子及平民。③ 乡贡之法,《唐六典》载:"每岁贡武举人有智勇谋略强力悍材者,举而送之。试长垛、马枪、翘关、擎重,以为等第之上下,为之升黜,从文举行乡饮酒之礼,然后申送。"④ 武举先由州府选拔、岁贡,再赴京应省试。《唐会要》谓:"旧制,凡武举,每岁孟冬,亦与计偕。"⑤ 乡贡武举,每年十月随上计使(朝集使)进京,"勘责文状而引试。"⑥

唐代选举之制,礼部、吏部负责文选,兵部主持武选。武举创设之初,由员外郎(从六品上)掌其事。开元二十六年(738),以员外郎位卑职轻,敕令今后由兵部侍郎(正四品下)掌武举事,以示重视。⑦ 唐代武举常贡科目主要分二科:一曰武举科,二曰平射科。⑧ 其考试内容概述如次。

(一)武举科

武举科之考试内容,综合各项史料,所见主要有以下几种项目,或为不同时期之规制汇总。同一场考试之中,应该不是以下项目均须轮考一过。

---

① 科次列表详参刘琴丽:《唐代武官选任制度初探》,第 151、242—249 页。
② 韦肇:《驾幸春明楼试武艺绝伦赋》,载陈梦雷编《古今图书集成·经济汇编》选举典卷 119《武举部艺文》,台北:鼎文书局,1977 年影印本,第 64 册,第 1159 页。
③ 许友根:《武举制度史略》,第 10 页。
④ 李林甫等撰,陈仲夫点校:《唐六典》卷 30《三府督护州县官吏》,中华书局,1992 年,第 749 页。
⑤ 王溥:《唐会要》卷 59《兵部尚书》,第 1029 页。
⑥ 李林甫等撰,陈仲夫点校:《唐六典》卷 5《尚书兵部》,第 160 页。
⑦ 王溥:《唐会要》卷 59《兵部侍郎》,第 1030 页。
⑧ 王溥:《唐会要》卷 59《兵部尚书》,第 1029 页。李林甫等撰,陈仲夫点校:《唐六典》卷 5《尚书兵部》,第 160 页。

一为长垛。"垛"即以草织成之箭靶。长垛之制,《通典》载曰:"画帛为五规,置之于垛,去之百有五步(内规广六尺,橛广六尺;余四规,每规内两边各广三尺。悬高以三十尺为限)。列坐引射,名曰长垛(弓用一石力,箭重陆钱)。"①"规"即环圈,画帛为五规,即画同心五环于布帛,覆于草垛之上。其内环直径六尺,外四环各宽三尺。于一百零五步之外,列坐引射。《唐六典》规定:"入中院为上,入次院为次上,入外院为次。"②依高明士之论,《通典》所用之"规"字,当为《唐六典》、《唐会要》所记长垛三院制、四院制之"院"字。③此与今日射技略同,即射中靶心为最佳,愈向外环得分愈低。

二为骑射。以皮实草为鹿状,凡两只,置诸土墙,驰马而射。《通典》载其规制:"穿土为埒,其长与垛均,缀皮为两鹿,历置其上,驰马射之,名曰马射(鹿子长五寸,高三寸。弓用七斗以上力)。"④关于马、鹿,元稹《观兵部马射赋》谓:"以多马为能,故以马为试;以得鹿为美,故以鹿为正。岂独武人之利,实惟君子之争。"⑤《唐六典》载马射评判标准:"发而并中为上,或中或不中为次上,总不中为次。"⑥

三为马枪。此项考试驰马用枪之本领。《通典》载其规制:"断木为人,戴方版于顶上,凡四偶人,互列埒上。驰马入埒,运枪左右,触必版落,而人不踣,名曰马枪(枪长一丈八尺,径一寸五分,重八斤。其木人,上版方三寸五分)"⑦即驰马挑木人头顶之板,凡四块,途中武举不可跌扑落马。其评判标准为:"三板、四板为上,二板为次上,一板及不中为次。"⑧

① 杜佑:《通典》卷15《选举三》,第83页。
② 李林甫等撰,陈仲夫点校:《唐六典》卷5《尚书兵部》,第160页。金滢坤采唐代一步合1.475米、唐尺每尺合29.5厘米之数,认为若依原文记载,则箭靶半径15尺(442.5厘米),直径30尺(885厘米),悬高30尺(885厘米),均不可能,此处"尺"应为"寸"之误,数据相应缩小十倍。见金滢坤:《中国科举制度通史·隋唐五代卷》,第712—713页。
③ 高明士:《唐代的武举与武庙》,第1021页。
④ 杜佑:《通典》卷15《选举三》,第83页。
⑤ 元稹撰,冀勤点校:《元稹集》卷27《赋》,中华书局,1982年,上册,第324页。此句当为莅场主试者之誓词。案:"多马"典出《礼记·投壶》,立木以庆投壶中矢之多者。又"多马"与"得鹿"似亦有双关意涵:"多马"既可依《礼记》直解,实亦商代武官名称;"得鹿"既可依字直解,又"鹿"、"禄"谐音(部分版本"鹿"径作"禄")。且此处又援《论语·八佾》孔子所谓射乃"君子之争",回溯古代选士射以观德、允文允武之理想。
⑥ 李林甫等撰,陈仲夫点校:《唐六典》卷5《尚书兵部》,第160页。
⑦ 杜佑:《通典》卷15《选举三》,第83页。
⑧ 李林甫等撰,陈仲夫点校:《唐六典》卷5《尚书兵部》,第160页。

四为步射。步射为射草人，"中者为次上，虽中而不法、虽法而不中者为次。"① 惟其具体规制不详。

五为材貌。材貌主要评衡标准为身高，"以身长六尺已上者为次上，已下为次。"②

六为言语。言语项目为口答策问。③ 此项考核武举之表达、统领能力，"有神彩，堪统领者为次上，无者为次。"④

七为翘关。翘关即举重。翘关本指举起城池大门，晋以后成为专练臂力之铁杠，仍沿用"翘关"之名。⑤《新唐书》载其规制为："长丈七尺，径三寸半，凡十举后，手持关距，出处无过一尺。"⑥

此外，《通典》另载"穿札"及"负重"两项考验，不见于《唐六典》所载规制。"穿札"规制不详。前贤或以翘关（举重）、负重为同一项，恐不如此。翘关乃举其铁杠，负重乃负物行走。《新唐书》亦另记其标准云："负重者，负米五斛，行二十步，皆为中第。"⑦ 此二项目或为后期新增，或非常考项目，详细规制待考。

唐代武举科考试项目之中，除了主要考察骑马、射箭、击刺、举重等武艺内容，还专门注重"材貌"及"言语"两项，似与同一时期文科选官"身言书判"之前两项有所对应，亦反映出文武选士对于人才之要求标准有其汇通之处。

（二）平射科

平射科考核内容较为简略，"试射长垛，三十发不出第三院为第。"⑧ 即发三十箭射长垛，要求均不出三院（环）之外，即为及第。

唐代武举之科目，除了每年常贡之"武举科"及"平射科"之外，另有并非每年举行之"非常科目"。《唐六典》载其选目：谋略（谓闲［娴］

---

① 李林甫等撰，陈仲夫点校：《唐六典》卷5《尚书兵部》，第160页。
② 李林甫等撰，陈仲夫点校：《唐六典》卷5《尚书兵部》，第160页。
③ 许友根：《武举制度史略》，第15页。
④ 李林甫等撰，陈仲夫点校：《唐六典》卷5《尚书兵部》，第160页。
⑤ 参李林甫等撰，陈仲夫点校：《唐六典》卷5《尚书兵部》，第160页。高明士：《唐代的武举与武庙》，第1039页。
⑥ 欧阳修、宋祁：《新唐书》卷44《选举志上》，第1170页。
⑦ 欧阳修、宋祁：《新唐书》卷44《选举志上》，第1170页。
⑧ 李林甫等撰，陈仲夫点校：《唐六典》卷5《尚书兵部》，第160页。

兵法）、才艺（谓有勇技）、平射（谓善能令矢发平直。十发五中,五居其次为上第;三中,七居其次为下第）、筒射（谓善及远而中。十发四中,六居其次为上第;三中,七居其次为下第;不及此者为不第）。并称凡此皆"待命以举,非有常也"①。与武举常贡不同,非常科目与制举均非定期举行,但两者在考试内容、授职规定上均有差异。学界亦有将此处四个非常科目归入制科论述者。又武举常科内之"平射科"与非常科目之"平射"有无关系,关系若何,史料不足,暂难申论。

三、唐代武举之及第、除官与影响

唐代武举之各项考试,分设上、次上、次三等（亦有仅见次上及次二等者）。《唐六典》谓"率以五次上为第"②,即五项列次上得第;《通典》谓"通得五上者为第"③,即五项列上方能得第。其及第标准之提升,高明士考论为《通典》对《唐六典》之修正。唐代武举之录取标准,大致依贞观年间"飞骑制度"为蓝本而设定。④ 其授职概况如次:

> 武贡之第者,勋官五品已上并三卫执仗、乘,若品子年考已满者,并放选;勋官六品已上并应宿卫人及品子五考已上者,并授散官,谓"军士战官";余并帖仗然后授散官。⑤

武举及第后,并非马上任官,而是依据原本出身,再参与兵部铨选,或授予散官。⑥ 关于唐代武举之实际考试、选拔、授官人数,史料乏征。前引《唐会要》谓"每岁不过十人",可略作参照。唐代武举及第后军功卓著、名垂青史者,以往一般仅举郭子仪一人。《新唐书》载郭子仪"以武举异等补左卫长史"⑦。真正令郭子仪名垂后世者,乃其平定安史之乱、"再造李唐"之功。然郭子仪究属唯一特例。《新唐书》则径谓武举"选

---

① 李林甫等撰,陈仲夫点校:《唐六典》卷5《尚书兵部》,第160页。
② 李林甫等撰,陈仲夫点校:《唐六典》卷5《尚书兵部》,第160页。
③ 杜佑:《通典》卷15《选举三》,第83页。
④ 高明士:《唐代的武举与武庙》,第1023—1024页。
⑤ 李林甫等撰,陈仲夫点校:《唐六典》卷5《尚书兵部》,第160页。
⑥ 详细论析参金滢坤:《中国科举制度通史·隋唐五代卷》,第718—720页。
⑦ 欧阳修、宋祁:《新唐书》卷137《郭子仪传》,第4599页。

用之法不足道"，因此不加书写。① 此说体现出文武分途、崇文抑武背景
之下，宋代文人学士对于武举制度之贬抑。其后马端临反驳此论，亦仅
能举郭子仪孤例，并谓唐代《登科记》不载武举出身者"亦一欠事"②。近
年学界依据新见资料（主要为出土墓志），陆续考补唐代武举常科及第人
物及其经历。其中，刘琴丽列出可考者 14 人（另外考列制科登科者 28
人），许继莹补列为 16 人，许友根考列 14 人，金滢坤综合去取，考列 16
人。经历可考之唐代武举常科及第人物，其及第时间主要集中在唐代
初期和中期，及第年龄自十几岁至四十几岁皆有。考生以北方尤其是
关中、山东地区出身者居多，出自南方者甚少；考生家庭背景以小姓、士
族居多，多半具有门荫资格，真正寒素出身者较少。其初始授职以低级
武官为主，此后亦可转为文官。其中仕途之卓异者，如包思恭官至右威
卫将军（从三品），张嘉祐位至右金吾将军（从三品），瞿昙譔位至司天监
（正三品），廖汾官至金吾卫大将军（正三品），伊慎官至尚书右仆射（从二
品），郭子仪更是官至使相，位至太尉，正一品，位极人臣。③ 由此可见，唐
代武举及第人物中，确有部分影响甚大者。

　　不过整体而言，武举并非唐代武官选拔之主要方式，其所选武官数
量非常有限，因而"不能从整体上牵动唐代的武官队伍"④。而且，由于其
及第人数、名录及经历大多不可详考，武举于唐代政治、军事系统中所发
挥之具体作用，尚需继续追索和准确评估。不过，武举之创设于后世选
举影响深远，宋明沿用，迄于清末。其于中古以降政治、军事、社会之意
涵，当稍作申述。武后创设武举之因由，前贤论之甚详，要之曰：府兵之
制崩溃，不堪倚重；外患不绝，须选拔将校以靖边；奖励新设民兵、镇兵，
提升战斗力；削弱关陇集团，巩固武周势力。⑤ 论及武举之创设，应当观
照中古政治与社会变革之大势，尤其是"关陇集团"势力之盛衰。创置

① 欧阳修、宋祁：《新唐书》卷 44《选举志上》，第 1170 页。
② 马端临：《文献通考》卷 34《选举七》，商务印书馆，1935 年影印本，第 322 页。
③ 参考刘琴丽：《唐代武官选任制度初探》，第 110—128、129—145 页。许继莹：《唐代武举制
度初探》，第 39—47 页。许友根：《唐代武举及第者考述》，第 66—71 页。金滢坤：《中国科
举制度通史·隋唐五代卷》，第 720—730 页。由于前后所见材料及认定标准不同，以上四家
所列人名各有差异。
④ 刘琴丽：《唐代武官选任制度初探》，第 127 页。
⑤ 参高明士：《唐代的武举与武庙》，第 1028—1034 页。许友根：《武举制度史略》，第 6—9 页。

武举,实亦武曌加强集权、削弱关陇势力策略之一环。府兵制不可救止,其衰坏既为创设武举之缘由,亦为武曌赓续破坏之结果。陈寅恪因而论曰:"科举制之崇重与府兵制之破坏俱起于武后,成于玄宗。其时代之符合,决非偶然也。"①

唐代于中古社会转向之关键地位,学界申论已详。陈寅恪亦谓:"武周之代李唐,不仅为政治之变迁,实亦社会之革命。"②中国社会由中世向近世之转,其重要表现之一即科举制度之创设,以致人才流动逐渐由出身本位转向才能本位。虽然,唐代武科之地位与影响总体难与文科等量齐观,且目前所见武举及第、仕途卓异者,不少亦得益于家庭环境及社会身份之助。但是,此种武将选拔方式,在制度层面终于打破自世卿世禄以降选官之家庭出身标准,为促进近世社会流动提供一种重要机制。自此以降,文、武两条以定期考试选拔人才之"平行路径",大致并驾而行,直至清末相继革废。

第四节　宋、金两代武举之沿革

一、宋代武举之沿袭与罢废

五季宋初,战乱纷扰,武举未见开设。其间将帅多擢自行伍,或由荐举,或由荫袭,或由军功。③宋仁宗天圣七年(1029),始诏令复置武举。王栐《燕翼诒谋录》谓:"唐设武举以选将帅,五代以来皆以军卒为将,此制久废。天圣七年,以西边用兵,将帅乏人,复置武举。"④《宋史·仁宗本纪》亦载天圣七年"复制举六科,增高蹈丘园、沉沦草泽、茂才异等科,置书判拔萃科及试武举"。次年"亲试书判拔萃科及武举人"⑤。

此处所应辨析者,天圣七年令重置武举,乃制举与常科并行。天圣之前以武选士,实际仅属制举。武科制举究非真正意义之武举,故未可

---

① 陈寅恪:《隋唐制度渊源略论稿·唐代政治史述论稿》,第206页。
② 陈寅恪:《隋唐制度渊源略论稿·唐代政治史述论稿》,第202页。
③ 许友根:《武举制度史略》,第23页。
④ 王栐撰,诚刚点校:《燕翼诒谋录》卷5,中华书局,1981年,第44页。
⑤ 脱脱等:《宋史》卷9《仁宗本纪》,中华书局,1977年,第186、188页。

视作武举已复。① 此后武举相沿二十年,至皇祐元年(1049),宋仁宗诏令应"恢隆文风,敦厚俗尚,一失其本,恐陷末流,宜罢试于兵谋,俾专繇于儒术。"② 且其时对西夏战事渐平,"边事浸息,遂废此科。"③ 武举暂被罢废。然请复武举之议,时有所见。苏辙应诏对举,亦请重武臣、复武举,曰:

> 今天下有大弊二:以天下之治安,而薄天下之武臣;以天下之冗官,而废天下之武举。彼其见天下之方然,则摧沮退缩而无自喜之意。今之武臣,其子孙之家往往转而从进士矣。故臣欲复武举,重武臣,而天子时亦亲试之以骑射,以观其能否而为之赏罚,如唐正[贞]观之故事,虽未足以尽天下之奇才,要以使之知上意之所悦,有以自重而争尽其力,则夫将帅之士,可以渐见矣。④

嘉祐八年(1063),枢密院力言武举不可罢废,请复。⑤ 宋英宗治平元年(1064),复武举。⑥ 自此以降,武举常科二年一选,得以进行。然"靖康之难"至南宋初年,武举仅断续进行。直至绍兴十二年(1142)宋、金议和,局势稍定,武举常科方复之如故。迄于宋末,未见罢废。

二、宋代武举之应试资格、层级及项目

宋代武举之应试资格,依天圣七年诏令,为"应三班使臣、诸色选人及虽未食禄、实有行止、不曾犯赃及私罪情轻者"。文、武官员子弟如果没有犯事,而且确有军事谋略、武艺者,亦准投考。⑦ 就其制度设计而言,宋代武举面向多数人群包括平民开放;而其实际运作中,则以从现任文武官员及其子弟中拔擢将帅为主要目标。方震华进一步辨析,指出宋代

---

① 周兴涛指出,科举意义上之"武举"应满足四项条件:投牒自应与官员保结相结合;考试为定,且考试内容同时包含武艺和程文;立法取士;逐级淘汰。并以此判断武举常科之设置与否。参周兴涛:《宋代武举三题》,《贵州大学学报》(社会科学版)2007年第5期。
② 刘琳等校点:《宋会要辑稿》选举一七,上海古籍出版社,2014年,第9册,第5588页。
③ 王林撰,诚刚点校:《燕翼诒谋录》卷5,第44页。
④ 苏辙撰,陈宏天、高秀芳点校:《苏辙集》栾城应诏集卷7《进策五道》,中华书局,1990年,第1299页。
⑤ 李焘:《续资治通鉴长编》卷202,中华书局,2004年,第15册,第4902—4903页。
⑥ 脱脱等:《宋史》,卷13《英宗本纪》,第256页。
⑦ 刘琳等校点:《宋会要辑稿》选举一七,第9册,第5586页。

武举招考对象主要为基层官僚及平民,而制科则自中、高级官员内选拔将帅。①

　　宋代武举层级类于文举。文举分解试、省试、殿试三级;武举起初亦同,其后为控制参加武解试人数,前置资格试曰"比试"或"引试",故为四级。比试在京由兵部派员监试,地方则由诸路安抚司负责。比试应试人数一般不过二百人,合格者送京解试。解试由兵部主持,例在八月举行,解额约七十人,分"绝伦"及"平等"两等取人。省试亦由兵部主持,故又称"兵部试",两宋武举省试常规中额约在 20 至 40 人之间。北宋武举录取最少一次仅有 2 人,最多一次 69 人;南宋最少一次仅取 5 人,最多一次为 47 人。殿试由皇帝亲试,仁宗朝武举初设时,殿试尚有黜落。嘉祐二年(1057)以后,省试合格者若无过犯,殿试不再黜落,同于文科。② 依据张希清之统计与估算,两宋武举开科 77 榜,有具体登科人数记载者为 43 榜、1407 人,两宋武举正奏名取士总约 2500 人。③ 可见该群体之人数,远远少于文科及第接近 42500 人之数。

　　宋代武举之各级考试,皆试武艺与程文。天圣八年复科亲试,"先阅其骑射而试之,以策为去留,弓马为高下。"④ 该准则大致相沿至宋末。其武考科目,有步射、马射、弩踏、抡刀、使枪等,尤以步、马射为主。⑤ 程文主要考策问及兵书大义。治平元年(1064),翰林学士贾黯奏请如明经之制,"于太公韬略,孙、吴、司马诸兵法,及经史言兵事者,设为问目,以能用己意或引前人注释,辞明理畅,及因所问自陈方略可施行者为通。"⑥ 策文仿文举明经之例,依兵学经典拟就边防时务、行军用将之策题。天圣间仅试一道,后增至二、三道,相沿迄于南宋。兵书大义则只重记诵,故评定成绩以策文为主。⑦ 其取录与及第准则合文、武两项考试成绩核计。治平

① 方震华:《文武纠结的困境——宋代的武举与武学》,《台大历史学报》第 33 期(2004 年 6 月)。
② 参许友根:《武举制度史略》,第 29—31 页。吴九龙、王菡:《宋代武学武举制度考述》,《文史》第 36 辑(1992 年 8 月)。周兴涛:《宋代"不武"不能独罪武举、武学制度》,《孙子研究》2015 年第 4 期。
③ 张希清:《中国科举制度通史·宋代卷》,第 667 页。
④ 脱脱等:《宋史》卷 157《选举三》,第 3679 页。
⑤ 许友根:《武举制度史略》,第 35 页。
⑥ 李焘:《续资治通鉴长编》卷 202,第 15 册,第 4903 页。
⑦ 参周兴涛:《宋代武举的程文考试》,《教育与考试》2011 年第 6 期。

元年（1064）定四等格：优等、次优、次等、末等，其标准及相应授职如下：

> 策略定去留，弓马定高下。弓步射一石一斗力，马射八斗力，各满，不破体，及使马精熟，策略、武艺俱优者为优等，与右班殿直。弓步射一石一斗力，马射八斗力，各满，但一事破体，及使马生疏，策优艺平者为次等，与奉职。弓步射一石力，马射七斗力，各满，不破体，及使马精熟，艺优策平者为次等，与借职。弓步射一石力，马射七斗力，各满，但一事破体，及使马生疏、策艺俱平者为末等，与茶酒班殿侍、三班差使。弓射二石力，弩踏五石力，射得，策略虽下而武艺绝伦者，未得黜落，别候取旨。①

唐、宋二代武举常科之最大区别，在宋代增试程文。且宋代所确立外场试武艺、内场试文艺之考法，为后世金、明、清三朝及朝鲜、越南两国所借鉴沿用。②在此意义上，武举发展至宋代方可谓定型。而且，此种设计对推进宋代兵学研究亦有贡献，下文详及。此外，宋代武考内容较之唐代，项目减少，及第标准亦较低，主要检测膂力，而非使用弓箭之技巧与准度。③宋代武举贯彻始终之准则，乃策问定去留，弓马定高下。实际操作中，文艺重于武艺。此种现状，一则可见北宋武举考试中，智谋重于武勇；同时，此亦宋代政治崇文抑武、力图以文驭武之表征。

三、宋代武举之及第与授官

宋代武举之授职，依熙宁六年（1073）诏令，大要为："策、武艺俱优为右班殿直，武艺次优为三班奉职，又次借职，末等三班差使、减磨勘年。策入平等而武艺优者除奉职，次优借职，又次三班差使、减磨勘年，武艺末等者三班差使。"④宋代官、职、差遣分离，朝廷既轻武又忌武，故武举除官难得要职。北宋差遣材武之人，尚能用其所长。至于南宋，武举"仅为一出身、资历而已"⑤。宋代武举之实际差遣，多自下级军官，甚或受将帅

---

① 刘琳等校点：《宋会要辑稿》选举一七，第9册，第5589—5590页。
② 参周兴涛：《宋代武举的程文考试》，《教育与考试》2011年第6期。
③ 方震华：《文武纠结的困境——宋代的武举与武学》，《台大历史学报》第33期（2004年6月）。
④ 脱脱等：《宋史》卷157《选举三》，第3680页。
⑤ 吴九龙、王菡：《宋代武学武举制度考述》，《文史》第36辑（1992年8月）。

鞭笞之辱,或授以榷酤之事,无关军务。宋孝宗隆兴元年(1164),殿中侍御史胡沂之奏,道出此种困局:

> 国初,试中武艺人并赴陕西任使。又武举中选者,或除京东捉贼,或三路沿边,试其效用,或经略司教押军队、准备差使,今率授以榷酤之事,是所取非所用,所用非所学也。①

此后屡有以武举从军之请。至淳熙七年(1180),立武举授官并从军新法:"凡愿从军者,殿试第一人与同正将,第二、第三名同副将,五名以上、省试第一名、六名以下并同准备将;从军以后,立军功及人材出众者,特旨擢用。"②照理而言,此后武举及第者均应从军报国。然宋代武举之一大怪象,在原本冀望从军建功之武进士,实际不愿入军效力。而且此种现象,有宋一代越益严重。宋代有锁厅换试之设,太学诸生应文举久不第者,先应武举,而后应锁厅试以换文阶。绍熙年间林颖秀奏言:"武士舍弃弓矢,更习程文,褒衣大袖,专做举子。夫科以武名,不得雄健喜功之士,徒启其侥幸名爵之心。"③故宋代屡诏罢锁厅换试,可见武举实际异变为士人入职文官之别途。④虽然,淳熙武举授官新格内,明定武举授职及入伍条例,然武举出身而名扬沙场者,始终鲜见。以故,史书载曰:"自淳熙以来,武举人亦未有卓然可称者。"⑤宫崎市定概论宋代文、武科举及选官,亦指出以选拔武官为目的之武举"几乎没有多大的意义","由于武将只有在战场上建功立业才能证明他的才能,因此单靠兵法和武技的演练并不能证明一个人的实力,所以武举出身的武官晋升速度非常慢。"⑥对于认识明清武举制度及其所选人才之地位,此说仍具参考价值。

何以至此?对于宋代武举之症结与困境,方震华有独到剖析:因武举及第者多起自民间,并无行政资历,只能授予基层职位,不能立即擢为

----

① 脱脱等:《宋史》卷157《选举三》,第3683—3684页。
② 脱脱等:《宋史》卷157《选举三》,第3685页。
③ 脱脱等:《宋史》卷157《选举三》,第3686页。
④ 参许友根:《武举制度史略》,第39—40页。方震华:《文武纠结的困境——宋代的武举与武学》,《台大历史学报》第33期(2004年6月)。
⑤ 李心传撰,徐规点校:《建炎以来朝野杂记》乙集15《淳熙武举授官新格》,中华书局,2000年,第780页。
⑥ 宫崎市定著,张学锋、马云超等译:《宫崎市定亚洲史论考》上册,上海古籍出版社,2017年,第222页。

将帅。而武举及第者，较多为文科受挫之士人，仅恃武举进身求官，无心从军。因此，武举进士不愿从军之现象，越益严重。即便政府威逼利诱，令其进入军队，亦难与同僚合作。武举进士之身份认同与文士相近，而与职业军人相疏。以是之故，宋代武举之军事效用，随时间而递减。① 宋代惩于五季兵祸，朝廷既忌防武人，文士亦轻鄙武人。然国之安危又须赖于武人，只能以文驭武。结果，北宋领兵作战之著名将帅，几无武举出身者。范仲淹、沈括等人，皆以文士领兵而建立功业，李纲、宗泽亦文科进士出身，岳飞、韩世忠乃恃军功而拜将帅，均非起自武科。文与武之纠葛与失衡，遂为宋代政治与军事之一大特色，亦其积弊所在。引申而论，商周以后之"文武分职"，演变至唐宋逐渐成为"文武分途"，"允文允武"和"文武合一"则越益成为难以企及之理想。

四、金代武举述略

金代武举初设于金熙宗皇统年间（1141—1149），规制不详。金章宗泰和五年（1205），初定武举格。② 金宣宗贞祐二年（1214），允诸色人考试武举。③ 兴定元年（1217），下令中都、西京、北京等路之策论进士以及武举人，在南京、东平、婆速、上京等四路考试。兴定二年，特赐武举温迪罕缴住等一百四十人及第。④ 此为史籍所见之开科简况。

至于金代武举之规程，依照泰和定制，分为府试、省试、程试三级。各项考试内容与评判准则分述如次：其一为挽弓射箭。应试士子拉一石力之弓，使用重七钱之竹箭，于一百五十步立射。十箭之内，府试至少应中一箭，省试应中二箭，程试应中三箭，方为合式。其二为远射长垛。远射距离二百二十步之长垛，三箭之中应中一箭，方为合式。其三为射卧鹿。在一百五十步之内，每五十步之间，设立高五寸、长八寸之卧鹿二只，士子以七斗之弓、二大凿头之铁箭驰射。府试许射四反，省试许射三

---

① 方震华：《文武纠结的困境——宋代的武举与武学》，《台大历史学报》第 33 期（2004 年 6 月）。
② 脱脱等：《金史》卷 12《章宗本纪》，中华书局，1975 年，第 272 页。
③ 脱脱等：《金史》卷 14《宣宗本纪上》，第 305 页。闫兴潘据此反推，论证贞祐二年之前金代武举制度只对女真人开放。见闫兴潘：《金代武举的民族属性——民族关系影响下的制度变革》，《北方文物》2015 年第 2 期。
④ 脱脱等：《金史》卷 15《宣宗本纪中》，第 327、336 页。

反,程试许射二反,中二箭方为合式。其四为枪刺木偶。于一百五十步之内,每三十步之间,左右错置高三尺之木偶人四个,各戴五寸方板,士子以枪驰刺。府试许驰三反,省试许驰二反,程试许驰三反。其五为问律及兵法问对。至于标准,枪刺木偶时左右各刺落一板者,依荫例问律一条。又问兵书《孙子》《吴子》十条,能说其中五条者,列为上等。①

金代武举乃综合唐、宋武举规制而设,亦有创新。其考试尤重骑射,如长垛、步射、马枪,乃仿唐制。金代武举较之宋代,更重武艺。金代弃唐代武举材貌与翘关两项,将言语一项融入宋代试策,考兵法应对,虽无笔试,亦重兵法。且在必要时问律一条,此为前代武举所无。

金代武举及第者多入军旅,待遇较宋代为优。依据泰和定制,“上甲第一名迁忠勇校尉,第二、第三名迁忠翊校尉。中等迁修武校尉,收充亲军,不拘有无荫,视旧格减一百月出职。下等迁敦武校尉,亦收充亲军,减五十月出职。”②金宣宗贞祐三年(1215),定武进士同文进士之例,皆赐敕命及章服。并将武举及第而非见居职任、已用于军前者,“令郡县尽遣诣京师,别为一军,以备缓急。其被荐而未授官者,亦量材任之。”③元光二年(1223),东京总帅纥石烈牙吾塔言:“武举入仕,皆授巡尉军辖,此曹虽善骑射,不历行阵,不知军旅,一旦临敌,恐致败事。乞尽括付军前为长校,俟有功则升之。”④此处指陈武举及第者技能阅历之长短,颇为切要。从中亦可得见,金代武举之初始授职与待遇,的确优于前代。

第五节　明代武举之恢复、延宕及明清之鼎革

一、元、明武举之废置与恢复

元代情况较为特殊,《续文献通考》谓“元代不设武举,专事承袭”⑤。元仁宗年间(1285—1320),礼部尚书马祖常曾奏:“将家子弟骄脆有孤

---

① 脱脱等:《金史》卷51《选举志一》,第1151页。枪刺木偶项目中,程试之“三反”或应作“一反”。
② 脱脱等:《金史》卷52《选举志二》,第1165—1166页。
③ 脱脱等:《金史》卷51《选举志一》,第1152页。
④ 脱脱等:《金史》卷51《选举志一》,第1152页。
⑤ 张廷玉等:《续文献通考》卷39《选举六》,商务印书馆,1935年影印本,第3178页。

任使,而庶民有挽强蹶张老死草野者,当建武学、武举,储材以备非常。"①
若依其奏议,诸翼军官子弟承袭父兄之职位者,应当设立武举,以便应
考,并须学习兵法、武艺。蒙古、色目人只试武艺,其愿试兵法中者升阶;
汉人则兼试兵法、武艺,中式者方许承袭;若布衣之士愿意应试,而且考
中,亦可擢用。② 然其奏议未获允行,故元代武举中辍。

明代武举之开科时间,史载互歧。《明太祖实录》载吴元年(1367)
下令设文武科取士,"应武举者先之以谋略,次之以武艺。俱求实效,不
尚虚文。"③《明史·选举志》则谓武科乃吴元年所定,"洪武二十年俞礼
部请,立武学,用武举。武臣子弟于各直省应试。"④ 此说不确,学界已多
有辨正。针对洪武二十年(1387)礼部所请,朱元璋非但未从,反斥曰:

> 建武学、用武举,是析文武为二途,自轻天下无全才矣。三代之
> 上,士之学者文武兼备,故措之于用,无所不宜,岂谓文武异科,各求
> 专习者乎?……今又欲循旧用武举,立庙、学,甚无谓也。⑤

朱元璋出身寒微,起自元末战乱,对于此时文武之殊途,以及考试
抡才与行伍选将之悬殊,自然洞烛深切。此处回溯三代选才之"文武合
一",不过重提一种远去之理想,以为遁词,武举、武学、武庙之"甚无谓",
恐怕才是其本意。解缙于洪武二十一年及进士第,上"太平十策",亦请
"开武举以收天下之英雄,广乡校以延天下之俊义"⑥。《明史·太祖本纪》
又载洪武二十七年(1394),"始设文武科取士。"⑦ 然以今日所见史料,实
难支撑太祖朝已开武举常科之说。正德年间兵部尚书王琼奏议武举,亦
称"太祖高皇帝初定天下,召集海内各儒,酌古准今,议定制度。文职设
科、贡二途以取士;武职世袭,故不设科"⑧。可见,明初太祖朝并未开设
武举。

---

① 宋濂等:《元史》卷143《马祖常传》,中华书局,1976年,第3413页。
② 马祖常:《建白一十五事》,载陈梦雷编《古今图书集成·经济汇编》选举典卷119《武举部艺
　文》,第64册,第1160—1161页。
③《明太祖实录》卷22,台北:"中研院"历史语言研究所,1962年影印本,第1册,第322—323页。
④ 张廷玉等:《明史》卷70《选举二》,中华书局,1974年,第1708页。
⑤《明太祖实录》卷183,第6册,第2759页。
⑥ 张廷玉等:《明史》卷147《解缙传》,第4118页。
⑦ 张廷玉等:《明史》卷1《太祖本纪》,第15页。
⑧ 王琼:《武举议》,载清高宗敕选《明臣奏议》卷15,商务印书馆,1935年,第4册,第266页。

宣德四年(1429),巡按山东御史包怀德请开武科,命礼部集议,未果。[①] 直至天顺八年(1464),太仆寺少卿李訚奏言:

> 国家承平日久,人不知兵。宜于无事之时,豫为选将练兵。欲选将练兵,而武举之科不可不设。乞敕该部开设举场,先行天下,各举通晓兵法、武艺绝伦者一人,礼送至京,与两京武臣子弟通试。于文武群臣内,举通兵法、武艺者为考试官,揭榜锡宴,亦如文场之制。然后进之大廷,以奉大对,出身品第有差。如此则人皆争先效用,豪杰将由此而进矣。[②]

奏议得准,同年初立武举法,并下诏:"令天下文武衙门,各询访所属官员、军民人等,有通晓兵法、谋勇出众者,从公保举,从巡抚、巡按会同三司官考试。直隶从巡按御史考试。中者礼送兵部,会同总兵官于帅府内试策略,校场内试弓马。"[③] 明代建立将近百年,武举常科才正式得令开设,惟其实施情况不详。成化元年(1465),立武举法,详定武举考试内容及除官办法。[④] 然此后武举又一度罢置。成化十三年(1477),兵科左给事中郭镗等奏事,称"方今用人,文武两途,而武举不设"。故请立武举,然诏令谓"京营官军,仍遣官点阅,武举不必设,只如例推选"[⑤]。次年从太监汪直请,令设武科乡、会试,均视文科之例。弘治六年(1493)重定武举法,定为六岁一行。弘治十七年(1504)准兵部尚书刘大夏奏,拓展选将之路,武举定为三年一次。[⑥] 正德三年(1508),改订武举法,详订条格。至此,明代武举体制方属完备,然其效未彰。直至嘉靖十九年(1540),兵部请开武科乡试,明世宗亦以"累科未见得人"而报罢。[⑦] 次

① 《明宣宗实录》卷58,第19册,第1387—1388页。
② 《明宪宗实录》卷9,第39册,第202—203页。
③ 李东阳、申时行等:《大明会典》卷135《兵部十八》,台北:国风出版社,1963年影印本,第4册,第1916页。
④ 周致元认为,天顺八年十月所立武举法在当年已无时间付诸实施,次年即成化元年首次考试,即是对天顺八年武举法之实际执行。参周致元:《明代武举开始时间考》,《文史》第48辑(1999年7月)。
⑤ 《明宪宗实录》卷169,第46册,第3059—3060页。
⑥ 刘大夏:《武举疏》,载陈梦雷编《古今图书集成·经济汇编》选举典卷119《选举部艺文》,第1161—1162页。李东阳、申时行等:《大明会典》卷135《兵部十八》,第4册,第1917页。
⑦ 《明世宗实录》卷234,第81册,第4794页。

年重开。然嘉靖朝之前,因"中式人数较少,武举之实施未可谓已入轨道。武举之受重视,乃在嘉靖二○(1541)年代以后"[1]。明代武举之兴废无常,于此可见一斑;其对明代武官选任之影响,由此亦可略知。

常科之外,明代亦尝设武举制科,尤其是在边事危急之时。万历末年,科臣请设将才武科,以技勇为重,报可而未行。崇祯十四年(1641),令各部臣特开奇谋异勇科,然"诏下,无应者";次年又下诏,求"堪督师大将",亦无响应。[2] 王朝兴衰,由此可见。

二、明代武举之层级与内容

明代武举之规制,一如《大明会典》所谓:"累朝选试升用,法各不同。"[3] 天顺八年立武举法,虽亦有乡、会二级考试架构,及先试弓马、后答策问之形式,并初定合式标准及除授规则;然其实际执行与否,难以确定。此后明代武举法迭经改订。明代武举典制初创于天顺年间,完备于正德初期,彰效于嘉靖中期以后。下文述其层级与内容,即以嘉靖朝为基准,前后稍作展拓。

明代武举设有乡试、会试两级,并无疑义;武举殿试之有无,则有争议。自天顺初复科起,武举即无殿试。崇祯四年(1631),翰林院编修倪元璐奏请仿照文科之例,武科亦行殿试、传胪。《明史·选举志》谓"武举殿试自此始也"[4]。受此说影响,学界多以崇祯四年为明代武举始行殿试之年。惟郭培贵对此存疑,指出崇祯四年并未在兵部武会试基础之上,再由皇帝亲自主持考试,而是仅从会试墨卷内选择二十卷进呈,以候钦定名次。此种做法与文科殿试仍有差距,因此《明史》此论并不准确,明代武举实际未设殿试。[5] 郭说为是。内阁大库档案所见崇祯十年(1637)之兵部题本,亦称依照崇祯四年题议,武会试三场试毕,将取中

---

① 松本隆晴:《明代武挙についての一考察》,载奥崎裕司编《山根幸夫教授退休記念明代史論叢》卷上,第131页。

② 张廷玉等:《明史》卷70《选举二》,第1709页。晁中辰、陈风路:《明代的武举制度》,《明史研究》第3辑(1993年7月)。

③ 李东阳、申时行等:《大明会典》卷135《兵部十八》,第4册,第1916页。

④ 张廷玉等:《明史》卷70《选举二》,第1708—1709页。

⑤ 郭培贵:《明史选举志考论》,中华书局,2006年,第262页。刘小龙、郭培贵:《明代武举未设殿试考》,《教育与考试》2014年第1期。

前列二十名考生之墨卷以及通榜题名进呈御览,钦定甲第后发由内阁填写黄榜,而后即举行升殿传胪、赐会武宴等仪节。崇祯十六年(1643)之兵部题本,亦仅言及武会试有关规制与安排,并无殿试。①

由于明代武举并无殿试,故武举会试及第即得称武进士。其刊刻武举录、出榜于兵部、引见御前、赐会武宴、送武状元归第等仪节,亦仿文举。②明代武科之乡试、会试,皆分别内场、外场,外场试武艺,内场试策、论,其制略述如下。

明代武乡试年份定于子、午、卯、酉年,同于文科。每遇文举乡试之年,行文天下,招谕各色人等堪应武举者,俱从巡按御史,于十月考试。两京武学应乡试者,于兵部月考优等内选取,俱送兵部汇总数目。③武乡试之应举资格,但凡军中指挥,千、百户,总、小旗,应袭舍人、舍余、余丁及民间子弟,但有弓马娴熟、膂力出众、兵法精熟、谋略过人者,均可报考。但亦规定监生、生员、省祭官,及曾经罪过人员等,不许送考。④以万历四十六年(1618)陕西武乡试题名碑记所见,该科所取60人中,可以辨清身份者54人,包括武举9人,武生19人,卫指挥3人,千户4人,百户9人,应袭6人,总旗2人,把总官1人,舍人1人,来自卫所军事系统者占了三分之二以上。⑤

武科乡试时间在十月,亦同文科。乡试凡三场,采取逐场淘汰制,前场合格方可进入次场。初九日头场先试骑射;十二日试步射,俱于校场阅试。以上为外场。十五日试策、论,在贡院进行,是为内场。至其试法,骑射距的三十五步,共射三回,每回驰马发三矢,直射二矢,背射一矢。合共九矢,六中以上者为上,四中者为中,二中者为下。步箭距的八十步,亦发九矢,五中以上者为上,三中者为中,一、二者为下。三场试

---

① 《兵部为武举事》,1637年,台北"中研院"史语所藏内阁大库档案,档案号:033975-001。《兵部为武举事》,1643年,台北"中研院"史语所藏内阁大库档案,档案号:034471-001。
② 《武举条格》,载《嘉靖十七年武举录》,台北图书馆藏缩微胶卷,第1—6页。
③ 《武举条格》,载《嘉靖十七年武举录》,第1—2页。
④ 《武举条例》,载《嘉靖三十一年福建武举乡试录》,芝加哥大学东亚图书馆藏缩微胶卷,第2—3页。
⑤ 明代武举应武会试落选,不能升职;若要继续应武会试,还须重应武乡试。因此该科乡试取中名单中有武举9人。参葛天:《万历四十六年陕西〈明武科题名记〉碑考释》,《中国国家博物馆馆刊》2019年第11期。

策、论各一道,皆关军务,要求照题议答,参酌己见,以观经略。策、论考卷亦须弥封校阅,《试录》亦见誊录、对读之规定。试毕发榜,拜谒文庙;亦照文场例,刊刻题名录;并仿鹿鸣宴之制,设鹰扬宴,亦送旗、匾。并赐银花、红纱,发给盘缠银两,供武举人赴京会试。[①]

武举会试之年,亦同文科,初于乡试次年夏四月举行。嘉靖十七年(1538)诏:"文阳而武阴也,武举以秋行。后之举亦秋行,义乃合。"遂著为令,此后会试改于九月进行。武会试亦分内、外场,逐场淘汰。先考外场,以兵部尚书、侍郎知武举。初九日头场先试骑射,发九矢,中三矢以上者为合式;十二日二场试步射,发九矢,中一矢以上者为合式。次考内场,十五日第三场试策二道、论一道,于贡院进行。命翰林院官二员为考试官,试卷亦须弥封、誊录,送内帘阅卷,如同文场。[②]

明代武科之乡试、会试,甚为看重外场技艺,尤其是马上箭、步下箭之成绩;同时亦希望士子具有相当程度之文艺素养,尤其是熟悉儒学基本义理、以《武经七书》为代表之兵家典籍,并且具有较好谋篇布局及遣词造句之能力,才有可能获膺上选。对于士子文艺、兵学知识之考验,集中体现在第三场两道策题及一道论题之中。如嘉靖十七年武会试第三场,策题第一道问及"兵之情术",聚焦于攻守之道,并引孙子、李靖诸说,令考生辨析申论;策题第二问涉及"北虏"问题及其对策,需要考生熟悉历史上中原地区与北方族群之战和交涉,才能"著经虏之术于篇";论题为"安国家之道先戒为宝"[③]。此类策论,均需考生明通义理、具有谋略,并且晓悉朝廷军政大势,才能较好应对。

武举会试评定等第时,参考内外场成绩。其规则为:答策能洞识韬略,作论能精通义理,且弓马俱优者,列入上等;策、论颇通,弓马稍次者,列入中等之前;弓马颇优,而策、论但能粗知兵法、文藻不及者,列入中等之后;策、论虽优而弓马不及,或弓马偏长而策、论不通者,发回候开科

---

① 《武举条例》,载《嘉靖三十一年福建武举乡试录》,第4、9—11页。《武举条格》,载《嘉靖二十八年苏松武举录》,芝加哥大学东亚图书馆藏缩微胶卷,第9—10页。

② 《嘉靖武举条格》,载《嘉靖十七年武举录》,第1—6页。崇祯年间头场试骑射之前,曾先试弓、刀、石,又崇祯十六年武会试改于十月举行。见《兵部为武举事》,1643年,台北"中研院"史语所藏内阁大库档案,档案号:034471-001。

③ 《嘉靖十七年武举录》,第11—13页。

再考。①明代武举颇重武艺,此与宋代迥异。崇祯间因兵事所需,武科更"首重技勇,次论文义",并一再晓谕:"若滥取文弱,并将前科武举技勇全无的徇情起送,考试提调等官挨察处治。"②

三、明代武科应试人数与中额

明代武科乡、会试人数及中额,颇难悉数详考,此处仅能略举大势。依正德十三年定制,两京、十三省各军民衙门武乡试解额总数为970名,其中"天下军职"600名,"总小旗、舍人、军余"200名,"民人"170名,解额偏重军人系统尤其是军官。③此后应有调整,或执行中有权宜升降,如嘉靖二十八年(1549),南直隶苏州、松江武科乡试,与试者115人,取中32人;④嘉靖三十一年(1552),福建武科乡试应试者470人,取中33人;⑤嘉靖三十一年山东武乡试取中18人,嘉靖三十七年河南取中46人;⑥隆庆四年(1570),广东武乡试应试者达1000余人,取中30人。⑦明代后期,各省武乡试解额总体呈上升之势,如万历元年(1573)贵州取中20名,广东取中30名;万历十年浙江取中30名,应天取中45名;万历十八年陕西取中60名,山东取中57名;万历二十八年云南取中30名,万历四十三年河南取中60名,万历四十六年江西取中40名、陕西取中60名。天启元年(1621)广东取中44名。崇祯十五年(1642)浙江取中50名。⑧武乡试中额之增长,亦会连带影响武会试应试人数及录取名额。

至于武科会试,正德十二年(1517),应试者为807人,其中辽东237名;⑨嘉靖十七年(1538),参与会试者为790余人。⑩崇祯年间边事紧

---

① 俱见《嘉靖武举条格》,载《嘉靖十七年武举录》,第1—6页。
② 《兵部为武举事》,1643年,台北"中研院"史语所藏内阁大库档案,档案号:034471-001。
③ 郭培贵:《明代武举的形成与确立》,《明史研究》第15辑(2017年4月)。
④ 《苏松武举录序》,载《嘉靖二十八年苏松武举录》,第1—2页。
⑤ 《福建武举乡试录后序》,载《嘉靖三十一年福建武举乡试录》,第1页。
⑥ 参黄群昂:《明代武举乡试研究》,第45页。
⑦ 参李建军:《明代武举制度述略》,《南开学报》1997年第3期。
⑧ 参黄群昂:《明代武举乡试研究》,53—54页。葛天:《万历四十六年陕西〈明武科题名记〉碑考释》,《中国国家博物馆馆刊》2019年第11期。
⑨ 据王琼:《武举议》,载清高宗敕选《明臣奏议》卷15,第4册,第265页。
⑩ 《嘉靖十七年武举录》,第1页。

急,武举录取名额增多,应试人数亦有增长。崇祯十三年(1640),兵部重申武会试考生可暂雇营马之规制,谓"以京营二万余骑,应二千余人一日之用",可见此时每科武会试考生已有二千余人,相较正德、嘉靖时期翻了一番以上。[1]

明代武会试之取中人数,成化、弘治两朝较少。《嘉靖十七年武举录》追载:"成化四等年武举取中,少者二名,多不过七名;弘治十七等年,少者十五名,多不过三十二名。"[2]嘉靖二十年(1541),令取人不必拘定名数,仿文科会试南、北卷事例,分边方、腹里取中。以蓟镇、昌平、辽东、万全、宣府、大同、山西、陕西、延绥、甘肃、宁夏、云南、贵州为边方,以两京京卫、南直隶、浙江、江西、福建、山东、河南、湖广、广东、广西、四川、河间、顺德、大名、广平、真定、保定为腹里。若每科五十名,边方取三十名,腹里取二十名。[3]此言中额分配比例,即边方与腹里以三比二取中,亦即《明史·选举志》所称"每十名,边六腹四以为常"[4]。

正德三年(1508)以降,武举会试三年一科,依制进行。以下据松本隆晴之统计,参照明代武举会试录等史料,钩稽明代武举会试取中额数。

表 2-2　明代武举会试取中额数略表

年份	取中人数
正德三年(1508)	60
嘉靖二年(1523)	30
嘉靖五年(1526)	50
嘉靖十一年(1532)	60
嘉靖十七年(1538)	65
嘉靖二十三年(1544)	40
嘉靖二十六年(1547)	70
嘉靖三十二年(1553)	90
嘉靖三十八年(1559)	85

---

[1]《兵部为仰遵特饬场规等事》,1640 年,台北"中研院"史语所所藏内阁大库档案,档案号:033982-001。
[2]《嘉靖十七年武举录》,第 5 页。
[3] 李东阳、申时行等:《大明会典》卷 135《兵部十八》,第 4 册,第 1918 页。
[4] 张廷玉等:《明史》卷 70《选举二》,第 1708 页。

续表

年份	取中人数
嘉靖四十一年（1562）	85
嘉靖四十四年（1564）	90
隆庆二年（1568）	100
隆庆五年（1571）	110
万历二年（1574）	80
万历五年（1577）	80
万历十一年（1583）	100
万历十四年（1586）	100
万历十七年（1589）	100
万历三十八年（1610）	100
崇祯四年（1631）	120
崇祯七年（1634）	120
崇祯十年（1637）	200
崇祯十三年（1640）	200

资料来源：张廷玉等：《明史》卷70《选举二》，第1708页。松本隆晴：《明代武举についての一考察》，第142页。《嘉靖十七年武举录》，台北图书馆藏缩微胶卷。《嘉靖四十四年武举会试录》，台北"故宫博物院"图书文献馆藏善本古籍。《兵部为今年武举谢恩改为十月初三日举行并呈试卷请定名次事题稿》（崇祯十年八月二十四日），载中国第一历史档案馆、辽宁省档案馆编：《中国明朝档案总汇》第25册，第191—212页。《兵部题为武举事》，1640年，台北"中研院"史语所藏内阁大库档案，档案号：033948-001。

综而观之，明代武举会试之录取，可以武宗朝大致分界，此前较少，此后渐多。然嘉靖二十六年以前，取录人数大致在30人至60人之间。嘉靖二十六年增至70人，此后总体呈上升之势，隆庆五年达110人。万历初稍降至80人，其后恢复至100人，遂为定制。崇祯初亦遵100人之定制，偶有增广，如崇祯四年取中120人。其后分南、北、中卷取中，"南卷定额八十，中卷、北卷总定额一百二十。临时视人数多寡，通融精选。"①故崇祯十年、十三年均取中 200 人,此亦可见明末军情急迫,亟需用人。现存档案亦提示崇祯四年起武科进士划分三甲赐予出身之法:崇祯四年、七年武会试定额为 120 名,由兵部选取排名前二十之试卷进呈,皇帝钦定一甲 3 名,其余 17 名即为二甲,剩下未进呈之 100 名为三甲;崇祯十年武会试中额增至 200 名,兵部请拟相应选取排名前三十之试卷进呈,皇帝钦定一甲 3 名,其余 27 名即为二甲,剩余未进呈之 170 名为三甲。②换言之,崇祯年间之改制,乃皇帝基于兵部进呈之武会试考卷排定甲第,给予武科进士状元、榜眼、探花等出身,并传胪赐宴,冀望以此类荣衔提升武举地位,吸引彼等临危效力。此亦再次印证,终明一代皇帝并未在兵部会试之外,另外举行武科殿试。

四、明代武科之及第与授官

明代武科乡试中式,并不直接授官。依嘉靖年间定例,中式者"俱照儒学生员,免本身差役。原系军职者,亦量委官事,以示优异"③。此处所述授职,乃针对武进士而言。

天顺初年定立武举法,虽亦定及第授官之制,然如前文所述,天顺、成化、弘治诸朝武科兴废无定,取中人数亦少,尚未真正发挥作用。武科之受重视而入正轨,并发挥实效,乃在嘉靖中期以后。④明代武进士授职时,先视武科策、论及武考成绩,再据原本出身,详定加升职级、职务与待遇。依据嘉靖年间之《武举条格》,武会试及第者授职规定大要如次:如果内场能答策二道,并作论一道,外场马箭中四箭以上,且步箭中二箭以上,官员可在本职上相应加署职二级,每月支米三石;内场能答策二道,并作论一道,外场马箭中三箭以上,且步箭中一箭以上,官员可在本职上相应加署职一级,每月支米二石;如果取中者原本已任指挥以上职务,则由兵部斟酌推用。各类应试得第人员,均送交各边总兵等官处效力,或

① 《兵部题为武举事》,1640 年,台北"中研院"史语所藏内阁大库档案,档案号:033948-001。
② 《兵部为今年武举谢恩改为十月初三日举行并呈试卷请定名次事题稿》(崇祯十年八月二十四日),载中国第一历史档案馆、辽宁省档案馆编:《中国明朝档案总汇》第 25 册,广西师范大学出版社,2001 年影印本,第 191—212 页。
③ 《武举条格》,载《嘉靖二十八年苏松武举录》,第 11 页。
④ 松本隆晴:《明代武挙についての一考察》,第 143、145 页。

受命守堡、听调、杀贼。如果建立军功,则可照例加升。如果五年无功,则被发回。①

　　整体来看,明代武举及第之授职设计较为周密,而且注重与行伍军事紧密结合,此其长处。当然,如《明史》所谓,"终明之世,右文左武。"②明代文职重臣,十之八九皆由进士出身。③武科进士之总体影响与地位,不能与文科同日而语。嘉靖年间,有世家子弟文科不第,偶赴武科得中,其家不以为庆,反以为耻;甚至认为子弟入军伍"身即下贱",以致不让其进门,经过"亲友百劝,必弃不受职乃已"④。文武殊途,由此可窥一斑。

　　与宋代不同,明代武科及第者多从军旅。嘉靖朝之前,武科出身者作用甚小。武科考试进入正轨之后,武科出身者亦渐有作为。嘉靖年间王世贞历叙武会元之仕途,亦称"武举首至通显";其所举武会元尹凤、王世科二人,官至都督佥事(正二品);许泰官至左都督(正一品),并封安边伯;安国官至都督同知(从一品),并赠左都督;王佐为锦衣都指挥使,并赠右都督。⑤这几位武会元所得品秩既高,职任亦优,封赠亦崇,此亦嘉靖朝之后武进士地位、贡献提升之具体写照。嘉靖以后,在沿海抗倭、辽东征战及抵御蒙古等战事中,亦有俞大猷、童仲揆、安国等武科出身者效力。⑥张祥明亦指出,自弘治朝至崇祯朝,武举制度对于武官铨选之影响呈上升之势,不过整体上对整肃武官队伍作用有限,因此不宜对武举制度评价过高。⑦此论诚然。论及明代武科及第者之授职,尚需结合明代武选途径。明代武职大别为"世官"与"流官"两类,其武选之途如次:

　　　　其途有四,曰世职,曰武举,曰行伍,曰纳级。初,武职率以勋旧。太祖虑其不率,以《武士训戒录》、《大诰武臣录》颁之。后乃参

---

① 《武举条格》,载《嘉靖十七年武举录》,第3—4页。
② 张廷玉等:《明史》卷70《选举二》,第1695页。
③ 依吴宣德之统计,明代中央政府主要部门内1531名官员之中,进士出身者占81.8%;286名大学士及六部尚书内,进士出身者占79.4%。详见吴宣德:《明代进士的地理分布》,香港:中文大学出版社,2009年,第88—89页。
④ 查继佐:《罪惟录》志卷18《科举志》,浙江古籍出版社,1986年,第2册,第844页。
⑤ 王世贞撰,魏连科点校:《弇山堂别集》卷5《武举首至通显》,中华书局,1985年,第98页。
⑥ 晁中辰、陈凤路:《明代的武举制度》,《明史研究》第3辑(1993年7月)。
⑦ 张祥明:《明代武举新论》,《齐鲁学刊》2011年第3期。

用将材,三岁武举,六岁会举,每岁荐举,皆隶部除授。久之,法纪隳坏,选用纷杂。①

　　简而言之,武举仅为武选之一途,且长期受世职影响。明代武官之铨选,初期相沿世职之制。其后世职渐坏,宣德、正统以降,多参用"举用将材"及"会官推举"两途,拔擢武官。天顺八年及弘治六年之武举法,仍类于"举用将材"之法。正德三年之武举法,即仿文科设乡会两级、三年一试之法而立。武举制度至是而备,然其效未彰。武科之受重视而入正轨,并发挥实效,乃在嘉靖二十六年以后。明代武举制度长时间未能确立,原因之一即为武举制与世职制之矛盾。②

　　明代武选途径中,倚赖出身之"世职"与凭借考试之"武举",本身已有内在张力。且依其制度设计,袭职者亦可应武科,则"世职"之优显而易见。但随着世职纨绔之弊渐显,荫袭渐坏,武科于是渐重。嘉靖年间甚至规定,非武举不得升调,于是世袭者更转从武举,以为进身之途,"于是世胄拥为虚器,而功臣之泽斩矣。"③结果,明代武举应试者仍以军队出身为主。明代《武举录》亦反映此种倾向,以嘉靖十七年及四十四年所录武进士为例,其中绝大多数为拥有世职之卫指挥使、指挥同知、指挥佥事,或千户所正、副千户、百户所百户、舍人等。非世职之武生及其他民籍考生,所占比例极小。④周致元统计出 212 名明代武进士、武举人之出身背景,其中军籍172 人(军官 67 人,非军官 105 人),占 81.13%;民籍 40 人,占 18.87%。所列《明史》见载之武举出身者 25 人,半数以上亦为军籍,且其中在职军官无一例外均属世官。⑤

　　武举、世职、行伍三途之争,延至明末。明末边事不靖,特重武科出身者,引致非议。崇祯八年(1635),兵部右侍郎、宣大山西军务总督杨嗣昌奏:

　　　　我皇上留心边事,特重武科。马骨金台,固将招致骏杰。而不

---

① 张廷玉等:《明史》卷 71《选举三》,第 1725 页。
② 参松本隆晴:《明代武举についての一考察》,第 143、145 页。
③ 孙承泽:《春明梦余录》卷 30《五军都督府》,香港:龙门书店,1965 年影印本,第 346 页。
④ 参《嘉靖四十四年武举会试录》,台北"故宫博物院"图书文献馆藏善本古籍;《嘉靖十七年武举录》,台北图书馆藏缩微胶卷。
⑤ 参周致元:《明代武举研究》,《文史》第 52 辑(2000 年 10 月)。

知者攀附武科之名,遂欲驱除一切行间百战之士,以白丁目之。卫所累叶之官,又以札委排之,黩请明旨,通行九边。欲将坐营、操守、中军、千把总官,尽作新缺,俱选武科,而余皆抑之不用。呜呼!是何心哉?臣敢极陈其不可也。①

杨嗣昌乃文科进士出身,以文士督军而为明末柱臣,名震朝野。②其奏所陈,应尽先选用行伍晓战之士,确属灼见。武场所考策、论、武艺,终属展示演艺而非对抗决战。其与实战相较,颇有差距。武科考生即便策论精通、武艺出众,若欲临敌对阵,仍需累积实战经验。

五、明清鼎革及武科恢复

满人起自关外,在与明朝政权征战过程中,除了武力攻占,又渐用汉人而仿汉制。入关之前,已有汉人军民次第归附,因此除了满洲、蒙古八旗之外,另有汉军八旗之设。努尔哈赤创业之初,即命各路僻乡访查贤良有用之人,并谓:"治理国政,统领众兵,大臣少则焉得敷用。作战勇敢者,赐之以功;裨益国政之忠良者,录之辅政;知古通幽者,用之训诂;宴所用者,委之于宴;无才善唱者,可歌于众聚筵宴之所。如此,亦为一有用之才也。"③天聪九年(1635),令满、蒙、汉各官荐举人才,但凡有居心公正,并具有真知灼见,而且能胜任职务者,无论归附时间长短,无论此前是否入仕,皆令举荐,以便量才录用。④

入关之后,更须倚赖前明官员臣属,一则尽快重建官僚体系,确保政府顺畅运作;再则亦以怀柔举措,争取汉人支持。顺治皇帝初颁即位诏于天下,即有一条:"前朝文、武进士,文、武举人,仍听该部核用。"⑤即位诏亦称投诚文武官员皆予优叙安置,不少前明官员先后归附新朝,其中不乏武科出身者。

---

① 杨嗣昌:《西阅大同情形第八事疏》,1635年,台北"中研院"史语所藏内阁大库档案,档案号:278668-019。
② 详参张廷玉等:《明史》卷252《杨嗣昌传》,第6509—6527页。
③ 中国第一历史档案馆整理编译:《内阁藏本满文老档》第19册,辽宁民族出版社,2009年,第13页。
④ 《清实录·太宗实录》卷22,中华书局,1986年影印本,第2册,第290—291页。
⑤ 《世祖章皇帝登极恩诏》,1644年,台北"中研院"史语所历史文物陈列馆展陈。

至于具体考选制度,满人入关之前,实已试行科举,考试满、汉、蒙古生员。天聪三年(1629)诏:"自古国家,文武并用,以武功戡祸乱,以文教佐太平。朕今欲振兴文治,于生员中,考取其文艺明通者优奖之,以昭作人之典。"其后屡考,中者赐为举人,赏银赐衣,命以职事。①然彼时所试皆属文科,其兵将来源皆自八旗。顺治元年(1644)十月初一日,所颁即位诏即定文、武科举照常进行,诏曰:

> 会试定于辰、戌、丑、未年,各省、直乡试定于子、午、卯、酉年。凡举人不系行止黜革者,仍准会试。各处府、州、县儒学食廪生员,仍准给廪;增、附生员仍准在学肄业,俱照例优免。武举会试定于辰、戌、丑、未年,各省、直武乡试定于子、午、卯、酉年,俱照旧例。京卫武学官生,遇子、午、卯、酉乡试年,仍准开科,一体会试。②

满人入关,不仅以人据都城之象征行动宣示"天命"改易,亦须开科取士以收拾人心。当然,清初文武科举一仍前明之旧,未遑改易。盖砥定伊始,无暇更张,且须尽速恢复考选,稳定体制。顺治二年四月,兵部侍郎朱马喇等依据即位诏所定,题请开设武乡试,希望以此选拔"干城腹心之士",并望主事者"仰体朝廷开科抡才盛典"。至于具体安排,则由兵部"先行顺天府,及山东、山西、河南、陕西等处巡抚,并巡按御史及布政司、在京所属卫所,各照例开科,依期乡试。"③

同年六月,兵部开列考试条例,诏令照旧进行,并谕各省武科取中亦照旧额。④顺治三年三月,举行文科殿试。同年九月举行武举会试,初九日试骑射,十二日试步射,十五日试策、论。该科取中郭士衡等武进士二百名,二十三日午门传胪,赐进士及第等出身。并赐宴、谢恩、刻登科录,一切照旧。武状元照例赏给甲胄、撒袋、刀、弓、矢、靴、带等物。其余武进士因暂无衣顶,准照文进士一体穿戴,并给折钞银十两。⑤顺治初期恢复武科,

①《清实录·太宗实录》卷5,第2册,第73页;卷18,第2册,第236、239页。中国第一历史档案馆整理编译:《内阁藏本满文老档》第20册,第702页。

②《世祖章皇帝登极恩诏》,1644年,台北"中研院"史语所历史文物陈列馆展陈。

③朱马喇:《兵部侍郎题为武举事》,1645年,台北"中研院"史语所藏内阁大库档案,档案号:185044-061。

④《清实录·世祖实录》卷17,第3册,第151页;卷18,第3册,第163页。

⑤《清实录·世祖实录》卷28,第3册,第234—236。

亦无殿试,基本沿用崇祯年间之规制。顺治十二年(1655)九月,下令武举"照文进士一体殿试";随后,兵部题呈武殿试则例,并获批准。① 同年十月,顺治皇帝在景山,亲试会试中式之武举骑射、步射等武艺;并详定殿试武举之仪式,又在太和殿策试武举之文艺。② 至此,清代武科始有殿试,其武进士简选教习、授职品级等,亦自此订明,后文详论。

综观顺治一朝,武科在纵向层级上已全部恢复;然在横向范围而言,因清初南方未定,武科未能普遍推行。直至顺治十七年(1660),贵州巡抚卞三元仍称贵州各学并无武生,请停该年武乡试;③ 康熙二年(1663),广西巡抚屈尽美亦言粤西在战争之后,人民稀少,武艺尚未娴熟,请停该科武乡试。④ 云南巡抚袁懋功亦疏言滇南初定,武生人数较少,而且策论、弓马等皆未娴习,请暂停癸卯科武乡试。直至康熙五年(1666),始命云南、贵州开武乡试,照文闱数分别取中武举人 27 名、20 名。⑤ 然该年四川应行乡试,应考武生不足百人,诏令停止本科武乡试。⑥ 入关伊始,即明定武科照旧开设,并于次年正式开科。其各级考试之则例、仪节,亦在顺治朝订立。然武科在全国之制度化运作,乃在康熙削平三藩之后,后文各章具体论析。

第六节　历代武庙、武学与武经述要

武科之设,在文科之外为人才选拔别创一途。与武科制度相配而行者,历代还有武庙、武学、武经之建置或颁定,恰与文科、文庙、儒学、儒经逐一对应,两者是为"平行系统"。上文依照时代先后,略考帝制中国"以武选士"之历程;本节勾稽历代武庙、武学及武经议题,于编年之中略寓专题之意,以期脉络清晰。

---

① 《清实录·世祖实录》卷 93,第 3 册,第 734 页。
② 《清实录·世祖实录》卷 94,第 3 册,第 736—737 页。
③ 《清实录·世祖实录》卷 139,第 3 册,第 1076 页。
④ 《清实录·圣祖实录》卷 9,第 4 册,第 150—151 页。
⑤ 《清实录·圣祖实录》卷 18,第 4 册,第 266 页;卷 19,第 4 册,第 269 页。
⑥ 《清实录·圣祖实录》卷 19,第 4 册,第 273 页。

一、从太公庙、武成王庙到关帝庙

武庙,乃相对文庙(孔庙)而言。文庙主祀孔子,配祀儒家圣贤,至唐贞观年间已遍设至县级政区,历代相沿。武庙起初主祀姜尚(姜太公),配祀历代兵家与将帅,贞观年间初设于磻溪(位于今陕西省宝鸡市东南,相传为姜太公钓鱼处),称为太公庙。诏令全国遍设武庙,并纳入中祀,时在唐玄宗开元十九年(731)。① 杜佑《通典》考云:

> 大唐开元十九年四月,两京及天下诸州,各置太公庙一所,以张良配飨,春秋取仲月上戊日祭。诸州宾贡武举人,准明经、进士行乡饮酒礼。每出师命将,辞讫,发日,便就庙引辞。仍简取自古名将功成业著、弘济生人者十人,准十哲例沾飨。②

至此,文科、文庙系统之外,别出武科、武庙一系。其奉祀主神、配享从祀、春秋祭祀、武举行乡饮酒礼,等规定,悉仿文庙而定。唐肃宗乾元元年(758),以张良不与太公同时,且太公为人臣,不当以张良配享,遂移张良于汉高祖庙。上元元年(760),又敕令将姜尚进封为武成王,其爵位、祭典同于文宣王孔子,并仿照文庙建制,从古今名将中选置"亚圣"及"十哲"等。③ 唐德宗建中三年(782),又仿文庙七十二弟子例,增置名将从祀,武庙规制至此而备。其"十哲"为:汉太子少傅张良,齐大司马田穰苴,吴将军孙武,魏河西太守吴起,燕昌国君乐毅,秦武安君白起,汉淮阴侯韩信,蜀丞相诸葛亮,唐尚书右仆射、卫国公李靖,唐司空、英国公李绩。两庑之"七十二弟子",自战国孙膑、范蠡以降,至唐代尉迟敬德、郭子仪等,依次排列。④ 然尊姜太公为武成王,此后引发激烈争论。唐德宗贞元年间,群臣热议,文官大致主张太公与孔子优劣万殊,不可同尊为王,享平等祭奠,请去"武成"及"王"字,依旧称"齐太公庙";武将则力言应尊崇武教,维持封号。⑤ 廷议结果,取折衷之道:仍留武成王封号,

---

① 参高明士:《中国中古政治的探索》,第212—214页。
② 杜佑:《通典》卷53《礼十三》,第306页。"生人"应为"生民",避讳改字。
③ 杜佑:《通典》卷53《礼十三》,第307页。
④ 王溥:《唐会要》卷23《武成王庙》,第436页。
⑤ 王溥:《唐会要》卷23《武成王庙》,第436—438页。

然降格待以诸侯之礼。① 文武两途之分化与交锋,在庙制与祀典方面亦有反映。

五季失序,"梁废从祀之祭,后唐复之。"② 后唐明宗天成四年(929),大理正路阮奏:"切见春秋释奠于文宣王,而武成王庙久旷时祭,请复常祀。"③ 后唐武庙制度或自此而复,然五代或未能一贯通行。后周太祖广顺元年(951),太常卿边蔚上疏请定乐舞,曰"祭孔宣父、齐太公庙降神奏师雅,请同用礼顺之乐"④。此处将武成王庙改回齐太公庙,是否指涉其官定庙制之降格,尚待详考。

宋初即恢复武成王庙建置。宋太祖建隆三年(962),诏令重修武成王庙,次年赵匡胤即"幸庙"⑤。此后,宋代诸帝修缮、"幸庙"、释奠如仪。宋真宗大中祥符元年(1008),更加谥"昭烈"⑥,故后世称"昭烈武成王"。此外,宋代曾策士于武庙,如宋太宗端拱元年(988),"召诸下第进士及诸科,于武成王庙重试,得合格数百人。"⑦ 武成王庙配享、从祀牌位及排序,历朝皆有增损调整。建隆四年(963)宋太祖"幸庙",历观图壁,认为白起坑杀已降之人,"不武之甚,何受享于此?"下令去之。⑧ 宋高宗绍兴十六年(1146),升赵充国于堂,降韩信于庑下。⑨ 宋孝宗乾道六年(1170),升李晟于堂,降李绩于李晟之下,并增宋将曹彬从祀。⑩ 武庙从祀及其更动所折射之政治、军事与文化意涵,值得深入探论。

金、元两代亦祀武成王,且从唐制,列入中祀。金章宗泰和六年(1206),下令在阙庭之右丽泽门内,建立昭烈武成王庙。遵用唐代旧制,礼三献,仪式与中祀相同。而且,又对历代武将有所降黜,新增金朝武将从祀。⑪ 元代武成王庙立于枢密院公堂之西,以孙武、张良、管仲、乐毅、

① 高明士:《中国中古政治的探索》,第218页。
② 脱脱等:《宋史》卷105《礼志八》,第2556页。
③ 薛居正等:《旧五代史》卷40《唐书·明宗纪》,中华书局,1976年,第553页。
④ 薛居正等:《旧五代史》卷145《乐志下》,第1936页。
⑤ 李焘:《续资治通鉴长编》卷3,第1册,第72页;卷4,第1册,第88页。
⑥ 脱脱等:《宋史》卷105《礼志八》,第2556页。
⑦ 马端临:《文献通考》卷30《选举三》,第285页。
⑧ 脱脱等:《宋史》卷105《礼志八》,第2556页。
⑨ 李心传:《建炎以来系年要录》卷155,中华书局,1956年,第2516页。
⑩ 脱脱等:《宋史》卷105《礼志八》,第2557页。
⑪ 脱脱等:《金史》卷35《礼志八》,第818页。

诸葛亮等十人从祀。每年春秋二季,皆由枢密院派遣官员,行三献礼。[①]
至此,武成王庙从祀、释奠制度相沿不辍。

　　武庙从祀制度之根本转变发生于明朝初年。明太祖洪武元年
(1368)定遣将之仪,仍须告武成王庙。[②]然洪武二十年(1387),礼部奏
请仿照前代,设立武学,建立武举;并且建立昭烈武成王庙,奉祀姜太公。
朱元璋加以反驳,认为太公仅为周臣,受封诸侯,如果以"武成王"之名
位及典礼祭祀,则与周天子同等,此乃"加之非号,必不享也";无论是用
武举,抑或立武庙、武学,朱元璋均认为"甚无谓"。结果,"昭烈武成王"
不仅被削夺王号,专庙亦被废除,只从祀于帝王庙。[③]此后明代虽延续武
学建置,然无独立武庙。明世宗嘉靖十五年(1536),兵部奏请拓展武学,
礼、工两部皆称应该仿照唐制,建立武成王庙,以汉唐以来名将,以及明
代将领徐达、常遇春、张玉、汤和配享,每年夏、秋致祭。此奏得允,且下
令兵、工两部拟议图说。[④]沈德符《万历野获编》亦谓此后"文、武两庙
并医王凡三大祀,鼎立于京师矣"[⑤]。然《明史·礼志》中,自洪武二十一
年罢庙去号,未载武成王庙奉祀典礼。[⑥]嘉靖十五年之复庙动议践行与
否,实情若何,仍待详考。

　　其间尤应留意者,在于武成王庙被罢废,关帝庙却渐兴,由民间崇奉
而获官方认定。关羽于唐代从祀武成王庙,为"七十二弟子"之一。民
间立庙奉祀关羽,至迟于宋末已广泛普及。宋朝皇帝亦屡封关羽为王。
其由"王"而"帝"之升格,在明代嘉靖、万历年间,甚至被追封为"三界
伏魔大帝神威远震天尊关圣帝君"[⑦]。对于关圣帝君之崇奉祭祀,有清一
代不断升级,直至列为中祀,坿于文庙。兹据《清史稿》,略述如下。

　　清初,已于盛京地载门外,建立关圣帝君庙,匾额题为"义高千古"。
顺治皇帝入关,又在地安门外建庙,敕封"忠义神武关圣大帝"。雍正三
年(1680),追封关羽父祖三代公爵,供于后殿,增加春、秋二祭。而且,

---

① 宋濂等:《元史》卷76《祭祀志五》,第1903页。
② 张廷玉等:《明史》卷57《礼志十一》,第1433页。
③《明太祖实录》卷183,第6册,第2759页。
④《明世宗实录》卷186,第79册,第3933—3934页。
⑤ 沈德符:《万历野获编》补遗卷3《兵部》,中华书局,1959年,第867页。
⑥ 见张廷玉等:《明史》卷50《礼志四》,第1293页。
⑦ 参黄华节:《关公的人格与神格》,台北:台湾商务印书馆,1967年,第140、166页。

给洛阳、解州之关羽嫡系后裔授予"五经博士"名衔,允许世袭,承担祭祀。乾隆皇帝加号"灵佑"、"忠义",嘉庆皇帝加封"仁勇",道光皇帝加"威显",咸丰皇帝加"护国"等。咸丰三年(1853),又加"保民"之封号,并且列入中祀,祭奠典礼同于帝王庙仪。不久又晋封关羽父祖三代为王爵,祭品视同文庙之崇圣祠,并加"精诚绥靖"封号,皇帝亲书"万世人极"匾额。同治皇帝加号"翊赞",光绪皇帝加号"宣德"。① 至此,关羽封号长达二十六字:忠义神武灵佑仁勇威显护国保民精诚绥靖翊赞宣德关圣大帝。

　　中国古代尊崇武庙之高峰,一在唐中,一在清末,皆值动乱之季,故欲彰忠勇以靖社稷。武庙之主神,唐代迄于明初为兵家姜尚,重视谋略;明末入清,则奉战神关羽,强调忠勇。"一为兵家,一为武将,时代意义不同,不可不辨。"② 满人之崇奉关羽,乃图树立忠义武勇之典型。清季局势危若累卵,关圣之崇与世局之蹙恰成对照。咸丰三年臻于极致,跻列中祀,用帝王庙仪,关羽三代更由公爵晋为王爵,祭祀同于文庙崇圣祠。然此时世局之变,亘古未有。纵然关圣重生、武穆再世,恐亦回天乏力,祀典封号于事何补?

二、从武学独立到武生附于儒学

　　武举与武庙皆创置于唐代期间,此无疑义。武学之设,谭吉璁《历代武举考》谓:"贞元二年,关播奏言:'仲尼十哲,皆当时弟子,今以异时名将列之弟子,非类也'。乃去十哲之名,自是始有武学。"③ 商衍鎏亦谓唐玄宗开元间建太公庙、置武学。④ 然而关于唐代武学,历代典制不详,存疑待考。至宋仁宗庆历三年(1043),诏置武学于武成王庙,然议者言"古名将如诸葛亮、羊祜、杜预等,岂专学孙、吴?"旋罢武学。⑤ 其后屡有请置武学之议。胡瑗撰《武学规矩》进呈,并保荐国子监直讲梅尧臣等于武学讲论,曰:

① 赵尔巽等:《清史稿》卷84《礼志三》,中华书局,1977年,第2541页。
② 高明士:《中国中古政治的探索》,第213、219页。
③ 谭吉璁:《历代武举考》,载《续修四库全书》第859册,第1页。
④ 商衍鎏:《清代科举考试述录》,第185页。
⑤ 马端临:《文献通考》卷57《职官十一》,第517页。

今国子监直讲内,梅尧臣曾注《孙子》,大明深义。孙复而下,皆明经旨。臣曾任边陲,颇知武事。若使尧臣等兼莅武学,每日只讲《论语》,使知忠孝仁义之道;讲《孙》、《吴》,使知制胜御敌之术。于武臣子孙中,选有智略者三二百人教习之,则一二十年之间,必有成效。①

文士讲论武学,历代皆有传统,宋代尤为特出。胡瑗、梅尧臣、孙复诸人,均为宋初大儒。然胡瑗所奏,时议难之,其事遂寝。直至宋神宗熙宁五年(1072),枢密院奏言:"古者出师,受成于学,文武弛张,其道一也,乞复置武学。"②诏于武成王庙置武学,此为宋代武学正式建置之始。

依照熙宁年间定制,京师武学生员以百人为额。于文、武官员内,选知兵者授以历代用兵之道、忠义之节。武学生员在学三年,其考课升等仿太学上、内、外三舍法。春、秋两季各试一次,考试内容为步射、马射、策略等,依据成绩而定升降。宋徽宗崇宁年间,下令诸州设置武学,将武学建置推向地方。又设立考选升贡法,仿照儒学之制,其中武艺绝伦、文章优异者,参照文士上舍上等法,岁贡释褐,即可授官。考列中等者继续在学,与乡贡武举一并应试。宋徽宗政和年间,州县武学曾一度罢废,至南宋高宗绍兴十六年(1146)重建。然如前文所指,宋代武举多为文士换资之途,故武学较为颓弊。绍兴二十六年(1156),宋高宗谕辅臣曰:"文武一道也,今太学就绪,而武学几废,恐有遗才。"于是下令兵部讨论典章故实,参立新制。至此,武学恢复三舍法,令习《武经七书》、骑射、步射。其学额亦复为百人,设博士一名,以文臣有出身或武举高选者担任;又设学谕一人,以武举补官者担任。③至此,宋代武学始得恢复,相沿至宋末。

金、元二代,未见武学之设。明初朱元璋以文武不应歧为两途,不准建武学,立武举。建文元年(1399),始设京卫武学。永乐元年(1403),明成祖复罢京卫武学。④明英宗正统六年(1441),成国公朱勇奏请设武

---

① 朱熹:《五朝名臣言行录》卷10《安定胡先生》,载朱杰人等主编《朱子全书》第12册,上海古籍出版社,安徽教育出版社,2002年,第318页。
② 马端临:《文献通考》卷57《职官十一》,第517页。
③ 脱脱等:《宋史》卷157《选举三》,第3679—3686页。
④ 张廷玉等:《续文献通考》卷47《学校一》,第3218页。

学，监察御史朱鉴亦请设京卫武学，选公、侯、伯、都督以下等官应袭儿男，以及敦厚聪敏之幼官入学，研读《历代臣鉴》等书，并讲《武经》《孙子》《吴子》等兵法。[1] 次年命于南京建武学，天顺年间北京京卫武学亦革而复设。续后于地方建武学，如隆庆、万历年间，设蓟州镇武学及天津卫武学。明末边患益甚，天启年间北直隶各府学附设武学；崇祯年间，又命全国府州县皆设武学生员，然未受重视。[2] 明代武学在地方之普及程度不及儒学，其已设者可大别为三类：两京京卫武学，地方都司、卫武学，以及府州县武学。武学之设，典制定其生源主要为"都司、卫所应袭子弟年十岁以上者"，没有武学之地，则送至卫学或者附近之儒学就学。[3] 具体运作中，其入学者多为现职武官、应袭幼官、武职子弟，以及少数民间俊秀、武艺超卓者。

　　依照奏定教条，明代武学中需要文事、武备皆习。文事内容包括习字、读书、会讲。阅读书目包括儒家《大学》《论语》《孟子》，《中庸》或因其意蕴深奥而未列入；当然亦需讲习兵家《武经七书》及《百将传》之类。入学后之管课内容、方式因人而异。如果以应袭幼官及武职子弟身份入学，每人每月发米三斗，但必须住学读书操练；而且每日需要习字，诵习经书及兵法；又需按时温故知新，讲说典籍大义。若是现职武官年龄五十以上者入学，则只需每五日听教授、训导会讲一次，讲授内容主要来自《大诰武臣》《历代臣鉴》《百将传》以及古今名臣之嘉言善行，年幼武生亦随同听讲。武备内容则为弓马技勇，每月由教官率领，操练演习。总而言之，武学之日考月课，期望武生能晓大义、知兵法、习武事、有谋略，以备国用。武生（尤其是京卫武生）肄业后，主要出路为承袭世职，此外或应文、武科举，或由会举选拔，亦有荐往兵部听选者。[4]

　　明代武学之设官建制，亦仿儒学。京卫武学设教授一人，训导六人，品秩与京府儒学相同。京卫武学中亦设明伦堂，并分为居仁、由义、崇

① 朱鉴：《设京卫武学疏》，载陈梦雷编《古今图书集成·经济汇编》选举典卷119《武举部艺文》，第64册，第1161页。
② 参赖盟骐：《明代的武学与武举制度》，《高雄应用科技大学学报》第33期（2004年5月）。
③ 张廷玉等：《明史》卷69《选举一》，第1690页。
④ 参李东阳、申时行等：《大明会典》卷156《兵部三十九》，第4册，第2181—2184页。张廷玉等：《明史》卷74《职官三》，第1817页。

礼、弘智、惇信及劝忠六斋,分斋管理课读。卫武学则设教授一人,训导二人或一人。[①]

清代顺治初年,顺天武学沿袭前明之旧。雍正年间八旗官学设儒学教官,兼辖满洲、蒙古、汉军武生,遂改京卫武学为府武学,旋裁武学教授、训导。此后,清代并无独立之武学系统,以武生附于儒学,统归儒学教官兼管。武生学额略仿文生之例,按照大、中、小学递减。训练内容除骑射外,教以《武经七书》《百将传》,以及《孝经》《四书》等。各省学政三年一考,先考外场骑射,再考内场策、论。学政岁试列一、二等者,准参与武科乡试,此其大略。[②]

历代武学之设,其宗旨是在儒学之外,增辟育才途径,以求"文武并进"。当然,武学之教育内容并非仅有武艺,而是兼习文艺,尤其是经史及兵家之学。此种设计,亦与武科考试之内场、外场所考项目契合,力求实现"武系"之内学校与科举贯通之理想。清代逐渐取消武学独立设置,将武生归附儒学管理训导,意在回归"文武合一"之理想。此种设计理念虽佳,实际运作则颇滋弊窦,具体规制与存在问题后文详及。

三、从兵书到武经

先秦兵家之重要典籍,被后世用兵选将者奉为圭臬。然将兵书总冠以"经"之名,并由官方颁定,则始自宋代。康定元年(1040),宋仁宗命天章阁待制曾公亮、丁度,综合采撷古代兵法以及宋朝之计谋方略,编撰《武经总要》。是书包括制度、故事各十五卷,边防、占候各五卷,凡四十卷,体例宏富,堪称中国兵学首部"百科全书"。庆历四年(1044)该书编成,宋仁宗亲为作序,颁赐内外武职重臣。宋神宗年间,又令武学博士何去非校兵法之书,以《孙子》《吴子》《司马法》《尉缭子》《黄石公三略》《六韬》《李卫公问对》合称《武经七书》,颁行武学作为规范教本。[③]

---

① 参张廷玉等:《明史》卷 74《职官三》,第 1817 页。赖盟骐:《明代的武学与武举制度》,第 197 页。
② 赵尔巽等:《清史稿》卷 106《选举志一》,第 3118 页;卷 116《职官志三》,第 3335 页。
③ 马端临:《文献通考》卷 221《经籍四十八》,第 1791 页。

至此，以先秦兵家著述为核心之兵书，正式确立"经"之地位。所应注意者，宋代奉命辑纂《武经》之曾公亮、丁度、何去非诸人，皆为文士出身。《武经》之出，乃仿儒学之《四书》《五经》，其时儒者李觏言之最确："将之有兵法，犹儒之有六经也。"①彼时设立武学，官方须将经典颁定，悬为令典，以为天下法式。

《武经总要》与《武经七书》，俨如儒学之《四书》《五经》，成为后世武学之典范教本，以及武科出题、应对之经典依据。明代武举、武学建立，明孝宗弘治年间从兵部尚书马文升建言，刊行《武经七书》分发两京武学及应袭舍人。②此后，两部"武经"刊行不断，成为军队将领、卫学、武学之必修教本。明代诸臣奏议，对此评价甚高。如叶盛谓《武经总要》"自列国以至于宋，兵家成败、将官得失皆在焉，俱有据依，非他书比，诚兵将所不可不知者"③。马文升亦谓此书"所载战阵攻守、行兵布营、边防地里、一切器具，与夫军中合用事宜，酌古准今，靡不该载"④。故皆力请刊布通行。嘉靖年间赵本学、俞大猷（武进士）曾撰《续武经总要》八卷，主讲战阵谋略。此外，《武经七书》各篇历代注解甚多，见于各类官私书目之兵家类。

清代刊行《武经》一如前朝，武科内场出题亦取《武经七书》。康熙年间武进士马见伯上奏，称《武经七书》注解互异，请下令儒臣加以选定。康熙皇帝亦谓该书文义较为驳杂，而且他自己曾有实际战争经验，晓悉用兵之道，故而反问："《七书》所言，安可尽用耶？"于是，下令武科内场改试论二道，其中一道以《论语》《孟子》命题，另一道以《孙子》《吴子》《司马法》命题。至此，武场考试时"七书"去四存三。⑤嘉庆年间武场罢策、论之试，改为默写《武经》百余字，日渐流于形式，然先秦兵书始终维持其"经典"地位。至其详情，后文分述。

---

① 李觏：《直讲李先生文集》卷17《强兵策第十》，商务印书馆，1919年影印本，第18页。
② 张廷玉等：《明史》卷69《选举一》，第1690页。
③ 叶盛：《陈言边务疏》，载陈子龙等选辑《明经世文编》卷60，中华书局，1962年影印本，第486页。
④ 马文升：《为刊印武书以作养将材事疏》，载陈子龙等选辑《明经世文编》卷63，第531页。
⑤ 赵尔巽等：《清史稿》卷299《马会伯传》，第10419页。

本章小结

传统中国之理想政治,人才培育、选拔、设官皆力求达致"文武合一"之境界。上古时期造士选士,六艺皆习,尤重射御,更赋予射艺反躬自省、诚意正己之意涵。朝廷冀望以此选拔职官,造就"出将入相"之理想典范。其立法设教之深意,在以文化武,以防有勇无仁、有勇无谋,而致莽夫黩武,祸及天下。中国传统"文先武后"之根源,由是而定。经典论述之中,恃杀伐慑人远逊于以文治服人。因此,历代名将多为晓悉大义、谋略深邃、英勇神武之"儒将"形象。然而,文武合一之理想,先秦时期已被逐渐破坏。至迟在殷商时代,已见官制层面之文武分职。西周之教育及选官,文武尚能合一。然迫于战国之世,列国竞雄,重刑尚武,军功遂为进身要途。影响所及,教育与选官层面之文武分途,亦渐行渐远,终至文武相刌、文武相轻。此后选官制度虽迭有变更,然秦汉迄于隋唐,武官遴选主要由军功、荫袭、察举三途。

武周取代李唐,欲选将以靖肃边防、巩固政权,加以府兵衰坏,故设武举常科。此后文武二科皆以考试抢才,在制度层面开寒士厕公卿、列将相之门径,中古社会至此而有钜变。宋代以降,武科虽迭经废置变革,然大致相沿不辍。迄于满人入关,仍迅速恢复文武科举。武科之制,本为文科贡举与武官铨选二者结合而生,欲在文系之外,另辟武系。武科之层级、武庙之兴建、武学之设立、武经之颁发,无一不是此种思路之体现。宋代以后,武科均分内、外两场,分试文艺及武艺,企望恢复古制,选拔文武皆备之将才。

文武分途选拔,而又寄望寓文于武,立意虽善,践行实难。唐代以降,实行武科之宋明二代,大抵皆崇文抑武。宋代武举与武学制度化,实乃文士将读书科举之理念应用于武官选任之结果。[①] 宋明两代军功卓著者,大多由文科出身。起于武科又以军功名扬后世者,反倒屈指可数。此外,武举虽然亦为武官铨选正途,然历代多置于军功及行伍之后,且时常受到其他选途如世职、门荫之冲击。进而言之,讨论此种尴尬困局之形成与延续,除了考虑崇文抑武、防范武人等外部因素,亦不可忽略武

---

① 方震华:《文武纠结的困境——宋代的武举与武学》,《台大历史学报》第33期(2004年6月)。

举制度之内部问题。武科虽兼考策略与武艺,但终属展示演艺而非实战对决。武举即令策论精通、武考超群,然临敌机巧万变,殊非考场所能比拟。故历代武科所选者,多为寻常兵勇或中下级军官,较少将帅之才,与文科出身尽占要津之势不能相比。因此,文武科举两条"平行路径"之间,虽不必存高下之判,但确实有轻重之别。

卷中　各级武科分论

第三章　清代武生之考选、管课及其出路

清代武科之应考,其层级始于童试,进而乡试、会试,终于殿试,与文科相同。备考武科但尚未获得功名者,称为"武童"。此处"童"字并非言其年龄,尤其是武科骑射、技勇等项目,需要成年才有相应体力应试,"无幼慧之可言也。"[1] 武童开始应考,乃获取武科功名之起点;武生之选取、训练及管理,还会直接影响武科所选人才之素质。因此,清代各位帝王均一再晓谕,必须严格甄选武童。入关之初,顺治皇帝即称"童生入学乃进身之始",必须"严为之防"[2]。清季亦然,道光皇帝曾发布上谕,指出"取士必严初进",命令各省考试武童之时,应当"慎重遴选"[3]。均可得见童试考选之重要性。本章拟先厘清清代武童应考之资格、场次与内容;其次详考各省籍取进武生学额之变化及其意涵,估算武生总数,并考察其地域分布;继而分析武生之权益、出路与地位;而后考察武生之管理与考课,藉以解析不少清代武生素质堪忧、声誉欠佳之因由;最后基于缙绅录及《清史稿》,论析清代武生童之实际任职与表现。

第一节　武童试之基本规制

一、武童应试之资格与限制

清代报名参加武童试者,必须为"身家清白"之适龄男性。[4] 顺治

---

① 商衍鎏:《清代科举考试述录》,第 188 页。

② 素尔纳等:《钦定学政全书》卷 22《童试事例》,台北:文海出版社,1968 年影印本,载《近代中国史料丛刊》第 30 辑第 293 册,第 371 页。

③ 景清等:《钦定武场条例》卷 10《武生童考试一》,北京出版社,2000 年影印本,载《四库未收书辑刊》第 9 辑第 9 册,第 489 页。今见《钦定武场条例》另有 2000 年海南出版社影印本,载《故宫珍本丛刊》第 336—338 册。两种版本局部细节有异,本书在必要之处取以对勘,书中若非特别说明之处,所引系指《四库未收书辑刊》影印本。

④ 所谓身家清白,"身"乃就应试者本人而言,"家"乃就应试者父祖三代而言,"清白"（转下页）

九年（1652）题准，武童必须"无刑、丧、替、冒各项违碍"，各地方准接收应试。[①] 具体而言，曾为刑犯或正在丁忧其间，以及冒名顶替、冒籍应试者，均不准与考；此外，为了体现"别流品而重名器"，亦规定娼妓、优伶、隶卒、衙役本人及其子孙，皆不能应考，女性亦无机会应考。清代诸位帝王，无不标举"孝治天下"，因此科场考试首严匿丧。但凡文、武生员，以及举人、贡生、监生等，如果逢其本生父母之丧，丁忧期间不准参加岁考、科考以及乡试、会试；童生亦不许参加县试、府试及院试，希图获选。[②] 倘若考生隐匿不报，蒙混考取，查实之后，除了考生本人将面临斥革出身、禁止应试等处罚，还会牵连协同保结之人，甚至罪及主持考试之学政等官员。

　　武童应试之年龄限制，清初未见明文规定。不过，武科与文科不同，应试武童年齿太幼或太长，都难以应对骑射、技勇等外场项目。至于乾隆九年（1744），始见下令武生年届六十者，不准参加武乡试。[③] 以此略推，清代武童应试年龄上限自然不能超过六旬。如若符合以上条件，且无任何违碍之处，即具备应武童试之基本资格。当然，科举制度甚为复杂，其系统之内常有若干特例，清代尤多。其中关涉武科童试者，择要分述如下。

　　其一，官员子弟参加武童试，基本规限为不准在官员任职之地应试。清代任官整体采取籍贯回避制度，若官员跨省任职，其子弟籍贯隶属于他省者，不准在官员现任本省应试；若属于同省异县任职，其籍贯隶属于本省之子孙，亦须各归其本县参加考试。[④] 当然，该规定为清代中后期所见章程通制，清代初中期尤其在边地省府，不乏地方官员子弟违规就近应试入学者。比如《学政全书》即载，"滇省旧习，教官赴任，挈带子弟随行。每逢考试，即令子弟在现任地方应童子试。禀保碍于情面，不敢检

（接上页）指不得有应试条例所列之"污点"。参李世愉、胡平：《中国科举制度通史·清代卷》，上海人民出版社，2015年，第14页。
① 素尔纳等：《钦定学政全书》卷22《童试事例》，第371页。
②《清实录·高宗实录》卷9，第9册，第323页。素尔纳等：《钦定学政全书》卷22《童试事例》，第392页。
③《清实录·高宗实录》卷230，第11册，第970页。
④ 景清等：《钦定武场条例》卷10《武生童考试一》，第484页。

举,遂致有冒滥入学者。"①为此,雍正、乾隆年间朝廷屡发禁令。此项限制,主要是为了防止在任官员利用职务之便,牟取私利,影响考试公正。

其二,绿营马兵、步兵可参加武童试,但亦须各归其本籍,与普通武童一体考试。雍正年间,曾准许马兵直接参加武乡试,乾隆三十六年(1771)停止此例;此后绿营兵丁愿参与武科者,一律从武童试开始。②其中更有特殊情况,如果军流人犯到达被发配之地后,方才生子成丁者,准其以军籍应考;如果是人犯在本籍所生之亲子孙,或者为立嗣且记录有案之子孙,如果发配时随行,则可经过原地方官查明实情,再移文发配之地官员立案,亦须经过十年,才准其入以军籍身份应试,不用再回原籍应试。③兵丁随营操练,并未入籍,若在其驻营地就近应考,不仅会分占当地学额,更容易牵涉请托舞弊,因此亦定立规制,加以防范。

其三,八旗子弟之应武童试,其规制屡有变化。清初,八旗子弟不应武科考试;康熙四十八年(1709),始准八旗汉军参加武童试。并且规定:八旗汉军子弟愿意参加武童试者,由其所在本旗移送顺天府考试;若是属于巡捕营以及马兰镇、泰宁镇之马兵,则各归其本旗,与武童一并应考。④至于八旗满洲、蒙古子弟,则迟至雍正元年(1723)始准应武童试,但雍正十二年又停八旗满蒙应试。⑤直至嘉庆十八年(1813),才恢复八旗满蒙应试;同年亦经议准,准许各省驻防官兵之子弟在本省就近应武童试,不用赴京应试,属于东三省以及新疆各处驻防之武童,则分别附入奉天府以及陕西、甘肃两省之相应地方,就近应试。⑥京师八旗及各省驻防八旗之武童考试内场时,仿照文科之例,单独编立旗字号,亦有专门中额。⑦此中变迁,又能得见清廷在沿用既有汉制之时,始终对八旗尤其是满洲、蒙古子弟之应试取进给予特殊考量。

其四,苗民、土司、棚民子弟之参加武童试,亦有特别规制。清初,

① 索尔纳等:《钦定学政全书》卷30《清厘籍贯》,第565页。
② 景清等:《钦定武场条例》卷10《武生童考试一》,第483页。
③ 景清等:《钦定武场条例》卷12《武生童考试三》,第511页。
④ 铁保等:《钦定八旗通志》卷100《学校志七》,台北:台湾学生书局,1968年影印本,第17册,第6740—6741页。景清等:《钦定武场条例》卷10《武生童考试一》,第482页。
⑤ 铁保等:《钦定八旗通志》卷100《学校志七》,第17册,第6742—6743页。
⑥ 景清等:《钦定武场条例》卷10《武生童考试一》,第482页。
⑦ 景清等:《钦定武场条例》卷10《武生童考试一》,第477—478页。

西南地区苗、瑶、彝、羌等少数族群之童生应试,需要另编字号,在既定中额之外,酌量取录,亦属一种区别优待。随着改土归流、编户齐民之推进,此类童生应试,遂由单独配额逐渐改为与普通民籍视同一律。康熙四十三年(1704),准许湖南各属"熟苗"愿意应考文、武生童者,皆以民籍身份应试;次年,又准湖北、湖南各省土司子弟愿意应考者,亦照"熟苗"生童之例考试。① 其后,贵州之苗民亦援引湖广两省之例,以民籍身份应试;贵州土官、土目之子弟,以及广西地区土司之民人子弟,亦同样办理。② 雍正十三年(1735)又经议准,四川各地土司子弟及苗童,皆与汉民文、武童生一起,凭文决定去取,考试卷面不必分别苗汉,取录名额亦不必特别增加。③ 至于棚民,雍正九年(1731),准许江西棚民之文、武童生,其入籍在二十年以上,且有田庐坟墓在所居州县者,可以在所居之地应试。④ 由区别对待到一体办理,此中变迁之趋势,颇能反映清代政府在地方治理与管控中,学额配置及与此相应的抡选规制所体现之"归化"意图,及其所希望获得之统合功效。

其五,山陕地区之乐户,江浙地区之丐户、九姓渔户,广东疍户等属籍"贱民",以及皂隶等"贱役"出身者应试,清初禁令甚严。雍正朝开始,逐渐实行"豁贱为良"政策。乾隆三十六年(1771)奏准弛禁,但亦要求属于此等户籍之人,须先报请官方削除其"贱籍",不再从事此类"贱业";并且要求从改就他业之人开始,下至四世(中隔三代),其本族亲支均能清白自守,才许参加考试。⑤ 对于放出家奴,清初亦不准应考。乾隆四十五年(1780),曾有家奴孙二保之子孙连珠易名冒考,并中式武举。后被揭发审讯,刑部判称家奴之子属于"出身微贱,未便滥邀名器",遂将孙连珠革去武举出身,并受杖徒递回原籍。⑥ 乾隆四十八年(1783)稍宽此限,规定满、汉官员之家奴如果在本主家服役,已达到三代以上,准其放出后作为正身旗人、民人;先由家主向本旗或本籍之官员报告,并经

---

① 景清等:《钦定武场条例》卷12《武生童考试三》,第512页。
② 素尔纳等:《钦定学政全书》卷69《土苗事例》,第1418页。
③ 素尔纳等:《钦定学政全书》卷69《土苗事例》,第1423—1424页。
④《清实录·世宗实录》卷103,第8册,第360页。
⑤ 素尔纳等:《钦定学政全书》卷31《区别流品》,第596—598页。
⑥《刑部为家奴之子孙连珠易名孙登元冒考中式武举一案》,1780年,台北"中研院"史语所藏内阁大库档案,档案号:232518-001。

过兵部存案批准,可与平民一样参加考试和出仕为官。不过,放出家奴出仕仍有限制,若担任京官不得任至堂官之位,担任外官不得任至三品之位。[1]可见在"良贱同视"之中,仍然寓含"区别流品"之意。对于部分职业及编户子弟应武童试,加以严格限制,如步军统领衙门内专司缉捕之番役,在清代视同隶卒,原则上不准应试入仕。[2]

其六,针对某些特定职业及户籍人群,或者建立专门学校,或者单独配置学额,用以保障、均衡其子弟考试取中。比如,清代沿袭明代规制,为寄籍盐商之子弟专门设有商籍学额,为煎盐灶户之子弟设有灶籍学额;山东之孔子、颜子、曾子、孟子四氏圣贤后裔,亦有专设学额;江苏特设沙籍学额,安徽、广东等地设有客籍学额。台湾武生则分设闽籍、粤籍学额,亦属一种特殊分配名目,不过仍在府县学额之内分划,与上述几种为特殊群体单设学额有所区别。此类特例,下文分析武生学额时详解。

二、武童试之层级、考官及内容

(一)层级、考官及程期

清代武科童试亦分为三级:县试、府试、院试,同于文科。三级考试皆分别内、外两场,外场试弓马、技勇,属于武艺;内场试策、论及兵法,属于文艺。武童三年一考,通过县试、府试选拔,并经学政主持院试取中者,得名为"武生员",简称"武生",俗称"武秀才"。以下分析武童试之基本规制。

县试由武童属籍之州、县、卫等基层政区各自举行,由地方行政官及学校教官共同主持。为了严防舞弊,武童报名应考时,必须申明没有匿丧、冒籍等问题,并且亲自填写籍贯、父祖三代资料及本人年貌等信息。此外,尚有责任连带之保结制度,武童须取得邻里甘结,应试武童五人互保,并须同籍廪生一人作保,始准应试。

县试考完发布结果(发案)之后,合格者得应府试。府试由州、县、卫所属之府级政府负责,一般由知府或直隶州知州主持,考法大抵同县试。府试完毕再发案,造具考生名册,送交学政院试。清代多次下令要"严

① 景清等:《钦定武场条例》卷12《武生童考试三》,第512页。
②《清实录·宣宗实录》卷10,第33册,第202页;卷129,第34册,第1144页。

选初进"，州、县不得滥送收考。乾隆八年（1743）准江西学政金德瑛奏请，规定武童额进 1 名，准许府试时取 20 名送给学政选取，不能逾数多取，否则学政不能收试；不过此规定很快被罢废，送额不限。[1]齐如山曾谓武童若县考不取，亦可府考；县、府两处皆不取，仍可参加院考。[2]此说当为清季制度崩坏后，地方童试之变通甚或弊情，并非初期典制所定所许。

　　院试为最终取进武童之试。各省学政巡行岁试，按临各府级政区分别举行。至于应试程期，顺治九年（1652）定例，学政岁试考完文生、文童发案后，继续考试武生、武童，康熙朝沿用此例。[3]雍正五年（1727），曾改为先考武童，次考文童，后考文生。然此种改制，实非良策。若先试武童，此时文童考案未发，不便开门考试骑射；而且学政按临各地岁试，下马即试骑射，其时文、武生童齐集，容易产生弊窦；此外，各地应试文生、文童之人数，通常远多于武生、武童，若以多候少，并不合适。因此，雍正十二年（1734）议准，仍然恢复旧制，亦即先试文，再试武。[4]并悬为定例，相沿至清末。

　　院试由学政主持，不过学政属于文官，通常由具有进士出身之翰林院官担任，武童外场需要考试弓马武艺，还须委派武职会同考验。依照雍正元年（1723）定例，分三类情形办理：驻京八旗以及顺天府大兴、宛平两县之武童院试，先由兵部开列八旗副都统职名具题，再由皇帝亲选一人，与顺天学政一起组织考试；直省驻防八旗子弟以及各州、县之武童院试，由该省总督或巡抚、提督、总兵就近在绿营副将、参将、游击中选择一人，与该省学政一起组织考试；奉天府属之武童院试，由盛京将军委派协领一人，与奉天府府丞一起组织考试。[5]

　　由于地域、政情之差异，主持武童试亦有特例。比如，新疆之乌鲁木齐、巴里坤因为地处偏远，学政难以亲自按临考试，而且当地武童亦难长

①《清实录·高宗实录》卷 197，第 11 册，第 536 页。商衍鎏：《清代科举考试述录》，第 188 页。
②齐如山：《中国的科名》，第 51 页。
③素尔纳等：《钦定学政全书》卷 9《考试事例》，第 187 页。
④景清等：《钦定武场条例》卷 10《武生童考试一》，第 477 页。素尔纳等：《钦定学政全书》卷 9《考试事例》，第 189 页。
⑤景清等：《钦定武场条例》卷 10《武生童考试一》，第 477—478 页。

途赴试。乾隆三十四年(1769)、三十八年分别议准,此两地之武童应试,先由所在厅、道录送驻札大臣考试;考试完毕,造具名册,并标注其外场考试成绩之"单好""双好"字样;然后将试卷一并送交陕甘学政,决定去取。① 光绪二年(1876)甘肃设立学政之后,此项工作转由甘肃学政负责。② 此种变通,乃以驻札大臣权代学政主持考试,然取录决定权仍在学政。由此亦可得见,清代之治理边疆,确实有其办法,既求大局一统,亦将形式变通。

至于考试时间,武童县试一般定于二月,府试约在四月举行,③ 各地考试之实际程期则难以统一。尤其是院试,须由学政分别按临主持,更不似乡、会、殿试等能明定日期。学政按临各地巡考,取进武生之岁试一般逢丑、未、辰、戌年举行,但各府、州院试具体程期,则受省之大小、路途远近、生童多寡,以及天气、交通等因素影响。表 3-1 所列,乃道光二十四年(1844)至二十五年广东省武童院试日程,可作为具体实例。

表 3-1　道光二十四至二十五年广东省武童院试日程

政区	日期	考试进展	辖区学数	武生学额
肇庆府	二十四年二月十二至十七日	校武童马、步射,内场	府学 1,县学 12,散州州学 1	161
	二月十八日	出武童团案,覆试,发武生童案		
罗定州	三月初三日	考武童外场	直隶州州学 1,县学 2	28
	三月初四日	外场,接考内场		
	三月初五日	发武童团案,覆试武童,发武生童案		
连州	三月二十六日	考武童外场	直隶州州学 1,县学 1	18
	三月二十七日	外场毕,考内场,夜发案		
	三月二十八日	覆试武童,发大案		

① 景清等:《钦定武场条例》卷 11《武生童考试二》,第 490 页。
② 安东强:《清代学政规制与皇权体制》,社会科学文献出版社,2017 年,第 91 页。
③ 王晓勇:《清代武科举制度之研究》,第 72 页。

续表

政区	日期	考试进展	辖区学数	武生学额
韶州府	四月十六日	武童外场	府学1,县学6	80
	四月十七日	外场		
	四月十八日	外场,并考内场		
	四月十九日	发武童榜,覆武童,发案		
南雄州	五月初三日	考校武童骑射、步射	直隶州州学1,县学1	39
	五月初四日	阅步射		
	五月初五日	阅步射,内场,发案		
	五月初六日	覆试武童,发武生、武童大案		
广州府	六月十六日	考武童技勇	府学1,县学14	201
	七月初四日	考验武生童事竣		
嘉应州	十一月二十三日至十二月初四日	均考武童外场,约共三千余人	直隶州州学1,县学4	67
	十二月初五日	考内场,出团案		
	十二月初六日	覆试武童,发案		
潮州府	十二月二十日至二十六日	考武童马、步箭	府学1,县学9	121
	十二月二十七日	内场,发武童团案		
	十二月二十八日	覆试武童		
惠州府	二十五年正月二十六日至二月初三日	阅武童步箭,日阅三百七、八十人	府学1,散州州学1,县学9	133
	二月初四日	接阅马箭毕,考内场,发		
	二月初五日	覆武童,发大案		
高州府	三月二十四日至四月初二日	考武童步射,兼阅硬弓、骑射	府学1,散州州学1,县学5	86
	四月初三日	阅骑射,晚内场,发武童案,覆试弓力不符者(扣三名)		

资料来源:李棠阶:《李文清公日记》,学苑出版社,2006年影印本,载《历代日记丛钞》第42册,第175—332页。景清等《钦定武场条例》卷15《武生童考试六》,第558—561页。周振鹤主编《中国行政区划通史·清代卷》,复旦大学出版社,2017年,第

504—519页。《武场条例》刊刻于光绪二十一年,此处统计已剔除咸同军兴对广东学额之影响,兼考虑其间政区变动问题。

由表3-1可见,时任广东学政李棠阶自道光二十四年正月从省府启程,巡考全省文、武生童,取进武生。至次年四月,前后历时一年有余,尚未巡考完毕。[1] 而且,各府、州所费时日差异较大。广州府、肇庆府、惠州府等武生进额较多之处,需时多至半月方能试毕,罗定州、连州则数日即可竣事。各省学政通常在任三年,其时间与精力大半消耗于巡行岁、科考试。而且,由于武科有岁试而无科试,实际运作中,每逢学政按临各属府县,既需要主持武童府试选取新进武生,又需要主持在学武生之岁试,并以此为据录送乡试。对于武试而言,文科出身之学政不仅要评阅内场考卷,还需与武职军官同阅外场弓马,更为疲累。

(二)场次、内容与标准

清代地方衙署仿照中央六部建制,府、州、县亦分设六房。武童院试具体由礼房及兵房承办,其中兵房负责预备考试器具,礼房负责点名入场。武童应考之点名簿,于考生姓名之下,注明其父祖三代、籍贯、身材、面貌、有须无须等基本信息,同于文童应试。武童应试尤重"身材"一项,因此特别在各武童名下加注"用、月、日、气"四字,点名进场时,学政根据武童身材,以砵笔相应点之。以此四字之象形,描摹武童之身材:其身材宽大者为"用",细高者为"月",小身材者为"日",稍有歪斜者为"气"。[2] 武童院试共分三场,首场试马箭(马射),二场试步箭(步射)及技勇,是为外场;三场试策、论及《武经》,是为内场。其详情分述如下。

首场试马箭,考生驰马连发三矢,全不中的者不得继续考试。二场试步射,连发五矢,全不中的或仅中一矢者,亦不能继续考试;接着再试三项技勇:开弓、舞刀、掇石。弓、刀、石皆分三号,明定硬弓之力数及刀、石之斤数。应试武童量力各取器械,必须弓开满、刀舞花,掇石离地至少一尺,方为合式。此为规制通概,各地实践情形未必划一。[3] 武科童试、

---

[1] 其日记原缺道光二十五年五月至二十六年五月部分。其间未见巡考的府级政区之中,雷州府、琼州府及廉州府为岁科并试。参安东强:《清代学政规制与皇权体制》,第91页。

[2] 齐如山:《中国的科名》,第50页。

[3] 参考 Etienne Zi, *Pratique des Examens Militaires en Chine*, p.20. 商衍鎏:《清代科举考试述录》,第189页。齐如山:《中国的科名》,第50页。

乡试、会试外场器械大致相同,惟武乡、会试箭靶较远,弓较硬,刀、石亦较重。① 其具体规制与标准,下文解析武乡、会试时详及。头两场为外场,通常在校场进行。

图 3-1　武童外场骑射示意图

图片来源:Etienne Zi, *Pratique des Examens Militaires en Chine*, p.18.

射前　　　　　　　　引射　　　　　　　　射毕

图 3-2　武童外场步射示意图

图片来源:Etienne Zi, *Pratique des Examens Militaires en Chine*, pp.18-20.

清代武科外场技勇项目之中,掇石一项略似唐代之翘关(举重),然开弓、舞刀两项,均迥异于前朝。依照嘉庆朝兵部官员考证,明代万历

---

① 齐如山:《中国的科名》,第 105 页。

年间科臣尝请设将才武科,建议考试马、步箭,以及刀枪剑戟、拳搏击刺等技艺,报可而未行。顺治二年(1645)题准,外场于马、步箭之外,另试开弓、舞刀、掇石。然顺治十七年(1660)谕令停试技勇等项目,康熙三十三年(1694)恢复。①嘉庆十八年(1813),以舞刀一项不能区分优劣,下令武童试、乡试、会试中,一律停止舞刀,不过道光三年(1823)又复旧制如故。②因此,舞刀、掇石之试,相沿至清末革废武科之时。

第三场为内场考试,通常在贡院(学宫)内举行。内场原试策、论,清初《武经七书》皆用,康熙四十九年(1710),以《武经七书》文义较为驳杂,考场未可尽用,遂摈弃其四,仅用《孙子》《吴子》及《司马法》出题。而且规定,此后考试武生、武童用论二篇,第一篇题目出自《论语》或《孟子》,第二篇题目出自《孙子》《吴子》或《司马法》。③乾隆二十五年(1760),下令仍然保留《论语》《孟子》之论题,但不再作《武经》论,改为默写所留“武经三书”之一章或数段,计约三百字。嘉庆十二年(1807)再退一步,内场尽废策、论考试,只默写《武经》。学政由《武经》内选择百余字之段落,指明起讫,令应试武童默写。④如图3-3所示山西襄垣县武童岁试内场试卷,内容即出自《司马法·天子之义第二》,誊正卷面总见53字,篇幅仅为武场条例要求之半数,甚至可能是抄写而非默写,亦可略见后期基层考试实际标准之降低。

武童院试,亦仿武乡试挑选“单好”“双好”之制。乾隆二十四年(1759),议准湖南学政郑虎文奏请,武童试外场依照武乡试之例,将其中弓马娴熟、技艺优良者,分为合式、单好、双好三等,不列入此三等者,不能入内场考试。⑤乾隆二十八年(1763)经兵部奏准,武童试外场只列“单好”“双好”两类,列等者准入内场考试,凭文取进,不再立“合式”名目。⑥此次改制,相沿至清末。

①《奏遵旨详查武科比试刀石始自何时》,1813年,中国第一历史档案馆藏清代军机处录副奏摺,档案号:03-1553-118。
② Etienne Zi, *Pratique des Examens Militaires en Chine*, p.4.
③ 赵尔巽等:《清史稿》卷299《马会伯传》,第10419页。
④ 景清等:《钦定武场条例》卷10《武生童考试一》,第478页。
⑤ 素尔纳等:《钦定学政全书》卷9《考试事例》,第190页。
⑥《兵部为考试武童照乡会之例由》,1763年,台北“中研院”史语所藏内阁大库档案,档案号:236567-001。

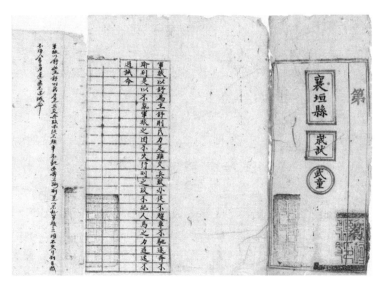

图 3-3　山西襄垣县武童岁试内场试卷

图片来源：贾江溶珍藏原卷，惠允使用图版。

至于武童院试内、外场之轻重，康熙年间学政考试偏重内场策、论，雍正朝以后外场弓马、技勇渐重。自从内场改为默写《武经》，内场日渐形同虚设。至于清季，武童更有不能识字命笔者，因此内场多雇枪手代写。内场试毕，即将考卷捆包存案，甚至无人批阅。[1] 前述广东学政李棠阶按临各州、府考验武童，根据取进学额不同，外场需时一、二日至十余日，而内场皆能一日试毕发案，其理在此。

院试三场试毕，学政先出团案。所谓团案，乃将初选名单排成团状圆圈，未分先后次第。然后举行覆试，发落成绩不符者，再依学额确定最终取录名单及名次，以长案（大案）公布，并将选中武童名单以红案发送各学。为防瞻徇舞弊，雍正二年（1724）议准，各省学政依照定额取进覆试之后，即须出长案公布，并发落成绩不符者；不许学政在一地少取，等到发红案时才将别处生童补入。[2] 试毕发案后，学政率领新进文、武生员"望阙谢恩"，拜谒文庙，簪花如仪，并向考生家族递送捷报。笔者得见之武生捷报印板，其文曰："钦命云南提督学院高岁试取进浪穹县新进武

① 齐如山：《中国的科名》，第 9—10 页。
② 素尔纳等：《钦定学政全书》卷 19《发案发落》，第 326 页。

生第一名杨银鹤习武经。"① 至此,武童去其"童"之名,取得"武生员"身份,一般略称"武生",俗名"武秀才",乃武科正式功名之最低一级。

第二节　武生学额、人数及其地域分布

一、武生学额之设定与变化

(一)清初学额之设定

学额既是一种重要政治文化资源,为政者也时常作为统治地方之关键机制。学额设定之基本原则与中额大致相同,主要依据各地文风高低、人口多少以及丁赋轻重。但在实际运作中,也有较多权宜变化。清代文、武生员同归儒学管理,两者学额之设定与变化,颇多关联之处。不过,武科考试有其特殊性,而且武生学额之变动,亦有不同于文科之处,值得深入探究。

清代入关初期,沿袭明代旧制,设有京卫武学。因此,清初武生学额之设定,应当就京卫及直省分别而言。关于京卫武学进额,顺治二年(1645)议定,京卫武童于每年春、秋两季,皆由兵部组织考试,每季取进 50 名。② 康熙三年(1664)改制,京卫武生童不再由兵部每年考试两次,改为顺天学政三年一试,合共取进 100 名。③ 雍正三年(1725)再次改制,将京卫武学改为顺天府武学,并且把京卫武童原本 100 名之进额,拨入各自地丁所属之四个府:顺天府武学(其中大兴县 20 名、宛平县 20 名)、保定府学(20 名)、河间府学(20 名)、正定府(其中正定府学 8 名,赵州、冀州学各 3 名,定州、晋州、深州学各 2 名)。④ 雍正四年(1726),裁

---

① 《浪穹县新进武生捷报印板及翻转图》,载贾江溶主编《贾江溶藏稀见清代科举史料汇编》第 1 册,广西师范大学出版社,2020 年影印本,第 728 页。印板文字之"高"应指云南学政高钊中(1891—1894 年在任)。
② 昆冈等:《钦定大清会典事例》卷 719《兵部·武科》,中华书局,1991 年影印本,第 8 册,第 930 页。
③ 张廷玉、嵇璜等:《清朝文献通考》卷 69《学校七》,商务印书馆,1935 年影印本,第 5489 页。昆冈等:《钦定大清会典事例》卷 719《兵部·武科》,第 8 册,第 930 页。
④ 张廷玉、嵇璜等:《清朝文献通考》卷 70《学校八》,第 5498 页。原文为定州、晋州、深州各 3 名,不符 100 名总数,或应为各 2 名。

撤顺天府武学,将原有武生归入顺天府学取进和管理。^①此后,清代武生归入儒学管理,没有独立武学系统建制。

至于各省所属府州县武生之学额,顺治二年亦定,直隶及各省武童依照文童之例,由学政每三年一考,但此时对于取进名额尚未明定。康熙十年(1671)正式题准,各省武生学额仿照文生之例,分为大、中、小学,其中府学取进20名,大州、县学取进15名,中州、县学取进12名,小州、县学取进7-8名。^②至此,清代武生学额初步订立,其总数大致与文廪生之学额相当(武生序列没有附生及增生)。

(二)清代中期学额之增减

清代初期定制之后,至康熙朝中后期及雍正朝,武生学额总数出现显著增加。导致学额变化之主要原因分述如下。

其一,因为新设学校而新立学额。尤其是因为平定南方、改土归流,需要新设学校,新立学额。比如,康熙五十年(1711)从广西巡抚梁世勋之请,设立西隆州儒学,文、武生员定额各为6名。^③康熙五十三年(1714),湖南乾州新设学校,文、武生员定额各为8名。^④康熙五十四年(1715)从贵州巡抚刘荫枢之请,设立安顺府南笼厅学,文、武童生各取进8名。^⑤雍正六年(1728),由于乌蒙、镇雄改土归流,相应改为府、州、县建制,并建立儒学,均照小学之例,文、武童生各取10名。^⑥雍正十一年(1733),广西镇安府因为改土归流,设立府学,文、武童生各取进12名,泗城府学之学额参照镇安府;此外,新改流之东兰州及归顺州,皆取文、武童生各4名;思明土府改为土州,文、武童生各取15名。^⑦

其二,因为升格原有学校而增加学额。随着全国渐定,各地人口、田赋增多,原有进额逐渐不敷取进,因此需要升格学校,并增加学额。此种增广学额之形式,在雍正朝最为明显。比如,雍正元年(1723)将山西平

---

① 昆冈等:《钦定大清会典事例》卷719《兵部·武科》,第8册,第931页。
② 商衍鎏:《清代科举考试述录》,第189页。
③《清实录·圣祖实录》卷246,第6册,第445页。
④《清实录·圣祖实录》卷259,第6册,第554页。
⑤《清实录·圣祖实录》卷266,第6册,第612页。
⑥《清实录·世宗实录》卷66,第7册,第1011—1012页。
⑦《清实录·世宗实录》卷134,第8册,第726页。

遥县中学升为大学,文、武童生各取 15 名。^①雍正二年(1724),普遍增加陕西所属各学文、武童生取进数额,将咸阳等二十个州、县、卫学校全部升格为大学,各取 15 名;又将三水等九个州、县学校全部升为中学,各取 12 名;其余各州、县、卫学之学额,亦多有增广。^②

其三,因为政区等级升降或政区撤并,导致学额变动。比如,雍正九年(1731)将天津由州改为府,此后其学额即照府学之例,文、武童生各取 20 名;其中天津县仍然依照天津州之旧额,文童进额 18 名,武童进额 15 名。^③有时裁撤或新设学校,其学额或拨自邻近政区,或拨归邻近政区,总体内部划拨调整,一般不会影响学额总数。比如,乾隆三十八年(1773)裁撤江苏松江府所属金山卫学,原有卫籍生童各自依其住址,回归各县参加考试,卫学原有 12 名学额相应分拨各县。^④同治年间,安徽新设涡县县学,其武生学额分别从宿州学(2 名)、蒙城县学(2 名)、亳州学(2 名)及阜阳县学(2 名)划拨。^⑤此种情况,有清一代时有所见,详参本书附录一《清代各省籍武生学额汇校》。

历经康熙、雍正、乾隆三朝之新设、增广及调整,武生学额渐趋稳定。清代武科不设科试,各省学政三年岁试一次,取进武生;除了临时暂广或恩广学额,全国每届取进总约 22000 名,^⑥分属于 1800 余所学校(详见表 3-4)。由于此处难以全面考察各省每所学校之设置时间,因此不同年份截面上之学校及学额总数或有些微差异,尤其是针对设学相对较晚之边地府县。整体而言,此后该进额基本稳定,直至清季咸丰、同治年间,因为大规模捐输广额,全国学额才有显著变化。

(三)清季捐输广额及其规模

咸同年间,战乱此起彼伏,局势危若累卵。清廷苦于应对,于是大开捐纳,允许各省通过捐输,增广科举学额及中额。平定之后,对于修城守

---

①《清实录·世宗实录》卷 14,第 7 册,第 252 页。

②《清实录·世宗实录》卷 14,第 7 册,第 252 页。

③《清实录·世宗实录》卷 118,第 8 册,第 572 页。

④《礼部为裁汰金山卫学额事》,1773 年,台北"中研院"史语所藏内阁大库档案,档案号:149752-001。

⑤景清等:《钦定武场条例》卷 13《武生童考试四》,第 523—524 页。

⑥王晓勇亦尝估算出武童试每科录取人数至少在 22000 人以上,但对学额类别、变迁及其意涵等问题,未及深入讨论。详参王晓勇:《清代武科举制度之研究》,第 88—96 页。

城、兴办团练以及参与"助剿有功"之地,亦适当增广学额,以示奖励与抚恤。此举对于晚清选途,影响甚深。

捐输广额之例,咸丰三年(1853)议准,若厅、州、县能捐银二千两,准许暂广学额一次,文、武生员各增 1 名;若能捐银一万两,则可永广学额,文、武生员学额各增 1 名,但每学以 10 名为限。同治七年(1868),再将价码翻倍,要求捐输四千两,才准暂广学额一次,文、武生员各增 1 名;捐至二万两,则准永广定额,文、武生员各增 1 名。同治十年(1871)继续改令加码,规定捐银一万两才能暂广学额一次,文、武生员各增 1 名;而且不准捐输永广学额。此后局势稍有缓和,光绪元年(1875)新定,各省若已捐输请广学额,此后一律停止申请;尚未捐输增广者,可以参照同治十年之定例,每捐银一万两准许暂广文、武学额各 1 名,而且不得超过大学 7 名、中学 5 名、小学 3 名之增广上限。[①] 此后捐输广额之例渐停,除了极少数特例加广,武生学额不再变动。

整体来看,经过清季捐输,大约将雍正朝以降武生之定额(此处未计一次暂广者),[②] 增广了五分之一;全国每届岁试,取进武生大约增至27000 人(详见表 3-4)。清季捐输广额之分省分布与意涵,后文详解。以要言之,清代武生(文生亦然)学额之增广,以雍、乾时期及咸、同时期最为显著;不过,两次广额之背景、目的、效果与意涵则大相径庭,"前者成为盛世的标志,后者则是清代王朝衰落腐败的又一见证。"[③] 于抡才体制之中,得见政情大势变化。文武科举,其要如是。

---

① 景清等:《钦定武场条例》卷 12《武生童考试三》,第 514 页。李世愉等以同治十年(1871)为清代各省定额峰值,统计此时各省学额总数;或囿于篇幅及体例所限,对此未作展开分析,所计名额亦与表 3—4 及本书附录一《汇校》偶见差异。详参李世愉、胡平:《中国科举制度通史·清代卷》,第 536—537 页。

② 由于史料记载零散不全,对于咸同年间各省捐输暂广学额总数,目前学界统计估算差异较大。张仲礼估算暂广学额约占永广学额 5%(梁志平据此折算为 4500 名);毛晓阳统计仅江西一省,清季捐输暂广文生学额已有 3144 名,武生学额 3154 名;梁志平则实际统计出暂广文生学额 4805 名,但鉴于资料局限,因此"保守估计,应该超过万余名"。综合参考张仲礼:《中国绅士》,第 97 页。毛晓阳:《太平天国时期江西乡绅的捐输广额》,《福州师专学报》2000 年第 1 期。梁志平:《清代学额研究》,未刊书稿,2021 年。

③ 李世愉:《两次大规模增广学额之比较研究》,载李世愉《清代科举制度考辨》,中央广播电视大学出版社,1999 年,第 182 页。

二、特殊设学与特定学额

明清两代,为了尽量保障特殊户籍、职业之人入学及应试,又会特别设立学校,专立学额。以下分别民人及八旗两个大类,略述考察所见之清代武生特殊学额。

(一)民人武生之特殊学额

清代针对民人之特殊设学及学额,既有沿袭前明旧例,亦有清代新设,而且其间变化较多。其中与武生学额相关者,举要如表3-2。

表3-2　清季特殊设学内民人武生学额举隅

学名		所在地	学额	取进对象
四氏学		山东兖州府	15	孔、颜、孟、曾四氏圣贤后裔
卫学	密云卫学	直隶顺天府	8	本卫武职及军户子弟
	德左二卫学	山东济南府	15	
	安东卫学	山东沂州府	8	
	灵山卫学	山东莱州府	5	
	鳌山卫学	山东莱州府	8	
商学	天津商学	直隶天津府	商籍7	寄籍盐商、灶户子弟
			灶籍6	
	河东商学	山西解州	4	
	犍乐商学	四川嘉定府	2	
	富荣商学	四川叙州府	2	
	宁夏商学	甘肃宁夏府	8	
运学		山东济南府	8	

资料来源:景清等:《钦定武场条例》卷13—16,第515—566页。《清实录·世宗实录》卷25,第7册,第390页;卷118,第8册,第572页。《清实录·高宗实录》卷1081,第22册,第530页。

此处针对武生特殊学额之举述,尚有两点需要补充说明。其一,本书所称"民人"及"民籍"之"民",主要取其与"旗"相对之身份意涵,而非与"军"、"商"等相对之职业意涵。其二,表3-2之举隅,主要依据光绪朝所刊《武场条例》所见,未能逐一考察其前期流变。尤其是卫学一

项,经过清代初中期不断裁撤,到清末已所剩无几。此处主要举其类目,
而非通计全体。

仅就考察所见而言,民人武生之特殊学额中,针对寄籍盐商、灶户子
弟之商学、运学学额,呈现减少之势。雍正年间,运学取进武童8名;到
清末进额仅余4名,而且规定每满10名才能取进1名,如果人数不足,
宁缺勿滥。①天津商学原本设有商籍武生学额7名、灶籍学额6名,乾隆
四十三年(1778),直隶总督周元理、学政汪廷玙奏称,直隶商籍之应考武
童每届不过十六、七名,呈请满10名取进1名,而且每次所取不超过2
名;灶籍应考武童若超过60名,可以依照原额6名取进,若不足60名,
则照商籍之例,每10名中取进1名,此项规定延用至清末。②山东原定
商籍武生学额为8名,乾隆四十四年(1779)减至4名,而且定为每10
名取中1名;同年,又裁撤宁夏商学8名武生学额,令其武童分别归入
州、县考试。③其学额有所增加者,如咸丰六年(1856)河东商学捐输,准
许永广武生学额4名,亦可见其赀财之厚。④清代商籍学额之减少,一则
因为本省商人子弟逐渐改归本籍应试,不再占用商籍专属学额;此外,盐
商子弟大多富有家赀,不大热衷于参加武科童试。

此外,民人武生学额之特殊规定,还有棚籍、沙籍、客籍,以及闽籍、
粤籍等名目。雍正九年(1731),准许江西棚民之文、武童生,若入籍在
二十年以上,且在所居州县有田庐坟墓者,可以参加当地考试。如果棚
籍应试童生不足50名,就与本籍童生一起考试取进;若在50名以上,
则另行取录,以4名为限。到了乾隆二十八年(1763),因为棚民应考人
数较少,规定除了万载县之外,其余均归入土籍一体考试。⑤另外,江苏
通州所辖薛家、永兴等十六沙,参加通州考试时专拨沙籍武生进额1名,
海门厅岁试亦设沙籍武生1名。⑥至于客籍武生之学额,清季江西万载

① 景清等:《钦定武场条例》卷14《武生童考试五》,第544页。
② 《清实录·高宗实录》卷1069,第22册,第320页。黄掌纶等:《长芦盐法志》卷17《人物·附
　商灶籍学额》,上海古籍出版社,1997年影印本,载《续修四库全书》史部第840册,第359页。
③ 《清实录·高宗实录》卷1078,第22册,第478页;卷1081,第22册,第530页。
④ 景清等:《钦定武场条例》卷14《武生童考试五》,第548页上。
⑤ 《清实录·世宗实录》卷103,第8册,第361页。《清实录·仁宗实录》卷193,第30册,第
　550—551页。
⑥ 商衍鎏:《清代科举考试述录》,第190页。

县学设 2 名;广东广州府学设有赤溪厅客籍学额 1 名、东莞县客籍学额 2 名、新安县客籍学额 2 名,此外尚有番禺县学 1 名、归善县学 1 名、阳山县学 1 名、高明县学 2 名、镇平县学 1 名。云南永北厅学亦设客籍武生学额 2 名。学额有闽籍、粤籍之分,仅见于台湾,因其民众主要移自福建、广东两省。清季台湾府学设有闽籍武生学额 10 名、粤籍学额 2 名;台南府学设闽籍学额 16 名、粤籍学额 3 名;台北府学设闽籍学额 7 名、粤籍 3 名。[①] 此处限于题旨及篇幅,所述主要为其制度设定及变革之节点大要,其中变迁过程及实际运作甚为复杂。此类关涉特殊群体之学额,及其背后所涉"土客之争"与地方社会统合问题,值得深入探究。

以上所述,乃清代针对民人武生特设学额之概要。若分析其设额宗旨,可见兼顾了不同特殊群体入学及应试之需求,但在制度施行中,其主要趋势为逐渐减少、消除特殊学额与本籍一般学额之差别。由此,亦可得见国家权力逐步渗入边地族群社会,并以学校及考试作为不断统合地方之机制。

(二)八旗武生学额

清初,八旗子弟不参加武科。康熙四十八年(1709),始准京旗汉军子弟应武童试,取中武生定额 80 名。雍正元年(1723),又准京旗满洲、蒙古子弟应试,合共取中武生 40 名。[②] 因此,京师八旗武生此时中额合共 120 名。嘉庆十八年(1813),又准驻防八旗子弟就近参加武童试,但未定中额,而是按照应试人数,每五、六名中取进一名。至于清季,京旗汉军子弟照旧取中武生 80 名,但京旗满洲、蒙古亦不设定额,每五、六名取进一名,同于各省驻防。清季捐输广额,考察所见八旗共增武生学额 36 名,其详情见表 3-3。

表 3-3　清代八旗武生学额

旗别、省别		原额	清季变动
京师八旗	满洲、蒙古	不设定额,每五、六名内取进 1 名	同 6 (10)
	汉军	80	—

①　景清等:《钦定武场条例》卷 14《武生童考试五》,第 533—534 页。此处所举均为武生学额。
②　铁保等:《钦定八旗通志》卷 100《学校志七》,第 17 册,第 6740—6742 页。

续表

旗别、省别		原额		清季变动
驻防八旗	奉天省	满字号	不设定额,每五、六名中取进1名	咸5(2),咸9(3),同6(5)
		合字号	不设定额,每五、六名中取进1名	咸5(4),咸9(4)
	吉林省	满字号	不设定额,每五、六名中取进1名	同6(3)
		合字号	不设定额,每五、六名中取进1名	同7(2)
	黑龙江省	满字号	不设定额,每五、六名中取进1名	同6(2)
	江苏省		不设定额,每五、六名中取进1名	——
	浙江省			——
	福建省			——
	湖北省			——
	河南省			——
	山东省			——
	山西省			——
	陕西省			——
	甘肃省			——
	四川省			——
	广东省			咸7(1)

资料来源:景清等:《钦定武场条例》卷13《武生童考试四》,第515—516页。铁保等:《钦定八旗通志》卷100《学校志七》,第17册,第6740—6742页。"同治6(10)"表示同治六年增广武生学额10名,余类推。

三、设学情形及武生总额

如上文所示,清代武生学额屡有变化。以下主要参考光绪二十一年(1895)所刊《钦定武场条例》,汇总统计清代各省籍武生学额,数据主要反映咸同广额前后之武生定额。清代文、武生员同归儒学取进,因此通过表3-4,亦能大致呈现清季各级政区之数目,以及全国学校之层级类型及分布概况。

表3-4 清代各省设学及武生学额汇总表

省籍	府学	州学		厅学		县学	卫学	乡学	商学	运学	盐井学	四氏学	设学总数	武生原额	清季增广	清季学额
		直隶州	散州	直隶厅	散厅											
奉天	5	—	6	3	8	16	—	—	—	—	—	—	38	103	24	127
直隶	11	6	17	—	4	121	1	4	1	—	—	—	165	2274	39	2313
江苏	8	3	3	1	—	62	—	1	—	—	—	—	78	897	338	1235
安徽	8	5	4	—	—	51	—	2	—	—	—	—	70	853	321	1174
江西	13	1	1	—	2	75	—	—	—	—	—	—	92	1198	759	1957
浙江	11	—	1	—	2	75	—	—	—	—	—	—	89	1207	364	1571
福建	12	2	—	—	—	68	—	—	—	—	—	—	82	1055	340	1395
湖北	10	1	7	—	—	60	—	—	—	—	—	—	78	993	432	1425
湖南	9	4	3	2	2	64	—	—	—	—	—	—	84	1030	414	1444
河南	9	4	6	—	1	96	—	2	—	—	—	—	118	1643	234	1877
山东	10	2	9	—	—	96	4	—	—	1	—	1	123	1620	123	1743
山西	9	10	6	7	—	85	—	4	1	—	—	—	122	1547	88	1635
陕西	7	5	5	0	7	73	—	—	—	—	—	—	97	1094	103	1197
甘肃	8	7	6	1	5	51	—	3	—	—	—	—	81	869	7	876
四川	12	8	11	4	6	112	—	2	2	—	—	—	157	1474	554	2028
广东	9	5	6	2	0	78	—	—	—	—	—	—	100	1198	400	1598
广西	11	2	17	2	—	49	—	—	—	—	—	—	81	939	109	1048

续表

省籍	府学	州学		厅学		县学	卫学	乡学	商学	运学	盐井学	四氏学	设学总数	武生原额	清季增广	清季学额
		直隶州	散州	直隶厅	散厅											
云南	14	3	26	4	12	39	—	—	—	—	1	—	99	1207	3	1210
贵州	12	1	13	3	4	33	—	1					67	752	1	753
八旗	—	—	—	—	—	—	—	—	—	—	—	—		120	36	156
合计	188	69	147	29	53	1304	5	19	4	1	1	1	1821	22073	4689	26762

资料来源：景清等：《钦定武场条例》卷13-16，第515—566页。详参本书附录一《清代各省籍武生学额汇校》。

　　如表3-4所示，清季全国19省中，设有武生学额之学校共有1821所。[①] 其中，包括府学188所，直隶州州学69所，直隶厅厅学29所；散州州学147所，散厅厅学53所，县学1304所；另见卫学5所，乡学19所；[②] 以及商学4所，运学、盐井学、四氏学各1所。取进武生学校最多之三省，依次为直隶（165所）、四川（157所）、山东（123所），三省占全国设学数约四分之一；设学取进武生最少之三省，分别为奉天（38所）、贵州（67所）、安徽（70所），三省占全国设学数约十分之一。

　　若以咸、同捐输广额为界前后对照，各省武生定额总数在增广前计为22073名（不包括八旗驻防等不定中额者）。此时武生定额最多之

[①] 台湾武生学额旧属福建，表3-4亦依《武场条例》统归福建省。光绪十一年（1885）台湾建省，十六年巡抚刘铭传奏请添设、增改武童进额。拟定台湾府学闽籍15名、粤籍4名，台湾县学10名，彰化县学9名，云林县学4名，苗栗县学2名，台南府学闽籍16名、粤籍3名，安平县学14名，凤山县学14名，嘉义县学14名，台北府学闽籍7名、粤籍3名，淡水县学4名，新竹县学4名，宜兰县学4名，共127名。见刘铭传：《呈台湾省各府县学添设增改文武生童及廪增名额出贡年限清单》，1890年，中国第一历史档案馆藏清代军机处录副奏摺，档案号：03-1795-022。

[②] 清代裁撤县级政区，多以旧地学额另建乡学，取进士子。以此促成教育资源合理配置，绥抚地方，乃清代地方治理之创举。详细讨论见胡恒：《皇权不下县？——清代县辖政区与基层社会治理》，北京师范大学出版社，2015年，第290—294页。此处所见19所乡学中，除了九姓乡学及董志原乡学为县辖区以下之乡学，其余17所即为裁撤旧有县级政区之后所设乡学。

三省,依次为直隶(2274 名)、河南(1643 名)、山东(1620 名);定额最
少之三省为奉天(103 名)、贵州(752 名)、安徽(853 名)。咸、同以降,
因捐输、守城等广额 4689 名,武生定额增至 26762 名,定额增广比例
为 21.24%。增广之后,武生学额居前三之省变为直隶(2313 名)、四川
(2028 名)、江西(1957 名),期间广额最多之三省,分别为江西(759 名)、
四川(554 名)、湖北(432 名);正因受此影响,江西及四川两省学额,均
在清季跻列前三。以下分析武生人数及分布,再以图表直观呈现其中
变迁。

四、武生人数及其地域分布

初步厘清武生之学额,结合生员中式平均年龄及其预期寿命值之估
算,理论上可以大致推算任一时期武生之总数,进而尝试描绘其地域分
布。有关武生之中式年龄,乾隆年间江西学政金德瑛曾谓,康熙年间取
中时不重外场,只凭策、论优劣取进,因此所取多有年过三、四十岁者。
雍正朝以降,渐重弓马、技勇,所取武童大致在 20 岁左右。[①] 此论可以略
作参考,但未得其详。依据张仲礼之估算,清代生员取进时,其平均年龄
约为 24 岁,生员平均预期寿命约为 57 岁。依照定制,文生每三年取进
两次,武生每三年取进一次。生员自中式至离世,其间均值约为 33 年,
大约取进文生 22 次,武生 11 次。因此,任一时期文生之总数约为文童
进额之 21 倍,武生之总数约为武童进额之 10 倍。[②] 叶鹏依据翁心存在
道光年间督学广东及江西之记录,辑出 4627 名文生员、1757 名武生员
入学年龄数据;并考虑官年因素,指出文生员实际入学年龄应在 27—28
岁之间,武生员则在 22—23 岁之间,据此对清代生员数量加以重估。[③]
此处参考张仲礼之研究思路,稍作必要辨析说明,估算统计清代武生总
数及其地域分布,并与文生稍作对照。

---

① 金德瑛:《奏为酌定武生给衣顶之例以严约束事》,载《宫中档乾隆朝奏摺》第 4 辑,台北:台
　北"故宫博物院",1982 年影印本,第 626 页。
② 张仲礼著,李荣昌译:《中国绅士》,第 106 页。
③ 叶鹏:《清代生员入学年龄新探——读翁心存辑生员名册两种》,"近代中国的科举制度与考
　试文化"学术研讨会论文,复旦大学,2021 年 11 月,第 251—271 页。

表3-5　清代文武生员人数、分布及比例

省籍	清季增广前						清季增广后					
	武童进额	武生人数	武生全国占比	文童进额	文生人数	文武生员比例	武童进额	武生人数	武生全国占比	文童进额	文生人数	文武生员比例
奉天	103	1030	0.47	71	1491	1.45	127	1270	0.47	162	3402	2.68
直隶	2274	22740	10.30	2845	59745	2.63	2313	23130	8.65	2892	60732	2.63
江苏	897	8970	4.06	1402	29442	3.28	1235	12350	4.62	1804	37884	3.07
安徽	853	8530	3.86	1289	27069	3.17	1174	11740	4.39	1636	34356	2.93
江西	1198	11980	5.43	1350	28350	2.37	1957	19570	7.32	2087	43827	2.24
浙江	1207	12070	5.47	1800	37800	3.13	1571	15710	5.87	2214	46494	2.96
福建	1055	10550	4.78	1187	24927	2.36	1395	13950	5.21	1590	33390	2.39
湖北	993	9930	4.50	1087	22827	2.30	1425	14250	5.33	1577	33117	2.32
湖南	1030	10300	4.67	1219	25599	2.49	1444	14440	5.40	1689	35469	2.46
河南	1643	16430	7.44	1631	34251	2.08	1877	18770	7.02	1892	39732	2.12
山东	1620	16200	7.34	1830	38430	2.37	1743	17430	6.52	1965	41265	2.37
山西	1547	15470	7.01	1536	32256	2.09	1635	16350	6.11	1634	34314	2.10
陕西	1094	10940	4.96	1865	39165	2.00	1197	11970	4.47	1246	26166	2.19
甘肃	869	8690	3.94				876	8760	3.27	890	18690	2.13

续表

省籍	清季增广前						清季增广后					
	武生			文童进额	文生人数	文武生员比例	武童进额	武生		文童进额	文生人数	文武生员比例
	武童进额	人数	全国占比					人数	全国占比			
四川	1474	14740	6.68	1366	28686	1.95	2028	20280	7.58	1972	41412	2.04
广东	1198	11980	5.43	1326	27846	2.32	1598	15980	5.97	1789	37569	2.35
广西	939	9390	4.25	1019	21399	2.28	1048	10480	3.92	1143	24003	2.29
云南	1207	12070	5.47	1323	27783	2.30	1210	12100	4.52	1372	28812	2.38
贵州	752	7520	3.41	753	15813	2.10	753	7530	2.81	767	16107	2.14
八旗	120	1200	0.54	109	2289	1.91	156	1560	0.58	145	3045	1.95
商籍	—	—	—	81	1701	—	—	—	—	131	2751	—
合计	22073	220730	100	25089	526869	2.39	26762	267620	100	30597	642537	2.40

资料来源：景清等：《钦定武场条例》卷13—16，第515—566页。张仲礼著、李荣昌译：《中国绅士》，第166—168页。

　　表 3-5 之统计,细节之处尚需辨析说明如下。其一,商籍武生之学额已分归各省统计,表中未单独列出。其二,表中八旗武生之学额,乃依照雍正元年(1723)所定标准,只包含京旗满蒙及汉军学额,清季京旗满蒙及各省驻防八旗,均为每五、六名中取录一名,并不明定学额,因此未能计入。其三,关于清季增广后之文、武生员人数,张仲礼所统计文生员数中,包含部分一次广额所取录者;表 3-5 所计武生仅能统计永广定额,存在部分缺略。其四,此表主要依据中额估算生员人数,未能详察具体科年不同学校实际取中时可能之"缺额"问题,实际取中较定额可能稍少。[①] 其五,如本书附录一所示,清季各地增广学额既非同步进行,学额增广导致生员人数之增加,亦为渐进累积之过程,并非一蹴而就。因此,表中"清季增广后"之生员人数,主要反映清末尤其是二十世纪初之"峰值"情形。[②] 整体而言,上述几种因素对武生总额及人数之影响均小,而且存在彼此"抵消"之增减因素。因此就制度细节而言应当留意和说明,然就宏观分省比例而言应无显著影响。

　　依据表 3-5 之统计,可知清代自雍正朝以降学额稳定,到咸、同大规模广额之前,任一年份之文生员约为 53 万人,武生员约为 22 万人,合计 75 万人左右。经过咸、同年间增广,积累至清末之年份,文生员约为 64 万人,武生员约为 27 万人,合计 91 万人左右。该群体之内,有部分能继续攀爬武科考试之"成功阶梯",极少数可以成为武举人及武进士。[③] 换而言之,武生乃武科功名之起点暨"人才总库",占据武科功名群体人数之绝大部分。结合武科举人及进士群体人数估算,清代拥有正途武科功名之常备人数,咸、同增广之前约为 23 万人,清末约为 28 万人,亦可称庞大。

---

① 梁志平等曾提示应留意晚清府州县学实际取中时之"缺额"问题,并指出武生缺额较文生更为严重之事实。其发现值得重视,缺额问题对于晚清生员实际人数之影响程度,尚需更为全面之专题考察。详参梁志平、张伟然《定额制度与区域文化的发展:基于清代长江三角洲地区学额的研究》,漓江出版社,2013 年,第 51—67 页。

② 此处补充说明,得益于沈登苗针对张仲礼有关太平天国前后绅士人数估算方法、结果及其表述适用范围之辨析讨论。详参沈登苗《张仲礼对太平天国前后绅士估算的表述及适用性》,《社会科学论坛》2014 年第 7 期。

③ 清季增广之前,武科乡试每届中额维持在 850 名上下;有清一代历科取中武进士人数,其均值约为 90 名。详参本书后文之统计论析。

　　清季学额增广,多为文、武同增,因此全国文、武生员之总体比例,增广前后均保持在 2.4∶1 上下。这组数据,与张仲礼之统计与估算,亦能相符。[①] 文、武生员比例达到 3∶1 者,主要为江苏、浙江、安徽三省,因文风较盛,文生较多。与此相对,奉天(增广之前)、陕甘、山西、河南、四川、贵州、八旗等省籍,因为文风相对较弱,或者本就好尚武勇,又或有特定中额政策,其文、武生员之比例约为 2∶1,部分甚至低于此数,此类省籍武生占生员群体之比例相对较高。

　　尚需加意分析者,为武生横向分省人数及分省比例之分布,及其纵向变化。以下选择表 3-5 关联栏目之数据汇为两图,以便明晰解说。

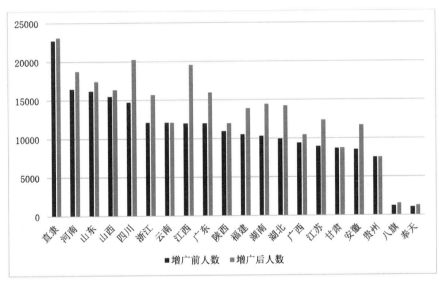

图 3-4　咸同广额前后武生分省人数变化图

　　图 3-4 之省籍顺序,从左至右依据广额之前武生人数降序排列。总体而言,咸、同广额之后,各省武生人数均有增加。就其分省人数变化来

① 张仲礼翔实统计估算清代文生学额及文生总数,但未通盘统计武生学额及武生总数。张氏依据部分方志,估算太平天国期间武生学额约为文生学额之 85%,太平天国后上升至 88%。并以此估算全国武生学额:太平天国前为 21233 名,太平天国后为 26806 名。再以其“武生学额 ×10≈武生总额”之公式,估算全国武生总数。其中具体数据或可为后续研究修正校准,但其研究视野及思路则仍有重要参考价值。见张仲礼著,李荣昌译:《中国绅士》,第 100—102、147 页。

看,广额前后奉天、甘肃、云南、贵州、八旗等省籍,其武生总数未见明显上扬。与此相对,江苏、安徽、江西、浙江、福建、湖北、湖南、四川、广东九省,其武生人数则明显增加。其中,江西增额最多,达到63%;湖北、湖南两省增额各为44%、40%;九省之中其余诸省,增额均超过30%。究其原因,此时广额主要有两种途径:一为捐输,二为出力(包括参与"助剿"、守城、团练等)。南方各省一则普遍较为富庶,有钱可捐,亦为太平军活动主要区域,出力(伤亡)较多,相应广额亦多。西南之云贵、东北之奉天、西北之陕甘等省,缺乏这两项大规模增额之实力及条件,因此武生人数上升并不明显。武生分省比例之变化,亦于此种增减相应,详见图3-5。

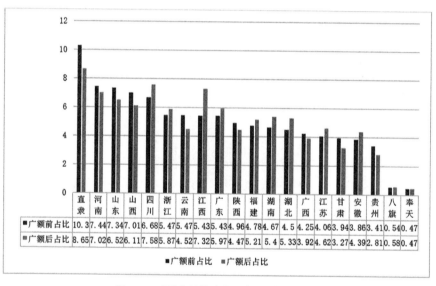

图 3-5　咸同广额前后武生分省比例变化图

　　图3-5之省籍顺序,从左至右仍以广额之前武生分省比例高低排列。咸、同以后,获得大量广额之南方各省,其武生人数在全国占比均有上升,其中上升比例以江西最高;北方各省武生占全国武生总数比例整体下降,其中以直隶下降最多。广额之前,全国武生占比最多之五省依次为:直隶(10.30%)、河南(7.44%)、山东(7.34%)、山西(7.01%)、四川(6.68%);广额之后,直隶虽然仍居首位,但比例下降(8.65%),四川升至第二(7.58%),江西则由原本第八(5.43%)跃升至第三(7.32%),河南退

居第四(7.02%),山东退居第五(6.52%),山西被挤出前五位(6.11%)。武生占比最少之五个省籍,学额增广前依次为:奉天(0.47%)、八旗(0.54%)、贵州(3.41%)、安徽(3.86%)、甘肃(3.94%);增广之后,奉天、八旗、贵州继续居末三位,且整体占比变动较小,安徽则因捐输广额逸出末五位(4.39%),甘肃降为倒数第四(3.27%),广西降为倒数第五(3.92%)。

　　咸、同广额,不仅在大区层面上重塑学额格局,也深刻影响省内府、州、县之学额结构。其反常结果之一,即是受辖州、县学额反超府学学额(本段所论皆指武生学额)。江西、湖北、湖南、安徽等省遭受冲击较大,此类现象尤多。如安徽怀宁县(安庆府属)、凤阳县(凤阳府属)、合肥县(庐州府属)、阜阳县(颍州府属);江西宜春县(袁州府属)、南城县(建昌府属)、赣县(赣州府属)等,均以附郭县反超所属府学武生学额。又如湖北省经过清季增广,武昌府所辖 10 个州、县中,有 8 个学额反超府学;德安府辖 5 个州、县中,有 3 个学额反超府学;襄阳府辖 7 个州、县中,有 2 个学额反超府学;汉阳府辖 5 个州县、黄州府辖 8 个州县、安陆府辖 4 个州县,其学额全部反超府学。其中之可能原因,在于如若直接为州县学捐广学额,辖内生童最能直接受益;如果为府学捐广,府学学额需要再次分拨,未必皆能拨归出资州县。科举时代之府学(直隶州学)学额,乃过往研究中甚少留意之特殊问题。以今日术语言之,府学大多并不像所辖州、县学一样,自有专门对应之"学区"。既然如此,府学学额从何而来、如何取进与分配?咸、同广额所引致之受辖州、县学额反超府学等问题,如何影响晚清基层教育资源配置乃至基层政治格局?凡此问题,均有待专题研究加以检视。

　　一言以蔽之,"咸同军兴"前后之武生群体总数,整体呈现"南激增、北缓增"之态势;武生之分省比例,则呈现"南升北降"之态势。推展而言,咸、同年间之战乱,不仅深刻影响晚清政治与军事格局,也实质重塑科举学额、中额之分配与结构,进而影响教育、社会及政治之面貌。学额问题关乎基层府、州、县生童之切身利益,其间各地学额之变动,实为该地遭受战乱冲击程度及对平定战乱"贡献程度"之重要指标。以此而言,若能将书后附表内各基层政区学额变动情形导入历史地图,并融入变动时间轴线,对于深化认识战乱影响各地之先后及其程度,应有裨益。

第三节　武生之管理、训练与考课

一、责任部门及管理人员

清代入关初期,沿袭明代旧制,顺天府设有武学。京卫武生、武童考试隶属兵部管理,平时则归京卫武学训课。顺治九年(1652)题准,未设武学之处,其武生附于文学教官管理,因此各省府、州、县、卫之武生,实际由儒学教官兼管。[①] 雍正四年(1726),裁撤顺天府武学,将其中八旗满洲、蒙古、汉军武生,并归顺天府学之满洲教官管理;大兴、宛平两县之民籍武生,则归顺天府儒学教授管课。[②] 至此以后,清代武生管理全部纳入儒学体系之内。文、武生员同庠,并以儒学教官管课武生,乃清代武举制度设计之独有特征。

实际操作中,全国武生名籍之管理,在中央层面统归兵部武库清吏司,在地方层面则统归各省学政。至于日常督课与升黜,在学武生由儒学教官负责,随营武生则由营员将弁负责,均须知会所属省份之学政。此外,各省督抚及府、州、县官,亦负有查访究治之责任。乾隆三十三年(1768)议准,学政新取进文、武生员,将名单以"红案"发给各府州县学,即须饬令地方官将新进武生之名册、履历送呈督抚衙门备查。每届生员岁试、科试,各学教官亦将旧案武生之履历,依照"格眼册"另备一份,由地方官呈交督抚存案。[③] 各省学政三年组织岁试一次,根据武生品行技艺优劣,造册送交兵部。学政三年任满,一并汇题。平时若武生有抗粮、唆讼、行为不端等,由地方官随时报告,小过则加以戒饬,大过则请革出身。[④]

二、卧碑八条及六等黜陟

儒学镌立卧碑初创于明太祖。洪武十五年(1382),颁"禁例十二

① 景清等:《钦定武场条例》卷11《武生童考试二》,第495页。
② 张廷玉、嵇璜等:《清朝文献通考》卷70《学校八》,第5499页。赵尔巽等:《清史稿》卷106《选举一》,第3118—3119页。
③ 素尔纳等:《钦定学政全书》卷24《约束生监》,第450—451页。
④ 景清等:《钦定武场条例》卷11《武生童考试二》,第501页。

条"于天下,镌立卧碑,置于全国学宫明伦堂中,以训谕约束士子。① 顺治九年(1652)重颁碑文八条,首谓"朝廷建立学校,选取生员,免其丁粮,厚以廪膳。设学院、学道、学官以教之,各衙门官以礼相待",乃是为了"养成贤才,以供朝廷之用";因此,诸生应当"上报国恩、下立人品",而后逐条训谕。② 若将明、清两代所颁卧碑内容稍作对照,不难发现清代碑文颇多沿袭前明,尤其在训诫士子孝养父母、尊师重道、读书立志、清正忠廉,以及禁止生员干预词讼、上书言事等方面,两者大同小异;但清代卧碑明令禁止生员纠党结社、刊布言论,则是惩于明末文人结社、议政而定。康熙年间,又颁发《上谕十六条》和《训饬士子文》,经雍正皇帝逐条加以解释阐发,即为《圣谕广训》,下令传发刊刻于各省学宫。清代文、武生员同归儒学,因此卧碑八条以及《圣谕广训》等,亦为规范武生员言行之基本条文。典章规定,每月逢朔、望之日,各学教官应率领生员,宣讲诵习条文内容。对于卧碑颁行之目的,及其束勒规训之影响,柳诒徵尝谓因为明末学校中人结社立盟,其权势甚大,甚至"足以劫制官吏";清初引以为戒,刊立卧碑加以禁止,以致日后"官权日尊",士人若有一言建白,"即以违制论,无知小民,更不敢自陈其利病矣。"因此,柳氏叹谓"吾国国无民治,自清始;清之摧挫民治,自士始。"③ 清代以武生归属儒学管理考课,定期讲诵卧碑与圣训,意在对初阶入彀之人兼作身体与思想之双重规训。

明、清两代管理儒学生员,又设六等黜陟之法。至其具体办法,将文生员分为廪生、附生、增生、青衣生、社学生等类,按照学政岁试优劣,列出六等,并相应升黜。清代沿用六等黜陟法,而且较明代更为繁密,条文主要针对文生。④ 武生之升黜规则,大抵亦依文生之例。至于总体原则,《大清会典》明定:"凡武生,三岁一试,差以六等。一、二等及三等前列者,准应乡试。其录遗、呈报、丁忧、游学、患病、请给衣顶及举报优劣,均与文生同。"⑤ 康熙二十七年(1688)亦定,不设武学之处,武生照例归

① 张廷玉等:《明史》卷69《选举一》,第1686页。
② 素尔纳等:《钦定学政全书》卷2《学校条规》,第39—42页。
③ 柳诒徵:《中国文化史》下册,中华书局,2015年,第1162页。
④ 赵尔巽等:《清史稿》卷106《选举一》,第3117页。
⑤ 允祹等:《钦定大清会典》卷67《兵部·武科》,上海古籍出版社,1987年影印本,载《景印文渊阁四库全书》第619册,第17页。

属文学教官管理,"其降黜劣行等事宜,悉照文生例行。"① 不过,武生不像文生一样有廪生、增生、附生之别,武生亦无科试。因此,实际操作方式为:岁试考列一等、二等及三等之前列,直接取得武乡试资格;若考列四等、五等,须与考列五等之文生一起,在乡试阅卷中充当"对读"②,略示惩戒之意;如果武生年老病衰,以及文理不通以致无法充当"对读",则须缴纳"罚赎银",其中考列四等者缴银三两,列五等者缴银六两,由布政使司雇人充当"对读"。考列四等之武生并无乡试资格,必须参加录遗考试,被选中方可应乡试;但若能充当乡试之"对读",则可免除录遗考试。③

武生岁试成绩下劣者,可能被降为青衣生,甚至被发充社学,以示惩罚。乾隆年间,武生被降为青衣生、社学生者甚多,而且武生年纪越衰迈,文理越荒疏,更难应考恢复身份。乾隆五年(1740),批准江西学政赵大鲸奏请,此后武生被降为青衣生、社学生者,如果岁试不满十科,仍照旧制,不发给生员衣冠顶戴;若已经历三十余年,准给衣冠顶戴;若武生已年满七十,即使尚未经历十科,同样准给顶戴。④ 于严厉管理考课之中,寓以体恤士子之意。毕竟,科举非止为简单考试制度,而是帝制中后期政治、社会与文化统合之关键机制。

三、武生之训练及考课

(一)常规月课及训练

依照典制,清代武生大致可分在学武生、随营武生两类。关于在学武生如何训练考课,顺治九年(1652)题准,武生除了练习骑射之外,并教《武经七书》、《百将传》以及《孝经》、《四书》,令其知晓大义;并让提调官修葺各学校之射圃,置备弓箭,由教官率领武生童练习。康熙二十七年(1688)重申顺治定例。⑤ 乾隆九年(1744),准贵州按察使宋

---

① 素尔纳等:《钦定学政全书》卷22《童试事例》,第408页。
② 为防考官辨认笔迹,乡、会试原卷例须誊录,再经校对无误,始送内帘考官批阅。岁试劣等之文、武生员,即须入场充对读。
③ 素尔纳等:《钦定学政全书》卷28《季考月课》,第525—526页;卷38《罚赎对读》,第685页。
④ 《清实录·高宗实录》卷127,第10册,第858页。
⑤ 素尔纳等:《钦定学政全书》卷28《季考月课》,第525—526页。景清等:《钦定武场条例》卷11《武生童考试二》,第491页。

厚奏请,令儒学教官每月在明伦堂召集武生,恭敬诵读《圣谕广训》及卧碑条文。如果武生托故三次不到,或者无故终年不到,即由学校教官报明学政,分别加以惩戒、斥革。[①]可见,依照清初制度设计,取进武生之后,与文生同处一学,平日亦读《孝经》《四书》之类,除了练习骑射,与文生“课程”较多相通。

问题在于,儒学教官大多不谙弓马,难以有效课督武生。早在雍正初年,因为地方无法有效管束和训练武生,已出现较多弊窦。雍正七年(1729),广西提督张溥奏称,当地武生恃功名为护符,以致作奸犯科、武断乡曲,但教官“衰庸瞻徇”,无法约束训诫;虽有学政三年一考,不过只是将一二劣等之人除名。有鉴于此,张溥奏请应由教官每月定期集合武生,与同城武职军官一起考验武生弓马。硃批:“此奏甚属可嘉”,并下令怡亲王、大学士会同兵部详议具奏。[②]后经议准,新进武童名录发到学校后,教官即须造册移送同城之武职军官,每月定期一起考验武生弓马。如果武生拒不赴考,或托故规避考验,将其移学示儆;如果生事犯法,则须详请斥革出身,追究罪责。[③]但此项规定,主要针对新进武生。实际执行中,旧案武生是否按时赴考,大多各听其便,因此武生在学之武艺训练不足。

至雍正十三年(1735),山东学政王世琛又奏称,各学校附近之标营春、秋操练时,教官应当督率武生一起演习,标营武官严明赏罚,认真教导,以杜绝武生游手生事、危害乡里之弊端。硃批谓:“且消停。武途之弊,岂止此也!”[④]可见武生管课问题之棘手。乾隆年间,河南学政嵩贵汇报其岁试武生之情形,即称弓马技艺方面,各学教官“多所未谙”,武生自身又不以文章为重,结果“教官虽有督课之责,实无训迪之能”,就其在任所见,“武生中奉公守法者,虽不乏人;而武断乡曲、恃衿滋事者,亦所在多有。”[⑤]此即清代武科基层运作之长年积弊,影响甚大。

---

① 景清等:《钦定武场条例》卷11《武生童考试二》,第491页。
② 张溥,《奏为敬陈管见仰请圣裁事》,载《宫中档雍正朝奏摺》第13辑,台北:台北“故宫博物院”,1978年影印本,第329—330页。
③ 景清等:《钦定武场条例》卷11《武生童考试二》,第491页。
④ 王世琛:《奏为谨陈武生教演之法以收实用事》,载《宫中档雍正朝奏摺》第25辑,第726页。
⑤ 嵩贵:《拟请武生归营管辖》,年份不详,台北“故宫博物院”藏清代宫中档奏摺及军机处档摺件,档案号:故机011027。

除了在学武生之外,尚有随营武生之管课,又分三类办理。一为原本由兵丁考中武生者,仍留原有兵粮,与原营兵丁一起操练。此类武生无需按时赴学考课,只在操防下班闲暇之时,自行赴学校听解《武经》等书,以备武乡试。[①]二为武生自愿呈请入伍者,则统归营员将弁管束;若武生有过犯之处,亦准营员照例责罚,不用发回所属本学。如果在营武生所犯情节严重,或贻误操练,会被革去名籍兵粮,并请学政斥革其出身。[②]三为自愿入捕盗营效力者,也不用从学册开除名籍,由学政知照捕盗营将弁管理。此类武生若有不法情事,亦由捕盗营知照学政,加以斥革惩办。[③]

总结而言,两类武生之中,在学武生占据绝对多数,但普遍面临学官不能兼训弓马之困境。清代管课生员定例虽严,各地情况悬殊,实际执行大打折扣。检阅各省学政任职期间举优黜劣之章奏,及其巡考各学之日记,均可见及其中问题。

(二)岁试(录科)与录遗

依照定制,武生岁试为三年一次,由各省学政主持。如果武生无故临场不到,会被斥革出身;如果确系游学、患病等原因不能参加考试,应由所属学校取结呈报,并限其三个月内补考,违限者会被降黜;如果缺考三次以上,将被斥革出身。然而,尽管清廷屡发禁令,武生任意拖延、缺考之事,乾隆年间已多有所见,此后益甚。比如,嘉庆二十四年(1819),湖南各属文、武生员缺考三次至八次者,竟达770名。[④]光绪九年(1883),湖北学政高钊中奏称,所属各学文、武生员缺考累积至三次者,计有十几名至几十名不等。如果依例一律斥革,则当时湖北总凡78所学校,应被斥革出身者多达1570余人,因此请旨暂缓斥革。[⑤]可见,武生三年一次之岁试,学政举优黜劣,亦渐失其预期功效。

如果武生游学或佥运漕粮,遇到岁试之年,准其各自呈明学政,事

① 景清等:《钦定武场条例》卷11《武生童考试二》,第492页。
② 景清等:《钦定武场条例》卷11《武生童考试二》,第494页。
③ 景清等:《钦定武场条例》卷11《武生童考试二》,第494页。
④ 《清实录·仁宗实录》卷355,第32册,第691页。
⑤ 参考素尔纳等:《钦定学政全书》卷32《丁忧告假》,第610—611页。景清等:《钦定武场条例》卷11《武生童考试二》,第499—500页。

竣之后再回学校补考。① 若遇丁忧、病疾等特殊情况,应当补应岁试者,由所属学校备文送考。如果武生捏词托故,不赴考验,即由学政除名,造册上报兵部。② 呈请随营之武生,以及原本由兵丁考中之武生,停其岁试,随营差操。若逢武乡试之年,由该营将官查明武生有无丁忧等事,核送学政,准应乡试。③ 这可视为对随营武生参加岁试及乡试之优待变通。毕竟,在学考课之目的,也是为了精进技艺,若能在营切实演练,其效果更佳。

清代武生没有科试,即以岁试作为科试(以岁作科)。武生岁试考列一等、二等以及三等前十名,直接录送参加武乡试,称为"正案武生"。其余未列等之武生及武监生,以及因故未能参加岁试者,必须参加录遗考试。武生录遗在文生之后,大多在八、九月(武乡试前)举行,主要考射箭及《武经》,亦由学政主持,有时称作"考武遗才"。录遗选中者,亦能参与武乡试,称为"遗案武生"④。雍正二年(1724),贵州学政王奕仁奏称,武生仅有岁试而无科试,各省学政任期三年,只能当面考试一次。如果学政考课疏略,恐怕武生骑射、技勇更加废弛。王奕仁更称,"黔省武生怠于肄业,习为匪类。"因此,他奏请科试时召集武生再试,与文生相同。如果武生策论、武艺相较岁试时有所长进,即可录送武乡试;如果策论荒疏、武艺不熟,即便在岁试中优取,亦不能录送乡试。硃批竟称"亦非摺奏之事"⑤。或因此乃常规公务,所述亦无机密可言,以题本呈报即可,无需专摺奏报。无论如何,此奏并未得允。因此终清一代,武生仅有岁试而无科试。

实际运作中,每逢学政按临各属府县,既需要主持武童府试选取新进武生,又需要主持在学武生之岁试,并以此为据录送乡试。此外,由于应试考生身份不同,与考时间或有先后,亦需分别门类,加以甄选。依据同治六年(1867)广东学政巡考所属生童之箭册残卷,得见其中不仅包括各县"正案"及"遗才"武生,还有"监生"及"捐职"等类,皆分别详细

---

① 景清等:《钦定武场条例》卷11《武生童考试二》,第497页。
② 景清等:《钦定武场条例》卷11《武生童考试二》,第499页。
③ 景清等:《钦定武场条例》卷11《武生童考试二》,第497页。
④ 参考李棠阶:《李文清公日记》卷7,载《历代日记丛钞》第42册,第69页。赵尔巽等:《清史稿》卷106《选举一》,第3118—3119页。Etienne Zi, *Pratique des Examens Militaires en Chine*, p.51.
⑤ 王奕仁:《奏为请严武生考课以弘造就事》,载《宫中档雍正朝奏摺》第3辑,第618—619页。

记录其外场各项成绩,再依据进额,圈定拟取名单。①

四、武生之罚黜与开复

(一)武生聚赌、涉讼及犯罪

清廷以为其"厚以待士",士人当束身自好,以为四民表率。因此若生员犯赌,就被认为"有玷胶庠",不比寻常平民,责罚应当从重。雍正十三年(1735),吏部议准山西学政沈文镐奏请,"嗣后文、武生员犯赌斥革,比常人加一等治罪;该管教官自行查出申报者,免其处分;失于查察者,罚俸一年;知情不报者,革职留任;失察造卖赌具者,照溺职例革职。"② 虽有此例,仍然难禁生员滥赌之风。

此外,清代宣称优待士子,给予特权,以重"斯文",但卧碑条文明载,不许生员干预词讼。雍正五年(1727)议准,"文、武生员倘事非切已,或代亲族具控作证,或冒认失主尸亲者,饬令地方官即行申详学臣,褫革之后,始审其是非曲直。"③ 为了体现崇文重士,禁止地方官擅自呵责生员;而且如果生员犯罪,必须报请学政革去功名后再审。但是,部分生员倚仗此例,扰乱法纪;而地方官员拘泥于陈例,坐等学政批复,以致时常延误审理案件。乾隆二十四年(1759)覆准,此后文、武生员若犯轻罪仅至杖责,地方官员立即审问。审明之后,再移送教官照拟发落,同时报明学政查核。如果生员所犯情罪重大,应当处以徒刑、流放以致死罪者,应由地方官一边详报督抚及学政革去衣顶;一边从报官之日起限承审,不用等候学政批示。④ 此种法外设法,竟是为了应对起初享受法外特权者所犯不法之事,甚为吊诡。

基于"权责相应"之理,生员士子既获优遇,理应导民化俗,垂范地方;若彼等反而恃符犯罪,就会照常人加一等治罪。⑤ 乾隆元年(1736)

① 《六年箭册一卷》,载陈建华、曹淳亮主编《广州大典》第 31 辑第 21 册,广州出版社,2015 年影印本,第 147—182 页。按:该箭册中,"遗才"及"为才"并见(前者较多),此或因为在粤语之中,"遗"、"为"二字皆有"wai4"之发音,俗刻遂以音同代用。

② 《清实录·高宗实录》卷 5,第 9 册,第 248 页。

③ 素尔纳等:《钦定学政全书》卷 26《整饬士习》,第 465 页。

④ 鄂弥达等:《奏为请严起限之例以杜弊端事》,1759 年,台北"中研院"史语所藏内阁大库档案,档案号:025331-001。

⑤ 素尔纳等:《钦定学政全书》卷 26《整饬士习》,第 483—484 页。

严定律例：

> 文、武生员，除谋、故杀人，及戏杀、误杀、过失杀、斗殴杀伤人者，仍照律治罪外，如有武断乡曲、倚仗衣顶横行欺压平民，其人不敢与争，旁人不敢劝阻，将人殴打至死者，审实从重拟斩监候。①

（二）武生之斥革与开复

武生入学受训，例有考课约束。如果违法乱纪，或者学无上进，将被斥革出身。依照斥革之例，如果武生随营者不服管教，或在学者不思上进，学政岁考被"注劣"，均会被斥革。此外，如果岁考临场不到，又或无故缺考三次以上，亦被黜革。典章定例虽严，但早在乾隆年间，各地即有奏报生员任意拖延、屡次缺考者，其中江苏尤甚。②迫于清季，有时竟因缺考生员太多，不能依例尽数斥革。情势之坏，由此可见一斑。

武生被革功名后，亦有机会"开复"重试，具体因事而异。如果武生是受人牵累，本身所犯之事情有可原，以及罪责仅在杖一百之内，革除后能改过自新，可以原名重新参加童试。武生之开复，必须由学政下令，取具所在县县官及教官之印结，以及涉事武生之亲族邻居甘结担保，然后申送兵部，请求核准开复后，才准重应童试。③亦有几种情形，定制不准开复：其一，学政举报优劣时，如果武生被"注劣"，并且经过兵部会题，专门奉旨斥革者，不准开复；④其二，武断乡曲、包揽词讼，以及武生本身实为重犯、律法无可宽贷者，永远斥革；其三，匿丧取进，或缺考三次而被斥革之武生，亦不准开复重试。⑤一则给予优遇，一则严格管控，一张一弛，即是清代所谓"待士之道"。

五、八旗武生管课条例

八旗武生之管课，规制稍有特别。清初，顺天设有武学，因此京师八

---

① 《大清律例》卷26《斗殴及故杀人》，海南出版社，2000年影印本，载《故宫珍本丛刊》第332册，第12页。

② 《兵部为岁考事（抄录乾隆十年十二月二十六日上谕）》，年份不详，台北"中研院"史语所藏内阁大库档案，档案号：141857-001。

③ 景清等：《钦定武场条例》卷12《武生童考试三》，第505页。

④ 景清等：《钦定武场条例》卷11《武生童考试二》，第502页。

⑤ 素尔纳等：《钦定学政全书》卷34《原名应试》，第634页。昆冈等：《钦定大清会典事例》卷720《兵部·武科》，第8册，第934页。

旗武生之管理考课,均由顺天武学负责。雍正四年(1726),裁撤顺天武学,八旗武生统归顺天府学之满洲教官管课。[1]嘉庆年间,准许各省驻防子弟就近应试,因此驻防武生之管课,相应转归驻地之府、州、县学。

分而言之,八旗武生之在京者,由顺天府学之满洲教授、训导管课;屯居在外以及各处驻防之武生,则由满洲教官查明后,造册呈送学政,按照其住址拨给各州、县学教官,参照民籍武生之例考课约束;此外,下令所属佐领教习满语、骑射,挑补差使。八旗武生若已告给衣顶,其在京者由顺天府学教官查明,申送本旗都统管束;其屯居在外及驻防各省者,则由承管之府、州、县学教官移送地方官,与理事同知一起约束。武生若有违犯,可以随时惩治,并报兵部查核。[2]

八旗武生参加岁试,由所属旗分都统等饬令参领、佐领等官,传催武生赴考。若因为驻防各省、随任远方、或者正在服丧、患病,或者年老有疾、已经告给衣顶,不能参加岁试,应先造册声明,事后酌情安排补试。如果无故临场不到,或者缺考三次以上,亦将斥革出身。[3]此外,八旗武生之丁忧、告假,以及考试升黜、告给衣顶等事,皆仿民人之例办理。清代教育与考试,于"满汉同登"之政策表述之中,亦蕴含"旗民有别"之实践差异。

第四节 武生之待遇及出路

一、武生之地位与待遇

清代文、武同庠,武生既有科举功名,已然跻身绅缙之列。张仲礼关于中国绅士之经典研究,亦将武生归入"下层绅士"(lower layer of the gentry),属于正途出身。[4]武生之社会礼遇、法律、经济特权与待遇,原则上与文生相当。

---

[1] 张廷玉、稽璜等:《清朝文献通考》卷 70《学校八》,第 5499 页。赵尔巽等:《清史稿》卷 106《选举一》,第 3118—3119 页。

[2] 素尔纳等:《钦定学政全书》卷 66《旗学事例》,第 1365—1366 页。景清等:《钦定武场条例》卷 10《武生童考试一》,第 480—481 页。

[3] 景清等:《钦定武场条例》卷 10《武生童考试一》,第 479 页。

[4] 张仲礼著,李荣昌译:《中国绅士》,第 76—121 页。

社会礼遇方面，武生见地方官不必下跪，有公私事可用禀帖见官。新进武生即可将该身份上板刊刻，印于拜帖之上，以示区别于寻常平民。法律特权方面，若武生犯法，须先呈请斥革衣顶才能审讯；辱骂、殴伤武生所受责罚，亦重于辱骂、殴伤平民。此外，平民不得指明武生出庭作证，若武生直接涉讼，不必到庭听审，可派仆人到庭，地方官亦不得加以凌辱。经济优遇方面，武生免服徭役、免纳丁粮。①

清代武生殊异于文生之处，主要在于武生无廪生、增生、附生之分别。《学政全书》述生童卷面定式，谓"卷面三圈，上圈书府、州、县，中圈生员书廪、增、附、青、社及武生，童生填文、武童，下圈书习某经。"②乾隆年间进士鲁九皋亦谓，"生员则有县学、府学廪、增、附、武生之别。"③可见武生乃与文廪、增、附生、青衣生、社学生对等之概念，本身再无廪、增、附之分。因此武生入学后，无补增、补廪、挨贡、选拔诸途，④亦不见"武廪生"之称。且武童应试，保结者亦为文廪生。不过，武生入学，应照文廪生之例，月领膏火津贴。

生员、举人等作为科举功名拥有者，其地位之标识亦见诸其特定衣、冠、带等服饰。清代服制，文、武生员皆同，主要有公服、吉服两式。清代举人、生员公服袍样式相同，区别在于布料质地及颜色。举人公服袍为青绸蓝缘，生员公服袍为蓝缎青缘，披、领皆如袍饰。生员冠帽亦配合公服、吉服，并分冬冠、夏冠两式。清代举人、生员公服冠样式相同，冠顶均镂花、银座，冠顶衔雀，区别在于雀之成色。举人公服冠顶衔金雀，生员公服冠顶衔银雀。清代举人、生员公服带样式相同，区别在于带上所缀四块圆板之材质。举人公服带用银衔鸣羊角，同于八品文官朝带；生员公服带用银衔乌角，同于九品文官朝带。⑤

① 景清等：《钦定武场条例》卷12《武生童考试三》，第504页。张仲礼著，李荣昌译：《中国绅士》，第32—44页。齐如山：《中国的科名》，第52页。
② 素尔讷：《学政全书》卷13《生童试卷》，第257页。
③ 鲁九皋：《山木居士外集》卷1《保甲事宜》，上海古籍出版社，1995年影印本，载《续修四库全书》第1452册，第613页。
④ 戴瀚：《奏为请酌武生考试之宜以育人材以收实效事》，载《宫中档雍正朝奏摺》第27辑，第805—806页。
⑤ 昆冈等：《钦定大清会典图》卷66《冠服十》，上海古籍出版社，1997年影印本，载《续修四库全书》第795册，第702—714页。稽璜等：《清朝通典》卷54《礼·士庶冠服》，商务印书馆，1935年影印本，第2377页。

武生身列于庠,亦被视作斯文表率。因此,清廷一再晓谕,要求武生应该洁身自好,努力上进以垂范乡里。清廷优予武生特权,亦对其行为有所限制,如规定生员不准充当官役杂差等。但在现实中,地方生员每因仕进无望,或迫于生计而承充官役。嘉庆十六年(1811),对此再次晓谕,称生员为"齐民之秀",应当"洁修自爱","岂可承充官役,自取侮辱?"因此通谕各省督抚重申旧例,并将此前滥充者"一概撤退"①。

武生之社会地位照理应与文生相同,但因武科前景不及文科,而且地方武生亦常有恃符欺民、武断乡曲者,因此武生之实际地位与声誉,通常低于文生一等。此种境况,越至清末越益严重,后文考察武科弊情时一并详及。

二、武生之特殊出路与安置

武生入学之后,主要目标与任务为备考武乡试,亦有别项历练机会及特殊安置,分类略述如下。

(一)武生入伍食粮

清初沿袭前明旧例,认为武生身列学宫,应当专注举业、熟习技艺,以图上进。因此,不准武生入伍食粮,必须注销武生学籍后,才能入伍充补。不过实际操作中,各地生员时常有违反者。比如,雍正十三年(1735),陕甘提督、总兵所属兵丁之内,仅在延绥一镇,以生员身份充营伍者就有60多人。为了严明纪律,下令查明入伍之文、武生员,革去兵粮,各令归学;如果生员自愿革去出身,当兵食粮,先由学政除名,才能留营差操;并且严令,此后不准滥收文、武生员入伍。②至乾隆三十八年(1773),稍宽限令,规定"嗣后如武生有情愿入伍食粮者,准其呈报学政,即令兼充,毋庸将武生注销"③。至此,在学武生入伍食粮开始成为常制。

然而例禁一开,又滋弊端,各省"往往以贫穷武生咨充塞责,并不选择材技拨营效力",以致选送入营之武生大多未能得力,真正壮健之人因

---

① 景清等:《钦定武场条例》卷12《武生童考试三》,第506页。
② 《清实录·世宗实录》卷152,第8册,第870页。
③ 《清实录·高宗实录》卷944,第20册,第788—789页。

为暇逸无聊，"不免肆横乡曲，帮闲生事。"因此，乾隆五十五年（1790）再准湖南学政张姚成奏请，挑选武生充补营伍时，应当选择其中年力强壮、技艺优胜者，入伍之后严加管束训课。[1] 不过在实际授职及晋升中，行伍与科目终究别为两途。武生入伍与否听其自便，并不强求。嘉庆五年（1800），顺天府府丞李棨曾奏请将各省取进武生全部移充各营，议者亦引乾隆年间"各听其便"之定例，将其驳回。[2] 如此一来，清代武科基层考选与训练中，既稍打通学校与营伍之区隔，又始终保持两者之距离。

（二）武生举优升监、捐监

在学武生若表现良好，有机会得到举优升监。雍正十一年（1733）奏准，各省武生举优之事，由学政组织岁试后出具评语，题送兵部。被举武生到京之后，先由礼部试其文艺，再由兵部验其骑射，如果二者俱优，准许入国子监为监生。[3] 武生升监之后，归入文途序列。

此外，武生亦可通过捐纳获得监生身份。请开武生纳监之疏议，康熙十六年（1677）由河道总督靳辅提出，乃其治河方策之一环。[4] 康熙年间，曾准许文、武生员换途互试，因此武生捐监之后，既可参加文科考试，亦能入武闱一次。乾隆八年（1743），停止文、武互试之例；次年，议准山东学政李治运条奏，规定武生捐监亦仿武生举优升监之例，一并归入文途，准入文闱应试，但不得再入武闱。[5]

（三）武生改应文科、改捐文职

武生入学之后，主要训练目标是备考武科乡试，不过清代曾有特例，一度准许文、武换途互试。康熙五十二年（1713），初准文、武生员、举人互试。不过，当时亦担心武生仅靠背文数篇，侥幸取中，因此规定若以武改文，只许改考一次。[6] 康熙皇帝希望借此文武互通，以收"全才"，但实际操作中弊窦颇多。清代童试中，武童相较文童总体额多而人少，相对

---

[1] 阿桂等：《奏议湖南学政张姚成所奏考试文童武生诸事》，1790 年，台北"故宫博物院"藏清代宫中档奏摺及军机处档摺件，档案号：故机 045858。
[2] 景清等：《钦定武场条例》卷 11《武生童考试二》，第 493 页。
[3] 景清等：《钦定武场条例》卷 11《武生童考试二》，第 501 页。
[4] 赵尔巽等：《清史稿》卷 279《靳辅传》，第 10116 页。
[5] 礼部辑纂：《钦定科场条例》卷 5《科举·贡监科举》，台北：文海出版社，1987 年影印本，载《近代中国史料丛刊》三编第 481 册，第 297 页。
[6] 《清实录·圣祖实录》卷 257，第 6 册，第 543 页。

易于考取。因此,文盛人多之州、县,常有文童为了博取功名,文试不中而改应武考。学政岁试时,亦有主要凭策、论成绩,取进弓马生疏者,但此类武生本为文人,骑射不熟,乡试上进无望,因此自甘暴弃。

雍正八年(1730),福建学政戴瀚奏请加以变通,将各学校愿退武生另外考试八股文,若有文艺实优而不能骑射者,准其改归文系,以附生注册;其乡试选拔、补廪、补增等事,亦与文生一体办理。① 后经议准,如果武生文艺尚优,但不习弓马,准其注销武生资格,转与文童一起考试。② 细察可知,戴瀚之奏请,是将愿退武生归为文系附生,但廷臣议奏之结果,则是令其重新应文科童试,实际是将武生撇回没有功名之文童身份。

行至乾隆六年(1741),福建举行文科乡试,侯官县武生邱鹏飞竟然以五经中式第一名,士论哗然不服。经过覆试,查实为联号代作。③ 次年,以御史陈大玠奏请为契机,停止文、武换途互试。④ 文、武两途考试之"双向流动"通道,自此以后彻底关闭。

以武生改捐文职之例,清季始见。道光二十三年(1843),湖北鹤峰州武生郑登俊呈请注销武生资格,改捐文职。兵部援引雍正八年(1730)武生改应文试条例,批准改捐。武生改捐文职后,所属儒学凭武生报捐执照或户部咨文,将武生名字开除学册,免其岁试。⑤ 就清代缙绅录所见情形而言,武生改就文职之例甚少。

(四)武生游学、佥运漕粮及入营效力

为了让士子有机会游历以广闻见,定例特准边地武生呈请往内地游学。乾隆十年(1745),四川学政蒋蔚奏请,应严查边地文、武生员潜入"夷地",避免滋事。⑥ 后经礼部议准,武生游学必须先呈明所属学校教官,由教官行文州、县,取具武生原地邻里之甘结保证,再报学政批准;而且须由所在州、县注册,游学回归后及时销案。若不呈报所属学校,私自

---

① 戴瀚:《奏为请酌武生考试之宜以育人材以收实效事》,载《宫中档雍正朝奏摺》第27辑,第805—807页。
② 景清等:《钦定武场条例》卷12《武生童考试三》,第508页。
③ 《清实录·高宗实录》卷152,第10册,第1178页。
④ 《清实录·高宗实录》卷164,第11册,第69页。
⑤ 景清等:《钦定武场条例》卷12《武生童考试三》,第509—510页。
⑥ 《礼部尚书来保题本》,1745年,台北"中研院"史语所藏内阁大库档案,档案号:065585-001。

外出,武生将被斥革究治。①

　　清初相沿明代漕运制度,从军籍中选身家殷实者参加漕粮运输,各衙门之书吏、承差以及生员、余丁等,皆在佥运之列。雍正六年(1728)又定,除了文学生员专攻举业,可以准其优免之外,凡是捐纳之俊秀、贡监以及武生等,均备佥运漕粮之选。②另外,武生亦可进入巡捕营效力,协助捉贼捕盗。武生游学、佥运、入营等,均需禀明所属教官、学政备案,若遇岁试之年,准其事竣之后再归学补考。后文考述揭示,入营效力及运送漕粮,实乃清代地方武生入职任事之关键途径。

　　(五)武生告给衣顶

　　武场考试重骑射、技勇,武生若因疾病、年迈体衰而不能应考,可酌情给予生员之衣服顶戴,不再驻学操练考课。雍正五年(1727)规定,武生年老不能骑射者,可以给予衣顶,由州、县管理。乾隆五年(1740),正式议定告给衣顶之条件:一为重病(笃疾)武生,二为取中入学已满三十年(经历十科岁试)之武生,三为取中虽不满三十年,但年满七十岁者(乾隆八年减为六十岁)。③乾隆十七年(1752),江西学政金德瑛奏称,如果武生入学满三十年,就能给顶,其实多数武生年仅五十左右(武生取进时一般较为年轻),居乡难于管束,难免惹是生非,因此奏请武生入学虽满三十年,但年龄未逾六十、且学政当面验其耳目尚未聋聩者,仍然不给衣顶,以便约束。④金德瑛所奏亦属实情,惟议覆结果不详,此后亦未见因此改制。告给衣顶乃对久试不第者之鼓励优待,但亦要求告顶武生互相保结,得到衣顶后不许包揽词讼、妄生事端;遇到岁试之时,亦需造具优劣清册,连同原属儒学教官之印结,送交学政察考。

　　除了上述主要出于制度设计之出路,武生居乡亦有其自身谋划。其中,设帐授徒为主要方式之一,略类于文科士子之开馆、坐馆授徒,不过武场常为考前组织集训形式。依据蒋勤对清代浙江石仓地区阙氏科

① 索尔纳等:《钦定学政全书》卷32《丁忧告假》,第611—612页。
② 允裪:《钦定大清会典则例》卷42《户部·漕运二》,上海古籍出版社,1987年影印本,载《景印文渊阁四库全书》第621册,第326页。
③ 索尔纳等:《钦定学政全书》卷35《告给衣顶》,第639—643页。
④ 金德瑛:《奏为酌定武生给衣顶之例以严约束事》,载《宫中档乾隆朝奏摺》第4辑,第626页。《武场条例》未将此项作为定制,奏议或未得准。

举参与之研究,其族人阙翰鹤先从武举人叶廷芳习武,并于道光三十年(1850)考中武生员,此后曾应武乡试未中,遂设帐授徒。同治五年(1866)至光绪三年(1877)十二年间,阙翰鹤共集训武童生 31 人,其中考取武生员 9 人,1 人随后更考中武举人,另有武佾生 6 人。武生员阙翰鹤不仅通过设帐授徒获得收入,而且以此实现家族子弟考获武科功名之突破。[①] 此外,从军入伍亦为武生出路之一,下文所述因建有功业而得授官职乃至留名史册者,多属此类。冯玉祥追述其父早年经历,亦谓考取武庠"虽然算不了一件什么了不起的大事",但其父因此而入伍,加入淮军系统,逐渐升转。[②] 由于武生人数较多,其中不少人或因不赴乡试、或因应考不第,继续居乡。如何有效管束此类习尚武勇并拥有初级功名者,使之成为地方社会之积极建制力量,亦为清代地方行政及教化事业之一项难题。

第五节　缙绅录及《清史稿》所见
武生童任职

上文所论,主要集中于制度设计及运作层面,分析清代武生之考选、训练及其可能出路。以下再就该群体之实际任职与表现,稍作探论。本节主要运用两种史料:一为清代按季连续刊行之职官名册(统名"缙绅录"),经过结构化处理和筛选后用作计量资料;一为纪传体史书《清史稿》,经过检索汇考后用作质性分析素材。由于武生童并无正式参与兵部武选之资格,故将其任职与经历置于本章加以论析;武举人、武进士两类拥有武科上级功名,且能凭武科出身正式参与兵部武选者,其授职与迁转问题留待第八章讨论。

一、清代缙绅录所见武生童任职情形

惯常统名"缙绅录"之清代分季职官名册,史料价值甚高,早为学

---

① 蒋勤:《清代石仓阙氏的科举参与和文武之道》,《社会》2018 年第 5 期。
② 冯玉祥:《我的生活》,中国青年出版社,2015 年,第 1—7 页。冯家最后随军迁驻保定,此种家世背景和经历,实际亦为冯玉祥从武立业之关键基础。

界所重视;然因其条目数量庞大,整理不易,难以进行系统化、结构化之
利用与探讨。近年,香港科技大学"李中清－康文林研究团队"广泛搜
采现存缙绅录,制成结构化数据库(下文统称"清代缙绅录数据库"),并
逐步开放使用,嘉惠学林尤多。以下主要依据该数据库所载信息,展开
讨论。[1] 全库检得清代武生童资料总凡3556条,其中武童资料757条,
武生资料2778条,武监(生)资料21条。其记录最早为乾隆二十六年
(1761)冬季,最晚为光绪三十三年(1907)秋季,纵跨清代中后期近150
年。现以十年为统计分段,各时段所见条目数量统计如表3-6。

表 3-6　清代缙绅录数据库所载武生童条目分段统计

时段	条目总数	分类数量
1761—1770	25	武童 0,武生 25,武监生 0
1771—1780	12	武童 0,武生 12,武监生 0
1781—1790	22	武童 0,武生 22,武监生 0
1791—1800	41	武童 0,武生 41,武监生 0
1801—1810	77	武童 0,武生 77,武监生 0
1811—1820	129	武童 0,武生 129,武监生 0
1821—1830	102	武童 0,武生 102,武监生 0
1831—1840	399	武童 0,武生 399,武监生 0
1841—1850	506	武童 0,武生 506,武监生 0
1851—1860	335	武童 0,武生 335,武监生 0
1861—1870	303	武童 28,武生 272,武监生 3
1871—1880	453	武童 85,武生 353,武监生 15
1881—1890	474	武童 189,武生 282,武监生 3
1891—1900	450	武童 256,武生 194,武监生 0
1901—1910	228	武童 199,武生 29,武监生 0

资料来源:康文林、陈必佳、任玉雪、李中清:中国历史官员量化数据库——清代
(CGED-Q)缙绅录数据,内部资料库,检索时间:2019 年 7 月 29 日。

---

[1] 截至笔者申请使用之时,该数据库总共录入272种缙绅录,以业经出版之《清代缙绅录集成》
　　为主要来源,总凡3511462条记录,包含官员346637名。其中,文官记录3101711条,涉及
　　官员288117名;武官记录409751条,涉及官员64654名。此处数据蒙李中清教授惠示,并
　　蒙康文林(Cameron Campbell)教授依照笔者请求范围,提供所需信息之数据源表。

表3-6所反映之主要趋势,在于清代中期以后武生童在职官群体中数量之渐增。武监生人数本少,暂置勿论。以其群体多数之武生分布来看,嘉、道之交乃其关键转折所在,此后随着内忧外患之增,以及由此导致之学额增广,缙绅录见载武科出身者相应呈增加之势。1901年武科废除之后,见载条目尤其是武生数量相应减少。至于武童,1864年之前缙绅录数据库未见任职记载。此种情况,除了资料原文及数据库本身可能之漏载,更大可能在于1860年代形势益加危急之前,职官录对于此类实际并无武科正式功名者之忽视,不宜理解为此前并无武童进入文武仕途。缙绅录乃按季连续刊载,因此同一职官可能反复见载其中。笔者再将以上条目进行人工去重,校对消歧,删除部分关键信息不全而难以统计者,并作必要校正。由此而得武童110人,武生378人,武监生3人,总凡491人。以下再以该群体为样本,进行统计分析。

表3-7 清代缙绅录数据库所见武生童籍贯统计

籍贯	武生	武童	武监生	小计
奉天	2	0	0	2
直隶	106	5	1	112
江苏	30	5	0	35
安徽	15	20	0	35
江西	13	3	0	16
浙江	15	3	0	18
福建	9	1	0	10
湖北	7	10	0	17
湖南	12	33	0	45
河南	26	5	0	31
山东	54	3	1	58
山西	32	0	1	33
陕西	5	2	0	7
甘肃	3	2	0	5
四川	13	4	0	17
广东	8	3	0	11

续表

籍贯	武生	武童	武监生	小计
广西	2	2	0	4
云南	4	5	0	9
贵州	5	2	0	7
八旗	17	0	0	17
不详	0	2	0	2
合计	378	110	3	491

资料来源:康文林、陈必佳、任玉雪、李中清:中国历史官员量化数据库——清代(CGED-Q)缙绅录数据,内部资料库,检索时间:2019 年 7 月 29 日。

表 3-7 所示缙绅录见载任职武生童之籍贯,与前文呈现之武生分省人数分布不尽一致。当然,直隶武生总数本身居于各省之首,此处亦见其遥居首位,似乎得见直隶武生在寻求任职及迁转方面之优势。此外影响武生童任职之因素,主要在于其所在区域之任职便利及机遇,如出身四川者之任土司官员,出身山东者之任孔庙职官等。尤应提出者,结合表 3-8 可见,缙绅录所见影响基层武生童任职分布之最关键因素,乃是漕粮运输。因此,涉及漕粮征收及挽运途经之省份,如浙江、江苏、安徽、江西、湖南、湖北、河南、山东、直隶等省,正是表中见载武生童任职最多之区域。或者更进一步而言,清代基层武生童之任职范围,沿漕运总督所辖卫所而分布,趋势显著。此外,见载 17 名八旗武生之中,满洲 3 人,蒙古 1 人,汉军 13 人,此与清代八旗武科尤其是满蒙武科时常停废之事实相称。以下再就该群体之具体任职,统计分析。

表 3-8　清代缙绅录数据库所见武生童任职统计

所属系统	职务品级	武生	武童	武监生	小计
兵部衙门	提塘	2	0	0	2
绿营武职	提督	10	8	0	18
	总兵	32	65	0	97
	副将	2	7	0	9
	参将	4	10	0	14

所属系统	职务品级	武生	武童	武监生	小计
绿营武职	守备	35	12	0	47
	千总	265	8	3	276
衍圣公所属 –曲阜孔庙职官	五品执事官	1	0	0	1
	八品执事官	1	0	0	1
	屯官	3	0	0	3
	管勾	3	0	0	3
衍圣公所属 –曲阜孔庙职官	百户	3	0	0	3
	书写	2	0	0	2
	奏差	2	0	0	2
	启事	1	0	0	1
	伴官	5	0	0	5
地方提刑按察使司	按察使	1	0	0	1
地方巡检司	巡检	1	0	0	1
地方土司	长官司长官	5	0	0	5
合计		378	110	3	491

资料来源：康文林、陈必佳、任玉雪、李中清：中国历史官员量化数据库——清代（CGED-Q）缙绅录数据，内部资料库，检索时间：2019年7月29日。

　　首先应当说明者，表3-8所统计并非该样本群体之全部任职经历。其中部分武生童此后可能考获武举人、武进士等上级功名，任职亦会相应变动。确切来说，此乃其以武生童之身份，见载于缙绅录数据库之最后任职情况统计。其中，以下几个方面之现象，尤其值得留意。首先，此491人之中，有461人在绿营系统内任职，占93.89%，此与武科选士之目标去向相称。其次，此461人之中，47人为守备职衔，276人为千总职衔，共占样本群体总数之65.78%；进而追索，则发现任职守备、千总之武生童，均隶属于漕运总督衙门，在涉漕各省卫所效力，实际成为基层武生童最为重要之出路选择；与之相应，晚清因应时势先后有漕粮海运、漕粮折银乃至最终裁撤漕运总督之改革，1902年后武生童之此类任职遂在缙绅录记载中消失。再次，此491人之中，武生童竟分别有18人、97人曾任至绿营提督(从一品)、总兵(正二品)之职;尤为突出者,110名标明武童出身者中有73名任至此两种高位,378名武生中反倒仅有42名任职至此,颇有反差。其中可见入营后积功而升之影响,实际大于原本武科身份。第八章统计分析武举人、武进士之任职情形,亦体现此种反差现象,清季尤甚。最后颇可留意之两种动向,一为武生之任地方(主要为四川)土司之官员,一为武生之任曲阜孔庙之职官,二者均以本地武生充任,前者颇见朝廷以体制功名收束地方土司之用意,后者则令人想起清代考选"文武合一"之理想。以武生隶属儒学管辖考课,复以武生供职孔圣文庙,均有制度深意,亦有操作困境。

以上之统计论析,主要呈现清代缙绅录数据库所见武生童条目数量、籍贯分布,及其任职部门与职位品级之"静态"信息,较少以纵贯视野追索武生童迁转之"动态"途程。武生童之入职、入伍,起初均非由吏、兵二部正式选任,其迁转进程中,偶然因素如军功影响亦多。本书第八章考论武举人及武进士之授职与迁转,再将其群体迁转之纵向途程纳入考察。

二、《清史稿》所见武生童事例论析

作为以纪传体例修撰之"正史",《清史稿》除了在选举、职官诸志中涉及武科之考试与选任,在人物传记中亦载有部分武生童之事例。以下汇总正文明载其身份为武生童者之信息,稍作考订整理,总共得28人。其中武童生4人:毕定邦(492)、殷明恒(494)、陶茂林(430)、马玉崑(461);武生员22人:刘珀(256)、李正朝(290)、王作孚(294)、邱鹏飞(308)、赵应彩(370)、滕家瑶(489)、滕家泰(489)、林弥高(357)、马瑜(348)、陈执蒲(493)、马济胜(380)、朱贵(372)、朱昭南(372)、齐慎(368)、张以敬(491)、罗逢元(414)、刘培元(415)、马如龙(456)、长绪(495)、林福(496)、张彪[①]、张士原(496);武监生2人:宋华嵩(493)、杨尊恩(494)。[②]以上人物,以其主要活动年代为序,括注数字为其人见于

---

① 张彪具有武生身份。其传记系金梁等刊刻《清史稿》时掺入,附于《张勋传》之后,通行关外二次本已将其删除。
② 详参赵尔巽等:《清史稿》,中华书局,1977年。

《清史稿》之卷次。

　　此处考察所见之 28 人,无疑仅为清代武生童群体内极少之一部分,难以见其群体全貌。关于该群体,地方史乘中有更为丰富之案例,此处限于篇幅与题旨,不能详考论析。不过,正史修撰自有其独特之体例与书法,循此而探究清代武生童群体中何人、以何种方式留名《清史稿》,亦能管见修撰者笔下该群体样貌之一斑。以下即按其入传情况类分,略析其经历、任职与评价。

　　《清史稿》中以专门主传书写者,有陶茂林(臣工列传)、马玉崑(臣工列传)、马瑜(臣工列传)、马如龙(臣工列传)、刘培元(臣工列传)、殷明恒(忠义列传)、宋华嵩(忠义列传),总凡 7 人。7 人之中,实任提督者 4 人,实任总兵加提督衔者 1 人,把总 1 人,任职不详 1 人。

　　以附传形式书写者,有马济胜(臣工列传)、朱贵(臣工列传)、齐慎(臣工列传)、罗逢元(臣工列传)、张彪(臣工列传)、毕定邦(忠义列传),总凡 6 人。6 人之中,实任提督者 3 人,以提督记名者 1 人,任至副将者 2 人。

　　以上 13 人,皆以武童、武生或武监生身份入伍效力,或在地方倡办团练,积功而擢升,甚至有超过半数任至各省绿营最高长官提督(从一品)。其所赖以建立“功业”之战阵,包括应对清代初中期苗民、回民、教民,以及中后期捻军、太平军,乃至外国列强入侵所引致之乱局,这些战争之性质并不相同。但在清廷角度而言,这类武生童对维护秩序、延续统治出力甚多。因此,清廷亦待之颇厚:生时加官进爵,赐予各类“巴图鲁”[1] 勇号;卒后亦备极哀荣,优抚其后,追赠封谥,建祠奉祀等。《清史稿》亦以正面笔调书写,褒奖其功勋与忠义,亦寄寓以清遗民为主体之修撰群体对于维系旧朝秩序者之追怀。又以上 13 人,主要分属臣工、忠义两类列传,亦颇见武生童任事之群体特征,即以其武勇效力行伍,积功升擢,临阵赴义。至于循吏、儒林、文苑、艺术诸传,未见武生童入传。

　　以上两类,无论列入主传还是附传,其名均见于《清史稿》传目之内,正文之中相应亦有专门传文。另有一类见于《清史稿》之武生童,既无传目,亦无专门传文,而是在他人传记内顺带提及。此类人物包括杨

① 巴图鲁为满文 baturu 之音写汉文,本意为骁勇、勇士。

尊恩、长绪、林福、张以敬、朱昭南、陈执蒲、滕家瑶、滕家泰、刘琯、李正朝、王作孚、邱鹏飞、赵应彩、林弥高、张士原,总凡15人。此15人得以留名史传,若按笔法褒贬,又可略分为两类。其中前8人主要仍为清代各类战争中协力平定者,实际与上述列入专传、附传之13人性质相近,不过因其影响相对较小,或地位较卑,未有专门传文。后7人则因武断乡曲、抗粮涉讼、考试舞弊、结仇殒命、行止怪异等,以较为负面之形象载入史册。除了上述个案,《清史稿》内还有几处以负面语调记载武生群体之弊情,如乾隆年间四川璧山民众控诉武生勒派;乾隆年间山东菏泽武生参与秘密宗教,连累该县训导被弹劾罢免;嘉庆年间江苏学政汤金钊将徐州不驯武生绳之以法。① 清代武科出身者之涉事问题,公私文献时有所诉,后文亦将接续论述。

此外尤应注意者,以上28名清代武生童中,记载明确者就有14人或因战殁于阵,或犯法受刑,或被人仇杀等,未能终其天年。《清史稿》为了正史所谓“惩恶扬善”之旨趣,所选事例不少倾向“舍生取义”及“违法伏诛”两个极端。然武科出身、身陷战阵之性命“高危”,仍为不争之实。绅缙之家,子弟若投考文科有望者,多不愿入考武科。其中原因,除了武科选途之壅塞、社会地位不及文科之外,规避潜在风险亦其“投资决策”时之重要考量。

综合上述武生童之任职经历与表现,能否申言清代武科确实拔擢出能才干将?此应分别而言。其中之建有功业者,部分确实曾准备或应考武科,乃至获得武科功名。因此,武科考试作为一种制度通道,对其习武应考,进而从军效力、建功立业有引导与激励之功效。然若欲据此申论武科功名之作用,乃至武科之于清代军事之效用,则难免偏颇。具体而言,上述群体中之武童实际尚无武科功名,不过说明其曾经准备或应考武科;而群体中即便已有武科下级功名如武生、武监生者,实际亦非凭此授职升迁,其擢升迁转无一不是依靠军功;且结合后文解析武进士之授职迁转可见,在军队高级职位如提督之升任上,仅有武科最低功名者也并非无望,具有高级功名者仕途也时常梗阻。究其原因,清代武职迁转

① 赵尔巽等:《清史稿》卷321《周煌传》,第10783页;卷351《黄钺传》,第11269页;卷364《汤金钊传》,第11427页。

途程中,战场功绩之权重始终明显大于武场功名。

本章小结

考选武童乃武科进身之始,甚为重要。清廷一面敕令"严选初进",限制童生资格"以别流品";一面为特殊户籍及群体子弟设立专学、专拨学额,藉以均衡取进机会,笼络人心。清代武童由学政三年岁试一次取进,武童试亦分县试、府试、院试三级,外场试弓马、技勇,内场试策、论及《武经》。清代武科制度总体略仿前朝,亦有变革,如外场舞刀、掇石,内场曾试《论语》《孟子》,康熙年间去除《武经七书》之四种,仅以《孙子》《吴子》《司马法》命题等,均属清代新制。

清代武生之学额,顺治朝尚未明定;康熙年间,开始分大、中、小学取进,武生学额与文科廪生基本相当;雍正年间因为新设学校、升格学校等,学额明显增加。其后学额基本稳定,至咸丰、同治年间增广之前,任一年份武生总数约为 22 万人。咸、同军兴大规模捐输广额,清末年份武生总数增至约 27 万人。关于文、武童试之取进机会,康熙十八年(1679)左都御史魏向枢奏陈学政岁、科两考十弊,称:"文童人多额窄,武童人少额宽。或将文童充为武童,入学之后,夤缘改文。娼优奴隶,滥行收取;真能骑射者,摈而不录。"[①] 相较而言,武童应试更易取进。清代武生平均三年取进一次,文生平均三年取进两次,加之进额不同,因此文、武生员总数并不相等。总体而言,清代文、武生员比例大致为 2.4∶1,文风较盛之省份因文生偏多,比例较高。咸、同增广前后,武生总数呈现"南激增、北缓增"之势,武生分省占比则整体"南升北降",此乃清季政治与社会变局影响及于教育与考试之表征。

武生身列学宫,亦属士绅之列,故应与文生同享社会优遇及经济、法律特权。但在现实中,武生之地位始终逊于文生。此种境况,除与历代崇文抑武之政策一脉相承,更与清代武生童特殊考选、管理与考课体制密切关联。康熙年间曾允文、武互试,"学臣不重外场,惟以策、论取进,

---

① 素尔纳等:《钦定学政全书》卷 10《学政关防》,第 196 页。

虽为武童,实则文童之改名者而已。"① 此种状况,雍正朝起有所改观,主要凭弓马、技勇取进武生。

至于武生童之出路,除了继续备考,进而获取高级功名之外,入营效力乃其主要选择。结合缙绅录及《清史稿》记载来看,入营效力者大多在漕运总督所辖卫所服务,以守备、千总等中下级职务为主。其中之佼佼者,凭借军功而累升至提督、总兵等绿营高级将职,并在清代中后期诸种危局中有"勘定"之功,获得朝廷奖赏追恤,甚至在《清史稿》中列入臣工、忠义专传,树立为人臣之"典范"。此类武科生童,大致作为史传书写中"正面形象"之代表,亦符合武科选士之期望。

此外尤应指明者,将文、武生员同归儒学管理,希望达成传统"文武合一"之理想,此乃清代管课武生之重要特征,但也是其弊窦根源。以儒学教官课督武生,但教官大多不习骑射,因此武生在学并未受到足够军事训练。典章虽然规定可以选送武生入营受训,但实际愿意入营者不多。乾隆年间,河南武生岁试外场中,"将就可观者十无一二,其平日废弛可知。即予惩斥,实不胜褫革。"② 此外,不少武生不事文墨,到了清季,甚至有几乎目不识丁者报名应试。在制度设计上,学政在任三年,仅能岁试武生一次,很难切实举优黜劣。结果,不少武生之武艺水平既不堪驰骋武场,文才又不够决胜文闱,其久试不第者,反倒可能危害乡里。雍正七年(1729),广西提督张溥奏称,文生员"志图上进",多数尚能自爱,但武生员只是略通文义,粗习弓马,侥幸入学之后,心满志得,因此,他们"身恃护符,武断乡曲,把持衙门,包揽钱粮,兴灭词讼,作奸犯科,无所不至。"而管课制度运作之实情,则见"教官衰庸瞻徇,既无季考、月课,自不能约束训诫。学臣三年岁考一次,亦不过择其一二骑射不堪、策论荒谬者,考以劣等除名而已"③。张溥以武将身份,观察分析武生管课现实,颇为切要。

此后弊情相因,并未得到有效改善,所取武生之素质渐趋下降,管

---

① 金德瑛:《奏为酌定武生给衣顶之例以严约束事》,载《宫中档乾隆朝奏摺》第4辑,第626页。
② 嵩贵:《拟请武生归营管辖》,年份不详,台北"故宫博物院"藏清代宫中档奏摺及军机处档摺件,档案号:故机011027。
③ 张溥:《奏为敬陈管见仰请圣裁事》,载《宫中档雍正朝奏摺》第13辑,第329—330页。

课松弛。影响所及,据此层递而升之武举人、武进士,其素质与前景亦堪忧虞。嘉庆二十二年(1817)明发上谕,指出各省中式之武举,其弓马技艺渐不如前。追究根源,正是由于"各省学政于考试时,不免有重文轻武之心。其阅看武童技艺,先不认真遴选,取进入学者,率多滥竽充数。及乡、会试,遂至难获真才"。因此,下令通谕各省学政,以后考试武童马、步箭以及弓、石等技艺,必须认真校阅,择优取进,以备"异日干城之选"①。不过,自清代中期以降,基层武科就未能挽住这种颓势。至于清季,有时还会因为武童应试人数不足,冒滥取中。道光六年(1826)再发上谕,严斥以"技艺软弱之人取充学额"②,可见基层武科积弊之深。

　　整体来看,清代武科看似"文武合一"之理想设计,运作结果不甚理想。多数武生因文艺不足,文生不愿与之为伍;又因不少人武艺不足,不堪建功沙场,其下劣者甚至可能转而危害乡里。乾隆年间,江西学政金德瑛即已奏称,"武生不娴诗书礼义,气质刚暴,习与性成,凡府、州、县详革之案,必多于文。"③ 问题在于,基层武生员群体亦即武举人、武进士之直接来源,其素质之优劣,将会影响武科群体之前途及声誉。尤称"种瓜得豆"者,清代令武生入儒学,希望敦厚诗书、选拔将才,但部分武生素质之不堪及其为祸,有时反而成为地方社会乱源之一。至于晚清,此种情形愈演愈烈,而且随着现实军政形势越益危急,更加助成朝野对于武科士人之负面印象及"话语",不仅影响当日武科革废之走向,亦会影响后世对于武科之认识。

---

① 《清实录·仁宗实录》卷336,第32册,第439页。
② 景清等:《钦定武场条例》卷10《武生童考试一》,第489页上。
③ 金德瑛:《奏为酌定武生给衣顶之例以严约束事》,载《宫中档乾隆朝奏摺》第4辑,第626页。

第四章　清代武科乡试规程(会试通例)及武举人群体

科举功名之弋取,乡试乃其中承先启后之关键节点,武科亦然。武乡试中式,获授武举名衔,可跻身"上层士绅"之列;获授武举功名,始具选任职官之正式资格,并取得武会试之入场券,以争夺更高武科功名;且武举出身一经授予,若无重大过犯而遭褫革,几可终生保有,不似武生员之受月课岁考、六等黜陟之束缚。清代武科乡试之制虽沿袭前明之旧,然其制度之延续及规程之详备,又远胜于明朝。有清二百余年间,武科乡试考选规制亦不断调整。清代武科乡试、会试内外场规制颇多相通,本章将其关联之处一并考察,以免后文赘述。本章旨在详解清代武乡试之制度设计与实际运作,兼考察武乡试中额变化,以及武举人群体人数、地域分布、年龄及试前身份,藉以分析清代武举制度之设计意图、运作实态与症结所在。

第一节　武乡试之程期、地点及应考资格

概而言之,清代武乡试逢子、午、卯、酉年举行正科,考试时间在文场乡试之后,地点为各省布政司衙门所在。分而论之,其内部规制颇有变化,分述如次。

一、武乡试之程期

(一)武乡试程期定制

清代武乡试正科年份,顺治元年(1644)颁诏,逢子、午、卯、酉年举行。[1]

---

[1] 赵尔巽等:《清史稿》卷108《选举三》,第3171页。

武举正科三年一试,同于文科。正科之外,亦有恩科,逢皇帝登基、帝后"万寿"、"大婚"等喜庆而加恩特开,不在此限。

至于武乡试之具体程期,顺治二年(1645)准兵部呈请,定于十月"照旧例行"①。但清初体制未能划一,同年九月即以文闱乡试亦在十月,将江南武乡试改至顺治三年(1646)二月举行。②顺治十一年(1654)顺天武乡试程期,实为十月十九日试头场,二十二日试二场,二十五日试三场。③顺治朝武乡试程期系属暂定,而且清初南方未定,未能普遍开科。如广东虽于顺治四年(1647)已下令开科,然至顺治十一年武乡试,全省各属报考武生仅有惠州、潮州二府50名。广东当年应取中武举44名,报考人数仅多于中额6名,因此暂请停罢该科武乡试。④云南、贵州两省之武乡试,到康熙五年(1666)才奉命举行。⑤四川则至康熙五年武生不足百名,仍停武乡试,直至康熙八年(1669)才定武乡试中额。⑥广西之武乡试,则迟至康熙四十年(1701)才正式奏请恢复。⑦

全国武科乡试之制度化运作,需在康熙皇帝削平三藩之后。康熙五十六年(1717)定武乡试日期,自十月初九日至十三日考试外场骑射、技勇,十四日入闱试内场。⑧乾隆元年(1736),以为该程期太过急迫,改为外场自十月初七日开始,大省人多者初五日即开考外场,十一日出榜;十三日入内场,十五日考试策、论。⑨此次定制之后,除遇特殊情况,均一体遵行。

(二)程期特例、武乡试改期及暂停

顺天武乡试在京举行,且人数较多,因此程期稍异。康熙五十六年(1717)虽定全国于十月初九日开考,然顺天府府尹俞化鹏疏言时限太

---

① 《清实录·世祖实录》卷17,第3册,第151页。
② 《清实录·世祖实录》卷20,第3册,第181页。
③ 《直隶山东河南总督李荫祖揭帖》,1654年,台北"中研院"史语所藏内阁大库档案,档案号:086386-001。
④ 《广东巡抚李栖凤揭帖》,1655年,台北"中研院"史语所藏内阁大库档案,档案号:086363-001。
⑤ 《清实录·圣祖实录》卷18,第4册,第266页;卷19,第4册,第269页。
⑥ 《清实录·圣祖实录》卷19,第4册,第273页;卷30,第4册,第410页。
⑦ 《清实录·圣祖实录》卷204,第6册,第79页。
⑧ 景清等:《钦定武场条例》卷8《武乡试一》,第438页。
⑨ 昆冈等:《钦定大清会典事例》卷716《兵部·武科》,第8册,第900页。

迫,请准于初七日校射外场,十三日入内场。[1] 乾隆元年(1736)定十月初五日开考,全国一体遵行。但嘉庆皇帝即位之后,十月初六日适逢"万寿"之期,在京臣工须行礼祝贺。嘉庆九年(1804),下令顺天武乡试外场改为十月初七日开弓,十二日出榜。道光二年(1822),又恢复乾隆旧制。光绪朝应试者渐多,十四年(1888)准御史文郁奏请,顺天武乡试自十月初五日开考,十三日出榜公布;十五日主考入闱,十六日武生入内场考试。[2] 此为武乡试程期因人因事而改之例。

武乡试外场考校骑射、技勇,因此考试进程亦受天气影响。乾隆元年(1736)奏准,各省武乡试时若天气晴朗,外场考试仍照定期举行;如遇霪雨,场地泥泞,则等天气晴明再举行考试,并由督抚题呈改期原因。[3] 南方地区夏、秋多雨,乡试时受影响。比如,道光十一年(1831)、二十年(1840)、二十九年(1849),江南贡院因积水严重,均曾奏请武乡试推迟至次年三月举行。[4] 此为武乡试程期因时因地而改之例。

此外,清代文、武科乡试,局部地区偶有暂停,除了因为清初南方未定,尚有晚清军事变局影响。清季南方军兴,自咸丰二年(1852)起,广西、广东、湖北、湖南、江西、福建、贵州等省受太平军冲击,先后奏请延迟、暂停文武乡试。太平天国定都南京后,甚至一度自开文、武科举,因此期间南方部分士子所投考者,并非由清廷开科。[5] 咸丰九年(1859)起,各省才陆续补行乡试。其中,福建武乡试于咸丰九年奏准恢复;[6] 广东以咸丰十一年辛酉科补行乙卯、戊午科,中额合并,取中多至 173 名;[7] 广西、贵州、湖南等省,则准于同治元年(1862)一并补行。[8] 清季除南方

---

[1]《清实录·圣祖实录》卷 275,第 6 册,第 701 页。

[2] 景清等:《钦定武场条例》卷 8《武乡试一》,第 438 页。

[3]《清实录·高宗实录》卷 15,第 9 册,第 415 页。昆冈等:《钦定大清会典事例》卷 716《兵部·武科》,第 8 册,第 900 页。

[4]《清实录·宣宗实录》卷 192,第 35 册,第 1033 页;卷 337,第 38 册,第 115 页;卷 469,第 39册,第 902—903 页。

[5] 太平天国文、武科举详情,参商衍鎏著,商志醰校注:《清代科举考试述录及有关著作》,第345—418 页。许友根:《武举制度史略》,第 71—73 页。

[6]《清实录·文宗实录》卷 279,第 44 册,第 92 页。

[7]《咸丰十一年辛酉科并补行乙卯戊午科广东武乡试同年录不分卷》,载陈建华、曹淳亮主编《广州大典》第 31 辑第 21 册,第 55—146 页。

[8]《清实录·文宗实录》卷 349,第 44 册,第 1160—1161 页。《清实录·穆宗实录》卷 16,第 45册,第 452 页;卷 25,第 45 册,第 676 页。

停科之外,北方武科亦受时局影响。同治六年(1867),甘肃、山东均奏请展缓武闱乡试。① 光绪二十六年(1900)岁在庚子,本应举行正科乡试。然八国联军入京,时局动荡,遂令各省文、武乡试一律展缓归并。②《辛丑条约》签订,规定涉事地方须停止文、武科举五年。清廷遂于光绪二十七年(1901),令直隶、东三省、山西、河南、浙江、陕西、湖南等涉事地区一律停科五年,以示惩戒。③ 不过,武科旋于该年废除,局部地区停科禁令并未发挥实际作用。

二、武乡试之地点

清代武乡试地点可分三类而言:京旗满洲、蒙古、汉军,以及直隶各府、奉天府等处武生,均于顺天府应试;各省武生、兵丁,则于布政司所在地应试;各省八旗驻防子弟,准许就近应武乡试。④ 以上仅为清季制度通概,其间亦有制度沿革,应补述如下。

顺天武乡试之地点,顺治二年(1645)定例,京卫武生在兵部乡试,直隶各府在保定府乡试,各省在布政司乡试。且清初直隶武闱中,曾分南(真定)、北(保定)两处考试。顺治八年(1651)奏准并为一闱,统于真定举行。顺治十六年(1659)再次改定,直隶八府及京卫武生,俱归顺天府乡试。⑤ 此次定制,延至清末未变。

江南之武乡试,顺治八年准兵部奏,江南既已改直为省,其武闱不应再分上江、下江,⑥ 因此清代江苏、安徽武乡试并于南京举行。清初湖北、湖南两省武乡试统归湖广一闱,在武昌举行。雍正元年(1723),分为湖北、湖南两闱,均分中额,⑦ 分别于武昌、长沙举行。清代文科乡试,陕西、甘肃两省合闱,统于西安举行,直至光绪元年(1875)才分闱取中。武

---

① 《清实录·穆宗实录》卷213,第49册,第781页。
② 《清实录·德宗实录》卷476,第58册,第269页。
③ 《清实录·德宗实录》卷482,第58册,第370页。
④ 赵尔巽等:《清史稿》卷108《选举三》,第3171页。景清等:《钦定武场条例》卷8《武乡试一》,第439、441页。
⑤ 昆冈等:《钦定大清会典事例》卷716《兵部·武科》,第8册,第898页。《清实录·世祖实录》卷127,第3册,第986页。
⑥ 《清实录·世祖实录》卷58,第3册,第459页。
⑦ 《清实录·世宗实录》卷14,第7册,第246页。

科则自顺治二年（1845）复科起，即经题准："西、延、汉、凤及榆林镇，在西安府乡试；平、庆、临、巩暨两河等处，在甘肃乡试。"① 而且因陕甘地区"人才健壮"，两省武举中额屡有加广，下文详及。

清代中期以前，各省八旗驻防子弟应乡试者，须亲赴京师一体考试。嘉庆九年（1804），阮元奏请将驻防生员就近应乡试，礼部议驳。嘉庆皇帝并发上谕申斥，谓驻防子弟应当遵守淳朴之风，以练习骑射为本务。如果就近乡试，另编字号，另立中额，于体制不符，断不可行。② 不过，八旗子弟入京乡试，各地须贴补来回开销，远省驻防若资费不济，难以应试。嘉庆十八年（1813）终于改令，上谕称：

> 各省驻防官兵子弟，准其于本省就近考试入学。因乡试必须来京，道途遥远者，每以艰于资斧，裹足不前。现在驻防旗人，并议准应武童试。嗣后各省驻防子弟入学者，即令其于该省一体应文、武乡试。③

因此，自嘉庆二十一年（1816）丙子科开始，驻防旗人开始在各省就近应文、武乡试，归入所在州县管理。当然，旗人应试单独编号，另立中额，该政策延至清末废科。

三、武乡试之应考资格及考生来源

武乡试之基本应考资格与限制同于武童试，即须身、家清白，且无刑、丧、冒、替等问题，前章已详。关于年龄限制，清初尚未明定。乾隆九年（1744），覆准湖南巡抚蒋溥奏请，规定武生年届六十者，不准再应武乡试。④ 此一限制成为定例之后，清代还曾因为武生应试年龄问题，酿出大案。道光二十六年（1846），因为广东武乡试违制收考八十四岁之武生符成梅，巡抚黄恩彤不仅未意识到其中问题，反而以此"请奖"，遭到革职；而且，符成梅六十岁以后，历科涉及送考、收考之学政、巡抚等官，亦被严加议处。⑤ 至于武乡试考生之来源，《清史稿》称"凡各省武生、绿营兵丁

---

① 昆冈等：《钦定大清会典事例》卷716《兵部·武科》，第8册，第898—899页。
②《清实录·仁宗实录》卷137，第29册，第860—861页。
③ 景清等：《钦定武场条例》卷8《武乡试一》，第441页。
④《清实录·高宗实录》卷230，第11册，第970页。
⑤ 景清等：《钦定武场条例》卷3《武乡会试通例一》，第346—347页。

皆得应乡试"[1]。此说大致不差,不过远远未得其详。清代武乡试考生类
别甚多,而且历朝迭经变化,需要逐一厘清。

(一)武生员应武乡试

武生员为武乡试考生之主要来源,其中又可分三类而论。其一为在
学武生。武生没有科试,以三年一次之岁试作为科试(以岁作科)。此类
武生参加武乡试,须在岁试中考列一等、二等或三等前列(通常为大省前
十名,小省前五名);或岁试未经列等,但经过录遗试取中,亦能应武乡
试。[2] 相较而言,在学武生占了武科乡试考生之绝对多数。

其二为随营武生。此类武生又分两种情形:一为原本由马兵、步兵、
守兵考取,仍然保留兵粮之武生;一为自愿呈请入营之武生。到了乡试
之年,由所在营伍之将备查明有无丁忧等问题,然后核送学政乡试。[3] 此
类考生之存在,乃是制度设计者试图沟通武科与营伍之结果。

其三为捐职武生。此种情形较为少见。乾隆十二年(1747),山东布
政使赫赫奏请,将各省捐职武生按照贡生、监生捐官应试之例,准其愿入
武闱者一体应试。[4] 其后经过军机大臣等议覆,同意武生捐职但尚未获
选者,可以参加武乡试。若应考中式,就造入新册;若应试不中,仍归原
班选用。[5]

(二)绿营武职、兵丁应武乡试

依照《武场条例》所定,直隶及各省绿营兵丁中,若有通晓文艺、愿
意应武乡试者,均由所在地方将领报送巡抚,与驻地武生一起乡试。兵
丁参加武乡试时,只在原额内取中,不另外专拨中额。如果乡试不中,仍
令归伍。[6] 其内部具体情形,又当分别详言。

关于马兵应试,雍正七年(1729),准许马兵直接参加武乡试。乾隆
三十六年(1771),步军统领福隆安奏称,马兵既可以参加乡试,又可以在

---

① 赵尔巽等:《清史稿》卷108《选举三》,第3171页。
② 赵尔巽等:《清史稿》卷106《选举一》,第3118—3119页。Etienne Zi, *Pratique des Examens Militaires en Chine*, p.51.
③ 景清等:《钦定武场条例》卷8《武乡试一》,第449页。
④ 赫赫:《奏请俯准捐职武生照贡监之例一体乡试由》,1747年,台北"故宫博物院"藏清代宫中档奏摺及军机处档摺件,档案号:故机001673。
⑤ 景清等:《钦定武场条例》卷8《武乡试一》,第443页。
⑥ 昆冈等:《钦定大清会典事例》卷718《兵部·武科》,第8册,第917页。

营拔升,兼占两途,太过优越,遂停止马兵应乡试。自此以后,八旗汉军及绿营马兵若有愿应武科者,需要各归原籍本县,先与武童一起考试,待取中武生之后,才准应武乡试。①

绿营武职应试之例,嘉庆十八年（1813）重新议准,各省绿营千总、把总并非武举出身者,准许以其本职,与武生一起参加武乡试。②武生入行伍,行伍应武科,皆为连通武科及营伍之具体规制。

至于武职子弟,清初曾准武职官员随任子弟在其任职地方入伍、应试,但此举不仅可能引致弊端,还会分占任职地方之中额。乾隆三十六年（1771）,经两江总督高晋奏请,规定此后武职子弟"不惟禁其应试,并不准其入伍食粮。即籍隶本省之游击、都司、守备,其子弟入伍、应试,亦俱令各归本籍州县。"③此种规制,兼顾亲属回避及籍贯回避两种基本原则,施于武科乡试及地方营伍管理,以期防弊。

（三）文生员应武乡试

清代准许文、武生员换途互试,乃康熙年间新开之例。康熙五十二年（1713）,谕大学士等:

> 文、武考试,虽曰两途,俱系遴拔人才。而习文之内,亦有学习武略、善于骑射者;习武之内,亦有通晓制义、学问优长者。如或拘于成例,以文、武两途不令通融应试,则不能各展所长,必至遗漏真才。嗣后文童生、生员、举人内,有情愿改就武场考试者,武童生、生员、举人内,有情愿改就文场考试者,应各听其考试。如此则各得施其所学,文、武两途皆得真才矣。④

后经议准,文武生员、举人愿意改考者,准其改考。不过,为了防止武生仅靠背文数篇,希图侥幸取中,因此规定以武改文,只许改试一次,不中即止;对于以文改武之准试次数,此处未作限制。⑤康熙皇帝新订该政策,意在令文武互通以收"全才"。但在实际运作中,颇滋弊窦。乾

---

① 景清等:《钦定武场条例》卷8《武乡试一》,第440页;卷10《武生童考试一》,第483页。
② 昆冈等:《钦定大清会典事例》卷718《兵部·武科》,第8册,第923页。
③《清实录·高宗实录》卷878,第19册,第760页。
④《清实录·圣祖实录》卷257,第6册,第540页。
⑤《清实录·圣祖实录》卷257,第6册,第543页。

隆六年（1741）福建文科乡试,侯官县武生邱鹏飞竟然以五经考中第一
名,士论不服,经查实为联号代作。① 次年,监察御史陈大玠奏请停止文
武互试,礼部等奉旨议覆曰:

> 文、武互试,原欲简拔全才。乃自定例以来,累科获隽者无几。
> 而日久弊生,不肖士子恃有互试之例,文场则夹带、传递、代做,武场
> 则换卷。内帘但凭文取中,外帘又稽察维艰,徒滋科场之弊,未收兼
> 备之才。应如该御史所奏,嗣后将文武乡、会互试之处停止。②

其后,遂将文武互试"永行停止"。因此,清代文生员改应武乡试,仅
行于康熙五十三年（1714）至乾隆六年（1741）之间,总共涉及十二科武
乡试。

（四）文、武监生应武乡试

清代监生内部,又可分为文、武两类。文监生由文生员举优或文生
员、俊秀捐纳而来,武监生则由武生员举优或捐纳而来,前文论及武生出
路时已有考述。文、武生员获得举优升监者不多,监生多以捐纳为主,
清代中后期尤然。武监生入监之后,视作文途,因此其应武乡试,是援
引文、武生员互试之例而行,准许改入武场一次。乾隆元年（1736）议
准,各省监生中有素习弓马、愿入武场者,准与武生一起乡试。若应试取
中,则造入武举册内;未中者仍归监生原册,不许再次改考。③ 乾隆八年
（1743）停止文武互试之后,鉴于武生选择捐监大多因为弓马技艺不佳,不
过文艺稍有可观之处,因此确定武生捐监归入文途,仍准参加文闱乡试,
不得再入武闱。④

清季形势特殊,广开捐纳,又准许报捐武监生参加武乡试。道光
二十三年（1843）奏准,各省武监生若愿参加武乡试,先期造具年貌名

---

① 《清实录·高宗实录》卷152,第10册,第1178页。
② 《清实录·高宗实录》卷164,第11册,第69页。
③ 昆冈等:《钦定大清会典事例》卷718《兵部·武科》,第8册,第918页。
④ 礼部辑纂:《钦定科场条例》卷5《科举·贡监科举》,第297页。景清等:《钦定武场条例》卷
　8《武乡试一》,第445页。《清实录·高宗实录》卷211,第11册,第714页。《会典事例》谓
　将监生区别对待,"其由武生捐纳者,原系武生出身,应不准入文场,仍照旧准入武场应试。
　至由廪、增、附生及俊秀捐纳者,不准入武场。"应系乾隆八年之"事例"而非九年以后之"定
　例"。见昆冈等:《钦定大清会典事例》卷718《兵部·武科》,第8册,第919页。

册，由其本籍地方官员移送学政考试；学政取录之后，再造册申送督抚（顺天府报送府尹），准许一起参加武乡试。八旗子弟报捐武监生者，由所属旗分之参领、佐领等官造册，移送顺天学政录科送考。不过，制度规定武监生应武乡试时，须各回原籍，由其地方官申送学政录科应试；在京报捐之武监生，亦不能取具同乡京官印结就地应顺天乡试（文监生应试可以如此办理）。① 此处亦见文、武应试之规制差异。

（五）八旗子弟、恩袭世职应武乡试

其一，关于京旗汉军子弟应武乡试。清初，八旗子弟不应武科。康熙四十八年（1709），鉴于八旗汉军用于文职者多，而用于武职者少，下令八旗汉军应考武科乡、会试。后经议准，八旗汉军包衣（满文 booi，意为家中的［奴仆］）、无品级笔帖式（bithesi，字面直译为掌文书者）、乌林大（满文 ulin i da，汉译司库），由官学生补授之外郎、闲散人（满文 sula niyalma，意即未任职者）等，若有愿意考试武生者，由所在旗分开列姓名移送顺天府，合共取中武生八十名。应武乡试时，将所取八旗武生，以及中书及部院衙门中六品、七品、八品之笔帖式，已上朝、未上朝之荫生、监生，以及披甲（uksin）、护军（bayara）、领催（bošokū，即拨什库［催促者］）、拜唐阿（满文 baitangga，汉译听差、执事）等愿意参加武乡试者，各由所在旗分移送顺天府，与其他武生一并乡试。② 京旗汉军应考武乡试自此始行，延至清末未曾中断。

其二，关于京旗满洲、蒙古子弟应武乡试。京旗满洲、蒙古子弟应试武科，清代屡有兴废。顺治、康熙两朝，满蒙子弟均未参加武科。雍正元年（1723），新发谕令："八旗满洲照常考试汉文秀才、举人、进士外，至于翻译、技勇，亦属紧要。应将满洲人等考取翻译秀才、举人、进士并武秀才、举人、进士。"③ 八旗满洲、蒙古子弟应武乡试自此开始，考试时内场专门编设"满"字号，专门设立中额。雍正七年（1729），又根据顺天府府尹陈良弼疏请，准许八旗副骁骑校、前锋、马甲等一并入场应试。④ 不过，

---

① 景清等：《钦定武场条例》卷8《武乡试一》，第446—447页。
② 铁保等：《钦定八旗通志》卷100《学校志七》，第17册，第6740—6741页。
③ 铁保等：《钦定八旗通志》卷100《学校志七》，第17册，第6742—6743页。
④《清实录·世宗实录》卷86，第8册，第145页。

该制度施行仅有十二年,包括五科武乡试。雍正十二年(1734),再发上谕,认为"满洲弓马、技勇远胜于汉人,将来行之日久,必至科场前列悉为满洲之所占;而满洲文艺不及汉人,又恐考试内场不免有传递代作等弊"[1]。其中既对武科拔擢将才之实效表示质疑,也指出满汉考生在应试文武科举中各自优劣所在,以及对双方"相对优势"引导不当可能产生之后果。此后,八旗满蒙子弟停止参加武科乡、会试。

乾隆二年(1737),翰林院侍读学士春台曾请恢复雍正旧例,准许八旗满洲考生参加武科乡、会试,并请照文童之例,设立满洲武童之学额。[2]此奏未见下文,并未得准。乾隆八年(1743),拉林副都统巴尔品亦奏称,雍正元年准许满洲人士应考武科举人、进士,乃是满汉并用、文武皆重之良法。因此,巴尔品奏请恢复此项旧制,并论其理据及办法曰:

> 谨查以绿旗官任用之直隶、各省汉人,以及八旗汉军人等之内,由军兵晋升、由世官见任者固属不少,而自武举人、进士出身者亦甚多。方今圣主以满洲官员,与汉员、汉军人等,一体得任绿旗官,亦与武举人、进士考试之例相类相契。伏乞仍遵雍正元年上谕,加被恩典,准满洲人等考试武举人、进士。考试从严巡查,痛革弊情,使无能者不能侥幸求进,有才者皆蒙不虞之恩。如此则八旗满洲人等,将益受策励奋发,兼习文武才艺,非但挑选合式者得为官员,且其挑选未能合式者,亦得练习马箭、步箭,习练武艺,可堪任事。如此,于任用之先,即得修习德才,不但可广满洲人等升转之途,即教习栽培之道,亦寓于其中。[3]

巴尔品之奏疏特别以满文书写,对于八旗满人、汉军及汉人应试及任职资格之区分,昭晰分明;而其陈请与论析之归宿,则是"广满洲人等升转之途"(manju sai wesire forgoxoro jugūn be badarambure)。不过,此类奏疏并未得准。因此,乾隆一朝六十年之中,满蒙子弟均未参与武

---

① 景清等:《钦定武场条例》卷4《武乡会试通例二》,第363页。
② 春台:《奏为请复武科广储人才事》,1737年,中国第一历史档案馆藏宫中硃批奏摺,档案号:04-01-38-0059-034。
③ 巴尔品:《奴才巴尔品谨奏为披陈愚悃以求明鉴事》,1743年,中国第一历史档案馆藏宫中档满文硃批奏摺,档案号:04-02-002-000275-0017。

科考试。

其三，关于驻防八旗子弟应武乡试。康熙、雍正两朝，曾陆续准许八旗汉军、满蒙子弟参加武乡试，但未特别区分京师八旗与驻防八旗。《钦定八旗通志》载录历科武举名字，亦未标明驻防中式者。[①] 初期驻防八旗应试，需要专门赴京。嘉庆十八年（1813），八旗应试制度有重大调整。此年发布上谕，恢复雍正以降停止之八旗满、蒙子弟应试武科，内称：

> 向来满洲、蒙古旗人，俱应武乡、会试，后经停止。国家甄拔人材，文武并进。现在文场乡、会试，满洲、蒙古与汉人一体应考，按额取中。旗人尤应习武，武场亦当一律办理。著军机大臣会同兵部详查旧例，妥议章程具奏。[②]

后经议准，八旗满洲、蒙古之骁骑校、城门吏、蓝翎长、拜唐阿、恩骑尉、亲军、前锋、护军、领催、马甲，巡捕营千总、把总，以及文员中书、七品、八品笔帖式、荫生，均准许与武生一起参加武乡试。[③] 照理而言，八旗子弟无论担任文官武职，都应熟习满语骑射，以为"根本"。虽然此时已停止文武互试，但仍然准许八旗文员与武职、武生一起应武乡试。

此外，嘉庆十八年一并议准，各省驻防子弟可以就近参加武乡试。至于具体操作办法，先由八旗将军、都统、副都统、城守尉等官，从各旗武生及上述武职中加以甄别，遴选其中马、步箭及刀、石等技艺均合式者，录送驻防所在省份之学政一体考试。[④] 至于清季，又有特别规制。因见各省驻防文生员、翻译生员大多文艺荒疏，难望通过文科上进，道光二十四年（1844）议准，驻防文生员、翻译生员如有骑射可观、愿意应武乡试者，准其呈请改考武科乡试，但不得再应文乡试及翻译乡试。[⑤] 此时，清代科场"文武互试"政策已经停止百有余年，此条规定乃针对八旗生员应试之特殊考量。

其四，关于承袭世职应武乡试。承袭世职可以应武乡试，具体情形

---

① 参考铁保等：《钦定八旗通志》卷108《选举志八》，卷109《选举志九》，第17册，第7203—7332页。
②《清实录·仁宗实录》卷269，第31册，第649页。
③ 景清等：《钦定武场条例》卷10《武生童考试一》，第480页。
④ 景清等：《钦定武场条例》卷8《武乡试一》，第441页。
⑤ 景清等：《钦定武场条例》卷8《武乡试一》，第442页。

各异。其中,承袭云骑尉、恩骑尉在未发标营效力之前,或者已经发标营效力、但尚未期满带领引见者,如果呈请参加考试,均准其以世职顶戴,作为武生身份应试。道光十六年(1836)又定,如果武生兼袭一等、二等、三等轻车都尉、骑都尉世职,准应武乡试,但如果袭职者本非武生,则不能以轻车都尉、骑都尉充作武生身份应试。[①]其中似能看出前后时代及袭职等级对于应试资格之影响。

综上可见,清代武科乡试应考资格之规定,其中既体现旗民之别,八旗内部复有汉军与满蒙之别、京旗与驻防之别。各省民人之应武乡试,自从顺治二年(1645)开科,直到光绪二十七年(1901)废除,其间除了部分地区因特殊情况展缓、暂停之外,武科乡试持续运作二百五十余年,几乎与王朝相伴始终。八旗汉军子弟之应武科,则从康熙四十八年(1709)开始,此后未曾间断,延续将近二百年;不过,八旗满洲、蒙古子弟应考武科,则仅有雍正朝十余年,以及嘉庆十八年(1813)以后之八十余年,总计不足百年。一种旨在选拔武将之常规制度,多数时候并不鼓励理应擅长骑射之满洲、蒙古人士努力参与,而以汉人及原本族属亦多为汉人之汉军子弟驰骋其中,获取武科功名。其制度设计背后之用意,后文继续探析。

第二节　武乡、会试外场考试项目及评衡标准

清代武科乡试、会试与童试阶段相似,亦分三场,不过乡、会试器械重量与力度要求高于童试。头场试马箭,二场试步箭、技勇,是为外场,多在校场举行;三场试策、论,或默写《武经》,是为内场,多在贡院进行。武会试及武乡试人数较多之省份,外场亦需分闱考校。清初,武会试及顺天武乡试外场亦依《千字文》,分为天、地、黄、宇四闱(缺"玄"字以避康熙皇帝名讳),后改为辰、宿、列、张四闱。[②]江南武乡试亦曾分中、东、

---

① 景清等:《钦定武场条例》卷8《武乡试一》,第444—445页。
② 昆冈等:《钦定大清会典事例》卷718《兵部·武科》,第8册,第916页。

西三闱,分别安置江宁、京口驻防及江苏、安徽各府属考生。[1] 以下依次详解武科乡、会试外场考试项目,兼及其评衡标准之变化。其中所述武科外场器械形制、重量及长宽等,均依 Etienne Zi（徐伯愚）书中记述,其数据多以晚清江南武科乡试情形为本。中国地域广大,各地度量衡及外场规制或有差异,此处所引数据仅为一种参照。

一、头场试马箭（马射）

武科乡、会试之头场,先试马箭。清初,马箭箭靶为毡毯。[2] 后改射圆柱形芦靶,其靶内用芦席裹芦苇,外包红布,高约五尺,圆如筒形,大小约为一人合抱之度（见图 4-1）。[3] 乾隆二十五年（1760）,根据江苏巡抚陈宏谋奏请,马箭用弓最少为三力（十斤为一力,每"力"约合公制拉力 5.86 千克）,[4] 不及三力者不准合式。并令应试者在投文应试时,即须注明所用弓之力数,以便临场抽验。三力以上,若有能加重弓力者听其自便,鼓励士子力挽强弓。马弓通常由士子自带,因此形制或略有不同。徐伯愚所记典型大号弓总长约 1.81 米,不计弦重约 1.105 千克;中号弓总长约 1.78 米,不计弦重约 0.65 千克;小号弓总长约 1.59 米,不计弦重约 0.47 千克。马箭则于应试时统一发给,马箭箭头用铁。箭端、箭干、箭括总长约 0.98 米,箭干切面周长约 0.04 米,箭重约 80 克。[5]

至于马箭枝数及合式规则,顺治二年（1645）定,骑射考试纵马三次,每次发三矢,共发九矢,中二者为合式。顺治十七年（1660）,改为中四矢合式,康熙七年（1668）改为三矢。康熙三十二年（1693）又改回四矢,并详定规制:在马道旁竖立三靶,每靶各距三十五步。考生放马跑圆三回,九箭中四箭者为合式。乾隆二十五年（1760）,覆准江苏巡抚陈宏谋疏请,改为马箭只射两次,共发六箭,并考射地毯一回,马箭、地毯总共

---

[1] Etienne Zi, *Pratique des Examens Militaires en Chine*, p.55.

[2] 赵尔巽等:《清史稿》卷 108《选举三》,第 3172 页。

[3] 商衍鎏:《清代科举考试述录》,第 191 页。

[4] 晚清各省衡制较为复杂,江苏省通用漕平秤或天平秤 1 斤合公制 585.79 克,库平秤 1 斤合公制 597.12 克。笔者此处换算以江苏漕平秤为参照,下文皆同。参 Etienne Zi, *Pratique des Examens Militaires en Chine*, "Remarques Générales", p.1.

[5] 参考商衍鎏:《清代科举考试述录》,第 191 页。景清等:《钦定武场条例》卷 4《武乡会试通例二》,第 360 页。Etienne Zi, *Pratique des Examens Militaires en Chine*, pp.5–7, p.11.

图 4-1　武科头场马箭箭靶及骑射示意图

图片来源：Etienne Zi, *Pratique des Examens Militaires en Chine*, p.9, p.60.

中三箭为合式。① 马箭三靶之距离，其后又改为各距三十步。道光十一年（1831），监察御史达镛奏请将马射三靶相距各三十步各减六步，议称如此则三靶相离过近，士子来不及引发三矢，没有准允。② 考生马箭不及额，不准入二场考试步射。

二、二场试步箭（步射）、地毯、技勇

（一）步箭

武科之二场，先试步箭。步箭箭靶为布侯，徐伯愚所记布侯高七尺（约合 2.15 米）、宽五尺（约合 1.54 米），样式见图 4-2。至于步箭之弓力，依据乾隆二十五年（1760）所定，最少为五力（拉力约合 29.3 千克），不及五力者不准合式，若有能加重者听其自便。③ 步弓亦由士子自备，形制与马弓类似。步箭箭头亦用铁制，同于马箭，不过其箭制一般较马箭小而轻。步箭箭长约 0.92 米，箭干切面周长约 0.032 米，箭重约 35 克。④

---

① 景清等：《钦定武场条例》卷 4《武乡会试通例二》，第 358 页。《清实录·高宗实录》卷 608，第 16 册，第 832 页。

②《清实录·宣宗实录》卷 199，第 35 册，第 1134 页。

③ 景清等：《钦定武场条例》卷 4《武乡会试通例二》，第 360 页。

④ 商衍鎏：《清代科举考试述录》，第 191 页。Etienne Zi, *Pratique des Examens Militaires en Chine*, p.7.

至于步箭枝数及合式规则,顺治二年（1645）初定,步射发九矢,中三者为合式。顺治十七年（1660）,曾减为中二矢、乃至一矢亦合式。康熙十三年（1674）重定,步射时树立大侯高七尺、宽五尺,以八十步（约合 123.0 米）为则,中二矢者为合式。康熙三十二年（1693）,鉴于箭靶距离八十步太远,善射者不能多中,改为距靶五十步（约 76.9 米）,但要求"觳满精优",发箭直冲靶子中央者为中。如有撞箭,以及中靶子根、靶子旗者,均不算中,九箭中二者为合式。[①]乾隆二十五年（1760）,根据江苏巡抚陈宏谋奏请,又将五十步远靶改为三十步（约合 46.1 米）,每人各射六箭,中二箭为合式。此时箭靶既近,因此相应缩小步靶尺寸,改为高五尺五寸（约合 1.69 米）,宽二尺五寸（约合 0.77 米）。此前步射中,尚有射近靶一箭,在考试技勇后进行;此时步靶已改为仅距三十步,遂停射近靶。[②]

乡试步箭之射法,初期为十人一班,各自轮射一箭,但这样考生易于藏拙。乾隆五十一年（1786）议准广西巡抚孙永清奏请,改为每人连射六箭。[③]如若步箭中数缺一,亦不准续试技勇项目。

图 4-2　武科二场步箭箭靶及步射示意图

图片来源:Etienne Zi, *Pratique des Examens Militaires en Chine*, p.10, p.68.

---

① 景清等:《钦定武场条例》卷 4《武乡会试通例二》,第 360 页。《清实录·圣祖实录》卷 159,第 5 册,第 745 页。

② 景清等:《钦定武场条例》卷 4《武乡会试通例二》,第 359 页。《清实录·高宗实录》卷 608,第 16 册,第 832 页。

③ 景清等:《钦定武场条例》卷 4《武乡会试通例二》,第 359 页。《清实录·高宗实录》卷 1271,第 24 册,第 1130 页。

（二）地毯

射地毯与头场马射有相同之处,皆须驰马而射,不过两者箭制不同。地毯箭头不似马、步箭头尖而用铁,地毯箭头扁圆用木。徐伯愚所记毯箭重约119克,长约1.08米,箭干切面周长约0.04米。所射地毯直径约0.3米,体积如小南瓜,置于马道旁之土墩上,总高约0.6米。地毯外面覆以皮或毡,涂以鲜红色,因以漆油之而光泽甚艳。毯内实以稻谷,亦加少许沙子,以增其重。射中者毯落墩下,射中但毯未落墩下,计为不中。[①]

清初,地毯之试安排在考验弓、刀、石后进行,射地毯一回。[②]乾隆二十五年(1760),从江苏巡抚陈宏谋奏请,将地毯改于马箭之后,马箭共发六矢,地毯发一矢,七矢中三者为合式。[③]外场地毯仅有一箭,决定去取时关系不大,考生取中与否主要取决于马箭成绩。[④]嘉庆十二年(1807)从御史陆言所奏,将地毯并入马、步箭总算,不得因为考生地毯未中而一概黜落。[⑤]

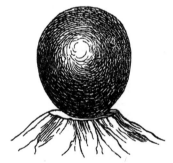

图 4-3　武科二场地毯及射毯示意图

图片来源:Etienne Zi, *Pratique des Examens Militaires en Chine*, p.61, p.64.

---

① 商衍鎏:《清代科举考试述录》,第 191 页。Etienne Zi, *Pratique des Examens Militaires en Chine*, pp.61-62.
② 《兵部为武乡试仍循旧例七日完毕事》,1760 年,台北"中研院"史语所藏内阁大库档案,档案号:210464-001。
③ 《清实录·高宗实录》卷 608,第 16 册,第 832 页。
④ 商衍鎏:《清代科举考试述录》,第 192 页。
⑤ 《兵部为御史陆言条陈武闱事宜由》,1807 年,台北"中研院"史语所藏内阁大库档案,档案号:176761-001。

（三）技勇

清代武科乡、会试二场考验技勇，具体包括开弓、舞刀、掇石三项。掇石略仿唐代武科之翘关（举重），但开弓、舞刀两项，均异于前代。依据嘉庆年间臣僚奉旨考证，明代万历年间，科臣曾经请设将才武科，建议考试马、步箭，以及枪刀剑戟、拳搏击刺等技艺，报可而未行。此三项技勇之试，不见于明代武举常科典制。至于清代，顺治二年（1645）题准，外场除了马、步箭之外，令试开弓、舞刀、掇石。[①]不过，清代对这三项技勇之考试与兴废，亦颇有变化。顺治二年开考武乡试，确定加试三项技勇。但到顺治十七年（1660），即谕兵部：

> 武科取士，拔其韬略谙通、弓马娴熟者，以备将才。至于开弓、舞刀、掇石，俱属虚文，实为无益。以后试马、步箭、论、策，著照例行。其开弓、舞刀、掇石，俱不必试。[②]

此后，武科外场三项技勇一并停考。康熙十三年（1674），又恢复技勇考试，此后相沿不辍。到了嘉庆十八年（1813），下令恢复八旗满洲、蒙古子弟应试武科，因为此前八旗汉军应武试已停止舞刀，遂发上谕：

> 武场以骑射为重，再试以硬弓、掇石，可以验其力之强弱。至舞刀一项，不足以分优劣，本属无谓。嗣后武会试与各直省武乡试及武童试，俱著将舞刀一项停止。[③]

不过，此次下令停止舞刀，仅历六年。嘉庆二十五年（1820）再谕："技勇内既向有舞刀一项，满洲、蒙古士子自应一体练习，亦不迫以时日。"又下令自道光三年（1823）、五年、六年开始，武科童试、乡试、会试分别恢复舞刀，满汉考生一体遵行。[④]此后武科外场项目再未改动，直至清季议废刀石，改试枪炮。以下再将三项技勇之规制与准则，略加钩稽。

---

① 《奏遵旨详查武科比试刀石始自何时》，1813 年，中国第一历史档案馆藏清代军机处录副奏摺，档案号：03-1553-118。
② 《清实录·世祖实录》卷 131，第 3 册，第 1014 页。
③ 《清实录·仁宗实录》卷 271，第 31 册，第 669 页。景清等：《钦定武场条例》卷 4《武乡会试通例二》，第 363—364 页。
④ 《清实录·宣宗实录》卷 9，第 33 册，第 187—188 页。景清等：《钦定武场条例》卷 4《武乡会试通例二》，第 363 页。

　　一为开弓。满人凭借骑射起家,对弓矢技艺甚为看重。因此,武场外场专设开硬弓一项,颇受重视。硬弓之制,康熙十三年(1674)定,以十二力为头号,十力为二号,八力为三号(每"力"约合公制拉力 5.86 千克)。开弓必须三次引满,方为合式。十二力以上为出号弓,考生有能加重者听其自便。乾隆四十五年(1780),鉴于应试考生热衷于竞胜浮夸,在考册内填注用弓十七、八力,但实际考试时皆勉强从事,甚至有不能拉开者。因此下令,此后考试硬弓必须以满足入彀为准,士子即便能开十二力以上硬弓,填注时亦不得超过十五力。①

　　二为舞刀。武科二场所舞大刀为铁制,徐伯愚所记总长约 3.05 米(原文如此,存疑),刀柄切面周长约 0.22 米。②至于舞刀之定式,亦依康熙十三年(1674)所定,以刀重一百二十斤(约合 70.3 千克)为头号,一百斤(约合 58.6 千克)为二号,八十斤(约合 46.9 千克)为三号。考生舞刀时,要求手执刀柄,在前、后胸"舞花",亦即"面花"或"背花"。如果面花、背花不全,或者刀尖拂地,即属不合格,不能取中。③

　　三为掇石。武科二场掇石所用之石,称为"制石"或"号石"。规范号石呈规整长方体形状。徐伯愚所记清季江南武乡试一种号石,底面长、宽分别约 0.35 米、0.26 米,高约 0.67 米。两侧相对凿有凹槽,称"扣手"或"插手",以便应试者插入提起。④关于掇石之规制,亦依康熙十三年(1674)所定,以三百斤(约合 175.7 千克)为头号,二百五十斤(约合 146.4 千克)为二号,二百斤(约合 117.2 千克)为三号。考生掇石必须离地一尺,达到膝盖或胸部高度,方属合式。⑤不过,掇石总体仅要求离地一尺,最多上到胸部高度,略似现代举重之"提铃",而无"上挺",此为武科掇石异于现代举重之处。

---

① 景清等:《钦定武场条例》卷 4《武乡会试通例二》,第 362—363 页。商衍鎏:《清代科举考试述录》,第 192 页。
② Etienne Zi, *Pratique des Examens Militaires en Chine*, p.11.
③ 参考景清等:《钦定武场条例》卷 4《武乡会试通例二》,第 362 页。《清实录·宣宗实录》卷 199,第 35 册,第 1135 页。商衍鎏:《清代科举考试述录》,第 192 页。许友根曾实地秤验过苏州市博物馆所藏武科用刀,刀柄铭文"咸丰元年三月呈",重 133 斤。此刀应为头号刀,其中数斤之差,或因锈蚀磨损,或因衡制差异及量具误差所致。见许友根:《武举制度史略》,第 121 页。
④ Etienne Zi, *Pratique des Examens Militaires en Chine*, p.11.
⑤ 景清等:《钦定武场条例》卷 4《武乡会试通例二》,第 362 页。商衍鎏:《清代科举考试述录》,第 192 页。

图 4-4　武科二场开弓、舞刀、掇石示意图

图片来源：Etienne Zi, *Pratique des Examens Militaires en Chine*, p.70-72.

清代武科外场项目之中，以开弓、射箭为重，决定去取时亦视此而定。至于三项技勇，旨在测试士子臂力，则开硬弓一项已可得见，因此技勇所占权重较轻，清代屡将其罢废不考。道光十三年（1833），更以马、步箭亦属一日之短长，下令各省武场"务以弓力强弱分别去取"，选拔"弓力既能挽强，技勇又复优娴"之人，以备干城之用。[1]强弓硬弩，固为冷兵器时代决胜战场之利器。不过，时移世易，清季主导战场者，已为火药兵器。上谕下发数年后中英交战，英人用以击败清朝军队者，自然并非强弓硬弩，而是坚船利炮。武科这项旨在考选武将之制度，在清代运行之二百余年间，展现出整体延续性和一致性。除了对考试项目及中式准则稍作局部调整，整套制度未有根本变革以因应时代发展及战局变化，几乎沦为常规仪节而陈陈相因。其对整体军事力量之鲜少促进，由此可见。

三、武乡、会试外场挑选"好"字号

清代武科外场采取逐场淘汰制，略同明代。头场马箭不合式，不许入二场试步箭；步箭不合式，不许续试三项技勇。三项技勇若皆为三号，即为不合式；必须有一两项列入头号、二号，才准进入三场。清初，武科外场只设"合式"一格，不便分别士子弓马之优劣、技勇之强弱。而进入内场之后，主要凭文取中，以致娴习骑射者反而落选。[2]为了防止外场冒

---

①《清实录·宣宗实录》卷 245，第 36 册，第 687 页。

② 赵尔巽等：《清史稿》卷 108《选举三》，第 3173—3174 页。

滥取进,又设立挑选"好"字号之法。

武科外场挑选"好"字号之规制,始行于康熙五十二年(1713),不过当时只用于武会试外场。其具体办法为:外场先将马步箭、技勇、人材可观者,挑选标注"好"字号,密送内帘;内场阅卷时,先从"好"字号中选择文理通晓者取录,如果不足再从标注"合式"者中挑选。① 雍正二年(1724),根据礼部侍郎史贻直奏请,下令各省武乡试外场依照武会试之例,选择其中弓马娴熟、技勇出众者,另立"好"字号,以便取拔。② 雍正七年(1729),再将"好"字号作"单好"与"双好"之分,仍留"合式"一项。至于其挑选标准,考生马、步箭总中十枝上下,三项技勇皆为头号或有两项列头号者,可以挑入"好"字;若开弓仅为三号,而且舞刀、掇石均无头号者,不准挑入"好"字。弓、刀、石三项皆为头号,而且箭枝全中者,为"双好";有一、二项稍差者,为"单好"。③ 此为规制概要。

实际执行中,外场标注之后,内场考官阅卷时,先从"双好"考生中选择文理平顺者取中,不足则补取"单好"考生中文理通畅者,再不足则从"合式"考生中选取。④ 不过,内场挑选时,各省外场列为"合式"而入内场者,往往千余人中仅能取中数人,如此则"合式"一项形同虚设。而且,外场已列为"单好"、"双好"之考生,自知中式甚易,便怀夹作弊材料进入内场;若怀夹不遇,则跳跃号舍,寻人代作。而外场仅列为"合式"之考生,自知若非内场文字突出,便不能取中,就雇觅枪手顶名入闱,希图侥幸得中。新立一制,转增一弊,不得不再加以调整。

因此,乾隆二十七年(1762)正式奏准,武科乡、会试之外场,皆只列"单好"、"双好"两类,废除"合式"一类。考生外场三项技勇中,必须有一两项列入头号或二号,才准进入三场;如果三项技勇均属三号,则不准入三场。⑤ 其后此例垂为定制,相沿不辍。嘉庆六年(1801)武科会试,所录福建武进士刘肇元、袁九皋二人,"虽舞大刀一等"(udu uju jergi

---

① 景清等:《钦定武场条例》卷4《武乡会试通例二》,第365—366页。

② 赵尔巽等:《清史稿》卷108《选举三》,第3173—3174页。《清实录·世宗实录》卷20,第7册,第321页。

③ 参考商衍鎏:《清代科举考试述录》,第193页。

④ 景清等:《钦定武场条例》卷4《武乡会试通例二》,第365—366页。

⑤《清实录·高宗实录》卷601,第16册,第737页;卷672,第17册,第517页。

jangkū maksiha bicibe），然“弓、石两项皆二等”（beri wehe juwe hacin gemu jai jergi），外场主试保纳误将其此二人“作为双好”（juru sain de obuhangge），因此被“著交宗人府依例议罪”（uksun be kadalara yamun de afabufi kooli songkoi weile gisurebukini）。[1] 可见此种制度区分之受重视。

各省武科乡试外场挑选“好”字号之比例，或许稍有不同。至于武会试及顺天武乡试外场，依据道光十一年（1831）所定，各闱（总共四闱）按照应试人数，每100名中挑选双好、单好不得超过22名，不足100名按数递减。[2] 以下再据档案记载，将光绪朝八科武会试挑选双好、单好人数汇总如表4-1，以便直观明晰。根据这八科取录情况来看，此时武会试考生之中，约有五分之一可被外场挑选标注为“好”字号，进入内场之后，“好”字号考生中约有三分之一可被取中。

表 4-1　光绪朝武会试挑取“好”字号人数及取中人数

科次	双好人数	单好人数	取中人数
光绪六年庚辰科	86	292	128
光绪九年癸未科	107	297	131
光绪十二年丙戌科	101	313	132
光绪十五年己丑科	121	314	135
光绪十六年庚寅恩科	105	405	157
光绪十八年壬辰科	85	399	151
光绪二十年甲午科	144	335	128
光绪二十一年乙未科	147	346	138

资料来源：中国第一历史档案馆藏清代军机处录副奏摺。《呈光绪十二年等上三科会试武举挑记双单好数目并取中额数单》，1886年，档案号：03-7198-083；《呈光绪十五年己丑科会试武举挑记双单好数目单》，1889年，档案号：03-7194-019；《呈光绪十六年庚寅恩科会试武举挑记双单好数目单》，1890年，档案号：03-5875-017；《呈光绪十八年壬辰科会试武举挑记双单好数目并取中额数单》，1892年，档案号：03-7202-111；《呈上三科会试武举双单好数目并取中额数单》，1894年，档案号：03-7194-015；《呈光绪二十一年乙未科会试武举挑记双单好数目单》，1895年，档案号：03-5910-003。

---

[1] 参保纳：《奏为监考福建武举有误自请议罪摺》，1801年，中国第一历史档案馆藏军机处满文录副奏摺，档案号：03-0197-3623-035。括号内为满文原档关键字句之穆麟德式拉丁转写。

[2] 景清等：《钦定武场条例》卷4《武乡会试通例二》，第366—367页。

四、外场改试鸟枪之动议与禁令

鸟枪,或称鸟铳,乃用火绳点燃火药以击发弹丸之滑膛枪,明代传入中国。近代线膛枪传入之前,鸟枪一度为清代军队之重要火器,因此朝廷规管甚严。清代曾准许部分地方造持鸟枪,如乾隆三年(1738)奏准,福建之延平、建宁、邵武、汀州、福宁、福州、兴化七府民众,可以报官制造鸟枪,以为御盗防虎之用,其余府县则严禁造持。不过,例禁私自造枪持枪之地,民众亦多犯禁,因此也屡屡下令查禁鸟枪。乾隆十二年(1747),浙江提督吴进义奏请兵营添制新鸟枪时,应将旧枪尽数销毁,碎为废铁再变卖,不许以原物直接变卖,私售于民间。[1] 由此亦可略见,此时绿营亦将鸟枪作为常规装配更新武器之一。同年,福州将军新柱奏称,闽省"民风刁悍,动辄械斗",请禁私藏鸟枪,于是下令地方官劝谕民众,自缴鸟枪。[2] 不过,此时收缴鸟枪,主要限于禁止造枪持枪之地,而且总体以劝谕自动缴械为主,尚未大规模严禁。

大势如此,乾隆四十二年(1777),两江总督高晋却以武科外场舞刀一项徒饰观览,并无用处,而"武备一道,除弓箭而外,惟火器乃致胜之要务",因此建议改试鸟枪,以收实用。[3] 高晋此奏,实已触及武科外场考选之关键症结——习非所用,用非所习。满人以弓马取天下,因此高晋仍称武备以弓箭为要,但切言裁汰舞刀、改试鸟枪之必要。不过对于朝廷而言,首要考虑并非武举士子之作战素质,此仅为潜在防御问题,更紧要者是消弥地方动乱之潜在威胁。在当时可预见之范围内,严控民间私藏鸟枪,似比准许武场考试鸟枪更为重要。因此,乾隆皇帝旋发上谕,认为鸟枪本为"制胜要器",民间绝对不能演习多藏,并举例称此前王伦起事,正是因为其部众不谙放枪,才"易于剿灭";而且此前曾令各省督抚,需要在不动声色之中,将各省民壮手中之鸟枪改为弓箭,以免滋生事端;最后严斥高晋之奏请为断不可行:

---

[1] 吴进义:《请销毁旧鸟枪》,1747年,台北"故宫博物院"藏清代宫中档奏摺及军机处档摺件,档案号:故机000186。

[2] 喀尔吉善:《奏为议覆查禁私藏鸟枪宜从容办理由》,1747年,台北"故宫博物院"藏清代宫中档奏摺及军机处档摺件,档案号:故机000454。

[3] 高晋:《奏为武闱二场舞刀请改鸟枪以收实用事》,1777年,台北"故宫博物院"藏清代宫中档奏摺及军机处档摺件,档案号:403032885。

若如高晋所奏,武科改用鸟枪,考验准头,则应试之武生,势必常时习学打靶。凡应禁之火药、铅丸,俱难禁民间私相售卖。且一县中添无数能放鸟枪之人,久而传习渐多,于事实为有碍。高晋虽意在核实,而未计及其流弊将无所底止,所谓知其一,未知其二。高晋久任封疆,尚属历练晓事,何此奏不达事理若是耶! 所奏断不可行,不必复交部议,将此谕令知之。①

简而言之,若准武场考试鸟枪,以致民间私藏私习,对于地方行政管理大为不利。此后,不仅武场改试鸟枪难成现实,而且查禁收缴鸟枪之举,渐于全国大规模展开。乾隆四十六年(1781),谕令各省督抚"督饬各属,实力严查,毋许工匠私行铸造售卖。并令道、府、州、县于因公巡查之便,留心稽查,谆切晓谕。如有民间私藏者,随时缴销。总须不动声色,设法办理,并于每岁年终汇奏一次。"②此道上谕下达之次年,即开始大规模收缴、编号民间所藏鸟枪,并奏报每年私造情况与事故。而且规定:"州、县官失察一次者,降一级留任,二次者降一级调用;该管道、府失察所属一次者,罚俸一年,二次者降一级留任。"③此令关乎各地官员之乌纱与仕途,问责明确,因此实力搜缴民间私藏鸟枪。除了部分地方民众经官府登记许可,准持鸟枪防御虎狼之外,举国搜缴。以乾隆四十八年(1783)各省督抚奏陈为例,可见搜缴情形之一斑。

表 4-2　乾隆四十八年全国奏报收缴鸟枪、铁铳数

省份	奏报官员	收缴数量	备注	档案号
直隶	直隶总督刘峩	232	虎狼出没之近山村庄,准留鸟枪备用	故机035398
山东	山东巡抚明兴	不详	宁海州所属八乡,各准留旧有编号鸟枪一杆,以御猛兽	故机035354

① 《清实录·高宗实录》卷 1044,第 21 册,第 977—978 页。
② 毕沅:《奏报查缴过鸟枪数目》,1781 年,台北"故宫博物院"藏清代宫中档奏摺及军机处档摺件,档案号:故机 034857。
③ 孙士毅:《奏报查禁鸟枪情形》,1782 年,台北"故宫博物院"藏清代宫中档奏摺及军机处档摺件,档案号:故机 035253。

续表

省份	奏报官员	收缴数量	备注	档案号
甘肃	陕甘总督李侍尧	19	临近番回之循化、河州等处准报官编号,概免收销	故机035062
河南	河南巡抚李庆棻	222	南阳、河南、陕州、光州等毗邻山西、甘肃之山区,准留鸟枪防御虎狼	故机035274
陕西	陕西巡抚毕沅	547	延安、榆林、绥德、鄜州、汉中、兴安、商州七州府听存免缴	故机034857
江西	江西巡抚赫硕	13999	棚民防兽鸟枪亦被查缴	故机034854
安徽	安徽巡抚富躬	765	奏称民间已收缴无遗	故机035430
江苏	两江总督萨载	2	所属多居民稠密,无深山峻岭,无需鸟枪防夜打牲	故机035493
湖广	湖广总督舒常	1693	湖北一律查缴,湖南乾州等三十六个界连苗瑶之厅、州、县准留鸟枪防御	故机035335
浙江	浙江巡抚福崧	939	天台等十八县,准留编号鸟枪432杆防御猛兽	故机035070
广东	两广总督觉罗巴延三	不详	奏称已收缴净尽	故机035246
广西	广西巡抚孙士毅	不详	仅奏民间鸟枪伤人及地方官失察案例	故机035253
四川	四川总督李世杰	15750 余	雅安、宁远等沿边民众所持鸟枪,准呈官编号免缴	故机035167
云南	云贵总督署兼云南巡抚富纲	906 余	收缴鸟枪多短小锈坏	故机035310
贵州	贵州巡抚李本	2097	民、苗必需防御虎狼之鸟枪,准编号留存	故机035226

　　资料来源:台北"故宫博物院"藏清代宫中档奏摺及军机处档摺件,形成时间均为1783年,档案号详见表内。

　　表4-2所列,仅为乾隆年间搜缴民间鸟枪之一部分。表中江西、四川两省,奏报搜缴鸟枪均在10000杆以上,江苏则少至2杆。此处所见

全国搜缴鸟枪,主要集中在乾隆四十七年,川、赣两省所奏包括该年收缴数据,其余各省多为乾隆四十八年新缴,实际已属扫尾收官,前期搜缴应当为数亦多。到了乾隆五十三年(1788),各省督抚大多奏称,辖区内已禁绝私造、私存、私售鸟枪之事。

当然,如果据此而言民间私藏鸟枪已被彻底禁绝,难免将此事看得太过简单。搜缴过程中,部分地方民众会以短小锈坏之枪呈交充数,实际所收形同废铁;而且,官方本就允许部分地区民众持枪防御,旗人亦不在收缴之列,一省之内,此禁彼弛,难于划一;更困难的是,只要还有市场和需求,搜缴之后民间可能还会私造。不过,乾隆年间之禁令,再次明确表达了官方立场,民间公开持枪训练即犯禁令;其直接影响是,在制度层面明定武童、武生不考鸟枪,以致武科考试与实战更加疏离。清代武科外场错过此次重要改制契机,需要等到大约百年之后,在清季危局中才有武场改试枪炮之动议与规划。不过,改试规划未及措诸实践,武科就被废除。

第三节　武乡、会试内场考试内容及评衡标准

武乡、会试外场完毕,挑选其中弓马娴熟、技勇出众者,送入内场续试文艺。武会试及顺天武乡试内场在顺天贡院进行,各省内场在各省贡院进行。清代武乡、会试内场之考试内容,清初至嘉庆朝考试论、策,嘉庆年间改为默写《武经》,延至清末。其中之沿革流变,分述如次。

一、内场论、策之试

(一)题型、出典及规制

武乡、会试内场考试,顺治二年(1645)定,试论二篇、策一篇。顺天武乡试及武会试均由内场考官出题,各省由巡抚出题。[1]后又改为论一篇、策二篇,[2]且命题出典有所变化。清初内场命题专用《武经七书》。

---

[1] 昆冈等:《钦定大清会典事例》卷718《兵部·武科》,第8册,第916页。

[2] 《清史稿》谓:"三场策二问、论一篇,为内场。"见赵尔巽等:《清史稿》卷108《选举三》,第3171页。此应为顺、康两朝部分时期之暂行规制,并非清代通例。

康熙四十八年（1709），武进士出身之太原总兵马见伯上奏，认为《武经七书》注解互异，请敕儒臣选定之后，拣选颁行。① 康熙皇帝肯定此议，谕曰：

> 《武经七书》朕曾阅过，其书文义多驳杂，不能皆合乎正道。孟子云"仁者无敌"，又曰"天时不如地利，地利不如人和"。与其用权谋行师，曷若以王道行仁义之为愈也。前此征三逆、取台湾、平定塞外蒙古，朕亲经理军务，且曾躬历行间，深知用兵之道。如《七书》所言，安可尽用？ 即今于《七书》中作何分别出题，及增用《论语》、《孟子》出题之处，应行定议。②

经过兵部会同九卿议准，规定此后武乡、会试第三场考试，将旧例试论一篇、策二篇，改作论二篇、策一篇。其论之第一篇依据《论语》、《孟子》出题，第二篇依据《孙子》、《吴子》、《司马法》出题。③ 至此，《武经七书》去四留三，并且加考《论语》、《孟子》论题。至于策题，则主要关涉时务、用兵之类。

武科内场增试《论语》、《孟子》，仅实行三十余年。武科士子为作论、策而诵习《武经》，已属不易；加试《四书》之二，更增其负担。乾隆二十四年（1759），湖广道监察御史戈涛条奏，认为武场选取将才、讲明韬略，应当以《武经》为重，而且"《四书》旨义渊深，非弯弧之士所能领会。议将《四书》论一篇裁汰，止存武经论一篇、策一问，以归简易"④。此后，内场罢考《四书》，而且仅存论一篇，策一问，实际难度已然下降。同时，又严定外场合式标准，以致内场"文理但取粗通者，而文字渐轻"⑤。乾隆二十五年（1760），贵州学政冯成修奏请考试武生复用《四书》论题一条，

---

① 参考赵尔巽等：《清史稿》卷108《选举三》，第3172页；卷299《马会伯传》，第10419页。景清等：《钦定武场条例》卷5《武乡会试通例三》，第382—383页。
② 昆冈等：《钦定大清会典事例》卷718《兵部·武科》，第8册，第916—917页。
③ 参考《清实录·圣祖实录》卷244，第6册，第420页。昆冈等：《钦定大清会典事例》卷718《兵部·武科》，第8册，第916—917页。景清等：《钦定武场条例》卷5《武乡会试通例三》，第382—383页。赵尔巽等：《清史稿》卷108《选举三》，第3172页。
④ 《兵部为裁汰四书论一篇事》，1760年，台北"中研院"史语所藏内阁大库档案，档案号：181865-001。景清等：《钦定武场条例》卷5《武乡会试通例三》，第383页。
⑤ 赵尔巽等：《清史稿》卷108《选举三》，第3174页。

谓武生读书明理,方能"宣猷阃外",乾隆皇帝则斥曰"尤属诞谬"①。此后,《四书》论再未纳入武科内场考试范畴。内场考试渐趋容易,但亦越益不受重视。

（二）论、策出题、应对之范例及解析

通观清代,以康熙四十九年（1710）至乾隆二十四年（1759）之间,武科内场考试题量最多,范畴亦广。兹择乾隆六年（1741）辛酉科湖北武乡试,将清代武科内场论、策题各举两例,并以该科武解元刘浩之应对为例,稍作解析。

论题一为"修其孝悌忠信"。此题出于《孟子·梁惠王上》。梁惠王问何以"雪耻",孟子认为"地方百里而可以王",提醒梁惠王施行仁政,"省刑罚,薄税敛,深耕易耨";有此基础,"壮者以暇日,修其孝悌忠信,入以事其父兄,出以事其长上,可使制梃以挞秦、楚之坚甲利兵矣。"②乃以典型儒家原则,用于治国用兵事务。

刘浩所作论文,总约六百字。开篇先论"天德"乃民生而同具,惟须仁主加以化导警醒,使其自明自奋。此论既符合孟子所倡性善之论,亦切中仁君化民之责。继而以设问引入正题,解明所谓"天德",即孟子告梁惠王所应修之孝、悌、忠、信。此处点明论题出典,并试解梁惠王之困惑,分析何以孝、悌、忠、信之风不作,稍有时文"代圣立言"之意。且其间多用典故,言孝则用"服贾洗腆"（典出《尚书·酒诰》）,言悌则用"奉几授杖"（典出《礼记·月令》）,言忠、信则用"无虞无诈"（典出《左传·宣公十五年》）。而后再切回论题之"修"字,切论民无孝、悌、忠、信,非其本无,而在未尝修之,故须切实修之;仁主则应引导匡直,以显"修"之功。阅卷官批曰:"好□以□,节训之师。"③论文结构严整,行文雅驯,与文科答卷殊无二致。

论题二为"非知之难,行之难"。此题出于《司马法》。原文曰:"凡战,非陈之难,使人可陈难;非使可陈难,使人可用难;非知之难,行之难。"④

---

① 《清实录·高宗实录》卷622,第16册,第990页。
② 赵岐注,孙奭疏:《孟子注疏》卷一上《梁惠王上》,载阮元校刻《十三经注疏》下册,第2667页。
③ 《乾隆六年辛酉科湖广湖北武乡试录》,第14—17页,台北"中研院"史语所藏内阁大库档案,1741年,档案号:287222-001。
④ 司马穰苴:《司马法·严位》,第3页。

刘浩所作论文,总约五百字。开篇即引《易》言"师出以律",而申论行师筹划,不可冒昧。然后转言兵机诡变,徒逞智识,未必能期其效。进而入题,引《司马法》原句进行申论。而后刘浩所采策略,并非正面铺陈,而是宕开一笔,质疑"非知之难,行之难"者所持论点与理据,再正面阐述论见,认为未可空谈经济谋略,而须验之以实效。继而举古代名将行军布阵之权宜变化,反驳徒知其行之迹者,仅拘而举之、泥而用之,实有不足。最后点题,曰《司马法》之言乃千古定论,欲学为将者须留心于此。阅卷官批曰:"六辔在手,□尘不惊。"① 其文气势雄浑,说理辟透,诚属胸有气象者之所作。

策题总约三百六十字,先述勇气于行兵之重要,继引曹刿论战及太公论将关涉"勇气"之语句,以问士子。而后引《论语》"临事而惧,好谋而成"一句,问是否匹夫之勇不可恃。而后阐发忠义之气,分别"义理之勇"与"血气之刚",并令士子分析曾子、孟子所言勇气与兵家所言勇气之异同。武科乡试内场命题者,多为各省巡抚,巡抚本为文官,且多为科甲出身。因此在策、论试题之中,儒家哲学之影响随处可见,并将选兵用将之道,依据经典而高度哲学化、抽象化。"深敛其气、善藏其勇,其静如山、其动如霆,守如处女、出如脱兔"这类论述,即可窥见一二。此外,策题题面本身即有明确导向,力求将匹夫"血气之刚"纳入可规管调控之范围,并化为"义理之勇"②。

细审其应答,总体而言,试"论"时可畅言发覆,但总须不离原题宗旨及语境。刘浩所作两篇论文,首篇紧扣《孟子》"天德本具"这一性善之说,把握孟子思想之根基,同时对上下语境切实回应。此外,文中引经据典,贴切入题,又不离论题之"修"字,并阐明仁主化俗导民之功。次篇论《司马法》,略涉王守仁"知行合一"之说。谋篇布局则正反兼用、一开一合,既批评空论之弊端,亦点出浅行之不足,最后又绾结点题。

至于策题,清儒章学诚谓"策"为"揣摩之学",其正格为"问者引端

①《乾隆六年辛酉科湖广湖北武乡试录》,第17—19页,台北"中研院"史语所藏内阁大库档案,1741年,档案号:287222-001。

②《乾隆六年辛酉科湖广湖北武乡试录》,第9—11页,台北"中研院"史语所藏内阁大库档案,1741年,档案号:287222-001。

不发,而对者按牍以陈。"① 答策须紧扣问题,条对敷陈。刘浩所对策文,总约五百五十字。策文先言勇气之生,实本于忠义;而忠义之心,乃得于天、具于人、成于养。开篇已将策文之基调,砥定在儒家"性善"及"养气"之上。故后文敷陈,除适当照录原有策题以为呼应,所举名将亦为张良、张奂、诸葛亮等理想"儒将",故谓"将兵者,必忠贞以立其心,礼乐以淑其身,读书论世以广其识,智信仁勇以裕其德"。进而申言,如此可使气为义理之气,勇为义理之勇;并谓曾子所谓"大勇",孟子所谓"浩然之气",实则殊途同归。最后重申开篇所论,颂圣作结。阅卷官批曰:"议论晓畅,英气驱人。"②

就其答卷之谋篇布局、遣词造句而言,虽然武科内场作答不用八股时文,然其中起、承、转、合之布局,仍然清晰可辨。当然,这是各类完整、明晰之论文所当具备之特征。所应留意者,论策中随处可见之引经据典及工整对仗,亦可见八股时文之影响。虽然文、武科举别为两途,但清代文、武生员同处一庠,所读经典亦有共通之处。而且此时更允许文、武生员、举人互试,因此武场之策、论作文,亦难免文场八股之影响。

考官阅卷之批语,亦颇耐人寻味。"节训之师"、"六辔在手"这类词句,本用以形容行军布阵,此处则用以褒扬士子谋篇布局成竹在胸、文章收放自如、一气呵成,可谓相得益彰。以刘浩三篇论、策之水平,加之马箭九矢中八,步箭九矢中六,开弓十二力,舞刀一百二十斤,掇石三百斤,三项技勇均属头号,擢为解元,可谓当之无愧。

武科内场之策、论考试,无论考官命题抑或士子应答,均依据儒家、兵家经典,将行军选将之道高度哲学化、抽象化。而且,因为内场命题、阅卷考官多为科甲出身之巡抚、同知、知县,乾隆朝以前武科考生亦多要求诵习、考试儒家经典,因此武科策、论之问答,亦高度儒家化。实际应试中,若策题所问兵家、儒家思想可以贯通,最为考生答题所钟爱。否则,则应以儒家"圣学"为判决是非高下之准绳。刘浩之答题应对,一方面抨击空谈谋略之不足,一方面又肯定"羽扇纶巾"能运筹帷幄、决胜

---

① 章学诚:《清漳书院留别条训》,载陈谷嘉、邓洪波主编《中国书院史资料》中册,浙江教育出版社,1998 年,第 1921—1922 页。
② 《乾隆六年辛酉科湖广湖北武乡试录》,第 20—22 页,台北"中研院"史语所藏内阁大库档案,1741 年,档案号:287222-001。

千里。

以上选择优秀范文，稍作解析，以见其规制。也应当留意到，武科内场之策问，实际乃是"纸上谈兵"，与实际战阵尚有距离。尤为困难的是，乾隆朝中叶以后，能以此类精彩论文纸上谈兵者，亦日渐稀少，考生作文大多不堪卒读。赵翼曾主考乾隆三十年（1765）乙酉科顺天武乡试，曾记载考生内场试策"有极可笑者"。比如，因为夹带小本字划太密，考生不能清晰分辨，眷抄时将"一旦"二字写成"亘"字，将"丕"字写成"不一"；又如根据答策规范，指称当朝之"国家"、"社稷"等字，应当抬写以示尊崇，但考生凡是泛论古今之处，比如"国家四郊多垒"、"社稷危亡"之类，均一并抬写；又如武生自称为"生"，答策时应当写在偏右，以示谦逊，但又将"生人"、"生物"、"生机杀机"中之"生"字，一概偏在侧边。凡此种种，不一而足。同时，赵翼亦提到，因为这些考生外场已挑入"双好"字号，只得取中；并谓幸好当时武闱无磨勘之例（嘉庆六年才恢复磨勘），可以不加深求。[①]

以赵翼之文采水准，下视武科士子所作论策，自然是漏洞百出。不过赵翼所见，乃是作为"首善之地"之顺天武乡试情形，处于"天子脚下"，夹带抄眷、文理不通之情形，已甚严重。其余外省情形，更可想而知。

二、内场默写《武经》

武科士子文化素养及内场考试难度逐渐下降，乃清代武科之总体趋势。尽管乾隆年间已停试《四书》论，武科应试者仍多不能对答其余试题，以致内场枪替代冒不断。实际上，乾隆二十四年（1759）内场未废《四书》时，江苏巡抚陈宏谋就疏请重定武场事宜，即称《武经》三书生童鲜能熟读，请在考试武童时，作《论语》、《孟子》论一首，暂免《武经》论。先令考生默写《武经》一章或数段，"以三百字为率，错误及有别字者不取。"[②]陈宏谋请改《武经》论为默写《武经》之提议，终于在嘉庆朝得以全面推行。武科自童试、乡试至会试、殿试，一律废除策、论之试，只默写《武经》。嘉庆十二年（1807），由山西道监察御史陆言奏请改制，上谕点

---

① 赵翼：《檐曝杂记》卷2《武闱》，中华书局，1997年，第29—30页。
②《清实录·高宗实录》卷608，第16册，第832页。

出武科内场之弊，已积重难返：

> 武闱乡、会考试，内场所校策、论各艺，俱系传递代倩，全非出于应试士子本人之手，朕所稔知。其试卷弥封等事，竟是虚文。以弓马、技勇众人共见之优劣，不据以定去取；转凭假借之文艺暗中摸索，屈抑真才，殊非核实之道。朕意欲将武乡、会试之内场裁撤，于考试外场时，先行简派二、三品大员分围［闱］考校，再派令王大臣等覆加总核，以定去取。如此，则应试士子等舍其所短而较其所长，庶于抡材、防弊有裨。①

后经议准，各级武科内场之考试策、论，一律改为默写《武经》。由主考官拟出一段，指明文字起讫，总约百余字，令士子默写。其中不能书写或涂写错乱者，即为违式。试卷照旧弥封，应试士子均于入场当日出场，不许住宿。此后，内帘阅卷实际有名无实，因此将内帘考官一并裁撤。②此番改制，一直相沿至清末，未作改动。期间虽然偶有官员奏请恢复旧制，但一律驳斥不允。嘉庆改制当年，温汝适奏请武场士子仍应研究《论语》《孟子》精义，遭到兵部议驳。并有上谕申饬，认为文、武分途设科，武闱应以骑射、技勇为重，新章改为默写《武经》，"不过使之粗晓文义，即可备营员之选"；如果再令武科士子研习儒经，强其所难，"转致将本业荒废，殊失分科造士之意"；并斥责温汝适专摺敷陈此事，乃是"迂腐之论"，"实属格碍难行。"③

嘉庆皇帝此谕，实际正式宣告康熙令文武互试、加试《四书》等力求"文武合一"之举措，难以实行，难期实效。"文武合一"本为历来选士之崇高理想，但此时重提旧案，已被称为"迂腐之论"。而且，武科考试历来标榜拔擢"干城之将"，但该上谕仅谓"可备营员之选"。时势悬殊，可见一斑。到了道光五年（1825），山东道监察御史徐养灏复奏，指出武闱内场仅抄录《武经》百余字，难知武举文理通否，"徒令无文者得以藏拙，而

---

① 《兵部为御史陆言条陈武闱事宜由》，1807年，台北"中研院"史语所藏内阁大库档案，档案号：176761-001。
② 《清实录·仁宗实录》卷186，第30册，第464页。景清等：《钦定武场条例》卷5《武乡会试通例三》，第382页。
③ 《清实录·仁宗实录》卷190，第30册，第507页。

文理素优者竟无所见其长。几似内场一试，直可废而不用。"因此又奏请在《武经》内出题，仍令士子作论一篇，不限二、三百字。硃批亦称"不可行"①。形势积重难返，旧制难复。武科内场各级考试，遂一直默写《武经》百余字，直至武科废除。

温汝适、徐养灏等人所奏，并非虚言。清代之武科考试，首重外场弓马、技勇。内场尚考策、论时，还可谓策、论"取其相称"②。但自从嘉庆年间改为默写《武经》，"遂专重骑射、技勇，而内场为虚设矣。"③此后内场名存实亡，不过在武科乡、会试题名录中，照例仿照文科在士子姓名后书"习某经"，武科则一律作"习《武经》"。题名录内亦将默写内容刊刻，权当"硃卷"。而且，尽管只要求默写《武经》百余字，不少考生亦需怀夹照抄，或请人代笔。所谓"习《武经》"者，实亦虚有其名。

第四节　武乡、会试之考务人员

清代亦将武科称为"抡才大典"，而且因为武科又分外场、内场，其考务事项比文科更为繁杂。所涉考官、场官及佐杂人员之选派与调用，亦较细密。武会试及顺天武乡试皆在京师举行，考务人员配备大致相似，各省主持武乡试人员亦大略仿此。惟视应试人数多少，考务人员额数有所增减。以下依据《武场条例》及《会典事例》等典章所定，结合武科会试、乡试录等所见，分别内场、外场两项，将清代武场考务人员汇总列表如下。以下所考列者，乃属基本规制通概，各省武科乡试因时因地而异，其设员职任与额数亦不尽相同。④

① 徐养灏：《奏为敬请更定武闱题目事》，1825年，中国第一历史档案馆藏清代军机处录副奏摺，档案号：03-3656-039。
② 方显：《奏请武闱帘官于本省调取》，1736年，台北"中研院"史语所藏内阁大库档案，档案号：024683-001。
③ 赵尔巽等：《清史稿》卷108《选举三》，第3174页。商衍鎏：《清代科举考试述录》，第193—194页。
④ 关于清代武科各级考官之资格、人数及其分布，王晓勇之著作中设有专章详加处理。详参王晓勇：《清代武科举制度之研究》，第207—287页。

表 4-3-1　清代武乡、会试考务人员配置简表（外场考务人员）

职名	职责	员额、资质与来源		
		武会试	顺天武乡试	各省武乡试
监射官	外场监射	2—4 名,从各旗领侍卫内大臣、满洲大学士、都统中钦点		1—2 名,按察使、武职等
较射官、同考官	实际考校	4 名,从兵部满、汉尚书、侍郎中钦点,不足则佐以各部、都察院满、汉堂官	4 名,钦点兵部满、汉侍郎各一,协同顺天府府尹、府丞	1 名,提督、总兵、副将等
监试官	监察奏劾	4 名,从满、汉御史中各钦点 2 名		1—2 名,按察使、武职等
提调官	监管总务	2 名,兵部满、汉司员各一		1 名,布政使等
管辖官、供给官	管理外场供给物料	4—13 名,兵部司员、笔帖式		1—2 名,本省选派
管箭官	管箭	4—8 名,兵部司员、笔帖式		考察未见
监放马官、画道官	管马放马、画道	4—8 名,兵部司员、笔帖式		1—2 名,本省选派
监箭官、监靶官、报箭官	监看箭靶汇报箭数	8—55 名,兵部司员、笔帖式		2—8 名,本省选派
纪箭官	记录箭数	4 名,兵部司员、笔帖式		1—6 名,本省选派
印臂官、印面官	于外场合式考生小臂、面上印记	4—8 名,兵部司员、笔帖式		1—3 名,本省选派
翻译官	翻译	4 名,兵部笔帖式		考察未见
监鼓官、掌号官	擂鼓、发号	12 名,兵部笔帖式		1—2 名,本省选派
巡管官兵	巡逻外场以防舞弊	参领 8 名,率兵丁 40 名,京旗选派		4 名,本省选派
供事杂役	外场杂役	不定,顺天府选派		不定,本省选派

表 4-3-2　清代武乡、会试考务人员配置简表（内场考务人员）

职名	职责	员额、资质与来源		
		武会试	顺天武乡试	各省武乡试
知武举官	总领内场	1 名,钦点兵部左、右汉侍郎,不足则从各部汉侍郎中钦点	无	无

职名	职责	员额、资质与来源		
		武会试	顺天武乡试	各省武乡试
监临官、主考官	主考武科	2名,一正一副。钦点内阁、吏、户、礼、刑、工部,都察院、翰林院、詹事府汉堂官		1-2名,多由巡抚出任;若督抚同城,以总督为监临官
同考官、阅卷官	内场阅卷	4名,钦点进士、举人出身之中书、给事中、郎中、员外郎、主事	4名,钦点科甲出身之京官	4名,科甲出身之同知、知县
提调官	监管总务	1-2名,兵部司员	1名,顺天府府丞	1名,本省选派
监试官	监察奏劾	2名,满、汉御史各钦点1名		1名,本省选派
进题官	进呈考题	1名,兵部司员		无
校核官	校核考题	不详		1名,本省选派
受卷官	接收试卷	1-2名,兵部汉司员		1-2名,本省文职内选派
收掌官	保管试卷	1-2名,中书科中书		1名,本省选派
弥封官	弥封试卷	1-2名,兵部汉司员		1名,本省文职内选派
印卷官、制卷官	印制试卷	1名,兵部汉司员		1-2名,本省文职内选派
瞭望官	内场瞭望以防舞弊	4名,门千总及顺天府各属官		1名,本省选派
监门官、把门官	监守贡院大门	1-2名,门千总及顺天府各属官		2-6名,本省选派
巡绰官、巡逻官	内场巡逻	2名,门千总及顺天府各属官		2-10名,本省选派
检控官、禀事官	奏报检控	不详,或由监试御史代行		2名,本省选派
搜检官	士子入内场时搜检	2名,门千总及顺天府各属官		1-5名,本省选派
验字官、验臂官	查验士子面、臂印记	员额不详,门千总及顺天府各属官		1-5名,本省选派
点名官、唱名官	点名入场	员额不详,门千总及顺天府各属官		1-7名,本省选派
供给官	供给物料	4-5名,门千总及顺天府各属官		1-4,本省选派

职名	职责	员额、资质与来源		
		武会试	顺天武乡试	各省武乡试
医官	内场医务	太医院派出		考察未见
弹压官	弹压内场严肃考纪	钦点八旗副都统1名，率领所管旗分参领1员、章京1员、领催5员		1—2，本省武职内选派
供事书吏	协助处理内场收卷、弥封及文案	8名，吏、户、礼、刑、工五部及都察院、通政使司、大理寺各派1名		不定，本省酌派
书手、皂役		受卷所书手4名，皂役4名，弥封所书手6名，皂役4名，顺天府选派		
营弁杂役	协助点名、搜检、内场应役	巡捕营官2员，各带兵丁20名，由步军统领选委		不定，本省酌派

综上可见，为了维持武科内、外场考试有序展开并防止舞弊，在制度设计上大至总揽考务，细至验对举子脸上或小臂上所印"合式"字样，各个环节皆有专人各司其职。从武会试到顺天及各省武乡试，即便不计应役供事之杂差，每场考务人员多辄数百名，少亦数十名，层层防弊，相当严密。当然，所谓道高一尺、魔高一丈，武科场闱之弊仍层出不穷，后文详述。

以上所举，乃其通概规定。实际历科武试之中，其考务人员选调亦颇有变化。且各省情形不同，考生多寡不一，亦有相应变通。以下仅就文献所见，再将几处主要制度变化及其特例，略作归纳。

其一，作为防弊措施，明代武科乡试、会试内场试卷，不仅需要弥封，尚有誊录、对读之规定。[①] 清代则只须弥封糊名，毋需誊录。

其二，武会试内场主考官之人数，清初偶见派出四人之例。武会试及顺天武乡试外场监射，有时亲派皇子会同阅看，以示重视。而且外场监射、较射等官，题名录有时仅见二、三人。顺天武乡试内场正、副主考官，初由翰林院、詹事府官员内拣选，未用各部及都察院官员。嘉庆十二年（1807）议准，武会试与顺天武乡试一体办理，内场主考均将内阁、吏、户、礼、刑、工等部，都察院、翰林院、詹事府汉堂官职名开列进呈，以候钦点。[②]

---

① 见《嘉靖十七年武举录》，台北图书馆藏缩微胶卷。
② 景清等：《钦定武场条例》卷5《武乡会试通例三》，第382页。

其三,各省武乡试外场,初时仅用巡抚主考。雍正七年(1729)己酉科乡试起,鉴于巡抚大多未习骑射,恐难评鉴举子外场优劣,因此下令各省巡抚考试武举乡试时,须调就近省城之提督、总兵一员同考外场;若提督、总兵驻扎路远,或因公务外出,则令总督或提督、总兵委派副将一员代行。[1] 各省例以巡抚为监临主考官,其有总督之省,则以总督为监临,巡抚为主考。江南武乡试于乾隆三十三年(1768)改归总督担任监临主考,不用巡抚来省考试。此外,设有驻防之省份,须会同驻防将军一起考阅。[2]

其四,各省武乡试内场之同考官,乾隆年间江南曾多达十二人。而且,清初为防舞弊,下令同考官必须由邻省调取。直至乾隆元年(1736)贵州武乡试,仍由邻省调取科甲出身之进士、举人六名,校阅策、论。[3] 但是,远省交通不便,跋涉不易,而且同考官调自外省,还会增加科场经费开支,因此奏准此后内场同考官一律从本省调取。

第五节　武乡试中额及武举人群体分布

有清一代,武科乡试中额屡经调整,至于八旗中额,则另有规定。以下考述清代武乡试之中额变化,兼论武举总数、中式年龄、试前身份,以及武乡试之取中率与竞争度。

一、武乡试常额之设定及调整

(一)清初武乡试中额之设定

清承明制,顺治二年(1645)恢复武科乡试,下令"直省武科中式名数,俱照旧额"[4]。由此可见,清初之恢复武科考试,不仅在考试年份上依

---

[1] 岳钟琪:《奏为籍隶四川考试武举请回避事》,1750年,中国第一历史档案馆藏宫中硃批奏摺,档案号:04-01-38-003-2731。
[2] 商衍鎏:《清代科举考试述录》,第195页。
[3] 方显:《奏请武闱帘官于本省调取》,1736年,台北"中研院"史语所藏内阁大库档案,档案号:024683-001。
[4] 《清实录·世祖实录》卷18,第3册,第163页。

循明代子、午、卯、酉三年一试之规定，亦大致沿袭其考试项目，而且各省中额亦照旧沿用。顺治一朝之武科乡试录，今日较为罕见，不过依据复科规定，大致可以略推清初部分地区之武举中额。比如，嘉靖二十八年（1549）南直隶苏州、松江武科乡试，应考者115人，录取32人；[①] 嘉靖三十一年（1552），福建武乡试考生470人，录取33人；[②] 隆庆四年（1570），广东武乡试考生达到1000余人，亦仅录取30人。[③] 清初各省武科乡试之中额，大致应与明代后期相同，此处所举各省每科取录皆在30人左右。

　　清初顺天之武乡试，因为初期京卫武生归兵部考试，而直隶所属八府考生则先后归保定府、真定府考试，因此其中额规定稍有特别。顺治八年（1651）辛巳科武乡试，直隶所属八府总共取中武举165名，顺治十一年（1654）诏加6名，合共取中171名。[④] 到了顺治十六年（1659），又将京卫武生及直隶八府武生同归顺天府乡试，确定中额为200名，其中，京卫武生取中100名，其余州、县、卫武生取中100名。[⑤] 前文述及，因为清初南方未平，武科乡试尚未在全国普遍展开。顺治朝武乡试之规制及其中额，尚属初定。

（二）康雍乾三朝武乡试常额之设定及调整

　　进入康熙初年，南方各省渐定，陆续奏请恢复武科，此时武乡试中额大致参照文场而定。康熙五年（1666），准云南、贵州开考武乡试，比照文闱额数，预定两省武举中额分别为27名、20名。[⑥] 康熙八年（1669），设定四川武乡试中额，亦照文场例取中42名。[⑦] 康熙十四年（1675），经过兵部题请，鉴于京卫武生设额100名，但实际考试时合式人数时有不

①《苏松武举录序》，载《嘉靖二十八年苏松武举录》，芝加哥大学东亚图书馆藏缩微胶卷，第1—2页。
②《福建武举乡试录后序》，载《嘉靖三十一年福建武举乡试录》，芝加哥大学东亚图书馆藏缩微胶卷，第1页。
③参见李建军：《明代武举制度述略》，《南开学报》1997年第3期。
④《直隶山东河南总督李荫祖揭帖》，1654年，台北"中研院"史语所藏内阁大库档案，档案号：086386-001。
⑤《清实录·世祖实录》卷127，第3册，第986页。
⑥《清实录·圣祖实录》卷18，第4册，第266页；卷19，第4册，第269页。
⑦《清实录·圣祖实录》卷30，第4册，第410页。

足,议减中额 50 名。①自此以后,顺天武乡试之中额,整体减至 150 名及以下。

到了康熙二十三年(1684),终于正式设定全国各省武乡试中额:直隶 140 名,山东 60 名,山西 110 名,河南 60 名,江南 162 名,江西 44 名,福建 50 名,浙江 50 名,湖广 50 名,西安 40 名,甘肃 50 名,四川 42 名,广东 40 名,云南 27 名,贵州 20 名。惟广西因为人数不足,暂未设科,未定中额。②此时各省武乡试之中额,总计 945 名。

不过,此次所定中额似乎有失均衡,因此康熙二十六年(1687)又作调整。整体而言,北方各省中额被削减较多,南方诸省中额略有上升(江南除外),此亦符合平定三藩后之大势。此次调整,一并新定八旗汉军及广西武乡试中额。调整后全国中额为:顺天 108 名,汉军 40 名,奉天、锦州 3 名;其余各省参照文科中额,计有山东 46 名,山西 40 名,河南 47 名,江南 62 名,江西 57 名,福建 54 名,浙江 54 名,湖广 50 名,陕西 20 名,甘肃 20 名,四川 42 名,广东 43 名,云南 42 名,贵州 20 名,广西 30 名。③此时各省籍武乡试之中额,总计 778 名。清代武乡试之中额,至此基本确立,此后各朝所作调整,亦大致以此为据。其后"盛清"三朝武乡试中额之调整与变化,择要钩稽如下(八旗中额变化后文再探)。

康熙四十九年(1710),鉴于陕西、甘肃地区人才壮健者甚多,而且又准许兵丁一起参加武科乡试,因此下令各增中额 10 名,两省均增至 30 名。④此时全国武乡试之中额,总计为 798 名。

雍正元年(1723),根据广东巡抚年希尧奏请,下令增加广东武乡试中额 4 名。⑤不过,此次虽准其所请,似未实际执行。同年,将湖广分为

①《清实录·圣祖实录》卷 57,第 4 册,第 745 页。

②见伊桑阿等:《大清会典(康熙朝)》卷 106《兵部·武库司》,台北:文海出版社,1992 年影印本,第 5294—5295 页。允禄等:《大清会典(雍正朝)》卷 146《兵部武库司》,台北:文海出版社,1995 年影印本,第 9194—9195 页。注:此处依照两朝《会典》原文,直书"西安",实际应指陕西全省。

③昆冈等:《钦定大清会典事例》卷 716《兵部·武科》,第 8 册,第 899 页。《清史稿》称此时武乡试中额"略视各省文闱之半",不甚确切。见赵尔巽等:《清史稿》卷 108《选举三》,第 3172—3173 页。

④《清实录·圣祖实录》卷 242,第 6 册,第 411 页。

⑤《清实录·世宗实录》卷 12,第 7 册,第 215 页。

湖北、湖南两闱考试，均分旧有武举中额，各占 25 名。① 此外，又准八旗满洲、蒙古子弟应试武科，合并取中 20 名。因此各省籍中额总数变为 818 名。雍正二年（1724），又以陕甘地区强勇壮健者多，"骑射娴熟胜于他省"，下令再次增广两省中额各 10 名，两省均增至 40 名。② 此时全国中额总凡 838 名。雍正七年（1729），再次调整南方四省武乡试中额：贵州增加 3 名，定为 23 名；四川减少 2 名，定为 40 名；湖南减少 1 名，定为 24 名；广东增加 1 名，定为 44 名。因此，此时全国武乡试之中额，包括八旗汉军、满洲、蒙古中额在内，总凡 839 名。

乾隆元年（1736），再次增广陕西、甘肃武举中额各 10 名，两省各取 50 名。③ 不过，此时八旗满州、蒙古已停武乡试，减去其定额 20 名，全国中额仍为 839 名。当然，以上所考武科乡试中额，乃其不同时点之制度定例，实际取中时或有临时微调，以致取中人数与中额所定稍有不同。比如，乾隆五十四年（1789）己酉恩科武乡试取录者，计有顺天 151 名，江南 63 名，江西 44 名，浙江 50 名，福建 50 名，湖北 25 名，湖南 24 名，河南 47 名，山东 46 名，山西 40 名，陕西 50 名，甘肃 50 名，四川 40 名，广东 44 名，广西 30 名，云南 42 名，贵州 23 名，总凡 819 名。④ 此外，另有临时广额、恩科广额等一次加广影响；八旗子弟应武乡试时，其中额单列另定；又因清季军兴，各省"助剿"、捐输、守城而得广额，武乡试定额遂有重要变化。以下归并考述此类变例及特例。

二、武乡试中额之变例及特例

（一）临时广额、恩科广额及捐输广额

清代乡试临时广额，大多因为恰逢吉庆，或者皇帝一时喜悦而加广。比如，顺治十一年（1654）因为"加上皇太后徽号礼成"，普遍增广各省武乡试中额，其中大省增加 6 名，中省增加 4 名，小省增加 2 名；⑤ 雍正

① 《清实录·世宗实录》卷 14，第 7 册，第 246 页。
② 《清实录·世宗实录》卷 20，第 7 册，第 318 页。
③ 《清实录·高宗实录》卷 25，第 9 册，第 558 页。
④ 阿桂等：《八旬万寿盛典》卷 70《恩赉》，上海古籍出版社，1987 年影印本，载《景印文渊阁四库全书》第 661 册，第 6—7 页。
⑤ 《清实录·世祖实录》卷 84，第 3 册，第 664 页。

十三年（1735）顺天武乡试中，皇帝得悉考生"人材弓马颇有可观"，特准在定额之外，加取 10 名。① 此类增广皆属一时特例，并非常制。

清代恩科广额之例稍多，遇到皇帝登基、结婚、"万寿"等重要喜庆，朝廷通常会下令特开"恩科"，并广额一次。比如，光绪十五年（1889）皇帝"大婚"，特别加广各省籍武乡试中额，广额总数超过 300 名。其具体规定如下：

八旗：京旗满洲、蒙古、汉军取中 3 名加中 1 名，以 3 名为率。各省设驻防处，于各省加广中额内分中 1 至 3 名不等。如驻防人数不敷，仍归本省录取。

大省：直隶、江南二省，各加中 30 名。江南所加 30 名内，江苏、安徽四、六分中。

中省：陕西、甘肃、福建、浙江、广东、河南、山东、江西、山西、云南、四川十一省，各加中 20 名。

小省：湖北、广西、湖南、贵州四省，各加中 10 名。奉天加中 1 名。②

至于捐输广额，乃是清季应势而兴。咸丰三年（1853），受到太平天国运动冲击，南方诸省告急。为了筹集军饷，议准各省若捐银 10 万两，准许暂广乡试中额一次，文、武中额各增 1 名；若捐银 30 万两，准许永广乡试中额，文、武中额各增 1 名。各省陆续捐输请奖，太平天国战事结束之后，清廷压力稍减。如果仍然循例加广，会导致科名更加泛滥。因此，同治十三年（1874）改制加码，不准再通过捐输永广中额；而且捐银 30 万两，才准暂广中额一次，文、武中额各增 1 名。③

依据表 4-4 统计所见，清季增广各省乡试武举定额 174 名，其中除了云南、贵州两省之外，其余各省均增广于咸丰三年定例到同治十三年改例期间。而且，除了同治十一年增加广东驻防中额 5 名，以及光绪八年增加贵州中额 8 名并非缘于捐输，其余 161 名武举乡试之永广中额，均为各省以每名 30 万两白银之"标价"，向朝廷"购买"而得，并非小数。除此之外，清季尚有捐输暂广一次乡试中额，捐输暂广、永广文武生员学

---

① 《清实录·高宗实录》卷 4，第 9 册，第 227 页。
② 景清等：《钦定武场条例》卷 8《武乡试一》，第 474—475 页。
③ 景清等：《钦定武场条例》卷 9《武乡试二》，第 472—473 页。

额，以及捐监、捐职等额外收入。清廷能撑过危局，得享"中兴"，此类稀缺"符号资本"之变现收入，应当不无助益。

（二）八旗武乡试中额及武举人数

清代八旗应考武科之兴废，前文已经详述，以下单论其中额。康熙二十六年（1687）初定武科乡试中额，虽然列有八旗汉军中额40名，不过史料暂时未见汉军子弟参加武乡试之记载。到了康熙四十八年（1709），才令京师八旗汉军子弟与顺天府武生一起乡试，汉军取中40人。①雍正元年（1723），又准许京师八旗满洲、蒙古子弟参加武乡试，单独编立"满"字号，满蒙合共取中20名。②不过，雍正十二年（1734）又停止八旗满蒙应考武科，直到嘉庆十八年（1813）才全面恢复。

嘉庆十八年之改制，不但恢复八旗满洲、蒙古子弟应武乡试，而且准许各省驻防八旗子弟就近考试，不再赴京应试。此次新定之八旗中额，除了京旗汉军照例定额40名，另有京旗满洲、蒙古定额13名，河南驻防定额3名，山西驻防定额4名，江西驻防定额8名，福建驻防定额7名（其中满洲6名、汉军1名），浙江驻防定额4名，陕西驻防定额10名，甘肃驻防定额8名，四川驻防定额1名，山东驻防定额3名，湖北驻防定额6名，广东驻防定额5名（其中满洲2名、汉军3名）。③此时全国八旗武举之中额，总计为112名。

清季八旗子弟应试人数有所减少。咸丰五年（1855），京师八旗汉军参加武乡试者仅有174人。遂于同年奏准，此后八旗取消定额，根据应试人数多少取中，每10名取中1名，零数在5人以上亦取中1名。当年，京旗汉军实际只取录17名，少于此前定额；八旗满洲、蒙古应试，亦参照每10名取中1名之例进行；各省驻防子弟应试，则照前定中额办理。④清季捐输广额，对八旗影响较小，考察仅见京旗满洲、蒙古增加中额1名，广东驻防增加中额5名。

至于清代八旗武举之人数，迄无全面详考。《钦定八旗通志》载录康

---

① 昆冈等：《钦定大清会典事例》卷718《兵部·武科》，第8册，第917页。
② 昆冈等：《钦定大清会典事例》卷716《兵部·武科》，第8册，第899页。
③ 昆冈等：《钦定大清会典事例》卷718《兵部·武科》，第8册，第922—923页。
④ 景清等：《钦定武场条例》卷9《武乡试二》，第472页。

熙、雍正、乾隆三朝武举题名。综合整理所见,自从康熙五十年准八旗汉军应试武科,至于乾隆六十年,"盛清"三朝八旗武举人数总凡1618名。其中,八旗汉军、满洲、蒙古武举分别为1495名、116名、7名,分别占比92.40%、7.17%、0.43%。其中,汉军八旗占绝大多数,蒙古八旗则仅有数名。乾隆一朝六十年,八旗满蒙子弟均未参加武乡试。由此再次看出,武科体制中不仅旗民有别,八旗内部又有京旗与驻防之别,以及满洲、蒙古与汉军之别。清代武科之参与者及中式者,绝大多数仍为汉人,以及原本族属多为汉人之汉军子弟。理应擅长骑射之八旗满洲、蒙古人士,囿于制度规定,反而较少竞逐武科功名。当然,制度允许八旗子弟应考武科之时,该群体之表现确有其优胜之处,这在后文统计分析各省籍武进士分布中亦有反映。

三、清季武乡试中额汇总解析

清代初期、中期武科乡试中额之设定及调整,前文已详。光绪二十一年(1895)所刊《武场条例》中,载录各省籍武乡试之中额,并注明清季捐输所影响之中额变化,兹统计如表4-4。

表4-4　清季增广前后武科乡试中额统计

闱别	籍别	原额	清季广额	清季中额
顺天	八旗满蒙	40	1	每10人取录1人,零数在5人以上亦取录1人
	八旗汉军	13	—	每10人取录1人,零数在5人以上亦取录1人
	直隶民籍	108	2	110
	奉天	3	—	3
江南	民籍	63	28	99
	驻防	8	—	
江西	民籍	44	10	54
浙江	民籍	50	10	64
	驻防	4	—	
福建	民籍	50	13	70
	驻防	7	—	

闱别	籍别	原额	清季广额	清季中额
湖北	民籍	25	10	41
	驻防	6	—	
湖南	民籍	24	10	34
河南	民籍	47	8	58
	驻防	3	—	
山东	民籍	46	2	51
	驻防	3	—	
山西	民籍	40	10	54
	驻防	4	—	
陕西	民籍	50	9	69
	驻防	10	—	
甘肃	民籍	50		58
	驻防	8	—	
四川	民籍	40	20	61
	驻防	1	—	
广东	民籍	44	10	64
	驻防	5	5	
广西	民籍	30	6	36
云南	民籍	42	10	52
贵州	民籍	23	10	33
合计	——	891	174	约1040

资料来源：景清等：《钦定武场条例》卷9《武乡试二》，第470—473页。

光绪朝所刊《武场条例》中"原额"一栏，当为嘉庆十八年（1813）改制以后之中额，并非清初原定中额。其中江南、江西、浙江、福建等省武乡试中额，相较乾隆朝所定已有变化。清季增广之后，全国武乡试实际定额有1011名；此时京旗汉军、满蒙取消原有定额，改为满十取一。笔者参考咸丰五年（1855）之取中情况，将此二项中额估算为30名。因此，表4-4中估算清末武乡试取录之总额，约为1040名；其中包括京师及驻防八旗中额总约 100 名。以下综合前文所考清代初中期中额数据，并将八旗中额归入汇总，试将清代武乡试中额变化节点绘为图 4-5，以便明晰。

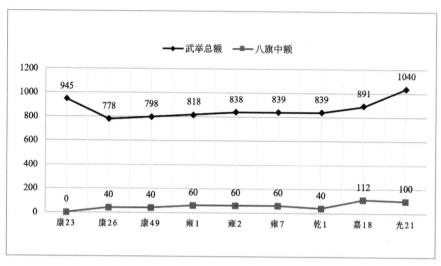

图 4-5　清代武乡试中额变化趋势略图

考察所见，清代武会试总凡 109 科（详见表 5-1），武乡试总体科数应该与此相当，不过清代初期及末期各地情形不同，部分省份乡试会因故取消，或延迟举行。结合上文所考武乡试中额及场次，并将偶尔一次广额所取录者纳入估算，清代历朝所取武举总数应在 10 万人左右，是为武科人才群体内颇为重要之中坚力量。

综合上文考论，可将清代武乡试中额变化大致分为五个阶段。第一阶段从顺治二年参照明代中额开科起，直至康熙二十六年正式定额，[①]其间增减额度不详；第二阶段从康熙二十六年定制，到雍正元年准许京旗满蒙子弟应试，其间增额约为 40 名；第三阶段从雍正元年到乾隆元年（此时已停京旗满蒙子弟应试），其间增额约为 30 名；第四阶段从乾隆元年起，直至嘉庆十八年重新允许京旗满蒙及各省驻防子弟应试，其间增额约为 50 名；第五阶段从嘉庆十八年重定中额起，直至清末废除武科，其间经历咸同捐输广额，增额约为 150 名。纵观其变化大势，可见其中

---

① 康熙二十三年武科中额旋定旋改，不宜作为分界点。

影响武乡试中额之因素，除了恩科广额、临时广额之外，主要另有四项：清初平定南方陆续开科，新定中额；陕西、甘肃两省人才壮健，屡经广额；八旗（尤其是满蒙）武科兴废无常，中额难定；咸同年间军兴需饷，各省捐输广额。

上述影响因素中，咸同广额对南北武举中额比例之影响较为显著。广额前后相较，京师八旗因为应试人数减少而不设定额，各省驻防中额则略有增加；甘肃、奉天两省中额整体不变；其余各省之中额，皆有所增。至于中额增广之比例，整体上南方高于北方，其中江南民籍中额净增 28 名，增幅高达 44%；顺天民籍中额则仅增 2 名，增幅不足 2%。影响所及，咸同增广前后，北方省份武乡试中额占全国中额之比例普遍下降，南方省份占比则相应普遍上升。增广之后，武乡试中额总体呈现"南激增而北缓增"之势，中额分省比例则为"南升北降"。此种趋势，亦与其间各省武生学额变化相应（详参第三章第二节）。至于其中原因，清季各省增加学额及中额主要受两种因素影响：一为捐输纳饷，一为参战出力。南方省份相对富庶，具有捐纳广额之经济条件；更关键是这些省份不少处于核心战区，所受冲击最大，出力亦多。因此，其学额及中额之增幅，均高于北方省份。

四、各省武乡试之取中率及竞争度举隅论析

关于清代武科乡试人数，初期记载较为少见。乾隆元年（1736），兵部题请延长武乡试日程，称"各省武闱应试者，大省多至五、六千名，小省亦不下二、三千名"[①]。此说确否，尚待证实。以笔者目前所见档案史料而言，除了数科合并举行之外，清代各省武乡试单科应试人数，极少有超过 3000 人之记录。以下主要依据武科乡试录，择其记载较为完备者，整理统计其应试人数及录取人数，兼计其取中率及竞争度。考察所得之样本，涉及康熙、乾隆、道光、咸丰、同治、光绪六朝总共 39 榜武举，覆盖全国 15 个省，涉及应试者总约 50500 人，取中武举总约 1856 人。

---

① 岱奇：《陕西巡抚为考试武举事》，1736 年，台北"中研院"史语所藏内阁大库档案，档案号：117734-001。

表 4-5　清代武乡试人数、取中率及竞争度举隅统计

省份	科年	应试人数	取中武举	取中率	竞争度	备注
顺天	光绪 19 年	约 2396	约 145	6.05	16.52	其中辰、宿、列三闱各 542 人,张字闱 770 余人
江南	乾隆 39 年	1196	63	5.27	18.98	
	道光 5 年	1402	71	5.06	19.75	
	咸丰 2 年	1136	71	6.25	16.00	
浙江	乾隆 27 年	771	50	6.49	15.42	
	乾隆 30 年	947	50	5.28	18.94	
	乾隆 36 年	764	50	6.54	15.28	
	乾隆 39 年	881	50	5.68	17.62	
福建	乾隆 30 年	约 1300	50	3.85	26.00	
湖北	乾隆 6 年	约 1120	25	2.23	44.80	应试者包括武生、文生、监生
	乾隆 12 年	约 1300	25	1.92	52.00	
	乾隆 45 年	515	25	4.85	20.60	
	乾隆 48 年	702	25	3.56	28.08	
湖南	乾隆 21 年	约 1000	24	2.40	41.67	
河南	道光 29 年	2261	50	2.21	45.22	
山东	乾隆 54 年	723	46	6.36	15.72	
山西	乾隆 1 年	1113	40	3.59	27.83	
	乾隆 21 年	1639	40	2.44	40.98	
	道光 29 年	1037	44	4.24	23.57	应试者包括旗籍 67 人,民籍 970 人
陕西	道光 12 年	2679	60	2.24	44.65	应试者包括前锋、领催、马甲 130 人,旗学武生 28 人;民籍武生 2521 人
四川	乾隆 33 年	1454	40	2.75	36.35	应试者包括武生 1433 人,兵丁 21 人
	乾隆 36 年	893	40	4.48	22.32	
	乾隆 39 年	1200	40	3.33	30.00	
	道光 14 年	1893	41	2.17	46.17	
	同治 3 年	4525	119	2.63	38.03	此为甲子科带补辛酉科武乡试
	同治 9 年	4653	76	1.63	61.22	

续表

省份	科年	应试人数	取中武举	取中率	竞争度	备注
广东	乾隆18年	约1600	44	2.75	36.36	
	乾隆42年	1495	44	2.94	33.98	
	乾隆44年	1337	44	3.29	30.39	
	道光1年	1670	49	2.93	34.08	应试者包括民籍、旗籍武生1564人，驻防满洲、汉军前锋、马甲等106人
广西	乾隆30年	约700	30	4.29	23.33	
	乾隆39年	608	30	4.93	20.27	
云南	康熙11年	约400	27	6.75	14.80	
	康熙26年	约400	27	6.75	14.81	
	乾隆17年	753	42	5.57	17.93	
	乾隆45年	643	42	6.53	15.31	
贵州	乾隆42年	390	23	5.90	16.96	
	乾隆44年	308	23	7.47	13.39	
	同治8年	696	71	10.20	9.80	此为补行丁卯、乙卯、戊午三科武乡试
总计	——	50500（约）	1856（约）	3.68	27.21	——

资料来源：表中所列相应省份及科次之武科乡试录及题名录，皆为台北"中研院"史语所内阁大库档案所藏，具体目录参见本书参考文献中"武乡试试录之目"。

以上考察所见，清代武乡试人数在不同省份、不同时期差别甚大，单科应试人数有的多至2000余人（数科合试人数更多），有的少至300余人。考察所见武乡试之取中率，总约3.68%。以清季文科乡试取中率（不足1%）稍作对照，可知武科取中比例相对而言要高很多。① 刘海峰曾统计乾隆四十二年（1777）、道光二年（1822）、同治五年（1866）、光绪元年（1875）四科福建武闱乡试之中举率，分别为3.76%、2.99%、3.53%、

---

① 依据张仲礼之数据估算，晚清每科各省乡试人数，保守估计约为18.96万。晚清乡试中额，道光十四年（1834）为1371名，咸丰元年（1851）为1770名，光绪七年（1881）为1254名，光绪十一年（1885）为1521名，光绪十七年（1891）为1592名。参考张仲礼著，李荣昌译，《中国绅士》，第136、186—187页。

3.76%,与笔者此处统计全国样本取中率之平均数相当,亦指出其竞争程度"比文闱宽松许多,但也相当不容易"①。此外,清季八旗子弟参加武乡试时,定例满十取一,亦即取中率至少为10%,又远高于清代武乡试整体平均取中率,诚属优待。

至于不同时代武乡试取中率之整体变化,考察未见有明显规律可循。如果分省来看,虽然不同省份取中率高低差别甚大,但同一省份内部却大致有其一贯性。各地乡试之竞争度与取中率恰成反比,竞争度越高,表明该地士子取中越难。表4-5显示,河南、陕西、山西、湖北、湖南、四川、广东等省,多数武乡试科次之竞争度均高于27.21之总平均值,所见尤以四川竞争最为激烈;山东、江南、浙江、广西、云南、贵州等省,武乡试竞争度大多低于总平均值,所见尤以贵州最低;福建武乡试之竞争度与总平均值相当。此外,在武乡试取中率方面,考察未见南北省份之间呈现出显著差异。

五、武举人年龄结构及其身份背景

(一)武举人之年龄结构

武科需要考试外场武艺,年迈者不易应对,武举人中式之平均年龄整体比文举人小。乾隆二十四年(1759),贵州呈报武乡试考生年龄,"自十七龄至三十许。"②可见其大略。此处综合笔者所见清代武科乡试题名录,择其登载武举人年龄者,进行取样统计。考察所见涉及道光、咸丰、同治、光绪四朝14榜武举,覆盖全国11个省、751名武举人。

表4-6　清代武举人中式年龄举隅统计

省别	科年	年龄段及其人数							武举总额	平均年龄
		14-18	19-23	24-28	29-33	34-38	39-43	44-48		
江南	道光5年	10	34	19	7	1	0	0	71	22.8
	咸丰2年	3	27	33	6	2	0	0	71	24.6

① 刘海峰:《台湾举人在福建乡试中的表现》,《厦门大学学报》(哲学社会科学版)2013年第6期。
② 《乾隆己卯科武乡试录后序》,载《乾隆二十四年己卯科贵州武乡试题名录》,第22页,台北"中研院"史语所藏内阁大库档案,1759年,档案号:287276-001。

省别	科年	年龄段及其人数							武举总额	平均年龄
		14—18	19—23	24—28	29—33	34—38	39—43	44—48		
浙江	光绪 11 年	0	17	22	16	5	3	0	63	27.3
湖北	道光 5 年	1	9	17	4	0	0	0	31	24.9
河南	道光 29 年	1	25	19	5	0	0	0	50	23.8
山西	道光 29 年	3	18	17	4	1	0	1	44	24.1
陕西	道光 12 年	1	15	33	9	2	0	0	60	25.8
	光绪 11 年	5	18	27	16	3	0	0	69	25.8
甘肃	道光 20 年	1	16	26	9	4	2	0	58	26.1
广东	道光 1 年	1	19	24	3	2	0	0	49	24.7
广西	光绪 2 年	0	10	12	9	3	1	1	36	27.7
	光绪 8 年	2	15	16	2	1	0	0	36	24
云南	道光 1 年	4	22	14	2	0	0	0	42	22.6
贵州	同治 8 年	11	32	18	7	3	0	0	71	23.1
总计	——	43	277	297	99	27	6	2	751	24.8

资料来源：表中所列相应省份及科次之武科乡试录及题名录，皆为台北"中研院"史语所内阁大库档案所藏，具体目录参见本书参考文献中"武乡试试录之目"。

今日所见清代初中期武科乡试录中，较少记载中式武举之年龄。表4-6所得14榜武举，皆为清代后期取录。考察所见751名武举人中，年龄最小者14岁，为同治八年贵州武乡试所录；年龄最大者45岁，为道光二十九年山西武乡试所录，年龄极差值为31。若就该群体内部年龄段之分布而言，武举人中式14-18岁占5.73%，19-23岁占36.88%，24-28岁占39.55%，29-33岁占13.18%，34-38岁占3.60%，39-43岁占0.80%，44-48岁占0.27%。整体来看，中式武举人年龄约有90%集中在19-33岁，正值壮年血气方刚、勇武有力之时，此亦符合武科外场考试之要求。考察所见之14榜武举人，其平均中式年龄为24.8岁。根据张仲礼之考察，清代后期文举人中式年龄约为31岁。[1]据此可以略知，晚清武举人中式之平均年龄，相比文举人约小5-6岁。亦应说明者，此处由于史料

---

[1] 张仲礼著，李荣昌译：《中国绅士》，第138页。

限制,未能具体处理其中可能存在之部分考生虚报年龄问题。

(二)武举人之身份背景

前文考述清代武乡试之应考资格,已详及武举人之来源问题。此处再依据武乡试录,具体统计武举人之身份背景。考察所见群体,涉及康熙、雍正、乾隆、道光、咸丰、同治、光绪七朝50榜,覆盖全国17个省、2342名武举人。

表 4-7　清代武举人身份背景举隅统计

闱别	科年	民籍						旗籍							不明	总额
		武生	文生	监生	马兵	兵丁	千总	武生	马兵	护军	马甲	甲兵	领催	前锋		
顺天	乾隆21年	112	0	0	1	0	0	20	14	1	0	0	0	0	3	151
江南	乾隆3年	60	0	2	0	1	0	0	0	0	0	0	0	0	0	63
	道光5年	63	0	0	0	0	0	6	0	0	1	0	0	1	0	71
	咸丰2年	62	0	1	0	0	0	4	0	0	4	0	0	0	0	71
	光绪8年	90	0	1	0	0	0	0	1	0	1	0	0	0	3	96
江西	雍正7年	41	0	0	0	3	0	0	0	0	0	0	0	0	0	44
	乾隆6年	39	0	1	0	3	0	0	0	0	0	0	0	0	1	44
	光绪8年	54	0	0	0	0	0	0	0	0	0	0	0	0	0	54
浙江	康熙17年	60	0	0	0	0	0	0	0	0	0	0	0	0	0	60
	康熙41年	50	0	0	0	0	0	0	0	0	0	0	0	0	0	50
	乾隆59年	50	0	0	0	0	0	0	0	0	0	0	0	0	0	50
福建	乾隆17年	44	0	0	0	0	0	0	0	0	0	0	0	0	6	50
湖北	乾隆6年	25	0	0	0	0	0	0	0	0	0	0	0	0	0	25
	乾隆25年	25	0	0	0	0	0	0	0	0	0	0	0	0	0	25
	乾隆54年	25	0	0	0	0	0	0	0	0	0	0	0	0	0	25
	道光5年	25	0	0	0	0	0	3	0	0	3	0	0	0	0	31
湖南	雍正4年	23	0	0	0	2	0	0	0	0	0	0	0	0	0	25
	乾隆21年	24	0	0	0	0	0	0	0	0	0	0	0	0	0	24
	乾隆59年	24	0	0	0	0	0	0	0	0	0	0	0	0	0	24

续表

闱别	科年	民籍						旗籍							不明	总额
		武生	文生	监生	马兵	兵丁	千总	武生	马兵	护军	马甲	甲兵	领催	前锋		
河南	雍正4年	44	0	0	3	0	0	0	0	0	0	0	0	0	0	47
	乾隆51年	47	0	0	0	0	0	0	0	0	0	0	0	0	0	47
	道光29年	47	0	0	0	0	0	1	0	0	2	0	0	0	0	50
山东	乾隆54年	46	0	0	0	0	0	0	0	0	0	0	0	0	0	46
山西	乾隆51年	40	0	0	0	0	0	0	0	0	0	0	0	0	0	40
	道光29年	39	0	1	0	0	0	4	0	0	0	0	0	0	0	44
陕西	乾隆59年	50	0	0	0	0	0	0	0	0	0	0	0	0	0	50
	道光12年	50	0	0	0	0	0	4	0	0	3	0	0	3	0	60
	光绪11年	57	0	2	0	0	0	0	0	0	8	0	0	2	0	69
甘肃	道光20年	50	0	0	0	0	0	5	0	0	3	0	0	0	0	58
	光绪11年	49	0	0	0	0	0	0	0	0	5	0	0	0	4	58
四川	乾隆33年	38	0	0	0	2	0	0	0	0	0	0	0	0	0	40
	乾隆35年	39	0	0	0	1	0	0	0	0	0	0	0	0	0	40
	道光14年	40	0	0	0	0	0	1	0	0	0	0	0	0	0	41
广东	雍正10年	42	0	0	0	2	0	0	0	0	0	0	0	0	0	44
	乾隆54年	44	0	0	0	0	0	0	0	0	0	0	0	0	0	44
	道光1年	42	0	0	0	0	2	0	0	0	3	0	1	1	0	49
广西	乾隆21年	30	0	0	0	0	0	0	0	0	0	0	0	0	0	30
	乾隆24年	30	0	0	0	0	0	0	0	0	0	0	0	0	0	30
	光绪2年	34	0	2	0	0	0	0	0	0	0	0	0	0	0	36
	光绪8年	35	0	1	0	0	0	0	0	0	0	0	0	0	0	36
云南	康熙11年	27	0	0	0	0	0	0	0	0	0	0	0	0	0	27
	康熙26年	27	0	0	0	0	0	0	0	0	0	0	0	0	0	27
	雍正1年	37	1	0	0	4	0	0	0	0	0	0	0	0	0	42
	乾隆25年	35	0	0	0	7	0	0	0	0	0	0	0	0	0	42
	乾隆54年	42	0	0	0	0	0	0	0	0	0	0	0	0	0	42
	乾隆59年	42	0	0	0	0	0	0	0	0	0	0	0	0	0	42

续表

闱别	科年	民籍						旗籍							不明	总额
		武生	文生	监生	马兵	兵丁	千总	武生	马兵	护军	马甲	甲兵	领催	前锋		
云南	嘉庆5年	42	0	0	0	0	0	0	0	0	0	0	0	0	0	42
	道光1年	42	0	0	0	0	0	0	0	0	0	0	0	0	0	42
贵州	乾隆24年	20	0	0	3	0	0	0	0	0	0	0	0	0	0	23
	同治8年	62	0	9	0	0	0	0	0	0	0	0	0	0	0	71
合计	——	2165	1	20	7	25	2	48	15	1	30	3	1	7	17	2342

表注：

1. 民籍监生包括文监生及武监生。

2. 道光元年广东应试之两名民籍千总，系由监生所捐职衔，应非实任。

3. 同治八年贵州武乡试，系补行丁卯、乙卯、戊午三科，因此中额较多。

资料来源：表中所列相应省份及科次之武科乡试录及题名录，皆为台北"中研院"史语所内阁大库档案所藏，具体目录参见本书参考文献中"武乡试试录之目"。

依据表4-7之统计，2342名武举人中，原由民籍武生考中者有2165名，总占92.4%。民籍应试中举之另外两项主要来源，为兵丁及监生。前文考述，在康雍乾三朝部分时段，虽然曾经准许文、武生员换途应试，不过此处考察所见，以文生员身份中式者仅有1人。可见此项立意甚高之改制，实际影响甚小。八旗子弟取中武举者，仍以武生出身占据多数，其次则为马甲及马兵应试。若以旗、民两项对照，身份背景可考之2325人中，民籍占2220人（95.5%），旗籍仅占105人（4.5%）。八旗子弟之不凭武科进身，于此又可得见。

第六节 武乡试发榜、鹰扬宴及题名录

一、武乡试发榜

各省武乡试三场完竣，考官依据中额，确定取中人数及名次，发榜公布。榜文形制参见图4-6。武乡试中式者，得名为"武举人"，简称"武

举"，有时亦称"武孝廉"。各省武乡试所取头名，亦仿文科之例，称为"武解元"，前五名亦称"武经魁"。清代文、武乡试正科，除了少数特殊情况下之调整，定制逢子、午、卯、酉年同年进行。不过，两者除了考试内容不同之外，武科之中额少于文科，而且武科取录不似文科设有"副榜"。[①]

图4-6　光绪十七年江南武乡试榜文样式

图片来源：Etienne Zi, *Pratique des Examens Militaires en Chine*, p.86.

二、武举鹰扬宴及重宴鹰扬

文科乡试中举之后，例有"鹿鸣宴"，以示优遇士子而尊崇仪节。武科亦仿此例，设置"鹰扬宴"。"鹰扬"二字，典出《诗经·大雅·大明》："维师尚父，时维鹰扬。凉彼武王，肆伐大商，会朝清明。"其后用指膺任武职、效力军中，如鹰之扬。清代鹰扬宴之规制及典礼，基本同于文科鹿鸣宴。至于各省鹰扬宴之程序，参照雍正《河南通志》所载，鹰扬宴于武乡试发榜次日举行。是日清早，中式武举齐至学政衙门，脱蓝换青（生员公服为蓝缎青缘，举人公服为青绸蓝缘）。继而簪花、披红，谒府学、拜文庙，而后齐赴布政司所设宴筵。[②] 直隶及京师八旗之鹰扬宴由顺天府承办，其详细仪节

---

① Etienne Zi, *Pratique des Examens Militaires en Chine*, p.85.

② 参考孙灏等：《河南通志》卷10《礼乐·鹰扬宴》，上海古籍出版社，1987年影印本，载《景印文渊阁四库全书》第535册，第298页。昆冈等：《钦定大清会典图》卷66《冠服十》，载《续修四库全书》第795册，第714页。嵇璜等：《清朝通典》卷54《礼·士庶冠服》，第2377页。

如下：

> 顺天武乡试揭晓次日，设宴于府署。是日黎明，监射、较射、主考各官朝服，齐诣府署。府尹、府丞迎于堂檐下，礼生引至香案前，听赞，行三跪九叩礼。毕，簪花，升堂，和声署乐作。武举均吉服，序立阶下。执事官授爵酌酒，府尹南向揖，酹酒三。监射、较射、主考等官咸就位，登，歌《鹿鸣》之章。酒三，行馔，再举。宴毕，复齐诣香案前，行一跪三叩礼，诸武举随各官散出。①

此外，文、武举人中式科分适逢六十周年，健在者有机会重赴宴筵，是为一种纪念性礼遇，士子颇为看重。关于武举，嘉庆十五年（1810）规定，各省乡试之后，遇有武举应当重赴鹰扬宴者，事前由督抚具奏请旨。②嘉庆二十一年（1816）稍改此令，规定三品以上大员重宴鹰扬，由所在省份督抚专摺奏请；四品以下及未出仕之武举重宴鹰扬，先由督抚报咨礼部，科场事竣之后，汇总具题即可。③此后武举重宴鹰扬事宜，即依此制度，循例而行。

清代武举之重宴鹰扬，陈康祺谓见于案例者，仅有乾隆庚午科山西武举蔺廷荐，曾于嘉庆十五年（1810）重宴鹰扬。陈氏之说，后为朱彭寿《旧典备征》，徐凌霄、徐一士《凌霄一士随笔》等书转引，今之学者亦多据此立论。其实，陈康祺可能只是从《会典事例》或《武场条例》等文献中，摘录蔺廷荐之案例而已。依据台北"中研院"史语所内阁大库档案所藏题本，以及中国第一历史档案馆藏军机处录副奏摺及硃批奏摺，请准重宴鹰扬者时有所见，难以尽数备举。不过，对于何以文举重宴鹿鸣者多，而武举鲜见重宴鹰扬，陈康祺有其独到观察和分析：

> 儒臣耆德，林下颐年，幸遇科甲重周，必有故吏门生，为之端牍乞恩，赋诗纪盛，故其事易于传播。若夫白头故将，老废田间，子孙则椎不知书，旧部则投戈星散，即躬享上寿，再值紫光献技之年，恐

① 景清等：《钦定武场条例》卷9《武乡试二》，第460页。
② 《清实录·仁宗实录》卷236，第31册，第179页。
③ 普恭：《为汇题广东武举候选卫千总苏攀桂并浙江武举原任守备沈嘉龙重赴鹰扬宴事》，1816年，中国第一历史档案馆藏内阁题本，档案号：02-01-006-004388-0002。景清等：《钦定武场条例》卷9《武乡试二》，第460页。

伏枥自悲,亦不冀朝廷有此旷典。而地方有司,更无过而存之者,宜举报寥寥矣。①

其实,重宴鹰扬人数之多少,主要反映中式武举在世年寿之长短,考列此项名单固然有其价值。不过,像陈康祺一样虽未穷举此数,而能提示清代抡才体系中文、武两科之异同,并分析其可能原因及影响,乃是研究者更应关切之重要问题。

三、武科乡试题名录及题名碑

武科乡试之后,例有题名录之刊刻,同于文科。笔者寓目所及,体例完备之武乡试题名录,先为前序(多由主考撰写),其次为内外场考务人员之名录及职衔;再次为取中武举人总数、名次、籍贯、年龄、试前身份,及其外场射箭、开弓、舞刀、掇石之成绩;而后为策、论原题及武举答策选刊;最后为后序(多出副主考或同考官撰写)。当然,亦有规制较为简单者,仅列取中武举名次及其籍贯。明代刊刻武科试录,多将武场条例一并刊入,笔者所见部分试录亦然。清初,部分省份还沿袭此制。不过,清代武科条例越益完备而繁杂,难以尽数刊入。乾隆二十五年(1760),还曾下令江西、山东二省刊进武乡试录时,需要依照各省章程,主考序言之后不用将条例刊入。② 此后所见武科试录,不再附载武场条例。

至于武乡录之进呈,考试完竣之后,顺天武乡试录由顺天府府尹组织刊刻,各省武乡试录则由督抚组织,一并咨送兵部。兵部陆续收齐后,再将各省试录一并进呈"御览",而后交由内阁典籍厅收存。③ 因此,今日史语所藏内阁大库档案中,保存清代文、武科乡试题名录甚多。起初,各省进呈乡试题名录时,需要给皇太后、皇上、皇后各呈一份,以示皇室"加恩抡才"。比如,乾隆二年(1737),兵部汇总进呈全国武举乡试题名录,计呈皇太后16本,皇帝16本,皇后16本。④ 到了乾隆二十八年

---

① 陈康祺撰,晋石点校:《郎潜纪闻初笔》卷11《鹰扬宴》,中华书局,1984年,第247—248页。
② 昆冈等:《钦定大清会典事例》卷716《兵部·武科》,第8册,第900页。
③ 景清等:《钦定武场条例》卷9《武乡试二》,第461页。昆冈等:《钦定大清会典事例》卷718《兵部·武科》,第8册,第918页。
④ 鄂尔泰:《题呈乾隆元年各省武乡试录》,1737年,台北"中研院"史语所藏内阁大库档案,档案号:048770-001。

（1763），鉴于文、武试录皆属“循例进呈”，皇帝本人“尚不必亲加批阅”。而且，抡才选举之事，照理而言并非后宫所应与闻，因此下令停送皇太后、皇后两处。①

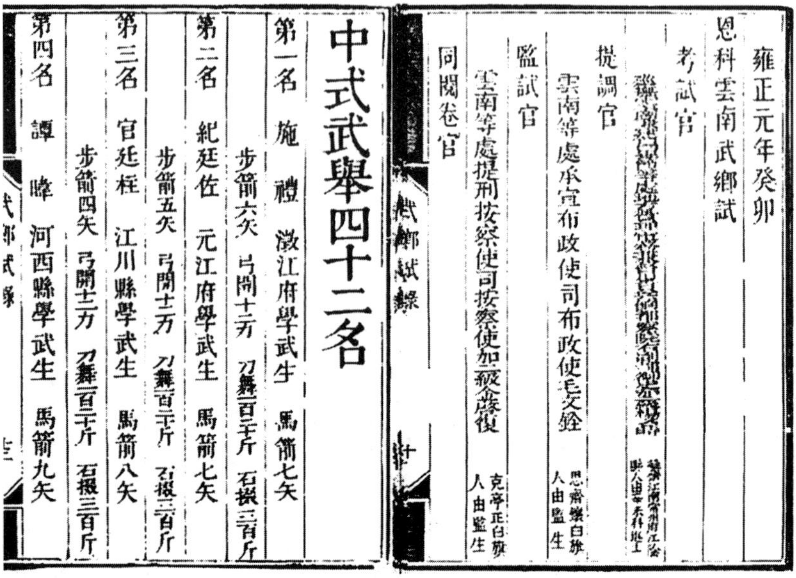
雍正元年癸卯
恩科雲南武鄉試
考試官
提調官
雲南等處承宣布政使司布政使毛文銓　思齋　鑲白旗人由監生
監試官
雲南等處提刑按察使司按察使加一級蔭復　克亭　正白旗人由監生
同閱卷官

中式武舉四十二名
第一名　施禮　澂江府學武生　馬箭七矢　步箭六矢　弓開十二力　刀舞一百二十斤　石掇三百斤
第二名　紀廷佐　元江府學武生　馬箭七矢　步箭五矢　弓開十二力　刀舞一百二十斤　石掇三百斤
第三名　官廷柱　江川縣學武生　馬箭八矢　步箭四矢　弓開十二力　刀舞一百二十斤　石掇三百斤
第四名　譚暐　河西縣學武生　馬箭九矢

图 4-7　雍正元年癸卯恩科云南武乡试录内页

武科乡试之后，各省所刊具有“题名录”性质之文献资料，除了上述官方刊刻或书写，以便进呈御览、内阁收贮之“典型”版本，尚有诸多坊间刻印流通者，其形式、内容较为多元。以广东省为例，《广州大典》收录光绪十九年粤东羊城第八甫经纬堂所刻《大清国朝历科广东乡试武解元题名录》，列出乾隆五十七年至光绪十七年全省历科武解元名录，并以姓氏为序，汇集排列该姓历科武乡试取中人名及其籍贯；又见光绪年间第八甫载经堂所刻《历科武会试备中小榜录》，亦开列同治十三年至光绪十二年凡六科之中，参与武会试之粤籍武举信息；又有第八甫载经堂所刻《光绪十五年己丑科武举人会试录》，以及省城七甫水脚连元阁所刻《光绪十五年新旧武举人上京会试题名录》，皆列出全省进京参加该科会试之武举姓名、籍贯、身份、年龄，乡试中式之科分、排名及乡试外场各

① 《清实录·高宗实录》卷 697，第 17 册，第 810—811 页。

项成绩；此外尚有较为稀见之同治六年学政巡考各府之外场记箭册，以及时有所见但或非官刻之武乡试同年录等。① 以此略窥，关涉武科之史料或许不如文科之丰富，但当时所刻印通行者，亦为数不少，其留存至今者，仍可支撑较为细致深入之研究，何况尚有大量未刊档案，可供参撷。

　　清代武科进士及第，不似文科之有进士题名碑，集体立于北京孔庙，但部分地方武乡试之中式者，亦有题名碑之镌刻。依据目前所见资料，明清两代陕甘武举效法唐代"雁塔题名"故事，树立碑石，以垂永纪，逐渐形成"文题大雁塔，武题小雁塔"之惯例。根据王乐庆对西安博物院所藏40余通荐福寺、小雁塔历史文化碑铭之统计整理，其中即有明代武举碑2通，清代武举碑14通，年代不详之武举碑2通。② 其中如《乾隆四十五年陕甘武闱题名碑》，由该科两省武举集资所立。除了题记缘起、考官信息之外，还载录该科武乡试及第者之姓名与籍贯。而且，虽然清代武科陕甘分闱举行，题名碑则合并镌刻。该科题名碑载录东闱（陕西乡试）武举50名，西闱（甘肃乡试）武举50名，总凡100名。③ 陕甘武举集资立碑，题名纪事，自有延续"雁塔题名"之传统，有其独特之地域及文化语境。其他省份武举是否亦有类似题名碑之镌刻树立，尚待文献及文物之确证。

本章小结

　　清代武科乡试，入关伊始即下诏恢复，其间部分省份遇到时局未稳之时，偶有延迟或停考。但局势一旦稳定，旋即开科取士，既为抡才干城，亦为收拢人心，并将新平定、归附地区纳入朝廷实控范围。清代武科乡试之制度设计，在应试资格及中额分配等方面，均体现旗民之别。八旗内部，又有满蒙与汉军之别、京旗与驻防之别。京旗汉军子

---

① 《大清国朝历科广东乡试武解元题名录一卷》《咸丰十一年辛酉科并补行乙卯戊午科广东武乡试同年录不分卷》《六年箭册一卷》《光绪十五年己丑科武举人会试录一卷》《光绪十五年新旧武举人上京会试题名录一卷》，载陈建华、曹淳亮主编《广州大典》第31辑第21册，第43—196页。
② 王乐庆：《荐福寺碑刻的特点与价值》，《文博》2016年第3期。
③ 葛天：《〈乾隆四十五年陕甘武闱题名〉考释》，《文博》2019年第3期。

弟参加武科始于康熙朝,满蒙武科则兴废无常;至于嘉庆朝后期,则准各省驻防就近应试,不用为此专程赴京。八旗武举人之中,大多又为族属原为汉人之汉军籍。此项旨在遴选武将之制度,竞逐其中者多为汉人及汉军,本应擅长骑射之八旗满洲、蒙古子弟,并不以武科为进身要途。

清代文、武乡试之正科,定制于同年举行,中式者同称"举人"。试毕均赐宴筵,文科称"鹿鸣宴",武科称"鹰扬宴",而且文、武科举均有题名录之刊刻、磨勘及覆试之规定,不过武科开始实行磨勘、覆试制度较晚。部分地区武乡试考毕,亦有题名碑之镌刻。武科乡试无"副榜"之设,此其异于文科之处。考察所见,清代武举人中式平均年龄小于文举人五、六岁,武乡试之竞争度亦小于文乡试。

清代以文、武生员同归儒学管课,曾准文、武生员换途互试,且武科内场一度兼试儒家《四书》、兵家《武经》,均可得见制度设计者力图达致"文武合一"之用心。其理念虽善,但在现实运作中困境甚多。清代武科乡、会试内场,初期用《四书》、《武经》命题,考试策、论。考官命题及士子应答均依据儒家、兵家经典,将行军选将之道高度哲学化、抽象化。内场命题、阅卷之考官,多为科甲出身之巡抚、同知、知县,且乾隆朝以前武科考生亦多要求诵习、考试儒家经典,因此武科策、论作答被高度"儒化"。乾隆朝中期以后,能以精彩论策而作"纸上谈兵"者,日渐稀少。于是,武科内场考试先废除意旨深奥之《四书》,而后尽废论、策考试,改为默写《武经》百余字,时见舞弊照抄。武科士子之文化素养,亦随之渐趋下降。

清代武科乡、会试外场考试之症结,乃渐趋"习非所用、用非所习"。此项旨在考选武将之体制,在两个半世纪里展示出高度延续性及一致性。除了内部考试项目、中式准则之局部微调,整套制度并未经过根本变革。乾隆年间两江总督高晋奏请将外场舞刀改试鸟枪,当为变革此项基于冷兵器之考试制度之重要契机,不过乾隆皇帝出于维系地方稳定考量,不仅否决此议,此后更下令全国大规模搜缴民间私藏鸟枪。而且,此条"判例"也抑止此后通过类似提议及改革,直至清末革废武科。结果,清代武科考试逐渐难以因应时代发展及战局变化,依循旧例而陈陈相因。若就武科人才个体而言,虽然偶见身居高位、功勋卓著者,但终究为数不多。若从整体来看，这套几乎横贯全国、纵跨全清之抢才制度，对于整体军事力量之促进，实际作用较为有限。清代武科之出身者，与文科同侪任宰辅、列卿尹、膺疆寄之比率相较，[①]更是相去甚远。

----

① 参考赵尔巽等：《清史稿》卷108《选举三》，第3165页。

第五章　清代武科会试流程、中额及武贡士群体

依照常例,武乡试之次年,各省武举陆续汇集京师,先经覆试,合格者得应武会试。武会试中式者称作"武贡士"①,武贡士再经覆试,合格者得应武殿试,进而确定武进士之三甲等第名单。武科殿试功能与文科殿试相似,关键在排定甲第名次,而非严格淘汰选拔。应武殿试者若非内场文墨不通、外场失常违式,多能入选。因此,武会试所录者亦即武进士之直接来源,考论武进士群体,则需要先解明武贡士之所由来。武科乡、会试考试内容与合式准绳,几乎一致,已于前章一并详考。本章不再赘述场内规制,主要补充考述武会试之应试流程,重点考察武会试中额及武贡士群体分布,兼及下第武举之安置措施。

第一节　武会试之程期、场地及应考资格

一、各省武举之起送与赴部投文

各省武举赴京应试,先由督抚正式发文"起送"。至于起送日期,则因各省距离京城之路途远近而异。顺治二年(1645)初定,每逢武会试之年,由兵部预先通行各省督抚,武举除了已经推选任职、正在丁忧及有其他缘由不能应试者,其余均于四月以后、八月十五之前,由督抚发给批文、盘费,赴京应试。武举人到京之后,需要在八月初一至八月二十五日之间,亲赴兵部投文,验明身份。如果新中式武举尚未参加覆试,则必须在八月十五日前赴部投文,以便安排覆试。康熙三十六年(1697)再题

---

① 清代初、中期文献鲜见"武贡士"之称。及至咸丰九年,兵部奏请武科会试仿文科之例,传胪以前皆称"贡士"。见兵部:《奏为武科会试可否照文试传胪以前皆称贡士请旨事》,1859年,中国第一历史档案馆藏清代军机处录副奏摺,档案号:03-4530-011。

准,武举投文若超过九月初五日,不准参加会试。① 此项细节规制,根据考生身份及路途远近稍具弹性,其中可见制度权宜之一斑。

对于各省武举人,亦有不准无故缺考会试之限制。乾隆年间,浙江学政李因培奏称,武举不赴会试,恃有"护符",欺凌武断。后经兵部议覆,规定武举中式后三科不赴会试者,下令地方官查明;如果确系双亲年老,或有其他特殊事项,须由地方官造册并作保结,送给学政察核后上报兵部。若有三科无故不赴会试且在籍滋事者,由学政严查,并照管束武生之例,"小则戒饬,大则详请题革。"② 此项定制,兼有督促武举争取上级功名及防止其乡居为患之考虑。定例虽严,若要切实执行,则与清廷控制地方之能力密切关联。尤其是清代中期以后,此条规制之施行渐趋松弛,清季尤甚。部分乡居武举、武生不服管束,恃符为祸,反而逐渐成为地方社会乱源之一,后文详述。

至于各省武举之盘费银,则因时、因地、因人而异。根据顺治八年(1651)之规定,各省举人赴京会试盘费银,安徽二十两,江西、湖北十七两,福建十五两,湖南十四两,广西十二两,浙江、河南十两,山西七两,陕西六两,甘肃、江苏五两,直隶、四川四两,山东一两,广东二十两(琼州府加给十两),云南、贵州三两(并给驿马)。此处亦有旗、民之区别对待。相较而言,各省驻防八旗举人盘费较优。如清季广东驻防八旗文、武举人赴京会试,每名除例赏水脚银二十两之外,再加赏三十两;福建驻防八旗除了布政司所给水脚银三十余两外,再加赏四十两。③

至于民籍举人应试盘费,清季远省如广东文、武举人会试,每名发给盘费银二十两一钱七分,琼州府增加十两,与清初相当。④ 近者如顺天府属各县,每名仅给银三、四两,部分甚至不足二两。⑤ 总体而言,盘费资助

---

① 景清等:《钦定武场条例》卷6《武会试一》,第399页。昆冈等:《钦定大清会典事例》卷717《兵部·武科》,第8册,第908页。

② 《清实录·高宗实录》卷646,第17册,第227—228页。

③ 数据参考李世愉:《科举经费的支出及其政策导向》,载李世愉《清代科举制度考辨(续)》,万卷出版公司,2012年,第18—19页。

④ 阮元等:《广东通志》卷172《经政略十五·科场经费》,上海古籍出版社,1997年影印本,载《续修四库全书》第672册,第636页。

⑤ 张之洞等:《顺天府志》卷51《食货志三》,上海古籍出版社,1997年影印本,载《续修四库全书》第684册,第427—461页。

更多是作为朝廷"重视人才"、优给"公车"之象征,有自然胜于无,不过举子赴京应试之实际花销,远不止此。此亦限制出身边省及贫寒家庭之举子多次赴考,金榜题名之机会遂因之减少。

二、程期之定例与特例

关于武会试之程期定例,顺治二年(1645)题准,定于辰、戌、丑、未年九月举行。顺治三年九月,清代首科武会试开考,初九日试骑射,十二日试步射,十五日试策、论。① 此后又改于初七日开考,行至乾隆元年(1736),以初七至十二日考试外场为期甚迫,改于九月初五日开考外场骑射、技勇等项,十五日为内场策、论考试。乾隆元年之定制,为此后各朝相沿。直至光绪十四年(1888),鉴于应试人数增多,议定武会试应延长二日。遂定外场于九月初五日开考,十三日公布挑选"单好"、"双好"字号之考生名单,十六日入内场默写《武经》,当日考完出场。② 此次改制,沿用至武科革废。

清代武会试虽然定于九月举行,不过亦有因应时势改期之例。武会试改至十月举行者,如雍正八年(1730)庚戌科、雍正十一年癸丑科、乾隆十七年(1752)壬申恩科、嘉庆六年(1801)辛酉科、嘉庆二十五年(1820)庚辰科、咸丰十一年(1861)补行庚申恩科等。甚至有延至十一月者,如雍正元年(1723)癸卯恩科。清代历科武会试之年份、月份,详参表5-1。

武会试之外场,亦有因为天气因素延期之例。乾隆元年(1736)覆准,外场考试若遇大雨,可经奏明后延期。③ 又如咸丰九年(1859),兵部奉旨议改武会试日期,曾拟将武会试改于文会试之后举行,于四月初五日开考。不过,其后议称如果改为四月,恐怕远省士子未能赶到,拟改为八月初五日开考。此议虽奉旨准允,不过次年即令武会试仍照旧例,于九月举行,改令实际未能执行。④

---

① 《清实录·世祖实录》卷28,第3册,第234页。
② 景清等:《钦定武场条例》卷6《武会试一》,第396—397页。昆冈等:《钦定大清会典事例》卷717《兵部·武科》,第8册,第908—910页。
③ 景清等:《钦定武场条例》卷6《武会试一》,第397页。
④ 景清等:《钦定武场条例》卷6《武会试一》,第396—397页。

三、武会之试场地

武会试分内、外场进行，内场在顺天贡院考试，外场在顺天校场考校。顺治十八年（1661）武会试，曾"命内大臣监试武举等步射于左翼门外"①，此或清初之例，其后武科会试外场校试，多在德胜门外之校场举行。嘉庆朝重修《大清一统志》纪云："教场，在德胜门外，顺治十三年置，为八旗官兵会操之所。每科兵部会试武举、顺天府武乡试，俱于此分围校试。"②"庚子事变"中顺天贡院毁于战火，不过武科旋于1901年被废，因此不像光绪癸卯（1903）、甲辰（1904）两榜文科会试一样借闱河南举行。

四、武会试之应考资格

（一）规制通则

关于武会试之应考资格，《清史稿》谓："武举及现任营千、把总，门、卫、所千总，年满千总，通晓文义者，皆得应会试。"③所述仅为规条通概，并未详及其细节与变化。绿营千总、把总，以及年满千总、门千总、卫千总、守御所千总参加武会试，实际始自康熙四十八年（1709）。不过嘉庆十八年（1813）修改此例，规定此后绿营千、把总除了本为武举出身、准应武会试外，非武举出身者若要应试武科，必须从武乡试开始；乡试中式武举之后，才准应武会试。④因此，此后武会试之考生除特例准允外，仅限武举出身者。各省武举应武会试者，大致又可分无职武举、留营武举、捐职武举三类而言。不同类别规定各异，简述如下。

其一为无职武举。此类武举应武会试，外省由原籍地方官具结申送布政司，再由布政司转详督抚发给咨文，并须造具武举履历清册，报送兵部查核。直隶武举应试，其中武举出身之千总、把总等官以及巡捕营兵丁，由各该管衙门核发咨文。其中，顺天府属武举由顺天府给

---

① 《清实录·圣祖实录》卷5，第4册，第92页。
② 穆彰阿等：《嘉庆重修一统志》卷4《京师四》，商务印书馆，1934年影印本，载《四部丛刊续编》第1册，第14页。
③ 赵尔巽等：《清史稿》卷108《选举三》，第3171—3172页。
④ 景清等：《钦定武场条例》卷6《武会试一》，第405—406页。

文,直隶总督所属武举则依照文举人会试之例,由各州、县直接上报布政司,布政司核明后报总督请咨,总督核发咨文,再由布政司转给应试武举。①

其二为留营武举。如果武举已经投效军营,并留营差遣,则由所在营伍将领直接核发咨文,送京应试。当然,也需造具应试武举之年貌、籍贯、父祖三代信息及其个人履历清册,报送兵部查核。②

其三为捐职武举。此类情况较少。乾隆十二年(1747),准山东布政使赫赫条奏,武举若捐职而未选者,亦准一体参加武会试。如果中式,则造入新册;如若不中,仍归原班选用。③

以上三类武举,分占应试人数之比例依次递减。除了考生身份资格之外,清代武科会试亦有年龄限制。前文述及,武生年过六十不送乡试,定例始自乾隆九年(1744),武举年过六十不得送考之例,则始于乾隆十八年(1753)。该年,山东布政使多纶奏称,虽然文、武两闱均属"抡才大典",不过文闱止取学问,武闱所重在于外场,而"弓马、技勇非年力壮盛者不能",请停年逾六十之武举咨送会试。④后经兵部议覆,从其所请,通令各省督抚确查执行。⑤文艺或因年高而益精,武艺则因年迈而日下,此亦文、武两科备考与应试之不同。进而言之,年届花甲,已当致仕养老;即便制度允许,无论文科武科,此时得售,不过慰藉平生、光耀门楣而已。年迈体衰,无论宦途还是沙场,恐皆难望大有作为。

(二)特例与变通

清代曾准文举人应武会试。自康熙五十二年(1712)诏准文、武换途互试,至乾隆六年(1741)从御史陈大玠奏请停止,同于乡试文、武互试之例(前章已有详述)。⑥期间共经历武会试十二科,其后再未重开此例。

---

① 景清等:《钦定武场条例》卷6《武会试一》,第403—404页。
② 景清等:《钦定武场条例》卷6《武会试一》,第404页。
③ 景清等:《钦定武场条例》卷3《武乡会试通例一》,第346页。
④ 多伦[纶]:《奏请停年老武举会试以重武闱事》,1753年,中国第一历史档案馆藏清代军机处录副奏摺,档案号:03-1167-059。
⑤ 《清实录·高宗实录》卷451,第14册,第883页。
⑥ 《清实录·高宗实录》卷164,第11册,第69页。

清代亦有特赐武举出身,并特准参加武会试之例。比如,道光二十二年(1842),浙江定海总兵葛云飞因抗英阵亡,清廷特赐其长子葛以简文举人出身,次子葛以敦武举出身,均准参加会试。[①] 此为罕有特例,并非制度常规。

此外,清代武科会试自顺治三年(1646)丙戌科至光绪二十四年(1898)戊戌科,总共开科109次,但并非各省皆能全数应试。清初南方未定,部分省份未能参与武科会试。直至康熙二十一年(1682)削平三藩,仍以云南此前陷于战乱,历科中式武举无旧案可查,甚至或有顶冒情弊及曾受"伪职"者,下令应先"详慎查明",才能发给咨文应试,因此暂停该年滇省武举会试。[②] 又因咸丰、同治年间战乱,道路受阻,南方不少省份武举人亦未能赴京应试。表5-3统计历科武贡士之分省分布,凡是某科某省无人取中者,大多为无人应试所致。

(三)八旗武举应试

清代八旗武举应武会试之兴废,同于武乡试,前章已详。即康熙四十八年(1709)准八旗汉军子弟应试,此后再未停废,雍正元年(1723)准八旗满洲、蒙古子弟应试,雍正十二年(1734)停止满蒙子弟应试,嘉庆十八年(1813)再次恢复,沿至清末。

分而言之,京旗武举应试,先由各旗出具文结,并造履历清册送顺天府,顺天府备文送兵部。文结之中,应当注明其满洲、蒙古、汉军,或者包衣满洲、蒙古、汉军等身份。[③] 各省驻防武举赴京会试,则由所管将军、都统等衙门咨送,并由各京旗造具考生年貌、父祖三代、应试科分及名次清册,连同其到京日期一并申报兵部。兵部亦须先期行文值年旗,再转由各旗内务府具体办理。[④]

此外,虽然乾隆年间已停止文、武换途互试,不过后期八旗文科、翻译科举人大多文艺粗疏,难望应试文场。道光二十四年(1844)准兵部

---

① 《清实录·宣宗实录》卷375,第38册,第751页。案,葛云飞即为武进士出身,列道光三年(1823)癸未科三甲二十一名。

② 《清实录·圣祖实录》卷104,第5册,第53页。

③ 景清等:《钦定武场条例》卷6《武会试一》,第402页。

④ 景清等:《钦定武场条例》卷6《武会试一》,第403页。

奏议,各省驻防文举人、翻译举人中,若有弓马可观、愿应武会试者,一律准其改应武会试。[①]此亦武科会试资格规定中,旗民有别之一例。

第二节　武会试科次、中额及录取人数

一、科次及中额汇考

科举研究历来重视进士群体,而欲论进士群体及其地域分布,则应先考察会试中额及贡士人数,文、武两科皆然。若不解明贡士之所由来,甚难讨论进士之分布。会试中额及贡士人数之重要性在于:首先,进士直接来源于贡士,会试中额实际亦即该科拟取进士之基础数额;其次,实行分省取士之后,各科进士地域分布大局在钦定会试中额时已然定格,其后因制度因素及偶然原因所致数额增减,并不能在整体上影响其地域分布情形;再次,会试中额之设定及贡士之取中,乃承接各省乡试中额及参加会试人数而来,其中可以得见之制度设计与运作详情,所含信息较为丰富。关于清代武会试中额,《清史稿》谓"多或三百名,少亦百名"[②]。此一论述,不仅粗疏未得其详,"少亦百名"之说,更不符事实。以下依据各类档案史料,先将清代武会试全部科次、年份、考官、中额列表汇考如下,而后再作解析。

表5-1　清代武会试科次、考官及中额汇总

科次	年份	主考官(前正后副)	中额
顺治三年	1646	弘文院检讨刘肇国、国史院检讨成克巩	200
顺治六年	1649	秘书院侍读王崇简、国史院侍讲乔廷桂	200
顺治九年	1652	内院大学士范文程、额色黑,侍读学士薛所蕴、侍讲学士梁清标	200
顺治十二年	1655	弘文院学士张悬锡、国史院学士白允谦	220
顺治十五年	1658	弘文院学士王熙、秘书院学士艾元征	200
顺治十七年	1660	翰林院侍读学士黄机、侍讲学士张士甄	100
顺治十八年	1661	侍讲学士杨永宁、侍读熊伯龙	300

① 景清等:《钦定武场条例》卷6《武会试一》,第406页。
② 赵尔巽等:《清史稿》卷108《选举三》,第3173页。

科次	年份	主考官（前正后副）	中额
康熙三年	1664	国史院大学士卫周祚、吏部尚书魏裔介、户部左侍郎朱之弼、内秘书院学士章云鹭	100
康熙六年	1667	秘书院大学士魏裔介、吏部尚书林立德、户部右侍郎严正矩、国史院学士田逢吉	100
康熙九年	1670	东阁学士陈敳永、侍讲学士李仙根	200
康熙十二年	1673	大学士冯溥、侍讲学士陈廷敬	100
康熙十五年	1676	翰林院掌院学士徐元文、詹事府少詹事项景襄	150
康熙十八年	1679	内阁学士李天馥、翰林院侍讲学士崔蔚林	100
康熙二十一年	1682	吏部左侍郎管右侍郎事杜臻、侍讲学士孙在丰	100
康熙二十四年	1685	户部左侍郎王鸿绪、詹事府詹事郭棻	100
康熙二十七年	1688	翰林院掌院学士李光地、侍讲学士朱阜	100
康熙三十年	1691	礼部尚书熊赐履、工部右侍郎王承祖	100
康熙三十三年	1694	户部右侍郎王掞、翰林院侍读学士顾祖荣	100
康熙三十六年	1697	刑部尚书吴琠、侍讲学士王九龄	100
康熙三十九年	1700	礼部侍郎管詹事府事徐秉义、翰林院侍讲学士彭会淇	100
康熙四十二年	1703	翰林院侍读学士徐元正、户科给事中汤右曾	100
康熙四十五年	1706	内阁学士王之枢、翰林院侍读学士沈辰垣	100
康熙四十八年	1709	礼部左侍郎胡会恩、都察院左佥都御史江球	100
康熙五十一年	1712	内阁学士凌绍雯、翰林院侍读学士汪灏	100
*康熙五十二年	1713	刑部尚书张廷枢、詹事府少詹事王奕清	108
康熙五十四年	1715	内阁学士王之枢、翰林院侍读学士李绂	107
康熙五十七年	1718	翰林院侍讲学士李绂、侍讲学士龚铎	112
康熙六十年	1721	翰林院侍讲学士吴士玉、戚麟祥	110
*雍正元年	1723	吏部尚书田从典、吏部右侍郎史贻直	130
雍正二年	1724	吏部右侍郎沈近思、内阁学士吴士玉	130
雍正五年	1727	礼部左侍郎唐执玉、左副都御史钱以恺	108
雍正八年	1730	户部右侍郎俞兆晟、刑部右侍郎王国栋	118
雍正十一年	1733	内阁学士德新、詹事府詹事顾祖镇	101
乾隆元年	1736	内阁学士吴金、刘统勋	108
乾隆二年	1737	刑部尚书孙嘉淦、詹事府少詹事许王猷	107
乾隆四年	1739	户部尚书陈德华、礼部侍郎张廷璐	111

续表

科次	年份	主考官（前正后副）	中额
乾隆七年	1742	工部左侍郎张廷瑑、左副都御史仲永檀	110
乾隆十年	1745	内阁学士涂逢震、詹事府詹事沈德潜	86
乾隆十三年	1748	内阁学士兼礼部侍郎刘纶、翰林院侍读学士顾汝修	94
乾隆十六年	1751	内阁学士兼礼部侍郎李因培、翰林院侍讲学士于敏中	87
*乾隆十七年	1752	内阁学士李因培、侍讲学士汪廷玙	65
乾隆十九年	1754	户部侍郎嵇璜、工部侍郎董邦达	61
乾隆二十二年	1757	工部侍郎钱维城、翰林院侍讲学士卢明楷	60
乾隆二十五年	1760	吏部左侍郎董邦达、翰林院侍读学士张若澄	62
*乾隆二十六年	1761	礼部右侍郎程景伊、翰林院侍讲学士吴鼎	61
乾隆二十八年	1763	左都御史张泰开、左副都御史张映辰	50
乾隆三十一年	1766	礼部左侍郎刘星炜、侍讲学士李中简	51
乾隆三十四年	1769	刑部右侍郎张若淮、翰林院侍讲学士王杰	47
*乾隆三十六年	1771	吏部右侍郎曹秀先、左副都御史罗源汉	51
乾隆三十七年	1772	礼部右侍郎倪承宽、左副都御史黄登贤	49
乾隆四十年	1775	内阁学士钱载、翰林院侍讲金士松	49
乾隆四十三年	1778	内阁学士胡高望、詹事金士松	46
*乾隆四十五年	1780	内阁学士兼礼部侍郎钱士云、翰林院侍读学士褚廷璋	47
乾隆四十六年	1781	内阁学士汪永锡、侍讲学士叶观国	46
乾隆四十九年	1784	内阁学士朱珪、右庶子曹仁虎	43
乾隆五十二年	1787	内阁学士邹奕孝、工部右侍郎刘跃云	39
乾隆五十四年	1789	礼部尚书纪昀、翰林院侍读学士平恕	40
*乾隆五十五年	1790	内阁学士翁方纲、詹事府詹事平恕	40
乾隆五十八年	1793	内阁学士周兴岱、翰林院侍讲学士胡长龄	37
*乾隆六十年	1795	吏部尚书刘墉、礼部侍郎周兴岱	34
嘉庆元年	1796	工部尚书彭元瑞、内阁学士吴省兰	33
嘉庆四年	1799	礼部尚书纪昀、都察院左副都御史陈嗣龙	57
嘉庆六年	1801	刑部左侍郎祖之望、詹事府少詹事茅元铭	56
嘉庆七年	1802	内阁学士戴均元、翰林院侍讲学士莫晋	59
嘉庆十年	1805	内阁学士顾德庆、翰林院侍读学士李宗瀚	57

续表

科次	年份	主考官（前正后副）	中额
嘉庆十三年	1808	礼部右侍郎戴联奎、翰林院侍讲学士吴烜	51
*嘉庆十四年	1809	都察院左都御史周兴岱、刑部左侍郎朱理	56
嘉庆十六年	1811	内阁学士吴芳培、詹事府詹事王宗诚	54
嘉庆十九年	1814	工部右侍郎鲍桂星、都察院左副都御史李宗瀚	46
嘉庆二十二年	1817	内阁学士吴其彦、詹事府少詹事汪润之	51
*嘉庆二十四年	1819	吏部右侍郎吴芳培、翰林院侍读学士方振	43
嘉庆二十五年	1820	都察院左都御史顾德庆、翰林院侍读学士白镕	43
*道光二年	1822	户部右侍郎汤金钊、刑部右侍郎陆以庄	54
道光三年	1823	吏部左侍郎王引之、都察院左副都御史韩鼎晋	64
道光六年	1826	工部右侍郎李宗昉、内阁学士白镕	51
道光九年	1829	户部左侍郎汪守和、礼部右侍郎杨怿曾	58
道光十二年	1832	礼部右侍郎陈用光、都察院左副都御史朱为弼	53
道光十三年	1833	工部尚书王广荫、翰林院侍读学士力青黎	45
道光十五年	1835	礼部右侍郎陈嵩庆、都察院左副都御史潘锡恩	57
*道光十六年	1836	吏部右侍郎卓秉恬、内阁学士吴文镕	60
道光十八年	1838	工部右侍郎李振祜、都察院左副都御史王玮庆	58
道光二十年	1840	吏部右侍郎潘锡恩、詹事府少詹事李煌	66
道光二十一年	1841	内阁学士王炳瀛、都察院左副都御史帅承瀚	80
道光二十四年	1844	吏部右侍郎侯桐、内阁学士罗文寯	77
道光二十五年	1845	工部右侍郎周祖培、翰林院侍讲学士孙铭恩	66
道光二十七年	1847	内阁学士曾国藩、翰林院侍讲学士王庆云	64
道光三十年	1850	工部尚书王广荫、翰林院侍读学士万青藜	55
*咸丰二年	1852	工部尚书翁心存、翰林院侍读学士龙元僖	62
咸丰三年	1853	都察院左都御史朱凤标、翰林院侍讲学士何彤云	27
咸丰六年	1856	刑部尚书赵光、翰林院侍讲学士殷兆镛	38
咸丰九年	1859	不详	36
*咸丰十一年	1861	刑部尚书赵光、翰林院侍讲学士杨秉璋	25
*同治元年	1862	刑部尚书赵光、翰林院侍讲学士杨秉璋	43
同治二年	1863	吏部左侍郎孙葆元、翰林院侍读学士孙锵鸣	52
同治四年	1865	都察院左副都御史贺寿慈、翰林院侍讲学士夏同善	80
同治七年	1868	吏部尚书单懋谦、翰林院侍读学士马恩溥	80

科次	年份	主考官（前正后副）	中额
同治十年	1871	刑部尚书庞钟璐、户部左侍郎潘祖荫	120
同治十三年	1874	都察院左副都御史童华、翰林院侍讲学士许应骙	135
*光绪二年	1876	刑部左侍郎袁保恒、翰林院侍讲学士徐致祥	107
光绪三年	1877	礼部右侍郎潘祖荫、工部右侍郎宜振	132
光绪六年	1880	吏部左侍郎邵亨豫、礼部右侍郎祁世长	128
光绪九年	1883	工部右侍郎张家骧、内阁学士周德润	131
光绪十二年	1886	都察院左都御史祁世长、礼部左侍郎徐郙	132
光绪十五年	1889	礼部右侍郎廖寿恒、工部左侍郎汪鸣銮	135
*光绪十六年	1890	吏部左侍郎许应骙、翰林院侍讲学士恽彦彬	157
光绪十八年	1892	都察院左都御史徐郙、翰林院侍读学士丁立钧	151
光绪二十年	1894	户部右侍郎陈学棻、翰林院侍讲学士徐致靖	128
光绪二十一年	1895	刑部左侍郎李端棻、翰林院侍讲学士冯文蔚	138
光绪二十四年	1898	翰林院侍读学士李殿林、翰林院侍讲学士华金寿	131

表注：标注★号者，表明该科为恩科。

资料来源

台北"故宫博物院"图书文献馆藏善本古籍

1.《顺治十二年武举中式题名》，编号：故殿000639。

2.《顺治十五年武举会试录》，编号：故殿000629。

3.《顺治十七年中式武举题名》，编号：故殿000626。

台北图书馆藏缩微胶卷

1.《康熙二十四年武会试录》

2.《康熙二十七年武会试录》

3.《康熙三十三年武会试录》

4.《康熙四十二年武会试录》

5.《康熙四十八年武会试录》

6.《嘉庆元年丙辰恩科武会试录》

7.《嘉庆七年壬戌科武会试录》

8.《咸丰十一年补行庚申恩科武会试录》

9.《道光三十年庚戌科武会试录》

10.《同治元年壬戌科武会试录》

11.《光绪二十年甲午恩科武会试录》

台北"中研院"史语所藏内阁大库档案

1.《乾隆四年己未科武会试录》,1739 年,档案号:287219-001。

2.《乾隆十年乙丑科武会试录》,1745 年,档案号:287236-001。

3.《乾隆十三年戊辰科武会试题名录》,1748 年,档案号:287249-001。

4.《乾隆二十六年武会试录》,1761 年,档案号:287289-001。

5.《嘉庆六年辛酉恩科武会试录》,1801 年,档案号:278669-001。

6.《同治十三年甲戌科武会试录》,1874 年,档案号:287512-001。

7.《兵部武会试题名录册》,1850 年,档案号:287365-001。

中国第一历史档案馆藏清代军机处录副奏摺

1.《呈光绪十二年等上三科会试武举挑记双单好数目并取中额数单》,1886 年,档案号:03-7198-083。

2.《呈光绪十五年己丑科会试武举挑记双单好数目单》,1889 年,档案号:03-7194-019。

3.《呈光绪十六年庚寅恩科会试武举挑记双单好数目单》,1890 年,档案号:03-5875-017。

4.《呈光绪十八年壬辰科会试武举挑记双单好数目并取中额数单》,1892 年,档案号:03-7202-111。

5.《呈光绪二十一年乙未科会试武举挑记双单好数目单》,1895 年,档案号:03-5910-003。

其他史料

1. 储大文:《存砚楼二集》卷 14《赠光禄大夫兵刑两部尚书署理直隶总督唐公神道碑》,北京出版社,2000 年影印本,载《四库未收书辑刊》9 辑 19 册,第 621 页。

2. 景清等:《钦定武场条例》卷 7《武会试二》,第 421 页。

3. 李绂:《穆堂初稿》卷 41《宗谱小叙》,上海古籍出版社,1995 年影印本,载《续修四库全书》第 1422 册,第 56 页。

4. 钱实甫编:《清代职官年表》第 4 册《会试考官年表》,中华书局,1980 年,第 2768—2880 页。

5. 钱载:《萚石斋文集》卷 7《武会试录序》,上海古籍出版社,1995 年影印本,载《续修四库全书》第 1443 册,第 399—400 页。

6.《清实录》,中华书局,1986 年影印本。

7. 王士祯:《居易录》卷 33,上海古籍出版社,1987 年影印本,载《景印文渊阁四库全书》第 869 册,第 731 页。

8. 王原祁等：《万寿盛典初集》卷 33《恩赉六》，上海古籍出版社，1987 年影印本，载《景印文渊阁四库全书》第 653 册，第 372 页。

9. 中国第一历史档案馆整理：《康熙起居注》，中华书局，1984 年。

10.Etienne Zi, *Pratique des Examens Militaires en Chine*, p.94.

二、整体分析、统计依据及误差可能

依据表 5-1 之综合考察，清代武科会试自顺治三年（1646）丙戌科始，至光绪二十四年（1898）戊戌科终，共历 252 年，总凡 109 科，平均 2.3 年开科一次。109 科武会试之中，顺治朝 7 科，康熙朝 21 科，雍正朝 5 科，乾隆朝 27 科，嘉庆朝 12 科，道光朝 15 科，咸丰朝 5 科，同治朝 6 科，光绪朝 11 科。109 科武会试内，正科 83 科，恩科 17 科（其中两科逢正科年份，当为以正作恩或恩正并科），非恩科之加科 9 科。

清代武科会试之次数，非如一般比照文科所称之 112 科。顺治四年（1647）丁亥科会试有文无武，光绪二十七年（1901）废武科，此后文科会试再有光绪二十九年（1903）癸卯科及光绪三十年甲辰科，因此清代文科会试多于武科会试 3 科，总计 112 科。清代文、武科会试定于同年举行，亦有例外，顺治十六年（1659）加科只试文科，武科会试延至顺治十七年举行；又咸丰十年（1860）庚申恩科会试，文科于当年举行，武科则延至咸丰十一年补行，故咸丰十年有文会试而无武会试。

根据表 5-1 之统计，清代武会试凡 109 科，总共录取武贡士 9657 名，[①]平均每科约取 89 名。单科取录最多者达 300 名，为顺治十八年（1661）辛丑科；最少者仅 25 名，为咸丰十一年（1861）辛酉恩科，极差值达到 275。数值之间离散程度甚高。

表 5-1 统计历科武会试中额时，若得见该科武会试录或兵部题名原档，即以此项资料为准；无则参撷《武场条例》及《会典事例》所定，或《清实录》所载兵部于会试前请旨所定中额；再无则参考别项官书、《职官年表》及主试者之记录等史料，据以补足。总之，该表以一手官方史料作为题录依据，野纪杂史乃至方志数据未经核实者，摒而不录。笔者深知史料难穷，况且各项资料所载，偶有互歧。以下再将几处数据可能差

---

① 顺治十二年之前武科无殿试，武会试录取者径授武进士出身。此处为统计之便，一并计入合称武贡士，下文同。

误之处,逐一提出,并附解该处数据由来及著录理据,从中亦可辨析制度设计与运作之隐微,以及各类文献之关系与信度。

其一,表5-1统计中额,参考《清实录》较多,《实录》所载多为试前兵部题请之中额,实际取录时或偶有调整。比如,依《高宗实录》十年九月庚寅条兵部题请,得旨共取中96名,然该科《武会试录》内实际只取中86名;再如《仁宗实录》载,嘉庆六年十月戊午兵部题请中额,得旨共取中54名,然该科《武会试录》内实际取中56名。凡遇此种情况,依《武会试录》或兵部题名原档,不依《实录》。然笔者未能集齐清代历科武会试录,据《实录》所补部分,或与实际取录有些微差误。

其二,顺治朝若无特例增减,武会试中额以200名为则。顺治六年、顺治九年各取200名,乃推算而得。因顺治三年定例,武会试取中200名,直至顺治十一年诏增20名,顺治十二年中额才变为220名,顺治十五年又恢复200名定额。又康熙朝若无特例增减,武会试中额以100名为则。康熙六年、十二年、二十一年、三十六年、四十五年、五十一年各取100名,亦推算而得。因康熙十八年定额100名,此后除特例增广,均取中100名。《职官年表》所记上述诸科武殿试最终录取人数,亦与此推算相同或相近。

其三,康熙三十年人数参考《起居注》所载传胪100人,亦符合康熙十八年之定例;未从《实录》所载该科传胪人数200人。康熙五十四年、六十年武会试之中额,参考《职官年表》而录。《起居注》及《职官年表》所记,实际为武殿试后取中之武进士人数。武会试覆试有罚科之例,武殿试亦有前科补试者及违式罚黜者,故武进士数与该科所录武贡士数存在部分差异。此外,雍正元年、二年、八年、十一年,乾隆二十五年,嘉庆十六年、二十四年之数据,为《实录》所记参加武殿试内场策、论之人数。此时武会试覆试已过,且亦可能有前科补殿试者参加,因此与试者可能并非尽为该科新取武贡士。

其四,光绪二十四年之131名,乃最终所授武进士人数。因该科武会试揭晓后,光绪皇帝以直隶考生列"双好"者较多,除如额正取8名之外,恐有遗才。遂下令覆加校阅"双好"武举,再录10名,准一体殿试。[1]

---

① 《清实录·德宗实录》卷430,第57册,第647、649页。

因此,最终殿试所取,更接近该科会试实际取中人数,若径依试前兵部请旨所定,反而不能涵括追试所录之 10 名武贡士。

笔者经过综合考订,所得清代所录武贡士总凡 9657 名,武进士总凡 9517 名(详参本书附录二)。两者之间 140 名之差,既受史料记载因素影响,更主要是由制度运作实情导致。会试中额、贡士人数及进士人数之间,自然高度相关,但不必尽同,也难以尽同,此理文武两科皆然。

第三节　武会试中额变化及武贡士之分布

一、中额演变要略

清代武会试之中额,顺治二年(1645)题准取中 200 名。此后顺治朝各科武会试,虽然偶见增减,然皆以 200 名为基准。比如,顺治十一年(1654)加上皇太后"徽号"礼成,诏加 20 名,故顺治十二年取中 220 名;顺治十七年(1660)以第二场步箭合式者不及取中之额,减 100 名,取中 100 名;顺治十八年诏增 100 名,取中 300 名,[①] 为有清一代武会试最高中额。顺治朝武举制度另一变化要点,为武殿试之开启。清初武科,实际并无殿试一级,武会试中式即授武进士。顺治十二年(1655)谕兵部:"国家选举人才,共襄治理。文武两途,允宜并重。今科武举中式二百二十名,应照文进士一体殿试。"[②] 自此清代武举童试、乡试、会试、殿试四级考试完备,延至清末停废武科。

康熙朝武会试之中额,有三项重要制度调整。其一,武会试中额较顺治朝减少,改以 100 名为基准。事因康熙三年(1664)礼科给事中廖丹疏言,称"边省投诚官员应于各省分用,其武进士候推选者甚多",请暂停武闱会试。兵部奉旨议覆,则称"会试大典,不便停止",请将中额减少 100 名,止取 100 名。[③] 此后,除特例加广(如康熙九年取中 200 名,十五

---

① 景清等:《钦定武场条例》卷 7《武会试二》,第 421 页。《清实录·世祖实录》卷 84,第 3 册,第 664 页。《清实录·圣祖实录》卷 3,第 4 册,第 70 页。
② 《清实录·世祖实录》卷 93,第 3 册,第 734 页。
③ 《清实录·圣祖实录》卷 11,第 4 册,第 170 页。

年取中 150 名),康熙一朝各科武会试录取皆以 100 名为则。康熙十八年(1679),更明定此后武会试取中 100 名。① 其二,为均衡中额,内场分为南、北卷取中。康熙三十三年(1694)覆准,武举于头场、二场合式之后,考试第三场策、论时,将直隶、山东、山西、河南、陕西定为北卷,取中 50 名;江南、江西、福建、浙江、湖广、四川、广东、广西、云南、贵州定为南卷,取中 50 名。② 其三,改预定中额为临场请定中额。清初武会试中额先行预定,然未明定各省中额,各省武艺与文风均有高下之别,如此必至分省中额失衡。此前虽已有南卷、北卷之分,并未解决分省中额不均之问题。

康熙五十二年(1713)皇帝亲阅武举骑射后,指出各省考取武进士额数或一省偏多,或一省偏少,“皆因不知其弓马武艺,止凭文章取中,以致骑射娴熟、谙习韬略之人,多有遗漏”,因此下令“嗣后考取武进士,不必拘定额数”。改为临场依省之大小及赴试武举多少,由兵部具题,请旨钦定。③ 此次改制,兼顾各省实情及临场人数,较为符合现实情况。然而,《清实录》及《武场条例》等未见载录康熙、雍正两朝请旨钦定中额之详情。其请定中额之记载,所见最早为乾隆元年(1736),《高宗实录》载:

> 兵部以武会试中额请。得旨:这考试,汉军取中六名,直隶取中十五名,江南取中六名,浙江取中五名,湖北取中三名,湖南取中二名,四川取中六名,山西取中八名,广东取中十名,福建取中八名,江西取中二名,云南取中五名,山东取中五名,河南取中六名,陕西取中十五名,广西取中三名,贵州取中三名。④

乾隆三十一年(1766)又定,此后兵部请定武会试中额时,应将“上次中额、卷数、本次卷数一并缮写清单,随本进呈”⑤。如此,既能保障才艺竞争,亦可兼顾历科中额及分省中额之平衡。商衍鎏谓“自是各省中额,

---

① 景清等:《钦定武场条例》卷 7《武会试二》,第 421 页。
② 昆冈等:《钦定大清会典事例》卷 717《兵部·武科》,第 8 册,第 909 页。
③ 《清实录·圣祖实录》卷 257,第 6 册,第 540 页。
④ 《清实录·高宗实录》卷 27,第 9 册,第 590 页。
⑤ 《清实录·高宗实录》卷 769,第 18 册,第 438 页。

得核实而普及矣"①,即就此项定制而言。总体来看,乾隆、嘉庆、道光、咸丰四朝,武会试中额皆呈下降趋势。同治、光绪两朝武会试中额恢复上升,不过终究未能恢复顺治朝顶峰之数。

尚应指明者,清代八旗应试武科乃另定中额,然其武会试中额总体变化不大。康熙四十八年(1709)准汉军子弟应武科,会试取中武进士八名,照文场格式另编"合"字号。雍正元年(1723)准满蒙子弟应试武科,合共取中武进士四名,内场另编"满"字号。雍正十二年(1734)停满蒙子弟应试,至嘉庆十八年(1813)重新恢复。此时武会试已废先期定额之制,临场根据应试人数多少,题请中额。②八旗子弟应武会试各科中额之详情,可参表5-3。

以上考述,主要在于钩稽清代武会试中额之关键更制节点。总体而言,有清一代武会试共开科109次,其单科最多取中300名,最少仅有25名,极差甚大,变化甚多,《清史稿》之概述不够确切。其纵向历朝中额变化,以及横向分省分布详情,下文再作统计解析。

二、历朝中额纵向变化解析

清代武会试之取中人数,历朝、历科起伏甚大。以下依据表5-1之统计,参考张仲礼《中国绅士》所载文科数据,将清代历朝文、武科会试科数、贡士人数汇总统计如下,再解析历朝升降详情。

表5-2　清代历朝文、武科会试科数及贡士人数

年号	在位年数	武会试				文会试			
		科数	贡士总数	贡士平均数	平均数排名	科数	贡士总数	贡士平均数	平均数排名
顺治	18	7	1420	203	1	8	3101	388	1
康熙	61	21	2287	109	4	21	4044	193	9
雍正	13	5	587	118	3	5	1358	272	3
乾隆	60	27	1681	63	6	27	5426	201	8
嘉庆	25	12	606	51	8	12	2783	232	5

---

① 商衍鎏:《清代科举考试述录》,第198页。
② 铁保等:《钦定八旗通志》卷100《学校志七》,第17册,第6740—6743页。景清等:《钦定武场条例》卷4《武乡会试通例二》,第363—364页。

年号	在位年数	武会试				文会试			
		科数	贡士总数	贡士平均数	平均数排名	科数	贡士总数	贡士平均数	平均数排名
道光	30	15	908	61	7	15	3228	216	6
咸丰	11	5	188	38	9	5	1055	211	7
同治	13	6	510	85	5	6	1588	265	4
光绪	34	11	1470	134	2	13	4085	315	2
合计/平均	——	109	9657	89	——	112	26668	239	——

资料来源：武会试数据依表5-1汇总整理；文会试数据参考张仲礼：《中国绅士》，第174—177页。其中贡士数据主要依据会试中额，与实际取中人数存在少数差异，后文稍作辨析。

根据表5 2之统计，清代历朝武会试中额之变化，大致可分为五个阶段。第一阶段在顺治朝，为复科暨中额顶峰期。顺治朝平均每科取中203人，为清代历朝最高。顺治十八年取中300人，亦为有清一代109科武会试之最。入关伊始，清廷亟需稳定局势、笼络人心，尤其需要安置京畿地区卫所军官及其子弟，因此平均取录贡士最多。

第二阶段在康熙、雍正两朝，为中额调整缓和期。此时全国渐定，且前朝"投附"及顺治朝新录武举需要安置，因此调整顺治朝之高中额政策。康、雍两朝各科中额较为均衡，除了偶尔特例增广之外，均在100名左右。而且，康熙朝109名、雍正朝118名之平均数，对比清代总平均89名之数，相差尚不太远。

第三阶段在乾隆、嘉庆、道光三朝，为中额下降期。此时前期取录武举逐渐累积，武科出身之仕途日渐壅滞。而且就皇帝个人而言，清代诸帝中，以"十全武功"自居之乾隆皇帝，对于武科出身者之素质，较不看重。乾隆一朝武会试取中人数，总体呈大幅下降之势：从乾隆元年之108名，下降至乾隆六十年之34名，降幅高达68.5%。乾隆朝历科取中平均数亦降至63名，首次低于有清一代总平均数。嘉庆朝延续乾隆低中额政策，平均中额更降至51名。道光朝中额平均数升至61名，大致恢复乾隆朝水平，此三朝中额均低于清代总平均数。

　　第四阶段在咸丰朝，为中额低谷期。咸丰朝继续沿袭前一阶段低中额政策，且受南方军兴影响，期间部分省份武举未能赴京会试（见表5-3），因此平均中额降至38名之最低水平。咸丰十一年所取武贡士25名，亦为有清一代109科中最低。其间局势动荡，数次告急，照理需要储备、选任更多将才，但武科会试所取人数反为清代最低，由此亦可得见该制度所选人才之不受倚重。

　　第五阶段在同治、光绪两朝，为中额恢复上升期。中额上升之原因，一为战争中地方伤亡甚大，需要"加恩"笼络、抚恤；二为各省通过捐输、出力，武生学额及武举中额均已增加，会试中额亦须相应提升。因此，同治朝中额一路大幅上扬。从同治元年之43名，上升至同治十三年之135名，增幅达到213.9%。同治朝中额平均数亦上升至85名，开始接近清代总平均值。光绪朝武会试中额继续增加，平均达134名，高于清代总平均值，然未能恢复顺治朝顶峰之数，武科即告停废。

　　清代武会试之取中率与竞争度，因历科参与会试人数暂时未能多见，难以作出大规模统计解析。应试人数约略可知者，康熙十二年（1673）癸丑科"拔骑、步射及格者七千有奇"[1]，该科中额为100名；光绪十五年（1889）己丑科武会试，应试人数凡5437人，该科取中135名。[2] 约在百分之一二左右。此处所见武科会试人数，大致与文科相当；不过武科会试中额总体少于文科，因此在会试一级，武科之录取率可能比文科低，此与乡试一级情形相反。

　　依据表5-2可知，清代武会试开科109次，共取中武贡士9657名，平均每科约取中89名；文会试开科112次，共取中贡士26668名，平均每科约取中239名。虽然武贡士总数仅约文贡士总数三分之一，武会试每科平均取中人数亦远少于文会试所取，但若将表5-2之数据导为折线图，则发现二者之走势高度相似。

---

① 陈廷敬：《午亭文编》卷35《癸丑武会试录后序》，上海古籍出版社，1987年影印本，载《景印文渊阁四库全书》第1316册，第501页。
② Etienne Zi, *Pratique des Examens Militaires en Chine*, p.94.

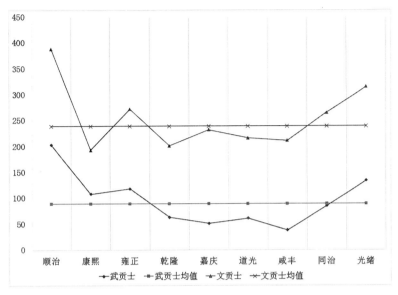

图 5-1　清代历朝文、武贡士平均数走势图

由图 5-1 可见,除了嘉庆朝文升武降导致文、武两线相离,并影响其前后走势,文、武贡士之平均数在其余各朝之升降走势,全然相同。可见,虽然文武殊途,武科之影响亦不及文科,但作为清代遴选人才之两条制度通道,文武两途所揭示之清代政局变化,实则异曲同工。在此意义上,更能凸现文武科举作为抡才"平行路径"之意涵。

三、横向分省及八旗中额汇考

科举人才之地域分布,乃科举研究核心议题之一。前贤之研究科举者,多着眼于进士之地域分布,而忽略贡士一级。以下先就所见史料,统计清代武会试分省及八旗中额,再作解析。考察所得,计有顺治朝 3 科,康熙朝 4 科,乾隆朝 25 科,嘉庆朝 10 科,道光朝 15 科,咸丰朝 5 科,同治朝 5 科,光绪朝 10 科,总凡 77 科,占清代武会试开科总数之 70.6%。合共分析武贡士 5772 名,占清代武贡士总数之 59.2%。样本科次比例与人数比例未能划一之原因,在取录人数较多之顺治、康熙、雍正三朝史料缺失相对较多。而且三朝大多没有分省取中之制,故《清实录》不载分省中额;又因三朝历时较远,武科会试录难以尽数集齐。以上因素,皆对武贡士分省数据之辨明与统计有所影响。

表 5-3　清代武会试分省及八旗中额统计表

科次	直隶	江苏 安徽	江西	浙江	福建	湖北	湖南	河南	山东	山西	陕西	甘肃	四川	广东	广西	云南	贵州	满蒙	汉军	奉天	不详	总计
顺 12	113	39	5	20	3	6	-	6	10	9	8	-	-	-	-	-	-	-	-	1	0	220
顺 15	103	44	6	10	-	3	-	7	6	6	15	-	-	-	-	-	-	-	-	-	0	200
顺 17	38	28	-	4	2	2	-	3	7	1	15	-	-	-	-	-	-	-	-	-	0	100
康 24	25	32	3	3	3	3	1	4	12	8	1	-	-	-	-	1	-	-	-	-	4	100
康 27	21	17	4	16	7	2	-	9	13	5	3	-	-	-	-	-	-	-	-	-	3	100
康 33	12	34	4	22	4	8	1	1	7	1	4	-	-	1	-	1	-	-	-	-	0	100
康 48	27	24	2	9	2	10	-	3	15	2	3	-	2	1	-	-	-	-	-	-	0	100
乾 1	15	6	2	5	8	3	2	6	5	8	15	-	6	10	3	5	3	-	6	-	0	108
乾 2	15	5	5	5	6	3	3	8	5	10	15	-	6	10	2	3	2	-	5	-	0	107
乾 4	15	6	5	8	6	6	3	6	6	6	15	-	5	10	2	4	2	-	6	-	0	111
乾 7	14	5	5	8	7	5	4	6	5	6	15	-	5	10	3	4	2	-	6	-	0	110
乾 13	13	4	5	5	7	3	2	7	5	5	14	-	2	9	2	3	2	-	6	-	0	94
乾 16	12	3	5	7	7	2	2	5	4	6	12	-	2	8	2	3	2	-	5	-	0	87
乾 17	10	2	5	4	4	3	2	5	3	4	11	-	1	4	2	1	1	-	3	-	0	65
乾 19	12	2	2	4	4	2	1	4	4	4	9	-	2	4	1	1	1	-	3	-	0	61
乾 22	12	2	2	3	4	2	1	3	5	4	9	-	2	4	1	2	1	-	3	-	0	60

续表

科次	直隶	江苏	安徽	江西	浙江	福建	湖北	湖南	河南	山东	山西	陕西	甘肃	四川	广东	广西	云南	贵州	满蒙	汉军	奉天	不详	总计
乾26	12	4		3	2	3	2	1	4	5	5		7	2	5	1	2	1	—	2	—	0	61
乾28	10	3		2	2	2	2	1	3	5	4		6	1	4	1	1	1	—	2	—	0	50
乾31	8	3		2	2	3	2	1	3	5	4		7	1	4	1	1	1	—	3	—	0	51
乾34	8	2		1	2	3	2	1	3	5	4		7	1	3	1	1	1	—	2	—	0	47
乾36	8	2		1	2	3	2	1	3	5	3		7	1	8	1	1	1	—	2	—	0	51
乾37	6	2		2	1	3	2	1	2	5	3		7	1	9	1	1	1	—	2	—	0	49
乾40	8	2		1	1	3	2	1	2	5	3		7	1	7	1	1	1	—	2	—	0	49
乾43	8	2		2	2	3	2	1	2	5	3		6	1	6	1	1	1	—	2	—	0	46
乾45	8	2		1	1	3	2	1	2	5	3		6	1	6	1	1	1	—	2	—	0	47
乾46	8	2		2	1	2	1	1	2	5	3		6	1	6	1	1	1	—	2	—	0	46
乾49	7	2		1	2	2	1	1	1	5	2		6	1	6	1	1	1	—	2	—	0	43
乾52	7	2		1	2	2	2	1	1	4	2		6	1	5	1	1	1	—	2	—	0	39
乾54	7	2		1	2	2	2	1	1	4	3		6	1	5	1	1	1	—	2	—	0	40
乾55	7	1	1	1	2	2	1	1	1	4	3		6	1	5	1	1	1	—	2	—	0	40
乾58	7	1	1	1	2	1	1	1	1	4	1		6	1	4	1	1	1	—	2	0	0	37
乾60	7	1	1	1	1	1	1	1	1	4	1		6	1	3	1	1	1	—	1	0	0	34

续表

科次	直隶	江苏	安徽	江西	浙江	福建	湖北	湖南	河南	山东	山西	陕西	甘肃	四川	广东	广西	云南	贵州	满蒙	汉军	奉天	不详	总计
嘉1	6	1	1	1	1	1	1	1	1	4	1		6	1	3	1	1	1	—	1	0	0	33
嘉4	9	2	2	2	3	1	2	1	3	5	3		5	2	7	1	2	1	—	4	2	0	57
嘉6	7	2	2	2	3	3	3	1	3	5	3	3	1	3	6	1	2	1	—	4	1	0	56
嘉7	8	2	2	2	3	2	4	1	3	5	3		5	3	7	1	2	1	—	4	1	0	59
嘉10	8	2	2	1	2	2	3	1	3	5	2		5	4	6	1	2	2	—	4	1	0	57
嘉13	8	1	2	2	2	2	2	1	3	5	1		5	—	6	1	3	2	—	4	1	0	51
嘉14	8	2	2	2	2	2	2	1	3	5	2		5	3	6	1	2	2	—	4	1	0	56
嘉19	8	2	2	2	1	1	2	1	2	5	2	4	1	3	5	1	1	1	1	2	1	0	46
嘉22	8	2	2	2	2	2	1	1	4	5	2	4	1	2	5	1	1	1	2	3	1	0	51
嘉25	7	1	1	1	2	2	1	1	3	5	2		3	1	4	1	1	1	2	3	1	0	43
道2	6	2	2	2	3	2	1	1	5	5	4		4	2	5	1	2	1	2	3	1	0	54
道3	7	2	3	5	3	3	2	1	6	5	4		4	2	6	1	2	2	2	3	1	0	64
道6	6	2	3	2	3	3	1	1	4	6	2		3	2	4	1	1	1	2	3	1	0	51
道9	7	2	2	4	2	3	4	1	4	6	2		5	2	4	1	2	1	2	3	1	0	58
道12	5	1	2	2	2	1	1	1	4	7	6		5	3	4	1	1	1	3	4	1	0	53
道13	6	1	1	2	1	1	1	1	3	4	2		3	2	4	1	2	2	4	3	1	0	45

续表

科次	直隶	江苏	安徽	江西	浙江	福建	湖北	湖南	河南	山东	山西	陕西	甘肃	四川	广东	广西	云南	贵州	满蒙	汉军	奉天	不详	总计
道15	7	1	1	5	2	1	1	1	7	4	3	2	2	2	5	1	3	1	4	5	1	0	57
道16	8	1	1	3	2	2	1	1	4	8	5	3	3	3	4	1	1	1	4	6	1	0	60
道18	11	2	1	5	4	1	2	1	5	4	3	4	4	2	3	1	1	1	2	4	1	0	58
道20	12	2	1	4	2	2	1	1	12	5	3	4	4	2	3	1	1	1	3	5	1	0	66
道21	16	1	1	6	4	2	2	1	13	6	5	4	4	3	2	1	1	1	3	7	1	0	80
道24	15	1	3	4	3	2	2	1	14	7	5	2	2	2	2	1	1	1	4	6	1	0	77
道25	15	1	2	5	3	2	2	1	12	4	2	2	2	1	2	1	1	1	3	6	1	0	66
道27	13	1	2	2	3	1	2	1	9	5	3	3	3	2	3	1	1	1	4	5	1	0	64
道30	15	1	1	2	1	1	—	1	9	4	3	1	1	2	2	1	1	1	4	3	1	0	55
咸2	19	1	1	2	2	1	1	—	7	8	2	2	2	1	3	—	2	1	4	4	1	0	62
咸3	9	—	—	—	—	—	1	1	1	2	1	1	1	1	1	—	2	—	2	3	1	0	27
咸6	11	—	1	1	2	1	1	—	5	4	1	1	1	1	2	1	1	—	2	3	1	0	38
咸9	10	—	—	—	2	—	—	1	5	4	2	1	1	2	1	1	—	—	1	2	1	0	36
咸11	10	1	—	1	1	—	1	1	1	1	2	1	1	1	—	—	—	—	3	2	1	0	25
同1	13	—	—	1	1	1	—	—	3	3	4	2	2	1	5	1	—	—	2	3	1	0	43
同2	10	—	—	2	—	1	2	2	4	7	5	1	1	1	11	1	—	—	2	2	1	0	52

续表

科次	直隶	江苏	安徽	江西	浙江	福建	湖北	湖南	河南	山东	山西	陕西	甘肃	四川	广东	广西	云南	贵州	满蒙	汉军	奉天	不详	总计
同4	15	—	—	3	1	2	3	6	7	8	7		1	8	10	2	1	—	2	3	1	0	80
同7	14	3	2	6	7	4	3	3	5	4	5		1	7	9	1	—	—	3	2	1	0	80
同10	15	8	7	8	7	5	4	4	7	9	6		4	8	13	2	2	3	4	3	1	0	120
光2	16	4	7	5	5	5	4	4	7	4	6		5	8	11	2	4	2	4	3	1	0	107
光3	16	7	8	8	7	6	5	4	8	10	6		5	8	14	3	5	4	4	3	1	0	132
光6	16	8	8	7	5	8	4	4	8	10	6		5	7	14	3	5	2	4	3	1	0	128
光9	16	6	7	7	7	9	5	5	8	10	6		5	8	14	3	5	2	4	3	1	0	131
光12	16	7	8	8	8	8	5	4	8	9	7		5	7	14	3	4	3	4	3	1	0	132
光15	16	8	8	8	7	8	6	5	8	9	7		5	8	14	3	5	2	4	3	1	0	135
光16	17	9	9	9	9	11	7	5	9	11	8		6	9	15	4	6	3	5	4	1	0	157
光18	17	9	9	7	7	11	7	5	9	11	8		5	8	15	4	6	3	5	4	1	0	151
光20	17	6	6	10	6	7	6	5	8	10	6		4	7	13	3	4	2	4	3	1	0	128
光21	17	7	6	9	7	11	6	5	9	10	6		4	7	15	3	5	3	4	3	1	0	138
总计	1099	540		249	313	254	205	128	385	460	306		427	212	459	99	140	92	118	233	46	7	5772
百分比	19.04	9.36		4.31	5.42	4.40	3.55	2.22	6.67	7.97	5.30		7.40	3.67	7.95	1.72	2.42	1.59	2.04	4.04	0.80	0.12	100

（注：总计行中"540""9.36"为江苏、安徽合计；"427""7.40"为陕西、甘肃合计。）

表注：

1. "顺12"表示顺治十二年，其余类推。

2. 卫籍武举依卫之所在，归入各省。京卫属直隶，各省卫籍归属各省。

3. "不详"一栏若数字为零，表明该科武贡士籍贯全部可考；若原据史料残缺、模糊导致部分武贡士籍贯不明，则标注籍贯不明之人数。

4. 若遇中额未独立（如清初奉天）、未准应科武会试（如康熙朝以前之汉军、嘉庆朝以前之满蒙）、暂停武会试（如清初及咸同年间南方部分省份）等情况，标以"–"号。

资料来源：除了各朝《清实录》之相应会试年月所载，并参下列档案史料。

台北"故宫博物院"图书文献馆藏善本古籍

1.《顺治十二年武举中式题名》，编号：故殿000639。

2.《顺治十五年武举会试录》，编号：故殿000629。

3.《顺治十七年中式武举题名》，编号：故殿000626。

台北图书馆藏缩微胶卷

1.《康熙二十四年武会试录》

2.《康熙二十七年武会试录》

3.《康熙三十三年武会试录》

4.《康熙四十八年武会试录》

台北"中研院"史语所藏内阁大库档案

1.《嘉庆六年辛酉恩科武会试录》，1801年，档案号：278669-001。

2.《兵部武会试中式额数册》，1850年，档案号：287366-001。

中国第一历史档案馆藏清代军机处录副奏摺

1.《呈光绪十二年等上三科会试武举挑记双单好数目并取中额数单》，1886年，档案号：03-7198-083。

2.《呈光绪十五年己丑科会试武举挑记双单好数目单》，1889年，档案号：03-7194-019。

3.《呈光绪十六年庚寅恩科会试武举挑记双单好数目单》，1890年，档案号：03-5875-017。

4.《呈光绪十八年壬辰科会试武举挑记双单好数目并取中额数单》，1892年，档案号：03-7202-111。

5.《呈光绪二十一年乙未科会试武举挑记双单好数目单》，1895年，档案号：03-5910-003。

　　依据表 5-3 之统计，直隶一省武贡士比例净占总数之 19.04%，远远超过其他省籍。加之满蒙、汉军武贡士不少亦为京师八旗所取，因此直隶地区武贡士实际应占全国五分之一以上。仅就比例来看，江南以 9.36% 位居第二，但该比例乃合江苏、安徽二省总数而得。以表中两省籍贯分明之 254 人而论，江苏占 122 人，安徽占 132 人。依据该比例再将江南总比例稍作划分，则江苏占全国比例约为 4.50%，安徽约占 4.86%。因此，就单一省份而言，比例居第二者应为山东(7.97%)，第三为广东(7.95%)。陕甘看似以 7.40% 位居第四，但该比例亦为合陕西、甘肃两省总数而得。实际取中时，陕甘两省比例约为 3∶1 至 4∶1。若依 3∶1 之比例再分割两省 7.40% 之总比例，则陕西约占全国 5.55%，甘肃约占 1.85%。因此，实际排名第四者应为河南(6.67%)，陕西排名第五(5.55%)。以下依次为浙江(5.42%)、山西(5.30%)、安徽(4.86%)、江苏(4.50%)、福建(4.40%)、江西(4.31%)、汉军(4.04%)、四川(3.67%)、湖北(3.55%)、云南(2.42%)、湖南(2.22%)、满蒙(2.04%)、甘肃(1.85%)、广西(1.72%)、贵州(1.59%)、奉天(0.80%)。后文统计分析武科进士之地域分布时，再与文科对照论析。

　　除了上述分布概览之外，如果进一步细察上文数据及图表，则清代武会试分省、分籍中额之变化之中，另有以下诸问题涉及其制度设计、运作关节，以及政情变化大势，应予拓展讨论。

　　其一，清初顺治、康熙两朝，直隶、江南两省武会试中额总数，均占全国一半以上。与之相反，南方湖南、广东、广西、云南、贵州五省，常有未中一人之记录，地域分布严重失衡。此种局面之出现，直隶因清初卫籍武举甚多，且赴试容易，故取录较多；江南武贡士比例之高，除该省应试考生较多之外，应与康熙朝武场偏重文艺有关。康熙年间曾准文武互试，内场更加试《四书》，各级考官亦凭文取中，相对有利于文风较盛之江南地区考生。针对此种不均衡状况，康熙三十三年(1694)谕大学士等，认为"武进士之文，不过熟记成语、抄写旧套而已。论文取中，必致不均，而人材亦多遗漏"[1]清初南方另外几省取中比例奇低，固与南方武艺、考生人数不及北方有关，亦为清初南方未定所致。此外，云南、贵州、广西

----

①《清实录·圣祖实录》卷 165，第 5 册，第 797 页。

等远省考生赴京应试,应试成本远远高于北方考生。依照定制,各省虽然会给考生提供会试盘费或驿马,但终究不敷应用。依照齐如山之论,应武会试者向来并不太多,各省武举虽多,但路途遥远,所需盘费亦多,倘无极大希望者,不愿忍受此"罪"。[1]其说部分合理。此种境况,亦限制南方部分武举赴京应试。

其二,为矫正清初各省取中失衡之弊,分省取中遂为必然趋势。先有康熙三十三年(1694)内场分南、北卷取中,继有康熙五十二年(1713)下令临场依据各省武举人数,题请中额。康熙五十二年之改制,乃清代武会试分省中额变化之最大转捩点。而且雍正朝以降,武科渐重外场。受此二项变革影响,直隶、江南两省各科取中者占全国中额之比例,由清初一半以上,下降至约占五分之一,尤以江南下降最为显著。江南所占中额比例之重新上升,要到咸同军兴之后,此时一则武生学额及乡试中额已大幅增广,再则战乱之中江南出力捐输最多,需要"加恩"抚恤,增广中额。

其三,康熙朝分省取中定制之后,各省取中基本依照该科应试武举人数而定。其中广东省变化较为显著,清初广东有时甚至未见一人取中,此后渐有增广,最终中额比例居于分省前三甲。稍在意料之外者,为陕西、甘肃二省。康熙、雍正、乾隆三朝均以陕甘地区人才壮健,屡次加广两省武乡试中额。不过,两省会试取中之人数,除了乾隆初年较多,此后却逐渐减少,似无特出表现。至于清季,两省中额总计甚至仅有四、五名,低于多数省份一省之中额。其中原因,是两省武举不赴会试,或会试中额确定时另有政策性抑制,抑或其他,尚待详察实证。

其四,八旗汉军虽自康熙四十八年始准应考武科,然其武贡士所占比例高于四川、湖北、云南、湖南、满蒙、甘肃、广西、贵州、奉天诸省籍;八旗满蒙自雍正元年始准应武科,且屡有停废,但所占比例亦高于甘肃、广西、贵州及奉天。此种结局,一则因为八旗本擅骑射,外场考试占有优势;再则因为八旗应武会试向来另设中额,取录较民籍为优。

---

[1] 齐如山:《中国的科名》,第190页。

第四节 武会试场后之诸项事宜

一、武会试之发榜

顺治十二年（1655）之前，武科因无殿试，武会试中式者径授武进士名衔。武科会试、殿试分设后，武会试头名称武会元，前五名称武会魁，略仿文科"五经魁"之名。[1]

定制之后，武会试排名揭晓日期，以及进呈题名录、中式武举墨卷等事项，均由知武举官具奏请旨。揭晓日期确定后，由至公堂先期移会兵部，选派司官二员、巡捕营将弁四员以及兵丁二十名，在发榜揭晓前一日，将兵部堂官之大印送至贡院，钤盖榜文后，再将大印护送回兵部。揭榜当天，由巡捕营派拨将弁二员、兵丁八名，赴贡院护送榜文至兵部，张挂于兵部门外。[2] 此乃武会试之发榜，考生不分甲第，只定排名，不同于殿试后大金榜之体式。

二、武会试之下马宴

清初恢复武科，从顺治二年（1645）起，武会试设有上马宴及下马宴。其中，上马宴共有两次，分别在外场、内场考试之前，设席于兵部，相应宴请外场、内场考官。嘉庆二十二年（1817），奏停上马宴，此后武会试仅有下马宴。[3]

下马宴之前，照例亦有系列筹备。先由兵部咨文户部，备办表里、银花，用于赏赐内场、外场考官；其次，奏派护军统领一员，带领护军、参领护军等，到时维护宴会现场秩序。此外尚需准备者，如行文乐部预备宴乐，行文鸿胪寺拣派鸣赞官，光禄寺预备桌张，大兴、宛平两县预备宴图、宴棚、围屏送交兵部，巡捕五营派出营员管束现场等。[4]

诸事俱备，内场揭榜次日，在兵部正式举行下马宴，所有内外场考官

---

[1] Etienne Zi, *Pratique des Examens Militaires en Chine*, p.99.

[2] 景清等：《钦定武场条例》卷7《武会试二》，第421—422页。

[3] 详参王晓勇：《清代武科举制度之研究》，第156—158页。

[4] 景清等：《钦定武场条例》卷7《武会试二》，第423—425页。李世愉、胡平：《中国科举制度通史·清代卷》，第580—581页。

一并参加。当日清晨,兵部堂官及宴会执事官员均穿朝服,齐集兵部;武会试主考、监射、较射大臣等官亦穿朝服赴宴。现场具体礼仪为:兵部堂官及武会试考官"同诣露台香案前,率同执事各官排立;听鸣赞官赞礼,行三跪九叩礼毕,升堂;兵部堂官至滴水檐下向外奠酒,照宴图入坐;和声署作乐,汤三品,酒七行;毕,仍至香案前排立,行一跪三叩礼毕,兵部堂官与主考官、监射大臣等揖别。"①下马宴菜品用汉席,主要涵盖一、二、三等菜品,供给现场相应身份之赴宴者。菜品内容较为丰富,烹制考究,颇能体现"大典"筵席之规格。②

　　为了体现尊崇礼制,定例武科会试发榜次日之下马宴,以及殿试传胪次日之会武宴,如果恰逢忌辰日以及大祀、中祀斋戒等日期,均须一并停止;如果只逢一般群祀斋戒日期,仍可举行筵宴,但承祭官不能入宴。③

三、武会试之磨勘

　　所谓"磨勘",即考试之后将举子考卷磨对勘验,复核其文句、书法等是否合式,乃科场防弊之法。清代初期、中期之武会试,并无磨勘之例。武会试外场先行挑选"双好"、"单好"字号,并于内场卷面注明,连同弓、刀、石三项技勇成绩,亦一并填注清楚。内场按卷而稽,取中时先挑"双好"、后挑"单好",规制详明。虽无磨勘,亦能保证制度施行大致通畅。

　　不过,制度设计少一防范之策,实际运行则多一差误之机。道光十三年(1833)武会试,内场考官取中时弃"双好"而取"单好",遗漏达到六名之多,上谕叱为不公,下令此后仿照文会试磨勘之例,在武会试揭晓以前,派员将取中各武举比对监射、较射各册成绩,再加磨勘。兵部奉旨,详细奏议磨勘章程,其操作细节如下。

　　武会试揭晓之前,先由兵部咨取内阁、吏部、户部、礼部、刑部、工部,以及都察院、通政使司、大理寺人员名单,奏请钦派二、三名专司磨勘事宜。武会试发榜次日,正式进行内场磨勘。至于其具体办法,由提调司员检齐各闱考试之监射、较射、监试箭册,以及内场取中之试卷,一并交

---

① 景清等:《钦定武场条例》卷7《武会试二》,第423页。
② 详参王晓勇:《清代武科举制度之研究》,第159—163页。
③ 景清等:《钦定武场条例》卷7《武会试二》,第436页。

给磨勘大臣。磨勘时,重点核查考生之马箭、步箭、技勇各项成绩之列"双好"、"单好"情形。如果考试确实以外场"双好"中式,则无异议;如果因为外场"双好"考生人数不足,或者某省考生中没有"双好"武举,可于"单好"武举中取录取中。但是,"单好"考生之中,亦须将其弓、刀、石三项技勇成绩加以综合比较,不能只凭中箭多少而定去取。如果发现违例取中,将由磨勘大臣参奏。查实之后,除了会将该武举罚停殿试,还会将正、副考官奏请议处。①

因此,从道光十五年(1835)乙未科起,武会试揭晓后须进行磨勘,延至清末废科。由兵部议定章程可见,此时武会试之磨勘,其侧重仍在外场成绩,外场项目之中又以弓马为要,技勇次之。此亦康熙朝以降武科取士之基本规制,况且此时内场已改为仅仅默写《武经》百余字,除了核验其默写是否完整、书法是否工整,并无"文艺"水平可言。磨勘未见违碍之处,考生才能参加覆试。

四、武会试之覆试

武会试之覆试,《清史稿》谓:"覆试始乾隆时。初制从严,仅会闱行之。不符者罚停科,考官议处。三次覆试不合式,除名。"②商衍鎏进一步明确,武会试覆试始于乾隆四十年(1775)。③此说允当。《会典事例》载此较详:

> 乾隆四十年八月内议准,内场揭晓后,于殿试之前,将六部满、汉堂官开列,奏请钦点二、三员,传集中式武举,按照会试原册弓、刀、石斤重、号数,令其逐一演试。如有前后参差者,将该武举照文会试磨勘之例,罚停殿试一科,仍将原挑取之监射大臣交部议处。④

根据此条定例,再结合此后改制之条文,可稍申论清代武会试覆试运作详情。其一为覆试时间,定于内场揭晓之后、殿试之前,根据覆试结

---

① 昆冈等:《钦定大清会典事例》卷717《兵部·武科》,第8册,第913—914页。
② 赵尔巽等:《清史稿》卷108《选举三》,第3173页。
③ 商衍鎏:《清代科举考试述录》,第199页。
④ 昆冈等:《钦定大清会典事例》卷717《兵部·武科》,第8册,第912页。

果而定士子能否进入殿试。道光十五年(1835)实行磨勘之后,覆试排在磨勘之后进行。至于覆试地点,《武场条例》载为南箭亭正白旗侍卫教场;[①]是否为通例,有待详考。其二为覆试主试人员,乾隆年间规定在六部满汉堂官中钦点二、三名。嘉庆六年(1801)更明定,覆试前将近派亲王、郡王,以及兼管都统之亲王、郡王,各部满、汉尚书、侍郎一并开列,由皇帝钦点。[②]不过原派监射、较射大臣应该回避,不能开列。[③]其三为覆试项目,覆试仅试弓、刀、石三项技勇,并不考验马箭、步箭。因中箭枝数存在临场发挥问题,而开弓、舞刀、掇石三项主要考验士子臂力,短期内不会有太大悬殊,易于考验考生会试时是否舞弊藏拙。其四为覆试结果处理,士子合格者准应殿试,不合格则罚停殿试,并将原闱监射大臣一并议处。

旧例武会试覆试不合式者,需要罚停殿试一科,下届仍令覆试全部技勇项目,积累至三次覆试皆不能合式,将被斥革武举出身。嘉庆六年(1801),鉴于该定例过于严苛,改照文会试覆试停科之例,上届覆试停科者,下届可直接参与殿试,不必重新覆试。如此定制,又产生新问题,补应殿试者往往技艺仍不合式,以致殿试不合式再被罚停殿试。道光六年(1826)议改此令,规定覆试罚科者,下届仍需与新科武举一同覆试,合式后才准参加殿试;不过稍宽限制,改为前次覆试中弓、刀、石因何项不符,再次覆试时只试该项;而且,覆试三次未能合式者,亦只注销其"会试中式"之字样,仍准保留武举出身,并准其入营差操,根据其中式科分参加铨选。[④]于既定规制之中,因应现实而稍予变通,此亦制度运行之常态。不过由此亦可得见,后期应试武举之外场素养,似乎已逐渐难符预期,因此才会修改定例,宽限标准,迁就现实。

五、武会试录之刊刻

武会试录之体例,大致同于武乡试题名录。笔者寓目所及,其内容较为完备者,先有前序(多由监试官、知武举官或主考撰写),次为内外场

---

① 景清等:《钦定武场条例》卷7《武会试二》,第428页。
② 昆冈等:《钦定大清会典事例》卷717《兵部·武科》,第8册,第912页。
③ 景清等:《钦定武场条例》卷7《武会试二》,第428页。
④ 昆冈等:《钦定大清会典事例》卷717《兵部·武科》,第8册,第913页。

考务人员名录及职衔,再为武贡士总数、名次、籍贯、试前身份及外场成绩,而后为策、论原题及武举答策选刊,最后为后序(多由主考或副主考撰写)。亦有规制甚简者,仅列武举名次及籍贯;武科内场改为默写《武经》之后,答卷内容完全一致(若未写错),亦无刊刻之价值。明代刊刻武科试录,多将武场条例一并刊入,清代武会试录则未见此制。大抵因清代武科条例甚繁,若尽数刊刻,条例篇幅或将倍于试录正文。

武会试录由兵部负责刊刻进呈,所需银两则由顺天府解送供应。① 清初进呈武会试录时,亦须为皇太后、皇上、皇后各备一份。乾隆二十八年(1763),鉴于试录皆属沿袭旧文,皇帝本身亦甚少批阅,下令此后不必再送呈皇太后、皇后。② 此例遂停,武乡试录进呈亦然。清代文、武科考试之后,各类进呈试录及考卷均交由内阁典籍厅收贮。在科举时代,此类文书档册可谓汗牛充栋。其后虽然历经沧桑星散,今日中国第一历史档案馆、台北"中研院"史语所内阁大库档案及台北"故宫博物院"图书文献馆中,尚有不少留存,值得研究者重视。

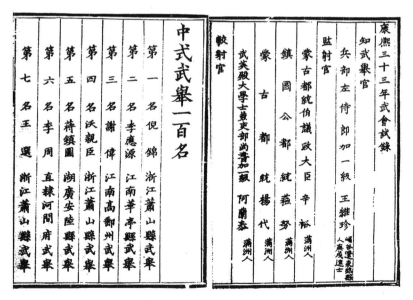

图5-2　康熙三十三年武会试录局部

① 景清等:《钦定武场条例》卷7《武会试二》,第431页。
②《清实录·高宗实录》卷697,第17册,第810—811页。

六、下第武举之安置

历代科举考试,须经层层选拔淘汰,竞争激烈,文、武两科皆然。自童试取中至殿试题名,数千人中难成一二。因此,落第者实际才是科举群体之主体。为此,李世愉曾专门撰文,呼吁学界应重视科举落第研究,[①] 近年学界已有致力于此者。清代对于会试下第武举,亦有安置措施。比如,康熙三十三年(1694)令兵部宣示,下第武举"有愿效力与再试者,具呈候该部请旨,再行考试遴选,交火器营令其服习戎事,于会试时照常考校。既悉知其人,亦便于拔取。有超群者,即与录用"[②]。将下第武举考选后交火器营"服习戎事"之例,后代未见推广,或为康熙年间一时之制。清代安置下第武举举措之施行较久者,有告降及拣选两途。至于有关详情,本书第八章解析武科人才之授职及出路时,再作具体解析。

此外,为了体现朝廷重视人才,优待士子。对于武会试中式者,例有赏赐;对会试下第者,有时亦视途程远近,发给回程盘费,以示优抚。比如,雍正二年(1724)发给落第武举盘费,四川、广东、广西、云南、贵州武举每人发银十两,江南、江西、福建、浙江、湖广、陕西武举每人发银七两,直隶、山东、河南武举每人发银五两。雍正五年再谕,"今科落第武举,八旗、直隶密迩京畿,不必赏赐;其各省落第武举,每人赏银四两。"[③] 不过,此项针对武科下第举子之赏赐,多系皇帝临时"加恩",未见悬为令典。[④] 因此,所见史料记载甚少。赴试待以"公车",落第发给回程路费,虽然其象征意义大于实际效用,亦能稍见传统时代待士之礼。

本章小结

依据本章考论,清代武科会试自顺治三年(1646)开科,至光绪二十四年(1898)共历252年,总凡109科,平均2.3年开科一次。清代

---

① 李世愉:《科举落第:一个被忽视的研究领域》,《探索与争鸣》2007年第3期。
② 昆冈等:《钦定大清会典事例》卷717《兵部·武科》,第8册,第909页。
③ 昆冈等:《钦定大清会典事例》卷717《兵部·武科》,第8册,第910页。
④ 李世愉考论清代科场经费,亦将赏赐落第举子盘费银归入临时性开支。见李世愉:《科举经费的支出及其政策导向》,第24—25页。

109 科武会试中,包括正科 83 科,恩科 17 科,非恩科之加科 9 科。有清一代共录武贡士 9657 名,平均每科约取 89 名。单科取录最多者达 300 名,最少者仅有 25 名。乾隆、嘉庆、道光、咸丰、同治五朝,武会试中额大多不足百名,非如《清史稿》所谓"会试中额多或三百名,少亦百名"。

关于清代武会试中额,李世愉等"三变"之说,颇得其要:顺治及康熙早期设有定额,择优录取;康熙中期以后亦设定额,然分南、北卷取中;乾隆以降皆不预设定额,临期题定各省中额。[①] 具体就历朝中额纵向变化而言,清代武会试中额高峰在顺治朝,因入关伊始,清廷亟需稳定局势、笼络人心,尤需安置京畿卫所军官及其子弟。其后康熙、雍正两朝中额减少,趋向平稳。而且康熙年间实行分省取中,兼顾全国中额平衡。自此以降,乾隆、嘉庆、道光、咸丰四朝,武会试中额总体大幅下降。咸丰间更因南方军兴,道途梗阻,武会试取中人数降至清代最低水平。战争结束之后,为了抚恤伤亡以及配合武生学额、武举中额之增广,武会试中额在同治、光绪两朝显著上升,但未能恢复顺治朝顶峰水平。

至于武科会试中额之分省分布,总体而言北方武艺人才壮健,取中较多。直隶地区武举中式者,占全国五分之一以上,远超其他省份。所占比例较多之省份,亦集中于华北、西北地区。清初直隶、江南两省武会试中额总数,均占全国一半以上,而湖南、广东、广西、云南、贵州诸省,经常未见一人中式,中额分配严重失衡。为了矫正其中问题,康熙年间内场先分南、北卷取中,又改为临场依据各省武举人数而定中额。此次改制,乃清代武会试分省中额变化之关键转折点。清代八旗武科虽然时有停废,但其中额比例却高于部分省份民籍中额,除因八旗本身擅长骑射之外,亦与政策性优待有关。

清代所录武贡士之总数,约为文贡士总数三分之一,武会试每科平均取中人数亦远少于文会试所取。但就历朝文、武贡士平均数之总体走势而言,除了嘉庆朝文升武降影响其前后走势,二者升降之大势全然相同。可见,虽然文武殊途,武科之影响亦不及文科,但作为清代遴选人才之两条制度通道,文武两途揭示之清代政局变化大势,其实异曲同工。文武科举之为选士"平行路径",由此亦可得见。

---

① 李世愉、胡平:《中国科举制度通史·清代卷》,第 576 页。

　　清代武科会试之磨勘、覆试制度，以及武会试录之刊刻进呈，有参照文科进行之意，此亦文武两套"抡才大典"在制度层面之对照体现。当然，武科采用此类制度之时间跨度及规范程度，整体而言不及文科。清代针对武科会试之下第武举，亦有拣选入伍等安置措施。但清代中期以后，地方军队职缺日益不敷，分发各省之武举难望拔补，选途壅滞。此亦清代武科运作所遭遇之一大问题，后文再作详细解析。

第六章　清代武科殿试之规程、内容及仪节

　　清代文、武科举考试，皆以殿试为其最高一级。武科不似文科之有朝考，以制度而言，殿试合式后即获授职资格。因此，殿试实为各省武举"终极"较艺之场。武科殿试之内场，理应由皇帝发策命题，如试文举；外场之较射，亦多由皇帝"钦临"阅视。各省武举历经层层考选，终能大廷奉对、献艺御前，合式者并能金榜题名，得授出身及官职。科举时代之士子，无不视此为毕生幸事。前文数章考论清代武科童试、乡试、会试，本章接续论述殿试之程期、规程及其具体仪节，兼及内、外场考试内容项目及评衡准绳。至若有清一代历科武进士人数、内部结构及其地域分布，以及武进士之授职及迁转等议题，后文各以专章详论。

第一节　武殿试之程期及应试资格

　　关于清代武殿试之程期，《会典事例》称顺治二年（1645）题准，定于十月之内举行殿试，又载："会试武举揭晓后，由［兵］部将殿试策文，及考试马、步射，弓、刀、石并传胪各日期拟定具奏。殿试之后，恭请驾临紫光阁考试。"[1] 商衍鎏亦从此说，但未加分辨说明。[2] 其实，顺治二年虽然初定武殿试程序及仪节，但顺治朝初期武科并无殿试。武会试之合式者，得以径授武进士出身。顺治三年（1646）武科首开会试，《清实录》载其程期为：

　　　　［九月］壬戌［十九日］，兵部奏言……武会试取中二百卷，应进御前。拟一甲三卷，二甲二十七卷，三甲一百七十卷，发内院书写黄榜。二十三日，皇上御殿传胪；二十七日，臣部筵宴武进士。得旨：武进士传胪著在午门前，二十六日筵宴，余照例行。……癸亥［二十

────────────

① 昆冈等：《钦定大清会典事例》卷 719《兵部·武科》，第 8 册，第 926 页。
② 商衍鎏：《清代科举考试述录》，第 199 页。

日],赐中式武举郭士衡等二百名进士及第、出身有差。①

此后顺治六年(1649)及顺治九年(1652),武科皆止于会试一级,此亦入关初期规制未备所致。直至顺治十二年(1655),才谕兵部:"国家选举人才,共襄治理。文武两途,允宜并重。今科武举中式二百二十名,应照文进士一体殿试。"② 因此,清代武科之有殿试,实自顺治十二年乙未科始,其后因仍不废。清代武殿试多在十月举行,不过其具体程期则历朝定制或有不同。定制之外,偶因天气状况、朝局问题及临时事务而改期,不一而足。兹就《清实录》所记,每朝各择一科列表如下,略见其日程安排。

表 6-1　清代历朝武殿试程期举隅

年份	策、论	骑射、步射	技勇	传胪、赐予出身
顺治十二年	十月乙卯(5)	十月辛亥(1)	不详	十月戊午(8)
康熙五十七年	十月己未(15)	十月庚申(16)、十月辛酉(17)、十月壬戌(18)		十月癸亥(19)
雍正元年	十二月丁巳(12)	十二月戊午(13)、十二月壬戌(14)	十二月辛酉(16)	十二月乙丑(20)
乾隆二十五年	十月丁酉(26)	十月戊戌(27)、十月庚子(29)	十月己亥(28)	十一月辛丑(30)
嘉庆十三年	十月丁未(15)	十月庚戌(18)	十月辛亥(19)	十月壬子(20)
道光三年	十月庚戌(15)	十月癸丑(18)	十月甲寅(19)	十月乙卯(20)
咸丰三年	十月丙戌(15)	十月己丑(18)	十月庚寅(18)	十月辛卯(18)
同治十三年	十月辛未(2)	十月壬申(3)	十月癸酉(4)	十月甲戌(5)
光绪十六年	十月丁酉(1)	十月己亥(3)	十月庚子(4)	十月辛丑(5)

表注:

1. 各栏括号内数字为纪日干支所对应之中历日数。

① 《清实录·世祖实录》卷28,第3册,第236页。
② 《清实录·世祖实录》卷93,第3册,第734页。

2. 顺治十二年较射在试策之前;雍正元年、乾隆二十五年皆覆试骑射。

3. 史料均源自《清实录》,表中已标明年月日信息。

清代武科殿试之日期,顺治、康熙年间变动甚多。而且顺治十二年下令殿试,乃"先试马、步箭,次试策文"[1];虽称"永著为例",实际日后亦多更动,此亦制度运作"常中之变"。此外,顺治十八年(1661)兵部题请依例殿试天下武举,谕旨则谓:"武闱已考过步箭及策、论,又经内试选定,著停止殿试。"[2]康熙年间,改为先试策、论,后试武艺,此后内外场顺序相沿未改。乾隆朝后期,武殿试多在十月十六日开考策、论。嘉庆年间武科内场停试策、论后,则定于十月十五日默写《武经》。道光十八年(1838),兵部奏称武会试内场揭晓之日与殿试相距一月,时间太久,改于十月初一日默写《武经》。[3]今日所见《武场条例》刻本所载,乃清季武科殿试之基本日程:十月初一日默写《武经》;初三日皇帝亲临紫光阁,阅视马、步射;初四日在景运门外御箭亭,考试弓、刀、石,并由兵部将中式之人带领引见,钦定甲第,交读卷官填榜;初五日升殿传胪。有时亦派王大臣代为出席考试。[4]

前章论及,清代应武科者须经会试及覆试合格,才准参加殿试,此乃制度常规。偶有武举未经会试或会试未中,亦特准殿试、赐予出身,多因荫庇、抚恤、勋绩而蒙"加恩"赏拔,乃非常之例。比如,乾隆三十七年(1772),甘肃西宁镇总兵高天喜临阵捐躯,其次子高人杰为武举人,但会试未中,仍准与新科中式武举一起殿试;[5]乾隆四十六年(1781),云南永顺镇总兵李全战殁,特准其子武举李成勇参加殿试;[6]嘉庆八年(1803),因参与缉获"会匪要犯"有功,特赐福建武举张家驹为武进士,准其参加殿试。[7]励忠而恤孤,乃历来用兵与为政者常用之法。科举中额、出身作为帝制时代之稀缺资源,常被用作奖赏,尤其以武科功名奖赏沙场兵将

[1]《清实录·世祖实录》卷 93,第 3 册,第 734 页。
[2]《清实录·圣祖实录》卷 5,第 4 册,第 92 页。
[3] 景清等:《钦定武场条例》卷 1《武殿试一》,第 306 页。
[4] 景清等:《钦定武场条例》卷 1《武殿试一》,第 305—306 页。
[5]《清实录·高宗实录》卷 918,第 20 册,第 303 页。
[6]《清实录·高宗实录》卷 1141,第 23 册,第 280 页。
[7]《清实录·仁宗实录》卷 118,第 29 册,第 576 页。

及其后裔,更有独特之象征与期许意涵。惟因此类例外"恩赏",亦令武进士人数略异于既定武会试中额。

第二节　武殿试之内场考试

清代武殿试之内场考试,皆于太和殿前举行,考察所见未有例外。以下分为考务人员、殿试仪节、试题及答卷三项,稍作考述。

一、考务人员

评阅文、武科举殿试卷之考官,不称"阅卷官"、"阅卷大臣",而称作"读卷官"、"读卷大臣"。因为殿试策题以皇帝口吻拟就,理论上由皇帝临轩发策、亲阅考卷、钦定甲第,称为"读卷",意谓臣下不能"僭越"评阅,此乃典制辞令而已,实际考务委诸臣工。

清初,武殿试读卷大臣人数似无恒定,且普遍较多。顺治十二年(1655)初开殿试,读卷大臣多达 26 人,选自大学士、学士、各部尚书、侍郎、都察院左都御史、通政使司左通政、大理寺少卿等官。[①] 此后读卷大臣人数渐减,顺治十五年(1658)、十七年武科殿试,读卷官分别为 12 人、11 人。[②] 康熙年间读卷大臣仍有十数人,如康熙五十二年(1713)"万寿"恩科,殿试读卷官亦有 13 人之多。[③]

清初多派读卷大臣,一则因应试武举人数较多,再则因为内场考试策、论,评阅费时。乾隆朝以降,武科取录人数大幅减少,嘉庆朝更废策、论之试,默写《武经》。此时内场阅卷,不过检查有无涂改错字、书写格式有无违碍之处,有评阅之名而无评阅之实,读卷大臣人数亦因此减少。至于清季,武殿试内场读卷大臣仅定 4 人,由兵部先期咨取内阁、吏、户、礼、刑、工等部,以及都察院、通政使司、大理寺、翰林院、詹事府各部门堂

---

① 《清实录·世祖实录》卷 94,第 3 册,第 737 页。
② 《清实录·世祖实录》卷 121,第 3 册,第 736—737 页;卷 134,第 3 册,第 1036 页。
③ 王原祁等:《万寿盛典初集》卷 33《恩赉六》,上海古籍出版社,1987 年影印本,载《景印文渊阁四库全书》第 653 册,第 375 页。

官之职名,在殿试前一日开单奏呈,以候皇帝圈定。[①]读卷官之外,尚有各项场官及杂役供事,略同于武科乡、会二试。至于清季武殿试各官之名数及来源,略述如下。

武殿试印卷官 2 人,由该科武会试外闱提调官担任。监试官满、汉各 2 人,在都察院监察御史中钦点;受卷官、弥封官、收掌官各 4 人,在内阁、翰林院、詹事府、六科等官中钦点;填榜官 12 人,在内阁中书中钦点。以上各项场官,皆由兵部于殿试前一天开列职名具题,钦定名单之后,齐赴午门听宣。嘉庆年间,内场改为默写《武经》,所需人力相应减少,因此受卷、收掌、弥封官曾减至各派 1 人。[②]

其余场官、将校及杂役等,由兵部先期行文相应部门派拨。其中,供给官 1 人由光禄寺派充,巡绰官则由銮仪卫拣派。此外,殿试当日须由官员 6 人带领武举,从左、右掖门进入太和殿考场,均以兵部之司员、笔帖式派充。殿试内场巡逻护军以及代携考具之校尉,则分别由护军统领及銮仪卫派出。另外,内场刊刻题纸所需刻字匠 6 人、刷字匠 5 人,由兵部先期札行顺天府,选送至内阁听候调用。[③]总体而言,武科殿试内场考务人员之配置,大致与文科殿试相仿,但武科应试人数及中额相对较少,且内场答卷内容渐少渐轻,因此人员配置少于文科。

二、殿试仪节

武科殿试亦称抡才大典,乃所谓"观瞻所系",故其典礼仪节甚为繁复细密。其实,清代武科大多偏重外场成绩,内场答策不过权作参照。而且内场改写《武经》之后,更是形同虚设,但殿试仪节循例进行,毫不含糊。殿试内场所欲传达之"天威庄严"、"皇恩浩荡"等仪式内涵,胜于其考试策论、默写《武经》之实际意义。礼仪之于政治与文化,其重如此。

清代武科殿试之仪注,初定于顺治十二年(1655),其后大致相沿,略同文科。[④]清季定于十月初一日殿试,默写《武经》。其具体仪节为:

---

① 景清等:《钦定武场条例》卷 1《武殿试一》,第 314 页。
② 景清等:《钦定武场条例》卷 1《武殿试一》,第 315 页。
③ 景清等:《钦定武场条例》卷 1《武殿试一》,第 316、320—321 页。
④ 详见《清实录·世祖实录》卷 94,第 3 册,第 736—737 页。

殿试前一天,由鸿胪寺官员在太和殿内西侧铺设题目黄案一张,另在太和殿外丹陛上正中设黄案一张;光禄寺官员则在丹陛下预备试桌,东西相向。殿试当天,銮仪卫校尉在太和殿前依次列队排设,但皇帝不升殿。当日清晨,内阁官员亲捧试题,陈设在殿内西侧黄案上,兵部、鸿胪寺官员皆穿朝服,带领应试武举进午门及太和门之左、右掖门,在太和殿前丹墀下两旁排立;读卷官及各位执事官员皆穿朝服,排立于丹墀下两旁。待所有人员就位完毕,内阁官员将殿内题目从黄案上举起,在殿檐下授予兵部堂官。兵部堂官跪受并举起题目,由中路行至丹陛上黄案前,跪设于黄案之上,并行三叩头礼。赞礼官立于殿外黄案旁,读卷、执事等官听赞,在丹墀下排班,行三跪九叩礼毕,各自回到原处。应试武举亦听赞礼官鸣赞,排班行三跪九叩礼后,兵部司官举起题案,到丹墀下散发题目。应试武举跪受题目,行三叩礼毕,再各归试桌,默写《武经》。考试完毕后,在左庑阶下收卷、弥封,以箱储送读卷官,公同评阅。[①] 此时,虽然考试内容甚为疏浅,但礼仪定制却非常严密,可谓轻其实质而重其形式。

　　至于清季,武科内场已改为默写《武经》百余字,不仅难望卷中之"文韬武略"能拯济危局于将倾,后文更可得见其中不乏错漏频出者。而其典礼仪式,仍旧循例进行,郑重其事。在较为庞大之立国施政规模体制下,一种制度之长期运行,往往形成应革而难革、当废而难废之"路径依赖"效应,必待一种自内或自外而来之"强力"作用,才能改弦更张。认识中国政治与文化之演进,此亦一种重要视角。

三、试题及答卷

(一)策题之拟定

　　武科殿试内场尚考策问之时,策题如文科殿试之例,标目进呈之后,钦定三条出题。[②] 乾隆年间,先由阅卷大臣拟出策题标目九条进呈,而后钦点二条或三条颁发。比如,乾隆二十二年(1757)武科殿试,读卷大臣

---

① 来保:《为题报乾隆二十五年会试中式武举殿试策文读卷传胪并状元上表各仪注事》,1760年,中国第一历史档案馆藏内阁题本,档案号:02-01-006-001704-0013。景清等:《钦定武场条例》卷1《武殿试一》,第308页。
② 商衍鎏:《清代科举考试述录》,第200页。

陈士伯等拟进策题标目为：预储将才、简阅军实、勤加训练、讲求阵法、整饬营汛、抚绥士卒、缮制军器、修明马政、开垦屯田，合共九条；最后圈定预储将才、勤加训练、修明马政三条，相应命题。嘉庆六年（1801）武殿试，则拟六而选三。[①] 标目圈定之后，考试范围已经确定，读卷大臣据此命题，再交给印卷官印制，以便殿试当日散发给应试武举。

清代通例，文科殿试策题皆载入历朝《实录》及《起居注》，武殿试策题则不录。乾隆六十年（1795），还曾因此命令大臣翻查前朝《实录》，和珅时为翰林院掌院学士，未能以实应对，"诏斥护过饰非，革职留任。"[②] 乾隆皇帝为此专门训谕："文殿试向凭策以定甲乙。至武会试所重，原在外场。其发策廷试，止系循例举行。是以每次所派阅卷大臣，不过阁学、京堂等官，大学士、尚书向未简派。所出策题，率多敷衍成文。而武举等亦并不能条对，自不应载入《起居注》、《实录》之内。"[③]

可见，此时武科殿试已无顺治朝兼派大学士读卷之例，而且已矫正清初"凭文取中"之问题；而且，乾隆皇帝对于武科内场出题与答策之水平，心存不屑。一般虽称揆文奋武，文武并进，实际考选看重文科而轻忽武科，乃为实情。不仅如此，乾隆皇帝还下令军机大臣查实此制，并训斥、议处误报文武殿试策题皆载入《实录》之大臣。一经定例，渐成"祖制"。因此，今日欲见清代武科殿试策题，应查内阁大库档案所存原件，或依武进士登科录所刊，不能依循文科之例从历朝《实录》中寻觅。

（二）策题范式及应答举隅

武科殿试策题之命题形式及发问语气，皆同于文科。不过，其策问内容侧重于行军打仗、治兵选将之类。兹以康熙十二年（1673）武殿试策题为例，略作分析。其策题谓：

> 皇帝制曰：自古帝王抚御天下，虽际熙洽[④]之世，亦必有御侮之

---

①《武殿试读卷官陈世伯等奏陈》，1757年，达椿等：《奏拟武殿试试策标题》，1801年，台北"中研院"史语所藏内阁大库档案，档案号：076147-001，056936-001。

②赵尔巽等：《清史稿》卷319《和珅传》，第10755页。

③《清实录·高宗实录》卷1489，第27册，第930页。

④熙洽："重熙累洽"之略，清明和乐之意。班固《东都赋》有句："至于永平之际，重熙而累洽。"见范晔：《后汉书》卷40《班彪列传下》，第1363页。

臣。① 故师贞著于大《易》,② 干城咏于风《诗》,③ 武功与文德并敷,何治之隆也! 朕侧席求贤,共图化理,拊髀之思,犹勤夙夜。期得才德兼备、将略素娴之士,于以建威销萌,④ 永安磐石。然将略不一,何者为要? 可得而指陈之欤? 足食先于足兵,清军犹须核饷。迩来积弊未除,侵克浮冒,习以成风。科敛恣溪壑之贪,厮役占卒伍之籍,虽然察点有名,而稽核鲜实,何道而使饷无虚糜、士获宿饱欤? 为将之道,必持躬廉洁,而后可以服士卒之心;必临事勇敢,而后可以作三军之气。古之名将,代有其人,其资禀性成欤? 抑鼓舞之有方也? 至于驭兵之术,宽严二者不可偏废。或刁斗⑤ 不设,而士乐其简;或旌旗一变,而士慑其威。今欲使为将者,宽弗流于纵弛,严弗近于苛暴,何以相济而尽善欤? 尔多士膺兹茂选,挟持有素,其详切敷陈,朕将亲览焉。⑥

该科策题之结构铺陈较为典型。以"皇帝制曰"发端,以示殿试乃皇帝主持之抡才大典。发问之前,先为总述,并引经据典,确定武功、文德并重此一论述基调。而后以策士求贤为发语,引出策题正文。该科策题所问,要在四端:一曰将略之要,二曰料饷之法,三曰为将之道,四曰驭兵之术。最后寄望士子切实应答,以为策题之结。此处称呼应试举子,亦用"尔多士",同于文科,可见在制度层面上,文武科场及第者皆被视为士绅。考试须先明解题意,才有可能应答得体。作为古代骈体文章,策题正文中多用典故,出于《十三经》及历代正史、典章者较多,颇能考验应试举子之经史水平。

---

① 御侮:典出《诗·大雅·绵》,原句"予曰有疏附,予曰有先后,予曰有奔奏,予曰有御侮"。郑玄谓"武臣折冲曰御侮"。
② 师贞:典出《周易·师卦》:"师贞,丈人,吉,无咎。"孔疏:"师,众也。贞,正也。丈人,谓严庄尊重之人。言为师之正,唯得严庄丈人监临主领,乃得吉无咎。"
③ 干城:干为盾牌,城为城墙。典出《诗·周南·兔罝》:"赳赳武夫,公侯干城。"孔疏谓干、城"皆以御难也。此兔罝之人,贤者也,有武力,可任为将帅之德"。
④ "建威销萌,一民之至权也",语见《汉书》,颜师古注谓:"销遏逆乱,使不得萌生。"见班固:《汉书》卷73《韦贤传》,第3116—3117页。
⑤ 刁斗:或作刀斗,古时军用之器。《史记》载李广出击匈奴,"无部伍行阵,就善水草屯,舍止,人人自便,不击刁斗以自卫"。裴骃《集解》引孟康云:"以铜作鐎器,受一斗,昼炊饭食,夜击持行,名曰刁斗。"见司马迁:《史记》卷109《李将军列传》,第2869—2870页。
⑥ 策题见《康熙十二年武进士登科录》,台北图书馆藏缩微胶卷。标点、注释为笔者所加。

　　清初武科殿试答策,其应答体例、答题水平、卷面篇幅、楷法功底,多与文科殿试相当。前文论及,康熙、雍正、乾隆三朝之部分科分,曾准文武互试,又曾令武场加试《四书》,因此武科士子文艺水平相对较高,尤以康熙朝为盛。此外,当时武场尚有"凭文取中"之现象。其中跻列状元、榜眼者勿论,以下仅举康熙十二年武探花赵文璧之对策,并稍作分析,以见清初武进士答策水平及体例之一斑。

　　　　臣对:臣闻古之帝王固本神州,奠安区夏,而大一统之模、食灵长之福者,必内歌《天保》、外赋《采薇》。① 德则几于可大,业则垂于可久,故能声教四讫、玉帛来同。海澨山陬,莫不畏其威而怀其德,而垂裳以臻从欲、操缦以奏诚和也。② 盖天下之大本,端于文教;而天下之大势,统于武功。诚知夫文教之不可不兴也,则隆道化、振纪纲、核名实,深思乎因革损益之间,慎持乎赏罚予夺之际,居高以听,斯道路之咸遵;诚知夫武功之不可不著也,则选智勇、明训练、富积贮,善全乎强本弱枝之图,熟悉乎居重驭轻之本,端拱而临,遂金汤之永固。是以首善者,曰国之仪也;建威者,销萌之原也。正朝廷以正百官,正百官以正万民,而会其有极、归其有极,六合所以同风;饬丛甸以绥郊圻,绥郊圻以宾异域,而赫赫厥声、濯濯厥灵,尊亲所以无外。然则大本植而内治,大势集而外宁,端有在今日矣。

　　　　钦惟皇帝陛下,道冠百王,心传二帝。冲龄践祚,挺天纵之神姿;凝德受符,登太平之盛业。轶基命之主,而承先裕后,万物欣作睹之荣;迈敬承之贤,而奋武揆文,四表著会同之象。视朝昧爽,③ 则国是民依,罔勿畴咨,④ 岳牧而惠心实政。非徒开东观,以集雕

---

① 《天保》、《采薇》皆为《诗·小雅》之章,《天保》要在颂圣祈愿,谓君王受命于天,福寿绵长,故策题曰"内歌"。《采薇》乃戍卒归途所赋,尽道戍边征战之苦及思家怀土之情,故策题谓"外赋"。

② 垂裳:典出"正冠衣[垂]裳,宇宙平康",见焦赣:《焦氏易林》卷1《大有之第十四》,上海古籍出版社,1987年影印本,载《景印文渊阁四库全书》第808册,第306页。从欲:典出《论语·为政》,"七十而从心所欲。"操缦:缦,谓杂声之和乐者。《礼记·学记》云"不学操缦,不能安弦"。垂裳以臻从欲,操缦以奏诚和,皆谓以礼乐、德政而修齐治平。

③ 昧爽:黎明拂晓之时,《尚书·牧誓》谓"时甲子昧爽,王朝至于商郊牧野,乃誓"。

④ 畴咨:访问、访求之意,典出《尚书·尧典》:"帝曰:'畴咨若予采?'"

龙；①清问田间，则蠲租发粟。惟是钦恤烝黎，而贝胄珠旌，讵谓耀平原以夸组甲。固已化洽时雍之美，人游熙皞之天矣。乃犹圣不自圣，择及刍荛，②进臣等而咨以当世之务，诚好问好察之深心，而天下万世之福也。臣虽决拾③之子，未谙《诗》《书》，亦尝侧闻古人之遗训与长者之名言矣。窃欲直抒一得，上达九重，而无如有怀莫致。今幸承金纶下询，敢不对扬天子之休命乎？

伏读制策有曰：欲得才德兼备之士，以建威销萌，永安磐石。以臣计之，将不在乎大小，而在乎推择。受干城之寄者，不可予以忽略之思。必存乎人者，素谙于敬胜义胜之书；④而膺斯职者，尚慎以龟从筮从之策。⑤然而将略亦不一矣，其聪明足以服众，而战无不克、守无不固者，此将之优于才者也；其仁厚足以感人，而近无不怀、远无不慕者，此将之优于德者也。使有才而无德，则失于苛刻，而天下无慑服之志；有德而无才，则流于庸懦，而天下无宁息之期。故才兼夫德，可以御外侮者，亦可以固君心；德兼乎才，可以抚士卒者，亦可以捍疆圉。无偏废之理，而有相济之用。诚得其人以任焉，则永安磐石无难矣。

制策有曰：兵饷积弊未除，侵克浮冒，习以成风，欲使饷无虚糜、士获宿饱。以臣计之，兵之大事在饷，竭之以正供而不足，竭之以盐钱而不足，此其故何与？由于在上者取之以自利，在下者占之以自私。故按籍则有兵，而核实则无兵也。有为足食计者，议裁汰此，其说似也。然裁汰之法，止可禁老弱充数之弊，而不能遏将领贪恣之风。是必得大公自持之将领与不骄惰之厮役而后可，何也？将能大公，则无侵克之虞，而士有宿饱矣；役不骄惰，则鲜浮冒之弊，而

---

① 东观：东汉皇家贮藏档案图籍、校书著述之所，汉明帝曾诏班固等作《东观汉记》；雕龙：雕镂龙纹，意指擅长文辞，刻意雕饰。策文以此指代文艺之事。

② 刍荛：指采薪者，用作谦辞。典出《诗·大雅·板》："先民有言，询于刍荛。"

③ 决拾：古代射箭用具，指代弓箭、射箭。《诗·小雅·车攻》曰："决拾既佽，弓矢既调。"

④ 敬胜义胜：典出《六韬》："义胜欲则昌，欲胜义则亡；敬胜怠则吉，怠胜敬则灭。"此指兵书韬略。

⑤ 龟从筮从：典出《尚书·洪范》："龟从，筮从，卿士从，庶民从，是之谓大同。"此指用兵布阵之策略。

饷无虚靡矣。将国家之惠,实见于军旅之间,而饱腾①之风,不可复睹乎?

　　制策有曰:为将之道,持躬廉洁,可以服士卒之心;临事勇敢,可以作三军之气。夫将也者,士卒之所托命,三军所恃而动者也。如其利己以自私,则士卒之心变矣;如其庸懦而无主,则三军之气馁矣。必为将者,仁德素具,不贪以自谋而有损于士卒,士卒自深其爱戴之心;自恃大勇,不退而逡诿以徒励三军,三军自鼓其勇往之气。古之名将,代有其人,要惟禀资清洁、成性勇敢,而又学问以克之、涵养以主之,更加以爵秩之荣、隆以推毂②之典。皇上诚能于命将之日,与以高爵,与以厚禄,则人皆鼓舞于功名,其人其绩,何难再见焉?

　　制策有曰:驭兵之术,宽严二者不可偏废,而欲其相济而尽善。夫驭兵有何异术?要在抚之得其法,督之得其宜。倘不得其法,则用宽而失之过弱,何以作三军之气?不得其宜,则用严而流于过猛,何以收士卒之心?惟不徒以宽,而有严以济宽,大赏必及者,大罚亦所必加;不徒以严,而有宽以济严,威之所至,恩亦至焉,劳之所及,爱亦及焉。故姑息之宽,非宽也,宽而过者也;苛刻之严,非严也,严而过者也。诚得才德兼全之大将以驭之,于以见相济之用者,即以著相济之功。将刁斗不设,而示人以凛然不可动;旌旗一变,而予人以蔼然有可亲。尽善之道,不在是哉?

　　抑臣更有进焉:皇上抚重熙累洽之运,际久道化成之时,惟愿敏则有功,③所其无逸,笃肯堂肯构④之思;燕贻是念,切予圣予雄之

①　饱腾:"士饱马腾"之略,谓粮饷充足,士气高昂,韩愈有谓"士饱而歌,马腾于槽"。见韩愈著,马其昶校注,马茂元整理:《韩昌黎文集校注》卷7《平淮西碑》,上海古籍出版社,1986年,第483页。
②　推毂:推车前行,乃古帝王任命帅时极为隆重之典礼。《史记》谓"上古王者之遣将也,跪而推毂,曰阃以内者,寡人制之;阃以外者,将军制之。"见司马迁:《史记》卷102《张释之冯唐列传》,第2758页。
③　敏则有功:出自《论语·阳货》:"恭则不侮,宽则得众,信则人任焉,敏则有功,惠则足以使人。"
④　肯堂肯构:谓子能继父业,典出《尚书·大诰》:"若考作室,既底法,厥子乃弗肯堂,矧肯构?"

志。鱼藻无嫌,^① 则谋及卿士,谋及庶人,^② 博采康衢之末议,^③ 而王道一准乎荡平;事于五更,事于三老,不弃葑菲^④之下材,而明见已周乎万世。由是《天保》以治内,而庶绩其凝,^⑤ 都俞吁咈^⑥之风,可复睹也;《采薇》以治外,而六师孔武,东西朔南之服,靡弗届也。不亦四海瞻光华之旦,而万年垂有道之长哉!彼星云麟凤之征,则又圣世之余事矣。

臣草茅新进,罔识忌讳,干冒宸严,不胜战慄陨越之至。臣谨对。^⑦

(三)试卷格式及答策解析

武殿试策题及题纸均由兵部制备,卷面书"应殿试武举臣某某",并钤盖兵部堂官大印,题纸中间接缝处亦盖印,卷背为印卷官之姓名及职衔。殿试试卷以两面为一开,第一开前半页书应试武举之姓名、年龄、籍贯、初始身份(武生或兵丁之类)、武乡试、武会试中式科分;继书其曾祖、祖、父三代脚色信息,包括姓名、存殁及仕否,乾隆中期以后,省略三代脚色。第一开后半页留空,此后两开为素页,不画竖线,留白以备弥封。考生答毕收卷后,卷面姓名及第一开履历信息皆弥封,加盖关防,以防徇私舞弊。

题纸备写策文之部分,每开画竖线十二行,每行可写二十四字。内阁大库档案藏清代武科殿试原卷甚多,管见所及,顺治、康熙、雍正三朝,武殿试试卷多在四开以上,以五、六开居多,更有多至八开者(同于文科,见图6-1)。此处所引康熙十二年武探花赵文璧之对策,长达1596字,原卷策文部分应为八开。其对策体式严谨,论述充分,可作范例稍加解析。

---

① 鱼藻无嫌:谓君贤民乐,和而无间,用《诗·鱼藻》之典。

② 谋及卿士,谋及庶人:语出《尚书·洪范》。

③ 康衢:大道,《列子》谓"尧乃微服游于康衢",此指采访下情民意。见杨伯峻撰:《列子集释》卷4《仲尼》,中华书局,1979年,第143页。

④ 葑菲:典出《诗经·谷风》:"采葑采菲,无以下体。"朱子注曰:"葑,蔓菁也。菲,似葍,茎粗叶厚而长,有毛。下体,根也。葑菲根茎皆可食,而其根则有时而美恶。……采葑菲者,不可以其根之恶,而弃其茎之美。"见朱熹:《诗集传》卷2,中华书局,1958年,第21页。后用作祈人不嫌鄙劣、采纳己见之谦说。

⑤ 庶绩其凝:《尚书·皋陶谟》所论为政九德之一。

⑥ 都俞吁咈:皆上古帝王议论政事之语气词,后用指君臣之间和洽论政。语出《尚书·益稷》,禹曰:"都!帝,慎乃在位。"帝曰:"俞!"《尚书·尧典》:帝曰:"吁!咈哉,方命圮族。"

⑦ 答策全文见《康熙十二年武进士登科录》,台北图书馆藏缩微胶卷。标点、注释、分段为笔者所加。

对策以"臣对臣闻"起,以"臣草茅新进,罔识忌讳,干冒宸严,不胜战慄陨越之至。臣谨对"作结,乃文、武科殿试答策通制。策文内逢"臣"字旁写,开端及一般行文转行,皆低二格,以备抬头"颂圣"。

至于其对策正文,依其文脉可析为以下几个部分。首先为策冒,策冒亦可分两部,自"臣对臣闻"至"端有在今日矣"为第一部分,紧扣策题"武功与文德并敷"展开,先援引古帝王治外安内之德行事功,阐发文治与武功并重之理,以及兼顾两者之道,为全文砥定基石;自"钦惟皇帝陛下"至"敢不对扬天子之休命乎"为第二部分,主要在颂圣自谦,引出对策正文。其次为策文主体,总凡四节,各以"伏读制策有曰"或"制策有曰"提起,依次详论策题四问:将略之要、料饷之法、为将之道、驭兵之术。最后为策尾,展望前景,呼应策冒所论文治武功之统协,最后再次"颂圣"作结。

选士对策,乃属"揣摩之学",关键在于揣摩"上意",并提出对策。其实,殿试策题之中,其论述基调亦已给定。考生所需致力者,在于不违碍于"圣意"前提之下,发挥己见。策问所考,实为考生引经据典、谋篇布局、遣词造句之功夫,至于其对策能否措诸实践,另当别论。而且武科策问,实乃真正之"纸上谈兵"。纵览赵文璧之策文,皆依据经典,将用将驭兵之术,作理想化、哲学化之论述。其法有效与否,尚有疑义。不过就其作文水平而言,则大有可观。该文论证严密,句句紧扣原策,既有正面铺陈,又有反面论述,并兼反问、设问诸手法,文脉条畅,浑然一体。加之文中随处可见之工整对仗,以及俯拾即是之引经据典,亦充分体现作者深厚经史功底及作文能力。

依据该科《登科录》所载,赵文璧中式当年仅有 17 岁,而且钦点武探花。[①]武探花出身,依例授二等侍卫,后授直隶宣府、甘肃永宁游击。任职永宁期间,逢清廷与噶尔丹交战,赵文璧捐资置办甲械军装,其后历任福建海坛、台湾南路参将、游击,擢升辰州副将,更因"平叛有功",升任广东高凉总兵,后补福建漳州总兵,参与平定朱一贵之战。后乞休致,年八十卒于家。赵文璧不仅建功沙场,而且著有《格苗纪略》、《闽粤疏》、《松筠堂诗抄》、《丹霞日咏》等作品。赵文璧去世后,为其作传者乃康熙

---

① 见《康熙十二年武进士登科录》,台北图书馆藏缩微胶卷。

图 6-1　雍正元年（1723）武科进士张炳殿试卷

原件藏地：上海嘉定科举博物馆，惠蒙徐征伟先生提供。

三十年(1691)文科探花黄叔琳。① 赵文璧之文武才能及仕途际遇,在清代武科进士中实不多见。

当然,此处仍然是选择策文佳作,加以分析,以见其体例规范。清代武科考场中,像这样篇幅布局及文采义理俱佳之策论,并非随时可见。事实上,早在康熙年间,武科士子文艺欠佳之问题已较明显。《起居注》载录康熙二十四年(1685)武科殿试阅卷之后,讨论排名之过程,直录现场情形,颇为生动:

> [十月初六日]戌时,上御懋勤殿,读卷官、大学士勒德洪等捧卷进呈,学士麻尔图以公拟六卷呈御案前。上取第一卷阅毕,曰:"此卷文意不贯,且书法亦不佳,何也?"王熙、孙在丰奏曰:"此番考取举人内此卷稍可。"上又将第二卷、第三卷阅毕,曰:"观此番试卷俱甚不堪。"王熙奏曰:"武举文字难与文举人文字并论。此番试卷实皆不堪,此所选数卷比他卷稍可,故拟在前列。"上曰:"向来考试武进士皆以骑射技勇为主。两日所试徐宪武、陈廷玺、李载骑射皆可观。着将伊等卷捡来。"学士麻尔图等检出三卷进呈。上亲批三卷为一甲三名,其二甲进士二十名及三甲进士皆依读卷官所拟。②

由此亦可得见,武科考试排名逐渐偏重外场技艺,固然符合武科选拔武勇之目的,实际亦是应试者整体文艺不堪之无奈选择。笔者寓目所及,自乾隆朝中期以降,武科殿试答策减至二、三开为主(见图6-2),鲜见四开以上之答卷,甚至有一开未满者。乾隆五十五年(1792)武状元玉福之殿试卷,亦未足三开。③ 而且此时殿试答题,大多先照录已有策题数句,而后"颂圣",草草作结;对于策题所问,鲜少实质应答与发挥。应试武举所作策文,无论其总体篇幅、应答水平,抑或书法功力,皆呈衰退之势。前文引述乾隆皇帝谓武科殿试策题"率多敷衍成文",应试武举"亦并不能条对",并非一时虚言。此外,乾隆、嘉庆年间不仅策文简短,体式亦坏,不仅难辨策冒、正文与策尾,而且应有单抬、双抬"颂圣"之例亦难尽从。甚至即便

---

① 张宗海、杨士龙等:《萧山县志稿》卷16《人物三》,台北:成文出版社,1970年影印本,第1410页。
② 中国第一历史档案馆整理:《康熙起居注》,中华书局,1984年,第1371页。
③ 杨学为总主编:《中国考试史文献集成》第9卷,高等教育出版社,2003年,第124页。

原有结尾定式,亦是五花八门,如写作"臣至愚极陋,罔敢妄对"①,或"臣至愚极鲁,识昧韬钤,不敢冒对"②,或"臣自维疏漏,不敢妄对"③,不一而足。其后内场改为简单默写《武经》,实乃出于不得已之"降格"迁就。

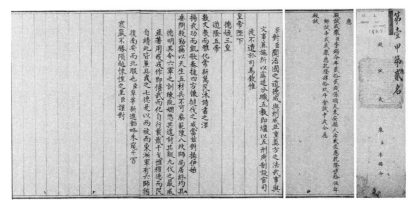

图 6-2　乾隆四十九年（1784）武科榜眼李锡命殿试卷
原件藏地：美国加州大学洛杉矶分校东亚图书馆。

（三）默写《武经》之规范与问题

清代武科士子内场之答策水平,到了嘉庆朝中叶已甚为不堪。因此,嘉庆十二年（1807）经廷臣奏准,此后武科自童试至殿试,内场一律改为默写《武经》。殿试试题仍由读卷大臣密拟,选择《武经》一段,指明起止,仅约百字,进呈钦定。考生书写时,不用另写题目,直接顶格默写。④ 至于其出题范例,如嘉庆十六年（1811）默写自"故善用兵者"至"大敌之擒也"⑤,出自《孙子·谋攻》,仅 93 字;嘉庆二十五年（1820）默写自"故用兵之法"至"是谓将事"⑥,出自《吴子·治兵》,凡 101 字。其

①《乾隆十七年三甲三十六名武进士钟洪声殿试卷》,1752 年,台北"中研院"史语所藏内阁大库档案,档案号：172012-001。
②《乾隆三十七年三甲三十二名武进士齐永泰殿试卷》,1772 年,台北"中研院"史语所藏内阁大库档案,档案号：171849-001。
③《嘉庆四年三甲四十二名武进士桑龙潭殿试卷》,1799 年,台北"中研院"史语所藏内阁大库档案,档案号：171982-001。
④ 景清等：《钦定武场条例》卷 1《武殿试一》,第 319 页。
⑤《嘉庆十六年武进士桑龙岗殿试卷》,1811 年,台北"中研院"史语所藏内阁大库档案,档案号：172025-001。
⑥《嘉庆二十五年一甲三名武进士富成殿试卷》,1820 年,台北"中研院"史语所藏内阁大库档案,档案号：171859-001。

应试难度与前期创作策、论,已不可同日而语。

而且,默写《武经》之评判标准甚为宽松,其中不能书写者、卷子倒写者、涂写错乱者,以及添改字数过多模糊难认者,属于违式,不准取中。其余但凡全卷写毕,即便有少数错误潦草,或者添注几字,亦有机会取中,但不得置于前列取中。① 比如,光绪十八年(1892)武殿试默写《吴子·料敌》选段,武举何亨通之卷涂改"必"字为"心"字,又添"冲"字,仍被拟取为三甲第一百名。②

即便如此降格,殿试武举仍有不能完卷者。比如,咸丰九年(1859)武殿试,内场默写《孙子·虚实》自"故形兵之极"至"而取胜者谓之神",总凡118字。该科应试武举庞世泰仅以拙劣书法,歪歪斜斜写出33字,自"不能知"以下85字,则由标准馆阁体补写完整,卷面硃批"停殿试"③。清季武殿试考生甚少,而且内场在太和殿前举行,几乎没有传递、枪替之可能。庞世泰考卷上另一种笔迹,应为读卷大臣所留,因殿试答卷例须送呈"御览",不宜以残缺或空白之卷进呈,因而权且补足,以备"圣裁"。庞世泰以包衣汉军而为武生,已属清代后期"非常之例";又依其水平,如何逐层通过武科童试、乡试、会试而得应殿试,不得其详。尤可异者,庞世泰被罚停一科之后,竟于同治元年(1862)"考获"武进士名衔。④ 由此显例,再次窥见清季武科士子文化素养之不足,以及取中标准之降低。

清代武科本重外场武艺,内场不过作为参考。自从内场改为默写《武经》,更是日益形同虚设。考官阅卷,有校阅之名,而无校阅之实。一如商衍鎏所论,武殿试"所重在御试武艺,读卷一场虽仍名殿试,不过虚存故事耳"⑤。然而殿试抢才,关乎典礼甚重。因此,内场考阅即便可有可无,仍须依照典章陈例,施行不废。武殿试所欲承载、宣示之礼仪与恩荣,渐渐超过其实际考选功能。此种性质,越至清代后期,越益显著。

---

① 景清等:《钦定武场条例》卷1《武殿试一》,第322页。
② 《光绪十八年武进士何亨通殿试卷》,1892年,台北"中研院"史语所藏内阁大库档案,档案号:171987-001。
③ 《武举庞世泰应咸丰九年武殿试答卷》,1859年,台北"中研院"史语所藏内阁大库档案,档案号:172020-001。硃批"停"字之前,疑有一字缺损,或为"著"字或"罚"字。
④ 见《同治元年武进士登科进呈录》,同治元年刻本,中国国家图书馆古籍部藏。
⑤ 商衍鎏:《清代科举考试述录》,第200页。

第三节　武殿试之外场考试

入关之初,武科未设殿试。顺治十二年(1655)令开武殿试,乃"先试马、步箭,次试策文"[1]。是年十月辛亥(初一)、癸丑(初三)两日,顺治皇帝在景山分别阅视中式武举骑射、步射,十月乙卯(初五)再于太和殿前试策。[2] 康熙年间改为先试策问,后试武艺,此后内外场顺序相沿未改。康熙年间阅视外场骑射、技勇,有时在畅春园内西厂,有时在中南海瀛台紫光阁;[3] 雍正、乾隆年间亦多在紫光阁举行,偶见在景运门外箭亭(顺治初建,名射殿)举行。[4] 嘉庆十九年(1814)正式下令,改于紫光阁亲阅马、步箭,在外箭亭亲阅弓、刀、石,并引见中式武举,后为定例,延至清末。[5] 具体考试地点分布,详见图6-8。武殿试外场之考验项目,同于乡、会二试,即马、步箭及弓、刀、石三项技勇。所不同者,殿试乃御前献艺,武举经年苦练、应考而有此机会,科举时代之士子小视为殊荣。

一、场前准备

殿试之前,由兵部堂官率领考场执事各员,带领中式武举先赴紫光阁及箭亭演礼,以免殿试当日御前失仪。[6] 此外,尚有人事、物料各项预备,略述如下。

紫光阁阅视马、步箭,箭亭考试弓、刀、石,以及太和殿传胪,均有皇帝出场,规格甚高,因此每日须以兵部侍郎一员充当前引官。紫光阁阅试马、步箭,所需现场执事官员、营弁,由兵部先期酌派,计有请驾官2名、带排官每排4名、押旗官2名、放马官2名、沿河催马官2名、马道旁唱名官18名、沿河管辖官3名、监鼓官3名,均以兵部司员、笔帖式担任。[7] 负责押旗、放马、司鼓、打箭之营弁,则由巡捕五营派拨。箭亭考

---

① 《清实录·世祖实录》卷93,第3册,第734页。
② 《清实录·世祖实录》卷93,第3册,第736—737页。
③ 《清实录·圣祖实录》卷185,第5册,第979页;卷281,第5册,第750页。
④ 《清实录·高宗实录》卷31,第9册,第626页。
⑤ 《清实录·仁宗实录》卷294,第31册,第1034页;《清实录·德宗实录》卷377,第56册,第933页。
⑥ 景清等:《钦定武场条例》卷2《武殿试二》,第325页。
⑦ 景清等:《钦定武场条例》卷2《武殿试二》,第327页。

试三项技勇时,所需请驾官 4 名、执弓官 16 名、递膳牌官 4 名、填榜官 1 名,亦由兵部司员、笔帖式担任,仍用紫光阁带排官带领武举。此外,紫光阁考试马、步箭,兵部需要先期行文值年旗,转传十五善射处人员;箭亭考试弓、刀、石,则行文善扑营,转传硬弓手及摔跤人员。^① 以上两项人员皆备临场演练、引射,为应试武举示范。十五善射处掌管八旗官兵习射;善扑营"掌选八旗勇士习角抵技,扈从则备宿卫"^②,兼有现场保卫皇帝之责。在考验天下武举之场所,特别遴选八旗精锐官兵演武习射,除了垂范应试举子,更有提示八旗官兵勿忘骑射及宣示满洲技勇优长之用意。

人事安排之外,尚有各项物料预备,总体而言由兵部统筹,其他职能部门配合办理。既有"圣驾"亲临,必须支搭黄幄,由兵部先期行文工部、内务府办理。由于殿试在秋冬之季,北方天气已较为寒凉,又须预备"御用"精致黄铜炙砚、红螺炭等取暖设施,亦由兵部先期行文工部预备。外场考试须备箭道、席墙,由兵部行文奉宸苑预备;箭靶、旗筹、马匹等项,则饬巡捕五营预备。此外,武殿试外场所需弓、刀、石,由兵部行文武备院,传八旗弓匠领送弓张;同时,由巡捕五营派出弁兵运送刀、石至兵部;工部则派员带领匠役,往兵部铮磨查验,确保器械合式可用。^③ 科举制度尤其是武举制度之运作,须有整套银钱物料之预算与筹备,以为后勤保障,其中详情值得研究者关注。

二、皇帝"亲阅"

清季武科殿试之外场,大多在十月初三日开考,先在紫光阁阅试马、步箭。考试当日,监射大臣、较射大臣、读卷大臣及兵部堂官均着补服,于阶下东旁西向侍班。^④ "御试"之时,领侍卫内大臣 2 人立侍左右;善扑营 10 人立于起居注官之后,准备搬移刀石;批本处 4 人负责更换点册,交由内奏事进呈御览。^⑤ 整套典礼与仪仗,皆欲造成一种恢弘肃穆之

① 景清等:《钦定武场条例》卷 2《武殿试二》,第 327—334 页。
② 赵尔巽等:《清史稿》卷 117《职官四》,第 3380—3381 页。
③ 景清等:《钦定武场条例》卷 2《武殿试二》,第 325—326、332—333 页。
④ 景清等:《钦定武场条例》卷 2《武殿试二》,第 330 页。
⑤ 商衍鎏:《清代科举考试述录》,第 200 页。

现场氛围,以宣示抡才之重要及"天威"之凛然。

皇帝正式阅视之前,通常还要命令皇子骑射,以为示范。而后中式武举每人马射三矢、步射二矢。第一名武举马射时,兵部堂官跪奏"新中武举某人等马射",步射时又跪奏"新中武举某人等步射"。[①] 十月初四日,在箭亭考试技勇,均照会试时武举原中弓、刀、石之力数、斤重、号数,按照会试中式名次点名,每十人为一排,由乾清门侍卫依次带领开弓,并由侍卫跪奏武举姓名。考试所用弓张由兵部司员递给,每排开弓完毕,继续考试刀、石,亦由侍卫跪奏武举姓名。[②] 清代中期定制之后,武殿试所重在外场,因此"御试虽在策试后,但甲第以马步箭弓刀石之高下为准,一甲、二甲及三甲前十余名,皆在校阅时钦定。其余骑射技勇之未选而在三甲后者,读卷官始按试卷而先后之。"[③] 皇帝阅视时先定之人,亦即留京授职各类侍卫职务者,下文详及。

尤应留意者,武殿试外场除各省举子御前献艺之外,通常还由皇子、八旗、近侍武士演练武艺。有时,连皇帝本人也会亲自挽弓射强,以为示范。清代诸帝中,康熙皇帝文治武功均有可观,《清实录》亦多载其考阅武举时挽弓亲射。比如,康熙三十六年(1697)阅毕骑射、步射、技勇,"亲射,二次发矢皆中";康熙三十九年(1700)试毕,"命侍卫等开劲弓,俱满彀。上亲射二次,发矢皆中的";康熙四十五年(1706)"率诸皇子及善射侍卫射,上发十矢皆中";康熙四十八年(1709)"率善射侍卫等射,上亲射二次,每发必中。又令八旗善射人员射,以示诸武举";康熙五十二年(1713),皇帝已年近六十,武科殿试后仍"率善射侍卫等射,上亲发五矢皆中。"[④] 笔者寓目、检索所及,除康熙皇帝之外,《实录》未见清代其他皇帝于武科殿试时挽弓示范,记载康熙试射则每发必中。是其余皇帝并未试射,或试射不中而不便记录,抑或后修《实录》不以此为要务而缺载,暂不详知。

皇帝、皇子及八旗、近侍武士殿试亲射,除了意在垂范天下武举,更

① 景清等:《钦定武场条例》卷2《武殿试二》,第331页。
② 景清等:《钦定武场条例》卷2《武殿试二》,第335页。
③ 商衍鎏:《清代科举考试述录》,第200页。
④《清实录·圣祖实录》卷185,第5册,第979页;卷201,第6册,第51页;卷227,第6册,第272页;卷239,第6册,第384页;卷257,第6册,第540页。

欲收炫武慑服之效,以示骑射、技勇乃"天潢贵胄"及八旗武士之所长。比如,康熙十八年阅视武举骑射之后,皇帝直曰:"今科武举马步射可观者绝少,若以满洲射法较之,十不及一、二矣。"左都御史魏象枢察准"上意",从旁补曰:"满洲弓马皆经百炼,方能如此。彼下邑之士,安可与之并论?"①康熙三十三年武科殿试,又令兵部取十二力弓、十力弓、八力弓陈列案前,兵部侍郎朱都纳奏曰:"今年武举四千余人,无有能开此十二力弓者。"皇帝遂命侍卫那拉善等开十二力弓,皆能拉开;命侍卫试射,亦皆中的;又命侍卫开十力弓、八力弓,无不能开。康熙皇帝更曰:"开八力弓乃常事,不足道也。"②其中无不蕴含满洲弓马技勇胜于天下武举之优越感。不过时移世易,至于晚清,帝王自身颇有孱弱者,甚至有并无皇子而英年早逝者,要想追步先祖,率众在武科考场挽弓射强,难免力不从心。

　　武科殿试之外场,依例应由皇帝亲自阅视,但亦有例外。比如,乾隆皇帝即位当年,因为尚在三年丧期守制之内,因此武殿试外场派王大臣阅看,传胪之日皇帝亦不升殿。③乾隆禅位,嘉庆元年(1796)武殿试外场由乾隆、嘉庆二帝共阅,此属特例。④又咸丰十一年(1861)慈禧太后垂帘听政,"垂帘章程"明定:"殿试策题,拟照旧章,读卷大臣恭拟。殿试武举,拟请钦派王大臣阅视,照文贡士殿试例,拟定名次,带领引见。"⑤因此,同治朝除十三年(1874)甲戌科由皇帝"例外亲阅"之外,皆派王大臣阅视。⑥光绪朝则自十六年(1890)庚寅科起,才见皇帝亲阅武举。⑦不过,此时武科考选已近尾声,而且皇帝亲阅与否及传胪是否升殿,皆须"钦奉慈禧端佑康颐昭豫庄诚寿恭钦献崇熙皇太后懿旨"⑧,其象征权力亦出自"异化"操控。本来,此时武科考选已与实际战阵相去甚远,清廷

① 中国第一历史档案馆整理:《康熙起居注》,第442页。
② 《清代起居注册·康熙朝》第6册,第2886页。该科武会元为浙江萧山武举倪锦,会试录载其外场成绩为马箭九箭,步箭五箭,掇石二百斤,均属上等水平;然开弓、舞刀两项成绩均注明为"无",颇异常制,详情待考。见《康熙三十三年武会试录》,1694年,台北"中研院"史语所藏内阁大库档案,档案号:287169-001。
③ 《清实录·高宗实录》卷30,第9册,第616页。
④ 《清实录·仁宗实录》卷10,第28册,第163—164页。
⑤ 《清实录·穆宗实录》卷8,第45册,第228—229页。
⑥ 《清实录·穆宗实录》卷372,第51册,第920页。
⑦ 《清实录·德宗实录》卷41,第52册,第585页;卷317,第56册,第103—104页。
⑧ 《清实录·德宗实录》卷350,第56册,第497页。

面临内忧外患,节节败退,难望武科出身者力挽狂澜。不过,殿试作为科场考选之最高层级,关乎权力、典礼与恩荣。因此,武殿试对于战局虽然少有实效,但仍须严密控制,藉以显示权力与恩宠,达成笼络与控制。

三、殿试罚科及补应殿试

武科殿试外场考验三项技勇,皆依会试开弓力数,以及舞刀、掇石斤数,按册而稽。如果御前演试时,中式武举开弓违式,或技艺平常,与会试成绩相差甚远,不仅武举将可能被罚停殿试,连原闱监射、较射大臣亦将被议处,甚至负责覆试之王大臣亦遭察议。[①]此一责任连带制,意在防止外场徇私舞弊,而致武举冒滥取进。

中式武举若殿试技勇不符而遭罚科者,与会试覆试落选而未应殿试者一样,须参与下届新科武举之覆试,覆试合格才准补应殿试。如果积至三次覆试皆不合式,起初需要斥革武举出身,其后认为如此惩罚过重,道光六年(1826)后改为三科覆试不中,将"会试中式"字样注销,但仍保留武举名衔,准其入营差操,按照其武举科分参加铨选。并且规定,武举初次覆试因何项不符而被罚停,下届只需覆试何项,无需每次覆试所有项目。《武场条例》称此番改制"以归简易"[②],实际亦是降格应试标准。此外,武举中式后若因特殊事故、丁忧等未得应当年殿试,亦有补试之例。

一般而言,若无恩科、加科,殿试三年一回,罚停一科即须等待三年。若罚停数科或数试不第,等候更久,甚或困顿终生。而且,备考武科与文科不同,文科或可愈试而愈精熟作文之道,武科则年岁越长而体力越弱、技艺越疏,入选机会益加渺茫。因此,武科各级中式之平均年龄,皆幼于文科,罚停殿试对士子之负面影响,武科更甚于文科。

第四节　带领引见、金殿传胪及授职赏赐

依照清季武殿试之日程,十月初四日亲阅技勇完毕,皇帝回宫,兵

---

① 景清等:《钦定武场条例》卷2《武殿试二》,第336页。
② 景清等:《钦定武场条例》卷1《武殿试一》,第313页。

部即须排齐中式武举,带领引见。引见时仍按考试原单,每十人为一排,若有罚停殿试者即行扣除,不必满足十人之数。兵部带领中式武举引见后,随即赴军机处领取黄册,针对新科武进士授职事宜,拟旨进呈。[①] 初期惯例,旗人面圣、上奏,自称"奴才"(满文 aha,意即奴仆),民人则只可自称"臣"(满文 amban),以示区分。清代帝王有时还会纠正民人臣工自称"奴才"之误用,但现实中两称混用之例仍然存在。到了咸丰二年(1852),则规定此后中式武举带领引见,无论满汉一律奏称"奴才"[②]。统称"奴才"之规定,似仅适用于武科;文科则直至清末,应试举人殿试卷面仍书"应试举人臣某"。引见之外,武科传胪大典亦须各部院通力协作,依据礼制而作预备。

一、传胪预备

传胪事关"大典",因此提前由兵部行文钦天监选择"吉时",经由钦天监择定后奏准,因此各科传胪时辰稍有不同。比如,道光十三年(1833)癸巳科,钦天监初选十月二十日辰初升殿传胪,而后奉旨改于卯正二刻;道光三十年(1850)庚戌科,则定于十月初五日辰时传胪;咸丰九年(1859)己未科,传胪时间为十月初五日寅时。[③]

择时之外,尚须备办有关礼乐陈设。至于具体分工,则由乐部设大乐,鸿胪寺派鸣赞官,銮仪卫设仪仗。传胪当日所用黄案案罩由工部预备,鸿胪寺会同陈设。黄伞、云盘由銮仪卫预备陈设,"龙亭"由礼部预备陈设,校尉由銮仪卫派出,榜棚由五城兵马司支搭。传胪之后,内阁送一甲一名武进士归第之伞盖仪从,则由巡捕五营预备。[④]

传胪当日之现场执事官员,则由兵部先期选派。计有捧榜官 2 人、引榜官 4 人、陈设黄榜官 2 人。另须以官员从太和门之左、右掖门带领中式武举入场,仍用殿试时默写《武经》之带领官员。以上各员,均以兵

---

① 景清等:《钦定武场条例》卷 2《武殿试二》,第 337 页。
② 景清等:《钦定武场条例》卷 1《武殿试一》,第 317 页。
③《兵部为武进士升殿传胪事》,1833 年,《兵部为知照传胪事》,1850 年,《兵部为知照初五日升殿由》,1859 年,台北"中研院"史语所藏内阁大库档案,档案号:152095-001,162791-001,208359-001。
④ 景清等:《钦定武场条例》卷 2《武殿试二》,第 338 页。

部司员、笔帖式担任。传胪当日,新科武进士随榜出午门,至朝房更换盔甲,需要先期行文领侍卫内大臣、步军统领及景运门等官员及部门,添派兵役加以管束,以免到时喧哗。①

二、传胪仪式

传胪典礼隆重,仪式繁杂,通过该仪式,将新科进士之等第及出身昭告天下。文科进士十年寒窗,跻列国家顶级"文化精英"之列;武科进士磨砺经年,最终得备"干城之选",亦为科举殊荣。清代武殿试之读卷、传胪仪注,依顺治十五年(1658)兵部遵旨议定,均照文场办理。② 至于传胪地点,顺治初年在午门前,后在太和殿前,此后未有实质变动,不过典章所载仪节益加繁密。现据清季《武场条例》,③ 将传胪仪节详解如下。

其一为陈设仪仗。十月初五日清晨,将法驾、卤簿全设于太和殿之前。诸王以下、公以上在丹陛,文武各官在丹墀,均穿朝服侍班。新科武进士均穿公服,戴三枝九叶顶,④ 在丹墀下班末两旁侍班。兵部、鸿胪寺官员在太和殿内西侧安设黄案,殿内东侧亦设黄案,并在丹陛上正中设黄案一张,在丹陛下设云盘,在午门外设"龙亭"。内阁官员捧金榜,安设在殿内西侧黄案之上。

其二为升殿请榜。仪仗陈设完毕后,由兵部堂官、鸿胪寺堂官奏请,皇帝着礼服出宫,午门鸣钟鼓。兵部堂官、鸿胪寺堂官引皇帝升太和殿,和声署以中和韶乐,奏《隆平之章》,其辞曰:

> 宝殿云开,朱檐日近,甲袍金琐玲珑。看敦诗说礼,国士之风。王朝桢干资英俊,参帷幄,克诘兵戎。云台绘画,勋名伟绩,媲美前踪。⑤

奏乐完毕,銮仪卫官员鸣赞,鸣鞭。鸣鞭三响,读卷官及各执事官员听鸿胪寺官员鸣赞,行三跪九叩礼。行礼完毕,内阁官员从太和殿内案上取黄榜举起,在殿檐之下授于兵部堂官。兵部堂官跪受黄榜,举起由

① 景清等:《钦定武场条例》卷2《武殿试二》,第339页。
② 《清实录·世祖实录》卷121,第3册,第936页。
③ 景清等:《钦定武场条例》卷1《武殿试一》,第309—310页。
④ 文科进士传胪时,亦戴三枝九叶顶。
⑤ 允裪等:《钦定大清会典则例》卷100《乐部·和声署》,上海古籍出版社,1987年,载《景印文渊阁四库全书》第623册,第33页。

中阶右旁下,跪下将黄榜安在丹陛正中所设黄案之上,行三叩头礼。然后,鸿胪寺官员导引武进士,各自进入拜位,排班侍立,鸿胪寺官员鸣赞,各武进士皆下跪。

其三为传制唱名。准备就绪之后,鸣赞官立于太和殿外丹陛东旁,传制曰:"奉天承运,皇帝制曰:[某年某月某日]殿试天下武举,第一甲赐武进士及第,第二甲赐武进士出身,第三甲赐同武进士出身。"传唱一甲时,三名鼎甲武进士先后上前跪谢;又传第二甲第一名某人等若干名,第三甲第一名某人等若干名,皆听赞礼官鸣赞,一并行三跪九叩礼。

其四为张挂黄榜。传制唱名完毕,执事各官及武进士各回原处侍立。赞礼官鸣赞,举榜,兵部堂官举榜,由中阶下,放在云盘内。兵部司官捧着张盖,由太和殿前之中路,出太和门及午门之中门,[①]跪置黄榜于"龙亭"内,并行三叩头礼。銮仪卫校尉举起黄榜,和声署奏乐,将黄榜举至西长安门外张挂。

最后为皇帝回宫。唱名完毕后,皇帝于长安街赐一甲一名武状元盔甲,其余武进士一并随出看榜。銮仪卫官鸣赞,鸣鞭,皇帝回宫,和声署奏乐,诸王以下文武百官皆出。皇帝回宫之时,和声署亦以中和韶乐,奏《显平之章》,其辞曰:

> 玉烛光调,金瓯绥靖,两阶干羽雍容。念求贤渭水,兆协飞熊。中林置兔多贤士,资心腹,云起风从。龙韬豹略,后先疏附,鹏翼抟风。[②]

三、鼎甲巡游及状元归第

太和殿传胪完毕,由巡捕营准备伞盖仪从,送武状元归第,武榜眼、武探花随行。一甲三人巡游,往往盛况空前。清季《点石斋画报》以"鹰扬志盛"为题,图文并茂再现光绪十五年(1889)己丑科传胪后,一甲武进士巡游之盛况。内文称一甲三人"披甲顶盔,跨马游行,一时扬眉吐气,不啻'春风得意马蹄疾,一日看尽长安花'光景",并叹:"我国家干城

---

① 紫禁城中轴线上各门之中门、殿前之中路,乃臣工平素所不能践履通行者。文武科举传胪特开此例,以示典礼殊荣。
② 允祹等:《钦定大清会典则例》卷100《乐部·和声署》,第623册,第33页。

之寄,固不乏赳赳武夫矣。"①而实际上,彼时清廷内外交困,节节败退,武
科出身者其实难副此誉,不过循例题赞、兼表理想而已。不过从中亦可
得见,至少在典礼恩荣层面上,武进士及第,尤其是荣登一甲者,仍然为
人夸羡。依《点石斋画报》所载,一甲武进士巡游途中,尚需拜谒正阳门
武圣庙,②如文进士之拜谒孔圣庙。

图 6-3　光绪十五年（1889）己丑科一甲武进士巡游图
图片来源:《点石斋画报》光绪十六年正月初六日。

　　传胪大典既然被视为如此重要,就不容丝毫疏忽,清代遂有因传胪
迟误而遭斥革者。嘉庆二十四年（1819）,本已选定一甲三名武进士,
依次为:徐开业（江苏阜宁人）、秦钟英（陕西神木人）、梅万清（湖南龙阳
人）,该科小金榜所填亦为此三人。③但传胪之时,徐开业、梅万清"均未
到班"。可以想见,典礼精心布置,仪式反复演练,皇帝驾临,百官就位,
但当传唱尤具象征意义之状元、探花之时,拟取武举竟未如仪上前跪叩

①张奇明主编,吴友如等绘:《点石斋画报》第 6 册,上海画报出版社,2001 年,第 293 页。
②清代北京城内武圣庙（关帝庙）甚多,环绕紫禁城周围即有 10 座左右,详见图 6-8。
③《嘉庆二十四年武科小金榜》,原件藏中国第一历史档案馆,此据台北图书馆藏缩微胶卷。

"谢恩",场面何其尴尬！为此,嘉庆皇帝勃然大怒,下令都察院、鸿胪寺奏参,交由兵部调查。徐、梅两人报称,在京寓居西城,当夜先至西华门,但城门关闭,遂绕至东华门进入紫禁城,以致迟误。但此说未获采信,皇帝仍以传胪"事关典礼,非寻常失误可比",将徐开业革去一甲一名及应授头等侍卫衔,梅万清革去一甲三名及应授二等侍卫衔;不过,又"念其究系草茅新进",故"施恩"仍留武进士衔,并罚停殿试一科,等至再下一届,再同新中式武举一体殿试(免应武会试)。并以该科原一甲二名秦钟英拔补为一甲一名状元,二、三名则从缺,[①]遂为清代武举史上罕有殿试后仅授武状元之例。此二人被罚停一科之后,皆补应道光二年(1822)壬午恩科殿试,徐开业考列第二甲第四名,梅万清考列第三甲第十一名。[②]原本一甲武状元、武探花,三年之后补试,只分别考入二甲、三甲,不仅授职等级相应降低,更错失"初职阶段"之关键三年。其中艰涩,旁人难知。

四、武进士之授职及赏赐

科举制度乃为拔擢人才而设,文武两科皆然。帝制后期社会普遍重视科举功名,所重者不单是其学识与文化,更重要者乃是此种"象征资本"所带来之恩荣、地位与实利。武进士作为武科最高功名,其授职大略《清史稿》概述如次:

> 初制,一甲进士或授副将、参将、游击、都司,二、三甲进士授守备、署守备。其后一甲一名授一等侍卫,二、三名授二等侍卫。二、三甲进士授三等及蓝翎侍卫,营、卫守备有差。[③]

简而言之,单就进士及第后初始授职之品级而论,武科优于文科甚多。以状元初始授职为比较基准,文科一甲状元例授翰林院修撰,仅为从六品。至于武科一甲状元,顺治三年(1646)定例授参将(正三品),有时甚至直接授副将(从二品),雍正五年(1727)后改授一等侍卫,亦为正三品。但是,与文科出身者最终任宰辅、列卿尹、膺疆寄之比率相较,武

---

①《清实录·仁宗实录》卷363,第32册,第795页。
②《道光二年武科小金榜》,原件藏中国第一历史档案馆,此据台北图书馆藏缩微胶卷。
③ 赵尔巽等:《清史稿》卷108《选举三》,第3172页。

科出身者在军中之影响却不可同日而语。至于其中详情及因由,后文第八章详细解析。

　　武进士及第之赏赐,主要有帽顶银、旗匾银、建坊银三项。顺治三年(1646)初定,一甲一名赏甲、胄、撒袋、刀、弓、矢、靴、带等物,其余诸武进士不专门赐予衣服顶戴,暂照文进士一体穿戴,各给折钞银十两。[①] 顺治六年(1649)赐武进士宴,仍赐状元甲、胄、带、靴、腰刀、弓箭等物,其余一甲、二甲武进士赐帽顶银各十两,三甲武进士各发银八两,并著为例。清季武进士亦赏赐盔甲,不过普通进士帽顶银减为五两,而且一甲二、三名与二、三甲同等。所有银两由兵部先期移咨户部,照数包封,传胪后在午门前散发。[②] 中式武举发给旗匾银,每名十八两,由兵部将题名录钤盖印信,依照名单开列总数,咨文户部支领。[③] 至于牌坊银,"文进士一甲每名八十两,二甲、三甲每名三十两;武进士每名十八两。"[④] 可见,虽然同登进士第,赐银亦体现出文武之别。

　　武进士经过金殿传胪,亲授出身,又得赐银两,可以之制备衣帽,进入上层缙绅行列。官府捷报送达,乡里称贺。其在家可以悬挂牌匾、建造牌坊,以光耀门楣,荣显宗族。在传统中国地方社会,这些不仅只是外在虚名,更因正途出身者已具为官资格,而有潜在政治权势与经济利益,进而可能影响乃至主导地方社会,此理文武两途有其共通之处。所

图6-4　光绪十八年(1892)武进士登科捷报

图片来源:引自郑玉晶:《清光绪壬辰科武进士张渊澜科举档案文献考》,《自然与文化遗产研究》2019年第9期。

① 《清实录·世祖实录》卷28,第3册,第236页。
② 景清等:《钦定武场条例》卷2《武殿试二》,第340页;卷7《武会试二》,第433页。
③ 景清等:《钦定武场条例》卷7《武会试二》,第433页。
④ 吴荣光:《吾学录初编》卷5《贡举门》,台北:台湾中华书局,1966年影印本,第3页。

不同者,武科出身者更可恃其武勇,其优者镇抚地方,除暴安良;其劣者
危害乡里,恃符抗官。然无论优劣,皆为地方社会不可忽视之力量。

第五节　武进士会武宴及重赴宴筵

　　会武宴一般安排在传胪次日,在兵部举行。武进士及第后赐会武
宴,明代已有旧例。黄佐《翰林记》谓:"凡武举第三场考试官,兵部命
如两京乡试之制。正德三年始刻《录》,前后有序,赐会武宴,一如文
试。"① 明代武科并无殿试,因此会试后即授进士出身并赐宴。顺治三年
(1646),曾命大学士范文程"主鹰扬宴"②,此或初期制度未定之称,其后
"鹰扬宴"主要指称各省武科乡试后之筵席。顺治十二年武科恢复殿试,
故《大清通礼》载:"武举殿试传胪后,燕有事各官暨诸进士于兵部,曰会
武燕,仪与恩荣燕同。"③ 但虽有此制,似乎在清代亦鲜有人能详细辨明。
梁章钜《浪迹丛谈》谓:"文秀才称生员,武秀才则只称武生;文科中式者
称举人,武科则只称武举;文称鹿鸣宴,武称鹰扬宴,人皆知之。文进士
称恩荣宴,而武进士称会武宴,则罕有知者。"④ 梁氏所言,意在提示定例
如此区分。不过仅就笔者所见及本书所引之清代公私文献,称呼武科童
试、乡试取中者为"武生员"、"武举人"者,不在少数。《清史稿》即谓武
科乡试"中式者曰武举人"⑤。当然,文武两途虽然同属抡才之制,但实际
运作中武轻于文,整体而言确实如此。

　　会武宴须有主宴大臣,由兵部奏派领侍卫内大臣一员担任。会武宴
应需饭食、酒水之类,由光禄寺预备;宴会作乐,由乐部预备;宴会鸣赞,
则由鸿胪寺派员担当;棚座、宴图、围屏之类,由顺天府大兴、宛平二县预
备,均由兵部先期行文各处备办。宴会之时,据称武举有擅抢食物之"陋

① 黄佐:《翰林记》卷14《考武举》,中华书局,1985年,第1册,第183页。
② 《清实录·世祖实录》卷28,第3册,第237页。
③ 来保等:《钦定大清通礼》卷37《嘉礼》,上海古籍出版社,1987年影印本,载《景印文渊阁四
　 库全书》第655册,第397页。
④ 梁章钜:《浪迹丛谈》卷4《武生武举》,上海古籍出版社,1997年影印本,载《续修四库全书》
　 第1179册,第150页。
⑤ 赵尔巽等:《清史稿》卷108《选举三》,第3171页。

习",须派护军统领率员赴兵部弹压,禁止擅抢。是否每次宴会均会发生抢夺,现场实情如何,已难详知。但以此条正式载入《武场条例》,从中亦见文武士子之分殊。在"五礼"之中,会武宴典礼属于嘉礼,因此如遇忌辰日及大祀、中祀斋戒各日期,均须停止举行,若仅逢一般群祀斋戒日期,仍可举行筵宴,但承祭官不入宴。① 其基本规制与下马宴相似。

科举行至殿试一级,除了考选本身,所重者更在仪节。透过不断演礼、朝拜、唱名,一则显示"天威凛然",同时亦提醒举子牢记"恩荣"之所由来。中式者亦在此过程中获得新身份,并建立类似文科门生故吏、同乡、同年之关系网络,影响其日后前程。因此,在殿试各个环节,礼节均甚繁杂。会武宴表面虽为饮食,但属于皇帝"恩赐",而且有高官临场,典礼既重,尊卑位次亦判然分明。

关于会武宴之仪节,《武场条例》记载甚详。武进士传胪次日清晨,兵部堂官以及执事官员皆着朝服,新科武进士需要提前到兵部,恭候主宴大臣及读卷大臣等官前来赴宴。主宴大臣、读卷大臣等亦着朝服,先与兵部堂官相见,而后率领诸位武进士同诣香案,恭敬排班序立。各自就位之后,鸿胪寺官员鸣赞,众人行三跪九叩礼;而后光禄寺官员递酒,由主宴大臣先在滴水檐前向外奠酒三杯,又向鼎甲武进士三人赐酒各一杯;鼎甲武进士饮毕,所有武进士于露台上按序排立,向主宴大臣、读卷大臣及兵部堂官行四拜礼;礼毕,由和声署作乐,主宴大臣、读卷大臣及执事官员各自按照宴图入座;而后,各位武进士亦皆入座,筵席正式开始。等候酒水汤菜上毕,筵席结束,再由主宴大臣及执事各官率领武进士诣香案前,行一跪三叩礼。最后,诸位武进士才随各官散出。②

筵席座次本多讲究,何况其重要如"御赐"登科筵席者。会武宴上,各人须按图入座,以序等级而别尊卑。其宴席布局,可大致分为三个部分。一为堂上,主位为主宴大臣居中,殿试读卷大臣分坐两旁,兵部堂官对面而坐,左右两边为殿试内、外场主要考务职官,以及典礼现场执事各官之座位;二为站台之上,右端陈设香案,左端设一甲三名武进士席位;

---

① 景清等:《钦定武场条例》卷2《武殿试二》,第341—342页;卷7《武会试二》,第424—425页。

② 景清等:《钦定武场条例》卷2《武殿试二》,第340页。

三为站台之下,左右设二甲、三甲诸武进士席位。① 此等宴会之场,亦即身份与权力"可视化"之场。

礼乐相维,古来如此。会武宴用乐,奏《和气洽》一章,乃乾隆七年(1742)所定。其辞云:

> 和气洽,泰阶平。皇威截,烽烟靖。念兔罝,亦有干城,虎头猿臂交相庆。看雕翮,秋来劲(一解)。须知道,羽扇纶巾,还有那,弓强箭劲。更兼之,武库纵横。效折冲,骓骝骋。执戈殳,卫羽林,备公侯腹心(二解)。②

自乾隆五十年(1787)起,会武宴改奏《诗·周南·兔罝》三章。其辞云:"肃肃兔罝,椓之丁丁。赳赳武夫,公侯干城。肃肃兔罝,施于中逵。赳赳武夫,公侯好仇。肃肃兔罝,施于中林。赳赳武夫,公侯腹心。"历代武科用此典故,多取其抡选武将之意,谓武科人才乃备"腹心干城之寄"。清代关涉武科运作之章奏、试题、答策、典礼,亦多用"腹心干城"之典。当然,在实际任用及战阵中,武科出身者群体表现不甚理想,其中详情后文再加解析。至于会武宴之菜品,同于文进士之恩荣宴,皆用汉席。虽为同场筵席,各席所置菜品物料,亦有所区别,③ 同样具有序等级、别尊卑之意。

第四章论及,武乡试举人中式后,逢花甲重周之科,可以请准重赴鹰扬宴,其例清代时有所见,文科进士亦有重赴恩荣宴之例。不过,清代武科初无重赴会武宴之例,直至光绪十七年(1891),直隶武进士钱殿一中式科分已周花甲,直隶总督题请准其重赴筵宴。后经议准,"武进士科分已周六十年,重赴筵宴准照文进士之例,三品以上官员专摺奏请,四品以下咨报兵部,于科场事竣汇题。"④ 然而,此时武科已届尾声,此后未见重赴会武宴之奏请及批核,因此钱殿一或为清代武进士内唯一重赴会武宴者。

---

① 昆冈等:《钦定大清会典图》卷29《礼二十九·燕飨二》,载《续修四库全书》第795册,第334—335。
② 赵尔巽等:《清史稿》卷98《乐五》,第2911页。
③ 菜品详见允裪等:《钦定大清会典则例》卷154《太常寺》,第625册,第62—63页。
④ 景清等:《钦定武场条例》卷7《武会试二》,第425页。

而且,在清代历朝《实录》中,除了顺治朝可见皇帝亲自"筵(宴)武进士于兵部"之记载,历后各朝《实录》几乎未见记载此事;又若直接以"恩荣宴"及"会武宴"为关键词分别检索,前者可见记录12条,涵盖清代初中后期,后者记录则为0条。[①] 当然,其中不排除数据库自身差误之因素,不过此种明显悬殊,亦能折射出文武科举之两条制度路径,在清代常规政治运作及纂修《实录》之文官笔下,其地位轻重确实不同。

第六节　武科金榜、谢恩表、登科录及硃卷刊刻

清代武科之金榜,亦分大金榜、小金榜两种,同于文科。武殿试内、外场试毕,排定甲第名次之后,由内阁汉票签处、满票签处共同缮写。[②] 笔者所见清代武科小金榜皆为满、汉两种文字对照(见图6-5),汉文部分先书"金榜"二字,从右向左书写;满文部分从左向右书写,亦先书此二字。不过,"金榜"二字满文用过多种译法,尤其是初、中期并不统一。"金"、"榜"二字音译、意译皆有,如用 suwayan bang bithe (黄榜文)、aising i bang bithe (金榜文)、gin bang bithe (金榜文)、tuwabungga bithe (榜文),乾隆朝初见使用 suwayan tuwabungga (黄榜),此后基本沿用此一译法。[③] 此亦乾隆朝新定、统一满文用语之具体例证。

小金榜之满汉文内容整体逐一对应,换行抬头亦同。比如,起首之"天"字(满文 abka)抬头顶格,"皇帝"(hūwangdi)二字双抬,通常低于"天"字一格。[④] 当然,亦有极少数因书写手误,以致满汉文内容不能

---

① 此处用书同文古籍库所收《大清实录》数据库,检索日期:2020年7月28日。
② 《鄂尔泰题本》(1739年),《汉票签为咨取武殿试写榜刻题官事》(1823年),《典籍厅为缮写小金榜事宜》(1829年),《兵部为武殿试出榜事》(1833年),台北"中研院"史语所藏内阁大库档案,档案号:066198-001、174878-001、149452-001、159589-001。
③ 《雍正五年武科小金榜》《乾隆七年武科小金榜》《乾隆十年武科小金榜》《乾隆十三年武科小金榜》《乾隆十六年武科小金榜》,原件均藏于中国第一历史档案馆,此据台北图书馆藏缩微胶卷。中期以后"金"、"榜"二字皆取意译,且统一译法,此亦清代满文吸纳汉文语汇且渐趋规范之一微观例证。tuwabungga 之构词,可能是由满文 tuwabmi (看)之词根 tuwa 演变而来,后接 bu 在满文中表使动-被动态,ngga 乃动名形式尾缀。
④ 书写金榜时,"皇帝"之满文直接采用汉字音译 hūwangdi,而不用初期满文实录等文献提及清代帝王时常用之"汗"(满文 han)字,此亦值得留意。

完全对应者(详见本书附录二脚注部分)。小金榜主要为送呈"御览"之用,乾隆中叶以前,定例亦呈皇太后、皇后各一份,其后废行(略同于武科乡、会试录之进呈规制变化)。小金榜折页高27至36厘米不等,折宽8至9厘米,折页展开总长则取决于该榜进士人数多少。[1]武科小金榜起初仅书甲第、名次、武进士姓名及籍贯,道光三年(1823)起,始见加注武举会试所属闱别(凡辰、宿、列、张四闱),[2]此制其后相延。

　　呈送"御览"、张挂观瞻完毕之后,武科大、小金榜皆秘储内阁,以求妥善保管。不过年月既久,更遭易代乱离,清代武科金榜至今已残缺不全,主要分存于中国第一历史档案馆及台北"中研院"历史语言研究所。清代武进士凡109榜,一史馆今存小金榜81榜,缺失28榜,尤以顺治、康熙、雍正三朝缺失最多。兹据中国第一历史档案馆研究员王金龙之调查研究,将该馆所藏清代武科小金榜详情表解如下。

表6-2　中国第一历史档案馆藏清代武科小金榜统计

年号	武进士榜数	小金榜存数	备注
顺治	7	0	
康熙	21	3	
雍正	5	3	
乾隆	27	27	
嘉庆	12	13	重复副本1份
道光	15	16	重复副本1份
咸丰	5	5	
同治	6	5	
光绪	11	17	重复副本6份
合计	109	89	实存81榜

资料来源:王金龙:《也谈清代小金榜》,《历史档案》2010年第3期。

　　武科大金榜之核心内容与小金榜相同,不过现存者更少。笔者幸得寓目并购藏其复制件者,为台北"中研院"史语所文物陈列馆收藏展

---

[1] 王金龙:《也谈清代小金榜》,《历史档案》2010年第3期。
[2] 《道光三年武科小金榜》,原件藏中国第一历史档案馆,此据台北图书馆藏缩微胶卷。

陈之道光二十四年（1844）一榜，通榜高104厘米，长630厘米；不过仅见该榜之汉文部分，未知原本是否亦为满汉对照（见图6-6）。此外，《中国考试史文献集成》见录光绪三年（1877）武科大金榜及光绪二十一年（1895）武科小金榜图片，但并未注明原件藏地及尺寸大小；[1]若典藏机构未经变更，此二件大、小金榜，均应源自中国第一历史档案馆所藏之原清代内阁大库档案。

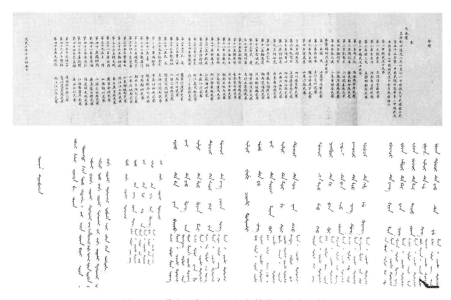

图6-5 道光二年（1822）武科满汉文小金榜
原件藏地：中国第一历史档案馆。下图为满文小金榜之局部，满文为从左到右、自上而下书写。

至于大金榜之行格体式，文科两科相同，皆大致分为三个部分。第一部分以"奉天承运皇帝制曰"领起，依次写明武科殿试时间（一般书写内场考试时间）、应试武举及其人数（一般书写该科武会元领衔），最后宣明一、二、三甲分别授予武进士及第、武进士出身、同武进士出身；第二部分为大金榜正文，依次书写武进士甲第、名次、姓名及籍贯，笔者所见金榜未注明会试所属闱别；第三部分为日期落款，末书巨幅"榜"字。大金榜钤"皇帝之宝"，于传胪当日揭示，传胪后于西长安门外张挂三日（地点详见图6-8），然后缴送内阁收存。

① 杨学为总主编：《中国考试史文献集成》第9卷，第98、106页。

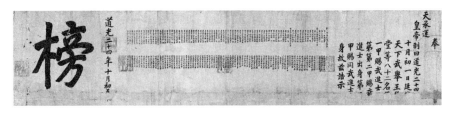

图 6-6　道光二十四年（1844）武科大金榜

原件藏地：台北"中研院"历史语言研究所。原件通榜高 104 厘米，长 630 厘米。

　　会武宴之次日，尚有上表谢恩仪式。由武状元率领新科武进士于午门前上表谢恩，亦须望阙叩拜，行礼如仪。谢恩完毕，兵部官员带领一甲一名武进士，将表文送交内阁收存。[①] 谢恩表文多用骈句，辞藻华丽，尽表歌功颂德、叩谢"天恩"、宣誓效忠之意，并以规范馆阁体写就。台北"中研院"史语所内阁大库档案庋藏多份清代武进士谢恩表。如乾隆十三年（1748）武进士谢恩表文，开篇即谓"伏以玉宇澄清，四海乐荡平之化；金瓯巩固，九州戴熙皞之天"；称颂皇帝"功参天地，德迈古今。文武圣神，大烈迥超乎三代；聪明睿知，时雍独冠夫百王"；并誓言"从此持枪嚼铁，敢蹑李、郭于后尘；髀槊腰弓，深企邹、枚之先烈"[②]。表文是否尽为武进士起草及书写，抑或另有"文系"人士润饰或代笔，尚待详考。

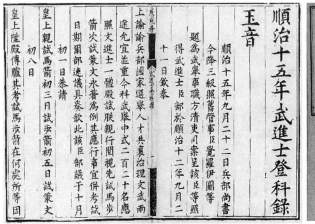

图 6-7　顺治十五年（1658）武进士登科录

原件藏地：台北"故宫博物院"图书文献馆。

---

① 景清等：《钦定武场条例》卷 2《武殿试二》，第 343 页。

②《乾隆十三年武进士谢恩表》，1748 年，台北"中研院"史语所藏内阁大库档案，档案号：107241-001。

　　此外,武进士及第之后,亦刊刻登科录。武进士登科录之体例,一般先刻"玉音",即皇帝针对此次题请殿试之谕旨;次录"会武次第",即该科武殿试内、外场程序及仪节;再为所有武进士姓名、籍贯、年岁(生辰)、排行、父祖三代、乡会试科次等信息;再为该科殿试策题照录,最后选刊一甲三名答策。有时亦将策题及策文置诸武进士信息之前,或有武进士信息不甚完备者。因应清代武科内场内容由难至易、由多至少之趋势,武进士登科录选录策文部分之篇幅亦呈下降之势。

　　武科硃卷之刊刻,亦仿文科。首列武进士之籍贯、生辰,其次详细胪列家族信息,再列其文武受业、受知师承,包括学政、府州县学官,以及历次考试内外场考官信息。而后列明历次考试科第及排名、传胪授职,以及武会试外场各项考试成绩、考官批语,并刊刻内场答卷,包括所默写之《武经》内容。整体而言,武科硃卷之体式同于文科,不过清代后期答卷内容较为简略。

　　至于考官之批语,前期主要针对其策文而评,其中不乏言之有物者,整体多属空疏泛誉,此弊文武科场皆然。清代后期改默《武经》,批语有甚为简略者,比如,对于光绪十六年(1890)庚辰科武进士周霖,仅批"默写武经字画匀整"[①];甚至有只记载外场各项成绩,并无针对内场考试具体批注者。亦有甚为详细者,如对于光绪二十年(1894)甲午恩科浙江籍二甲武进士、钦点花翎侍卫陆殿魁,四位主考依次批为:艺力超群(取批)、步伐整齐(取批)、规矩合度(取批)、材能轶众(中批);最后总批更谓其"追风绝迹,贯月呈能。刀法则花飞雪滚,楷书亦铁画银钩";考生"此时湛露沾恩,冠卫尉八屯之选;异日凌烟纪绩,驰封侯万里之名"[②]。此类科场批语,常用骈体之文,多见溢美之辞,所展现者乃考官(文科出身)超卓之文艺水平,而非武科士子之真实才能。其实,此时武科考试已近尾声。应试考生之文韬武略,既难符批语之盛誉;其仕途之前景,更难期凌烟叙功、万里封侯之奢望。不过,科场取士循例进行,考官评语旧调重弹、尽展文采,至多可谓寄寓期望与想象而已。尤其不应忘怀者,该年适逢中日开战,北洋水师几近全军覆没,清朝国势益危。武科士子果有此

① 顾廷龙主编:《清代硃卷集成》第92册,台北:成文出版社,1992年,第24页。
② 顾廷龙主编:《清代硃卷集成》第92册,第67—78页。

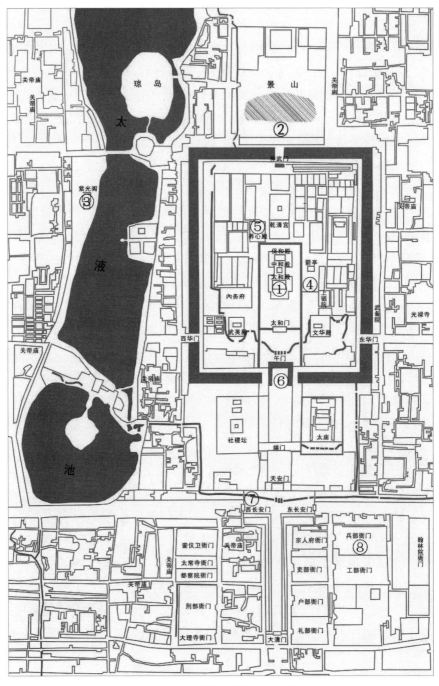

图 6-8　清代武殿试关联地点示意图

① 太和殿及殿前：内场考试、传胪；② 景山：外场骑射、步射、技勇（嘉庆朝以前）；③ 紫光阁：外场骑射、步射（嘉庆朝确定）；④ 景运门外箭亭：外场技勇（嘉庆朝确定）；⑤ 养心殿：带领引见（地点之一）；⑥ 午门：传胪（顺治初）、新进士上表谢恩；⑦ 西长安门：张挂大金榜；⑧ 兵部衙门：赐会武宴。

注：康熙年间曾于畅春园内西厂阅视外场骑射、技勇，该园远在皇城之外，此图中未能标示。底图源自徐苹芳编著：《明清北京城图》，上海古籍出版社，2012年。承蒙胡恒帮助重绘，凸显武殿试相关地点。

等才艺韬略，何至于此？现实境况乃是：此后革废武科之议益炽，终至停废，后文详及。

本章小结

关于武科殿试，《清史稿》略谓："简朝臣四人为读卷官，钦阅骑射技勇，乃试策文。临轩传唱状元、榜眼、探花之名，一如文科。"[1] 本章综合各项官书档案，尝试考论其详。如果仅就制度设计及表层论述而言，文武科举同属"抡才大典"，及第登科者同授荣衔，跻列绅衿。但在现实层面，文武两科颇有差别。就初始授职品衔而言，虽然武科优于文科，然其升迁前景则不及文科。但无论如何，武进士出身者既经金殿传胪，又可制备绅衿衣帽，进入上层缙绅行列。武进士在家可悬挂牌匾、建造牌坊，以光耀门楣、荣显宗族。虚名之外，武科正途出身者亦可凭借政治权势与经济利益，影响地方社会。而且，武科出身者更可恃其武勇，其优者镇抚地方，除暴安良；其劣者或会危害乡里，恃符抗官，总之皆为地方社会不可忽视之力量。

清代武科偏重外场，殿试亦然。不过，其外场所试冷兵器技艺，逐渐脱离实际战局，渐行渐远。清季中国面临内忧外患，亦难恃武科出身者力挽狂澜。而其内场答策，不过权作参考而已。而且乾隆中期以后，内场对策水平下降甚多。嘉庆年间改为默写《武经》之后，内场更是形

---

[1] 赵尔巽等：《清史稿》卷108《选举三》，第3171页。

同虚设,评判标准甚为宽松,读卷官有校阅之名,而无校阅之实。即便如此,仍有殿试武举不能完卷而遭罚停。武科出身者整体文才武艺之不甚理想,于此可见。

然而,清代武科殿试各项仪节,二百余年却因仍不废。从大廷奉对、御前献艺,至金殿传胪、黄榜题名,甚至赏赉赐宴、上表谢恩,各环节之礼仪均备极繁复。科举行至殿试一级,除了考选排定甲第,所重者更在仪节。通过不断演礼、朝拜、唱名、谢恩,既能昭显"天威"凛然,同时亦提醒举子牢记"恩荣"之所由来,进而铭谢"天恩"、宣誓效忠。所有典礼中,各人之出场先后、座次、待遇等,亦无不蕴含序等级、别尊卑之意,尽见权力与身份"物化"之痕迹。中式者亦透过整套仪式,获得崭新自我认同及身份标签,并建立"座主门生"、同乡、同年之关系网络。殿试所欲承载、宣示之礼仪与恩荣,渐渐超过其实际考选功能。

尚应留意者,武殿试外场试艺时,亦由皇子、八旗、近侍武士演练武艺,有时皇帝甚至亲自挽弓射强。此种设计,除了意在垂范天下武举,更欲收炫武慑服之效,以示骑射、技勇乃皇族及八旗武士之所长。此外,殿试作为科场考选之最高层级,关乎权力、典礼与恩荣,因此在实际政治运作中不仅可以体现礼制,在朝局政争中亦可援用。因此,武殿试考选虽于战局助益不多,但仍须严密控制、恰当安排,以收笼络与控制之效。历朝新皇即位伊始,围绕服制之"孝"、加科之"恩"与抢才之"礼",多见开科、升殿与否之谕令与陈请;清季慈禧太后垂帘听政,多禁皇帝亲阅武举。凡此种种,均为具体例证。

卷下　武科主题专论

第七章　清代武进士群体之人数、 结构及分布

帝制后期科举选士,以进士为其功名之最高者,文、武科皆然。以是之故,进士群体之人数、结构、分布与流动问题,每为识者所重而加意详考。本章综合各项档案史料,多采统计分析之法,结合制度更迭及政情嬗变而作解析,尝试详考清代武进士科分、甲第及人数,进而解析其地域分布,皆与文科进士分布对照论析;而后及于武进士及第所需时间与平均及第年龄,略涉武进士家庭背景及"社会流动"、"武举家族"等问题。

第一节　武进士之科分、人数及历朝分布

一、武进士题名史料辨析

若要综合论析清代武进士群体,则须先察其人数与名录,然此较文科为甚难。清代《武场条例》详于考试规制及武童进额,极少言及历科武进士之具体人数;武科不似文科之有进士题名碑,登科录亦残缺不全、流布不广;而且今日鲜见武科进士之硃卷、墨卷、同年录等刊刻出版;[1]清代武科内场自嘉庆朝起,由考试策论改为默写《武经》,其答卷内容千篇一律,甚少刊刻价值可言;又历朝《起居注》《上谕档》《实录》《馆选录》等文献,大多备载文科进士人数、名单,乃至详及其籍贯与年齿,武科进士则大多仅记一甲姓名及总人数,少数科分甚至无可稽考。即便仅就鼎甲三人而言,清季进士朱彭寿撰《旧典备征》,试考清代武科一甲三人姓名及籍贯,亦谓:"文科鼎甲具详进士题名碑录及馆选录中,至武科则

---

[1] 已刊《清代硃卷集成》总凡420册,收录文科士子履历及硃卷甚丰;而关涉武科进士者,仅见清末4人。详见顾廷龙主编:《清代硃卷集成》第92册,第1—80页。

各书记载者极少,然一代抡才之典,文武并重,故不容歧视也。"①朱著专
置《武鼎甲考》,胪列清代武科鼎甲信息,不过空缺亦多。

　　武科进士群体考述之难,更在各类史料不但记载星散、搜寻甚难,而
且多有相互抵牾之处,地方文献记载尤其如此。因此在考述之前,应当
略辨史料之来源与信否。总体而言,以下考列有清一代历科武进士之
科分、甲第、人数及地域分布,皆以核心原始史料为据,旁及外围史料。
具体而言,则以清代历朝武科大金榜、满汉文小金榜,以及兵部所呈历
科会试中额、殿试武举等第单、履历单、授职清单及拟用单等原始记录
为核心,次及清代历朝《起居注》、《上谕档》及历科武进士登科录,再
及清代历朝《实录》、武举会试录及《武场条例》。地方史志及私人笔记
亦间有所采,但不作为武进士题名之直接来源依据,而且此类材料记述
须与别项记录互相勘证,才加引用,力求征信。非核心史料若仅见孤证
一条,则宁缺而不录。如此取舍,或许难免有遗漏之处,但可尽量保证
所录存者皆确有所本。即便官方史料之记录,如金榜、《起居注》、《实
录》、登科录等人数及名单,亦间或互歧。遇有此种情况,则逐一注出,
说明取舍,以备查考。笔者历年辗转于各地图书档案机构,勠力搜集,
尤其在海峡两岸所存清宫档案中获见甚多,据以作成本书附录二《清
代历科武进士人数暨鼎甲题名汇考》。以下数据若无特别注明,即以附
录二为据。

二、武进士群体总数及历科变化走势

　　依据附录二《清代历科武进士人数暨鼎甲题名汇考》之统计,清代
武进士凡109榜,共取中武进士9517名,平均每榜约为88名。参照第
五章针对武科会试之考察,可知清代武贡士凡9657名,较武进士多140
名。此种差值之出现,首先为制度设计所致,因为武贡士取中后尚有覆
试,少数覆试不合式者,未能参加该科武殿试。此外尚有丁忧患疾、罚停
殿试、重复殿试、重复取中、取中后斥革等因素影响,下文佐以实例说明。
其次,本书对清代武贡士、武进士人数之统计,尚有少数差误之可能。武
贡士人数之可能差误,第五章中已详细举出。至于武进士人数,顺治六

①朱彭寿:《旧典备征》卷4《武鼎甲考》,第81页。

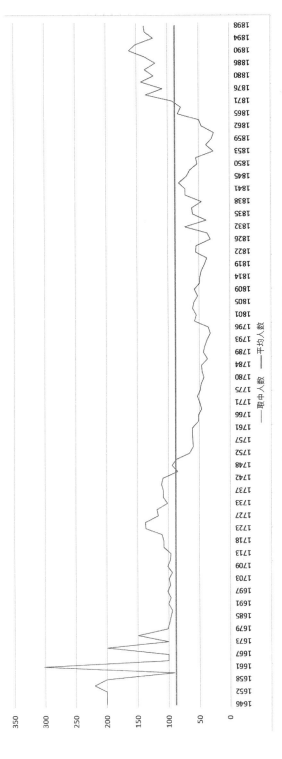

图 7-1　清代历科武进士人数走势图

年(1649)、九年(1652)、十七年(1660)三榜人数,乃参照武会试中额推算而得,暂非登科史料明示之数。而且,参照附录二之注释考辨亦可得见,即便官方各项史料所载武进士人数,亦偶见差异,需要辨别取舍。

概而观之,清代武科进士自顺治三年(1646)丙戌榜始,至光绪二十四年(1898)戊戌榜终,共历252年,总凡109榜,平均2.3年开科一次,每榜平均取中约88人。就单科取中而言,清代历科武进士人数起伏极大。以顺治十八年(1661)辛丑科所取301人最多,咸丰十一年(1861)辛酉恩科25人最少,后者不及前者十分之一,极差值达276。兹据附录二数据,将清代历科武进士人数走势绘图如下,并标出总平均值(88),则其升降变化一目了然。

由图7-1可见,清代历科武进士人数呈现两头高、中间低之总体走势。顺治朝各科取中人数普遍较多,康熙、雍正两朝各科人数亦皆在平均线之上。自乾隆朝起,武进士人数急剧下降,乾隆十年(1745)至同治七年(1868)共123年间,各科取中武进士人数皆在平均线以下。光绪朝始见武进士人数显著上升,但未回复至顺治朝水平。以下再将历朝进士平均数分而统计、绘图,兼与清代文科进士纵向分布对照解析。

三、历朝文、武科进士平均人数对照

清代109榜武进士中,包括顺治朝7榜,康熙朝21榜,雍正朝5榜,乾隆朝27榜,嘉庆朝12榜,道光朝15榜,咸丰朝5榜,同治朝6榜,光绪朝11榜。其中,正科83科,恩科17科(其中两科逢正科年份,当为以正作恩或恩正并科),非恩科之加科9科。所应留意者,顺治三年(1646)、六年、九年武科并无殿试,武会试合式径授武进士出身。因此,清代武科殿试实际总凡106次,武进士共109榜。

清代武进士之榜数,亦非如坊间比照文科所称之112榜。顺治四年(1647)丁亥科会试有文无武,光绪二十七年(1901)废武科,此后文科再有光绪二十九年(1903)癸卯科及三十年甲辰科。因此,清代文科会试多于武科会试3科,总计112科。又因顺治八年、十二年文科皆分满、汉榜取中,因此清代文科总凡112科,进士114榜。

表 7-1 清代历朝武科、文科进士人数对照表

年号	武进士				文进士			
	科数	进士总数	进士平均数	平均数排名	科数	进士总数	进士平均数	平均数排名
顺治	7	1411	202	1	8	3065	383	1
康熙	21	2242	107	4	21	4088	195	9
雍正	5	608	122	3	5	1499	300	3
乾隆	27	1675	62	6	27	5384	200	8
嘉庆	12	594	50	8	12	2820	236	5
道光	15	860	58	7	15	3269	218	6
咸丰	5	172	35	9	5	1046	210	7
同治	6	482	81	5	6	1588	265	4
光绪	11	1473	134	2	13	4090	315	2
合计/平均	109	9517	88	——	112	26849	240	——

表注：平均人数皆以进一之法，取其整数。

数据来源：武进士人数依附录二整理。文进士人数依江庆柏编著：《清朝进士题名录》上册，中华书局，2007年，第83页。

综上所见，有清一代文科常科总凡112科，114榜，共取中文进士26849名，平均每榜240名。[1]武科凡109榜，取中武进士9517名，平均每榜约88名。总体而言，武科进士总数及历科总平均值，大约为文科三分之一。兹将表7-1之数据，择要绘图如次，以便明晰。

如图7-2所示，清代历朝进士之平均数，除了嘉庆朝文升武降导致文、武两线走势背离，并影响其前后走势，其余各朝文、武进士平均数之升降走势，全然相同。由此可见，虽然文武殊途，武科之影响亦不可与文科同日而语，但作为清代遴选人才之两条制度通道，文武两途所揭示之清代政局变化，其实异曲而同工。至于其细节，第五章解析武会试中额

---

[1] 有关清代文科进士总数，各家说法稍异，此处采毛晓阳、江庆柏两家之说。详细讨论见毛晓阳、金甦：《清代文进士总数考订》，《清史研究》2005年第4期；江庆柏编著：《清朝进士题名录》上册，中华书局，2007年，第83页。

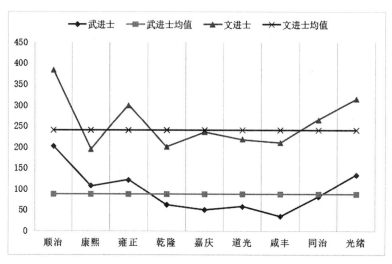

图 7-2　清代历朝武科、文科进士平均数走势对照图

及武贡士人数变化时,已作详细解析。除了极少数特例,进士直接源于
贡士,两者人数及分布之差,考察具体科分时应予详查,但在大样本统计
层面而言,两者走势及布局几近一致。第五章考察清代武贡士之纵向分
布,已对此解析说明,本节不再赘述其变迁意涵。

第二节　武科进士之地域分布

一、武科进士省籍统计问题及其分布总览

本节考论清代武科进士以及其中鼎甲进士之省籍分布,所涉问题甚为
复杂。考述之先,将史料依据、所涉武进士规模及有关处理方法辨析如下。

首先为金榜。此为进士题名及籍贯统计中最为直接之核心史料。
此处统计,引用目前见存之武科小金榜 81 张、大金榜 1 张,总共涉及 81
科,[①]武进士 5908 人(实际统计 5906 人,扣减徐开业、梅万清 2 人,详

[①] 该批小金榜原件皆藏于中国第一历史档案馆,笔者主要依据台北图书馆所藏缩微胶卷列印
研究。其中,同治元年、四年、七年、十一年、十三年 5 科以及光绪二十、二十四年 2 科,笔者
统计时未能实见小金榜微卷或图档,蒙王金龙惠示其转录之 EXCEL 电子文档,笔者参核部
分登科进呈录进行统计。谨此说明,并致谢忱。其余文献信息详参本书附录二。

下）。有赖此批核心史料支撑，自乾隆朝起之 76 科，除同治二年（1863）之外，其余科分之武进士省籍信息，全部得依小金榜题录统计。

其次为殿试武举进呈清单。因为同治二年武科金榜迄今未见，笔者于别项清宫档案中，查得此项史料加以补足。此乃当年武科殿试之后，兵部拟呈钦定之新科武进士等第清单，亦属直接核心史料。清单见录 51 人，其中 2 人注明"石力不符"未定等第，实际定等 49 人；[1] 此与《实录》所载殿试武举人数、最终传胪人数以及一甲三人信息完全符合，当属可靠。[2] 以此补足之后，则自乾隆朝至光绪朝 76 榜武科进士之姓名、籍贯全部可考。

再次为登科录。清代武科金榜之缺失，目前所见主要集中在初期顺治、康熙、雍正三朝，其中康熙朝缺载尤多。幸有登科录可供补足，此亦进士题名之核心材料，而且形成于金殿传胪前后，可信度亦相对较高。此处得以补充康熙九年（1670）、十二年、四十五年、五十七年合共 4 科，涉及武进士 500 人。[3]

最后为会试录。由于顺治朝目前未见金榜留存，此处得其 3 科会试录，加以辨析后列入统计。具体而言，顺治十二年（1655）会试录所载 220 名，与《实录》所载人数相符；[4] 顺治十五年会试录、登科录均载 200 名，可以相互印证，不过登科录漏载部分进士籍贯信息，因此以二者参互统计；顺治十七年会试录载 100 名，然《实录》记载殿试后黜落 10 人（均为江南武举），因此统计时相应将此 10 人扣除，实计 90 人。[5] 由此考补，可增顺治朝 3 科武进士省籍信息，总凡 510 人。[6]

当然，会试录毕竟并非进士统计名录最为直接之材料，因此笔者虽然亦有康熙二十四年、二十七年、三十三年、四十八年等科武会试录，约

---

[1]《同治二年殿试中式武举人名清单一份》，1863 年，台北"故宫博物院"藏清代宫中档奏摺及军机处档摺件，档案号：故机 092191。

[2]《清实录·穆宗实录》卷 81，第 46 册，第 651、659 页。

[3] 此处 4 种登科录均据台北图书馆藏缩微胶卷，详细文献信息参见本书附录二。笔者亦有康熙三十九年武进士登科录，其中一、二甲信息俱全，然三甲部分残缺，仅见 35 人（总 47 人）。为求完整确当，本节未将该登科录列入统计。

[4]《清实录·世祖实录》卷 93，第 3 册，第 734 页。

[5]《清实录·世祖实录》卷 134，第 3 册，第 1039 页。

[6] 此处 3 种会试录及 1 种登科录皆为台北"故宫博物院"图书文献馆藏善本古籍，详细文献信息参见本书附录二。

可增补 400 名武科贡士信息,然其所载人数与《起居注》《实录》等所载
殿试传胪人数稍有差异,而且其中具体差异暂难详考。为求慎重确切,
此处宁愿暂时缺此数科,亦不用此批会试录作为武科进士名录及籍贯之
统计依据。

　　综上小计,笔者依据核心题名史料,将清代武进士之省籍分布统计
推进至 89 科,占开科总数之 81.65%,尚缺 20 科;统计武进士 6965 人,
占群体总人数之 73.18%,尚缺 2552 人。[1] 依据目前整理统计所得,自乾
隆朝起武进士之名录与籍贯全部可考。此处可考科数比例与可考人数
比例悬殊之原因,在于缺额较多之清初三朝其每科取中人数较多,均在
清代历科武进士平均数以上。以下再将纳入统计考察之各朝武进士样
本详情,列表如下。

表 7-2　清代武科进士省籍分布统计考察样本详情

年号	武进士统计			
	科目数	进士数	缺失情况	统计依据
顺治	3/7	510/1411	缺顺 3、6、9、18	登科录、会试录
康熙	7/21	845/2242	缺康 3、6、18、21、24、27、30、33、36、39、48、52、54、60	小金榜、登科录
雍正	3/5	354/608	缺雍 1、8	小金榜
乾隆	27/27	1675/1675	无缺	小金榜
嘉庆	12/12	594/594	无缺	小金榜
道光	15/15	860/860	无缺	小金榜、大金榜
咸丰	5/5	172/172	无缺	小金榜
同治	6/6	482/482	无缺	小金榜、殿试武举清单
光绪	11/11	1473/1473	无缺	小金榜
合计	89/109	6965/9517	——	——

表注:

1. 斜线前为统计得见之科目数或进士数,斜线后为当有之总数;

2. 为求简洁,表中以"顺 3"表示顺治三年,其余类推。

---

[1] 武进士题名史料搜寻甚难。此前尝试以较大样本统计分析清代武进士分省情形者,仅见王
晓勇一人。其统计涉及 31 科,合共 2369 名武进士;其史料以登科录为主要依据,未见引用
大、小金榜,缺额较多。详见王晓勇:《清代武科举制度之研究》,第 313—316 页。

　　尤应指明者,统计清代科举人物之地域分布,绝非简单计数问题。其中除了核心题名史料之搜集与比勘,还会涉及清代选举制度、八旗制度、政区沿革等复杂问题。此处亦将考察统计中所遇特殊情形,以及笔者目前之思考与处理方式,一并讨论如下。

　　总体而言,本节统计清代武科进士之省籍分布,主要采取"属籍原则"。籍贯问题对于理解中国社会甚为重要,研究中若能将籍、贯分别详论,最为理想;但对武科研究而言,目前暂难臻于此境。若需在籍、贯二者之中侧重其一,则清代科举研究中,在整体统计上似应优先关注考生之"著籍"问题。尤其是实行分省定额之后,考生在"制度意义"上分占"某籍"中额取中,相较考生本人或其先祖在"地理意义"上属于"某省"更为重要。具体而言,若题名史料载录武进士之籍、贯一致者(占绝对多数),一般不作特殊处理;若史料标明其应试属籍与乡贯不同者(主要为绿营兵丁在外省入伍,就近应试取中),则统计其应试属籍省份。

　　此外,又有若干关涉制度之特殊情形,需要加以辨析和处理。其一,题名史料之载录体例及表述规则不尽相同,需要加以统整,如直隶、顺天及京卫统归直隶;其二,涉及省级政区、考闱变化,如江南(江苏、安徽)、湖广(湖北、湖南)、陕甘(陕西、甘肃),需要逐一考订,还原为分省后之具体属地,以便统计;[1] 其三,清代初期开始裁撤、改革卫所制度,以卫所归入地方管理,卫籍武童进学时,地方时见卫学或专门学额,然其应武科会试、殿试,并无卫籍武举专属中额,此处亦将其武进士归入卫所实在省籍,不另单列;其四,各省驻防武进士不归所在省籍,与京师八旗统归"八旗"一类,应试时八旗满蒙与八旗汉军分别定制,分拨中额,因此本节将二者分开统计,但未将八旗包衣单列统计。若原始材料记载旗分不明者,亦逐一考明。

　　除了上述主要源于清代制度设计所产生之特殊情形,另有几项非关制度定例之个别情形,亦需说明和辨析。其一,清代武科殿试所录,各科并非三鼎甲俱全。道光十八年(1838)、二十七年(1847)、三十年(1850)三科,以应试武举技艺欠佳,本于"宁缺毋滥"之旨,均仅录状元、榜眼,而探花从缺,统计时一仍其旧。其二,清代武科殿试,有同一人两度应试

① 行政区划沿革主要参考周振鹤主编:《中国行政区划通史·清代卷》,复旦大学出版社,2017年。

中举,甚至两度名登鼎甲者。例见乾隆十七年(1752)武科殿试,陕西提督标营之兵丁马瑮中式武探花,但马瑮外委任职后因故夺职,遂更名为马全,再应武科。乾隆二十五年(1760),马全再中武状元,成为清代武科仅有"一人两鼎甲"之例。①《清史稿》载马瑮为山西阳曲人,应为其乡贯地。若采取"属贯原则",统计中可以依此为据,且仅计1人;亦即无论其姓名如何改易,在"生物意义"上应武科取中鼎甲者均为此人。不过,此处采取"属籍原则",以与本节整体保持一致。马瑮首次中式武探花,小金榜载其籍贯、身份为陕西提标兵丁;再次应试取中武状元,小金榜载其籍贯为顺天府宛平县,乃易名寄籍。②就"制度意义"而言,马瑮已改名易籍,两次占籍中式,而且皆授予出身及职位,因此马瑮、马全按二人次取中计算。其三,前文述及,嘉庆二十四年(1819)己卯科,本已选定三鼎甲为:徐开业(江苏阜宁县人)、秦钟英(陕西神木县人)、梅万清(湖南龙阳县人),小金榜所填亦为此三人。不过,传胪当日徐开业、梅万清因故迟误,嘉庆皇帝怒而将徐开业革去武状元,梅万清革去武探花,仍留武进士,罚停殿试一科。并以原武榜眼秦钟英拔补为武状元,该科武榜眼、探花遂从缺,传胪日亦仅授秦钟英武进士及第。徐开业、梅万清罚停一科后,皆应道光二年(1822)壬午科殿试,徐开业考列第二甲第四名,梅万清考列第三甲第十一名。③在制度层面上,徐开业、梅万清之情形与马瑮(马全)之案例意义有所不同。马氏一人两次占籍取中,均经正式认可,并授予出身;但徐、梅两人初次中式,实际未及授予出身、职位已遭斥革,而且再次应试并未更名易籍,因此统计时只算其第二次中式记录。

以上论述,乃笔者依据考察所见之制度设计与运作情形,结合本节统计考察之需要,稍作辨析。其中偶有权宜之处,非敢认为通行普适之定则。依据以上史料范围及处理原则,谨将所见清代武科进士省籍分布情形列为表7-3,兼与文科进士对照。为了涵盖清代特殊情形,本节所

---

① 见赵尔巽等:《清史稿》卷334《马全传》,第11003页。
②《乾隆十七年武科小金榜》《乾隆二十五年武科小金榜》,原件藏于中国第一历史档案馆,此据台北图书馆所藏缩微胶卷。
③《清实录·仁宗实录》卷363,第32册,第795页。《嘉庆二十四年武科小金榜》《道光二年武科小金榜》,原件皆藏中国第一历史档案馆,此据台北图书馆藏缩微胶卷。

用"省籍"之"籍"字,除了主要指称地籍,兼寓户籍之意(尤其是在统计八旗士子之时)。

表 7-3 清代武科、文科进士省籍分布对照统计

省籍	武进士			文进士		
	人数	百分比	排名	人数	百分比	排名
直隶	1383	19.86	1	2708	10.09	3
广东	533	7.65	2	1013	3.77	13
山东	525	7.54	3	2247	8.37	4
河南	455	6.53	4	1694	6.31	6
山西	388	5.57	5	1421	5.29	7
江苏	377	5.41	6	2933	10.92	1
浙江	374	5.37	7	2803	10.44	2
陕西	363	5.21	8	1042	3.88	11
福建	309	4.44	9	1401	5.22	8
汉军	282	4.05	10	376	1.40	19
江西	273	3.92	11	1887	7.03	5
四川	269	3.86	12	758	2.82	14
安徽	251	3.60	13	1194	4.45	10
湖北	237	3.40	14	1230	4.58	9
甘肃	184	2.64	15	345	1.28	20
云南	170	2.44	16	694	2.58	16
满蒙	162	2.33	17	1041	3.88	12
湖南	140	2.01	18	715	2.66	15
贵州	117	1.68	19	606	2.26	17
广西	116	1.67	20	568	2.11	18
奉天	57	0.82	21	173	0.64	21
合计	6965	100	—	26849	100	—

资料来源:武科进士数据及文献信息参见表 7-2 及本书附录二。文科进士数据参考沈登苗:《清代全国县级进士的分布》,《社会科学论坛》2020 年第 1 期。

两相对照,可见清代文武两科进士之省籍分布,其趋势特点有异有同。文科进士占比最高之五省,依次为江苏、浙江、直隶、山东、江西,南三北二;武科则依次为直隶、广东、山东、河南、山西,南一北四。此种分布,体现出"北方人材壮健、南方文风优胜"之整体分布特征。直隶及山东文、武进士分省比例均列前五,足见其科甲之盛;广东全省文科进士比例仅居全国中后水平,武科进士则居于前列,甚为特出,具体原因待考。此外尚有一种现象值得留意,即文科进士分省比例居于前三者,各省数据差异甚小,较为均衡;武科则以直隶一省遥遥领先,优势突出。

除此之外,文、武进士之分省(籍)比例落差较大者,主要有陕西、汉军、甘肃等,偏向于文弱而武强;又有江苏、浙江、江西、湖北、湖南等南方省份,则偏向文强而武弱;尤其是文科进士分省排名最高之江苏及浙江,其武科排名均未入前五。满蒙一栏数据看似亦呈文强而武弱之态势,但并非其文武科场竞争力之真实反映,因为在清代不少时段,并不允许满蒙子弟应试武科,因此其武科进士比例偏小。换个角度来看,满蒙、汉军等八旗子弟,以其人数之少,加之应试时间之短,仍能在文、武进士分省比例中超越部分省籍,数据所呈现者不仅是其科场实力(尤其是武科),更是制度优待之结果。

而且,此处所谓文、武科举实力之强弱,乃相对该省籍内部比较而言。若以全国作整体比较,则可见武科分省进士排名前十之省份,在文科进士分省比例前十名中亦占七席,整体上亦可得见这些区域经济、文化相对发达。与之相对,除去满蒙此一特殊类别,则可见甘肃、云南、湖南、贵州、广西、奉天六省,文、武两类进士比例均排在全国第十五及以后,科场竞争力整体偏弱。因此又可看出,文、武两科进士之地域分布,不仅呈现出典型南北差异,更可得见东中部与西南、西北、东北等边地省份之悬殊。究其原因,无论文科武科,其备考与应试背后,均需有相当程度之经济条件作为支撑,因此科举人才之省籍分布往往又是区域经济实力之重要表征。

尚需说明者,此处对照考察之数据,文科进士乃其群体全部人数,武科进士则为本节得考其总数之73.18%,因此与其全额群体情形可能存在一定差异。第五章考论清代武会试中额,指出由于清初尚未实行分省中额题定,加之部分区域尚未平定,以致直隶、江南两地所出武进士人数较他省为多,有时两省合共达到取录总额之半数及以上。此处考察清代武进士省籍分布,所缺科分主要集中在初期顺治、康熙、雍正三朝。因此,如若将来有条件将所缺武进士信息全数补足,应当会更进一步提升本已高居榜首之直隶武进士比例,并有助提升分省人数不甚特出之江南(江苏、安徽)武进士所占比例。

由此又引申出另一关键问题,即考论科举人才之省籍分布,除了需要关注其横向分省分布,更应留意各省数据在时间纵轴上之变化特征,于空间特征中寄寓时间变量。简而言之,各省科举人才之比例,不一定呈现强者恒强、弱者恒弱之态势。其中变迁,或是政区分合所致,或是反映其经济文化之变迁,乃至制度运作本身之结果,均可留意。就清代武科进士中额及分布而言,乾隆朝乃制度关键转折期。顺治朝武科进士考前只定总额,康熙朝中期开始分别南、北卷取中,后期定立分省取中原则;乾隆元年起正式得见实行考前题定分省中额,后续取中虽然稍有调整,但整体以此为据。此外,本节统计所涉武科进士省籍信息,亦以乾隆朝以后最为完整。为了呈现乾隆朝之关键转折,结合统计所见数据,此处再以乾隆朝为界,将清代武科进士省籍分布统计为表7-4。

表7-4　以乾隆朝为分界之清代历科武进士省籍分布统计

省籍	顺、康、雍三朝部分13科		乾隆以降七朝全部76科	
	人数	百分比	人数	百分比
直隶	561	32.83	822	16.40
广东	36	2.11	497	9.46
山东	107	6.26	418	7.95
河南	70	4.10	385	7.32
山西	92	5.38	296	5.63
江苏	184	10.77	193	3.67
浙江	120	7.02	254	4.83
陕西	90	5.27	273	5.19
福建	53	3.10	256	4.87
汉军	34	1.99	248	4.72
江西	36	2.11	237	4.51

省籍	顺、康、雍三朝部分 13 科		乾隆以降七朝全部 76 科	
	人数	百分比	人数	百分比
四川	37	2.17	232	4.41
安徽	85	4.97	166	3.16
湖北	53	3.10	184	3.50
甘肃	50	2.93	134	2.55
云南	21	1.23	149	2.83
满蒙	36	2.11	126	2.40
湖南	10	0.59	130	2.47
贵州	20	1.17	97	1.85
广西	12	0.70	104	1.98
奉天	2	0.12	55	1.05
合计	1709	100	5256	100

由表 7-4 可见，以乾隆朝前后武科进士之省籍分布数据对照，直隶、江苏、浙江、安徽四省下降较多。尤其是直隶一省，虽然一直居于榜首，但实际上乾隆朝前后其比例下降了一半。而且若能补足清初三朝籍贯数据，估计还会加强这四个省份分省比例之下降趋势。与之相应，不少分省比例均呈现上升趋势，尤其是广东、山东、河南、江西、四川、云南、湖南、广西等省份，上升趋势尤其显著。满蒙及汉军数据之变化，主要是不同时段应试资格规定所致。整体而言，此处数据所呈现者，即为乾隆朝起正式执行分省取中、矫正清初武科进士省籍失衡之直观结果。以此制度策略，保证各省每科均有相应武举得以取中。当然，各省武科士子之应试实力，仍然可以在分省取中下得以呈现。其中悬殊除了体现为各省中额多寡之不同，还体现为鼎甲人数之差异，以下接续论析。

二、武科鼎甲之地域分布及其关联问题

鼎甲者，一甲状元、榜眼、探花之总称，文、武科皆然。本来，科举进行至殿试一级，应试举子均经层层选拔、千里挑一而来，其群体内部水平之绝对差异相对乡试、会试较小。应殿试者谁能最终列名鼎甲,不仅关乎临场发挥,更有若干非制度、意料外之偶然因素影响。即便以同一人两次应试,其排名亦可能有较大差异。因此,科举研究中,不宜过分放大鼎甲尤其是状元地域分布之意义。此处考论清代武科一甲进士,择其籍贯可考者,分析其地域分布特征,兼与武生员、武进士总体分布对照考察,关联论析。有关统计原则以及其中特殊情形之处理,前文论析武进士地域分布时已作交代,此处不赘。

表 7-5　清代武科鼎甲省籍分布统计

省籍	武状元	武榜眼	武探花	鼎甲总数	
				人数	百分比
直隶	43	36	31	110	34.92
广东	4	5	6	15	4.76
山东	14	8	5	27	8.57
河南	5	8	4	17	5.40
山西	6	6	3	15	4.76
江苏	6	7	4	17	5.40
浙江	6	0	5	11	3.49
陕西	4	4	4	12	3.81
福建	3	2	5	10	3.17
汉军	7	9	7	23	7.30
江西	2	2	1	5	1.59
四川	1	7	4	12	3.81
安徽	0	1	3	4	1.27
湖北	0	4	2	6	1.90
甘肃	4	4	9	17	5.40
云南	0	0	1	1	0.32
满蒙	2	0	6	8	2.54
湖南	0	2	1	3	0.95
贵州	1	0	0	1	0.32
广西	0	0	0	0	0.00

续表

省籍	武状元	武榜眼	武探花	鼎甲总数	
				人数	百分比
奉天	1	0	0	1	0.32
不详	0	3	4	7	—
合计	109	108	105	322	100

　　清代武科总凡109榜,鼎甲人数理应有327名,即武状元、榜眼、探花各109名。但如前文所述,嘉庆二十四年榜眼、探花因革从缺,道光十八年、二十七年、三十年探花皆从缺,扣除此5名,则清代武科共取中武状元109名,武榜眼108名,武探花105名,总凡322名。[①] 此322名武鼎甲之内,现有7人姓名暂不可考,包括武榜眼3人,武探花4人。[②] 表7-5统计武科鼎甲之省籍比例,以姓名、籍贯均可考之315人为准。[③]

　　表7-5之数据最引人注目者,当属直隶一省武鼎甲人数。109名武状元中竟有43名籍属直隶,约占有清一代武状元总数之40%,而且直隶武科鼎甲总数,已占总数三分之一强,足见其武科人才之盛。加上山东、山西、河南、陕西、甘肃所出武鼎甲亦多,使得此项人才之地域分布亦呈现明显"北胜于南"之总体趋势。雍正年间御史陆赐书请增陕、甘二省武举中额及武生学额,即谓:"自古材勇盛于西北,非东南各省可比。历科武殿试一甲进士,亦多系西北之人。"[④] 其说不虚。

　　除此之外,尚有可以加意讨论者。以下结合第二章所考各省武生学额,以及本章所考各省武进士人数,综合绘图分析。此处所取武生数据,乃咸同年间增广之后所定,其中八旗武生学额之比例,乃参照康熙、雍正

---

① 实际为321人,因为两次名列鼎甲之马琼、马全本为同一人,本节因采取"属籍原则"将其分别统计。

② 姓名暂不可考之武榜眼科次为:顺治九年、顺治十八年、康熙三年;武探花科次为:顺治九年、顺治十八年、康熙三年、康熙六年。鼎甲题名详见本书附录二。

③ 王晓勇、王金龙亦曾考论清代武科鼎甲之籍贯与地域分布,笔者在后期修订本稿时均有参考,详见本书附录二。但由于所据史料不尽相同,对于籍贯问题之判断及统计原则亦有不同,因此各自数据稍有差异,读者可参互对照。详见王晓勇:《清代武科举制度之研究》,第289—306页;王金龙:《清代"武鼎甲"补考》,《清史论丛》2016年第2期;王金龙:《清代武状元籍贯与地域分布》,《历史档案》2017年第4期。此外,二王之研究中,未就武鼎甲、武进士及武生员之地域分布问题,展开整体关联论述。

④ 陆赐书:《奏为请增陕省武举武生额数以广皇皇仁事》,载《宫中档雍正朝奏摺》第27辑,第192页。

年间京旗武生数据,将表3-5中咸同增广后八旗武生比例一栏,再按满蒙与汉军作1:2之比例分配而得。

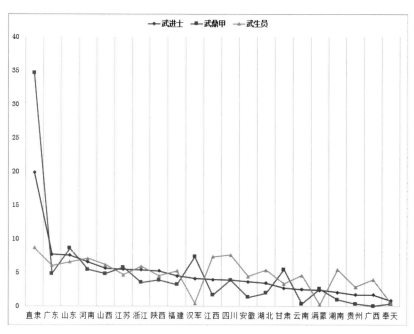

图7-3　清代武生员、武进士、武鼎甲省籍分布对照图

图7-3中数据排序先后之参照值,为各省籍武进士所占比例(最细线所示),此项排序自直隶至奉天依次递减。如图所见,清代各省籍武生员、武进士、武鼎甲之比例,总体布局亦为从左至右递减,反映出三者之间总体存在正相关关系。不过,武生员、武进士、武鼎甲三项数据内部差值之波动幅度,则由低级功名至高级功名递增,值得留意。解析此种变化态势,应先明乎三项人数之所由来,略析如下。

各省武生员数由各学武童进额决定,其额数多少主要与该地人口、钱粮、丁赋关联,且不时调整以均衡之。因此,除八旗(八旗武生多无定额,统计或有遗漏)及奉天之外,各省武生员所占比例之差值相对较小,其分省比例之极差值,低于9%。尚应指明者,此处所统计之武生人数,乃清季咸同增广后之情形,而各地学额自清初即有明定,相对均衡,以下所论武进士及武鼎甲,乃有清一代各省人数之积累分布,而且其中既有分省定额后之均衡结果,亦有定额前之"自由竞争"实态。

　　各省武进士人数受武会试中额影响,依此逆推,则受武乡试中额(武举人数)、武童进额(武生人数)影响,不过此时武生学额已属间接影响。武会试中额之设定,本有均衡各省之考虑,如上文所述,康熙年间内场先有南卷、北卷之分,之后再有分省中额之设定。而武会试中额之设定,更考虑各省武举之实力,并非只依应试人数决定。结果,各省武举应试之"竞争力差异"开始凸显,该项比例之省籍极差值亦相应增至19%以上。

　　武鼎甲之分省分布,则不受中额限制。换言之,某科某省应取中武贡士(武进士)若干名,尚有制度定额以平衡之。然各省武举金榜排名如何,是否产生鼎甲进士,则取决于其殿试(尤其是外场御前献艺)成绩。至此,各省武举竞争力之高下差异,完全显现。以两级差值为例,考察得见直隶一省至少有武状元43名,武鼎甲共109名;云南、贵州、广西、奉天诸省,则或仅有1名,或并无鼎甲,两项比例之极差值接近35%。当然,武进士及武鼎甲比例较低之省份,多为相对偏远、经济发展滞后之地区。边省武举因为难以负担远程赴试成本,部分不赴会试,亦为该地武科进士及鼎甲稀少之次要原因。第五章论析武会试时,已略及该问题,此处不赘。

　　具体至个别省籍,亦有几处特别情形应再作申述。湖南及江西两省武生数额不少,但鼎甲人数未见相应增多。此二省是在咸同军兴之后,因守城、战殁、捐输等原因,武生学额显著增长。此外,广西、云南两省之武鼎甲比例,亦与其武生占比形势相去甚远,除了同受清季广额影响,可能亦与此二省武举赴试不便有关。甘肃一省武鼎甲比例较为突出,足见"陕甘人才壮健"之说,确非空穴来风。江苏所出武科鼎甲可居前列,亦可留意。

　　此外尤应注意者,八旗汉军虽自康熙末年才准应考武科,八旗满蒙人士应考武科时间更短,而且兴废无常,但有清一代之武科鼎甲,考察已见汉军竟有23名,满蒙亦有8名,若将二者合为八旗一籍,则其总数仅次于直隶,多于全国其他省份。八旗汉军更以0.39%之武生进额,夺得7.30%之鼎甲名衔,尤为突出。由此亦可得见,所谓"以弓马骑射定天下"之八旗兵士,较之民籍考生,其外场技艺确有显著优势。

　　若作整体概观,考察所见清代武科鼎甲比例居于前三位者,依次为直隶(109人)、山东(27人)、汉军(23人)。就宏观地域而言,南方并无一省入围前三。此与清代文科鼎甲以江苏(117人)、浙江(75人)、安徽

（20人）居前三甲之局面，[①]恰成鲜明对比。文、武科举抡才体制下，清代中国南方文风兴盛、北方技勇特出之宏观人才布局特征，甚为显著。

综合以上考述，历代武科之研究，其史料搜集远较文科为难。以上统计所得，虽经笔者历年多方搜采，少数科分仍欠完备，有待来日补订。而所缺主要在清代前期，自知难度甚大而能力有限，完璧无期，乃将管见所得先行曝表，以候大雅先进匡正。今后此一问题之推进，主要尚有三种途径及期望。其一为成组核心史料，如金榜、登科录（次之为会试录）之新见，就信度及批量而言，此乃最为理想者，不过得见全套之可能性较小。其二为依据各地清宫档案留存之兵部档案及武进士殿试卷等材料，增补所缺，此种材料尚有发掘空间，信度亦高，但较为分散，补成全帙难度亦高。其三为参照地方史志及考务人员之私家记载，考订补入，尤其地方史志之"选举"部分，时见列载武科人物，但其总体信度不甚理想，记载亦多简略，需要别项核心史料佐证支撑。有关第二、第三两项史料，笔者另有部分累积，可另添补大约500名武科进士之信息。不过，本节主要关注武科进士之省籍分布，同一科次群体总额之中，各省人数之配额具有制度意义。为求完整确当，笔者仅择其武进士名录完整且籍贯明晰之科次计入，至于其零星部分，则依行文考察需要，于本书别处加以分析呈现。

第三节　武进士登科年龄及其乡试、殿试中式间隔

世之病科举者，每谓其久羁士子，赚得英雄尽白头，此言非虚。文科士子困顿场屋，终身不得一第者，征诸史乘笔记，比比皆是。武科士子鲜有自作笔记详述应考经历者。对比而言，清代"文童人多额窄，武童人少额宽"[②]，确属实情。前文考察武童试及武乡试，已指出武童进学及武举取中之时，武科之竞争度皆低于文科。以下再就武进士登科之年龄，及其武乡试、殿试中式之间隔时间，作取样统计考察，以求实证。

---

① 文科鼎甲数据参考李润强：《清代进士的时空分布研究》，《西北师大学报》（社会科学版）2005年第1期。
② 素尔纳等：《钦定学政全书》卷10《学政关防》，第196页。

一、武进士之登科年龄

先看武科进士之登科年龄。以下之统计分析,涉及自清初至清末八榜武进士,涵盖顺治、康熙、乾隆、同治、光绪五朝。现择其登科年龄可考者 906 人,汇总统计如表 7-6。

表 7-6　清代武进士登科年龄举隅统计

科年	年龄段及人数							样本总数	平均年龄
	15–19	20–24	25–29	30–34	35–39	40–44	45–49		
顺 15	5	28	43	42	43	7	2	170	30.4
康 39	5	19	18	20	15	5	1	83	29.5
康 57	7	20	37	24	11	5	3	107	28.8
乾 4	3	24	63	15	5	1	0	111	27.2
乾 16	4	35	35	9	2	2	0	87	25.5
同 2	0	16	20	12	1	0	0	49	26.7
光 9	6	36	48	35	10	1	0	136	27.2
光 16	6	60	57	34	6	0	0	163	26.0
合计	36	238	321	191	93	21	6	906	27.8

表注:表中年龄径依官方档案、史料所载,暂未处理官年与实年之差异问题。

资料来源:

1.《顺治十五年武进士登科录》,台北“故宫博物院”图书文献馆藏善本古籍,编号:故殿 000630。

2.《康熙三十九年武进士登科录》,台北图书馆藏缩微胶卷。

3.《康熙五十七年武进士登科录》,台北图书馆藏缩微胶卷。

4.《乾隆十六年武进士登科录》,台北图书馆藏缩微胶卷。

5.《殿试中式武举人名清单一份》,1863 年,台北“故宫博物院”藏清代宫中档奏摺及军机处档摺件,档案号:092191。

6.《乾隆四年武进士登科录》,1739 年,台北“中研院”史语所藏内阁大库档案,档案号:287220-001。

7.《呈恭拟殿试武举等第员名清单》,1883 年,中国第一历史档案馆藏清代军机处录副奏摺,档案号:03-7185-104。

8.《光绪十六年殿试武举履历》,1890 年,中国第一历史档案馆藏清代军机处录副奏摺,档案号:03-5875-028。

　　如表 7-6 所见,武进士及第之平均年龄为 27.8 岁,年龄组距极差为 30 岁。第四章考论武举群体,已知武举中式平均年龄为 24.8 岁,亦即武举人乡试中式后,大多平均经历三年考获武进士出身,此亦与前文分析武科乡试、殿试及第间隔时间大致相符。以武进士及第年龄之大势而言,自清初至清末总体呈下降趋势,从顺治十五年(1659)平均 30.4 岁,降至光绪十六年(1890)平均 26.0 岁。文武相较,清季武进士及第之平均年龄,比文科进士年轻 5-7 岁。[1]

　　武科迥异于文科之处,在于其外场之武艺考验,士子年龄太幼或太长,皆难以应考。从表 7-6 亦可得见,武进士之绝大多数,年龄皆在 20-34 岁之间。该群体内部年龄结构之变化,仅以平均数一项,难以确切揭示。以下将此八榜凡 906 名武进士年龄之具体数值纳入考察,除了平均值一项,兼察各科年龄众数、中位数、极差及标准差几项参数,作绘图解析。

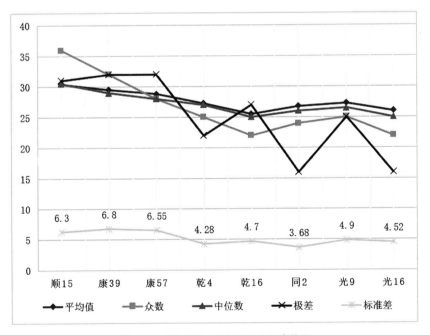

图 7-4　清代武进士登科年龄取样参数图

① 清季道光十五年(1835)、同治七年(1868)、光绪二十年(1894)、光绪二十九年(1903)、光绪三十年(1904)文科进士及第之平均年龄,各为 36 岁、34 岁、33 岁、32.5 岁、30.5 岁。详见李林:《最后的天子门生——晚清进士馆及其进士群体研究》,第 67—69 页。

　　如上考察所见,清代历科武进士平均年龄大致依照时间先后递减。与平均值动态几近一致者,为中位数值;众数值虽亦与前二者相应,但波动稍大。由此可见,武进士年龄分布结构总体较为规律。各科武进士内部年龄之极差值,虽然总体亦呈下降趋势,但波动较大,尤其在乾隆、同治、光绪各朝最为明显。年龄极差值亦直接影响标准差值,故此二项图线走势完全呈正相关关系。标准差值尤其反映群体内部年龄之离散情况,其总体趋势为进士年龄标准差值减少,从清初普遍为 6 以上,减至中后期 5 以下。换言之,进士及第者之年龄分布,越益向平均数及中位数聚集。反映在表 7-6 内,可发现自乾隆朝起,考察样本中 40 岁以上之武进士明显减少,45 岁以上者甚至全然不见。此种走势,亦与武科制度调整相应。乾隆九年(1744)规定武生年届六十者,不准入场应武乡试,以杜绝枪替之弊。[①]自是以降,武科进士及第者之年龄结构渐趋集中于少壮组别。武进士群体年龄之极差值与标准差值,在乾隆朝均有显著变化,其理在此。

二、武进士乡试、殿试间隔时间与科数

　　清代早期武进士登科录中,较少逐一详载武进士应乡试、会试、殿试及第之科分。兹就所见,以乾隆二十二年(1757)、嘉庆六年(1801)、道光二十七年(1847)、咸丰六年(1856)及光绪二十年(1894)六榜武进士为例,择其历次中式科分可考者,举隅分析。

表 7-7　清代武进士乡试、殿试中式间隔年份举隅统计

间隔年数	间隔科数	乾 22		嘉 6		道 27		咸 6		光 20		合计	
		人数	百分比(%)	人数	百分比(%)	人数	百分比(%)	人数	百分比(%)	人数	百分比(%)	人数	百分比(%)
1	0	18	30	26	48.15	23	35.94	8	22.86	37	30.08	112	33.33
3	1			13	24.07					22	17.89	59	17.56
4	1	24	40										

①《清实录·高宗实录》卷 230,第 11 册,第 970 页。

续表

间隔年数	间隔科数	乾22 人数	乾22 百分比(%)	嘉6 人数	嘉6 百分比(%)	道27 人数	道27 百分比(%)	咸6 人数	咸6 百分比(%)	光20 人数	光20 百分比(%)	合计 人数	合计 百分比(%)
3	2					15	23.44					50	14.88
4	2					7	10.94	11	31.43				
5	2	9	15					8	22.86				
5	3									27	21.95	62	18.45
6	3			6	11.11					15	12.20		
7	3	3	5	5	9.26			6	17.14				
7	4					9	14.06					25	7.44
8	4					3	4.69			1	0.81		
9	4			3	5.56					8	6.50		
10	4	1	1.67										
10	5					5	7.81					17	5.06
12	5									8	6.50		
13	5	4	6.66										
12	6			1	1.85			2	5.71			6	1.79
15	6									3	2.44		
13	7					2	3.13					2	0.59
19	8									1	0.81	1	0.30
21	9	1	1.67									1	0.30
24	10									1	0.81	1	0.30
合计	—	60	100	54	100	64	100	35	100	123	100	336	100

表注:

1. 该表以间隔科数排序,横行合计亦以间隔科分一列为准。由于各朝开科频率不均,因此即便间隔年数相同,间隔科数亦不尽相同,甚至出现间隔年份少者间隔科分反多之情形。

2. 咸丰六年武进士凡38人,然《登科录》内有3人信息残缺莫辨,故实际统计35人。

3. 统计思路参考吴宣德:《明代进士的地理分布》,第104—105页。

资料来源:《乾隆二十二年武进士登科录》《嘉庆六年武进士登科录》《道光二十七年武进士登科录》《咸丰六年武进士登科录》《光绪二十年武进士登科录》,皆为台北图书馆藏缩微胶卷。

由表 7-7 可见,考察所见之武进士群体中,约有三分之一能在武乡试取中次年顺利通过会试及殿试,乃一举成功而无空过者;另有约三分之一武举,须在乡试取中后再参加一至二次会试及殿试,而成武进士。换言之,武进士及第者之中,约有三分之二可在乡试取中五年之内,考获武进士名衔。另有约五分之一武举,乡试取中后尚需五至七年,再历三科始能获售。间隔四科(七年)及以上者,约占百分之十五。其中虽然不乏间隔十科、乡试中式后历经二十四年才获售之例,但究属寥寥,其久羁候选之苦,应较文科士子为轻。

第四节　武科之"社会流动"问题及"武举家族"初探

一、武科所见"社会流动"问题

唐宋以降中国社会之变迁与流动,前贤已多有讨论。作为帝制后期中国选拔人才之重要机制,科举考试与"社会流动"(social mobility)之关联,亦为前辈学者所注目。何炳棣对社会流动问题,申论尤其翔实,他通过统计大样本分析明清进士及第者之家庭出身,指出科举为促进社会各阶层上下流动之重要机制,并将科举喻为"成功之阶梯"[1]。何炳棣之实证研究,对明清科举与社会研究影响甚钜。作为与文科并进之抢才体系,武科是否亦曾发挥类似功用,同样值得探究。

不过,武进士登科录不如文科详备,而且武科硃卷、墨卷之刊刻留存极少,以致武进士之家族背景不易查考。乾隆朝以降,亦不见武殿试考卷书写考生父祖三代脚色信息。因此,若要参照何炳棣之方法,大样本考察清代武进士之家族背景,颇难实现;或可依据地方志、家谱等资料,作局部取样调查。此一宏大课题,必另俟专书。此处依据台北"中研院"史语所及美国加州大学洛杉矶分校东亚图书馆藏清代科举考卷,整理出顺治、康熙、雍正、乾隆四朝之中,履历档案包括三代背景之武进士基本信息,稍作分析。

---

[1] 见 Ho Ping-ti, *The Ladder of Success in Imperial China: Aspects of Social Mobility, 1368-1911*. 中译本见何炳棣著,徐泓译注:《明清社会史论》,台北:联经出版事业股份有限公司,2014 年。

表 7-8　清代初中期武进士家庭背景取样统计

姓名	科年及排名	籍贯	三代信息			文献来源
			曾祖	祖	父	
孙枝茂	顺 12-2-47	宣府左卫	仕、故	不仕、故	仕、故	A171846-001
钱方起	顺 15-3-94	江南通州	不仕、故	不仕、故	不仕、故	A171852-001
李斐	顺 15-?-?	直隶曲周	不仕、故	不仕、故	不仕、存	L-武举 -01
李化民	康 15-2-15	云南昆明	不仕、故	不仕、故	不仕、故	A171848-001
王朝禺	康 15-3-75	宣府前卫	不仕、故	不仕、故	不仕、存	A171844-001
王英	康 18-3-69	陕西高陵	不仕、故	不仕、故	不仕、存	A172008-001
白𤏳	康 21-3-51	顺天通州	不仕、故	不仕、故	不仕、存	A171853-001
王霖	康 36-2-7	浙江山阴	仕、故	不仕、故	不仕、存	A171997-001
达泽	康 45-2-7	陕西凉州	仕、故	仕、故	不仕、存	A172006-001
施嘉樴	康 51-2-16	浙江山阴	仕、故	不仕、故	不仕、存	L-武举 -04
白纬	雍 1-3-92	山西榆次	不仕、故	不仕、故	不仕、存	A172002-001
王埈	雍 2-3-83	陕西榆林	仕、故	仕、故	不仕、存	A171996-001
焦腾高	雍 5-3-91	陕西中卫	仕、故	不仕、故	不仕、故	A171854-001
黄秉刚	雍 8-3-30	广西马平	不仕、故	不仕、故	不仕、故	A171994-001
田金科	乾 1-3-82	直隶晋州	不仕	不仕	不仕	A172018-001
胡大猷	乾 2-2-10	广东顺德	仕	不仕	不仕	A172001-001
华祝	乾 7-3-19	浙江钱塘	不仕	不仕	不仕	A172010-001
辛从革	乾 10-3-22	陕西华阴	不仕	不仕	不仕	A172007-001
张玉琦	乾 13-2-10	正白旗汉军	不仕	不仕	不仕	A171855-001
张大功	乾 16-3-71	山西太谷	不仕	不仕	不仕	A172004-001

注："科年及排名"一栏,"顺 12-2-47"表示顺治十二年第二甲第四十七名,余类推。"文献来源"一栏,A 指代台北"中研院"史语所藏内阁大库档案;L 指代美国加州大学洛杉矶分校东亚图书馆藏清代科举考卷,链接:http://digital2.library.ucla.edu/viewItem.do?ark=21198/zz0019nz31,最后访问日期:2019 年 10 月 10 日。

表 7-8 所涉武进士总凡 20 名,样本数量较为有限。不过,所据史料之形成及传播,先经汇集,星散各地之后,复从笔者所见武科殿试考卷中,因其备载考生家庭信息而取出分析。其文献之性质与目标,与下

文考察"武科家族"所据正史有意预定之"集体传记"编纂视角,颇有不同,可以对观分析。考察所见20名武进士之纵向分布,跨越顺治、康熙、雍正、乾隆四朝;其横向地域分布,亦涵盖直隶、山西、陕西、浙江、广西、广东、云南、江南、汉军九个省籍,南北皆有。样本史料乃随机留存所见,并非人为选择所存,其中代表性亦不容忽视。

如表7-8所示,考察样本内有13名武进士祖上直系三代均未出仕,占到65%。其余35%之武进士,祖上有一代出仕者4人,占20%;两代出仕者3人,占15%。再加考察,其父亲一代出仕者,仅见1人(孙枝茂),而且应殿试时其父已亡故。考察样本内祖上三代皆有仕宦经历者,并无一人。由此可以看出,考察样本群体并非出自显宦之家,武科考试为其提供获取上级功名之制度渠道,此为清代初中期情形大要。

除此之外,《清代硃卷集成》收录少数武举硃卷,涉及同治、光绪两朝江南、浙江、江西、湖南、广东五省武举人,总凡33名。以下将此33人之直系三代背景统计汇总,略作分析。

表7-9　清季武举人祖上三代背景举隅统计

世代	功名									仕否				地方事务		
	进士	举人	监生	贡生	生员	武进士	武举人	武生员	无功名	实授A	实授B	捐纳及候选	未仕	饮宾	职员	建庙修祠
曾祖	0	0	5	0	0	0	0	0	28	0	2	3	28	4	1	0
祖父	0	0	7	1	1	0	0	0	24	0	3	5	25	2	0	0
父亲	0	0	5	3	4	0	0	3	18	0	4	6	23	4	0	1

资料来源:顾廷龙主编:《清代硃卷集成》第352册,第213—403页;第353册,第3—193页。

就其父祖功名而言,考察所见33名武举人之曾祖、祖父、父亲三代,无功名者分别有28人、24人、18人,各占84.8%、72.7%、54.5%。虽呈下降之势,然仍以无功名者为主。33人之中,并无一人之父祖三代,具有文、武进士及文、武举人出身。除了罕见特例之外,此类上级功名皆由考试授予,可知这些武举人鲜少出自有正规高级功名之家。其具有功名者,以监生居多,清季此类出身多靠捐纳而得。至其父辈,才渐见具有贡生、生员及武生之功名。

就其父祖仕任情况而言,33 人之直系三代之中,未仕者分别为 28人、25 人、23 人,各占 84.8%、75.8%、69.7%,亦占绝对多数。其具有出仕资格者之多数,乃候选或捐职、捐衔。其出仕而得实授者,并无一人跻身 A 类(正四品及以上),皆属 B 类(从四品及以下,含不入流者)。

因此,从考察所见样本来看,清季武举人之多数,乃出自祖上无功名、未出仕之家。亦应留意者,该群体之有功名及出仕资格者,又多为捐纳所得,足见其家资殷实。而其中部分人物,即便无功名及仕宦经历,仍有机会充任乡饮酒礼之"饮宾",可见其在地方社会仍有相当影响。

综上可见,若就样本所见而论,清代武科之运作,亦近于何炳棣关于科举促进"社会流动"之论说。齐如山论析清季武科运作之情形,谓武童之所以多不识字,乃因应考武科者多属有钱之家,恐怕被人欺侮,因此让子弟进个秀才,顶立门户。他又将武秀才约分两类,一类为有钱之家,因为不能读书进文举而为武秀才,一则图个顶子好看,再则也可支持门户,以防不法之人欺辱;一类本即部分不安分之家,仗势子弟进武秀才而武断乡曲。[1]从家庭出身背景而言,此种观察亦可与以上两表之统计相互呼应。

清季道光年间,给事中巫宜禊奏改武场规程,亦谓:"若武举人,类皆丰衣足食,不尽识字,断不能有游幕、觅馆之可藉口。"[2]可见,清代应考武科者之家庭背景,就功令仕宦意义而论,多出不具正规科举功名及官宦背景之家,但就经济势力而论,似又多属地方豪强之家,不过借助武科功名为护符,维持家族既有势力。正因如此,部分乡居武举长期不赴会试,乃至危害一方,后文详论。

因此,清代武科之运作,亦可为祖上无科甲功名者提供考获功名之机会。前文论及武生员之地位与待遇,亦指出此类功名在地方社会而

---

[1] 齐如山:《中国的科名》,第 10、52 页。
[2] 景清等:《钦定武场条例》卷 6《武会试一》,第 400 页。

言,确有其社会地位、法律优待及经济利益,因此"社会流动"说在此意义上应能适用。亦须加意辨析者,如果竞逐下级武科功名者多出豪强之家,县试、乡试中式后便不积极向上攀升,而且下章亦将指出,即便考获武科最高进士名衔,其仕途前景亦不可与文科同日而语。因此,武科促进社会流动之规模与形式如何,以及武科在何种程度上可以比照文科而称作"成功之阶梯",均有待更多实证研究加以阐明。

二、北方多出将种:《清史稿》所见"武举家族"个案初探

何炳棣所倡"社会流动"之说,亦有学者提出商榷与质疑,其最著者为艾尔曼(Benjamin A. Elman)。艾氏以为何氏所论平民进士比例失之过高,因为何氏过于低估家族、姻戚对向上社会流动之促进作用,艾氏将科举所致"社会流动"更多视作精英阶层内部政治、社会及文化之"再生产"(reproduction)与"循环"(circulation)。[①] 此外,张杰研究清代文科中举者之背景、流动与迁移,有"科举家族"之论。[②] 本节借用此一概念,但选入论析之代表案例实际条件较高。虽然文、武科场情形殊异,但清代武科运作中,确有某些家族累中武进士,甚至官居高位之情形。以下特举《清史稿》内为同族武科中式者集体立传者,作为清代"武举家族"之案例实证,从中亦可得见武科进士及第后之授职及迁转情形。

(一)甘肃宁夏马氏

宁夏马氏,久为西北豪右,武勇健将辈出。其以武科军功荣显者,远者勿论,在明代后期已有马世龙由世职应武会试得第,并任宣府游击,天启、崇祯年间历擢永平副总兵、三屯营总兵、山海总兵,并加右都督,进左

---

① 见Benjamin A. Elman, *A Cultural History of Civil Examination in Late Imperial China*. Benjamin A. Elman, "The Civil Examination System in Late Imperial China, 1400–1900", *Frontiers of History in China*, 2013,8(1):32–50. 详细讨论见何炳棣著,徐泓译注:《明清社会史论》,第 viii–xxxi 页。

② "科举家族"作为学术概念,由张杰最先提出并加以实证研究。其概念界定须具备以下三项条件,缺一不可。其一,世代聚族而居,凭借家族组织支持族人应试;其二,从事举业人数众多,而且世代应举;其三,至少为取得举人或五贡以上功名之家族。详见张杰:《清代科举家族》,第24—46页。张氏之界定主要适用于清代,其后学者对于该概念范畴多有延伸探究,新近综述评析参见王会超:《关于"科举家族"概念界定的几点思考》,《科举文化》2021年第1期。

都督,又加太子少保,荫本卫世千户。马世龙在明末危局中有功于明室,卒后获赠太子太傅,世袭锦衣金事,《明史》有传。[1] 清代官修《一统志》谓马世龙"状貌魁梧,多膂力","威名震西塞"。[2] 入清以后,宁夏马氏武科功名迭出、位极人臣者甚多,《清史稿》集体立传者举隅如下。

马会伯,字乐闻,马世龙之曾孙,康熙三十九年(1700)武状元,初授头等侍卫。康熙四十五年(1706),外任直隶昌平营参将,其后历任通州副将、湖南衡州协副将、云南督标中军副将,康熙五十七年(1718)擢升为云南永北镇总兵。康熙五十九年(1720)随师出征西藏,因功加左都督。雍正元年(1723)获赐皇帝亲书"有儒将风",并赏戴貂冠、孔雀翎,曾署山西大同镇总兵。雍正三年(1725),擢升贵州提督,其后又改任甘州提督,调署四川提督。雍正四年(1726)后历任四川巡抚、湖北巡抚,雍正七年(1729)任兵部尚书。清代武科出身者,极少能改任文职。马会伯不仅曾历两省巡抚,更官居兵部尚书,乃清代武科及第者中仅见之例。

马际伯,字逸闻,马会伯之堂兄,行伍出身。康熙年间因随宁夏提督赵良栋出征吴三桂,叙功授千总,累加参将衔。康熙三十五年(1696),跟随振武将军孙思克追击噶尔丹,获授副将衔,次年授宁夏镇标前营游击,历任灵州营参将、四川陕西督标中军副将。康熙四十一年(1702)擢为四川建昌镇总兵,又历任陕西西宁镇总兵、都督同知。康熙四十六年(1707)复调西宁,赐给孔雀翎、鞍马。康熙五十年(1711),升任四川提督,次年去世。清廷赠右都督,并赐祭葬,谥"襄毅"。

马见伯,字衡文,马际伯之弟,康熙三十年(1691)武进士。曾随师追击噶尔丹,康熙三十七年(1698),任直隶正定协标右营守备,其后历擢直隶抚标中军游击、云南贵州督标中军副将、山西太原镇总兵、直隶天津镇总兵等职。马见伯曾疏言《武经七书》注解互异,建议令儒臣选定。康熙皇帝甚是其说,故有武科内场考试内容之变革,前文已详。康熙五十八年(1719),擢升陕西固原提督,署都督金事。次年作为参赞大臣,随贝子延信出兵进藏,参赞军务,屡建功勋。班师回朝途中,在打箭炉病

① 见张廷玉等:《明史》卷270《马世龙传》,第6933—6935页。
② 穆彰阿等:《嘉庆重修一统志》卷265《宁夏府二》,第15页。

逝,清廷亦赐祭葬。

马觌伯,字广文,马见伯之弟。康熙四十二年(1703)武进士,初授三等侍卫。其后历任巡捕南营参将、杀虎口副将,康熙六十一年(1722)升任大同总兵。雍正元年(1723)得赐孔雀翎,奉命移军驻扎山丹卫。其后因故夺官,乾隆元年(1736)去世。

宁夏马氏,仅在康熙年间已出武进士三人,其后亦有武才辈出。马会伯更以武状元官至兵部尚书,足见其盛。《清史稿》专列《马会伯传》,以马际伯、马见伯、马觌伯三人附之。[①]

(二)甘肃甘州韩氏

韩氏亦为西北著姓。甘州韩氏,康熙年间已有韩成官至重庆总兵,卒后葬于合州,入祀名宦祠,其子韩良辅(字翼公)遂入籍重庆。韩良辅生于武功之家,年少时已随父征战,其后虽补县学生员,但最终弃文从武。康雍年间,武科士子文艺尚可,而且制度上亦曾准许文武互试,因此韩良辅得有此选。康熙二十九年(1690),韩良辅应乡试武举第一,次年即中武探花,初授二等侍卫,外任陕西延绥镇中营游击,后迁宜君营参将、神木副将。因在任内捕盗杀虎有功,屡获升迁。雍正元年(1723)擢为天津总兵,得赐孔雀翎,并授广西提督。至此,韩良辅之任职已臻于地方武职极致,次年再署广西巡抚,雍正五年(1727)实授,成为清代武科出身者兼任文职高官之少有案例。

韩良卿,字省月,韩良辅之弟,康熙五十一年(1712)武进士,初授侍卫。其后外任陕西西宁守备,再迁庄浪参将。因参与清廷征战谢尔苏部有功,得赐孔雀翎。其后累迁宁夏中卫副将,乾隆二年(1737)擢为广西碣石总兵,五年(1740)擢升甘肃提督。次年去世,清廷亦赐祭葬,谥"勤毅",并赠都督金事。

韩勋,字建侯,韩良卿之子,19岁即中式武举。康熙五十六年(1717),其祖父韩成为请效力,命在内廷行走,后随其伯父韩良辅应援清廷征战西藏。雍正元年(1723),得授三等侍卫,外放为贵州镇远协游击,六年(1728)迁云南镇雄参将。任职西南期间,韩勋绥平地方,有功于清廷。

---

① 详参赵尔巽等:《清史稿》卷299《马会伯传》,第10417—10420页。

雍正八年（1730）克复乌蒙后，得到皇帝嘉许："参将韩勋，领兵四百，破贼数千。以寡敌众，鼓三军之气，丧贼人之胆，较诸路为独先。"于是超擢为贵州安笼镇总兵，其后亦多效命清廷，经略西南，乾隆六年（1741）擢升贵州提督。乾隆八年（1743）韩勋去世，清廷加赠右都督，亦赐祭葬，谥"果壮"。

上述甘州韩氏中，韩成未见有功名记录，其官至正二品总兵，所倚赖者应为清初参与征战之军功。其后韩氏武科功名辈出，韩成之子韩良辅、韩良卿皆考获武进士名衔，韩良卿之子韩勋亦获武举名衔。而且，韩良辅、韩良卿、韩勋三人最终皆官至从一品提督，韩良辅甚至职兼文武，曾任巡抚。此处所见甘州韩氏三代之流动，亦呈上升之势。初代以军功至总兵，并曾为后代请命效力；次代以武进士出身兼有军功，官居提督、巡抚；三代虽然仅有武举人出身，但因军功卓著，最终仍然官至提督高位。

清修国史，韩良辅、韩勋皆入《汉名臣传》。《清史稿》将韩良辅、韩良卿及韩勋同列一传，评曰："良辅既以兵略显，子弟多肄武。季弟良卿、长子勋尤知名。"[1] 可谓一个"武举家族"之典型写照。

（三）甘肃宁朔吴氏

宁朔吴氏，《清史稿》亦称其"家世多武功"。该族在明代嘉靖年间，已有吴鼎任至宁夏镇总兵官，《明实录》见载其事。吴鼎有子曰吴健，为崇祯十五年（1642）文科举人，后曾官至参议。明清易代，吴氏家族借助既有军功、仕任以及科名等"资本"，延续族运并向上攀升。吴健之子吴开圻延续家族习武传统，高中康熙二十七年（1688）武探花，先授喜峰口游击，后升昌平州参将。其后调任浙江，历任副将，署总兵官。雍正《浙江通志》称其"所至明饬纪律，训练士卒，简阅队伍，军容整肃，兵民帖然"，并曾获颁赐康熙皇帝御用弓矢。后调云南元江副将，署鹤丽总兵。

吴开圻之子吴进义，随军入伍，跟随振武将军孙思克征噶尔丹，以军功累迁至江南寿春镇总兵，后擢江南提督。吴开圻曾疏言太湖渔船巡哨管理等事务，颇得朝廷嘉许，历官浙江、福建等地。后为"孙嘉淦奏稿案"

---

① 赵尔巽等：《清史稿》卷 299《韩良辅传》，第 10421—10424 页。

牵连,而被废斥。其后查实无辜,奉诏进京,奉命以提督衔署直隶宣化镇
总兵,不久授为古北口提督,并获乾隆皇帝御书褒扬,文曰"矍铄专阃,
节镇耆英",建坊表彰。乾隆二十三年(1758)加太子少保衔,二十七年
(1762)去世,赠太子太保,谥"壮悫"。

　　宁朔吴氏除吴健一支之外,吴鼎另一子、吴健之弟吴坤亦官至贵州
永北总兵,曾助清廷平定金川等地。吴坤之子吴开增,亦为武举出身,官
至浙江温州总兵。宁夏府城中心位置,曾为吴氏专立牌坊,题书东曰"三
镇元戎",西曰"五世封疆"①。由此可见该家族科名、武功之盛。

(四)直隶河间哈氏

　　此处所述直隶河间哈氏,《清史稿》谓"其先出回部",或亦徙自西
北,清代该家族武科人物亦盛。哈攀龙,乾隆二年(1737)武状元,依例
初授头等侍卫。乾隆九年(1744)外发福建,任兴化城守副将,其后历
迁河南南阳及福建海坛、漳州诸镇总兵。乾隆十三年(1748)奉命往金
川,署松潘镇总兵。清廷平定金川之役,哈攀龙出力甚多。乾隆十四年
(1749)金川事定,升署甘肃固原提督,十六年(1751)移署湖广提督,
二十一年(1756)实授,次年改授贵州提督。乾隆二十五年(1760),病逝
于京。

　　哈国兴,哈攀龙之子,乾隆十七年(1752)武进士,初授三等侍卫。
乾隆二十三年(1758),外任云南督标右营游击,二十八年(1763)擢升
东川营参将。其间清军与缅甸交战,哈国兴奋勇建功,得赐孔雀翎,后
署腾越营副将。三十二年(1767),擢升为云南楚姚镇总兵,不久改任普
洱镇总兵。次年再升任贵州提督,历任云南提督,加太子少保。后因与
缅甸交涉事被弹劾,三十五年(1770)夺太子少保衔,降为贵州古州镇总
兵、云南临元镇总兵。其后清廷征金川,命令哈国兴跟随将军温福征战,
三十七年(1772)复升西安提督。清廷平定金川,哈国兴同样出力建功
甚多,乾隆皇帝称赞"国兴虽绿营汉员,熟军事;又尝为乾清门侍卫,与
满洲大臣无异"。曾授参赞大臣,乾隆三十七年卒于军中。②在"首崇满

---

① 赵尔巽等:《清史稿》卷317《吴进义传》,第10730—10731页。宁夏军事志编纂委员会编:
　《宁夏军事志》下册,宁夏人民出版社,2001年,第1157页。
② 赵尔巽等:《清史稿》卷311《哈攀龙传》,第10643—10647页。

洲"、轻视武科之整体背景下,"熟军事"及"与满洲大臣无异"这两项赞词,均可得见哈国兴确有非同寻常之处。

　　清修国史,哈攀龙、哈国兴父子皆入《汉名臣传》。哈国兴有功于清廷,又卒于军中,清廷追抚甚厚。哈国兴生前因累建军功,清廷授其长子哈文虎为陕西提标右营守备。哈国兴去世后,清廷加赠太子太保,谥"壮武",入祀昭忠祠。而且,乾隆皇帝命绘"功臣群像"悬于紫光阁,哈国兴即身列其间,御题赞词"中土回人,性多拳勇。哈其大族,每出将种"(见图7-5)。哈国兴长子哈文虎其后从军阵没,亦从祀于昭忠祠,复授其次子哈文彪为千总。哈氏家族数代皆效命于清廷,积功升迁。

图 7-5　紫光阁"功臣群像"内之哈国兴像

　　以上所考四个家族,《清史稿》皆集体立传,重点称表。无论是乾隆皇帝之拔擢与题赞,还是后修《清史稿》之书写与评价,皆能指明此类

"武举家族"将才辈出之事实。家族祖荫、武科功名、战场军功相互交织,共同促成此类家族之荣显与辉煌。其中,显赫军功乃维系武举家族地位与声誉之关键。以上四姓,又皆有两项共同点,应非巧合。其一,四姓皆出北方(尤其是陕甘地区),与前文所考武进士、武鼎甲之地域分布,符合如一。其二,四姓子弟中式武科并名扬沙场、官场之时代,皆在康熙、雍正、乾隆三朝。彼时一则武科士子尚属堪用,再则武科所试冷兵器技艺尚有用武之地,兼得时势之利。嘉庆朝以降,形势与战局大变,武科出身者能名扬沙场、官居高位者,越益减少,下章详及。

三、南人亦有壮健:清代南方"武举家族"之例证

清代武科人才之分布,整体以北方占据优势。上述《清史稿》集体立传之四个武举家族,皆出北方。当然,除了上述四个北方家族案例之外,清代南方武科亦不乏一门数进士之情形,甚至有兄弟同登武科鼎甲,乃至同中武状元者。比如,江苏泰州刘氏,先出乾隆四十九年(1784)武状元刘荣庆,官至贵州提督、广东陆路提督;其弟刘国庆,乾隆五十四年(1789)又考中武状元,官至贵州安义镇总兵、山西大同镇总兵。① 湖北松滋彭氏,乾隆年间至少出武进士三人,先有乾隆二十五年(1760)武进士彭承尧,历任江西南赣镇总兵、广东潮州镇总兵、四川川北镇总兵、四川提督、广西提督等要职;此外,该族尚有乾隆三十一年(1766)武探花彭先龙,乾隆四十年(1775)武榜眼彭朝龙。② 浙江江山县林氏,出乾隆三十四年(1769)武探花林天洛,以及乾隆三十六年(1771)武状元林天滟。③ 又如贵州贵阳曹氏,先出康熙十二年(1673)武进士曹元肃;其子曹维城取中康熙四十二年(1703)武状元,乃贵州武科史上唯一武状元;曹维城之子曹石继中雍正二年(1724)武进士,留下"祖孙三代武进士"之记录。④ 钱泳《履园丛话》中,更载录一则满门武科之佳话:

① 见史语所"人名权威"数据库:http://archive.ihp.sinica.edu.tw/ttsweb/html_name/,最后访问日期:2022年7月28日。
② 见史语所"人名权威"数据库:http://archive.ihp.sinica.edu.tw/ttsweb/html_name/,最后访问日期:2022年7月28日。
③ 朱彭寿:《旧典备征》卷4《武鼎甲考》,第81—87页。
④ 贵阳市地方志编纂委员会:《贵阳通史》上卷,贵州人民出版社,2011年,第261页。

归安胡某，恂恂为善，人极风雅。勉子弟读书，不许驰射。所生四子：长元龙，次跃龙，三虬龙，四见龙，俱中武进士。元龙官广西左江镇总兵官，跃龙官江苏扬州营游击，虬龙官陕西新安镇总兵官，见龙官山东济宁卫守备。元龙次子开琏，以武举官广东龙门协副将。跃龙二子亦中武举。胡某四授诰封，年八十余而卒。以同怀四人而俱中武进士，大江以南所罕见者也。[①]

钱泳所记，整体应该有据，但需要再作辨析，其结语限定于"大江以南所罕见"，亦属稳当立论，因为北方某些家族武科人才辈出者甚多。查阅清代武科小金榜，可知胡元龙、胡跃龙、胡虬龙分别为乾隆元年（1736）、十年、十三年武进士，但未见胡见龙中式武进士之题名金榜。[②]光绪《归安县志》所载武进士名录中，漏载胡跃龙，仅载元龙、虬龙二人，所载科次准确；县志武举人名单中亦未见载录其他更多胡氏子弟信息，因此钱泳之部分记录确否待考。[③] 而且亦如前文所论，地方史志之科甲记载，须待别项核心史料参核查证，不宜用作科举题名之直接来源。

综上可见，无论在南方还是北方，清代的确存在累世武科、功勋彪炳又位居要职之家族。至少在局部地域而言，"武举家族"之说，有其成立之事实理据。一如鲁迅论写作时所作譬喻，"读书人家的子弟熟悉笔墨，木匠的孩子会玩斧凿，兵家儿早识刀枪。"[④] 对于文、武科举这类较为专业，且历时甚久、投资颇巨之功令事业，家族背景及经济实力对子弟考获功名之助力，不言而喻。当然，家族影响能否在统计意义上作普遍解释，更涉及中国家族制度在时空、组织及效力方面之差异，不宜一概而论。实际考察时，"流动"与"循环"或许不宜视为截然对立、非此即彼之"范式"，二者应为同一问题之两面，或同一过程在不同层面之表现。易言之，考察明清科举对社会所产生之影响，也应该留意其整体流动而局部循环之事实。

---

① 钱泳撰，张伟校点：《履园丛话》卷13《科第》，中华书局，1979年，第355页。

②《乾隆元年武科小金榜》《乾隆十年武科小金榜》《乾隆十三年武科小金榜》，原件皆藏中国第一历史档案馆，此据台北图书馆藏缩微胶卷。

③ 陆心源、丁宝书等：《（光绪）归安县志》卷31《选举录一》，卷32《选举录二》，台北：成文出版社，1970年影印本，第295—317页。

④ 鲁迅：《不应该那么写》，载《且介亭杂文二集》，人民文学出版社，1958年，第75页。

本章小结

本章辨析、整合各项核心史料,考论清代武科进士之人数、结构及其分布。考察所见清代武进士凡 109 榜,共取中武进士 9517 名,平均每榜约为 88 名。历科武进士之取中人数,整体呈现两头高、中间低之态势。顺治朝各科取中人数普遍较多,康熙、雍正两朝各科人数皆在平均线之上。自乾隆朝起,武进士人数急剧下降,光绪朝始见显著上升,但未回复至顺治朝水平。清代历朝文、武进士之平均数,总体升降走势基本一致,可见作为清代遴选人才之两条制度通道,文、武科举所揭示之清代政局变化与人才需求,有异曲同工之处。

本章主要采取"属籍原则",统计分析清代 89 科、6965 名武进士之省籍分布,其中,自乾隆朝起 76 科 5256 名武进士籍贯信息全部可考。若以文、武两科对照,文科进士占比最高之五省,依次为江苏、浙江、直隶、山东、江西,南三北二;武科则依次为直隶、广东、山东、河南、山西,南一北四。此外,清代武科鼎甲比例居前三位者,依次为直隶、山东、汉军,此与文科鼎甲以江苏、浙江、安徽位居前三之局面,亦成鲜明对比。文、武科举抢才体制之下,清代中国南方文风优胜、北方技勇特出之宏观人才格局特征甚为明显。清代文、武两科进士之省籍分布,不仅呈现出典型南北差异,更可得见东中部与西南、西北、东北等边地省份之悬殊。科场竞争力悬殊之背后,乃是经济、文化发达程度之差异。此外,八旗满蒙、汉军子弟应试武科,除了本身擅长骑射技勇,亦有制度优待,因此虽然八旗应试时有停废,但其武进士尤其是武鼎甲占比仍有可观之处。

考察所见清代武进士及第者,约有三分之一在乡试及第次年得中,约有三分之二在乡试及第五年内得售,其久羁候选之苦,较文科为轻。武科进士及第之平均年龄整体约为 28 岁,亦较文科为幼。而且,清代武进士及第之平均年龄随时代递减,内部年龄分布亦逐渐向少壮年龄段聚集。此种状况,一则与武科外场考试对士子体力之要求有关,同时亦为乾隆朝以降禁止年老武生应试之制度调控所致。

本章考察所及,武科进士及举人多出祖上三代无功名、未出仕之家,武科亦能提供考获功名、出仕为官之机会。以此而言,武科之运作近于

"社会流动"之论说。当然,文武科举考试、授职及升迁情形迥异,武科促进社会流动之规模与形式如何,以及武科在何种程度上可以称作"成功之阶梯",应再切实探讨。无论在南方还是北方,清代确有累世武科功名、战场军功、军政要职皆备之"武举家族"。若要概论家族因素对武科成败之影响,尚需更多切实统计及案例研究。

第八章 清代武科出身者之授职、迁转及其影响

帝制时代,科举功名之为世所重所羡者,并非仅在于功名与学识本身,更在科场及第可能带来之政治权力、经济利益与社会地位。中古以降中国政治、文化与社会变迁,文科人才于其中影响甚钜,对此前贤已有备述。武科人物实际情形如何,则申论未周。前文考论清代武生之出路与表现,已涉及此一问题,不过武生仅为初级功名,主要以入伍建功而获升迁,在铨选体制内尚无直接授职之资格。前章解析清代武进士之群体结构,略及"武举家族"议题,亦以个案呈现清代武进士之授职与迁转。清代官方文献中,常称任用人才乃"满汉同登"、"文武并重",又谓武科抡才乃备"干城之选"、"腹心之寄"。拨开此类"辞令迷雾",武科出身者之仕途实况如何,值得深究。本章结合群体考察及个案解析之法,以清代官书、档案为主要依据,解析清代武科之"上层士绅"(武举人、武进士)之授职实况与迁转途程;并将该群体置诸清代整体政治与军事变局之内,试探其地位与影响,循此进一步探究清代政治系统内文武之差、内外之分与旗民之别。

第一节 武举人之拣选及升转机制

以制度设计之期待而言,考获武举人出身并非驰逐功名之终点,士子应当继续砥砺前行,以期最终金榜题名。因此,典章列有三科无故不赴会试应当斥革出身之规定。但在现实中,常有武举中式之后,不愿或不能赴京应试,即便按时赴试,也因取中名额有限,落榜之人远多于及第之人。因此,处于备考途中之武科士子,也需要通过各种途径(如教习武艺),以资生计。不过此等出路,毕竟并非出于制度所定。朝廷对于武举

人入仕迁转之规定,既作为下第武举安置之对策,也作为武职铨选之路径。以下稍作梳理分析。

一、下第武举之告降

清初,武举赴京会试不中,可以呈请告降至本省,随标营效力,遇到千总、把总职位出缺,可与营弁轮流拔补。其时武举之告降,并不经过考选,原则上具呈即准。因此,每科武会试之后,分发各省之武举多至千余人,以致选途壅滞。康熙五十一年(1712),山东登州总兵李雄奏称,告降武举大多不归标操演,需要严明武举告降之例,后经九卿议覆,遂停武举具呈告降之例。雍正二年(1724),云南永北总兵马会伯(康熙三十九年武状元)复奏,拟请参照文举拣选之例,若武举三科会试不中,准其赴兵部办理告降。不过,马会伯此时之请复告降,与康熙年间规制已有不同。依其方案,下第武举需要经过兵部会同内大臣公同考验,而且必须人材壮健、弓马娴熟者,才准告降。然而,雍正皇帝则认为武科会试下第者,十人之中难有一二堪用,而且不愿以此辈争夺行伍兵丁之出路,不准所请。[1] 马会伯此时所请,虽称恢复"告降",但须经过考验,其建议此时未能实行,但已具有其后"拣选"之意。

除了制度定例之外,亦有一时之例。比如,康熙三十三年(1694),皇帝阅视各省武举之后,告诸大臣:"会试武举,但就文章定其去取,则骑射、技勇优长之人,多被黜落,于人材甚为可惜。此番会试未曾取中者,若有骑射娴熟,情愿效力,令其于兵部具呈。朕欲再加阅试,择其材力壮健者,留于火器营效用,庶人材不致遗弃。"[2] 因此,康熙朝偶见下第武举循此机会,留京任职。此条后亦载入《会典事例》,[3] 但仅为"事例",并未形成"常制"。

二、下第武举之拣选

告降之外,尚有拣选之法,以安置下第武举。武举之有拣选,略似文

① 马会伯:《奏为遵旨条陈仰祈睿鉴事》,载《宫中档雍正朝奏摺》第 2 辑,第 776—777 页。
② 《清代起居注册·康熙朝》第 6 册,台北:联经出版事业股份有限公司,2009 年,第 2887—2888 页。
③ 昆冈等:《钦定大清会典事例》卷 717《兵部·武科》,第 8 册,第 909 页。

举之有大挑。告降与拣选最大之区别,在于分发前是否需要经过考选。拣选之制,至迟于乾隆初年已开始执行,而后拣选章程日益详密。比如,乾隆四十年(1775)武会试,下第汉军、汉人武举总共 621 名。经兵部奏请拣选,列一等者 6 名,列二等者 99 名。以上两类,汉军武举以门千总注册推用,汉人武举以营千总分发拔补。列三等者 515 名,归班以卫千总注册,按照拣选年分、科分、名次先后推用。列四等者 1 人,令其回籍学习,下次拣选之时再行考试。① 光绪《武场条例》综论拣选办法云:

> 武举于会试之年,由部奏请钦派大臣会同拣选。将会试原挑双好、单好列为一、二等,次将未经挑入双好、单好者,择其人材、弓马较优列入二等,材技平常者列入三等,分别注册。其弓马生疏者列为四等,俟下次再行拣选。弓马甚劣、人衰老不堪,列为五等,奏请革退。②

综上可见,清季下第武举之拣选,乃综合会试成绩及拣选成绩而定。拣选排定等次之后,再将下第武举按额发往各自本省,随营差操学习。其中拣选列入一等、二等者,操练三年期满,准其拔升千总;拣选列为三等及未经拣选者,三年期满之后,准其拔升把总。③ 为示惩戒,另外规定拣选考列五等者,不准参与会试。④ 至于拣选之事项,根据光绪二十年(1894)武会试后之兵部告示,考生需要自备马、步弓箭,赴东安门内正白旗侍卫教场,听候点名考试。⑤ 此为清季情形。

关于各省拣选随营武举之名额,制度实施过程中亦渐有明确规定。经过光绪十八年(1892)奏准调整,可知清季各省拣选名额定为:直隶 30 名、江南 25 名、江西 20 名、浙江 25 名、福建 20 名、湖广 25 名、河南 15 名、山东 10 名、山西 25 名、陕甘 30 名、四川 25 名、广东 10 名、广西

---

① 丰讷亨:《为分别等第拣选乾隆四十年乙未科会试汉军汉人武举事》,1775 年,中国第一历史档案馆藏内阁题本,档案号:02-01-006-002504-0010。该科武会试中额为 49 名,可见应武会试者不足 700 人,又其时八旗满蒙皆不应武科,凡此皆为乾隆朝不甚重视武科之表现。
② 景清等:《钦定武场条例》卷 7《武会试二》,第 434 页。
③ 景清等:《钦定武场条例》卷 7《武会试二》,第 434 页。
④ 景清等:《钦定武场条例》卷 6《武会试一》,第 407 页。
⑤ 引自 Etienne Zi, *Pratique des Examens Militaires en Chine*, p.99.

15 名、云南 15 名、贵州 10 名。① 武举乡、会试中额之外,拣选名额实际又成为稀缺任职资源,因此需要加以调控,以求均衡。

下第武举经过拣选,随营差操拔补时,又根据其原本身份而有区别对待。原本由兵生中式者,不受定额限制,而且较之原本由武生中式者拔补较优。因此,定例要求兵生中式呈请回营者,须在会试后三个月之内向兵部呈请,并须取具同乡京官之印结,注明此人确为兵生,兵部才能给票发操。② 由于兵生中式者拔补时具有优势,因此偶有由武生中式者谎报出身。比如,乾隆五十年(1785)兵部奏称,武举贾员谋本为武生中式,但向兵部谎报其由营伍中式,希望尽早得官。因此呈请将贾元谋革去武职,并发往乌鲁木齐充当苦差。③ 由此可见,即便具有武科同级功名,出身营伍之兵生仍较出身儒学之武生,在拔补时具有优势,实际仍是清代武选中行伍经历重于科场功名之体现。

二、武举之出路及其升转机制

前文论及,清代满蒙人士应试武科时有停废,取录人数不多,而且其补官升任制度亦有特别规定。若依雍正七年(1729)定例,满洲武举补授京师九门内千总者,除了可以继续准备应试,平时则由步军统领考验。以三年为期,"材技优长者补授巡捕营守备;中平者补授佐领下护军校及本旗骁骑校等缺;平常者留门当差,俟学习有成,再行保送。"至于汉人、汉军武举,若拣选时列一等、二等者,汉军武举用为门千总,汉人武举用为营千总;拣选时列三等者,汉军、汉人武举皆用为卫千总。④ 此为制度定例之大要。

在现实中,武举人主要还有以下三种途径,积有资劳而获进用。一为随营差操,通过继续效力行伍,冀望其技艺不至荒疏,士子既可继续准备应考,朝廷又可储备基层军官。期满三年,无各项违碍,即以营千总拔补。二为随帮效力,清代漕粮北运,各省粮船分帮,"每帮以卫所千总一

---

① 景清等:《钦定武场条例》卷 7《武会试二》,第 434—435 页。
② 景清等:《钦定武场条例》卷 7《武会试二》,第 435—436 页。
③《兵部为武举贾元谋赴部捏称由营中式由》,1785 年,台北"中研院"史语所藏内阁大库档案,档案号:238649-001。
④ 参考刘子扬:《清代地方官制考》,故宫出版社,2014 年,第 42—43 页。

人或二人领运,武举一人随帮效力",以为押运。待其随帮三运报满,各项无误,以卫千总推用。三为充任各省驻京提塘之差官,部分武进士亦循此途升进。期满三年,再由兵部考验弓马,其优者任用为营、卫守备,次者武举用防御所千总。① 以上三途考验,皆以三年为期,既可视为武举考场中式后之学习实践,亦可作为武职铨选之考察缓冲。但无论如何,均以升补武职为其重要目标。

问题在于,随着拣选分发各省之下第武举逐渐累积,地方武职缺位日益不足。而且,由于在武职铨选中,行伍和军功时常排在武科之前,留给武举之职务及轮补机会亦少。早在乾隆十二年(1747),湖广提督王无党(康熙五十一年武进士)即奏称,其提督标内候补武举共有17名,其中应以千总拔补者14名,应以把总拔补者3名。然而,湖南一省每年可以拔补之缺,只有二、三名或三、四名。而且,兵部先发之员尚未补完,后发者又接踵而至,结果缺少人多,选途壅滞,奏请变通拣选办法。② 此后虽有调整,但未见实质改善。道光年间(年份不详),陕西、甘肃二省奏报候补武举清单,陕西省计有应留候补千总武举4人,应留候补千、把总武举49人,应留候补把总武举38人;甘肃省计有应留候补千总武举3人,应留候补千、把总武举36人,应留候补把总武举30人。③ 其中形势,又较王无党所奏呈者严峻。

科场应试,往往及第者少,下第者多。如若逐科拣选下发,必至各省无缺可补,拥堵严重。而且,正如前述雍正皇帝驳回马会伯奏请时所顾虑者,武举在武场演示尚不能高中,其素质在营伍实战更未必堪用,而且,将下第武举不断"空降"至地方营伍,还会挤占地方官兵苦撑轮候之拔补机会,实际涉及科场与行伍两途仕进之博弈。因此,清代中期以后,每逢武科会试之年,常见各省纷纷上呈奏章,申请暂缓下第武举拣选。拣选一途,起初本为安置下第武举,不过此途亦日渐拥塞。就连武进士出身之仕途前景亦不甚乐观,后文详及。

---

① 参考赵尔巽等:《清史稿》卷110《选举五》,第3216—3217页;卷122《食货三》,第3579页。
② 王无党:《酌请变通武举补用之例》,1747年,台北"故宫博物院"藏清代宫中档奏摺及军机处档摺件,档案号:故机000210。
③《谨呈甄别过陕甘二省候补千把总武举人员清单》,年份不详,台北"故宫博物院"藏清代宫中档奏摺及军机处档摺件,档案号:故机081157。

第二节 缙绅录及《清史稿》所见武举任职

前节所论清代武举参与拣选、授职及升转问题,主要限于制度概要。至于此一武举群体,依循上述不同途径入仕之后,任职分布及得官品级如何,其在清代职官体系中处于何种位置等问题,均可再加考论。本节主要依据两种较成系统、数量可观之核心史料:一为清代按季刊行之职官名册"缙绅录",一为官修《清史稿》,进行群体统计及案例分析。

一、缙绅录见载武举分布及任职统计分析

有关清代缙绅录文献之概况,第三章论述武生童出路时业已交代,此处不赘。依据香港科技大学"中国历史官员量化数据库——清代(CGED-Q)缙绅录数据",全库检得清代武举人资料总凡 13762 条;该库见录清代武科出身者资料总凡 17318 条,可知其中武举人占据多数,达到 79.5%。其记录最早为乾隆二十六年(1761)冬季,最晚为光绪三十四年(1908)冬季,纵跨清代中后期近 150 年。现以十年为统计分段,各时段所见条目数量统计如表 8-1。

表 8-1　清代缙绅录数据库所载武举人条目分段统计

时段	条目总数
1761—1770	383
1771—1780	145
1781—1790	166
1791—1800	864
1801—1810	1217
1811—1820	794
1821—1830	457
1831—1840	1673
1841—1850	1743
1851—1860	1852
1861—1870	1499

时段	条目总数
1871—1880	1022
1881—1890	758
1891—1900	1026
1901—1910	163

资料来源:康文林、陈必佳、任玉雪、李中清:中国历史官员量化数据库——清代（CGED-Q）缙绅录数据,内部资料库,检索时间:2019 年 7 月 29 日。

　　表 8-1 中,乾隆朝中期以前数据之缺失,乃史料本身及数据库录入不全所致,并不表明此前武举出身者未登仕版。相反,依据前文所论,清代武科士子任职相对理想之时段,恰在清代中期之前。检索统计所示,武举出身见于缙绅录记载之重大转折,出现于道光朝初期。1831—1870年间,该库见载武举出身者每十年中均约有 1500 条或以上。此种转折,除了数据库实际收录条目之影响,还有可能受到时局影响:这段时间正是清代内忧外患加剧之时,维系政治与军事秩序亦需部分依赖此类武科出身者;不过,也正是从这段时期开始,清代军队在建制、操练、装备方面加快改革步伐,与武科出身者通常考验之技艺差距进一步拉大。因此,尽管平定太平天国之后,武科中额总体呈上升之势,但武举人见于缙绅录之记载条目数量反而呈下降之势。香港科技大学缙绅录数据库之建置,目前以 1900—1912 年间数据尤为完善,且已免费公开发布;前期则因文献不足及录入进度等原因,某些年份及季度有所缺失。表 8-1 中所显示 1901—1910 年之武举数据,不足 200 条。此种情况,一则因为此时已废武科,不再产生武科士子;另外,此时军事学堂学生、新军及军事留学生等相继崛起,传统武科出身之前景益加式微。

　　表 8-1 所列,乃笔者申请使用数据库时其中所录武举出身条目总数。由于缙绅录乃按季刊刻,同一人在不同年度、季度中有时反复出现,少数人物之跨度达到数十年。此外,由于缙绅录重印品质总体不甚理想,字号较小,部分信息缺失、模糊,加之人工录入时难以避免之疏漏,均会影响库中信息之完整及信度。为此,笔者尝试对其中检得 13762 条

武举人数据进行去重、消歧与清理,并删除关键信息如姓名、任职等残缺者。对于同一人物重复出现者,原则上保留其见于数据库中最晚一次记录,以见其库中最终任职情况。经过清理,得到库中记录2471名武举人之任职。并参照上文所见趋势,以1830年为界,将其任职情况统计如下。

表8-2　清代缙绅录数据库所见武举人任职情况统计

所属衙门系统	职务	时段及人数	
		1761—1830年	1831—1910年
兵部-陆军部衙门	提塘	34	184
	兵部差官	46	274
銮仪卫衙门	蓝翎侍卫	1	0
民政部衙门	奏署六品警官	0	1
总漕部院衙门	副将	1	0
	守御	42	41
	守备	133	130
	卫所千总	954	535
总河部院衙门	副将	1	3
两淮盐院衙门	守备	0	1
	千总	0	1
各省其他绿营武职	提督	1	3
	总兵	21	35
	署理总兵	0	3
	副将	4	5
	参将	6	5
	营千总	4	0
衍圣公属官	四氏学学录	1	0
其他	署理总督	1	0
合计	——	1250	1221

资料来源:康文林、陈必佳、任玉雪、李中清:中国历史官员量化数据库——清代(CGED-Q)缙绅录数据,内部资料库,检索时间:2019年7月29日。

　　经过初步去重及消歧,1761—1830 年七十年间考察得见之武举人数(1250),与 1831—1910 年八十年间所见人数(1221)相较,虽然可见后半段年均人数稍有减少,但差值并不显著。以此检视,表 8-1 中前后两段条目总数之悬殊,相较于时局因素,影响更大者应该在于文献及数据自身,亦即针对后期阶段,数据库中录入较多季度连续之缙绅录,以致同一武举在库中出现多次之比例提升,进而影响其条目总数。整体而言,无论在前期还是后期,所见武举任职主要集中为以下三类。

　　一为任职于兵部直属系统,主要又分两类。一为提塘,包括驻京提塘及驻省提塘,主要负责武举本省与京师各署之间文书转递。驻京提塘额设 16 人,"由督抚保送本省武进士、举人及守备咨补",清末官制改革后隶属邮传部。[①]一为差官,负责兵部"传送本报及马上飞递公文",额设 20 名,"三年役满,兵部考试弓马",依据等第带领引见,相应推用。[②]若以前后两段对照,可见后期在京任职于兵部这两种职务之武举人数,均较前期大幅增加,此亦后期选途壅滞、地方营缺不足之表现。

　　二为任职于漕运总督、河道总督所属系统,主要集中在运送漕粮所涉省份之卫所,担任守备、千总等职。前后两段对照,千总任职人数下降较为显著,或与上述任职兵部人数之增加相应。

　　三为各省其他绿营武职。其中最为显著者,前期有 1 人实任至提督、21 人任至总兵,后期则有 3 人任至提督、35 人任至总兵,后期较前期更有增加之势。当然,此处主要仍就目前所见数据而言,尚应考虑库中数据录入之完整性问题及其影响。

　　从职缺类型来看,2471 名武举人之中,1761—1830 年间标明职缺类型者凡 272 人,其中最要缺 2 人,要缺 22 人,中缺 2 人;简缺 246 人,其中包括仅注"繁缺"者 114 人。1831—1910 年间标明职缺者凡 234 人,其中最要缺 9 人,要缺 19 人,中缺 7 人,简缺 199 人。其中,任职最要缺、要缺及中缺者主要为各省绿营提督、总兵,以及少数漕运系统卫所之掌印守备,得任此类重要职务者,后一阶段人数较前一阶段有所增长;

①　赵尔巽等:《清史稿》卷 114《职官一》,第 3286 页。
②　明亮等修:《钦定中枢政考三种》卷 1《效劳推用》,海南出版社,2000 年影印本,收入《故宫珍本丛刊》第 323 册,第 11 页。

职缺为简缺者,主要为漕运系统之守备及千总,乃武科出身之主要任职所在。

　　任职情形之外,武举出身之籍贯亦为重要信息。以下仍分 1761—1830 年及 1831—1910 年两个时间段,将考察所见武举籍贯信息绘为表8-3。其籍贯信息缺漏或无法判分者,归入"不详"一栏。

表 8-3　清代缙绅录数据库所见武举人籍贯统计

籍贯	1761—1830	1831—1910	小计
奉天	6	1	7
直隶	372	207	579
江苏	58	46	104
安徽	51	50	101
江西	66	59	125
浙江	78	46	124
福建	29	24	53
湖北	39	50	89
湖南	51	32	83
河南	29	58	87
山东	96	99	195
山西	67	73	140
陕西	41	58	99
甘肃	16	18	34
四川	17	29	46
广东	24	59	83
广西	12	19	31
云南	10	28	38
贵州	12	16	28
八旗	164	241	405
不详	12	8	20
合计	1250	1221	2471

资料来源:康文林、陈必佳、任玉雪、李中清:中国历史官员量化数据库——清代(CGED–Q)缙绅录数据,内部资料库,检索时间:2019 年 7 月 29 日。

表 8-3 所呈现之武举籍贯分布,除了反映各省武举定额,亦即该省武举绝对人数之多少,同时亦受武举任职分布所影响。武举任职集中地之一为兵部衙门,无论兵部差官及各省提塘,均无籍贯回避之限制,而且提塘官员主要即由各省出身之武进士、武举人担任。至于漕运系统之任职,数据库中所见武举多数仍来自运河沿线省份,往往是隔省或在邻省任职,而且往复调动,整体上在兵部衙门及漕、河系统之间循环。突破该"循环系统"而至绿营其他系统者极少,更不用说进入八旗系统或文官系统。

考察所见八旗武举之任职情形,可作特别分析。1761—1830 年间标明旗籍之武举凡 164 人,其中注明旗分者 92 人,含汉军武举 90 人,蒙古武举 2 人,旗分不明者 72 人。此 164 名武举均为在外任职,除了 1 人在四川总督督标任中军副将之外,其余 163 人皆属总漕部院衙门,在漕运所涉江南、浙江、湖广、江西、山东、直隶等省卫所任职,以千总及守备为主。1831—1910 年间标明旗籍之武举凡 241 人,其中汉军武举 194 人,满洲武举 36 人,蒙古武举 9 人,包衣武举 1 人,旗分不明者 1 人。其任职分布较前一阶段更为多元。其中,有 7 人散在广东、广西、福建、甘肃、云南等省绿营系统,任职较为理想:1 人实任总兵,1 人署任总兵,2 人任督标中军副将,3 人任督标中军参将;49 人任职于兵部衙门直属系统,其中 44 人为兵部差官,5 人为驻京或驻省提塘;1 人任职于民政部内城巡警总厅,为奏署六品警官(记录见于 1908 年,乃清末官制改革之后);184 人任职于总漕部院衙门系统,在涉漕各省卫所任职,仍以千总及守备为主,与前一阶段类似。

上述八旗武举任职之情形,有三点值得留意。其一,漕运系统乃武科出身者尤其是武生及武举之重要任职聚集点,前后两段相对一致。其二,八旗武官得任绿营武职,乃制度通例,但是,汉人任职八旗武职者,仅有极少特例,仍然可见旗民之别。而且,考察得见 2471 名武举之中,标明旗籍者竟占 405 名,仅次于籍属直隶者。以八旗武举人数及中额之少,而此处得见任职之多,恰成鲜明对比。其三,后一阶段所见蒙古、满洲武举任职记录之增多,与嘉庆年间恢复满蒙应试武科密切相关,亦为清代中期以后越益严峻之旗人生计与出路问题,增多一种缓解方案。

清代职官之选任,满占汉缺,优待旗人,乃其基本事实。此处仍以八旗武举为例,于清代缙绅录数据库之中,根据年代、姓名、旗分等信息,筛选出具有两条及以上记录、且不在同一年份者,将其间隔年份与升降品级对应情形,列为表8-4。

表8-4　清代缙绅录数据库所见八旗武举升降情况统计

间隔年份	升降品级及其人数	
	无品级升降者	升降三品者
1	12	2（－）
2	5	2（＋）
3	5	1（＋）
4	2	
5	4	
6	1	
7	3	1（＋）、1（－）
9	1	
10	1	
11	2	
13		1（＋）
14		1（＋）
小计	36	6（＋）、3（－）

注:表中括号内＋号表示品级提升,－号表示品级下降。

表8-4之统计,有其不足之处。除了样本相对较少,尚有缙绅录本身记载及数据录入差误之可能。而且,由于缙绅录多未标明武举任职之"千总"类别,因此在计算品级升降时,可能亦有少数误差。尽管如此,通过该样本仍然可以看到,即便对于任职及升转具有优势之八旗武举而言,其在1—11年之间隔年份中,绝大多数人(约占80%)除了任职地点更动,职务品级并无实质提升,亦即表8-4中"升降品级"一栏标注为0者,长期担任千总,少数担任守备;职级有所升降者,仅占约20%,而且其中三分之一为降级,主要仍在千总及守备之间变动。数据库中偶尔可见同一姓名、旗分之人,担任同一职级超过二十年乃至三十年,不过由于

难以确定是否为同一人,因此暂未列入统计考察。简而言之,在武科出身者之基层任职中,如果依循寻常年资升进,其仕途空间较为狭窄。突破此等年资之因素,主要仍为军功。而军功之建立,除却武举自身之谋略与技勇,尚有天时、地利与人和诸种因素影响,而且其中风险较高。一如下文例证可见,清代武举出身虽然不乏建功沙场、名留史册者,但其中不少乃是出师未捷或天年未尽而身先死,此乃武人之职,亦为武人之命。

二、《清史稿》见载武举人事例汇考论析

前文之考述,主要集中于铨选制度及群体统计两个方面。此处再以官修《清史稿》为主要依据,汇考其中所载武举人之具体事例,并加以分析,以期在群像之外,得见其中典型个体之命运升沉。经过笔者整理,得见《清史稿》载明出身之武举人凡40名:马光辉(231)、陈福(253)、吴三桂(474)、张尚圣(277)、胡守谦(488、510)、胡穆孟(499)、韩斌(499)、余狨(323)、刘崐(488)、范毓馪(317)、吴开增(317)、韩勋(299)、谭行义(317)、董芳(298)、曹永闿(489)、许世亨(334)、董宁川(489)、李清泰(16)、张大有(355)、刘养鹏(362)、游栋云(347)、许文谟(334)、许松年(350)、杨遇春(169、347)、陈长鹏(372)、王锡朋(372)、哈达海(494)、葛以敦(372)、唐殿试(491)、霍隆武(398)、张遇清(492)、萧捷三(492)、王国才(402)、刘季三(402)、谭占元(493)、何建鳌(404)、李福明(149)、周飞鹏(496)、炳南(496)、德森布(496)。[①]以上人物,以其主要活动年代为序,括注数字为该武举人见于《清史稿》之卷次。

《清史稿》载明出身之40名武举人中,马光辉、陈福、吴三桂3人之功名乃前明所授。易代变局之中,三人皆投附清廷,并为初期平定局势出力甚多。三人在世之日,任职均较显赫:陈福任至提督;马光辉任至尚书、总督,并加太子少保衔;吴三桂更曾被清廷封王,后又自立称帝,允为明清影响最大之武科人物。不过,三人之经历皆为特殊时势所致,并非制度升转结果,而且,其前后荣辱“忠逆”之辨,在清代已有反复。比如带同马光辉一同降清之马光远,乾隆时期即被国史馆贬入《贰臣传》,

①详参赵尔巽等:《清史稿》,中华书局,1977年。

吴三桂更被置入《逆臣传》。《清史稿》虽不设此类传目,但亦将吴三桂置于人物专传之末,仍示贬斥之意。

其余37名清代武举人之中,《清史稿》载明其任职者凡23人。其中,任职最为显赫者当属杨遇春。杨遇春随标效力后,为满洲重臣福康安赏识,四出征战,对清廷平定陕、甘、川、黔、闽、鄂等地出力甚多,遂自守备、游击、参将、副将、总兵、提督逐级擢升,累至陕甘总督,封一等侯爵,卒后更赠太子太傅、兵部尚书衔,可谓清代武科出身、积功累升之典型代表。而且,杨遇春得终天年,这在武科出身从军征战者而言,尤为难得。《清史稿》亦谓:"遇春结发从戎,大小数百战,皆陷阵冒矢石,未尝受毫发伤。仁宗询及,叹为'福将'。"[①]

见载任职之23人中,有6人实任提督、6人实任总兵,此为绿营系统武官之高位,诚属难得。由此亦能看出,武科出身之实有才能者,仍有机会官居高位。当然,也不宜因此过度推演,高估该群体在现实军政事务中之影响力。正如《清史稿》在曾实任提督之谭行义等列传后附论所谓:"提镇虽专阃,然受制于督抚,所辖兵散处诸营汛,都试肄武,虚存其制耳。"[②]提督、总兵受制于总督、巡抚,乃清代地方军政之基本格局,其中亦可看出文武科举出身地位及前景之差别。除此之外,尚有实任副将1人、参将3人、都司1人、守备2人、游击2人,另有驻防八旗之副都统1人。总而言之,《清史稿》选择重点记载之武举群体,其仕途整体颇有可观,乃至不乏身居高位之案例。其中事迹一再表明,武科出身又能建功沙场,对于其实际升迁至关重要。

以纪传体例撰写之"正史",本身具有强烈褒贬意蕴,《清史稿》由逊清遗老主持编修,因此在立场上整体回护清廷。《清史稿》中所载武举,尤其是以专传或附传处理者,基本都是在清廷立场而言"有功之人"。由于武科人物主要依靠沙场建功而获升迁,乃至"名垂青史",此类武科人物之经历与事例,实际亦为有清一代主要战局变迁之缩微记录。整体来看,从清初鼎革入关、平定三藩,到中期出征西北、西南,镇守东南海疆,再到后期抗击英军,参与"平定"太平军、捻军,以及阵亡

---

① 赵尔巽等:《清史稿》卷347《杨遇春传》,第11193—11198页。
② 赵尔巽等:《清史稿》卷317《列传一百四》,第10735页。

于清末"革命"等,均有武举实际参与其中。虽然,以后起"史观"检视,上述战争之性质并不相同,但在清廷及《清史稿》撰修者之立场而言,此皆撑持大局"有功之人"。因此当其在世之时,则授以军机、厚以爵禄;战殁(所在甚多)或寿终,则隆其祀典、荫其后人;史馆立传,则褒其名节、彰其忠义。

为了达到此种效果,史传书写中甚至有颇不寻常之关联归类,比如将不从耿精忠反清之武举胡穆孟、韩斌等,与"义丐"武训归入"孝义"同传;又如辛亥年间应对鄂军"兵变"而战殁之武举周飞鹏,与其后自尽之"遗老"梁济、王国维等归入"忠义"同传。《清史稿》曾被指为"体例乖舛",而被国民政府"永禁发行",此处亦能略见其情。传记虽然文字简约,其中仍可多见战争之惨烈残酷,以及武场人物命运之多舛难测。不仅如此,其中所彰表之忠烈节义,还涉及武举之家族,"饮药殉夫"、"自缢殉夫"、"一门同殉"等记录,寥寥数语背后,皆是鲜活生命之骤然凋零,其中哀凄,隔纸可见。

除了上述主要以正面笔调书写者,《清史稿》中亦记载部分武举或因聚众谋乱、或因犯下命案而被抓捕法办。比如前文所列武举余猊、张大有,又如调戏族侄之妻致其"羞忿自尽"之广东花县武举等。[①] 此类武举,史传中并无专门传目,通常只在其他传记中附带提及,以彰显大臣循吏治理地方之功绩,并以反衬形式体现史传"惩恶扬善"之深意。当然,正史体例难以囊括、也不宜过多书写武举劣迹,否则将会否定朝廷用作"抡才大典"之考选体制。其实,清代武生、武举之为非作歹,地方文献及官员奏牍之中时有所见,有时甚至成为地方统治之潜在威胁,后文详及。

第三节　武进士授职制度之沿革及选途之雍滞

武进士乃武科最高功名获得者,该群体之授职与升转,最能代表武科群体之仕途前景。武进士之及第授职与分发,皆由兵部武选清吏司掌

---

① 赵尔巽等:《清史稿》卷478《狄尚䌛传》,第13048—13049页。

理。其及第后之初始授职,《清史稿》略谓初期"一甲进士或授副将、参将、游击、都司,二、三甲进士授守备、署守备",其后"一甲一名授一等侍卫,二、三名授二等侍卫。二、三甲进士授三等及蓝翎侍卫,营、卫守备有差"①。所述大致不差,不过仅得其中大概。有清一代武科进士之授职与安置政策,迭经变化。至其总体态势,乃武科选途日渐壅滞,武科进士影响日益降低。其具体沿革分析如下。

一、顺治朝之授职情形与拣选教习

清代武进士录用之例,顺治三年(1646)首开武科会试,即已题准。当时初定一甲一名授参将,二名授游击,三名授都司;二甲均授守备,三甲均授署守备。顺治十二年(1655)武科初行殿试,议准武进士前一百名选授营职,其余授予卫职。②此外,顺治皇帝以武科殿试初行,应予优待,遂仿文科进士馆选庶吉士之例,亲自拣选武状元于国柱等23名弓马、策问、才技可取者,留京随侍卫学习骑射。同时规定,拣选教习之武进士中,武状元比照副将品级、武榜眼比照参将品级、武探花比照游击品级,二甲、三甲武进士则比照守备品级,先行给与俸禄及顶带。待其学习期满一年,再由兵部题请选授。③此后顺治十六年(1659)及十七年,均拣选武进士随侍卫学习,所授品级亦同。十七年上谕又称,巴图鲁公鳌拜所教之武进士,学习骑射时间较久,皆娴熟可用,下令将张国彦(顺治十五年武榜眼)等6人留作侍卫,再加以肄习,候旨擢用。其余跟随侍卫学习期满之武进士,则由兵部照例选授官职。④

清初在新科武进士中拣选教习,确有作育人才以资重用之意,因此朝廷甚为重视,有时甚至由皇帝亲自拣选。武进士获选留京者,所得待遇亦佳,武状元即照副将(从二品)给与俸禄顶带,二、三甲武进士之入选者,待遇亦参照正五品之守备。教习期满,优者留充侍卫,余者即得选授武职,可谓优厚,确有文科馆选庶吉士之意味。

① 赵尔巽等:《清史稿》卷108《选举三》,第3172页。
② 昆冈等:《钦定大清会典事例》卷566《兵部·职制》,第7册,第340页。
③《清实录·世祖实录》卷94,第3册,第738—740页。
④《清实录·世祖实录》卷126,第3册,第978页;卷135,第3册,第1044页;卷136,第3册,第1047、1050页。

二、康熙朝之授职情形与分发学习

《清史稿》谓武科"自康熙初即病壅滞"①,足见此问题由来之久。康熙六年(1667),河南道监察御史朱裴即有疏言:

> 国家开科取士,文武相等。查顺治十五年以后,历科武举、武进士未经选用者甚多。因部、科效力之人与督、提札委之人,混淆杂进,躐等先用。而科目之人,反不得与之较迟速,非制科取士之本意也。请将外委、效劳等项,与武进士、武举等较人数多寡,仿二八分缺之例,使科目人员量行先选。其外委各弁,须有战功及捕盗实绩,方可特为擢用,不得止凭督、提衙门,一概咨送选补。②

朱裴所提仿照"二八分缺"之议,意在优遇、重视武科正途出身人员。朱裴此议,已明确揭示顺治末年武科及第后实授之难。有鉴于此,与顺治朝相较,康熙朝武进士取录与授职有两大变化。其一,武进士及第之待遇均降低一级。康熙七年(1668)重定,一甲一名武进士以参将用,二名以游击用,三名以署游击、管营都司金书用。③其二,武科所录进士人数减少,有时每科所录仅在百名左右。影响所及,康熙十一年(1672)再变选法,改为一甲一名起至前一半选授营职,后一半选授卫职。二十九年(1690)又议准,新科武进士交由领侍卫内大臣带领引见,选擢侍卫。④康熙五十一年(1712),更下令:

> 考取武进士,除选擢侍卫外,其余补参将、游击、守备等官,皆有整饬营伍之职。未登仕前不知事宜,仕后安有裨益?今岁武进士毋令回籍,分发八旗,交与护军统领,令其学习骑射,教以仪度。如遇随围,给与马匹、钱粮,每进士一名,月给银三两。有患病、告假、丁忧、终养等事,照例给假。其才力不及者,题参斥革;优长者不拘科分、名次,即行补用;平常者三年满日注册,悉令归籍候选。⑤

---

① 赵尔巽等:《清史稿》卷110《选举五·推选》,第3218页。
② 《清实录·圣祖实录》卷24,第4册,第340页。
③ 《清实录·圣祖实录》卷27,第4册,第375页。
④ 昆冈等:《钦定大清会典事例》卷566《兵部·职制》,第7册,第341页。
⑤ 昆冈等:《钦定大清会典事例》卷566《兵部·职制》,第7册,第341—342页。

此时虽亦规定将武进士留京学习,然细查之,此与顺治朝拣选教习已有不同。顺治朝拣选后,乃随侍卫学习,有优中选优之意,所给待遇亦佳。一年学习期满,授职前景可期。而康熙末年之分发学习,乃令武进士全员分发八旗。由此亦可得见,武科进士即便已金榜题名,但若要晓悉行伍战阵,期于实用,尚需学习历练。此种安排,虽亦不乏造就人才之意,但此时武进士分发学习,所得待遇已经降低。其才技平常者,甚至需要学习期满三年,才能归籍候选。[①] 换言之,顺治朝以武进士拣选教习,乃优选与恩遇;康熙朝将武进士分发八旗学习,乃未得实缺前权宜安置之计。新科武进士分发八旗学习之例,亦仅行于康熙末年。至于雍正元年(1723),即令停止此例。[②] 清初武科选法即病壅滞,其后运作情形如何,不难想见。

三、雍正、乾隆两朝之拣选与推补

顺治、康熙两朝武进士及第授职,大多以营、卫守备分半选用。不过,雍正初年开始较多裁撤各地卫守备职缺,遂于雍正二年(1724),下令将旧制拟用卫守备者,再分 15 名以营守备用。此时武职候缺已难,此类改用营守备者,乃于双月营守备各班之末,另立一班推补。[③] 轮班候缺,缺少班稀,遂为清代武科及第者需要面临之常态。

雍正五年(1727),武进士及第授职制度再有显著变化:一甲一名授为一等侍卫,二名、三名授为二等侍卫,二甲拣选十名授为三等侍卫,三甲拣选十六名授为蓝翎侍卫,其余以营、卫武职选用,并下令永著为例。[④] 其后各科武进士之授职,或因取录人数变化而致各职位所授比例稍有不同,然其授职结构已基本确定,亦即武状元授一等侍卫,武榜眼、武探花授二等侍卫,二甲武进士授三等侍卫,三甲武进士居前者授蓝翎侍卫,其

① 虽然典章有所规定,但武官选任之籍贯回避,不似文官选任之严格。康熙四十二年殿试武举之后,曾谕曰:"武进士中优者颇多,文官不许本籍为临民之官,武官须习知本地形势,方有裨益。"见《清实录·圣祖实录》卷 213,第 6 册,第 164 页。王志明曾根据引见履历档案,统计指出雍正、乾隆两朝出任本省籍武官之比例分别达到 32.4%、36.5%。见王志明:《清代职官人事研究——基于引见官员履历档案的考证分析》,第 226 页。
② 昆冈等:《钦定大清会典事例》卷 566《兵部·职制》,第 7 册,第 342 页。
③ 昆冈等:《钦定大清会典事例》卷 566《兵部·职制》,第 7 册,第 342 页。
④ 昆冈等:《钦定大清会典事例》卷 566《兵部·职制》,第 7 册,第 342 页。

余以营、卫守备推选,直至清末废除武科。

此时所谓授职,虽然武状元得为一等侍卫,与顺治、康熙两朝所授参将品级同为正三品。不过,顺、康两朝拣选侍卫,人数不多,待遇亦优,雍正初年之变革,实际导致每科武进士及第直接选授侍卫之比例大增。而此时所授侍卫,多为虚有品级之闲职,多数武进士翘首所望者乃外放实任,以便有更多机会积功升迁。问题还在于,此时武职空缺已供不应求,而且自雍正元年(1723)起,准许八旗满蒙子弟应试武科,于是再定拣选之法。雍正六年(1728)议定:

> 在[兵]部投供武进士,由部奏请钦点大臣,会同本部秉公拣选。将弓马娴熟、人材可观者,以营守备注册,平常者以卫守备注册,各照科分、名次推用。如弓马生疏、人材不及,令回籍勤加学习,果学习有成,再赴部听候拣选。其未经投供之武进士陆续到部,由部酌量人数多寡,或一年二次,或一年一次,奏请会同拣选。嗣后武进士每科恭候钦选侍卫之后,奏请会同简选,均以营、卫分别注册选用。①

到了乾隆元年(1736),又下令将武进士拣选后分为三等,一等、二等以营守备用,三等以卫守备用,弓马生疏者则令回籍学习,遇到拣选之时再行参加。②可见,此时武进士及第者,不但需要经历拣选,而且即便拣选列等,亦仅获注册推补之资格。此后或随营学习,或充补提塘,须等学习期满,考验合格,方可轮班候选。选途之壅滞,至此益甚。乾隆十五年(1750)兵科给事中杨二酉之条奏,可见武进士授职境况之艰难。当年各省卫守备归兵部选任者共有三十九缺,然此时应以卫用之武进士积至数百人,此外以提塘、差官效力报满归班即用者亦有数十人,加之新例"飞班压铨",缺少而班多,选用无期。而且,该年又继续裁减卫守备数缺,武科选途更是雪上加霜。因此,只能再行拣选之例,将乾隆元年以后拣选列为三等之武进士,以及充补提塘之三等武进士,再次拣选,列一、二等者以营用,三等者仍以卫用。③考试之后复有考试,幸得出身;拣选之后复有拣选,难得实任。依据前文统计所见,乾隆一朝武科取录进士

人数不断减少,实际亦为选途日益壅滞之反映。

四、嘉庆朝以降武进士选途之概略

清代武科出身者仕途之不畅,至乾隆朝已积重难返,其后益甚。嘉、道以降,内乱外侵,战事频仍,然此时之战局与武器,已与清初相去甚远。而武科士子所习所考,主要仍为冷兵器技艺,又与实际战阵相去益远。武科选途本已艰辛,加之武科出身者技勇日渐过时,难以应对全新战局,武进士之前途更加黯淡。下文之统计分析,亦能反映此一趋势。嘉庆朝以后武科及第之授职规制,不过沿袭前代,稍作修补。比如,针对及第后拟以卫用之武进士,嘉庆十三年(1808)奏准:

> 卫用武进士如有情愿随营者,赴部具呈,分发本省效力。给予马粮一分,随营差操。才技优娴、晓畅营伍者,三年期满,报部注册,留于本省。遇有隔府别营千总缺出,与随营武举相间轮用。六年俸满,分别保送留任。其已经保送者,遇有应升守备缺出,一体拣选保题。①

如果单看传胪授职记录,会以为武进士金榜题名后,大多即得授营、卫守备之职,但现实中,多数武进士之实授与升迁途程异常艰辛。以卫用武进士为例,若分发本省随营效力,须等三年期满,考察合格,才可呈报兵部注册,此后遇有千总职缺方有机会选用,而且竟然要与随营武举相间轮用。而后六年俸满,才有机会题补守备之职。而且,道光十三年(1833)更规定,卫用武进士随营效力三年期满,如果未经实授补缺,不得立即升阶,必须等候拔补为千总俸满保送之后,再行升用。②

武科选途之壅滞情形,越至后期,越益严重。清代前期,营、卫职缺尚有分殊,拣选武进士以卫用者获授甚难,但以营用者选缺犹易。道光年间大开捐纳,以卫用武进士可以捐改营用,而且裁缺卫守备、卫千总、守御所千总均准改归绿营,营守备以上之职亦可报捐分发。自此之后,由部推、外补、武科等武职进身之途"一同沉滞"③。武科进士前景之黯淡,更加严重。

---

① 昆冈等:《钦定大清会典事例》卷566《兵部·职制》,第7册,第343页。
② 昆冈等:《钦定大清会典事例》卷566《兵部·职制》,第7册,第344页。
③ 赵尔巽等:《清史稿》卷110《选举五·推选》,第3219页。

五、武科选途壅滞之原因

　　清代武科选途之壅滞,其表象似在"供过于求"。如果仅作单线思考,便容易得出武科因取中太多而导致职缺不敷之结论。但若细加察考,可知清代武科所取进士,不过约为文科三分之一,而且历科波动极大,最少之时每科所取不足 30 人。所谓职缺数与候缺人之多寡裕缺,乃属相对概念。若要深入考察清代武科选途壅滞之原因,并从中分析清代政情之变迁,更应综合观照以下问题。

　　一为清初乱局之勘定与前明武职之安置。清初入关伊始,大局未定,清廷着意武选,委以实任,以期平定天下。此一意图,从顺治朝武进士取录人数与及第授职之安排中,均可得见。随着天下渐定,战事稍减,清廷亦面临历代开国后之相同局面,即如何由"打天下"转而"治天下"。此外,明末清初满人为争夺天下,极力争取汉人兵将前来归附,定鼎之后,必须安置此类投附人员。而随着战局推进,前明大势尽去,归附者既多,安置现有职官之任务益重。为了应付此种局面,只能减少武科新录人数。康熙三年(1664),礼科给事中廖丹疏言,边省投诚官员应该在各省分用,但武进士等候推选者甚多,因此奏请暂停武科会试。兵部议覆此事,认为会试大典不便停止,于是将该科应取名额减去 100 名。[①] 因此,自康熙朝开始,武科殿试取中日渐减少,至清季有所回升,但从未恢复至顺治朝之水平。然而,即便自康熙朝起已开始减少武科取中人数,但始终未能改善武科选途壅滞之窘况。

　　二为雍正朝以降卫所职缺之裁减。清初沿袭部分前明卫所,直至清末尽裁。不过,清代卫所职制多有变更,卫职军官亦用选委,不采世袭,而且不断裁减。明清易代之际,全国尚存卫 432 处、所 206 处、守御所 100 处,顺治一朝就裁去近半数,复经康熙、雍正、乾隆三朝裁撤,仅余卫 54 处、所 19 处、守御所 10 处。[②] 雍正初年,廷臣请改并、裁撤卫所,兵部议称:"科甲人员,专选卫、所守备、千总,若尽裁卫、所,必致选法壅滞,事不可行。"[③] 此后虽未尽裁卫所,但卫守备一职不断裁减,直接影响武进

---

① 《清实录·圣祖实录》卷 11,第 4 册,第 170 页。
② 楢木野宣:《清代重要职官の研究:满汉并用の全貌》,东京:风间书房,1975 年,第 368—373 页。
③ 赵尔巽等:《清史稿》卷 110《选举五》,第 3218 页。

士及第授职之前景。为了因应裁缺现实，雍正皇帝还曾下令将武进士拟用卫守备者，分15名以营守备用。① 乾隆朝再裁，缺位更少，因此只能将武进士重新拣选，分等候补。其直接结果，导致武科进士候缺困难，前景黯淡。

三为满汉职缺之不均及满占汉缺之影响。清代以人口而言，汉人数百倍于满人，但以职缺分布之数量及份量而言，则满汉失衡，清代初中期尤甚。清代内外武职之中，八旗职位为旗人专属，但营、卫武职则可旗、民皆用，八旗甚至多占绿营职缺。例如，清初山海关至杀虎口、保德州副将、参将、游击、都司、守备之缺，绿旗仅补十分之三，满洲可补十分之七。马兰、泰宁两镇，以及直隶、山西沿边副将、参将、游击、都司、守备之缺，则满、汉各补其一。雍正六年（1728），宗室满珠锡礼更奏称，京营参将以下、千总以上，不宜专用汉人，上谕则谓："满洲人数本少，补用中外要缺已足，若京营参将以下悉用满洲，则人数不敷，势必有员缺而无补授之人。"② 武科选授，自康熙初年已经壅滞，而此时满人入仕，则唯恐有缺而无人。

到了乾隆年间，鉴于各省武职选授满人过多，乃令绿营将领应当满汉参用，并屡议员缺均衡之法。乾隆八年（1743），拉林副都统巴尔品更奏称，应当恢复雍正年间准许满人应考武科举人、进士之例，以"广满洲人等升转之途"③。乾隆三十八年（1773），兵部疏报各省绿营武职缺额及选补情形，指出"满、蒙在绿营者逾原额两倍"，乃是因为"各省请员时，多用满员拣选"。因此，奏请此后各省请拣之时，应当注重从绿营候补、候选，以及行走年满之各类侍卫（武进士初次授职集中于此）之中，一并拣选。④ 经过乾隆年间调剂改制，绿营内满、汉武职员缺稍稍均衡，不似初期之漫无限制。不过，军中职位与权力之悬殊，仍然普遍存在。总体而言，民人奋竞于武场，历经艰辛而考获功名荣衔，然补缺较难，而旗人多以世职、行伍入职进身，升转较优。

---

① 昆冈等：《钦定大清会典事例》卷566《兵部·职制》，第7册，第342页。

② 赵尔巽等：《清史稿》卷110《选举五·推选》，第3217页。

③ 巴尔品：《奴才巴尔品谨奏为披陈愚悃以求明鉴事》，1743年，中国第一历史档案馆藏宫中档满文硃批奏摺，档案号：04-02-002-000275-0017。

④ 赵尔巽等：《清史稿》卷110《选举五·推选》，第3218页。

　　四为清代局势之变迁与武进士自身之素质问题。清初武进士尚有用武之地,然素质已颇堪忧。康熙皇帝亲阅天下武举,曾谓数年来取中武进士"皆无所成就";所见武臣"自行伍出身者,著有劳绩;自科目出身者,反多败检"①。康熙四十八年(1709)诏改武科,又谓:"考试武举进士,乃国家大典。视近科所取之人,武艺勇力渐不如前,此事所关甚大。当扩考试之典,以备录用。"②康熙一朝,对于武科考试内容及铨叙办法改制较多,整体上冀望扩大武科选士基础,做到文武并进、旗民同登,但未能取得预期效果。此后各朝,迁就于武科士子文武技艺渐趋下降之现实,取录标准降低,可堪任用者更少。

　　此外,清代武科及第者前景不佳,以致远省武举不愿赴京会试。而且,即便武进士及第高居榜首者,亦多囿于体制与际遇,难望施展。对此,齐如山稍有综合观察和论考,指出如果中了文进士,则有较多机会飞黄腾达,但若是中了武进士,即便是成为乾清门侍卫,也只是"闲散差使",无钱可挣。哪怕是考中武状元,授职较优,但因为清代常用文职总理兵权,因此即使是升到提督、总兵等要位,"仍没什么发扬的余地",武科状元"以后也就彷佛漠漠无闻了"③。就其整体情形而言,齐如山所言非虚。

　　以上所论,已可见清代政治与军事系统内,文与武、满与汉之轻重厚薄。清代武科越益不受重视之原因,既关乎清代根本政治架构之设计,亦受限于武科出身者自身素养与受命机会,更与清代政情变化大势关联。总结而言,时局变易、职缺减少、满人占缺等,皆为武进士及第后前景黯淡之外在原因。若究其根本内在原因,仍在武科所习所考技艺日益无用,以及武科出身者之文艺、武艺素质之堪忧。承平时期,或可将选途壅滞归因于武人无用武之地,清季乱局,本应为武人建功扬名之时。不过,此时脱颖而出者,多为起自行伍、兴办团练之兵将与地方豪强。武科出身者整体并未符合其期待定位,作为"干城之才"而力挽狂澜。

---

① 《清代起居注册·康熙朝》第 2 册,第 960—964 页。
② 《清实录·圣祖实录》卷 239,第 6 册,第 384—385 页。
③ 齐如山:《中国的科名》,第 190—191 页。

第四节　武进士授职之统计与迁转之途程

一、武进士授职之统计

清代武进士及第之授职类别,自雍正年间定三甲依次授头等侍卫、二等侍卫、三等侍卫、蓝翎侍卫、营守备、卫守备之例,相沿至清末。所不同者,各科所录武进士多寡不一,各职级授职比例亦有变化。以下依据所见档案,统计分析清代中后期武进士授职之类别与结构。考察所见群体,涵盖嘉庆、道光、咸丰、同治、光绪五朝,涉及 36 榜武进士,总凡 2680 人。

表 8-5　清代中后期武进士及第初始授职统计

年份	头等侍卫	二等侍卫	三等侍卫	蓝翎侍卫	营守备	卫守备	合计
1811	1	2	6	9	16	15	49
1814	1	2	5	11	12	17	48
1817	1	2	6	9	16	12	46
1819	1	0	5	10	13	12	41
1820	1	2	4	10	11	9	37
1822	1	2	5	12	15	20	55
1823	1	2	6	12	12	21	54
1826	1	2	5	5	11	7	31
1832	1	2	12	12	31	14	72
1833	1	2	3	10	9	13	38
1835	1	2	8	7	18	23	59
1836	1	2	8	12	22	16	61
1838	1	1	6	8	20	9	45
1840	1	2	13	13	23	19	71
1841	1	2	13	17	24	14	71
1844	1	2	10	15	25	29	82
1845	1	2	5	10	28	23	69

续表

年份	头等侍卫	二等侍卫	三等侍卫	蓝翎侍卫	营守备	卫守备	合计
1847	1	1	8	15	16	23	64
1852	1	2	8	7	14	22	54
1853	1	2	5	6	6	6	26
1856	1	2	5	9	11	10	38
1859	1	2	5	8	6	7	29
1861	1	2	3	5	8	6	25
1863	1	2	9	11	13	13	49
1865	1	2	15	15	25	25	83
1868	1	2	13	14	24	24	78
1871	1	2	16	16	29	28	92
1876	1	2	18	18	35	34	108
1877	1	2	20	33	50	36	142
1883	1	2	19	31	51	32	136
1886	1	2	17	30	45	24	119
1889	1	2	21	33	53	26	136
1890	1	2	20	35	69	35	162
1892	1	2	20	33	66	29	151
1894	1	2	20	32	49	19	123
1895	1	2	19	33	47	34	136
合计	36	68	381	566	923	706	2680

资料来源：

中国第一历史档案馆藏清代军机处录副奏摺

1.《呈同治元年二年武进士授衔清单》,1863 年,档案号 :03-4999-123。

2.《呈本年殿试武举人拟用清单》,1865 年,档案号 :03-4999-124。

3.《呈本年殿试武举人拟用清单》,1868 年,档案号 :03-4999-124。

4.《呈本年殿试武举等第单》,1876 年,档案号 :03-7179-028。

5.《呈本年殿试武举等第单》,1877 年,档案号 :03-7179-024。

6.《呈本年殿试武举各员例用单》,1880 年,档案号 :03-7183-080。

7.《呈本年殿试武举拟用单》,1886 年,档案号 :03-7190-006。

8.《呈光绪九年十二年十五年武进士授职名数清单》,1889 年,档案号:03-5875-016。

9.《呈光绪十八年等上三科武进士殿试等第职名单》,1892 年,档案号:03-7198-084。

台北"中研院"史语所藏内阁大库档案

1.《兵部为移送辛未科至庚辰科止侍卫各数由》,1822 年,档案号:225127-001。

2.《兵部为丁丑科起至癸未科止侍卫各数》,1826 年,档案号:133774-001。

3.《兵部移会》,1829 年,档案号:156706-001。

4.《兵部为殿试武举授职事》,1840 年,档案号:156615-001。

5.《兵部为甲辰科殿试武举事》,1844 年,档案号:183257-001。

6.《兵部为殿试武举授职事》,1850 年,档案号:156602-001。

7.《兵部为移送授职各数目》,1862 年,档案号:164817-001。

台北"故宫博物院"藏清代宫中档奏摺及军机处档摺件

1.《殿试武举拟用侍卫等由》,年份不详,档案号:110523。

2.《同治二年殿试武举清单一份》,1863 年,档案号:092192。

3.《光绪十五至十八年武进士授职名数》,1892 年,档案号:136473。

综上可见,清代中后期武进士及第后,一甲状元授正三品头等侍卫者,约占 1%;一甲榜眼、探花授正四品二等侍卫者,约占 3%;二甲武进士授正五品三等侍卫者,约占 14%;三甲武进士选授蓝翎侍卫者,约占 21%;三甲武进士分授营、卫守备者,各占约 35%、26%。就统计数据而言,新科武进士约有 40% 得授侍卫留京,其余约 60% 以营、卫之职分发地方。然就实际情形而言,武进士及第之初授,仅代表该进士所获之品级。对于得授侍卫者,留京亦非长久之计,仍望外放实缺,于军中建功立业而获升迁。而且前文已详及,武进士及第后以营、卫守备分发者,亦未能立时获补实缺。必待效力营伍期满,考核合格,方可遇缺轮补。越至后期,以营、卫职分发地方之武进士,轮候补缺耗时越久,卫职尤难。

二、清代官员引见履历档案所见武科人物任职情形

前文论及,目前香港科技大学所建缙绅录数据库所见武职,绝大多数属于兵部衙门所辖"提塘"系统,以及总漕部院衙门所辖"漕运"系统,其中得见不少武童、武生、武举出身之任职记录,但极少见到标注武进士出身者。若依此库,其中仅见标记出身为"武进"者 10 条,实际涉

及 8 人,年代涵盖乾隆朝至光绪朝(检索时间为 2019 年 7 月 29 日)。笔者依据目前已经掌握之乾隆朝至光绪朝武进士名录,逐一检索核对,缙绅录数据库所题出身为"武进"者,无一见于武进士名录之中。缙绅录数据库对于武科进士出身之失载,主要原因在于武科进士及第之后,任职部门集中于京师侍卫系统以及地方绿营系统,此类武职主要载录于《中枢备览》,以文官名录为主之缙绅录较少记载。

缙绅录之外,清宫原藏"官员履历档案",亦可作为考察清代武科人物尤其是武进士任职之系统性史料。[①] 囿于研究时限及主题侧重,笔者目前未对已刊 30 册《清代官员履历档案全编》所涉人物进行逐一著录统计。王志明据此做过系统整理和研究,指出《清代官员履历档案全编》所录清代绿营武官总数为 4782 人(包括与八旗武官、文官互转者约443 例),基本上属于候补守备以上品级。具体而言,各朝引见绿营武官如下:雍正朝 1578 人,乾隆朝 2417 人,嘉庆朝 162 人,道光朝 391 人,咸丰朝 228 人,同治朝 16 人,光绪朝 729 人,宣统朝 82 人;[②]并统计出3073 名雍正、乾隆两朝引见绿营武官之籍贯及身份,转引如表 8-6。

表 8-6　雍正、乾隆两朝引见绿营武官中武科出身统计

省籍	引见总数	武进士	武举人	武科人物比例
陕西	695	82	32	16.40%
八旗	471	51	15	14.01%
福建	304	23	6	9.54%
直隶	231	84	15	42.86%
江南	226	51	16	29.65%
山西	159	57	7	40.25%
四川	156	33	24	36.54%
山东	141	36	1	26.24%
浙江	119	25	7	26.89%

① 详参秦国经主编:《清代官员履历档案全编》(全 30 册),华东师范大学出版社,1997 年影印本。
② 由于部分武官曾在不同帝王在位时期被带领引见,因此各朝引见人(次)数总和大于引见总人数。详见王志明:《清代职官人事研究——基于引见官员履历档案的考证分析》,第214 页。

省籍	引见总数	武进士	武举人	武科人物比例
湖广	114	24	7	27.19%
贵州	112	11	5	14.29%
广东	111	19	2	18.92%
云南	95	8	10	18.95%
河南	66	11	5	24.24%
广西	37	5		13.51%
江西	34	12		35.29%
奉天	2	1		50.00%
总计	3073	533	152	22.29%

资料来源:王志明:《清代职官人事研究——基于引见官员履历档案的考证分析》，第228页。据其表10-5所制,加算百分比。

通过雍正、乾隆两朝绿营武官引见总数,亦能直观看到:其一,陕甘人才壮健之说,此处再次得以印证,两省即便分开统计亦能名列前茅;其二,以八旗人数之少与引见之多,两相对照,足见受到充分优待;其三,福建武官因补充绿营水师,得以较多引见,可见亦受重视;其四,直隶引见亦多,且武科出身比例甚高,亦与前文统计所见该省武科取中情况相符。若就出身而言,统计所见雍正、乾隆两朝引见绿营武官之中,武科出身者比例占到五分之一左右。武途科甲出身之比例,虽然不能与文科相比,但亦显示此时武科出身者尚有用武之地。尤其是作为武科最高功名之武进士,本身在制度规定之内,初授品级已经相对较高(虽然其俸禄与地位实际不高),因此有较多引见机会,档案所见两朝引见人数达到533名。但自嘉庆朝起,档案所见引见绿营武官人数显著减少。而且,由于后期地方乱局,仅有武科低级功名甚至不具有武科功名者,亦通过加入地方团练,参与征战有功,而在绿营系统中得授军官,甚至身居高位。武进士出身之多数,虽仍然依循定例,或在中央为侍卫,或在营伍任职,得到引见机会。不过,其仕途前景及其整体表现,再也无法与清代前中期相比。

此外,蒋勤亦曾依据《清代官员履历档案全编》建设结构型数据库,并展开初步研究。惠蒙蒋勤襄助和教示,笔者录得其中履历摺所载武科出身者15条,含武进士2条,武举人7条,武生员6条;履历单中检得470条,其中武进士99条,武举人24条,武生员16条,武童生331条;履历片中检得武举人244条。由于同一武官可能会被多次引见,笔者据此再作整合核对,去除重复,并取其中载明其最高任职者172人,其中武进士2人,武举人150人,武生员4人,武童生16人。以下侧重关注其引见朝代及所见最高任职品级,制成表8-7。

表8-7 《清代官员履历档案全编》所见部分武科人物任职

品级	雍正朝	乾隆朝	嘉庆朝	道光朝	咸丰朝	光绪朝	不详	小计
从一品		5	1	3				9
正二品	1	23	1	13				38
从二品	2	9		4		3		18
正三品	6	10				3	1	20
从三品	12	18				5	1	36
正四品	3	6			1	1		11
正五品	15	10				3	2	30
从五品	1	2						3
正六品	1	3	1		1			6
正七品		1						1
小计	41	87	3	20	2	15	4	172

资料来源:秦国经主编:《清代官员履历档案全编》,华东师范大学出版社,1997年影印本。此处统计分析,得益于蒋勤基于该批档案自建之数据库。

此处考察所见172名清代武科人物,约有75%是在雍正、乾隆两朝得到引见。此处所见虽然仅为局部样例,亦能看出嘉庆朝实乃其中重要分水岭,此与前文所论清代武科制度设计运作之大势相符。文武官员得以带领引见,通常意味着职位更动,更多体现为晋升。而自嘉庆朝以降,不仅武科出身者得到引见之人数急剧减少,而且见载得任高级武官如从二品副将、正二品总兵、从一品提督者,同样出现断崖式下降。清代武科之渐衰,由此亦可得见。

至于晚清武科出身者在武官系统任职之具体情形,张仲礼曾以光绪七年(1881)为例,详细统计该年7291名绿营武职官员之出身背景,可供进一步参考分析,兹引述如表8-8。

表8-8　光绪七年绿营武职官员出身统计

职衔	提督	总兵	副将	参将	游击	守备	都司	营千总	营把总	合计	比例
武进士	1	3	—	5	9	7	12	5	2	44	0.60%
武举人	—	1	3	1	12	13	49	97	100	276	3.79%
武生员	—	3	1	5	9	9	26	63	90	206	2.83%
武童生	1	1	5	6	33	40	45	101	178	410	5.62%
侍卫	—	2	6	9	16	44	23	1	—	101	1.39%
军功	5	21	27	28	47	39	51	58	58	334	4.58%
团练	—	—	2	1	9	9	9	20	31	81	1.11%
行伍	10	46	57	80	180	238	565	1454	2914	5544	76.03%
袭荫	—	—	—	1	9	19	35	16	4	84	1.15%
捐纳	2	—	—	1	2	2	4	19	11	41	0.56%
旗人	1	3	13	28	22	41	20	4	—	132	1.81%
不明	—	1	2	—	2	3	9	11	10	38	0.52%
总计	20	81	116	165	350	464	848	1849	3398	7291	100%

资料来源:引自张仲礼:《中国绅士》,第173页,据之加算百分比。

如上所见,光绪七年自把总至提督共7291名绿营武职官员内,武进士、武举人、武生员总凡526人,约占7.21%。表面来看,武科出身人数似乎并不算少。然而,此时武场每科乡试所录人数实际在九百人左右,每科会试及殿试所录超过百人。全国常备武举人及武进士人数,保守估计应在两万人以上,武生员则至少数逾十万。两相对照,可知武科出身者入行伍效力、建功立业而为职官名录收载者,其实比例甚低。鲍威尔(Ralph L. Powell)较早研究清季军事,除指明武场考试之无裨实际,亦谓至迟于十九世纪末,武科出身者多已不投军效力,而常备将领之多数并无武科功名。[1] 此外,表 8-8 还显示,任正三品参将及以上高级武职者,武进士、武举人两类上级功名占 14 人,而武生员以及并无武科正式功名之武童生则有 22 人,此亦显示军功对于武职晋升之显著影响,晚清尤然。张仲礼原表中亦注"武童生内一半略多者,为江南水师营中之湖南人",显示出太平天国运动后湘人湘军之影响。表 8-8 中武职各项进身之途,以行伍最为显著,约占总数之 76%,行伍与武科出身之比例悬殊甚大。

总结而言,以上引述三项统计所揭示之武科人物任职实态,能以统计依据支撑前文对于清代武科考试制度变迁之论析,并且与后文所见《清史稿》载录武进士案例以及武科出身官居高位者之历时分布吻合。

三、《清史稿》所见武进士群体之论析

以下再依据官修史书《清史稿》,辑出其中载明出身之武进士,用作"群体生平"分析之样例。考察凡见 50 名:仇震(万 38,239)、金砺(明末,231)、郑鸿逵(崇 14,224)、梁化凤(顺 3,243)、李成功(顺 6,488)、周球(顺 12,257)、马弘儒(顺 18,488)、张善继(康 6 武榜眼,488)、殷化行(康 9,281)、吴开坼(康 27 武探花,317)、韩良辅(康 30 武探花,299)、马见伯(康 30,299)、马会伯(康 39 武状元,299)、马觐伯(康 42,299)、韩良卿(康 51,299)、王无党(康 51,317)、宋爱(雍 1,299)、任举(雍 2,310)、瑚宝(雍 5,309)、刘顺(雍 5,310)、董天弼(雍 11,329)、马负书(乾 1 武状元,317)、哈攀龙(乾 2 武状元,310)、宋元俊(乾 4,329)、牛天畀(乾 7,334)、俞金鳌(乾 7,335)、张大经(乾 16 武状元,334)、哈国兴(乾 17,310)、马全(马瑔,乾 17 武探花,乾 25 武状元,334)、李化龙(乾 25,334)、何道深(乾 25,489)、柴大纪(乾 28,329)、乌大经(乾 28,358)、李长庚(乾 36,350)、王懋赏(乾 40 武状元,349)、邢敦行(乾 43 武状元,334)、李绍祖(乾 45,349)、宋延清(乾 46,349)、董光甲(嘉 14,402)、葛云飞(道 3,372)、秦定三(道 9 武榜眼,428)、张遇祥(道 15,492)、傅振邦(道 16,428)、郝光甲(道 18,428)、郝上庠(道 18,492)、石清吉(道 21,429)、彭三元(道 27,492)、马福禄(光 6,495)、宋春华(光 12,495)、韩

---

[1] Ralph L. Powell, *The Rise of Chinese Military Power, 1895-1912*, pp. 18—19.

有书(光 16,596)。①

以上武进士,以其登科年份先后排序,括号内先简注其具体科分("万 38"表示万历三十八年,余类推),后注此人见于《清史稿》之卷次。其中信息参核相应科分之小金榜或登科录,以资补充和校正。

综合考察所见,《清史稿》载录武进士出身者凡见 50 人,约为清代取录武进士总数千分之五,数量不算太多。不过,其中所录典型事例,可以视作清代武进士登科有成之重要代表,而且,入传群体经过《清史稿》撰修者之裁量,颇能体现其史观及笔法。50 人之中,有 3 人之功名为明代所授。明清变局之中,仇震、金砺两人皆降清,金砺更因协助清廷作战有功,任至总督要职,加太子太保,并且编入汉军旗籍。另外一名武进士郑鸿逵即为郑芝龙之弟(亦即郑成功之叔父),但即便在郑芝龙降清之后,仍然继续维护南明政权,受封"定国公"。易代之际,士人之出处往往成为两难议题,而武人又因其对战局走向可能具有实质影响,成为各方争取笼络之对象。除此 3 人之外,以下论析主要针对清代所授 47 名武进士之群体。

首先就及第时间而言。47 名武进士及第科分所在依次为:顺治朝 4 人,康熙朝 9 人,雍正朝 5 人,乾隆朝 17 人,嘉庆朝 1 人,道光朝 8 人,光绪朝 3 人。由于每个皇帝在位时间不同,此处再以三十年为段均分,可知取录于 1640—1669 年间 5 人,1670—1699 年间 4 人,1700—1729 年间 8 人,1730—1759 年间 9 人,1760—1789 年间 9 人,1790—1819 年间 1 人,1820—1849 年间 8 人,1850—1879 年间 0 人,1880—1909 年间 3 人。前文考察清代武科会试中额及进士人数,其整体态势为前后两端高、中间偏低,但此处所见走势基本与此相反,表现为中间偏高,两端偏低。整体上仍以嘉庆朝为界,取中武进士进入《清史稿》记载者显著减少。而且,下文亦能揭示,后期入载者之实际任职亦远不如前期理想。《清史稿》所录虽仅该群体之一部分,但与前文剖析清代武进士仕途前景基本相符:清代中期以降,武科进士在军政事务中之能见度及贡献度,总体呈下降之势。

其次就籍贯及出身而言。47 名武进士之中,多见出身武功世家者。

---

① 详参赵尔巽等:《清史稿》,中华书局,1977 年。

前文所举清代"武举家族"之代表,如甘肃宁夏马氏、甘肃甘州韩氏、甘肃宁朔吴氏、直隶河间哈氏等,皆为其中典型代表。《清史稿》多为其家族集体立传,以为彰表。具体以籍贯而论,计有直隶14人,甘肃8人,陕西5人,山西5人,山东4人,安徽2人,浙江2人,奉天1人,河南1人,福建1人,湖北1人,湖南1人,八旗满洲1人,八旗汉军1人,仍以出身北方之武进士占绝对多数,尤其是直隶及陕甘地区最为显著。可见,《清史稿》经过选择重点记载及呈现之武进士群体,仍然符合清代武进士整体分布之明显地域差别,并提示出家族武功之潜在影响。科举考试虽然在制度层面提供向上晋升之通道,但士子无论习文还是习武,都需要其家族提供长期物质支撑,并创造有利于其练习应试之基本条件。

再次就任职情形而言。47名武进士中,包括武状元8人,武榜眼2人,武探花2人,鼎甲进士比例近三分之一。鼎甲进士之迁转,大多依照定例,先相应授一、二、三等侍卫,然后外任积功升进;其余武进士亦进入营伍相应任职,积功升擢。47人之中,梁化凤在清初最高任至左都督;2人最高实任至尚书,19人任至提督,[①]14人任至总兵,4人任至副将,2人任至参将,3人任至游击,2人任至守备,2人最高任职不详。整体来看,作为清代武科人才之典型代表,该群体之仕途颇有可观,官至一品者达到21人,占比近45%。稍微分开考察,入传群体之中,嘉庆朝起所取录之12名武进士,仅载傅振邦最终实际任至提督职位。而且,康熙、雍正年间所录武进士,不仅多见升任高位者,而且尚有以武入文、在文武两系之间转还之案例,如韩良辅(康熙三十年武探花)曾任广西巡抚,马会伯(康熙三十九年武状元)曾任四川巡抚、兵部尚书,珊宝(雍正五年武进士)亦曾授陕甘总督、漕运总督、兵部尚书等。《清史稿》论此,亦谓"雍正间文武多通用"[②]。康雍年间,曾一度准许文武互试,且当时武科内场尚考策论,甚至考试儒学经典,因此武科人才之文韬武略,尚且偶有可观之处。质言之,康熙年间之武科改制,其要点在于指出"高标",旨在提升考选水平,至少可以"取上得中";嘉庆年间亦对武科进行改革,比如准许八旗就近应试、内场废止策论而改默《武经》等,实际乃是迁就现状而降低标准,结果只能"取中得下"。

---

① 《清史稿》实载18名任至提督,遗漏曾任福建陆路提督之秦定三。其余仍有遗漏,详参表8-10。
② 赵尔巽等:《清史稿》卷299《列传八十六》,第10428页。

　　复次就入传情形而言。47名武进士之中,44名在《清史稿》中皆有独立传文,而且颇多以主传形式,详细书写其生平事迹;仅有3人之姓名、实绩附见于其他传记,没有独立传文。其专门立传之比例,远远高于前文所考论之武生童及武举人,彰显此一武科最高功名群体之地位与贡献。而且,由于该群体颇多在清代历次战争中有功于清廷,乃至捐躯阵亡,被收入"忠义传"中,书写笔法整体以肯定和表彰为主。《清史稿》之编撰者虽为文士群体,本身有着传统轻视武人之倾向,但此处入传群体毕竟为正途科甲最高出身,其事迹与地位在此前国史馆传包、传稿及历朝实录等文献之中,已基本定调,而且,身处民国而心怀前清,《清史稿》撰修者亦多倾向呈现和维护该武人群体之"忠义勇猛"形象,以及清廷相应之赏拔和抚恤。

　　最后就其生命终结而言。47名武进士之中,《清史稿》明确记载战殁于阵、卒于军中或为"敌对势力"斩杀者达到28人,其余伤发卒于家者1人,卒于任所者1人。可见,书中载录该群体之大多数,皆因军事活动直接或间接死亡,足见职业"高危"。战场军情瞬息万变,很多时候胜败非止关乎将帅一己之力,而且其中还可能涉及派系政治纷争。不过如若军阵失利,前线将领难免为之捐躯阵亡,其幸存者亦面临降级、革职等问责,因此传文中常见降级夺职等记录,极少数牵涉严重者甚至被处以严惩酷刑。比如,柴大纪本来有功无罪,但为福康安所不容,乾隆皇帝甚至为此特下手诏,但最终柴大纪仍未免"弃市",其子被发伊犁为奴。《清史稿》论此,亦称:"军旅之际,捐肝脑,冒锋刃,求尺寸之效,困于媢嫉,功不成而死于敌,若功成矣,而又死于法。呜呼,可哀也已!"[1]武人之义勇与武人之不幸,皆可得见。

四、武进士迁转途程举隅

　　前章论及清代之"武举家族",已略举武进士之迁转案例。以下再举康熙、雍正、乾隆三朝武进士三名,各将其迁转途径、任职时间及最高授职以图表详细标示,以为例证,并附简析。所选个案包含一甲、二甲、三甲武进士各一名,八旗满洲、汉军及民籍皆有。

---

① 赵尔巽等:《清史稿》卷317《列传一百十六》,第10914—10915页。

表 8-9 清代武进士授职迁转途程举隅

民籍案例

最高实授		从一品(提督)		
迁转途程	从一品	湖广提督(乾 6—13),都督同知(?) 贵州提督(乾 2—6),署都督同知(?)		浙江提督(乾 24—27)
	正二品	广西左江镇总兵官(雍 12—乾 2),署贵州提督(乾 1—2)		福建漳州镇总兵(乾 20—24),署理福建陆路提督(乾 24—?)
				銮仪卫銮仪使(乾 19—20)
				云南楚姚镇总兵(乾 17—19),署云南提督(乾 18)
	从二品	广西梧州协副将(雍 10—?)		湖南沅州协副将(乾 14—17)
	正三品	云南东川营参将(雍 7—10)		
	从三品	云南开化镇标中营游击(雍 6—7)		
		云南开化镇标右营游击(雍 1—6)		
	正四品	广西梧州协中军都司(康 59—雍 1)		
初授		蓝翎侍卫(正六品,康 51—?)		
科第		康熙五十一年武进士		
籍贯		直隶万全县(民籍)		
姓名		王无党		

汉军个案

最高实授		从一品(提督)
迁转途程	从一品	福建陆路提督(乾 19—32)
	正二品	署福建陆路提督(乾 18—19)
		署直隶古北口提督(乾 17—?)
		福建台湾镇总兵(乾 16),江南狼山镇总兵(乾 16),广东琼州镇总兵(乾 16),福建金门镇总兵(乾 16)
		署福建陆路提督(乾 14—?)
		福建漳州镇总兵(乾 12—16)
		山东登州镇总兵(乾 11—12)

续表

最高实授		从一品（提督）
	从二品	山东胶州协副将（乾 7—11）
	正三品	山东莱州营参将（乾 5—7）
初授		头等侍卫（正三品，乾 1—5）
科第		乾隆元年武状元
籍贯		汉军镶黄旗
姓名		马负书

满洲个案

最高实授		从一品（提督、尚书、都统、总督）
迁转途程	从一品	漕运总督坐兵部尚书、右都御史衔（乾 14—21）
		镶黄旗汉军都统（乾 13—14）
		兵部尚书（乾 13—14），署陕甘总督、湖广总督（乾 14）
		署理甘肃巡抚兼办陕甘总督（乾 13）
		陕西固原提督（乾 12—13）
	正二品	山西大同镇总兵（乾 11—12）
	从二品	陕西安西靖逆营副将（乾 6—11）
	正三品	陕西固原参将（乾 4—6）
	从三品	陕西督标后营游击（乾 1—4）
		陕西肃州镇右营游击（雍 13—乾 1）
		陕西黄甫营游击（雍 13）
	正四品	陕西定边营都司（雍 11—13）
	正五品	陕西永兴堡守备（雍 6—11），署延绥镇左营游击（雍 9—?）
初授		三等侍卫（正五品，雍 5）
科第		雍正五年武进士
籍贯		满洲镶白旗
姓名		（伊尔库勒）瑚宝

资料来源：赵尔巽等《清史稿》卷 309《瑚宝传》，第 10605—10606 页；卷 317《王无党传》《马负书传》，第 10729—10730、10734 页。台北"中研院"史语所"人名权威"在线数据库：http://archive.ihp.sinica.edu.tw/ttsweb/html_name/search.php，最后访问日期：2022 年 7 月 30 日。"乾 6—13"表示乾隆六年至乾隆十三年，余类推。

以上所举王无党、马负书、瑚宝三人,乃清代武进士最终官居一品之代表。三人之及第与效力时间,皆在清代初中期。《清史稿》内三人皆有传,亦足见此三人之影响非同寻常。以其各自初次授职来看,民人王无党应为三甲武进士之排名居前者,汉军马负书为一甲武状元,满人瑚宝应为二甲武进士。三人及第后皆选为侍卫,而后外任,积累功绩渐次升迁,亦有降职后再升迁者(如王无党)。由上可见,武进士初次外放之职位与品级,与及第初授相应,如头等侍卫外任参将、三等侍卫外任守备等。王无党初次外任时间及职务暂不详,表中所示其外任都司,已在及第八年之后,且以蓝翎侍卫径授都司,亦非常制。马负书以武状元及第,任头等侍卫五年,始有外任机会。而瑚宝虽仅居二甲,及第次年即得外任,而且最终官居提督、尚书、都统、总督等要职实缺,乃三人内任职最优者。下文亦将进一步解析,以武进士出身而能膺任掌理军务之文官要职,如兵部尚书、总督等,有清一代寥寥可数。瑚宝能居此位,应得益于其满洲八旗之身份。清代旗人可任至绿营总兵、提督等职务,但八旗将军、都统之职,则非旗人莫属,除极少特例,民籍不能与选。于"旗民并举"之中,仍有区分之意。

第五节　武科出身官至一品者汇考

清代官场,以文科出身掌理军务乃至统辖军队者,为数甚多;反之以武科出身改就高级文职者,则寥寥可数。具体而言,中央掌理军务之兵部尚书、地方统管军务之总督,皆属文官序列,其选用、升黜亦依文职则例。八旗将军、都统、副都统等手握实权之高级武职,其选派仅限八旗,而清代八旗子弟并不以武科为进身要途。明乎此中架构,已可略知清代武科及其所选人才之地位与处境。不过,武科毕竟在清代运作二百余年,所选各级士子数以百万计,其中亦间有任至一品高位者。以下依据前文各章论考稍作汇总分析,所举限于在世实任,不含卒后封赠。

一、部院大臣

武科出身在清代曾任中央部院大臣者,考察得见4人。其中1人为前明武进士金砺,清初官至兵部尚书。因此,清代武科所选人才中,实际仅有 3 人最终官至一品部院大臣。一为康熙三十九年(1700)庚辰科武状元马会伯,甘肃宁夏人;一为雍正五年(1727)丁未科武进士瑚宝,镶白旗满洲人。以上 3 人之传记资料,前文已详,此处不赘。另一名武科出身者为崇纶(1792—1875),内务府汉军正白旗人,姓许氏,字沛如,以武举考取笔帖式,晚清曾多参与中外交涉事务,1861 年后曾充帮办总理各国事务衙门大臣、总管内务府大臣,并任理藩院尚书、工部尚书,以及八旗都统(详下)等要职,可谓晚清武科人物中任职最为显赫者。[①]

此处所述三名清代武科人物之中,包括两旗一民。其中,马会伯及瑚宝皆曾任兵部尚书,且该职位关涉军务,此处稍微拓展申论。兵部尚书乃从一品重臣,清代设满、汉尚书各一人,"掌厘治戎政,简核军实,以整邦枢。"[②]兵部虽主管军政,但属于行政衙门,故其尚书多以文科进士出身或袭荫、军功、行伍进身者充任。而且清代部院大臣一级,各部门之间往往相互迁调任职,皆以文科出身者为主。依据《清代大学士部院大臣总督巡抚全录》,若以满、汉两缺相较,可见满缺兵部尚书内无科甲功名之比例,远远高于汉缺尚书内无功名者之比例。汉缺尚书内无功名者,实际又多为汉军,汉人最终官至兵部尚书者,甚少不具进士功名。[③]清代主管军政之兵部尚书一职,其出身以文科、袭荫、行伍、军功为主,武科出身者之比例几可忽略。以籍别而言,满蒙、汉军、汉人官居此位者,对科甲功名之倚赖依次递减。

二、各地总督

清代总督乃封疆大吏,"掌厘治军民,综制文武,察举官吏,修饬封疆。"[④]总督本为正二品,自乾隆年间起例加右都御史衔,亦为从一品,实际为地方品级最高之文官。清代以总督管辖地方军民政务,以文臣箝

① 王钟翰点校:《清史列传》卷 52《崇纶传》,中华书局,1987 年,第 4130—4133 页。魏秀梅编:《清季职官表·附人物录》,中华书局,2013 年,第 199、230、924 页。

② 赵尔巽等:《清史稿》卷 114《职官一》,第 3286 页。

③ 朱彭寿原著,朱鳌、宋苓珠整理:《清代大学士部院大臣总督巡抚全录》,国家图书馆出版社,2010 年,第 228—258、388 页。

④ 赵尔巽等:《清史稿》卷 116《职官三》,第 3337 页。

制武将。傅光森整体研究清代总督(含漕运总督及河道总督,总凡686名),指出其中具有进士出身者,总占38.48%,历朝情形各有不同。顺治、康熙、雍正、乾隆四朝选任总督,是否进士出身尚非考虑重点,彼时总督以武职、诸生及笔帖式出身者为主;嘉庆、道光、咸丰三朝,则转以进士出身者为主,所占比例接近六成;同治、光绪、宣统三朝局势动荡,总督以军功出身者为主。①

傅光森未将其中文、武科功名区分统计。若进一步分而察考,则知有清一代列名总督职位者中,具备武科功名者仅见6人,依次为顺治年间直隶山东河南总督马光辉(前明武举),顺治年间川陕三边总督金砺(前明武进士),康熙年间署云贵总督张文焕(武状元),雍正年间署浙江总督李灿(武进士),乾隆年间漕运总督瑚宝(武进士),道光年间陕甘总督杨遇春(武举)。②易言之,清代武科所选人才曾履总督职任者,仅有4人,而且2人仅见署职,或未实授。前述镶白旗满洲武进士瑚宝,亦曾署陕甘总督、湖广总督,并实任漕运总督。武举出身之杨遇春最终能官至陕甘总督,乃因其随标效力之后,为满洲重臣福康安赏识,积功累升,其经历上文已详。总体而言,清代总督群体内,民人多起自文科,兼有出身行伍、依靠军功拔擢者;旗人则多倚靠袭荫、行伍、军功,偶有文科、翻译科出身。

三、八旗将军、都统

考察清代军事体系内之实际统帅权,更不可忽视京师及各地驻防八旗将军、都统等职。初制,驻防将军为正一品,乾隆三十三年(1768)改为从一品,八旗都统亦为从一品,二者品级与绿营提督相当。将军及都统位高权重,"掌镇守险要,绥和军民,均齐政刑,修举武备。"③可谓清廷倚重之"干城腹心"力量。加上新疆、外蒙古参赞大臣、办事大臣,以及盛京各部、奉天府职,共同构成清廷掌控边地、镇守险要之核心力量。依据《清代各地将军都统大臣等年表》所录,1796—1911年间各地驻防八

---

① 傅光森:《清代总督制度》,台北:花木兰文化出版社,2012年,第35—42页。
② 参考傅光森:《清代总督制度》附录一《总督人名录》,第105—127页。
③ 赵尔巽等:《清史稿》卷117《职官四》,第3383页。

旗将军,乌鲁木齐、察哈尔、热河都统、副都统,以及新疆、外蒙古参赞大臣、办事大臣,连同盛京五部侍郎、奉天府尹、府丞,总凡1398名(除同一人更名及满蒙人名转写为不同汉文名而致重复者)。该群体之内,具有科甲出身背景者凡276人,约占五分之一,但皆为文科或翻译科功名。其中,文科进士出身者有171人,占12.23%。除极少数汉人任文职总督兼署将军,以及任职奉天府丞者,余者皆为旗人,又以满洲八旗为多。汉人名列其间者,则多有进士出身。该《年表》所计,乃乾隆朝以降情形,此前四朝八旗满蒙子弟多不应武科,因此以武科出身升至此类职位者更少。依据该《年表》所录,清代曾任八旗将军、都统等职者,未见一人为武科出身。[①]

根本原因在于,旗职并不面向常规武科铨选开放。当然,在上述《年表》所载之外,还是能找到少数旗人以武科出身,辗转任至将军、都统者。如前述雍正五年(1727)满洲镶白旗武进士瑚宝,曾任镶黄旗汉军都统,后任至兵部尚书;又如嘉庆二十四年(1819)汉军武举崇纶,亦曾任正蓝旗汉军、镶红旗蒙古、镶蓝旗满洲、镶黄旗满洲都统,并任理藩院尚书、工部尚书等要职;再如满洲正黄旗武生经额布,亦在道光年间任至成都将军、吉林将军等职。不过此类个案,究属寥寥。清代武科本已不重,武科之于旗人,益复不重。八旗应试武科之兴废无常、人数减少,即是明证。

四、绿营提督

清代以武科出身而能身列一品者,以绿营提督占大多数。清代提督全称"提督军务总兵官","掌巩护疆陲,典领甲卒,节制镇、协、营、汛,课第殿最,以听于总督。"[②] 以下综合前文考论,以《清史稿》《清代职官年表》及小金榜为主要依据,兼参缙绅录及其他史料,将清代武科出身实任提督者汇总如表8-10。此处所列包括武生员、武举人及武进士三类,不含尚未获得正式武科功名之武童生;仅包括清代授予出身之武科人物,不含明代武科士子之降清任职者;仅包括在世实任,不包括署职或追赠。

---

① 章伯锋编:《清代各地将军都统大臣等年表(1796—1911)》,中华书局,1965年。
② 赵尔巽等:《清史稿》卷117《职官四·武职》,第3389页。

表 8-10　清代武科出身官至提督者名录汇总 [①]

武生员

姓名	籍贯	人物时代	提督任职	备注
马瑜	甘肃张掖	？—1819	江南提督、直隶提督	
马济胜	山东菏泽	？—1836	浙江提督、福建陆路提督	
齐慎	河南新野	？—1844	甘肃提督	
马如龙	云南建水	1832—1891	云南提督、湖南提督	
张彪	山西榆次	1860—1927	湖北提督	
经额布	满洲正黄旗	19世纪后期	湖南提督	任至成都将军、吉林将军
李胜	安徽合肥	19世纪后期	湖南提督、云南提督	

武举人

姓名	籍贯	人物时代	提督任职	备注
韩勋	陕西甘州	？—1743	贵州提督	
谭行义	四川三台	？—1753	广西提督、江南提督、浙江提督、福建陆路提督	
董芳	陕西咸宁	？—1757	湖广提督、贵州提督	
许世亨	四川新都	？—1789	浙江提督、广西提督	
闫正祥	汉军镶黄旗	乾隆嘉庆年间	甘肃提督、直隶古北口提督	
许文谟	四川新都	？—1824	广东提督、福建水师提督	
许松年	浙江瑞安	1767—1827	广东陆路提督、福建水师提督	
闫俊烈	山东济阳	？—1833	湖南提督	
杨遇春	四川重庆	1761—1837	甘州提督	任至陕甘总督
吴长纯	安徽庐江	19世纪后期	福建陆路提督	
张松林	江苏清河	19世纪后期	江南提督、陕西提督	

---

① 笔者后期修订增补此表,武进士部分兼参王晓勇:《清代武科举制度之研究》,第353—355页。以其表4-3-1《清代部分武进士历官一品者名单》与笔者所考参互对照,析出其独有者经与小金榜等史料核正之后,选择适宜者补入本表之中。武进士任职线索得自王著者,表中以*标出。武进士特别标注其"中式科次",因此分表表头内此栏稍有不同。"顺3"表示顺治三年,余类推。

武进士

姓名	籍贯	中式科次	提督任职	备注
梁化凤	陕西长安	顺3	苏松提督、江南提督	加太子太保、左都督
*林本直	江南上元	顺17	湖广提督	武状元
穆廷栻	直隶山海卫	康6	江南全省提督、福建陆路提督	
殷化行	陕西咸阳	康9	广东提督	
*俞益谟	陕西宁夏	康12	湖广提督	
*张文焕	陕西宁夏	康30	贵州提督	武状元
韩良辅	陕西甘州	康30	陕西提督	武探花,曾任广西巡抚
马见伯	陕西宁夏	康30	陕西固原提督	
马会伯	陕西宁夏	康39	贵州提督	武状元,任至四川、湖北巡抚,兵部尚书
石云倬	山东德州	康45	福建陆路提督	
韩良卿	陕西甘州	康51	甘肃提督	
王无党	直隶万全	康51	贵州提督、湖广提督、浙江提督	
丁世杰	顺天大兴	康52	贵州提督	
宋爱	陕西靖远	雍1	贵州提督	
王澄	山东曲阜	雍2	甘肃提督	
*马大用	江南怀宁	雍5	福建水师提督	武探花
陈鸣夏	福建惠安	雍5	广东提督	
瑚宝	满洲镶白旗	雍5	固原提督	任至兵部尚书、陕甘总督、漕运总督
刘顺	直隶顺天	雍5	安西提督	
*齐大勇	直隶昌黎	雍8	湖广提督	武状元
董天弼	顺天大兴	雍11	四川提督	
马负书	汉军镶黄旗	乾1	福建陆路提督	武状元
许成麟	直隶满城	乾1	广西提督	
哈攀龙	直隶河间	乾2	湖广提督、贵州提督	武状元
汪腾龙	直隶昌平	乾2	陕西提督	

续表

姓名	籍贯	中式科次	提督任职	备注
*章绅①	直隶天津	乾4	广东提督	
*李煦	直隶天津	乾4	广东提督	
俞金鳌②	直隶天津	乾7	乌鲁木齐提督、江南提督、福建提督、甘肃提督、湖广提督	
窦瑸	山西平定	乾7	广东提督	
陈杰	正白旗包衣汉军	乾7	浙江提督	
*董孟	汉军正黄旗	乾10	陕西固原提督	武状元
李杰龙	山东汶上	乾10	浙江提督	
哈国兴	直隶河间	乾17	贵州提督、西安提督	
马全	山西阳曲	乾17、25	江南提督、甘肃提督	初名马瑔,中武探花;更名马全,中武状元
李国梁	直隶丰润	乾22	湖广提督、直隶提督	武状元
彭廷栋	陕西宁夏	乾22	贵州提督	
孙廷璧	顺天大兴	乾25	湖北提督改巴里坤提督	武探花
彭承尧	湖北松滋	乾25	四川提督、广西提督	加太子少保衔
魏大斌	广东长乐	乾26	广东提督	
柴大纪	浙江江山	乾28	福建陆路提督、水师提督	
乌大经	陕西长安	乾28	广西提督、云南提督	
李南馨	广东长乐	乾36	福建水师提督	
李长庚	福建同安	乾36	福建水师提督	
何定江	广东香山	乾45	浙江提督	
刘荣庆	江南泰州	乾49	贵州提督、广东陆路提督	武状元

① 乾隆四年武科小金榜之满汉文,均作"赵绅"(Joo Šen),《长芦盐法志》卷20及光绪《重修天津府志》卷17均作"章绅"。
② 光绪《重修天津府志》卷54谓金鳌乃乾隆三年武举人,并注"即俞金鳌,时尚未复姓",可知其本姓为俞。乾隆七年武科小金榜作金鳌,满文同作 Gin Oo。

续表

姓名	籍贯	中式科次	提督任职	备注
秦定三	湖北兴国	嘉6	福建陆路提督	武榜眼
*徐华清	山东临淄	嘉13	福建陆路提督	武状元
汪道诚	江西乐平	嘉14	云南提督	武状元
*何岳钟	广东新会	嘉14	虎门水师提督	
马殿甲	河南邓州	嘉16	广西提督	武状元
*昌伊苏	正黄旗满洲	嘉25	直隶提督	武状元
傅振邦	山东昌邑	道16	直隶提督	

综上所考,得见清代武科出身之实任提督者,计有武生员7人,武举人11人,武进士52人,总凡70人;其中旗籍7人,民籍63人。武进士群体之内,顺治朝取中者2人,康熙朝11人,雍正朝8人,乾隆朝24人,嘉庆朝6人,道光朝1人。其中,计有鼎甲进士18人,约占三分之一,显示出鼎甲群体升任要职之相对优势。由此亦可见,武进士之得任高位者,仍以清代初中期所选占绝对多数,当然,武进士及第后尚需积年累功,其升任提督未必就在及第当朝,不过总体而言,仍以嘉道年间为界,武进士之任提督者比例急剧下降,晚清尤甚。

其中原因,既与武进士群体素质有关,亦与战场形势变化及绿营整体地位逐渐下降有关。罗尔纲指出,乾嘉以降绿营渐趋衰退腐化,至于太平天国战争而暴露无遗;由于绿营之不堪及重建营制之失败,自嘉庆朝末年起,开始被加速裁汰,至于清末几乎尽裁。[①]以绿营为主要去向之武科人员,前景受到直接影响。廖志伟统计乾隆至道光朝各省提督中武科出身之任官次数,亦指出其整体比例从乾隆朝至嘉庆朝近乎三成,下降至道光时期之二成,其中既可得见武科出身者曾有之影响,亦能看出此种影响之渐衰。[②]尤其值得留意者,在武科影响整体低落之情形下,与武进士任职之渐衰相对,武生员、武举人之任提督者,反而较多见于十九世纪,甚至直到晚清光绪年间仍有升任案例,体现出下级功名群体依赖军功获得更多升迁机会。清代武选常例,军功优于出身,晚清尤然。

---

① 罗尔纲:《绿营兵志》,商务印书馆,2011年,第70—119页。
② 廖志伟:《晚清武科举改制》,博士学位论文,中山大学历史系,2015年,第67—68页。

　　此处考察得见之 70 人,即为清代武科出身在绿营担任最高职务之代表。其中不乏清代认可之"名将",乃至有列入"紫光阁功臣"群体者。当然,此一人数与其所在群体总数相较,仍属有限。依据王妍之研究,清代各省出任提督者,总计达到 4829 人次(包括连任及多次出任)。[①] 而且,也不宜因此而放大该群体之实际影响,进而高估武科抡才之实际功效。虽然,正二品总督加右都御史衔后,与提督均为从一品,就品级而言并无高下,而且提督应为该地绿营最高统帅。不过,清代整体崇文抑武,甚至有学者指出,从一品之武职提督不仅在行政上受同品级之文官总督节制,其社会及政治地位甚至不及正二品之巡抚。[②] 因此,即便少数武进士因屡建功勋得升提督,然该群体在整体政局之内,所能发挥施展之空间仍较有限。

　　综上所考,清代武科出身官至一品者,所见计有各部尚书 3 人,各省总督 2 人,八旗将军 1 人,都统 2 人,绿营提督 70 人。去除同一人曾转任多个职务者,实际人数为 71 人。由于文献记载较为零散,部分甚至不无缺漏抵牾,笔者虽经综合考辨,此一数字尚难绝对精准,然其核心群体已荟萃于此,应可确信。由此可以看出,在清代初中期,武科出身之卓异者,在政治、军事领域不乏切实贡献,甚至有以武转文之显赫案例。当然,此一数字及比例,皆无法与文科相比。文科进士虽然初授品级不高,但升转迅速,最终位极人臣者,比比皆是。尤其文科进士馆选庶常者,《清史稿》称其"迁调异他官。有清一代宰辅多由此选,其余列卿尹膺疆寄者,不可胜数。"[③] 清代八旗尤其是满蒙子弟入官别有途径,若以汉人而言,文职位居一品者鲜少不具文科进士出身,武职位居一品者则较少具有武科进士出身。文武、旗民之分殊,由此可见。

本章小结

　　清代武科人物之地位与影响,整体呈现逐渐下降之势,嘉庆一朝尤

---

① 王妍:《清代旗人选任绿营提督考》,《历史档案》2016 年第 4 期。
② 钱实甫编:《清代职官年表》第 1 册,第 1 页。
③ 赵尔巽等:《清史稿》卷 108《选举三》,第 3165 页。

其成为显著分水岭。本章所论武科进士及举人群体任职形势,整体亦与前文所论武科考选制度之变迁符合。武科越益不受重视,既关乎清代根本政治架构,亦受限于武科出身者自身素养,更与清代政情变化及铨选制度设计有关。清代以文科出身掌理军务乃至统辖军队者,比比皆是;武科出身改就高级文职者,寥寥可数。而且,基于以文驭武之总体思路,同级武职受制于文职。因此,即便少数武进士因屡建功勋,得至提督、总兵等高位,不过该群体在整体政局之内,施展空间仍较有限。武科出身之卓异者,凭借个人之才干与功绩,可以得任要职。然而,武科群体作为系统抡才制度所选,群体人数亦甚庞大,但并未成为清代政局中具有对等影响之建制性力量。

究其原因,科举考试之文场与武场,具体实践之官场与战场,不仅所需才能各异,升转规则亦不相同。清代武科进士之及第授职,看似颇优。以状元授职为参照,清初授职待遇参照副将,乃为从二品;其后定为参将,又改授头等侍卫,皆为正三品。文科状元及第,初授仅为翰林院从六品之修撰。区别在于,文、武科举虽然皆为入仕正途,不过文科正途出身者授职迁转优于别途;而武科出身之迁转,列在军功及行伍之后。结果,武科进士虽然初授品级较高,最终官居高位者却为数不多。武进士及第之初授,其实仅代表该进士所获之品级。其授侍卫者,仍望外任,在军中建功立业以获升迁;其以营、卫守备分发地方者,亦未能立时获补实缺,需要等到效力期满,考核合格,才能遇缺轮补。而且,清代中后期缺少班稀,以营、卫之职分发地方者,轮候补缺耗时越久,卫职尤其艰难。

清代武科出身仕途前景之不佳,既关乎时局变易而致选授机遇减少,亦因裁撤卫职而致职缺减少,更因满占汉缺而致机会不均,不过此三者皆属外在原因。若究其根本内因,仍在武科所习、所考技艺日益无用,武科士子素质下降。承平时期,或可将此归因于武人无用武之地,清季乱局,照理应为武人建功扬名之时,不过此时脱颖而出者,多为起自行伍、兴办团练之兵将与地方豪强。武科出身者反而逐渐落后于时代,考选制度终被革废,下文详及。

第九章　清代武科之弊情及武科之革废

武科选士,亦被称作"抡才大典"。为体现重名器而别流品,防场弊以杜幸进,科场立法细密严格,以期保证考试选拔之公平公正。当然,在实际执行中,舞弊情形仍然屡见不鲜。朝廷设科之意,在于为国抡才,以备任用,并赐予衣冠功名,冀望士子束身自好,垂范地方。不过,清代武科士子之影响,初期即已不甚理想,中叶以降更呈下降之势。此一群体内之少数拙劣者,不但未能建功沙场,御敌卫国,反而倚仗出身及勇力,武断乡曲,甚至为祸一方。加之清季形势遽变,面临内忧外患,革废武科之呼吁益炽,而其实际革废历程,亦多有论争、权宜与进退。本章之目标,首先在于详述清代武场之防弊措施、作弊手段及惩处法则;次则结合官方档案及民间舆情,并证以实例,揭示部分武科士子之弊情;再则梳理清季革废武科之论争与历程,藉以管见其时政局变迁之一斑;最后略述武科废除之善后举措及社会反应,略及晚清军事近代化及旧式武科转型诸问题。

第一节　武场之防弊、舞弊与惩罚

一、场前之防弊及舞弊

科举场前防弊之关键,在于确认考生身份及其应试资格,并预防考官与考生之间因有特殊关系而串通舞弊。至于其具体办法,除了设有主要针对考官之各项回避规定,更有针对考生之保结制度及过堂规定等。为了防止考生冒籍应试,清代武场亦与文场一样,曾采用"审音"制度。各项规制考述如下。

(一)回避制度

科场回避章程之设,目的在于防止考生与考官、场官因为彼此熟络,甚或存在血缘、姻亲等关系,从而串通舞弊。因此,对于亲属回避制度规定极严。武场考试亲属回避之范围,依照光绪《武场条例》所载,涵盖入场官员之父族、母族及妻族,并且结合服制及籍贯。其基本原则如下:

> 入场官员之子弟及同族,除支分派远散居各省各府、籍贯迥异者,毋庸回避外,其余虽分居外省外府,在五服以内,及服制虽远,聚族而处之各本族,并外祖父、翁婿、甥舅、妻之祖、妻之嫡兄弟、妻嫡姊妹之夫、妻之胞侄、嫡姊妹之夫、嫡姑之夫、嫡姑之子、舅之子、母姨之子、女之子、孙女之夫、本身儿女姻亲,概令照例回避,不准入场。[①]

除了亲属回避,入场考官尚须遵守籍贯回避原则。雍正十二年(1734)定例,各省武生童考试外场骑射时,督抚、提镇不能委派本籍武职会考。如果同城武职皆为本籍出身(此处亦见武官任职之籍贯回避规则较松),则在附近别府调选会考。不过,此时考官之籍贯回避范围限于五百里,本省别府之武职仍可担任考官。到了乾隆三年(1738),鉴于用本省武职校阅骑射,难免有请托之弊,下令此后武童试外场考试时,皆从别省籍贯之武官中调选。因此,武科外场考官之籍贯回避,其范围遂由同省异府扩大到异省。[②]武科乡试之内场,通常以各省督抚为主考官,此外尚有同考官,同考官籍贯回避规则之变化形势,正好与外场考官相反。清初,各省武乡试内场之同考官,必须从邻省调选。直至乾隆元年(1736)贵州武科乡试,仍然奏请从邻省调选六名科甲出身之进士、举人,负责校阅内场策论。[③]不过,边远省份交通不便,考官跋涉不易,而且,从外省选调考官,还会增加科场经费开支。此后,内场同考官改为从本省调选。

除了考官回避,对于部分身份特殊之考生,亦设相应回避规定。前文考述各级武科之应试资格,已有详论。比如,乾隆三十六年(1771)批准两江总督高晋之奏,规定外省官员之子弟不能在官员现任本省应试,亦不准就地入伍食粮而以兵生应试,对于本省官员之子孙,亦不许在其

---

① 景清等:《钦定武场条例》卷5《武乡会试通例三》,第378页。
② 景清等:《钦定武场条例》卷10《武生童考试一》,第478页。
③ 方显:《奏请武闱帘官于本省调取》,1736年,"中研院"史语所藏内阁大库档案,档案号:024683-001。

任官之地应试。以上两类考生,皆须各归其原籍本县参加考试。① 以上诸种制度,皆为防止因人情之私,损害选举之公。

(二)保结制度

为了体现重视"名器",区别"流品",制度规定从进身之初武童应试,以至此后各级考试,考生都必须声明"身家清白",而且报名应试时没有刑犯、匿丧、冒籍、顶替等问题。为了确认考生之资格及身份,又设立责任连带之"保结制度"。从武童开始,考前必须取得邻里甘结,应试武童五人之间联名互保,还须一名同籍廪生作保,才能应试。清代宣称"孝治天下",科场严惩匿丧。武生童报名应试时必须取具甘结,声明并未隐匿亲丧。如果遇到本生父母丧期,一律不准应试。如果蒙混冒进,考生将被严行查究,协同"冒结"(伪证)之人亦被连带坐罪。②

廪生保结始见于雍正末年。清代武生没有廪、增、附等类别之分,雍正十三年(1735)议准,武童报名应考,需要一名本籍文廪生保结,并在点名入场散卷时,识认考生及其廪保。如果发现顶名冒替,就将廪保黜革身份并治罪。不过,武场规定以廪生保结,又启弊窦。部分廪生视此为"利薮",乘机勒索武童,否则不予担保。因此其后又有上谕申饬,规定廪生如果认识应保之童生,就应该为其保结,不准勒索规礼。③ 当然,基层弊情之治理,并非一纸令谕就能收立竿见影之效。

依据同治十年(1871)云南武童试亲供单所见,其中不仅填注考生个人及家族信息,还一并注明业师、认保派保廪生、四邻共结及五童互结之姓名,并申明"倘有违碍,甘当坐罪,所保是实"等语。④ 由此亦可窥见,科举制度之运作,并非简单考试抡才,其背后涉及户籍登记、社会身份、朝廷功令及社群关系等等,乃是一套社会统合及管控机制。

武童经过考试取进后,如果武乡试合式,以武举身份赴京会试时,还须再次取具文结。其中需要如实填注应试武举之年貌、籍贯、科分、名次、父祖三代等信息,并且声明在原籍没有各种违碍规制之处,兵部

---

① 景清等:《钦定武场条例》卷10《武生童考试一》,第484页。
② 景清等:《钦定武场条例》卷10《武生童考试一》,第485页。
③ 素尔纳等:《钦定学政全书》卷22《童试事例》,第376—378页。
④ 《云南武童试亲供》,载贾江溶主编《贾江溶藏稀见清代科举史料汇编》第1册,第720页。

才能收考。依据武举籍贯及身份之不同,其应试文结约可分为四种情形办理。

其一,京师八旗武举参加会试,由所属各旗出具文结,造具武举履历清册咨送顺天府,再由顺天府备文送呈兵部,登记考试。文结之内,需要注明其满洲、蒙古、汉军或者包衣满洲、蒙古、汉军等身份。其二,各省驻防武举赴京会试,由所隶属之将军、都统等衙门咨送,并各由相应京旗造具武举年貌、父祖三代、科分、名次清册,申明到京日期,报送兵部入册;兵部亦须提前行文值年旗,再转行各旗内务府具体办理。其三,各省民籍武举参加会试,先由其原籍地方官取具文结,申送布政司;再由布政司转详督抚,发给武举应试文结;同时亦须造具武举履历清册,上报兵部查核。其四,投效军营、已准留营差遣之武举,其应试由各营发给咨文,仍须造具履历清册,上报兵部查核。① 各类、各省武举得到咨文(准考凭证),陆续赴京会试,亦须在规定限期内赴兵部投文。兵部确定日期,各省武举按照省份、名次,由南至北经过兵部大堂,② 验明身份,称为“过堂”。此外,还须取具同省同考之五人相互保结。如果应试文结或任何手续尚未齐备,皆不准参加会试。③

上述定例之外,武举应试文结亦有一些特别规定。如果旧科武举因为留京练习技艺,报名考试时来不及返回原籍取具文结,可以取具同乡京官印结,报名会试。不过,因为顺天府大兴、宛平两县路程较近,从嘉庆二十三年(1818)起,规定这两县武举必须先从原籍办理、后由顺天府发给咨文,不准仿照外省武举之例(取具同乡京官印结,报名会试)。④ 仅从上述武场考生身份确认及申送考试流程,已可看出其中一再涉及京师与外省、八旗与民籍、文官与武职等复杂互动,科举牵动之制度贯串与统整,由此可见一斑。

(三)冒籍、审音与混考、歧考

考生为了追求较高取中机会,或者为了隐匿于己不利之真实籍

---

① 景清等:《钦定武场条例》卷6《武会试一》,第402—404页。
② 古时天子南面,清代六部衙署皆在紫禁城之南;武举在兵部“过堂”,亦为南入北出。此一细节,应当亦有令其“北面而臣”之意。
③ 景清等:《钦定武场条例》卷6《武会试一》,第401页。
④ 景清等:《钦定武场条例》卷6《武会试一》,第400页。

贯、身份与行迹,科场伪造履历、假冒籍贯应试者,在在有之,文武两科皆然。① 关于冒籍问题之认定与惩处,清初已有明文规定。顺治二年(1645)即定,"生童有籍贯假冒者,尽行褫革,仍将廪保惩黜。如祖、父入籍在二十年以上,坟墓、田宅俱有的据,方准应试。"② 此后,康熙、雍正、乾隆几朝,屡屡重申此令,下令地方官员彻底清查。依照条例规定,应试武童必须为本地"土著",或在当地已有田产、已经入籍者,并须取具邻里甘结,应试武童互结。此亦植根于传统"乡土社会"之制度惯例。如果考生违规冒籍应试,将被斥革治罪,地方官亦被议处。③ 不过,定例虽严,冒籍之弊却屡禁不止,其中又以童试一级尤为严重。童试人数众多,各地基层势力盘根错节,彻查不易,而且部分地方官吏瞻徇渎职,隐匿、默认乃至助长舞弊。

防止冒籍,除了可以依据文书记录,彻查童生籍贯,尚有"审音"之法。应试之前,经过互保、派保之后,再核对口音,以便判断该童生是否确为本州县人,或者是否入籍已达二十年。④ "审音"之制,主要针对顺天府之宛平、大兴两县。不过,清代科场冒籍,实际全国皆有。乾隆十八年(1753),礼部奏请严查科场冒籍,即谓"冒籍之盛,不独大、宛两县。凡顺天府属,在在有之,次则天津一府。……每科中式,顺天、天津两府合计,几及解额之半,其土著者才什之二、三而已。外府士子因上进途艰,往往中年废业。"⑤ 籍贯问题本身既已糅合地域身份和社会身份诸种因素,再与获取某种稀缺"象征资本"之机会挂钩,其中复杂性不言而喻。

地方生童之名籍,既难彻查尽核,制度运作之中,遂有重名冒考及杂流混考等弊端。嘉庆二十二年(1817),湖南学政谢阶树奏称,岁试查出武童重名不到者,宝庆府所属共有1396名,永州府所属共有1563名,其余桂阳府、郴州、衡州所属各县,重名冒考者亦多至百数十名不等。另

---

① 清代文科冒籍问题之专题研究,详参刘希伟:《清代科举冒籍研究》,华中师范大学出版社,2012年。
② 昆冈等:《钦定大清会典事例》卷391《礼部·学校》,第5册,第347页。
③ 素尔纳等:《钦定学政全书》卷30《清厘籍贯》,第552—583页。
④ 参李世愉:《童生试中的审音制度》,载李世愉《清代科举制度考辩》,第16页。
⑤ 《礼部为严查冒籍事》,1753年,"中研院"史语所藏内阁大库档案,档案号:192700-001。

外,除了事先已经查明、禁止应试者,县试时临场查出不符资格或不能应考者,还有匿丧者 26 名,皂役 11 名,挑盐脚夫 2 名,顶替 1 名,演傀偏戏者 1 名,闹事光棍 1 名,僧人 1 名,宰牛屠户 1 名。[1]谢阶树之奏陈上达之后,即有上谕申饬地方官员失职,下令严厉查办,实力整顿。

　　除了本身不符资格而混入考试者,上述所谓"重名不到"之情形,实际多为"歧考"所致。歧考意指考生在同一科次中,违规两次或两处应考,基层常见又分县内歧考及同府异县歧考等情。虽有典则严禁,不过学政限于日程紧迫,加之对于州县情形不够熟悉,往往查不胜查。光绪季年贵州学政严修巡考各府县生童,记称:"府属之童,率皆他属冒考,而武童为尤甚。贵阳府武童几四百人,歧考者居其大半。"并述其查核之法。不过,由于情形严重,实际对于此种问题,也多权宜宽贷。如果考生两处歧考,只是因为"名心太切,冀获一过,亦不足怪";或者如果两处皆中,最后自行舍一取一,亦不追究;如若两名皆录,"己承其一,而以其一售于人",则须严防,不过也是"于法则不恕"而"于情亦可原"。[2]

　　透过上述事例及规章,既可得见朝廷对于此事之重视,亦能看出积弊之严重。各省学政通常三年一换,任期之内只能巡考各地武科生童一次;且如第二章所论,以当日交通之不便、日程之紧迫,很难冀望学政巡考时,能够逐一清查处理此类弊情。

二、外场之防弊与舞弊

　　武科考试注重武艺水平,因此外场防弊甚为关键。其中要点,除了要防止考官徇私舞弊,更要查核、记录考生各项考试之等级与成绩,同时确保外场考试合式者按照规定,进入内场考试。兹考述其法如下。

(一)约束考官

　　清初,武科内场考试防范甚严,犹如文科,而外场关防不甚严密。这或许也是初期武科偏重内场之体现。以武会试为例,初期外场考官经过皇帝圈定、听宣"谢恩"之后,仍然可以各自回家,次日再赴武场典试;而

---

① 谢阶树:《奏为力陈武童重名冒考等弊由》,1817 年,台北"故宫博物院"藏清代宫中档奏摺及军机处档摺件,档案号:故机 053026。
② 严修:《蟫香馆使黔日记》上册,贵州人民出版社,2019 年,第 222—224 页。

且,典试期间考官亦须画题衙门稿案,处理公务;此外,武闱开考之后,外场监射大臣白天入场监射,夜晚仍然各归私宅。凡此种种,皆易滋生弊端。因此,乾隆七年(1742)议准,外场考官经过"钦定"公布之后,即须暂停画题所有稿案。①乾隆四十八年(1783),议准监察御史李廷钦条奏,规定武会试及顺天武乡试中,外场监射大臣、较射大臣及监试御史等官听宣之后,既不准各归私宅,亦不准在邻近武举之处居住,应在城内距外场稍远之处住宿,比如顺天武乡试外场考官应该到德胜门内附近庙宇住宿,以防考生打探消息,避免嫌疑。此外,外场考试大臣不能随带官员,所带跟役亦不得超过四名。考试期间,兵部所派各类供役服务人员,皆由提调官严格管束。如果发现考官及执事人员违例,监试御史即可指名参奏,并交吏部议处(此类考官多属文职)。②

地方考试亦然。依照定例,各省武生童考试时,选调参与学政考试外场之武职官员,自从奉文之日,直到考试完毕,必须加紧关防,关门回避。考试期间,考官不能和本地人士私下往来,考官家人、兵丁亦不得私自出入考场。其中事项,亦由提调官留心访察,遇有弊情,随时纠劾举报。③此为制度规定之通例。

(二)骑射技勇考试之防弊与舞弊

清代初期以后,武科考试偏重外场,尤重骑射。因此,有关考场箭枝之制备、管理及记录,规管亦严。武科外场用箭,乃由官方统一制备。道光二十一年(1841)题准,武会试及顺天武乡试考生领箭之后,还需要先在箭上自书姓名;考试射毕,由步军统领衙门派人,从箭靶处收箭,再送往收箭棚中核实。考生射完已领箭枝,再往收箭棚报名领取,并登记中箭枝数。外场考试时,现场亦派营员巡查,如果发现闲杂人等在落箭处以及收箭棚附近窥伺,希图打箭,需要将之立即锁拿,并且枷号示众。④

外场各项考试之成绩,皆在当场详细记录于"记箭册"。而且,乾隆年间已经议准,武会试及顺天武乡试外场记箭时,由考试官与兵部堂官、

---

① 《清实录·高宗实录》卷179,第11册,第313页。
② 景清等:《钦定武场条例》卷3《武乡会试通例一》,第354—355页;卷8《武乡试一》,第454页。
③ 景清等:《钦定武场条例》卷10《武生童考试一》,第478页。
④ 景清等:《钦定武场条例》卷4《武乡会试通例二》,第361页。

监试御史各持一册，分别记录。各闱箭册每晚必须入箱封锁，交给提调官收掌，箱子钥匙则由监试御史保管，次日再共同取出，继续较阅记录。外场考试完毕，依照考生成绩，分别注明“双好”、“单好”字样，再将箭册全部入箱封固，由顺天府派人送入贡院，箱子钥匙亦由监试御史带入内场。评阅拟取时，再将箭册一并取出，并将三册互对，以求准确。① 其中流程清楚，责任明晰，考虑入微，足见制度建置之备及运作时间之久。

当然，落实到制度执行之中，外场考试马箭、步箭时，虽然规定监督甚严，考生有时亦会虚报用弓之力数，或者串通现场兵员、虚报中箭枝数等。比如，乾隆四十五年（1780）武科乡试，太原营鼓手收受贿赂，与武生串通舞弊，谎报中箭枝数。乾隆皇帝下令严厉查处，并称：“朕知武闱外场，虚擂捏报乃向有之事。因传谕该抚严切审究，始讯得贿嘱确情，自应照例治罪，以示惩儆。”② 至于外场之开弓与掇石考试，同样有舞弊“妙法”。依据齐如山之记述，应试武生童可以将两根绳分别系在足上，绳子另一端各系一个铁钩，暗握于两手之中。以此借助脚力，便于开弓、掇石之时，能够发挥出超越其实际臂力之水平。为了防止此弊，曾有主张要考生脱衣考试，不过考虑到考试大典之中，应当郑重其事，袒露上体有失体统。因此反复斟酌，改令考生袒露右臂，如此就不能在袖中暗藏钩子，才解决此一问题。③ 即此一例，亦能看出制度定例、技术问题及仪式考量之间，其互动甚为复杂有趣。

（三）印面、印臂与“指纹识别”

武科之应试者，不少擅长于外场武艺，但内场难以作文，导致内场冒名代考严重。为了防止此弊，康熙四十一年（1702）议定，武科乡试及会试头场马射合式之考生，须在两颊印上记号，并亲自填写姓名、年貌、籍贯等信息，以便核对后进入内场。④ 不过，面上印记之法还是不能有效防弊。乾隆二十一年（1756）一月，贵州巡抚定长奏称，面上印记较为容易模仿，而且印记经受汗渍之后，模糊难辨；箭册中所记士子之身材及面貌

---

① 《清实录·高宗实录》卷179，第11册，第313页。景清等：《钦定武场条例》卷4《武乡会试通例二》，第368页。

② 《清实录·高宗实录》卷1119，第22册，第948页。

③ 齐如山：《中国的科名》，第51页。

④ 景清等：《钦定武场条例》卷4《武乡会试通例二》，第361页。

信息,只有身高身中、有无髭须等,不够准确,考生易于蒙混。因此,定长颇具创造性地提出"指纹识别"之法:

> 惟手上十指,罗纹为箕、为斗,人人互异。若据箕、斗识认,实杜顶冒之弊。臣请嗣后各武闱,凡武生应试者责令教官,兵丁应试者责令该管营员,各验明生、兵两手箕、斗,于□送文册内所开年貌之下,切实注明。[①]

定长所谓"斗纹",为手指指肚之涡形圆纹;"箕纹"则为外围不封闭之流纹,状如簸箕。指纹乃个体特有之身份标识,两人完全重合之情形极为罕见。定长早在乾隆年间,已拟将此用于科场防弊,可谓一种"创新"先见。若依定长之议,武科考试应在二场考试马箭、步箭、技勇,以及三场点名搜检入场之时,皆令考生逐一以粉涂指,验证指纹之箕斗,才准入场。若采指纹识别之法,确实比面上印记更为精准,有助防范冒名枪替。不过,乾隆皇帝所关注者并不在此,硃批申饬:"此事太琐,成何政体!"此项提议因此未能推行。

不过,面上印记确非防弊良法,而且现实执行中颇有不便。同年十二月,安徽巡抚高晋奏称:"头场印面后,计至三场点名时,将及经旬。非惟保护维艰,亦且观瞻不雅,应请改印于左、右两小臂。"[②]高晋此项奏议,乾隆皇帝倒是甚以为然,硃批曰:"武闱印颊之例,原以防弊。但国家设立武科,将以备干城之选,而印记两颊,殊非待士之体。"[③]有关此项防弊措施,乾隆皇帝否决定长之议,认可高晋之议,其中除了操作技术与防弊实效本身,皆强调一层关乎"体"之考量,足见此项考选制度承载之象征意涵。高晋之请经过兵部议覆,武场正式改印面为印臂,相沿至清末。

三、内场之防弊与舞弊

内场防弊之关键,在于确保进入内场者与外场应试者同为一人,而

---

① 定长:《奏请杜武场枪冒之弊事》,1756年,中国第一历史档案馆藏清代军机处录副奏摺,档案号:03-1167-091。
②《清实录·高宗实录》卷529,第15册,第660页。
③《兵部为武闱印面之例酌请印臂事》,1756年,台北"中研院"史语所藏内阁大库档案,档案号:169135-001。

且内场答卷为其考试期间独立完成。此外，还要防止考生信息过早公开而影响阅卷公正，并且明确考官阅卷之流程及职责。其规制要项如下。

（一）验对亲供

验对"亲供"之目的，主要在于预防冒名替考。武科考生考验外场骑射时，每人获发一张"亲供单"（样式见图 9-1），令其亲自填写姓名、身份、籍贯、父祖三代信息（姓名、存殁、仕否）及本人年貌等。确定取进之时，令其再次填写亲供信息，以便验对笔迹。[1] 此制至迟在康熙年间已经施行，不过内场代考之弊仍然不少。雍正九年（1731），湖南学政习寯疏言："武童之外场好者，或策、论不通，或请枪手代考。或点名入号时，调换试卷。又合式武童自揣技勇不及，惯为倩代，以致作奸犯科，种种情弊。"因此，习寯奏请应该严格验对亲供信息，以期杜绝内、外场调换之弊，并在内场考试时，将外场列为"好字号"之武童与列为"合式"之武童坐号隔开，以防临场代考。[2]

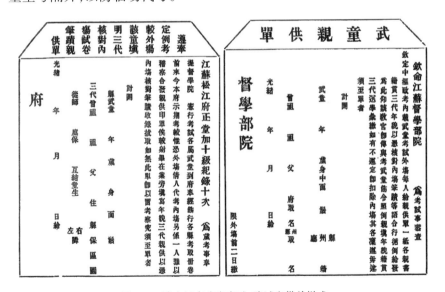

图 9-1　清末江南武童府试、院试亲供单样式

图片来源：Etienne Zi, *Pratique des Examens Militaires en Chine*, p.26, p.32.

不过，制度订立之后，实际执行中往往会出现不少偏差。前文论及

---

① 景清等：《钦定武场条例》卷 10《武生童考试一》，第 486 页。

②《清实录·世宗实录》卷 110，第 8 册，第 463—464 页。

部分武科殿试者文艺及书法之不佳,至于基层武生童考试情形,则有过之而无不及。对此,齐如山记其亲身经历,称他确实见过"绝对不能识字之人",为了"混个功名顶立门户"而参加武考,以致"笑话百出"。据他观察,考生能够书写自己姓名者约有百分之九十,能写父祖三代姓名者不过百分之十,能默写《武经》者则或有百分之一,但所谓"默写"也不过就是照抄。齐如山甚至说他曾替武童生写过三代信息,但有考生竟然只知父亲乳名为"狗儿"(因祖辈平日呼叫),不知大名或学名,知道祖父、曾祖名字者更少。① 可见该制度行至晚清基层实例之一斑。

　　武乡试后亦有类似规定。依照定例,顺天中式武举必须在覆试以前,取具同考五人联名互结,亲赴兵部填写亲供信息;各省武乡试发榜之后,应由监临、督抚、提调、监试等官点齐中式武举,亲赴贡院填写亲供信息,并将亲供单与考卷一并解交兵部,进行磨勘。如果中式考生不填亲供,或者笔迹不符,将被"题参讯究"②。而且章程明确规定,如果武举逾限不填亲供,不准参加武科会试。然而,乾隆年间即有浙江学政李因培奏称,部分武举中式后屡经催促,不赴学政衙门填写亲供,甚至不应武科会试。③ 部分乡居武举不仅不求上进,反会危害地方,后文详及。

(二)内场点名搜检及严密关防

　　武科内场入场之点名、搜检,以及严密关防等法,与文科大致相同。以武会试及顺天武乡试内场为例,考前先由兵部行文步军统领,委派两名巡捕营官员,各自带兵二十名,在顺天贡院东、西砖门之外,依照清册点名、核对考生姓名及年貌,并作搜检(名册样式见图9-2),再放入砖门。大兴、宛平两县派出官员,在大门两旁照牌点入,进入大门后,再由千总搜检,监试御史才按名发给试卷。考试过程中,场外墙垣亦须加派五营、五城兵弁,昼夜巡查。此外,除了搜检应试举子,内场入闱官员之跟役及执事等,亦须一律严加搜检,倘若发现跟役等串通士子,协同舞弊,跟役将被从重治罪,其本官亦照"失察家人犯赃例",相应议处。④ 立

---

① 齐如山:《中国的科名》,第10—11页。
② 景清等:《钦定武场条例》卷9《武乡试二》,第464页。
③ 李因培:《奏为特参余姚县武举陈大伦等拒不填写亲供请旨饬部议处事》,1761年,中国第一历史档案馆藏清代硃批奏摺,档案号:04-01-38-004-0945。
④ 景清等:《钦定武场条例》卷5《武乡会试通例三》,第378—379页。

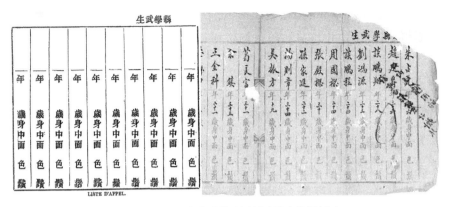

图 9-2　武乡试点名册样式图（左）及实物图（右）

图片来源：Etienne Zi, *Pratique des Examens Militaires en Chine*, p.59. 右图蒙贾江溶惠示授
权，其中见录武生 13 名，所登记平均年龄为 27.9 岁。

法之密，由此可见一斑。

考生进入内场之后，更需要严密关防，以防场内相互传递试卷，请人
代写。乾隆七年（1742），监察御史薛澄奏称，贡院（应指顺天贡院）号舍
之院墙较为低矮，容易翻越，应该将邻号院墙增高数尺，并像外围院墙一
样加布荆棘，确保"锁院深严"。薛澄又发现，贡院四角各建瞭望楼一座，
本为防止考生翻越围墙，但当时贡院没有派员瞭望，只存空楼，因此奏请
此后每楼仍派佐贰首领官一人，带领员役数人瞭望稽察。如果瞭望员役
徇私舞弊，则由知贡举、监试官查究处治。[1] 后经兵部议覆，均从薛澄所
请。入闱锁院，内外院墙铺设荆棘，并派人居高巡查瞭望，足见监视之森
严。而且，既以场官监视考生，又以考官监察场官，场内人物相互督察，
无论制度设计抑或技术考量，均可谓精深绵密。

不过，现实考务管理中仍然不乏弊情。乾隆四十七年（1782），监察
御史杨九思担任武会试提调，奏称考生试卷之中，不乏文理清通、字画端
楷者，但经过查访，发现场中不无传递之弊，甚至有人将试卷传出场外，
由他人代写，因此奏请严明防范之法。此后经过兵部议准，规定顺天武
乡试及武会试内场出题之日，须由监试御史督率有关人员，逐个号舍查
验考生试卷，内场服务之水火夫役等白天差事完毕，即须关闭房门，不准

---

[1]《清实录·高宗实录》卷 179，第 11 册，第 313 页。

擅自出入,而且考场围墙之外,由巡捕营多派兵丁昼夜巡查,严防传递代请之弊。①

换个角度审视,立法越密,可能恰好说明弊情越深,不容忽视。上述两条乾隆年间之定制详情,乃是针对京师武场情形,尚且奏报此等弊情。各地童生试情形万殊,难于划一彻查,问题更多。艾尔曼研究文科,亦谓地方府州县考试远离朝廷之直接控制,舞弊尽人皆知;十八、十九世纪之八旗武科亦然。② 其实,早在康熙三十九年(1700),湖广总督郭琇已直接指明,各地学政考选生童时颇多受贿舞弊,甚至称学宫之明伦堂乃"钱神交易之地"。对于武童考试时地方官吏合谋舞弊之情形与后果,指陈尤切:

> 更可骇者,尤莫若考入武庠之一途也。文童之真者,尚间有一二;至若武童,无论州县大小,概以贿进。只缘此途不行磨勘,无关声价,尽以此项充之囊橐。且自行贿卖之外,复有各处进士、举人之常例,教官、巡捕等职之恩典。或二人一名、一人一名,俱以武生应之。至中有通线索、连首尾者,包去三、五人不等。甚至书吏、皂快、水夫、火夫之类,亦皆合班成群,指武生为讨赏之具。而缘入武庠者,俱系无赖棍徒,不习弓马,不谙韬略,假阿堵为护身之符。一旦衣顶到身,抗粮把持,唆讼武断,率由此辈。凡此诸弊,孰非学臣之贪滥所致?而学臣之贪滥,又孰非督抚之护纵所使也?③

郭琇此奏,切实指出基层武科考试之弊病及其可能后果。康熙皇帝硃批亦谓:"这本说的是,九卿、詹事、科道会议具奏。"不过,地方官吏积弊陈习既深,各种利益关系亦复盘根错节,因此只见朝廷不断申饬,而武场积弊依旧难以肃清。雍正十一年(1733),上谕又称各省学政考试武童时,有弓马平庸、文理粗通之人混入内场,"越号换卷,传递代笔,贿嘱倩代",寻根究原,此种弊病乃是由于府州县考试时标准过低,录送太滥,

---

① 《山东道监察御史为请杜武场传递之弊由》,1782年,台北"中研院"史语所藏内阁大库档案,档案号:024005-001。

② Benjamin A. Elman, *Civil Examinations and Meritocracy in Late Imperial China*, pp. 84–85, pp.233.

③ 郭琇:《华野疏稿》卷3《肃清学政疏》,上海:上海古籍出版社,1987年影印本,载《景印文渊阁四库全书》第430册,第782—783页。

"遂令技艺不堪、汉仗猥琐之辈,混入内场,种种作弊。"因此,再次下令此后各地考试武童时,不许滥行录送,学政考试外场,也应加意选择。违反原则而滥加取录者,将被查参处治。[①]

科场规制严明,违者彻查严处,理应如此,不过难望圣旨一下就能达成。即便偶尔查办少数典型案例,对于此类"高利害"事业,地方官民仍然千方百计,企图舞弊。道光十一年(1831),监察御史达铺亦称,武场附近多有银号、布铺之人,假装摆摊、卖药等探听风声,随机撞骗。随即又有上谕,责令监试御史及步军统领衙门、顺天府认真查访惩办,以期杜绝弊端。[②]如果只看制度条规,确实可见内场防弊立法甚严,但实际运作中,却难免防不胜防,场规渐渐坏乱,基层武科尤其如此。

(三)内场试卷弥封及用笔规定

清代武科之内场考试,不像文科一样设有誊录及对读,武场防止考生信息泄漏,主要依靠弥封。内场弥封在清初已经实行,乾隆三十六年(1771),顺天武乡试考官博通阿等奏称,武科乡、会试卷面弥封太薄,不利防弊,于是改将卷面折叠,并且外用厚纸两层封固。[③]其后沿用此法,卷面弥封不断加厚,大致参照文场之例办理。光绪九年(1883)议准,武科内场试卷弥封之白纸再次加厚,并且仿照文科会试弥封样式,将考生姓名、籍贯等信息严密封固,外面再加盖关防印信,以示慎重。[④]如此定制,主要是为了防范考官提早知晓考生信息,阅卷有失公正。

防弊规制更有细微之处,通过内场用笔颜色亦能管见一斑。武科内场用笔起初尚未统一规制,乾隆三十五年(1770)准广西巡抚陈辉祖奏请,武场考生答卷用墨笔(武科无誊录),各房考官阅卷用紫笔,主考巡抚用蓝笔。若有添改之处,依照文闱之例,按照笔色进行查议。次年兵部奏称,蓝色容易被洗改,因此主考官改用赭黄笔;印卷戳记以及所有原本使用蓝色之处,均照文闱之例,改用紫色。[⑤]如此定制,则印卷、答卷及

---

① 景清等:《钦定武场条例》卷10《武生童考试一》,第488页。

②《清实录·宣宗实录》卷199,第35册,第1135页。

③《清实录·高宗实录》卷895,第19册,第1022页。昆冈等:《钦定大清会典事例》卷716《兵部·武科》,第8册,第901页。

④《清实录·德宗实录》卷174,第54册,第432页。

⑤《清实录·高宗实录》卷874,第19册,第722页;卷881,第19册,第798页。景清等:《钦定武场条例》卷5《武乡会试通例三》,第387页。

阅卷各有专门笔色,易于分辨和操作,而且如果发现问题,也便于回溯究查,明晰责任。

不过,清代武科除了初期之部分时段,总体不重内场,嘉庆年间内场改为默写《武经》之后,更是形同虚设。其弥封糊名、阅卷用笔之法,不过因循故事而已。齐如山讲述清季武童试内场情形之败坏,可窥一斑:

> 其实这般考武之人,大多数都不识字,多是雇人代写,每逢考这场时,总有人顶名混入,自己带着一部《孙武子》,代别人照抄。办理考试,管点名之人,一定是礼房之书吏,他一定有亲戚朋友混入,挣这几个钱,所以永远不会破案,而且考官们也都知道这种情形,绝对不会认真。于是这种默写《武经》之卷子,交了卷就捆起来,决不会有人看的,不过是国家的功令,不能不照办就是了。[①]

四、场后之防弊与舞弊

武科场后之防弊措施,主要有磨勘及覆试两项。此时重在核对考生笔迹,复查其内场考卷,并重新考验其外场技勇,进而确认考生之信息及成绩真实有效。以下所论,乃清代武乡试之磨勘及覆试规制大要。至于武会试后之磨勘及覆试,第五章业已论及,而且其法相似,此处不赘。

(一)场后磨勘

清代初期,武科乡试并无磨勘规制。直至康熙十七年(1678),才规定各省乡试出榜之后,应在十日之内,将中式武举试卷及亲供解送兵部磨勘。[②] 不过,康熙二十六年(1687)又停止将武举试卷解部磨勘。[③] 此后各省取录武举,外场技勇成绩常有虚报。虽然,今日所见清初部分省份所刊武乡试录中,已有注明新中武举外场成绩者,但并非通行定制。直至嘉庆六年(1801),正式下令仿照文闱磨勘之例,此后各省刊刻进呈武乡试题名录,必须注明中式武生之马、步箭及弓、刀、石各项成绩。等到各省题名录进呈齐备,再发交兵部逐一核对。

---

① 齐如山:《中国的科名》,第9—10页。
② 昆冈等:《钦定大清会典事例》卷716《兵部·武科》,第8册,第898页。
③ 昆冈等:《钦定大清会典事例》卷716《兵部·武科》,第8册,第899页。

　　嘉庆九年（1804），正式开始推行此制，并且订立磨勘细则。其中规定，考生马、步箭必须各中五枝及以上，方为合式。弓、刀、石三项技勇皆列头号为最优，有一、二项列头号者为合式。若取中考生之中，被发现弓、刀、石有两项列为二号，将被罚停会试一科；有一项二号、一项三号者，将被罚停会试两科；两项三号者，将被罚停会试三科。如果发现考生马、步箭仅中五枝，又有两项技勇皆列三号而被取中，则斥革武举出身，考试官分别议处。[①] 场后磨勘复核，虽然主要限于文本记录，亦能规正场内遗留之部分问题。

（二）场后覆试

　　前文论及，武科会试之覆试始于乾隆朝后期，武科乡试之覆试则迟至清季始行，"道光十五年，始覆试顺天武举如会试例。咸丰七年，覆试各省武举如顺天例，然稍从宽典矣。"[②] 由此可见，顺天及各省武乡试覆试之开始时间，分别为清季 1835 年及 1857 年，以下略述其规制要义。

　　顺天武乡试之覆试，定在出榜揭晓及磨勘之后。先由顺天府造具新中式武举成绩册，送交兵部，再由兵部题请，在亲王、郡王及六部满、汉堂官中钦点二三人，负责覆试。如果发现覆试成绩与乡试成绩悬殊过大，武举将被罚停会试一科，原闱监射大臣、较射大臣交由兵部议处。此类武举若要参加会试，必须与下届新中武举一起覆试，初次因为哪项技勇成绩不符，覆试只须考验该项即可；如果三次覆试不能合式，将被注销乡试"合式"字样，但准其以武生或兵生身份，重应乡试或入伍食粮；如果三科无故不参加覆试，直接注销"中式"字样。[③] 换而言之，即便通过武科乡试，如果三次覆试均不合式，或者三科无故不参加覆试，都将失去武举名衔及相应待遇，对于后者判罚更严。

　　至于各省武举，皆由督抚参与考取，如果再由督抚覆试自查，难以防弊。因此，各省武举之覆试需要赴京进行。不过，各省赴京路程远近

---

① 赵尔巽等：《清史稿》卷 108《选举三》，第 3173 页。景清等：《钦定武场条例》卷 9《武乡试二》，第 461—463 页。

② 赵尔巽等：《清史稿》卷 108《选举三》，第 3173 页。《清实录》亦载道光十五年上谕："本年顺天武闱乡试取中武举，著兵部即仿照武会试覆试例，具奏办理。著为例。"见《清实录·宣宗实录》卷 273，第 37 册，第 204 页。

③ 景清等：《钦定武场条例》卷 9《武乡试二》，第 466—467 页。

不一,因此覆试只能统一安排在武会试之前。定例要求各省武举取中之后,需要在次年武会试前八月初一至十五日,齐赴兵部投文。兵部核计人数,奏请钦派王大臣覆试,覆试办法及罚黜则例与顺天府覆试相同。[①]乡试覆试不合格者,不能与武举会试落第者一起呈请拣选。此类考生如果愿意,可由兵部发给验票,随营学习。如果确实弓马可观,表现较好,五年期满之后,再由督抚咨明兵部,以把总职位考拔,但不得拔补为千总。必须待其覆试合格,才准参照武举之例办理(参与武会试或参加拣选)。[②]

　　磨勘及覆试皆属防弊措施,为了防止该防弊措施执行中又有舞弊,武乡试磨勘、覆试中另有回避规定。因为顺天武乡试本由兵部侍郎及顺天府官员主持,不宜再由兵部自行磨勘。嘉庆九年(1804)议准,顺天武乡试完毕,需要从内阁及吏、户、礼、刑、工五部,以及都察院、通政使司、大理寺官员之中,钦点磨勘人员。[③]同理,各省武举由督抚参与考取,不宜再由督抚自行覆试,因此各省武举必须齐赴京城,由兵部奏请王大臣覆试。[④]为了防弊而立法,又另外立法而防此法之弊,此种头上安头、眼外设眼之制度设计,可谓缜密而繁复。

第二节　武科士子之弊情

　　武科出身者亦属士绅阶层。清代学校训诫生员之卧碑文,开篇亦谓朝廷设立学校,遴选生员,优予待遇,重视教导,希望能够"养成贤才",以供任用,因此"诸生皆当上报国恩,下立人品"[⑤]。清代武科士子奉公守法、建功卫国者,固然不乏其人,然其武断乡曲、危害一方者,也是时有所见。而且越至清代后期,武科士子之劣迹呈控越见增多。官方文献、民间舆论指斥此类"劣绅"者甚多,以下择要考述论析。

① 景清等:《钦定武场条例》卷9《武乡试二》,第466—467页。
② 景清等:《钦定武场条例》卷9《武乡试二》,第467—468页。
③ 赵尔巽等:《清史稿》卷108《选举三》,第3173页。景清等:《钦定武场条例》卷9《武乡试二》,第461—463页。
④ 景清等:《钦定武场条例》卷9《武乡试二》,第466—467页。
⑤ 素尔纳等:《钦定学政全书》卷2《学校条规》,第39—42页。

一、武科士子之地位与形象问题

清代武进士之仕途前景整体不佳,前文已有详论。不过,社会对于武进士群体之总体印象,尚不太坏。根据齐如山之观察分析,武举人不能考中武进士,或者直接居乡不应会试者较多,因此对于乡间影响很大。而武进士及第之后,主要都在各地当差,与乡土社会接触较少,而且,由于武进士多有官职,自己尚能自爱,偶尔回乡,对于众人较为客气,因此人们总体上多是恭维,至少也无恶感。但是,武举中式后出路较窄,其中有钱者自可安居享福,贫穷者若能自办武学,招收学生教习骑射,已属最佳;其次者可以充当"集头",凭其势力武勇,调和管理市场;而其不法者,则开赌场、铸私钱、窝强盗、放高利贷、横行霸道,无所不为。齐如山直谓武举人"多数为恶霸土豪","所以国人提起武举来多摇头"①。此类武举能否占到"多数",应当存疑,不过齐氏所述士绅为患之异常现象,值得重视。

至于武童生及武秀才,齐如山又称,武童身份"在社会中并不重视",只有在书写禀帖或状纸时,写上"武童"身份,"与民人有这么一点分别";不过,社会上对于武童"多无好感",而是"稍有惧情",因而"也就有点虚面子"。对于武秀才,亦称这个名词"在各处都不吃香,因为武断乡曲的地方太多"②。陈其元《庸闲斋笔记》所录"华亭令戏惩武秀才"一条,③透过高度戏剧化之轶事,折射出其时基层武科及社会观听之诸多面相。首先为有无功名之差异。担粪乡民误触武秀才,虽已赔礼并承认代为浣洗,仍被强行扭至县衙,而县令亦谓"法当重责",可见科举时代之功令对于区分社会身份之意义。其次为文武功名之悬殊。此案例中,县令显然为故意"戏惩",不过所明示之赔罪规定即为:文秀才可受乡民叩头一百,武秀才则需减半,因此武秀才需要叩还乡民多叩之数,此规定虽未见诸典章,却为地方曾见之实例。再次为基层武科之失序。甚至出现武科岁试时,需要"搜罗充数,往往不及额而止";此事背景为人文繁盛之江南地区,其中"江苏人尚文学,习武者少"一语,亦能部分解释,为何清

---

① 齐如山:《中国的科名》,第105—108、190 页。
② 齐如山:《中国的科名》,第11、52 页。
③ 陈其元撰,杨璐点校:《庸闲斋笔记》,中华书局,1989 年,第157 页。

代江苏文科进士总数全国第一而武科仅居第六。最后为清季基层武科士子之作用及形象问题。此事亦在控诉武生之横行乡里,此亦为何县令所施惩罚"虽非正道",乃至"近于虐",但松江地区民众却在较长时间内"啧啧以为美谈",可见其平素对于此类武生之厌憎。

张仲礼研究中国绅士,亦指出武举人影响较小,所享社会威望亦不及文举人,不过终究属于"上层绅士"之列。① 因此,武举人亦享有制度赋予之特权,比如武举犯事,亦须先革去其功名,再进行审讯。起初,地方官员碍于此项规定,办案每受掣肘。其后变通章程,规定:"在籍武举有犯法应行斥革审讯者,该总督、巡抚一面究审,一面将中式科分、名次、缘事案由声明,咨部斥革,兵部据咨注册汇题。如审系无辜,即由该督抚咨部,由兵部题请开复。"② 此例沿用至清末,直至民国肇建,才废除科举出身享受特殊司法待遇之规定。

二、武童、武生之弊情

(一)武童、武生罢考闹考

地方武童、武生之刁横,以罢考、闹考为其大端。基层生童之闹考罢考,清初已经存在,惩处甚严。雍正五年(1727),报称山东兖州府文、武童生参加府试时,聚众赌博,兵丁武登超前往劝阻,发生口角纷争。于是,单县武童齐聚于兖州总兵衙门,打算拥进大堂,当面捆打武登超,否则就不参加考试。兖州总兵只能将武登超解送兖州府质询,同时奏报请旨。雍正皇帝得闻,怒而批曰:"武童、武举之不堪,直省在在皆然。可就此事,如果赌钱是实,审具题,严惩数人,以整刁习。"③ 到了雍正十二年(1734),更加严明定例,若有地方豪横之徒,逞于私忿而聚众罢考,挟制官长,审实之后,分别首犯、从犯,照例治罪。若是武生逼勒同行罢考,将被褫夺衣冠顶戴;若是武童,则被记名,停其考试。如果全县、全省学童一起罢考,则将武生全部褫夺衣冠顶戴,武童全部停止考试。如果在查处生童罢考过程中,同城武职人员从中调和,希望息事宁人,亦将被罚俸

① 张仲礼:《中国绅士》,第 26 页。
② 景清等:《钦定武场条例》卷 9《武乡试二》,第 469 页。
③ 栢之著:《奏为武童无知习惯妄为事》,载《宫中档雍正朝奏摺》第 7 辑,第 552—553 页。

一年。^①从中既可见定例之严,也可见弊情之深。

对于武科生童弊情,地方官吏及朝廷中枢虽然多有了解,亦难根除。每有事发,多以公文申饬,责令痛改。而其实效,则恐难符预期,否则也无须一再申饬。乾隆七年(1742),上谕再称粤东地区"俗尚浇漓",生童聚集考试,往往"短价强买什物",或者"与市人扭结禀官",而且如果稍不遂意,就会"恃众嚣喧,挟制罢考",但地方官员"视以为常,每多宽纵"。因此,乾隆皇帝斥责考生虽然身入学堂,但"不遵礼教,转恃青衿,以为抗法横行之具"。于是再次下令各地官员、学政、教官等,务必认真教导,严格管束,令其"洗心涤虑,痛改前非",否则严惩不贷,官员若有"徇隐姑纵",一经查出,亦将分别处分。^②

其后弊情稍缓,但仍然存续,晚清尤甚。光绪十年(1884)江西上饶县武童考试步射时,弋阳县武生聚众毁门,推倒箭靶,大闹考场。上谕再次申斥:"各学应试生童,宜如何恪守场规,各安本分。乃敢恃众闹考,希图挟制,此风断不可长。亟应从严惩办,以儆刁顽。"^③光绪十二年(1886),湖南芷江县童生聚众闹考,甚至殴伤知府。上谕又谓:"近年各直省文、武童生,往往纠众滋闹,藉事罢考,希图挟制官长。士习不端,蔑法已极。"于是,朝廷重申雍正年间严惩罢考之规定,下令各省督抚、学政通行晓谕。^④始于扰攘,止于申斥,如此往复,往复而已。

光绪十九年(1893),四川学政瞿鸿禨例行巡考各属文武生童。年末考至保宁府剑州武童时,也曾遭遇闹考事件。当时唐才常游幕襄助,亲眼见证此事。唐才常称保宁"民俗凶悍",每次武童闹考,地方官员皆不惩办,因此"相习成风,弁髦王法"。唐才常在家书中,录下"思之心悸"之现场气焰与惊险:

> 十四日下午阅剑州步箭,头门忽然鼓噪,汹汹格斗,阍人抵敌不住,飞报提调官速来弹压。逮知府入署,数百人已攻至二门,府县官无计遣散。学士高坐大堂,厉声叱骂,众凶徒置若罔闻,掷砖飞石,

---

① 昆冈等:《钦定大清会典事例》卷719《兵部·武科》,第8册,第932—933页。
② 《清实录·高宗实录》卷172,第11册,第186—187页。
③ 《清实录·德宗实录》卷182,第54册,第544—545页。
④ 《清实录·德宗实录》卷234,第55册,第160页。

打上公案,座后屏风,已成数块,书役承差,始行拥护学士退至内室。署内差役人等排列暖阁门后,以死撑拒。凶焰愈炽,胆将暖阁门打碎,势将入内者数次。知府见事已急,奋身抵住,大声疾呼曰:"尔辈背叛朝廷,至于此极,快快将我打死,以快尔等逆心!"又闻兵备道已带领勇弁拿人,众凶徒始稍稍散去。然勇弁究系袖手旁观,莫敢谁何。散去之后,门片皆成碎木,堂阶尽堆乱石,其近大堂侧室,什物等件,一抢而空。①

武童应试,本为考获朝廷功名,身列缙绅,但竟至大闹考场,冲击学政及府县官员,打砸衙署,哄抢什物,危急之中,保宁知府对于武童此举,定性指控为"背叛朝廷"。唐才常也因此怒叹,"自有学政以来,未有如是之平空滋闹,无法无天者也。"瞿鸿禨对此"恨入骨髓",谓此"与反叛无异",必须严加惩办。而据事后密访,乃知此事为广元县武举欧隆晋从中煽惑,而且当日在场抢毁之时,"府县官及众衙役皆见其独来独往,如入无人之境";在茶馆内被拿获后仍"恃符狡展,不肯供认"。欧隆晋拥有武举功名,依照规定,还需报请兵部褫革出身,才能用刑审讯。而且据唐才常所述,此类事情并非孤例个案。②此时距离武科最终革废已不足十年,基层武科考试纪律之崩坏,由此可见一斑。

如果纵向对照检视,清代初中期,武场虽然未能禁绝生童罢考、闹考,但多以严刑重典惩治;嘉道以后,内外纷扰,对于此类弊情更多流于饬戒,难于力惩;至于晚清,朝廷虽然屡屡饬戒,仍然屡见不鲜。前人研究亦指出,嘉庆年间对待罢考之态度发生转变,惩处力度远不及此前两朝之严厉,而且此种立场相沿至十九世纪末,以致基层罢考激增。③拓展而言,对于生童罢考、闹考之态度及惩处力度,亦从侧面揭示出清代政情大势之变化,以及朝廷控制地方能力之升降。

---

① 唐才常撰,王佩良校点:《唐才常集》,岳麓书社,2011年,第388—389页。
② 唐才常撰,王佩良校点:《唐才常集》,第389页。瞿鸿禨作有七律《校马射》:"晓霜初重射场清,连骑追飞羽镞鸣。猎猎风翻千叶响,沉沉云漏半山晴。圣朝弧矢威天下,今日胶庠习太平。多是健儿好身手,可能通变壮千城(原书如此,应为'干城'之误)。"此诗未系月日,笔调心情迥异,所记应非当日保宁校试情形。见瞿鸿禨著,谌东飚校点:《瞿鸿禨集》,湖南人民出版社,2010年,第23页。
③ Han Seunghyun. "The Punishment of Examination Riots in the Early to Mid-Qing Period", *Late Imperial China*, 2011, 32(2): 133-165.

（二）武生贩卖私货及其他弊情

科场士子为了偷逃税课,还会乘赴考之机贩卖私货。甚至有铤而走险者,贩卖鸦片、私盐等违禁物品。此类弊情,清季所见更多。同治九年（1859）江南乡试,武生仇茂森等贩卖私盐,"船至千余号,盐至数万引之多。"时任江宁将军魁玉派人前往查禁,但仇茂森鸣锣拒捕,发生冲突,以致兵勇受伤。仇茂森为首拒捕,被当场格毙,武生吉殿邦等被拿获,分别惩办,并饬令此后各关卡必须"实力稽查,不准有闯卡漏私等事"[①]。同年,江苏巡抚丁日昌亦奏称,江苏各属应试诸生"多有句串牙行船户,包带私货多船,连樯闯关,逞凶抗税"。同治皇帝为此专门下令,此后"乡、会试文、武举贡生监人等,赴京、赴省应试,概不准包揽客货私盐等项。倘仍敢故违例禁,闯关抗税,即著严密查挐。先将士子扣考,船户严惩,照例分别究办,以端士习而重国课"。并以此为契机,下令各省督抚将该谕令刻石立于河岸,以便"永为定例"[②]。

不过,虽有上谕严令禁止,甚至刻文于石,由于事关利益,武生贩货闯关之事亦难禁绝。光绪二十三年（1897）江南武科乡试,徐州、海州各属武生集体乘船,装载芝麻、黄豆、花生、金针菜、鸭蛋、食盐等货物,行至扬州车逻坝厘卡,企图闯关漏税。厘卡兵丁上前盘查,但武生等"咆哮而起,致将卡兵殴伤两名",而后自行解开缆绳,顺流而去。船队行至湾头镇,漕捐厘卡、台捐厘卡见船"重载而来,知必贩运私物"。随即接到车逻坝厘卡公文（应为电报发送）,请求前方厘卡扣留。因此,厘卡一面速请营兵前来拦阻,一面飞报江都县和甘泉县,请求弹压。两县县令立即电禀两江总督刘坤一,旋由江宁布政使松寿派员,星夜赶至湾头镇,对于各位武生"再四开导,令缴税二百四十金,始纵之去。俟闹事藏事,再行提办"[③]。透过此条记述,既可得见晚清地方厘卡之多、税捐之重,亦可揭示此类武生之蛮横与放纵。

此外,地方武童、武生弊情尚有不少,学政知之尤详,但大多有心无力。比如,乾隆二十四年（1759）,安徽学政刘墉奏报考试情形,称江北凤

①《清实录·穆宗实录》卷293,第50册,第1048页。
②《清实录·穆宗实录》卷295,第50册,第1086页。
③《武生闹卡》,《益闻录》1897年,第1724期,第519页。

阳、颍州、泗州地区"风俗劲悍",文、武生员以及捐纳贡监"倚恃气力,轻于犯法";而且犯事之后,"皆善脱逃,不就拘执。"乾隆皇帝认为,学政考棚之中,已见"此等恶习";全省"玩法抗官,滋事乡里"而学政尚未见及者,应该不少。因此,责令时任安徽巡抚高晋留心访查,遇有事犯,严加惩治,以靖地方。① 乾隆五十二年(1787),江西学政翁方纲奏称,临江府武生傅振起多次干讼滋事、不遵约束,因此褫革衣冠顶戴,以示警戒。乾隆皇帝旋发上谕,指出"武生倚恃衣顶,干与讼事,最易滋生事端,各省皆所不免";并以此为契机,下令将翁方纲之奏摺抄寄各省学政阅读,饬令各省学政,必须留心约束所管武生,"倘有健讼滋事者,即行随时惩治,俾各知所警惕。"② 不过就实而言,学政任期之短暂,巡考方式之流动,以及当时交通、通信技术之局限,皆不利于其彻查处理生童之弊情。

因此,文武生员行为不端,各地时有呈请注劣、斥革之案例。比如,道光十五(1835)至十六年,江西省因为牵涉词讼,斥革文生 11 名、武生 21 名;因为抗欠钱粮,斥革文生 2 名;因为旷废月课、不守学规,注劣文生 19 名;因为性情倔强、不安本分,注劣武生 17 名。③ 清季基层生童之问题,于此亦可得见一斑。

三、部分乡居武举之弊情:官方档案之见证

清代武科人物从军入伍,建功立业乃至名垂史传者,前文已多有举述。同时亦应指出,部分武举中式后不赴会试,居乡为祸,乃清代武科之另一弊情。因为武科出身整体前景不佳,武举衣食丰足者又不图上进,乃问题产生之内外因由。乾隆年间,浙江学政李因培即已奏称,武举中式之后,明知不按期赴学政衙门填写亲供,将被停科,但是仍有部分武举屡经催促,还是不去填写,甚至不应武科会试。为此,李因培奏曰:

> 至武举积习,自谓护符已得,不肯会试上进,惟以欺凌乡里、把持武断为事。地方有司以彼名登贤书,不比武生易于详革,每有苟

---

① 《清实录·高宗实录》卷 579,第 16 册,第 385 页。
② 《清实录·高宗实录》卷 1281,第 25 册,第 171 页。
③ 《道光十五六年分江西省斥革及注劣文武生员姓名清单》,1836 年,台北"故宫博物院"藏清代宫中档奏摺及军机处档摺件,档案号:故机 072434。

且姑容之弊。并请皇上饬部定议，嗣后武举中式后，三科不赴会试者，应作何查催议处。并行令各该督抚，申饬地方有司。凡多事之武举，小则通详，仍照武生例予以戒饬，大则即详题革。庶伊等循循矩矱，于民风士习，似为有益。[①]

以此为契机，修订武场条例，明文规定武举三科无故不赴会试，即可题请革除出身。不过，违例不赴者仍然不少。而且，武生功名之革，地方督抚、学政即可办理，上报兵部备案；而武举出身之革，必须事先咨请兵部批核。因此，部分武举倚仗功名护符，违法乱纪。地方官员请革武举功名、以便拿问治罪之奏疏，时有所见。以下依据中国第一历史档案馆所藏宫中硃批奏摺，对地方官员检控武举为患之部分情形，稍作辑录整理。表9-1之"控诉情状"及"处置请求"两栏，以直录档案原有表述为主，以存原貌、以见一斑。

表9-1　硃批奏摺所见清代武举弊情举隅

时代	涉事武举	地点	检控官员	控诉情状	处置请求
雍正	余猊	饶平县	广州将军蔡良	纠合匪类，歃血拜盟，散布讹言，煽惑乡愚	已革，严行缉拿，确审究办
乾隆	福禄	不详	署马兰口总兵布兰泰	不守营规，倚势包揽，营私撞骗	派兵弁看守，请饬令审究
	白彦	长安县	陕西巡抚文绶	恃符好斗，素不安份。生事行凶，重利盘剥，稍拂其意，辄招人谋殴	照凶恶棍徒生事行凶、无故扰害良人例，发极边烟瘴充军，不准收赎
	刘廷锡	通州	两江总督萨载	强入武生童考试，殴打皂役，并扭至学臣座前，任意咆哮	咨部斥革，审清定拟。硃批：应严处
	余瑛	安顺府	贵州巡抚永保	滋事妄告地方官	斥革，从重发往伊犁等地充当苦差

① 李因培：《奏为特参余姚县武举陈大伦等拒不填写亲供请旨饬部议处事》，1761年，中国第一历史档案馆藏清代硃批奏摺，档案号：04-01-38-004-0945。

续表

时代	涉事武举	地点	检控官员	控诉情状	处置请求
	贾员谋	富平县	陕西巡抚何裕城	捏称由营中式,呈请回营,希图早日得官,有心欺蒙	革去武举,发往乌鲁木齐充当苦差
嘉庆	揭兆辰	南丰县	江西巡抚先福	包揽代纳不遂,恃符滋闹,藐视官员,指骂揪扭	咨部斥革
	莫寄荣	河池州	广西巡抚钱楷	鸡奸未遂,杀人灭口	革去武举,拟斩立决
	金克配	辽阳州	不详	愚弄乡民,包揽钱粮	革去武举,严行究审,照例惩办
道光	韩步鳌师连登张大经	广东	直隶总督琦善	借会试回程之机,兴贩烟土一千余两回籍售卖	斥革讯办
	叶有成叶春魁叶庭魁	长汀县	闽浙总督邓廷桢	贩卖鸦片烟土	一并斥革,提同严审
同治	达炎烈	郿县	陕西巡抚邵亨豫	欺压乡民,主谋滋闹厘局	先行革去武举,以凭审办
	杨士杰	武功县	不详	估奸同宗无服之亲,复因拒奸,逼令服药毙命	先行革去武举,归案严审,按律惩办
光绪	于廷诰	荣成县	山东巡抚张曜	窃取船货,诬陷村民,捏词请兵,逼毙多命	革职
	张定魁	安康县	陕西巡抚边保泉	开场聚赌,致酿人命	斥革,以便严究归案
	成致祥成致中	宁羌州	陕西巡抚边保泉	藉修庙工程为名,违禁抽收商贾钱文	斥革,以便严究归案
	王智勇	临晋县	不详	纠令行窃银钱、衣物,致伤事主	斥革,以便饬审,照例究办
	韩聚光	文水县	山西巡抚张煦	恃符刁狡,把持厘务,出头拦阻	即行褫革,以便归案审办
	何绳祖	惠安县	闽浙总督松寿	各树党援,纠众械斗	斥革,严拿惩办

时代	涉事武举	地点	检控官员	控诉情状	处置请求
光绪	薛凤仪	阳湖县	两江总督刘坤一	擅保犯人外出就医,以致潜逃,难保无徇情贿纵	咨部斥革
	周治国	武缘县	广西巡抚黄槐森	纠伙拜台,两次派银备买军火,欲图起事。复聚众抢劫多家,枪毙团丁五命	即行斥革,饬知府覆审确实,就地惩办
	赵映魁	澄城县	山西巡抚吴廷斌、陕西巡抚升允	武断乡曲,横行乡里,讹诈得财,咆哮公堂,不服究问	即行褫革,归案究办
	杨维翰	华阴县	陕西巡抚升允	挺抗钱粮,教唆词讼。到官后恃符逞刁,混闹公堂	即行褫革,归案究办
	郭安南	仁寿县	四川总督锡良	纵子开设烟酒馆,容留匪徒,抗不交案	即行斥革,以便严拿讯明究办
	王学恭	咸阳县	咸阳县知县杨调元	将会馆公产冒为己有,献予美国协同公会福音堂。武断乡曲,阻挠兴办学堂	请旨褫革,以示惩戒
	童会川	西阳州	不详	藉设义学、神庙香灯等事,违禁复设盐秤,私收秤息	衔名一并斥革,以凭审办
	高生云	长安县	长安县知县曾士刚	武断乡曲,冒差诬盗,诈吓平民	请旨斥革归案

资料来源:中国第一历史档案馆藏清代硃批奏摺,档案号(依案例先后):04-01-30-023-1541,04-01-01-008-0359,04-01-01-040-1380,04-01-38-005-0375,04-01-08-006-1643,04-01-16-011-1684,04-01-35-012-1965,04-01-26-005-1646,04-01-16-016-1812,04-01-08-008-1060,04-01-01-112-0250,04-01-17-006-1404,04-01-27-002-2342,04-01-01-142-1300,04-01-12-101-2169,04-01-12-101-2169,04-01-08-005-0425,04-01-17-009-0577,04-01-38-008-0239,04-01-17-011-1936,04-01-12-113-1952,04-01-01-162-0291,04-01-16-052-0361,04-01-01-163-0588,04-01-38-008-0761,04-01-17-011-1936,04-01-17-011-2775。

以上奏疏所述清代地方武举之为祸,实际仅为当日弊情被记载留存之部分。即就目前所见而言,表9-1所涉时间涵盖自雍正朝至光绪朝,空间分布上几乎遍布全国。奏疏之内,多谓武举恃符(仰仗功名)为祸,玷污名器。至其劣迹,自初期武断乡曲、包揽钱粮、奸淫掳掠,至晚清贩卖烟土、把持厘务、阻挠兴学,甚至武科废除之后,仍然危害一方。此类控诉,虽有少数属于地方官员诬告武举,但其中所述武举劣行,多能坐实。因此,皇帝硃批亦多照原摺所请,斥革严惩。本来,朝廷设科取士,意在重视"名器",优待士人。冀望武科之善战者建功立业,以靖边疆,其乡居者应当争为"良绅",垂范地方,以靖乡里。然而此类武举不但未能建功沙场,反而渐成地方乱源,甚至不如谨守法度之普通"良民",悖离朝廷设科取士之初衷。

四、士习不端、名器不重:《点石斋画报》所见清季武科问题举隅

上述武科士子之弊情,多系官方档案史料所载。清季报刊兴起,更为认识民间舆情如何评述武科,提供另一渠道。兹以《点石斋画报》所载为例,辑出关涉清季武科弊情之图文三种,加以解析,亦可见其时民风士俗之一斑。

(一)武童淫暴

事在光绪十二年(1886),湖北汉阳府属武童参加岁试。汉阳城西门外有尼姑庵,庵名"碧莲"。每逢考试,即在门上贴"考寓"红条,将空余房屋租给应试考生。此次武童应试,汉川县武童先来租去此屋。孝感县武童后到,租房不得,遂怀恨在心,伺机报复。其后听闻汉川县武童过江招妓五名,来碧莲庵陪侍饮酒。待妓女到达,孝感县武童前往兴师问罪,赶走汉川武童,更为离谱者,孝感武童竟当场"褪妓女上下衣,大肆淫虐而后散"。《点石斋画报》为此评曰:"夫恃众滋事,遇色宣淫,孝感武童固宜重办;而汉川童之招妓侑酒为无行,侑酒于佛地为无礼。尼也,身入空门,自寻烦恼,贪小利而忘廉耻,不可谓非肇祸之魁也。尼庵当发封,两县武童当照地棍无赖分别惩处,以儆其余。"并以引文形式,斥曰应当"一并枷锁"①。可谓一箭三雕,分别斥责。

---

① 见《点石斋画报》光绪十二年五月廿六日,载"大可堂版"影印本第3册,第67页。

画面之背景,翠柏古庵,相互映衬;庭栋严整,雕饰考究;书画楹联,更增清雅。而人物之活动,则混乱污秽不堪。攀树上房,拥夺妓女,群殴械斗,纷乱扰攘。更有甚者,乃在观音像前,争抢狎妓。庵中尼僧无可奈何,惟有作祈祷状,请求诸人罢手息事。幽雅环境与秽乱人物之间,恰成鲜明对比。以佛门清净之地,功令预储之才,而起此等荒诞邪僻之事,世人将如何轻薄武科功名,不言而喻。

图 9-3　报载湖北汉阳武童之淫暴

(二)缙绅受辱

事在光绪十六年(1890)。江西省城状元桥关帝庙门外,某夜有一生员卧于竹榻之上,披襟纳凉,不觉入睡。此时,有城内保甲总局委员经过,巡丁喝称:"官来矣,速起速起。"该生员揉搓睡眼,随意应答,仍然未起。巡丁发怒,以火把照之,生员醒来后与之发生矛盾。委员闻而震怒,立刻命令扭下笞臀。生员哀求矜全体面,但委员不允,喝笞四百板。当时,正好有某武进士在内闻知,出来代求宽免,竟被委员斥其抗拒,亦被

答六百板。事发之后,各士子纷纷上禀,请雪笞责生员之辱,而该武进士
乃投标候补千总,亦已辞标赴都,据称将图京控。《点石斋画报》评曰:
"或谓该委员素与二君有隙,故特借以逞忿耳;或又曰非也,委员实有灌
夫使酒之性,以致罔知顾忌。想一经审讯,必能水落石出。然二君以搢
绅之族,受竹肉之刑,冤虽雪,此身其可赎乎?"并附印文:百身莫赎。①

　　画面之中,总局委员着官服、戴眼镜,独坐发令;生员被巡丁揪辫按
腿,袒露臀股,神情苦痛;武进士面有怒色,但向委员拱手作祈求状。在
场人物之端坐、站立、跪地、伏地姿势,颠倒混乱;神态之跋扈、愤怒、苦
痛、不满,跃然纸上。以正式获得朝廷功名之武进士、文生员,竟然被保
甲总局委员当众杖笞。虽然此案后面如何发展及了结,暂未详知,但晚
清武科功名之不受待见,于此亦可得见。更为突出者,事发之地,竟然是
在状元桥关帝庙门外。桥名既包含科举至高功名,关帝庙又为崇奉"武
圣"之场所,竟然发生此等侮辱文武搢绅之事。其中传达之讽刺意味,尤
为深切。

图9-4　报载江西文武搢绅之受辱

① 见《点石斋画报》光绪十六年七月廿六日,载"大可堂版"影印本第7册,第176页。

（三）生前出殡

　　事在光绪十七年（1892）。天津河东蓝氏本为武科世家，然而家主早逝，蓝氏孀妇膝下仅有一个养子，亦为武生。由于该养子素行无赖，不为其母所喜。其母年逾七旬，自备棺椁衣衾，担心死后其子不能恪尽丧礼，而为亲戚族人羞。因此，孀妇自择吉期，"雇备执事、伞扇、旗锣、幢幡、鼓乐，亲乘八抬绿呢大轿，招摇过市，遍游河东街一带。亲朋送者不下数十人，如执绋者然。见者无不奇之。"《点石斋画报》讥评曰："昔桓司马自为石椁，而孔子讥之，为其预凶事也，况有甚于此者乎？该妇此举，当有自笑其无谓者矣。"其画报印文：敢冒不韪。①

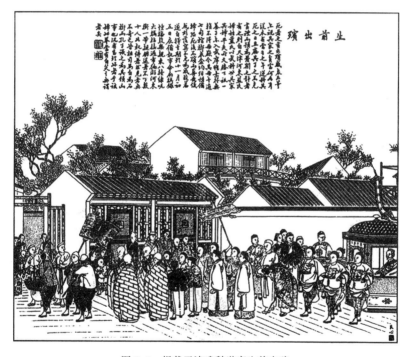

图 9-5　报载天津武科世家生前出殡

　　画面之中，前导开路，僧人诵经，伞盖幢幡，无不俱备，俨若"丧礼"，但其后所随，乃轿子而非棺椁，八抬轿中，老妇端坐。原本应当庄重哀戚之丧事，几乎成为闹剧奇闻。《论语·为政》篇孔子论孝，曰"生，事之以

———————————
① 见《点石斋画报》光绪十七年十二月初六日，载"大可堂版"影印本第 8 册，第 296 页。

礼；死，葬之以礼，祭之以礼。"清代宣称"孝治天下"，朝廷选拔生员，训诲谆谆，希望以此垂范天下。而此例之中，无赖武生及其养母之举动，非但未能预先挽回身后恐怕未尽之礼，反倒沦为报端奇谈。进而言之，此处所丧失者非仅个人之颜面，因其人列于绅缙"世家"，亦可得见时论讥刺士习之不堪、名器之不重。

本节依据官私文献所举所论，管窥清代武科弊情及武科士子为患之一斑。当然还需辨析者，如上引《点石斋画报》所举，应当仅为其中部分较为极端之案例。实情如何，尚可考究，其中不乏道听途说、夸大事实之可能。但是，此类在新式媒介公开发布之报道与评论，本身代表着文人主导之报刊编绘群体，对于武科之态度与观感。而且，不同于内部公文流转中地方官员对于武科士子之呈控，此类受众甚广之公开文字，还会引导公共舆论，影响武科士子公共形象。武科士子之不自重，与社会之不重武科，互为因果，恶性循环。越至晚清，面临外敌，节节败退。时局危急，而此类武科出身者，鲜见建立大功，部分反而武断乡曲，危害社会。此种现实局势及舆论氛围之下，朝野革废武科之呼声，日益高涨。

第三节　清季局势与革废武科之论议

武科自清初恢复，历朝相沿，局部制度调整时有所见，但整体未有根本变革。清季变局之中，中国连连战败，形势危急。商衍鎏论此，指出清代沿用武科，"循行二百余年，至于清季，弓矢之技已失其用，军旅利器日新，徒恃身手武勇，不足以应时变，于是多有以宜变更武科旧制为言者。"[1] 随着时局日蹙，朝野革废武科之论议，日渐高涨。

一、危局初现与武科革废动议

鸦片战争中国败北，已见中英武器与战法之悬殊。此次战争中，战殁将领葛云飞（武进士）、王锡朋（武举人）等拥有武科功名。葛云飞出身于武科世家（其父亦为武举人），由武生而武举，进而及武进士第；王锡朋

---

[1] 商衍鎏：《清代科举考试述录》，第186页。

则起自行伍,兼有武科功名。两人乃清季武科出身而贡献较为特出之代表,力战身亡,未能改变战局,其事迹经历前章已有讨论。面对列强之坚船利炮,清朝军队装备与战阵之劣势,诚如时论所谓:

> 时移势易,今非昔比。两军尚未交绥,而炮声已如霹雳而来。开花之弹,离数里而能燃;水底之雷,击巨舰而立碎。纵使弓开百石、力举千钧,发矢擅穿杨之技、驰马具逐电之能,而亦无所施其技巧矣。①

当然亦应补充辨明者,其实早在十六、十七世纪,西洋火器技术已传入中国,而且其时中国与西欧火器技术水平还曾"大体相当",各有千秋;经过改良铸制之鸟铳、佛郎机、红夷炮等,更曾实质影响明清易代之战局形势。②清代初中期之军队亦装配火器,不过武场考试始终只考冷兵器技艺。到了十九世纪中叶,中国与西洋火器装配程度和水平,已有实质差距。鸦片战争之后,败局相继。亲见西洋科技与枪炮之威力者,力主正视并师法西洋,改革练兵制器之法。林则徐为钦差大臣时,已命人编译《四洲志》,后魏源据之撰成《海国图志》,于鸦片战争后出版,详演五洲大势与应对之法。论及"攻夷之策",魏源提出"师夷之长技以制夷"。在魏源看来,"夷之长技"有三,即战舰、火器以及养兵练兵之法。魏源指出,武科专考弓马技勇,乃是"陆营有科而水师无科",结合中国军备实情,他提出武科改制议案,主张闽、粤二省武科增设水师,演练火器轮舟,分别考核及任用,已切实指明军备问题及武科改制方向所在。③

此类提议虽然有其见识,但并未成为政策规条。而且,晚清形势之危,不仅来自外部,更有内部战争,尤其是对清廷冲击甚大之太平天国战争。清廷之能撑持,又以文科进士出身之曾国藩及其湘军出力最多。曾国藩曾经担任道光二十七年(1847)武会试主考,在为该科武会试录所作序文中,曾氏历叙武科沿革,并论元明以来情形:"上以名求,下之人因

---

① 《恭读武场改试枪炮上谕谨注于后》,载邵之棠辑《皇朝经世文统编》卷71《经武部二·武试》,1901年宝善斋刻本,第4页。

② 详参李伯重:《火枪与账簿:早期经济全球化时代的中国与东亚世界》,生活·读书·新知三联书店,2017年,第150—170页。

③ 魏源:《海国图志》卷2《筹海篇三·议战》,岳麓书社,2011年,第1册,第37页。

袭是名而巧弋之。其以弓马得者,不过挽强引重,市井之粗材;而以策试中者,亦皆记录章句,琐琐无用之学。"至于清代,曾氏虽循例称颂其武功之盛、选法之周,但亦谓武科"循行既久,向之所谓市井挽强、记录无用者,多亦儳乎其中",而主考职责"又唯校此默写孙、吴之数行,无由观其内志外体,与其进退翔舞之节",因此对于"韬钤之材之必入于此,不遗于彼","诚不敢以自信"。[①]武会试录序文属于公刊文字,常见循例称颂之语。曾国藩对于清代武科,措辞虽然留有余地,但对其实际功效已表怀疑。此种"不信",在其后湘军将领组成中,亦有实际体现。何炳棣曾统计出 182 名湘军要员之出身情况,引述如下。

表 9-2　湘军要员出身统计

出身	人数	比例
进士	8	4.40%
举人	10	5.49%
武进士	1	0.55%
武举人	3	1.65%
贡生	7	3.85%
生员、监生	31	17.03%
下级军官	5	2.75%
无功名者	117	64.29%
总计	182	100%

数据来源:Ho Ping-ti, *The Ladder of Success in Imperial China: Aspects of Social Mobility, 1368-1911,* p.219. 依据该书表 24,并加算百分比。

　　表 9-2 所列 182 名湘军要员中,有近三分之二完全没有功名,但除少数人之外,该群体成员最终皆官至文、武职官之中层及以上。其内更有 2 人跻列大学士、授侯爵,25 人成为总督或巡抚,17 人为布政使或按察使,另有 5 人获同等品级但未授官。此外,更有 37 人官居提督或总兵,另有 10 人获同等品级但未实授。[②]若进一步考察具有科甲功名者,

①曾国藩:《曾国藩全集》第 14 册《诗文》,岳麓书社,2011 年,第 187—188 页。
② Ho Ping-ti, *The Ladder of Success in Imperial China: Aspects of Social Mobility, 1368-1911,* p.218.

则知其中仍以文科出身者占绝对多数。182 名兵将之有科甲功名者,文科进士、举人、诸生约占 30.0%,武科进士(1 人)、举人(3 人)仅占 2.2%,文、武科第出身比例高达 14∶1,远远高于清代文、武科进士总数比例 3∶1。当然,此处统计仅限于其中"要员"之背景。王先明、廖志伟之研究,亦指出武科出身者在咸同战局中,通过兴办团练、参加勇营等形式,助力清廷平定局势,进而获得保举(所见以下级军官为主)。① 不过经历此番变局,亦可得见晚清军事变局内权力结构之变迁:无功名者以行伍、团练起家脱颖而出,捐纳"杂流"冲击正途功名,地方汉人实力派影响增大。

　　武科士子在咸同年间乱局中虽有部分曾参与"平定",但显然并非力挽狂澜之关键力量,加之官私文书时常登载之武科"劣迹",益加放大社会对于武科之不信。其间,改革武科之议案再次提出。咸丰九年(1859),清廷正困于内部乱局之中,文科进士出身之福建福宁府知府徐鼒笺呈于上,请准武场"于马步射外,试以火枪,旁及刀矛,中用者与选,不中用者不与选"。徐鼒以地方官员之亲身见闻,称军营奏报"凡我将士之杀贼,及不幸死于贼者,则枪炮十居其七,刀矛二三,至弓矢几无闻焉。"② 不同兵器见于实战之效力殊分,判然分明。不过徐鼒之提案,仍是于考试制度"旧瓶"之中,稍添考验项目之"新酒",作为非常时期"通融办理"之法,请准施于一时一地。

　　不过,惩于时局之困,稍后即有明确停试旧式武科之论议。咸丰十一年(1861)冯桂芬刊《校邠庐抗议》,即谓:

> 武科一途,衣冠之族不屑与,一也。力士多出藜藿,而试事之费,十倍于文,寒素不能与,二也。武试有教师垄断,非其素识,无门可入,穷乡僻壤不得与也。所取之途既狭,故所得之才不真。……当世为大将、立大功者,行伍多而科甲少。武科之不得人,视文科尤甚。③

　　依照冯桂芬之观察分析,武科受限于诸多条件,选取范围有限,难以

① 参考王先明:《近代绅士——一个封建阶层的历史命运》,天津人民出版社,1997 年,第 155—156 页。廖志伟:《晚清武科举改制》,第 73—81 页。
② 徐鼒:《上大府请武场添试火器笺》,载高时良、黄仁贤编《中国近代教育史资料汇编·洋务运动时期教育》,上海教育出版社,2007 年,第 674—675 页。
③ 冯桂芬:《校邠庐抗议》卷下《停武试议》,台北:学海出版社,1967 年影印本,第 137—138 页。

得人，以致卓有功勋者出身"行伍多而科甲少"。因此，他提出"宜停罢大小一切武试，一归之荐举"。冯氏之议，其实尚非彻底停罢武科，其拟停者乃旧式武科弓马之试。冯氏以为，弓马有一日之短长，应该专以臂力定高下，仍然保留进士、举人、生员作为出身之名，各省不设定额，并准以武改文，获取功名后是否愿意留营，各听其便。^①冯桂芬剖析现实甚为透彻，但其议案并未解决旧有武科之问题，提案内容本身亦有难以施行之处，并未发挥直接影响。^②

　　曾国藩之外，晚清另一文科进士出身、同样曾任封疆并对近代战事武备有切身经验之沈葆桢，其意见亦值得重视。光绪四年（1878），时任两江总督沈葆桢奏请撙节经费，仍然指出军兴以后"所以收得人之效者"，其中多半是"由额兵、练勇而来"。沈葆桢提出应"节无用以裨有用"。言下之意，即武科无用，不应糜费于此，并详论所见武科之现状与困局云：

　　　　臣到任日，武举联衔禀诉，投营几及十年，不得一差，心焉悯之。然详细察看，其晓畅营务，实不足与行伍出身者比；其奋勇耐劳，实不足与军功出身者比。何者？所用非所习也。夫归标效力者，尚能束身自爱，勉就范围；而无事家居者，往往恃顶戴为护符，以武断乡曲。盖名则为士，实则游民。有章服之荣，而无操防之苦。故以不守卧碑注劣者，文生少而武生多，则又非徒无用也。^③

　　沈葆桢之奏议，再次揭示前文多有论析之武科困局：仕途壅塞，不晓军务，无事乡居者胡作非为。沈葆桢曾主办福州船政局，办理海防，编练水师，对于军旅之事尤其是兵器、将才优劣等问题，深知利害，颇多一针见血之论。此时武场所试，仍旧抄录《武经》，考验骑射、开弓、舞刀、掇石等冷兵器技艺，与现实需求相去益远。若言清代初中期武科出身者尚有用武之地，部分人才得以建功沙场而享高官厚禄，但处于清季钜变形势，

① 冯桂芬：《校邠庐抗议》卷下《停武试议》，第136—141页。
② 冯桂芬之提案，需要迟至三十余年后，在戊戌变法期间由内官集体"笺注"之形式，才得到高层重视，不过由于变法流产，笺注意见在当时未及对外公布，亦未曾被斟酌采纳。详参廖志伟：《晚清武科举改制》，第161—165页。
③ 景清等：《钦定武场条例》卷5《武乡会试通例三》，第395页。

就不能不谋求更张规制。

　　然而,清廷中枢此时既无意对武科作出根本改革,亦不拟就此停罢武科。因此,上谕反而申饬沈葆桢曰:"国家设立武科,垂为定制,其中不乏干城御侮之材。沈葆桢辄因撙节经费,请将武闱停止,率改旧章,实属不知大体。著传旨申饬,所请著毋庸议。"①因此,废科之议只能搁置。沈葆桢停科之议虽遭廷谕驳斥,民间舆情却颇多正面响应。比如,《申报》刊发评论,分析明清行伍与科甲出身之异同,以及时代之变迁,认同沈葆桢之提案,并指出:"武职班中,必尚营派。而正途人员,反觉畸轻。"②另文《武科取非所用说》亦谓:"行伍挑选之法,历代至今,未尝或废。科甲人员本不驾乎行伍之上,然则改武科又不如竟罢武科矣。"③实情如此,旧式武科应革应废,时论虽有所向,但尚未转化为中枢政令。

二、甲午战争之冲击

　　洋务运动造船练兵数十年,竟然一朝败于蕞尔小邦,举国震动,此亦晚清政局乃至东亚局势变动之一大转捩点。废除武科之呼声,因而再次高涨。郑观应亲历洋务运动,后作《盛世危言》,已指出:"世之习武者,《武经》一卷尚属茫然,一旦临敌出师,何恃不恐?"并且回溯咸同年间"建立大功,并无武科中人",以此证明武科"所习非用"。郑观应以为,其时战守赖以出奇制胜者,不外乎水师与火器。如果不能效法西洋选才于武备学堂,也应在武科中列三等加以考试:"一试能明战守之宜、应变之方,深知地理险阻、设伏应敌者;二试能施火器命中及远、驾驶战舶深知水道者;三试制造机器、建筑营垒炮台,善造战守诸具者。"④《盛世危言》曾在光绪二十一年(1895)四月被进呈"御览",对于促成改革之直接作用如何,暂未详知。而且就其提案内容而言,颇为类似其时文科改制之诸多议案,求全面而骛高标,难期骤行。

　　五月,康有为《上清帝第三书》得以呈递御前,其中批评"武科弓、刀、步、矢无用甚矣",又谓:"此武后之谬制,岂可仍用哉"?因此,康有为

---

① 景清等:《钦定武场条例》卷5《武乡会试通例三》,第395页。
② 《武乡试论》,《申报》1897年5月4日,第2156号,第2版。
③ 《武科取非所用说》,《申报》1885年9月29日,第4476号,第1版。
④ 郑观应:《盛世危言》卷1《考试上》,台北:学术出版社,1965年影印本,上册,第20页。

建议改武科为艺科,并令各省遍设艺学书院,教授各类实用新学。此摺颇受光绪皇帝重视,旋令抄录送呈慈禧太后,并发各省督抚会议。[①] 关于武科改制,摺中着墨甚少,不过以其意见之受高层重视,对于后续改制方向应有一定影响。

七月,浙江温处道袁世凯向督办军务处呈递自强条陈,提出武科减去弓矢一场,改为放枪打靶。对于枪支之购买与管理,均提出具体思路。袁世凯认为,武科备考购置弓矢,本就耗费甚多,而应试武童、武生“多系小康之家”,可令各省督抚估计本省生童多寡,先行筹集垫款,从德国购买单响毛瑟枪及子弹,再由考生自行出资购买。至于管理办法,首先,子弹乃“限数售发”,而且只给“取具邻保、素有家产、安分者”;其次,如果考生停考或身故,可将所领枪械缴回,退还原款,“以防流落匪手,滋生事端”;最后,官方编辑有关枪械保养使用之法,“随枪刊发一本”,以便士子参照学习。[②] 袁世凯晓悉军事,所提改革武科之方策,均与现实练兵密切结合,而且其中颇多关注技术问题及操作细节。不过,此议似亦未能引起普遍回响。

九月,山东道监察御史孙赋谦上奏,援引雍正年间武场改制旧例,请停舞刀、掇石,改习枪炮。孙赋谦虽称清廷以骑射威天下,弓矢为其要途,因此保留开硬弓,以考验士子臂力。不过依其所议,必须“枪有准、炮合式者,始准录取。否则马、步射虽能命中,硬弓虽能挽强,一概不准入选”。兵部奉旨议奏,援引严禁私藏火器之例反驳,称如果武场改习枪炮,则士子必须演习火器,官府不能禁止私藏,易生事端。结果,孙赋谦所奏“著无庸议”。[③]

可见,百余年后清廷之根本关切,与乾隆皇帝驳斥两江总督高晋奏请改试鸟枪之理由,仍旧如出一辙。惟此时局势变化,因此稍微变通陈例,下令营用武进士及落第武举发标学习者,可以在营演习枪炮。前奏

---

① 康有为:《上清帝第三书》,载孔祥吉编著《康有为变法奏章辑考》,北京图书馆出版社,2008年,第48—73页。康有为涉嫌事后“作伪”之《戊戌奏稿》,见录《请停弓刀石武试改设兵校摺》,专论武科革废,不过此摺不见于孔祥吉《辑考》,应非康氏在戊戌变法期间所奏。

② 袁世凯:《遵奉面谕条陈事件请代奏摺》,载骆宝善、刘路生主编《袁世凯全集》第3卷,河南大学出版社,2013年,第544页。

③ 孙赋谦:《奏为请饬部变通武场考试技勇章程事》,1895年,中国第一历史档案馆藏清代军机处录副奏摺,档案号:03-5758-022。

虽遭驳回,次年孙赋谦再次上奏,切指时局利害三条。其一,若弛枪炮之禁,即便民人相斗,受伤不过数十百人,但将才不得,则被伤者将不止千万亿兆。两害相权,应取其轻。其二,各省大盗皆持洋枪行劫,"良民"被规章拘束,反倒不能执枪防御。其三,近日民间洋枪已经盛行,名义虽禁,实际不能禁绝。因此,孙赋谦仍力主弛枪炮之禁,允许民间士子持枪演习。并请从次年岁考开始,武科皆停试刀石,改习枪炮。[①]孙赋谦前后两道奏疏,对于武科之不足以及时局之急迫,剖析甚深。朝廷对于其中积弊,亦早有认识。其陈情未获准允,主要在于朝野均未将力挽狂澜之希望寄托于武科士子,因此对于改革之正面效果本就不甚看好,朝廷更因根深蒂固之行政惯习,以改试枪炮将难禁私藏为由,拒不接纳改制建议。

同年,甘肃新疆巡抚陶模上奏,亦称:"至旧有武科,得人本少。若辈恃有顶戴,往往武断乡曲,转难约束。傥谓弓矢无益而改习火器,则家家可置枪炮,流弊尤甚。似应将旧例武科一律停止。"[②]武科改习火器,仅为权宜之计。陶模认为家家持有枪炮,反而更滋流弊,因此建议一律停止,更为彻底。不过,此时朝廷中枢之整体风向,仍然倾向于保存武科旧制。

三、新旧更替:武备学堂之渐次设立

晚清变局之中,旧式武科不堪应对,功名衰微。各地新式军校则渐次设立,更新选拔人才、培养将领之渠道与机制。武科所选属于陆军序列,新式军校中也以武备学堂与武科较为契合。晚清武备学堂之初建,事在光绪十一年(1885),由直隶总督兼北洋大臣李鸿章奏请,于天津创设。李鸿章历陈西洋诸国选将练兵之法,认为"当以其人之道还治其人",如果"仅凭血气之勇、粗具之才"去应对强敌,"终恐难操胜算"。依照规划,天津武备学堂以德国军官为教习,挑选各营弁兵百余名入堂,学习天文、地舆、格致、测绘、算化诸学,炮台、营垒新法,并操习马队、步队、炮队以及行军布阵、分合攻守诸式,兼习经史。学习期满,选择其中成绩

---

① 孙赋谦:《奏为武场考试技勇仍请变通改习枪炮以储将才事》,1895年,中国第一历史档案馆藏清代军机处录副奏摺,档案号:03-5614-029。
② 陶模:《培养人才勉图补救摺》,载陶葆廉辑、陆洪涛校《陶勤肃公(模)奏议》卷3《新疆三》,台北:文海出版社,1969年影印本,第39页。

较优者,发回各营挑选任用。[1] 天津武备学堂领风气之先,其办理章程成为此后全国多数武备学堂之参考范本,毕业学生亦多充当各省武备学堂之教习。

此后,各省零星奏设武备学堂。光绪二十四年(1898)颁发改制上谕,下令此后武科改试枪炮,而且对于其中未尽事宜,以及各直省应如何设立武备学堂等事,下令兵部随时奏明办理。[2] 朝廷姗姗来迟之改试枪炮政策,是否能收其效,实可存疑。《格致新报》所刊一则问答,问及"武试改用枪炮,其果有利无弊否",答谓改试枪炮"亦属舍本求末",其分析涉及弓矢与枪炮、兵勇与将才、技术与智谋、考试与操练之分殊,诚属有见;至其结论,关键在于多设武备、水师学堂;最后指出习练枪炮"乃营操之事耳,亦何必以之试士哉"[3]?此外,遭遇庚子事变、武科停废之后,又下令各省将军、督抚裁汰旧式营勇,"或就旗营添设武备学堂,或挑选精壮附入各省学堂练习",以便"另练有用之兵"[4]。朝廷倡导催促如此,各省闻风响应,武备学堂在全国各省普遍奏办。

综合档案史料所见,清末曾经奏设之武备学堂有:天津武备学堂(1885,直隶总督兼北洋大臣李鸿章)、广东陆师学堂(1887,两广总督张之洞)、江南陆师学堂(1894,两江总督张之洞)、吉林武备学堂(1896,吉林将军长顺)、直隶武备学堂(1896,督练新建陆军直隶按察使袁世凯)、湖北武备学堂(1896,湖广总督张之洞)、浙江武备学堂(1897,浙江巡抚廖寿丰)、贵州武备学堂(1898,贵州巡抚王毓藻)、陕西武备学堂(1898,陕西巡抚魏光焘)、安徽武备学堂(1898,安徽巡抚邓华熙)、山西武备学堂(1898,山西巡抚胡聘之)、江西武备学堂(1898,江西巡抚德寿)、云南武备学堂(1898,云贵总督崧蕃)、四川武备学堂(1898,署理四川总督恭寿)、十旗武备学堂(1899,吉林将军延茂等)、黑龙江武备学堂(1899,黑龙江将军恩泽)、开平武备学堂(1900,直隶候补道孙宝琦)、江苏武备学堂(1901,江苏巡抚聂辑椝委托丁翘之开办)、察哈尔驻防旗营武备学堂(1901,察哈尔都统奎顺等)、绥远武备学堂(1901,绥远将军信恪)、保定

---

[1] 哈恩忠编选:《光绪朝各省设立武备学堂档案(上)》,《历史档案》2013 年第 2 期。
[2]《清实录·德宗实录》卷 415,第 57 册,第 439—440 页。
[3] 爱莲室主人:《答问武试改枪炮》,《格致新报》1898 年第 6 册,第 15 页。
[4] 哈恩忠编选:《光绪朝各省设立武备学堂档案(上)》,《历史档案》2013 年第 2 期。

武备学堂（1902，直隶总督兼北洋大臣袁世凯）、福建武备学堂（1902，闽浙总督许应骙）、广东武备学堂（1902，两广总督陶模、广东巡抚德寿）、甘肃武备学堂（1902，甘肃新疆巡抚饶应祺）、新疆武备学堂（1902，甘肃新疆巡抚饶应祺）、湖南武备学堂（1902，革职留任湖南巡抚俞廉三）、山东武备学堂（1902，山东巡抚张人骏）、杭州满营武备学堂（1902，杭州将军常恩）、江南武备学堂（1903，两江总督魏光焘）、河南武备学堂（1904，河南巡抚陈夔龙）、热河陆军武备学堂（1905，热河都统松寿）、奉天武备学堂（不详，奉天将军依克唐阿）。[1] 总凡32所，括弧所注为奏办时间及奏办官员衔名。

考察得见清末奏设之武备学堂中，少数属于前后衔接改制而建者，如广东陆师学堂与广东武备学堂，以及天津武备学堂、开平武备学堂及保定武备学堂等。以上所列除了计入少数驻防八旗将军、都统奏设之武备学堂，并未计入其他类别之军事学校，如随营武备学堂及将弁学堂等，统计对象主要为督抚奏设之省级武备学堂。部分武备学堂之招生对象，即包括旧制武科士子，其中确有新旧相接、以新替旧之用意。从奏办时间来看，不少集中于戊戌变法之1898年及新政开启之1901—1902年，显系各省对于统一政令之回应。至于其开办规模与效果，则程度参差，难于划一，而且大多受到经费问题牵制，开展不易。1897年张之洞在鄂奏办武备学堂情形，亦指出："大率外洋武备学堂分为三等。小学堂，教弁目。中学堂，教武官。大学堂，教统领。学术深浅难易以此为差。"[2] 而自1904年起，各地武备学堂陆续奉命改设、并入陆军小学堂，仅有极少数改为中学堂或高等学堂，亦可看出对其办学程度与效果之定位。

晚清议改武科之初，曾拟将旧式武科与武备学堂合一，此与文科改制中"学堂与科举合一"之计划相似。但终因学堂、科举二者之间难以协调共存，停废科举之议始能付诸实践。晚清设立各类军事学堂、改革兵制，其后果之一为催生新兴军事力量，最终形成新式军阀。此辈之崛兴，影响近代中国甚钜。清季所创武备学堂，实乃民初军阀之渊薮，其中

① 详参朱有瓛主编：《近代中国学制史料》第一辑上册，华东师范大学出版社，1983年，第533—550页。哈恩忠编选：《光绪朝各省设立武备学堂档案》（上、下），《历史档案》2013年第2—3期。朱建新编著：《中国近代军事学校》，河南教育出版社，1992年，第25—40页。
② 张之洞：《设立武备学堂摺》，载赵德馨主编《张之洞全集》第3册，武汉出版社，2008年，第412页。

尤以最先创办之天津（北洋）武备学堂最为显赫。段祺瑞、冯国璋、曹锟、靳云鹏、吴佩孚、段芝贵、王士珍、商德全等民初叱咤风云之人物，皆出其中，此为后话。

第四节　戊戌变法前后革废武科之争论与曲折

晚清军政之现状及舆论之氛围，逐渐指向改革乃至废除旧式武科。不过，从个人"私议"化为舆情"公论"，再转变为实际政策，仍非理所当然之事。其间种种论争与曲折，正好得见此一制度之存否，虽然对于现实军力影响甚小，而其兴废，则又关乎整体政治体制内各方之博弈。

一、中枢改制议论之初发与要点

光绪二十三年（1897）十二月，协办大学士荣禄正式奏请改革武科。荣禄之议，重在训练现有武童成为可用之兵。依据其言，当时天下武童约有三四十万，如果教练成兵，其利有五：其一，武童年富力强，没有老弱之人滥竽充数；其二，武童娴习弓马，教练容易成功；其三，武童有志上进，与"苟谋衣食者"不同；其四，武童姓名、宅里有记录可查，因此没有逃亡之弊；其五，武童有家有室，散则归农，不至于成为盗贼。而且，武童近在乡里，养兵花费较少，此项尤其胜于招募所得。

至于教练、选任之法，荣禄亦有具体方案。整体而言，荣禄建议暂存旧制武科，新设武备特科，两者大致分占现有各级武科中额之一半，不过前者渐退渐停而后者渐进渐立。武备特科仍授传统武科出身，但教练、考选方法完全不同。从武童开始，拟让各省聘请"兼通西法、精于操练"者数十人，就地训练，希望一年练成"精兵"，两年作为武生；然后挑选其中"才武聪颖者"，送入各省武备学堂，学习有关西学知识，并参照近代军队制度，"分炮队、枪队、马队、工程队诸科"，加以训练；三年期满，由督抚考试，列为优等者授予武举人出身；而后送入京师大学堂，学习三年，钦派王大臣加以考试，列为优等者授予武进士出身；最后进行廷试，根据其所习本科，"验其膂力、技艺，询以方略"，以侍卫、守备等职位，相应任用。

并且,拟定今后军营任用哨长以上,"均须用此项武举人、武进士人员充补",使其有机会"效力行间,以备干城之选"①。

荣禄之提案,入手之处为教习武童,至于其具体办法,乃图将武备学堂、武备特科及行伍历练合一,以期达致培育、选拔、任用军事人才之宗旨。荣禄并不主张立即废除旧制武科,而是采取渐进之法,先以旧制武科及武备特科大致平分中额,相济为用。待新制见效,再停罢旧制,近于文科"缓停"之议。此时,朝野改制呼声炽盛,清廷迭遭败局,亦图改制,对于荣禄此奏颇为重视,随即下令军机大臣会同兵部议奏。② 荣禄此奏,揭开晚清中枢正式革废武科之帷幕。其后武科改制之奏议提案,无论赞同反对、修正补充,皆由此而开端绪。

光绪二十四年(1898)正月,给事中高燮曾亦奏请特设武备特科,尤其提出在教习、考试及选拔中,应当注重以下五事。其一,娴熟韬略,兼通中法及西法;其二,熟悉舆地,工于测绘;其三,勤于练身,善于击刺;其四,曾习洋枪、洋炮以及中国擅长之火器;其五,精通制造,能创新器械。高燮曾特别强调,前四项缺一不可,第五项则可以另为一格,"或专长,或兼长,皆可保荐。"而后赴京参加考校,合格者授予官职,担任武备学堂教习,如果"教有成效,准予超擢"③。由此,在教习队伍上保障质量,引领全国武备学堂,培养新型军事人才。

高燮曾此疏,其核心思路可与荣禄所奏相互呼应,主要改制思路皆为:首先不拘一格,设立武备特科选拔人才;而后遍设武备学堂,培养、储备人才;学成后再效力行伍,以便历练、拔擢人才。同月,顺天府府尹胡燏棻亦上奏,请在各省、府、厅、州、县分设武备学堂,命令武生童入学,改习枪炮。荣禄、高燮曾、胡燏棻三人之奏疏,可谓异曲同工。至于其核心宗旨,皆希望将学堂、科举、营制三者合一,养成新式军事人才。奏疏上达之后,上谕遂令军机大臣会同兵部,将三人提案一并议奏。④

---

① 荣禄:《奏为改革武科考试旧制敬陈管见事》,1897 年,中国第一历史档案馆藏清代军机处录副奏摺,档案号:03-5922-013。
②《清实录·德宗实录》卷 413,第 57 册,第 405 页。
③ 高燮曾:《请设武备特科疏》,载王延熙、王树敏辑《皇清道咸同光奏议》第 1 册,台北:文海出版社,1969 年影印本,第 486 页。
④《清实录·德宗实录》卷 414,第 57 册,第 422 页。

二、武科改制谕令之颁发

既有荣禄等人连续上呈提案,军机大臣及兵部奉旨会议,旋由恭亲王奕䜣领衔奏覆。首先明确武科乃沿自前代,当时火器"尚未盛行"。清朝八旗劲旅"骑射绝人",因此武科沿用考选人才之技艺,本来"原属制胜之具",不过,时移世易,原属致胜之具、龙兴之本之弓马骑射,已远逊于西人之枪炮弹药。清代武场习见"圣朝弧矢威天下"之语,此时则正式承认"弧矢诚不足威天下"。此外,又以武场所试技勇,类比于文场之八比时文,皆"习非所用"。①

此时,改革之力量与呼声已渐占主导,而且最高当局与核心重臣亦公开承认旧式武科之无用与改革之必要。虽然在开设武备特科问题上,此次会奏并未采纳荣禄、高燮曾、胡燏棻之提议,不过改革武科、设立武备学堂两项,已势在必行。奕䜣等亦详细议论,开列改制章程十条具奏。二月二十六日,清廷发布上谕,正式宣布改革武科:

> 国家设科,武备与文事并重。原期遴拔真才,以备折冲之用。现在风气日新,虽毋庸另设特科,亦应参酌情形,变通旧制。著照该大臣等所议,各直省武乡试自光绪二十六年庚子科为始,会试自光绪二十七年辛丑科为始,童试自下届为始,一律改试枪炮。其默写《武经》一场,著即行裁去。②

至此,晚清扰攘数十年改革武科之议论,终于在朝廷谕令层面得以确认。专设武备特科之提议,最终未被采纳。此次改革武科之方向,在于保存旧有科制,同时添加新式项目。实际操作中则打算循序渐进,武童试、乡试、会试依次改考枪炮,停止默写《武经》。同时,各省拟遍设武备学堂,培养新式军事人才。

三、改制细节之论争

戊戌二月之上谕,不过指明整体改制方向而已,实施细节尚需讨论。

---

① 军机大臣、兵部:《议覆荣禄请设武备特科疏》,载王延熙、王树敏辑《皇清道咸同光奏议》第1册,第487—488页。
② 《清实录·德宗实录》卷415,第57册,第439—440页。

三月,广西巡抚黄槐森奏请改试洋枪,兵部奉旨议覆,并令各省官员阐发己见。四月二十三日,清廷发布"明定国是诏",宣明中枢变法自强、讲求实学之态度与决心,正式启动"变法"①。风气既开,中央阁部、言官,各省将军、督抚、学政等纷纷上书言事。对改革武科之具体方案与细节,众议纷纭,一如河南道监察御史杨福臻所言:

> 有谓宜复马、步箭者,有谓仍留硬弓或并留刀、石者,有谓兼试长矛、铁牌者,有谓宜试体操者。或请毋令学臣考试,或请归司道考试,或请由教习考试,或议减额,或暂停科。议论纷纭,各持一说。②

此时,虽然改革大势及方向已定,但朝中对于改革武科之具体方案,争论颇多。③其中之主导意见,仍为保留武科形式,停止旧式武科考试项目,改考枪炮火器,并建立武备学堂培养军事人才,增加实际行伍历练。以下依照时间线索,摘述其中较具代表者,并稍加解析,以见其时官员之关注与论争要点所在。

(一)陶模、夏启瑜之论议

四月二十日,陕甘总督陶模偕甘肃学政夏启瑜上奏。针对取中武生后才挑选入学、武童仍由学政统一考试、准许武童在家自行操演这三项提案,二人持有异议,认为应作相应变通,立论如下。

其一,中国选士之大弊,在于文武之分途。因此,无论科甲还是行伍出身者,大都目不识丁,只能依靠幕友,因而弊端百出。如果武童应试之时,不问其是否读书识字,只重枪炮考试,则"游勇匪徒"皆有可能侥幸考中,其弊更甚于改制之前。因此,应当仿照西人设立文法学堂之意,先令州县官员明查,确保应试者身家清白、质性驯良;再经过考试,必须粗通文理,才准送入武备学堂。

其二,此后考验武生,不应再由学政兼任。各省既然设立武备学堂,应由各专门教习依据其日课月试以及每季、每年成绩,评定优劣。而且,水陆武事迥异,水军、陆军亦应当于童生阶段就分途学习。沿江、沿海诸

---

① 诏令全文见《清实录·德宗实录》卷418,第57册,第482页。
② 杨福臻:《奏为遵议变通武科拟宜学堂营制科举合一事》,1898年,中国第一历史档案馆藏清代军机处录副奏摺,档案号:03-5616-027。
③ 其中进程及细节,廖志伟探论甚详,参廖志伟:《晚清武科举改制》,第134—176页。

省兼设水师学堂,水军学生入学讲习水战技艺、知识,由中外教习会同提镇考试,再由督抚考试水军兵法。如果两项成绩皆优,可为水军秀才。而后咨送海军大臣或南洋、北洋大臣,再加以考试,择其优者作为水军举人。陆军学生则入武备学堂,学习陆战技艺、知识,由司道官员会同教习考试,再由督抚考试陆军兵法,两场俱优者得为陆军秀才。而后咨送兵部或南洋、北洋大臣考试,择其优者为陆军举人。最后,奏请钦派王大臣覆校水军举人和陆军举人,择其最优者为进士。

其三,如果准许武生、武童自行在家学习操演,并准其自购枪炮,必会漫无限制,绝不可行。习武者皆须进入学堂,由教习加以管束。演习所用枪炮,亦必须由教习派人经管,武生除了在学堂之时,不得私持枪炮。此外,陶、夏二人特别强调,武科改革不能再拘泥旧章,委曲迁就。改制初期,不妨暂停一两科考试,让考生得以从容学习。至于旧例武科,应当"一律停止",旧日武生、武举可以投营效力,量材录用。①

陶、夏二人之提案,整体框架仍存武科之制,但提出停止旧式项目,改考枪炮。而且,亦尝试将武科功名与新建水陆军事学堂学历糅合,以致提案中有水军、陆军系统之秀才、举人、进士之名,足见传统功令影响之深。

(二)魏光焘、叶尔恺之论议

五月二十四日,陕西巡抚魏光焘、学政叶尔恺上奏,指出:"更张之始,教练为先,则建立学堂乃武科改制之根本。"并奏请将陕西武乡试、会试均暂停一届,让士子操练精熟,光绪二十七年再依新章举行县试,等到两年之后,再取足两科之额。如此,希望让考生"知立法之意,非捐弃故技、精习枪炮,不能进身。乃能绝其两端首鼠之心,而精求乎药云弹雨之用"。对武备学堂练习考核之法,提议四条如下。

其一,去我所短,留我所长。西人所长在枪炮,中国所长在击刺。因此,应将武场考试刀、弓、石,改为刀、矛、牌。刀、矛仍拟用湘营操练旧法,牌则改藤为铁,用以遮蔽子弹,壮其胆气。其二,器械求新,矩规仍旧。虽然改习枪炮,不过考试场期拟一仍其旧。将原本地毯及马箭、步

① 台北"故宫博物院"故宫文献编辑委员会编:《宫中档光绪朝奏摺》第11辑,台北:台北"故宫博物院",1974年影印本,第870—872页。

箭,改为考试马、步枪及炮,作为一场;原本刀、弓、石,改为刀、矛、牌,作为一场。其三,器用西式,教用华人。鉴于陕西地方较远,经费短绌,难以延聘洋人教习,拟与南、北洋大臣咨商,在其营员、学生之中,选择精通西洋战法,兼通舆地、测算等学者,派往陕西任教习。其四,立法在考试之中,育才在考试之外。武备学堂乃为武科改章而设,自然应当以成就全省武生、武童为主;不过,若有官场子弟、游幕通才有志请缨,亦准报名投考,作为"外课"收入学堂,一并教授。此类人士若有志参加武科,仍咨送回籍应试。[①]

魏光焘乃陕西武备学堂之奏设者,此处奏对亦多结合武备学堂而发。其提案因地制宜,亦有特别之处,比如看重中国武艺所长,建议仍考刀、矛、牌等冷兵器,不改武科场期,并拓宽武备学堂生源等,其"立法在考试之中、育材在考试之外"一语,亦属切中肯綮。

(三)张之洞之论议与改制章程初定

五月十六日,湖广总督张之洞上奏,称清朝将才大致出于旗营官校、绿营弁兵及召募练勇三途,皆属行伍出身。而且据其观察,自从咸丰年间军兴以来,"其由武举、武进士立功著称者,实属寥寥。"不仅如此,张之洞亦批评武科出身者"恃符武断,如虎而冠,鱼肉乡民,窝庇匪盗"。每逢地方武科考试,武生、武童聚集,"必滋生无数事端",以致"街市、店铺日有戒心,讹诈逞凶,防范隐忍";等到考试结束散场,"则彼此相庆。"因此,各省官商士民对于武科士子"无不以为巨患",甚至评价武科"几为附骨之疽,去之无术"。此类"劣迹"之范围、程度及人数比例如何,控诉有无张大夸饰、以偏概全之处,均可详究。问题在于,正是此类出身文科、身居要位之文官,此时实质影响着包括武科革废在内之中枢政策走向。至于其改制核心思想,亦为营伍、学堂、武科(或曰武营、武学、武科)三事合而为一。关于武科具体考法,张之洞建议:

> 仿马步箭、弓刀石、《武经》三场之制,头场试枪炮准头,兼令演
> 试装拆、运动之法;二场试各式体操,及马上放枪、步下击刺之技;

---

① 魏光焘、叶尔恺:《奏为拟设陕省武备学堂并武科改用枪炮定立简明章程缮具清单恭摺》,1898 年,台北"故宫博物院"藏清代宫中档奏摺及军机处档摺件,档案号:故机 143215。

三场试测绘工程、台垒铁路、地雷水雷、舆地战法等学。乡、会试格式宜较严,童试格式宜较宽。三场合较,智勇兼优,将来浒膺将领,庶可胜任。①

张之洞之提案,在保留三场次第及考试击刺等方面,与魏光焘等有异曲同工之处。张之洞久历封疆,办理洋务,在兴学育才方面望重一时,其提议影响亦大。其奏即奉硃批,由兵部会同总理衙门议奏。其后廷臣奏陈武科改制,多有附和张之洞建议者。当然,在操作细节上,仍有对改试枪炮不无疑虑者。例如,六月初二日,安徽巡抚邓华熙上奏,指出枪炮用法与弓箭迥异,各省武生童多为游手无业、草茅粗莽之辈,改制之初,如若训练不足、管理不周,点名、考试时人多拥挤,"机簧误碰,立即伤人";考试细则及评价结果若有争议,"主试及执事各官,且恐危机莫测";武童闹考等事本来多有,若遇临场交斗,"难保其枪不妄施,酿生人命重案。"②

不过,改革总体方向已定,七月二十七日,清廷再令军机大臣会同总理衙门、兵部会议改制章程。随后议覆,提出稽名籍、严考试及杜流弊三项原则,拟定改制章程细节,并提议依照二月上谕,武乡试自光绪二十六年(1900)庚子科开始,武会试自光绪二十七年辛丑科开始,武童试自下届开始,皆按新章考试。③武科改制方案,至此终于讨论就绪,只待分步施行。

四、改革流产与旧制恢复

戊戌变法期间,对于武科改制已基本达成营伍、学堂、武科合一之共识,具体章程亦渐明朗。此时之主政者,尚未打算彻底废除武科这一选拔机制,改革对象在于其考试内容及培养、训练方式。因此,各地依据改制要点,亦开始部署转轨、应对措施。比如,湖北汉阳府发布告示,拟在考试武生童正场之前,先考测算、舆地一场。④童试完毕,湖北学政亦晓

---

① 张之洞:《酌拟变通武科新章摺》,载赵德馨主编《张之洞全集》第3册,第493—497页。
② 哈恩忠编选:《光绪朝各省设立武备学堂档案(上)》,《历史档案》2013年第2期。
③ 军机大臣、总理衙门、兵部:《会议武场改制疏》,载王延熙、王树敏辑《皇清道咸同光奏议》第1册,第496—499页。
④《招考武童测示》,《申报》1898年4月24日,第8987号,第2版。

谕武生童,称此次虽仍以弓马、技勇取进,但应"预为改试地步,研求测算。庶于火线之界限、炮轴之昂度、地势之险夷、行军之利钝,均可于测算中得之。"①上海县亦出告示,谓武科改试枪炮,"自应预行操练,枪炮系属火器,必须择地演习,不得有碍居民。且应编列字号,存放一处,用时再取,以杜私藏之弊。"②

此时看来,武科改制似已渐入正轨。但是,随后发生政变,形势遽转,新法尽废。九月十八日,发布上谕:

> 武科改试枪炮,原为因时制宜起见。惟科举之设,无非为士子进身之阶。至于训练操防,尤以营伍、学堂为储材之根本。所有武场童试及乡、会试,均著仍照旧制,用马、步箭、弓、刀、石等项分别考试。……至各省武备学堂,应由各督抚酌量建设。所有未经入伍之武举、武生等,均就近挑入学堂,学习格致、舆地等学,及炮队、枪队、马队、工程队诸科,以备折冲御侮之用。③

上谕下令武科恢复旧制,但亦承认营伍、学堂为储养人才之根本。改革者主张将武科、营伍与学堂合一,上谕惟独不认武科选将之功效,此亦事实。上谕直谓武科"无非为士子进身之阶",亦与前文所论相符。此时之武科,不过为获取出身、功名之途径,而非抡选真才之要途。

改革流产,朝局风向骤变。十一月十五日,两江总督刘坤一上奏,盛称恢复武科旧制,乃"皇太后、皇上权衡至当,因时制宜。于慎重武科之中,仍寓作育群才之意"。当然,此处似乎仅为顺应风向之铺垫辞令而已,刘坤一整体主张改制,意不在此。其上奏之要旨,在于指明旧式武科士子考取武备学堂之困难,以及武科恢复旧制所面临之困境,其中要义归纳如下。④

其一,各省武备学堂尚未普遍建立,而且大多只能在省会设立学堂一所,全省武举、武生入学,必须经历挑选。此外,武备学堂功课门类较

---

①《诰诫谆谆》,《申报》1898年5月18日,第9011号,第2版。

②《武试改章示》,《申报》1898年7月11日,第9065号,第3版。

③《清实录·德宗实录》卷430,第57册,第640—641页。

④刘坤一:《奏为武举武生挑选入学堂肄业宜先于平时讲习兵法等学以备甄取而育将才事》,1898年,中国第一历史档案馆藏清代朱批奏摺,档案号:04-01-38-0188-044。

多,肄习不易,若非文理明畅、资质聪颖者,恐怕很难领悟。各省武举、武生文艺不足,江南初设陆师学堂,举行甄别考试,留堂者仅得武生一人。因此,刘坤一建议,将陆师学堂之兵法等课程加以厘定刊刻,颁行各府县学,让武举、武生在籍自行探讨,待能通晓大义,再考选入堂,与学生一体授课。

其二,武备学堂之功课共有十余门之多,武举、武生如果入堂肄习,日不暇给,恐将偏废马、步箭及弓、刀、石等技艺。而且,此时武科恢复旧规,士子为图功名,难免舍此就彼。因此,刘坤一更建议,此类武举、武生于武备学堂毕业之后,给予凭照,咨送兵部加以考验,分别酌予出身,以资鼓舞。

刘坤一此奏,直指当时武科之两大问题。首先,旧有武科士子人数众多,但水平低劣,不堪直接选入武备学堂造就。其次,如果恢复武科旧制,考试冷兵器技艺,则旧式武科士子即便身入武备学堂,也难免为图功名而习旧艺,难以专注于学堂功课。此外,刘坤一奏请彻底停练旧有冷兵器技艺,专习枪炮。然而此时朝局风向已变,因此旋即发布上谕,将刘坤一所请尽数驳回:

> 武生期于有勇,岂能人人尽属通才?该督所请将武举、武生讲习文艺之处,语多窒碍。至咨送兵部考验,酌予出身,亦与奏定章程未符,应毋庸议。即著恪遵九月十八日所奉懿旨办理,将未经入伍之武举、武生等,就近挑入学堂,学习格致、舆地及炮队、马队、工程队,以副实事求是之意。另片奏,请饬各省绿营马队步箭、藤牌、杂技,一律改习枪炮等语。武备应习击刺、行阵等法,营伍中未可偏废。所请专习枪炮,亦著毋庸置议。[①]

刘坤一所论甚为清晰:如果武科内容不改、制度不废,将有碍武备学堂之兴办及新式军事人才之养成。其后奏请立停文科,亦谓“科举一日不停,士人有侥幸得第之心,以分其砥砺实修之志。民间相率观望,私立学堂绝少。如再迟十年甫停科举,学堂有迁延之势,人才非急切可求”[②]。

---

① 《清实录·德宗实录》卷434,第57册,第708—709页。
② 赵尔巽等:《清史稿》卷107《选举二》,第3135页。

虽然文武殊途,清末却近乎"同归":向来赖以选拔人才之体制,此时反被视为阻遏抢才之"弊法",时势变异,其剧如此。

第五节　武科之正式废除、善后措置及社会反应

一、庚子事变与武科停废

自鸦片战争起,清廷对外迭遭败局,丧师割地。庚子之役,其屈辱意味几近无以复加。清廷两宫被迫"西狩",痛定思痛之后,决定再次推行改革。光绪二十六年(1900)十二月,再发上谕,称"世有万古不易之常经,无一成不变之治法",并引经典论述为据,承认"法令不更,锢习不破;欲求振作,当议更张"。因此,下令中外要臣各就关涉治国理政、国计民生、兴学抢才、军事武备等事宜,"各举所知,各抒所见。"[①] 朝局再变,言路稍开。

光绪二十七年(1901)五月,张之洞、刘坤一奉旨上奏,筹拟四条,一曰设文武学堂,二曰酌改文科,三曰停罢武科,四曰奖励游学。针对文科,主要提倡废除八股,改试策、论,并加试西学政艺。两人认为,虽然文武两科并称,但轻重利弊迥然不同。文科改制,稍变其法,其意仍同,因此仅提出酌改文科。对于武科,则力主停罢:

> 若武科则不然。硬弓、刀、石之拙,固无益于战征;弧矢之利,亦远逊于火器;至于默写《武经》,大率皆系代倩,文字且不知,何论韬略? 以故,军兴以来,以武科立功者,概乎其未有闻。凡武生、武举、武进士之流,不过恃符豪霸、健讼佐斗、抗官扰民,既于国家无益,实于治理有害。[②]

此外,该疏就时论针对武科之种种辩白,以及令武生改习枪炮、入武备学堂肄习等局部权宜方案,展开逐一驳斥。最后明确提议,将武科

① 《清实录·德宗实录》卷 476,第 58 册,第 273—274 页。
② 张之洞、刘坤一:《变通政治筹议先务四条摺》,载欧阳辅之辑《刘忠诚公(坤一)遗集》奏疏卷35,台北:文海出版社,1968 年影印本,第 4821—4822 页。

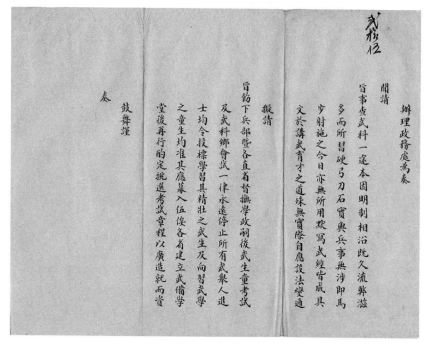

图 9-6 办理政务处请停武科之奏疏
原件藏地：台北"故宫博物院"图书文献馆。

各场考试一律停罢。至于善后办法，拟将旧日武进士、武举人一律发标学习，考察人才，酌量委用补署，不必按资挨次选补实缺。武生年壮有志者，令其讲求武学，以备应募入伍，其疲老者则准其改业。并谓此乃"自强讲武之一大关键"[1]。奏疏上达，政务处奉旨议奏，奏请停废。[2] 据此，光绪二十七年七月十六日（1901 年 8 月 29 日），清廷正式发布上谕，永远停止武科各级考试。其文曰：

> 武科一途，本因前明旧制。相沿既久，流弊滋多，而所习硬弓、刀、石及马、步射，皆与兵事无涉。施之今日，亦无所用。自应设法变通，力求实济。嗣后武生童考试及武科乡、会试，著即一律永远停止。所有武举人、进士均令投标学习；其精壮之武生及向习武学之

---

① 张之洞、刘坤一：《变通政治筹议先务四条摺》，载欧阳辅之辑《刘忠诚公（坤一）遗集》奏疏卷 35，第 4824—4825 页。

② 办理政务处：《奏请旨饬停武生童试及武科乡会试》，1901 年，台北"故宫博物院"藏清代宫中档奏摺及军机处档摺件，档案号：故机 143681。

童生,均准其应募入伍。俟各省建立武备学堂后,再行酌定挑选考试章程,以广造就。①

如果稍作对照,可以发现废科上谕之内容,即以政务处议奏为本,不过亦有细微分殊。政务处之议奏,或为顾及满人以骑射起家、"弧矢威天下"之背景,未言马、步射与兵事无涉,只称"施之今日,亦无所用"。但朝廷最终所发上谕,则一并承认马步箭、弓刀石皆与兵事无涉,今日亦无所用,为求实效,因而废之,显得更为彻底。此外,政务处仍提默写《武经》之无用,上谕则索性不着一字,或许更见鄙弃之意。同日,彻底改革文科之上谕亦一并颁发。文武两科,同属常规抡才体制,此时同日得令,一革一废。上谕概论两科地位之措辞,颇可深味。

武科自武周长安二年(702)设立,至清光绪二十七年(1901)正式废除。若不计其间短暂停罢,该选举制度前后延续一千二百年,几乎与文科相当。历代虽有调整武科考试内容之建议与尝试,但直至晚清废科,武场亦未能改试火器。一千二百年之中,武科考试内容皆为冷兵器时代之弓马、技勇、策略。制度设计不能与时俱进,不仅难期实效,还会滋生弊病,甚至危及政局。

二、武科停废之善后举措及社会反应

停废武科之上谕,针对旧有武科士子之安置,大致为送入武备学堂及投标学习两途。上谕下达之后,各地官府开始出示文告,宣明朝廷政策,并晓谕士子早作准备。比如,江西九江府发布文告:

> 朝廷为该武生、武童谋及进身之路,自应静候学堂设立,挑取入堂。并俟新章颁到,报名挑选入伍。但使膂力坚强,认真操练,以后出路较之武乡试、会试,尤为宽广。其各钦遵毋违。②

然而,士子对于武科停罢,多有不能接受者,因此"纶音所布,各省武生、武童之纷然而起者,实繁有徒"③。况且,政府虽有善后措置,但安置

---

①《清实录·德宗实录》卷485,第58册,第412—413页。
②《示停武试》,《申报》1901年10月19日,第10239号,第2版。
③《论武童闹考事》,《申报》1901年10月23日,第10243号,第1版。

旧有武科士子时,仍然面临棘手问题。其一,当时各省武备学堂尚未普遍建立,即便建立亦多限于省城一所,不能满足全省武生童入学所需;其二,诚如前引刘坤一所言,旧式武科士子之知识结构与武艺专长,皆与武备学堂之要求颇有距离,难望短期顺利转轨;其三,部分武科士子本来无意上进,武断乡间,而且武科前途本就不容乐观;其四,尤为重要者,此时文科未废,照例进行。两相对照,武科士子更形失望,更有借机宣泄滋事者,略举如下。

湖北武昌武童得知武科停废,无不"搔首吁嗟",联名上秉学政,请总督张之洞、巡抚端方等会商,奏请朝廷收回成命。学政称此举出自廷旨,不容阻挠,但湖北尚未正式奉到兵部文案,因此本届考试中如若弓马擅长,仍可照常取进。然而,诸武童以为即便取进,日后亦无上进之路,大半废然而返。①广东武生纠聚多人,联名递禀,请求武试照常举行。官府宣告此事乃朝廷之意,断难挽回,武生废然而返。②湖南长沙等处武童得知武科停废,到处粘贴匿名揭帖,散布流言。学政按临考试文科,纠众闹考,察觉后拘拿武夫数名,薄予责惩,始得无事。③可见,地方武童对于顿失进身之路,仍然多有失落及不满。废科次年,《申报》刊文指出武科停废之后,各地武科士子之情状:

> 于是此辈嗒焉若丧,强悍者聚众挟制,驯良者具词乞恩。如广东、湖北、江西等省,纷纭扰攘,经地方官善言开导,勉以他途者,见诸报端,不一而足。闽省福州府属诸武童,更愿合捐万金,求得破格一应院试,终难如愿以偿。江苏学政李荫墀大宗师按试通州,诸武童迫求设法转圜。宗师恐酿祸端,电商两江总督刘岘庄宫太保。旋得回音,谓彼众如敢不遵,肆意滋闹,即以违旨论,若辈始惧而散归。似此群情,皇皇一若。④

旧式武科士子之反对与不满,亦反映出朝廷之安置政策未能妥善。废科三年之后,舆论甚至仍有主张应特开武科者。此文针对武科革废后

① 《武夫失望》,《申报》1901年9月9日,第10199号,第2版。
② 《珠海冶秋词》,《申报》1901年9月27日,第10217号,第2版。
③ 《薄惩武夫》,《申报》1902年4月2日,第10398号,第2版。
④ 《论武科既停宜筹武士登进之路》,《申报》1902年2月13日,第10350号,第1版。

两种善后举措之问题,剖析甚明:如果投营学习,"月得饷银不过三、四两",待遇较低,而且世俗有"好人不当兵"之说,武进士、武举人未必愿意入营。如果令武生童入武备学堂,则各地尚未遍设,"非近水楼台与凡稍窥门径者,每苦望尘弗及",难以推广。①因此,废科后旧式武科士子之前途更成问题,需要另外陈请安置。光绪三十三年(1907),文武科举皆已废除,不过相对而言,"文学之儒皆有出路可图,而武科竟一蹶不振",因此禀呈陆军部,请将武进士、举人考试一次,如有才堪造就者,咨送陆军部学习。②直至宣统元年(1909),时论亦谓:

> 自武科久停,昔时之武举尚有出路。惟武生一项,率皆潦倒废弃,无复进步。陆军部堂宪特于日前,饬司拟订章程,并咨行各直省,转饬提学使,考取武生中之文理通顺、精力强健者,送入各该省陆军学堂肄业,以宏造就。③

此时,朝廷已自顾不暇,政令难望畅达力行,其后清帝逊位,帝制终结。帝制时代之武科士子,虽然前景不佳,尚可恃功名为护符。停废武科之后,政府通过善后过渡政策,旨在促进军制由旧而新之转变,"当局设置新的功名机制并融合新的军人认知,促使武科功名完成观念上的转化,亦成为新军制的一部分。"④不过,在晚清危局之中,此类措施自然不能挽回旧式武科士绅之式微。民国肇建后,制度赋予该群体之特权,更不复享有。民国元年(1912),顺天府请示日后举贡生监犯法,是否照常人一体办理,抑或依照旧制,先革后审。司法部随后覆称:

> 现在国体改建共和,凡我人民一律平等,初无阶级之区分。况新律既已颁行,旧例当然废止。所有从前文、武举贡生监有犯,自应照平人一体办理。惟须文明待遇,一切审判手续,不得仍前专制,以重人道而尊法权。⑤

至此,通过考试跻身传统"士绅阶层"所享之制度特权,正式宣告终

---

① 《中国宜特开武科议》,《申报》1904年2月25日,第11081号,第1版。
② 《武进士举人请筹出路》,《申报》1907年5月9日,第12229号,第11版。
③ 《京师近事》,《申报》1909年12月12日,第13240号,第6版。
④ 廖志伟:《晚清武科举改制》,第252页。
⑤ 《部令·司法部令》,《政府公报》1912年5月16日第16号,第1册,第253页。

结。民国司法部这则短短公文之内,国体、共和、人民、平等、阶级、文明、人道、法权诸多语词及概念并见,可见政局已变、天地已新。不过,旧式武科选拔之人物,部分尚在民国时期继续活动,以其言行影响"后武科时代"之世人,重新认识或想象此一历史制度。其中变迁之意涵,此处难以展开论析。惟可确知者,传统考试社会及其"士绅阶层",已然一去不返。

本章小结

中国以考试抡才,历史既久,考法详备。科举考试作为全社会利益攸关之竞争机制,需要确保公平,严防舞弊。清代武科考试之防弊,其根本宗旨在于致公以抡才。防弊制度之关涉对象,则遍及考生、考官、场官、兵丁、杂役,乃至考生家族邻里、一切有关此项考试之人;其制度规范之流程,则包括自报名至取中过程之全部环节。从制度设计层面而言,可谓严格完备。而且对武场纪律屡申禁令,违反者待以严刑峻法。

换个角度检视,防弊方法越精密,恰好体现舞弊手段越"高明"。考试防弊与舞弊之博弈,恰似警察与盗贼、医术与病菌之关系,相互敌对而又相互促进,彼此皆在互博中提升"功力"。邓之诚序《中国考试制度史》,谓"科举历时独久,弊亦最著。防弊之法,监守巡察糊名誊录磨勘回避,且严刑峻法以临之,不可谓疏,而弊则益随之滋长"[1]。舞弊手段越高明,亦导致防弊方法越益精密。清季报刊谓"一法立,一弊生,凡事皆然,而科场尤甚,亦在乎防之而已。更恐防弊之法立,而作弊之端,即由此而生,则防之可不加严乎?"[2]结果,科场弊端陈陈相因,难以彻底厘革。武科内场之防弊与舞弊办法,大致与文科相当。武科特有之外场考试,防弊与舞弊手段更是层出不穷。结果,武科所选之人,武艺或有部分可取,文墨则大多不通,此亦武科为世人诟病原因之一。武科应试者大多短于文艺,考试内场时,需要凭借作弊手段,以图进身。而监试人员亦知此乃彼辈惯习,一旦严行禁绝,或将导致终场所取不敷中额,于是明知而故为宽

---

① 邓嗣禹:《中国考试制度史》,"邓序"第2页。
②《武闱关防》,《申报》1897年11月10日,第8826期,第2版。

纵。① 更有甚者，收受陋规，内外串通作弊，共坏场规，科场之中时有所见。

　　清代武科出身者仕途前景欠佳，前文已详细论及。不过，清代武科之弊，更在部分士子倚恃护符，危害一方。清季乱局之中，武科举子御敌卫国、建功立业者为数有限，已为朝野所轻。更有甚者，少数士子鱼肉乡民，奸淫掳掠，种种劣迹，令人咋舌。朝廷设科，本意在于重视"名器"，抡选人才，以绥靖地方，最终演变至此，已然背离设科本意。此类"劣迹"，经由清季报刊之发酵，加之现实战局之挫败，更加强化武科及其士子不堪之舆论氛围。清季报刊论武科之宜废，直谓"乡间多一武夫，则附近一方均受无穷之累"，此类应考武科之武夫，"于国家则毫无所用，而于闾阎则大有所害。"② 其中不乏偏激成分，但引申而论，此种困局与乱象之出现，实乃恶性循环之后果。武科出身仕途不畅、地位不高，武科士子素质下降、胡作非为，国家社会不重武科、声名不佳，如此互为因果，恶性循环。其中之流变，亦与中央朝廷之统治实力密切关联。清季内忧外患，地方社会逐渐失控。朝廷以功令所笼络之人，本应成为稳固地方之力量，不意部分竟为危害地方之乱源。此类"劣绅"之出现，既为帝制崩坏之先兆，亦为崩坏之"助力"。

　　武科之积弊如此，朝野革废之声越益高涨。戊戌变法之前，武科增设水师、加试轮机火器之动议，尚不获采纳。武科革废之推行，受到甲午战败及庚子事变冲击甚大。前者促成戊戌变法，达成改试枪炮之决议，并谋求武科、学堂及营制之合一。不过变法失败，议而未行，而且旧式武科与学堂、营制难以兼容，甚或有碍。庚子事变之后，终于将武科彻底停废。此后，朝廷虽有安置旧式武科士子之善后举措，但效用有限。况且时局扰攘，主导军界大势者，逐渐变为不具旧式功名、出自近代学堂及行伍之将校。晚清政府为自强图存、变革武科，普建武备学堂、编练新军、派遣游学，最终养成新式武夫，主导大局，亦为"计料所不及"。传统科举出身之士绅阶层逐渐淡出历史舞台，新式会党、军阀及政客乘势而起，扰攘登台。近代中国之政治与社会，由此再生钜变。

---

① 《礼部为请严武场法制事》，1759 年，台北"中研院"史语所藏内阁大库档案，档案号：147655-001。
② 《论武试之宜废》，《申报》1897 年 11 月 28 日，第 8844 号，第 1 版。

第十章 清代武科考试之理想、现实及其功效

　　武举常科自武周长安二年(702)设立,历后除元代不开武科,宋、金、明三代偶有停罢,该制度存续一千二百年,几乎与文科相当。入关伊始,清廷即因袭前明旧制,复设武科。自顺治二年(1645)开科乡试,至光绪二十七年(1901)正式废除,清代武举制度持续运作二百五十余年,几乎与清朝相伴始终。由清朝遗老主导撰修之《清史稿》,于其《兵志》部分首言"有清以武功定天下",缕叙清代兵制嬗变,兼及历朝重要战事及临阵中坚,最后乃有"以兵兴者,终以兵败"之叹惋。① 时移而世易,清初之兵,已非清末之兵;清末之局,更非清初之局,郑观应称此时真乃"中国四千余年未有之战局也"②。清代武科之运作,几乎横亘全国、纵贯全清。考察该制度之设计与运作,辨析其功用与影响,亦有裨于理解清代整体政治格局及政情变迁。本章综合前文所见,再作引申论述,绾结全篇。

第一节 传统政治"文武合一"之理想及其实践

一、"文武合一"与"儒将情结"

　　中国典籍所呈现之上古理想政治,文武并不歧为两途。彼时人才之培育、选拔与任用,皆力图达致"文武合一"之理想境界。"文武合一"之理想与用意,在于寓武于文,并以文化武,以防有勇无仁、有勇无谋之莽夫穷兵黩武,祸延天下。中国传统论及文与武之轻重崇抑,其理论根基

---

① 赵尔巽等:《清史稿》卷130《兵志一》,第3859页。
② 郑观应:《盛世危言》卷6《强兵》,下册,第4页。

即渊源于此。[①] 因此,中国古代职官之理想型范是能"出将入相"。影响所及,历代推崇备至之名将,多为"儒将"。理想之"儒将"形象,往往有其典型特质,于经传能晓悉大义,于韬略能运筹在胸,于沙场则英勇神武。乃至并不挥戈上阵,以羽扇纶巾决胜千里之文士,亦名之"儒将"。《新唐书·裴行俭传》附论:

> 昔晋侯选任将帅,取其说《礼》《乐》而敦《诗》《书》,良有以也。夫权谋方略,兵家之大经,邦国系之以存亡,政令因之而强弱,则冯众怙力,豨勇虎暴者,安可轻言推毂授任哉! 故王猛、诸葛亮振起穷巷,驱驾豪杰,左指右顾,廓定霸图,非他道也,盖智力权变,适当其用耳。刘乐城、裴闻喜,文雅方略,无谢昔贤,治戎安边,绰有心术,儒将之雄者也。[②]

此种"儒将情结",历代相沿。王阳明以文士领兵,声震朝野,更兼立德、立言、立功,皆堪称"不朽"。《明史》赞曰:"王守仁始以直节著。比任疆事,提弱卒,从诸书生扫积年逋寇,平定孽藩。终明之世,文臣用兵制胜,未有如守仁者也。"[③]康熙年间武状元马会伯文武皆能,官至兵部尚书,乃清代武科出身官居此位之极罕有者。雍正皇帝嘉许其功,亦亲书"有儒将风"赐之。[④]直至晚清,晓悉洋务、洞察中外大势之郑观应,其著书论及储将才、挽时局,仍然盛称"儒将",并力主武臣习文,文臣肄武,其论曰:

> 古之所谓将才者,曰儒将,曰大将,曰才将,曰战将。乐毅、羊祜、诸葛亮、谢安、韦叡、岳飞等,儒将也;韩信、冯异、王猛、贺若弼、李靖、郭子仪、曹彬、徐达等,大将也;孙膑、吴起、白起、耿弇、杨素、慕

---

① 古有"重文轻武"、"左文右武"、"崇文抑武"、"以文驭武"诸说,给人"武"本不重之印象。实则,大局变迁鲜有不赖武力者。正因武力与武人影响极大,需要时时防范压制。因此,"抑武"为基本实情,而"轻武"乃制度设计之意图,及其引致之社会心理后果。雷海宗论文官与武官地位之相互消长,谓治世文官一般胜于武官,但归根结底仍是强力操纵一切。而乱世之中,军阀割据,文官更多沦为各地军阀之傀儡,地位更低。详见雷海宗:《中国文化与中国的兵》,香港:龙门书店,1968年,第134—137页。

② 刘昫等:《旧唐书》卷84《裴行俭传》,第2808页。

③ 张廷玉等:《明史》卷195《王守仁传》,第5170页。

④ 赵尔巽等:《清史稿》卷299《马会伯传》,第10417—10418页。

容绍宗、李光弼、马燧等,才将也;英布、王霸、张辽、刘牢之、曹景宗、高敖曹、周德威、扩廓帖木儿等,战将也。史册所载,代止数人。[①]

郑观应此处分类列举四类将才,"儒将"居其首位,并将"庠序通才"作为"国家将才"之渊源。钱穆历数国史上"垂誉无穷之名将",谓其"极多数是文人学士,儒雅风流,而非行伍出身的专门人物",并称智、仁、勇三德兼备之名将,"乃中国文化传统中之理想人格。"[②] "文武合一"之理想,与始终推崇"儒将"之情结,可谓中国古代文人政治之重要特色。

二、"文武合一"与文武交困

文与武之于政治运作,犹如车之两轮、鸟之双翼。欲求政治顺畅平稳,必须两端兼顾,同时又使其彼此制衡。既然文武分途益远,文武皆优之通才亦复难求,考选体制之分头并进,势在必行。以是之故,中古以降中国之造士与选士,于文科、儒学、儒经、文庙一系之外,实际另有武科、武学、武经、武庙一系。两系虽然各有轻重,但整体并驾而行千余载。此外,基于"文武合一"之一贯理想,历代武科皆内试文艺,外试武艺。此种设计,以文武分途选拔,又寄望寓文于武,立意虽善,实际运作中却难免轻重之畸。唐代武举确立之初,翰林学士蒋防即指出武科取士徒尚武勇,不重武德与谋略:

> 盖用仁义为之本,筹略为之次,果敢为之末。……今之有司,不曾端其本,而徒袭其末。取天下之士,以悬的布垜为之标准,舍矢之中否、跨马之迟速,以貌第其人,升降其秩,岂暇全武之七德、射之五善者欤! 及国家有边境之虞,则被之以甲胄,授之以弓矢,驱以就役,当数倍之师,不能屠名城、克强敌者,何也? 在司武之不经、择士之无本矣。孙、吴者,兵家之首足,不可以[不]行也。今孙、吴之术,卷而不张,徒以干戈为择士之器,何异夫无首而冠、肘足而履哉![③]

---

① 郑观应:《盛世危言》卷6《强兵》,下册,第3—5页。
② 钱穆:《中国历史上之名将》,载钱穆《国史新论》,九州出版社,2011年,第317—324页。
③ 蒋防:《兵部议》,载陈梦雷编《古今图书集成》经济汇编选举典卷119《武举部艺文》,第64册,第1159页。注:引文方括号内"不"字为笔者依据文意所加,"肘"字或为"刖"字之误。

蒋防之议，直指武科实际运作悖于制度理想之处。况且，实际临敌时形势瞬息万变、机巧万殊，远非武科考场所能比拟。即便武科内场兵法策论精通，若无实战历练，终属"纸上谈兵"。因此，武科考选徒重武勇，亦在所难免。结果，本为选拔将领而开设之武科，所拔擢者多系兵勇之才，或为下级军官。明代王阳明陈言边务，即称当时武举"仅可以得骑射搏击之士，而不足以收韬略统驭之才"[①]。徐光启亦言："将帅之才，武科可得什一，举荐可得什三。武科限于文墨，举荐乱于毁誉也。"[②]可见，武科考选之难得将帅，乃跨越时代之重要难题。

至于清代，武科渐重外场，内场益轻。而且，内场考试项目之中，复有轻重之别。康熙三十年（1691）武科殿试，康熙皇帝在紫光阁阅毕外场技艺，曰："取中武举，重在骑射，文章不过余事耳。即古来名将，不能文者亦多。如有骑射娴熟、技勇过人之人，而以文章不合式弃之，亦觉可惜。"左都御史于成龙在场，更谓："武举重在弓马、胆略，即举石、舞刀，亦属无用。"[③]康熙皇帝之意见，重在判分武科选士项目中文、武之轻重，于成龙之补白，则更加区别武科外场所试弓马、技勇诸项之轻重。满人以弓马起家，清廷注重骑射，因此于成龙不能"违逆"此势而立言，而且此时尚在清代初期，装配弓箭之骑兵仍有其作战优势。

此后形势渐转，至于晚清，面临内忧外患，沉沦不振，文武两途考选体制俱受责难。传统"习非所用、用非所习"之指斥，同时加诸经义八股及骑射技勇——皆被指为积弱之根源。光绪二十三年（1897）荣禄奏改武科，即谓："武科之设，原期得折冲御侮之才。自火器盛行，弓矢已失其利，习非所用，与文科举时文、试帖之弊略同。积弱之端，未始不由于此。"[④]其实，"文武合一"仅为上古遗留之政治理想，后代文武分途益远，且军事技艺与武器不断演进，军事知识与技能亦日趋专门。身兼文武之通才，终属凤毛麟角。若仅标举"文武合一"之理想，乃至不惜以制度设计迁就于此，罔顾文武分途之现实，结果反会导致"文武交困"。光绪

---

① 王守仁：《陈边务疏》，载清高宗敕选《明臣奏议》卷9，第3册，第163页。
② 徐光启：《拟上安边御虏疏》，载陈子龙等选辑《明经世文编》卷490，第5407页。
③ 《清代起居注册·康熙朝》第2册，第964页。
④ 荣禄：《奏为改革武科考试旧制敬陈管见事》，1897年，中国第一历史档案馆藏清代军机处录副奏摺，档案号：03-5922-013。

二十四年(1898),清廷发布上谕,决定将旧式武科改试枪炮,亦承认此一事实:

> 昔人云:"有文事者,必有武备。"此盖言文足以安邦,武足以定国,名虽出乎两途,实则并无二致也。如无入为宰相而能燮理阴阳,出典戎机而能宣威沙漠,以一身而才兼文武者,自古迄今,殊不足以多觏。①

三、清代武科"文武合一"之理想与现实

清代武科之制度设计,对于传统"文武合一"之理想,又多有特出创制。清代初期之后,并不专设武学,文武生员同归儒学管理;武场考试《武经》之外,曾令武科士子研习、考试儒家经典;更有甚者,康熙年间一度允许文武士子换途互试。其中立意虽佳,实际操作却并不顺畅,甚至更滋弊窦。

清代针对武生之管理与考课,在制度设计上严格而完备。将文、武生员同归儒学,乃清代武生管课之重要特征,实际亦为其弊窦之根源。文学教官大多不谙弓马武艺,武生在学难以得到足够军事训练。乾隆年间河南岁试武生外场,"其中将就可观者十无一二,其平日废弛可知,即予惩斥,实不胜褫革。"②文科仕进有望之童生,极少改就武科,因此武生大多不事文墨,清季甚至有目不识丁者应考。此项制度运作之累积后果,导致部分武生既不堪建功沙场,又不能决胜文场。其乡居之少数"劣绅",反而危害一方。因为武生亦即此后武举人与武进士之关键来源,其整体素质之优劣,直接关乎武科群体之前途与声誉。

清初武场对于文艺要求较高,应试者策、论水平及经史功底尚有可观者。而且,武场亦曾考试儒家经典,并准文武互试;同时,文科策题亦常见关涉兵事之问对,文士亦须稍读兵书,通晓谋略。由此可见,清代

---

① 《恭读武场改试枪炮上谕谨注于后》,载邵之棠辑《皇朝经世文统编》卷71《经武部二》,第4页。
② 嵩贵:《拟请武生归营管辖》,年份不详,台北"故宫博物院"藏清代宫中档奏摺及军机处档摺件,档案号:故机011027。

文、武科举之"知识资源"与"论述话语",存在某些"交集"①。不过,文武互试行之未久,即生弊端,难见实效。乾隆七年(1742),御史陈大玠奏停此制,并分析该制度设计之意图、运作之实况与效果:

> 文生应武试,自分弓马不能出众,祗望"合式"字样,得入闱中,可与武生代笔。或于点名入门之后,假作寻号,彼此换卷,以图厚利。而武生应文试者,非夹带作奸,则传递滋弊,且多于号舍之中,假手文生代做,盖场弊多端。然夹带设有搜检,传递设有巡绰,稽查尚易;惟代做之弊,实难究诘。况自有定例以来,文生中武榜者间有,而武生中文榜者殊稀,未见实有成效。②

尽管文武两途考选内容颇为不同,授予之功名地位亦有差异,但两者皆为常规抡才之制度通道,数量庞大之功名群体由此产生,值得参互对观。通过文武两途考选,清代科举人才之宏观布局,呈现南方文风炽盛、北方技勇突出之特征。两途对照,清代文武生员人数比例约为2.5∶1、文武举人人数比例约为2∶1,文武进士人数比例约为3∶1。若以其中最高功名群体而论,文、武两科历朝进士平均数之升降大势,几近一致。可见,虽然文武殊途,清代武科之影响不可与文科同日而语,但两者所揭橥清代政局大势与抡才需求,则有异曲同工之处。以武进士人数而论,清代历科取中呈现两端高、中间低之整体态势。具体而言,以顺治一朝平均取录人数最多,康熙、雍正两朝中额逐渐减少,趋向平稳;乾隆、嘉庆、道光、咸丰四朝,中额总体锐减,咸丰朝降至有清一代最低;同治、光绪两朝,中额显著增加,但始终未回复至顺治朝之水平。清末更讨论递减中额,武科最终由革而废。

仅就制度设计而言,文武科举同称"抡才大典",其及第登科者皆得授荣衔,跻身绅衿之列。但现实中,文武两途前景之差距较为明显。以

---

① 有关武科内场与文场学识之关联与汇通,以及康、乾年间之文武互试,亦可参 Benjamin A. Elman, *A Cultural History of Civil Examination in Late Imperial China*, pp.222–223. S. R. Gilbert, "Mengzi's Art of War: The Kangxi Emperor Reforms the Qing Military Examinations", in Nicola Di Cosmo ed., *Military Culture in Imperial China*, pp. 243–256. 艾尔曼并指出,允许文武生童互试,实际倍增甄查士子身家之难。
② 《陈大玠奏请文武互试之处停止事》,1742 年,台北"中研院"史语所藏内阁大库档案,档案号:167486-001。

进士及第之初授品级而论,武科优于文科,但清代铨选,武科出身之迁转列于行伍及军功之后。文科进士虽然初授品级不高,但升转较快。文科进士若能馆选庶常,则"迁调异他官。有清一代宰辅多由此选,其余列卿尹膺疆寄者,不可胜数"①。清代文科出身者不单膺任文职高官,其掌理军务甚至统辖军队者,亦复不少。反之,以武科出身而改就高级文职者,有清一代寥寥可数。清代中央及地方掌理军政之兵部尚书及各省总督,皆属文官序列。而且,武职一般受制于同级甚至下级文职。即便少数武科出身者屡立战功,得至提督、总兵等绿营武职高位,但实际地位不如出身文科之总督、巡抚等真正"封疆大吏"。武科群体对于清代整体政局之影响,终究难及文科。

清代武科之越益不重,武科出身者前景之日益黯淡,既与清代根本政治架构有关,亦受时局变易、职缺减少及满占汉缺等因素影响。除此之外,该制度设计与运作之内部问题,及其所导致武科士子素质之不佳,乃为武科不重之根本内因。以下再将其中要害,略作剖析。

四、清代武科考选之根本症结

清代武科考试,分为内场、外场。内场尚考策、论时,无论考官命题抑或士子应答,均依据儒家及兵家经典,针对选将用兵之道,进行高度哲理化与抽象化之问对。其命题与阅卷者,亦多为科甲出身之文官,因此试官有"衰翁拭目看英才"之自嘲。②武场策问高度儒家化,儒家思想实际成为判决是非高下之矩矱。不过,内场问对究属"纸上谈兵",与实际战阵相去甚远。况且,清代中期以后,武场能以清通策问作答者,亦逐渐稀少。于是,武科内场先废"意旨渊深"之《四书》,而后尽废论策之试,改为默写《武经》百余字。此种改制,实为迁就武科士子之文化素养,降低考试难度。但即便如此,仍然有人不能完卷,因此代冒枪替风行。况且,制度一经推行,亦不断受制于"路径依赖"(path

---

① 赵尔巽等:《清史稿》卷108《选举三》,第3165页。
② 句出纪昀《己未武会试阅卷得诗四首》。纪昀曾典试武闱两次,监射、较射武闱三次,知武举一次,充武殿试读卷官一次。亦谓"古来名将,惟郭汾阳[郭子仪]以武举出身"。见纪昀:《纪文达公遗集》诗集卷12《三十六亭诗》,上海古籍出版社,1995年影印本,收入《续修四库全书》第1435册,第622页。

dependence）效应，旧制难复，新制难建。武科士子之文化素养，遂呈日下之势。

清代武科之外场考试，亦存在根本症结。就其考试形式而言，乃属展示演艺，而非对抗实战；[①]就其考试内容而言，根本症结在于逐渐"习非所用、用非所习"。此项旨在考选军事将领之体制，二百五十余年间除了内部考试项目、中式准则之局部调整，整套制度未有根本变革。结果，武科难以因应时代发展及战局变化，依循旧例，陈陈相因。直至清末遽变冲击，始行革废。

回溯而言，乾隆年间高晋奏请武科外场改试鸟枪，当为清代武科内部变革完善之重要契机。不过，乾隆皇帝以消弭隐患、维护稳定为首要考虑，不但严斥改试鸟枪之议，更下令彻底搜缴民间私藏鸟枪。此后，武场引入火药兵器考试之可能性，亦被禁绝。迨于清季，决胜战场者已为枪、炮等火药兵器，而武场仍一如既往，考试初期赖以崛兴之骑射，以及开弓、舞刀、掇石等冷兵器技艺。武场考试与实际战阵相去之远，越益不可以道里计。

制度设计已然如此，还应留意基层武科运作之中，舞弊问题对于培育、选拔人才之负面影响。应当看到，清代科场定例之严、惩处之重，充分说明朝廷对于选举制度及其象征意义之重视；实践条例之越益细密，舞弊手段之推陈出新，亦正反映社会对于此项"高利害"事业之趋鹜。对于此项体制，朝野之间既有可以交集之目标，又有彼此分歧之手段，两者之博弈与均衡，使得选举制度始终有其张力，并与其他机制相互统合，整体维系其政治与社会之运作。不过，此种因循牵补，毕竟难以有效回应时势变易。

---

① 由陈嘉上执导、周星驰主演之著名喜剧电影《武状元苏乞儿》，传播甚广。现时普通民众对武科之认识，大多来源于此。该戏所呈现之武科规制大多荒诞不经，不足为据。尤其戏中争夺"武状元"名分之外场考试，凭空加入各省武举激烈对抗互搏情节，更称离奇。然而，此种设计，恰好反映坊间不解武科者，对该考试应有内容、方式及武举士子应有素养之想象与期望。戏中之假，本应为现实之真；现实之真，却多如演艺之"假"。其中反差，值得细味。

第二节　清代科举考选体制内之满汉互动

一、科举、骑射与八旗体制

清代文武科举之设计与运作,在融合与互鉴之中,也体现旗人与民人之别。八旗内部,又有满洲、蒙古与汉军之别,以及京师八旗与驻防八旗之别。清代八旗武科时兴时废,八旗满蒙应试武科尤其如此。清初八旗不应武科,康熙年间始准汉军应试。雍正一朝,八旗满蒙亦应武科,不久即停。直至嘉庆朝后期,才恢复八旗满蒙应试。清代竞逐武场、获取武科功名者,大多为民籍汉人以及八旗汉军。擅长骑射之八旗满蒙人士,反而不以武科为进身要途。此外,清代武科殿试外场之时,常令皇子、八旗子弟及近侍武士演练武艺,皇帝有时甚至亲自挽弓试射。此种安排之用意,除了垂范天下武举,更欲收检阅考验以及扬威慑服之效。

清代武选体制之内,亦可得见旗民之分殊。八旗子弟无论是否具有武科功名,皆有机会任至绿营提督、总兵等要职。而且,八旗分占绿营职缺太多,亦为武科出身选途壅滞原因之一。清代旗人任绿营提督之人次,分占总数近四分之一,"旗人不但掌握着各省八旗驻防部队,还有很多机会成为绿营的最高武官。"① 然而,八旗系统内之将军、都统等要职,则非旗人莫属。除了极少数特例,文职满缺极少以汉人充任,武职更是如此。有清一代,八旗职官之选任迁转,别有他途,其非科甲出身而能官居要位者甚多。整体对照,清代满蒙、汉军、汉人升任高位,对于科举功名之倚赖程度相应递减。

文武科举选士本属传统"汉制",清代因之,并与八旗制度结合利用。又因应清代政治之需,特设翻译科举。此类举措,皆出于现实之需要。清廷在整体立政层面,则力图维系"天下一家、满汉一体"之论述。顺治六年(1649)文科殿试策题,即问:

> 从古帝王,以天下为一家,朕自入中原以来,满、汉曾无异视。而远迩百姓,犹未同风。岂满人尚质、汉人尚文,习俗或不同欤? 音

① 王妍:《清代旗人选任绿营提督考》,《历史档案》2016年第4期。

语未通、意见偶殊,畛域或未化欤? 今欲联满汉为一体,使之同心合力、欢然无间,何道而可? ①

科举最高层级之考试,以帝王口吻发布此类策题,其公开论述是向天下士子征询方案,实际导向则是塑造"满汉一体"之思想认同。关涉武科考试之公牍,亦称"国家造就人才,文武并重,满汉同登。进贤取能,务使有才必录,无艺不庸"②。当然,在实际考选和任用中,针对旗民、满汉士人分别订立规制。《清史稿·选举志》云:"八旗以骑射为本,右武左文。世祖御极,诏开科举,八旗人士不与。"③顺治初年八旗不应科举,其后文科又分满洲、蒙古榜及汉军、汉人榜,康熙中叶才令满汉一体考试发榜。而且,八旗士子即便应试文科,亦须先试骑射,骑射合式才准应试,"庶文事不妨武备。"④总而言之,清代对文科、武科、翻译科三种考选体制之因袭、改制与创制,既可见清廷沿用汉制之策略,亦可见其保留根本习俗之自觉。

征诸史册,可知对于维护"满州本习",初期即有明谕,而且终清一代不断强调。崇德元年(1636),皇太极召集诸亲王、郡王、贝勒、固山额真及都察院各官,讲读满文译本《金世宗本纪》,训曰:

> 若废骑射,必宽衣大袖,食他人切割之肉。如此,与左道之人何异耶。我之此言,非指今世,在我身岂有变更之理耶。恐后世子孙弃旧制、忘骑射而改习汉俗耳。我国土卒,初有几何。因善于骑射,故郊战则克,攻城即取,天下人称我兵立则不动摇,进则不退缩,扬名在外。此次出边往征北京,我威名竟为尔八大臣所辱矣。故谕尔等铭记我言。⑤

此时尚在入关之前,皇太极对于后世子孙"弃旧制、忘骑射而改习汉俗",已甚忧虑,并加训诫。对于入关后之"沾染汉习",朝廷虽然保持

---

① 《清实录·世祖实录》卷43,第3册,第347页。
② 布兰泰:《奏为请准满洲武举千把总一体会试事》,1741年,中国第一历史档案馆藏清代军机处录副奏摺,档案号:03-0376-007。
③ 赵尔巽等:《清史稿》卷108《选举三》,第3160页。
④ 赵尔巽等:《清史稿》卷108《选举三》,第3160页。
⑤ 中国第一历史档案馆整理编译:《内阁藏本满文老档》第20册,第792页。

警觉,随时严令禁止,不过大势所向,实难扭转。顺治十四年(1657),因见旗人希望科举进身,"崇尚文学,怠于武事,以披甲为畏途",遂令停止八旗应生童试及乡会试。① 此后八旗文武科举屡兴屡停,康熙十五年(1676),以"八旗子弟尤以武备为急,恐专心习文,以致武备懈弛",再停八旗子弟应考科举。② 雍正二年(1724),办理船厂事务给事中赵殿最奏请于船厂地方建造文庙,设立学校,令满汉子弟读书考试。雍正皇帝特别颁旨申饬:

> 文武学业,俱属一体,不得谓孰重孰轻。文武兼通,世鲜其人。我满洲人等因居汉地,不得已与本习日以相远,惟赖乌喇、宁古塔等处兵丁,不改易满洲本习耳。今若崇尚文艺,则子弟之稍颖悟者,俱专意于读书,不留心于武备矣。即使果能力学,亦岂能及江南汉人? 何必舍己之长技,而强习所不能耶? ③

此道旨令,首先辨明文武关系,力主文武皆重,不过难求文武皆通;其次分言满汉各自才技之优劣,严令满人务守"本习";又论京师八旗与驻防八旗之别,称京师八旗虽需文武皆学,文武皆优固然甚好,否则应以满洲武略骑射为主,不可只崇尚文艺,弃置本习。此外,在初期制度设计中,各省驻防八旗应考科举,必须进京考试。虽然屡有奏请八旗各归地方考试者,皆严厉申饬不准,以免驻防子弟竟尚虚名,轻视武事,以致"骑射生疏,操演怠忽"④。雍正十三年(1735),更斥责提议驻防兵丁子弟就地应试为"舍本逐末、糊涂颠倒之见",并重申八旗"在京师则文武并用,是以文武兼收;在驻防则武备是资,应以武途为重"⑤。各地驻防就近应试与进京应试,在实际操作中各有利弊,而坚守旧制与提议改制之各方,根本关切亦不相同。乾隆初年,奏请驻防就地应试者,多达百余次。乾隆三年(1738),参领金珩再奏此事,上谕申饬称因为八旗在京人数众多,就近考试无碍操演;各省驻防子弟为数无几,就近应试不但事有难行,而

①《清实录·世祖实录》卷106,第3册,第831—832页。
②《清实录·圣祖实录》卷63,第4册,第816页。
③《清实录·世宗实录》卷22,第7册,第360—361页。
④《清实录·世宗实录》卷121,第8册,第592—593页。
⑤《清实录·世宗实录》卷152,第8册,第873—874页。

且必致竞尚虚名、荒废骑射,失却设立驻防之本意。并且宣谕京外臣工:"嗣后不得以此谬论,再行妄渎。"①直接禁止讨论此一议题,足见其严防之意。清代文武科举制度之发展,以乾隆朝所形成之定制与禁令,影响尤为深远。

终清一代,此类上谕所见甚多,足证清廷保存"根本"之自觉与决心。但从另一角度审视,此种现象亦正反映八旗受汉制、汉俗影响之日深,虽以谕令一再申饬严禁,终究未能改变此种趋势。加之中期以后,八旗子弟生计问题日益严峻,需要广筹出路。至于嘉庆一朝,再有根本变化。嘉庆四年(1799),宗室应文科考试亦准恢复。②嘉庆十八年(1813),更是彻底打破禁令。是年,不仅重准八旗满洲、蒙古应考武科,而且准许驻防子弟就近参加文、武科生童试及乡试。但应试时,须另外编列八旗字号,八旗学额、中额亦独立于民籍。③至此,"盛清"诸帝严防坚守百余年之禁令陈法,终被改易。此次改制,在清代八旗制度及科举制度发展史上,均有重要象征意义。

当然亦须留意,制度之更动乃因应现实之需要而行,涉及根本问题时,尤其如此。道光十三年(1833),吉林将军保昌奏称,吉林三厅士绅捐建考棚,请令学臣按临考试。上谕驳斥不许,除了重申历朝训谕,更谓"吉林为我国家发祥之地,非各省驻防可比,尤宜以骑射为重",如果添设考棚,即使"弦诵日增,而弓马转致软弱,大非朕教育旗人之意也";并称此奏"殊属忘本,关系不小"④。八旗子弟日渐不能守其"本习",此乃现实大势,不过上谕仍要重申"教育旗人之意",既表坚守之志,亦见无奈之情。其实,嘉庆十八年准许驻防八旗就近应试时,亦称如果彼等专务应试,废弃清语骑射,将会停止此例,不准考试。然而例禁既开,若要倒回旧制,殊非易事。而且既准驻防子弟就地应试,如何督课彼等着力研习旗射清语,不致专念习文应考,更形困难。因此,道光二十三年(1843)再发上谕,下令此后各处驻防子弟除应武科者照例进行,其应文科者须

①《清实录·高宗实录》卷72,第10册,第156—157页。
②《清实录·仁宗实录》卷39,第28册,第459—460页。
③《清实录·仁宗实录》卷269,第31册,第649页;卷270,第31册,第664—665页。
④《清实录·宣宗实录》卷247,第36册,第717—718页。

改应翻译科,庶不至专习汉文,荒废清语"本业"①。赴考路程弃远取近,此为易行之事;应试内容舍易求难,自然滞碍难行。

此外,八旗子弟不以科举为进身要途,宗室子弟尤然。直至咸丰元年(1851),上谕仍称:"我朝人才蔚起,宗室八旗,文武谋略超越前代。良由习尚淳朴,不事浮华,以清语骑射为本务。登进之途,原不必尽由科甲。盖学为有用之学,斯才皆有用之才。"②然而揆诸现实,此时清语逐渐废弃不用,骑射亦衰落不兴。反映于现实政局,以嘉庆朝为界,满人之任重要职官者,具有文科进士出身者渐多,而以八旗武职及笔帖式出身者,则相应减少。③至于末期,不仅是宗室子弟,就连皇帝本人亦不通清语、较为孱弱之时,④"清语骑射"之根本政策,再也无从推行。

二、制度设计之交互与权变

满汉制度与风俗之互动,乃清代政治史及社会史之关键问题,而为晚近学界关注和讨论。具体对于清代选举制度之设计与运作,若采"汉化"与否之单一视角,很难确切理解和诠释,需要细加辨析。整体而言,武科选士确为前代旧制,而且清代亦未对该制度做出根本变革:仍为三级考试,内场试文艺,外场试武艺。不仅如此,清代还曾在武科人才之培育与选拔之中,尝试将传统中国"文武合一"之理想加以实践。不过,如若因此而谓此乃全行"汉化"之举,则又未免将其中复杂情形过分化约,而难见其制度设计之交互与权变。

清代对于武科考试之沿用,确曾体现满汉之分、旗民之别。首先,八旗考生应试武科,其考试资格之认定、考试资格之审核、考试中额之分配,均与民籍士子分开处理;其次,八旗考生内部,又将八旗满洲、蒙古

① 《清实录·宣宗实录》卷395,第38册,第1085页。
② 《清实录·文宗实录》卷44,第40册,第609页。
③ 此处所称"重要职官",在中央主要为大学士、军机大臣及部院大臣,在地方为总督及巡抚。详细统计参楢木野宣:《清代重要職官の研究:滿漢併用の全貌》,第284—285、290—291页。
④ 末代皇帝溥仪回忆少时在毓庆宫读书,满文老师为正白旗人、翻译进士伊克坦,虽然教了多年,但连字母也没学会,就随伊克坦之去世而结束。溥仪自称"我的学业成绩最糟的,要数我的满文。学了许多年,只学了一个字,这就是每当满族大臣向我请安,跪在地上用满族语说了照例一句请安的话(意思是:奴才某某跪请主子的圣安)之后,我必须回答的那个:'伊立(起来)!'"见溥仪:《我的前半生》,东方出版社,1999年,第64、66、69页。案:"伊立"满文完整形为ilimbi,作为不及物动词解为站立、歇止;ili乃其词根,单独使用表示祈使语气。

与八旗汉军区别对待,在考试中额及准否应试方面均有明确体现;再次,武科及第之授职与升转,则因涉及整套职官体制,满汉之别更为明显;最后,虽然武科以考试骑射技勇为主,但八旗尤其是满蒙子弟并不以此为主要晋身之途,而且清代多位帝王除了循例沿用武科,曾多次对武科抡才之功效及武科士子之素质,明确表达批评及质疑之意。以上几条制度设计之基本区分,与清代武科考试相伴始终。

具体而言,考察清代选士与任官体制,既可得见八旗在应试资格、考试内容及授职迁转诸方面,自觉保留特质、保障利益之意图与努力;同时,亦可得见汉制典章、文化之深刻影响。诚然,旗人逐渐失去清语及骑射两项重要传统,但并未完全失其独特社会身份。直至咸丰年间,镶红旗蒙古都统毓书奏称,蒙古地方多以汉字命名,并学习汉字文义;讼词每用汉字缮写,提案讯供亦大半用汉语,乃至有能讲汉话而不能讲蒙古话者。为此,毓书奏请敕令遵守旧规,"除留京当差之王、贝勒、贝子、公等,准其通习汉文外,其余蒙古人等,只准学习蒙古及满洲文字。凡诵习汉书,并以汉字命名者,概行禁止。以期安其习俗之常,无失根本之旧。"[①] 此中自然可见汉文化之影响,以及大势之所向,不过如果过分强调清廷仅有单向"汉化"政策,亦不符历史事实。

清代职官之考选与任用,典章对于其中旗民之分、满汉之别分辨甚清,本无疑义。清廷之采汉制,大多出于现实所需,加以改造调剂,并注重维护八旗之利益与特质,亦属基本事实。至于旗人之渐离"本习",确为现实大势,亦即雍正皇帝所承认之"不得已"。即便如此,旗人之"身份自觉",在多数语境中依然清晰可辨。不过,如果因此而过分强调清代制度整体之"异质"属性,亦属偏颇之见。清代满汉制度与文化经过接触,交互渗透,交互影响。若要正视其中复杂进程,采取交互视角,可能裨益更多。当然,所谓"交互"与"权变",非谓二者加诸对方之影响为五五均等,更非谓此种互渗程度恒常不变。此一互动进程之中,双方确曾努力维系内部之"动态均势",直至清末内部钜变和外部冲击,彻底打破其中均势。

---

① 毓书:《奏为外藩蒙古染习汉人风气渐失根本请旨严行禁止事》,1853年,台北"故宫博物院"藏清代宫中档奏摺及军机处档摺件,档案号:406004701。

第三节 内外易势、政局变迁与武科功用

一、清代科举考选之内与外

此处讨论清代科举考选,亦受几层"内"与"外"关系交织影响。其一为"正统论"视域下之内与外。传统中国之政治正统论,有所谓"内中国而外夷狄"之说。清廷既已由外入内,遂以中国传统之天命论与正统论为奥援,尝试重建政权合法性论述。至于其中关切,比如顺治三年(1646)初开殿试,策题即问:

> 帝王君临天下,莫不欲国祚长久,传之无穷。乃三统代兴,五行递王,初皆显奕,后渐式微,岂天之降命然欤?抑人事所致也?朕承上帝之宠灵,席祖宗之休烈,入主中夏,奄有多方。而海滋山陬,尚阻声教。今欲早成混一,袵席生民,巩固鸿图,克垂永久,以亿万年敬天之休,遵何道而可欤?[①]

科场试策,乃是所谓"揣摩之学"。其应答方向与主导思想已于策面给定,应试者需要揣摩题意,演绎成篇,并展现引经据典、谋篇布局、遣词造句之功底。入关伊始,朝廷即在科场取士最高考试中抛出此问,其令士子精英支持新政权合法性之用意,相当明确。经由清代二百余年之教育与考试,其间各方身份与认同之建立及论述转向,值得深入探究。

其二为政治地域之内与外。满人起自关外,入主中原,重塑政治地域之内外局势。同时,传统中国政治讲求"居中驭外",清代定鼎北京,注重直隶与外省之互动。为图"江山永固",清廷以劲旅八旗守卫京师,并于各省军事要地以八旗驻防,以期内外皆能节制。其科场考选与职官选任迁转,京畿与外省亦各有特别规制。此种内外互动关系,同样见于文、武科举考试规制之中。

其三为中西交通之内与外。清代初中期虽亦与西洋接触,但毕竟范围有限,冲击亦小。晚清西洋挟坚船利炮入侵,局势大变。郑观应分析古今中外之变,指出"兵无强弱,而时则异古今;众无多寡,而势则分中

[①]《清实录·世祖实录》卷25,第3册,第210页。

外",因此喟叹"是真中国四千余年未有之战局也"①。雷海宗论及此种根本变局,谓"新外族是一个高等文化民族,不只不肯汉化,并且要同化中国。这是中国有史以来所未曾遭遇过的紧急关头"②。然而,无论是战法谋略,抑或武器技艺,晚清局势皆非旧式武科所能涵盖和应对。

总括而言,清代武科之设计与运作,充分体现文与武、满与汉、内与外之交织与互动。今人提及武科,多谓其作用有限,甚至颇多负面印象。不过,清代向称以武科抡才,以备"干城之选",如何理解不同论述之矛盾与反差?若说武科无用,为何又能相沿不辍?若言其有用,则其功用何在?

二、"台面论述"与实际情形

清代关涉武科运作之章奏文牍,大多标榜藉此拔擢"干城之才",以为"腹心之寄"。此类"台面论述",在武科内场问对、题名录序跋、公文上呈下达中,可谓累牍连篇。但是,光绪二十七年(1901)上谕,最终判定武科彻底无用,决议虽姗姗来迟,却句句中的。同年议废文场八股,其中尚有"科举为抡材大典。我朝沿用前明旧制,以八股文取士,名臣硕儒,多出其中"一语,③以为台阶。历代对八股文大多口诛笔伐,然其"临终"之际,尚有一言以慰。惟对武科,则谓外场"与兵事无涉"、"亦无所用",内场"皆成具文",目为一无是处。④除应理解彼时形势紧迫,为了推动决策而难免过激之论,还应看到,此前有关武科拔擢"干城之才"等论述,更多是在武科未废之时,表达一种期许及立场,并非尽属实情描述。

如果只看部分个案,清代武科出身确有功勋卓著、官居高位者。但若从整体而言,这套几乎横贯全国、纵跨全清之抡才制度,对清朝整体军事力量之促进,实际裨益有限。清代武科所选拔之近万名进士、十万左右举人,以及数逾百万之生员群体,对于清代军事亦未产生结构性助益

① 郑观应:《盛世危言》卷6《强兵》,下册,第4页。
② 雷海宗:《中国文化与中国的兵》,第153页。
③ 《清实录·德宗实录》卷485,第58册,第412页。
④ 办理政务处:《奏请旨饬停武生童试及武科乡会试》,1901年,台北"故宫博物院"藏清代宫中档奏摺及军机处档摺件,档案号:故机143681。

作用。与文科进士出身任宰辅、列卿尹、膺疆寄之比率相较，武科进士之仕途也不可同日而语。此中分殊，宫崎市定曾指出，战争不同于政治，文科进士内政坛显要、学界翘楚辈出。而军中将领若非起自行伍、建立功勋，即便武场高中，亦难在军中居高位、柄重权。[1]事实如此，清代武职之选任，"以行伍为正途，科目次之。"[2]武科出身之迁转，亦排在行伍与军功之后。

不仅如此，清代武科之下，有时尚有少数"劣绅"倚仗护符与武力，武断乡曲，危害一方。朝廷开科取士，本为重名器、选人才，以期辅佐朝政、绥靖地方，此种结果实际已经悖离设科初衷。引申论之，武科困局与乱象之出现，既为制度运作循环之后果，亦为清廷统制地方实力减弱之表征。清代武科出身者仕途不畅、地位不高，武科士子素质下降、不堪任用，少数武科"劣绅"胡作非为、声名渐坏，国家社会不重武科、目为无用。制度之设计、运作及其后果互相影响，形成恶性循环。结果，武科遭人诟病，形象越益负面。从晚清武科"革废"语境至于其后"革命"语境，"劣绅"所指兼具事实、形象及"话语"多重意涵。对于武科选士，无识者不知其事，有识者摇头称非，其理在此。清末报刊议废武科，亦解明其中之因果关联：

> 国家右文左武，痼习已深。朝廷既分优绌，草野遂判低昂。于是文者自以为文重，而轻视夫武；武者自以为不能与文并重，而亦致自轻。故衣冠巨族、聪颖子弟，辄以右庠为畏途，而溷迹其中者，类皆游惰之辈、椎鲁之侪耳。[3]

由于晚清现实之困窘，加之武科士子之不尽人意，经由报刊等新型媒介评议发酵，过往累积不满武科之"私议"，逐渐成为"公论"，"后台论述"变为影响甚大之"前台意见"，并经中枢及疆臣合力，最终化为政策。当然，议论革废之过程，颇有曲折。起初限于民间不许私藏火器之禁令，武科增设水师、加试火器之提议，一直未获采纳。晚清武科之最终改制，受甲午战败及庚子事变冲击尤烈。前者促成戊戌变法之展开，下达武科

---

[1] 宫崎市定：《科挙：中国の試験地獄》，第195页。
[2] 赵尔巽等：《清史稿》卷110《选举五》，第3218页。
[3] 《停武科私议》，《格致新报》1898年第5册，第8页。

改试枪炮之决议，并谋求武科、学堂及营制三者合一。然而变法失败，又下令恢复旧制，新制议而未行。庚子事变，败局几近无以复加，遂痛定思痛，永停武科。晚清革废武科，各省建立武备学堂，又编练新军、派遣游学。其意本为自强图存，延续国祚，但最终事与愿违。其后新兴军阀乘势而起，扰攘登台，诚为近代中国钜变之一。

三、"干城之选"与"腹心之寄"

清代武科之考选，整体实效不彰。问题在于：以"盛清"诸帝之文韬武略，岂待今人自视"高明"之后见讥评，彼等竟然不知武场考试问题所在？但若已知晓，又为何不及时改弦更张甚至弃之不用？解答此疑，其要有二：一是穿越"台面论述"之丛林，探寻并辨析接近真实之"历史意见"；二是超越武科考试内容本身，从清代政治与社会统合之整体视野中加以探析。

清代武科在康熙年间普遍推行，在制度层面亦颇有整顿完善之举措。不过，康熙十八年（1679），皇帝阅视各省武举外场骑射，询问与试大臣武科之起源及应试项目，竟然评曰："此在今日，似皆具文，奚裨实用！"此时礼部侍郎杨永宁接话："将在谋而不在勇，专取勇力，原非将之所尚。"对于此说，《起居注》记载康熙皇帝之反应为"上颔之"。外场阅毕，康熙皇帝又言："今科武举马、步射可观者绝少，若以满洲射法较之，十不及一二矣。"此时，左都御史魏象枢又察机接言："满洲弓马皆经百炼，方能如此。彼下邑之士，安可与之并论？但武科大典，皇上屈万乘之尊，亲加较阅，多士邀荣多矣。"[①]

此处载录之场景与会话，虽仅其时日常政治之一幕，亦值得细味。首先，皇帝以武科缘起及考试项目询及臣下，关键是表达其"奚裨实用"之基本判断。其次，杨永宁之奏对，整体判断自然不能逆拂"上意"，但他能延伸论题，切指武科旨在重谋而"选将"，但实际沦为取力而"选兵"，对于此见，康熙皇帝表示赞许。康熙君臣皆知此时武科考试内容之无用，至此已然明晰。再次，皇帝亲自阅试之后，更将武举士子之功马技艺与满洲射法相较，直接指明"十不及一二"之高下判分。最后，魏象枢之

---

① 中国第一历史档案馆整理：《康熙起居注》，第441—442页。

补白,立论更不敢挑战骑射此一满洲"根本之技",褒贬对照一番、称赞满州弓马之后,魏象枢转移话锋,强调武科殿试乃"大典"与"恩荣",已然超越武科具体内容,而转论其开展形式及象征意义。如此,既能维持朝廷抡才制度之合理,又可兼顾满洲之颜面与皇帝之"睿见",其中之"话语"和机锋,可谓意味深长。

不过,无论武科作为制度、作为仪式、作为话语如何展开和表述,措辞如何移形换位,现实征战之中,以谁为"腹心干城"之寄托,则不容模糊迟疑。对于这点,"盛清"帝王并不含糊。乾隆皇帝训饬两江总督高晋奏请改试鸟枪之议,已有明言:

> 高晋奏请将武围[闱]二场舞刀改用鸟枪,以中靶之多寡,分别字号考试一摺,所奏不可行。国家武乡、会试之设,原以文、武制科,相沿旧例。不但舞刀一项全无实际,其开弓、掇石又何独不然? 即伊等之骑射,亦难尽期有用,且向来用兵时,何尝仗此项武举临阵克敌耶? [1]

可见,乾隆皇帝并非不知武科外场技勇难望实用,正如其后嘉庆皇帝亦坦言"稔知"武科内场策、论多系代作,并非尽出士子之手。[2] 不过该体制历代相因,不便罢废。实际临敌用兵,多不指望武科出身者能独当一面、激扬中流。乾隆年间武科内场停试《四书》,贵州学政冯成修奏请复考,上谕批驳,更加直言不讳:

> 武科一项,不过旧制相沿,因仍不废。若论我国家用兵,自开创以来,暨近日平准夷、荡回部,皆我满洲及索伦勇将健卒折冲万里,蒇成大功。绿营兵尚无所用,更何尝恃武科出身之人,而藉其干城腹心之寄耶? [3]

此处引述乾隆皇帝两条言论,均见于后修之《清实录》,令谕时间前后相隔十七年。但细察之,两处论说均先陈述事实,而后表达意见。皆

---

① 《清实录·高宗实录》卷1044,第21册,第977页。
② 《兵部为御史陆言条陈武闱事宜由》,1807年,台北"中研院"史语所藏内阁大库档案,档案号:176761-001。
③ 《清实录·高宗实录》卷622,第16册,第990页。

以"即"、"尚"等字以表语气退步,再以"且"、"更"等字递进一层,至于论说前提退无可退之处,复以"何尝……耶"之句式,以不待作答之反问语气,表示深斥否决。当然亦需辨析者,此类批驳令谕存在一时意气之见,而难免不恰当地作出"全称否定"。即以前文考论所见,乾隆一朝武科出身之积有功勋、官居高位者,亦有其例。不过,此即晚年以"十全武功"自居之乾隆皇帝,本身对于武科抡才之真实态度。无论其立场抑或语气,可谓前后一以贯之。因此,清代公开文书往还、试录刊刻,虽然多谓开设武科以擢"腹心之将",以备"干城之选",惯用辞令而已。清初八旗健卒尚可用命,遂恃之折冲万里。而且"盛清"诸帝确有其能,自然不惮出此豪言,轻视武科甚至绿营。随着安逸日久,八旗越益颓化,战斗能力不断下滑,而兼用绿营。至于清季危局,又借重地方汉人势力,遂致行伍、团练、新军继起,各领风骚。今日研究尤应穿透各类"台面论述"之迷雾,辨析真正影响武科运作及地位之"后台意见"。

四、重思"无用"与有用

清代武科整体实效不彰,乃基本事实;不过对于此一关键问题,还须细加剖析。所谓武科之"无用",乃谓其作为考选将领之制度,并未系统性地发挥应有效用,而非判其毫无作用。前文指出,尤其在清代初中期,武科出身之少数卓异者,确曾建有"功勋",甚至不乏"出将入相"之个案。茅海建研究鸦片战争,指出清代武科考试内容"与近代战争的要求南辕北辙",所选拔者"不过是一名优秀的士兵,而不是领兵作战的军官",此就其战场效用而言;及其考论戊戌变法,涉及武科革废,则进一步指出,当时部分提言者"没有看到武科的政治结构与社会结构的功能,不然清朝不会长久地开设此一并无多大用处的科举"[①]。此论虽未展开,但值得重视。武科之于清代政治体系及社会秩序,自有其功用,以下综合前文考论,稍作剖析。

武科之设,可在文科仕进之外,另辟一途。对于治国者而言,可藉以平衡文武。对于士子而言,虽然武科出身不似文科之于仕途有益,但处

---

① 茅海建:《天朝的崩溃:鸦片战争再研究》,生活·读书·新知三联书店,2014年,第74—75页。茅海建:《戊戌变法史事考二集》,生活·读书·新知三联书店,2011年,第301—302页。

于注重考试进身之"四民社会",正途功令之有无,常致社会地位之悬隔。尤其对于没有世职门荫之汉人而言,武科亦为出仕一途,并有相应荣衔与利益。本书考察所及,清代武科亦为祖上三代未仕者提供考获功名之机会,整体支持"社会流动"之说。同时,清代亦见累世武科功名、战场军功、军政要职皆备之"武举家族",值得留意。钱穆曾谓,"中国历史上'考试'与'选举'两项制度,其用意是在政府和社会间打通一条路,好让社会在某种条件某种方式下来掌握政治,预闻政治,和运用政治;这才是中国政治制度最根本问题之所在。"① 当然,文武科举之内容、授职及迁转情形不同,武科促进"社会流动"之规模与形式,以及家族因素对武科成败之影响等议题,尚可深入探究。

清代武科之存续与运作,亦为协调满汉、旗民等各方利益之机制。清代武科之制度设计,在应试资格、中额分配及授职迁转等层面,均体现旗民之别,八旗内部,又有满蒙与汉军之别、京旗与驻防之别。清代竞逐武场者,大多为民籍汉人及八旗汉军,八旗满蒙并不以此为进身要途,但实际执掌政治及军务权柄者,不靠武科出身之满蒙旗人为数甚多。功名利益与军政实权之间,不同群体各得其所,各取所需,进而不断达成"动态均衡",以便共同撑持此一"共同体"。

武科之运作,更关乎朝廷之权力、典礼与恩荣。藉由各级考试,不仅可以体现礼制与恩典,朝局政争亦可援用。尤其是殿试所承载宣示之礼仪与恩荣,实际超过其应有之考选功能。武科殿试考选虽然对实际战局裨益不多,但仍须严密控制、合理安排,以符礼制,并收笼络与控制之效。二百余年间,武殿试各项仪式因仍不废。通过不断演礼、朝拜、唱名、谢恩,既可彰显"天威"凛然,亦不断提醒士子其恩荣之所由来,进而叩谢"天恩",宣誓效忠。殿试各个环节之典礼安排,各人出场之先后、座次及待遇,无不蕴含序等级、别尊卑之意,权力影响无所不在、巨细靡遗。专制时代,万机决诸一人,盛衰系于一姓。权专则任重,各个时代虽有难以移易之风会大势,但帝王自身之规模气象,亦有重大影响。清末诸帝,多

---

① 不过,钱穆对于清代史事颇多苛评,认为其政治设计多出"部族政治"之私心,只有"法术",不见"制度",因此认为其考试制度"绝不该与中国传统政治下之考试制度同类相视"。此说颇受其自身所谓"时代意见"之影响,应当审慎辨析。见钱穆:《中国历代政治得失》,第4、138、155页。

以年幼孱弱拥登大位，[①]偏逢海通以后之千年变局。此时，不仅难以追望盛清帝王在殿试之时，率领皇家侍卫及天下武举，亲自挽弓垂范，弦绝禁城，有时帝王甚至并不亲阅武举骑射，而是因循撑持。时势变异，于兹可见。

清代武科之另一关键功效，在以之宣示正统，明确朝廷实控范围。入关伊始，清廷即刻下诏复科，其后兵部开科题本更谓"今逢龙飞定鼎，鹰扬应运；开国伊始，振武方殷"[②]；清初南方未定、晚清军兴混乱，部分省份武科偶有停废；太平天国定鼎南京之后，还一度另开文、武科举；然一旦砥定，清廷旋即开科取士，甚至补开因乱而停之科。以上事实，均见此一"无用"之制，自有其用。其中，抡才尚属其次，其要更在收拢人心、宣示正统。短期之内一省之才不抡，对于整体政制之运转影响不大；但若一省之科不开，则意味着此地"未沐王化"，脱逸于朝廷实控之外。帝制时代，军事征服之后，开科取士常与设官分职、编户齐民等举措多管齐下，冀望尽快将新平定、归附地区纳入实控范围。而在现实运作中，武科考试正是与地方典礼、学校教育、户籍管理、职官选任以及军事驻防诸种制度相须而行，乃是一种"统合机制"，其要如是。

其实，不用等到光绪二十七年（1901）正式废除，清代武科在嘉道以降，已日渐式微。但经过清初之复科继承，"盛清"诸帝之改制整合，武科考试此一"汉制"已然渐具"祖制"性质，后代未可轻言废除。而且，设科抡才关乎朝廷礼制、恩典与权威，因此一仍其旧，照例进行。若言武科"无用"，乃谓其作为常规抡才体制，未能系统拔擢能才干将，而对清代军备有结构性助益。但武科之于清代政治系统，仍有平衡文武、调剂满汉之功用，朝廷既可藉此而驱策双方、维持均衡，又可以之宣示恩典威权，笼络地方，统合社会。明乎此理，才能理解为何武科实效不彰，却又能相沿不辍，必至清末遽变冲击，才与文科相继革废。又因武科抡才功效及社会影响皆不及文科，废除武科所致近代中国社会之震荡，亦不可与停废文科同日而语。

---

① 咸丰皇帝 20 岁即位，31 岁去世；同治皇帝 6 岁即位，19 岁去世；光绪皇帝 4 岁即位，37 岁去世；宣统皇帝 3 岁即位，6 岁逊位。

② 朱马喇：《兵部侍郎题为武举事》，1645 年，台北"中研院"史语所藏内阁大库档案，档案号：185044-061。

　　纵观历代武举制度,其运作每每受到两重牵掣:其一来自出身文科之官僚,"以文驭武"作为多数时期施政之基本策略,对于"武系"多加抑制;其二来自出身行伍之兵将,不但在武官铨选中对武科出身者造成冲击,亦多视武科考选内容不切于战场实际。至于清代,更增两重牵掣:初期来自号称"以弧矢威天下"之八旗兵将,甚至清代帝王本身,多视武科内容为末技具文;后期来自装备和操演日趋近代化之陆军部队,益加衬托传统武科项目之无济于事。以上几重牵掣,不仅实质影响当日武科之地位,冲击武科出身者之仕途;亦会影响后人对于武科之印象,因为后世研究所依赖之资料,主要仍由文人官僚所留,体现武科士子"主体性"之材料较少。后人研究武科之难,又不仅在于史料之相对匮乏,以及厘清上述几重牵掣之不易,更会受其"时代意见"左右而不自知,值得留意。历史塑造现实,现实亦会"重塑"历史,治史者当有省察。

附录一　清代各省籍武生学额汇校①

例言

1. 本附录中行政区划及学额调整时限下迄光绪二十一年（1895）。《武场条例》内无学额变化记录者，以"——"标明。

2. 表中"原额"主要为历经雍正、乾隆年间调整，各学基本确定之学额。实际各学因始设时间不同，又或其后学额另有调整变化，因此"原额"指涉时段并不划一。"清季"包括咸丰、同治、光绪三朝。

3. "同6（10）"表示同治六年增广学额10名，余类推。因改土归流、捐输、守城、团练等实际增广定额者，不特别注明；若属省内学额划拨调整者，注明所增学额来源，以便统计。

4. "光10（-1）"表示光绪十年扣减学额1名，余类推。径行扣减者，不予注明；若属省内学额划拨调整者，注明所减学额去向，以便统计。

5. 府学、直隶州州学、直隶厅厅学均加框标示，所辖散州、散厅、县、卫、乡等学列于其下。

6. 遇因避讳改易地名用字，如改"丘"为"邱"、改"淳"为"涫"等，汇校改回本字，缺笔不从。

7. 八旗学额结构及分布较为特殊，此处相应变通处理，因此其表格样式异于其他省份。

八旗学额

旗别、省别		原额	清季变动
京师八旗	满洲、蒙古	不设定额，每五、六名中取进1名	同6（10）
	汉军	80	——

---

① 主要参考资料：景清等：《钦定武场条例》卷13—16，北京出版社，2000年影印本，第515—566页。周振鹤主编：《中国行政区划通史·清代卷》，复旦大学出版社，2017年。

续表

旗别、省别			原额	清季变动
驻防八旗	奉天省	满字号	不设定额,每五、六名中取进1名	咸5(2),咸9(3),同6(5)
		合字号		咸5(4),咸9(4)
	吉林省	满字号	不设定额,每五、六名中取进1名	同6(3)
		合字号		同7(2)
	黑龙江省	满字号		同6(2)
	江苏省		不设定额,每五、六名中取进1名	——
	浙江省			——
	福建省			——
	湖北省			——
	河南省			——
	山东省			——
	山西省			——
	陕西省			——
	甘肃省			——
	四川省			——
	广东省			咸7(1)

奉天省学额

学名	原额	清季变动	清末定额	学名	原额	清季变动	清末定额
奉天府学	1	——	1	兴京学①	2	——	2
承德县学	7	咸5(6),咸9(1)	14	怀仁县学	1	——	1

① 光绪三年已升兴京为抚民直隶厅,然因"兴京"为尊称,故不得改称直隶厅,亦不得直称新京厅。《武场条例》内"兴京"二字特较寻常府州抬高一格,其学径称"兴京学"。参景清等:《钦定武场条例》卷13,第516页。周振鹤主编:《中国行政区划通史·清代卷》,第147页。

学名	原额	清季变动	清末定额	学名	原额	清季变动	清末定额
辽阳州学	5	咸9（1）	6	通化县学	1	——	1
海城县学	5	咸5（2），咸9（2）	9	凤凰厅学	2	——	2
盖平县学	3	咸5（1），咸9（1）	5	安东县学	1	——	1
铁岭县学	2	咸9（1）	3	宽甸县学	1	——	1
开原县学	2	咸5（2）	4	岫岩州学	2	同13（2），光4（-1）①	3
复州学	5	——	5	吉林府学	4		4
金州厅学	4	——	4	伯都讷厅学	2		2
海龙厅学	1		1	宾州厅学	2		2
新民厅学	5		5	五常厅学	2		2
锦州府学	4	——	4	敦化县学	1		1
锦县学	7	咸5（2）	9	双城厅学	2		2
宁远州学	5	咸5（1）	6	伊通州学	1		1
广宁县学	3	咸9（1），光10（-1）②	3	长春府学	2		2
义州学	4	咸9（1）	5	农安县学	2		2
昌图府学	4	——	4	黑龙江呼兰厅学	2		2
怀德县学	2	——	2	绥化厅学	2	——	2
奉化县学	2		2				
康平县学	2		2				
合计		奉天省取进武生之学凡38所，内府学5所，散州州学6所，直隶厅厅学3所，散厅厅学8所，县学16所。武生学额有定者，原为103名（含省内移拨学额2名）；咸、同年间捐输加广24名，清末学额共127名。					

———

① 拨给凤凰厅学1名。
② 拨给新民厅学1名。

直隶省学额

学名	原额	清季变动	清末定额	学名	原额	清季变动	清末定额
顺天府学	40	同8（1）	41①	承德府学	2	——	2
良乡县学	12	——	12	滦平县学	1	——	1
固安县学	15	——	15	平泉州学	1	——	1
永清县学	12	——	12	丰宁县学	1	——	1
东安县学	12	——	12	建昌县学	1	——	1
香河县学	12	——	12	赤峰县学	1	同6（1）	2
涿州学	15	——	15	朝阳县学	1	——	1
房山县学	8	——	8	围场厅学②	1	——	1
霸州学	15	——	15	保定府学	37	——	37
文安县学	20	——	20	清苑县学	15	——	15
大城县学	15	——	15	满城县学	12	——	12
保定县学	8	——	8	安肃县学	15	——	15
昌平州学	12	——	12	定兴县学	12	——	12
顺义县学	12	——	12	新城县学	15	——	15
密云县学	12	——	12	唐县学	12	——	12
密云卫学	8	——	8	博野县学	15	——	15
怀柔县学	8	——	8	望都县学	8	——	8
平谷县学	8	——	8	完县学	12	——	12
通州学	20	——	20	容城县学	12	——	12
三河县学	12	——	12	蠡县学	20	——	20
武清县学	15	——	15	雄县学	15	——	15
宝坻县学	12	——	12	祁州学	15	——	15
蓟州学	15	——	15	束鹿县学	15	——	15
宁和县学	8	——	8	安州学	15	——	15
永平府学	20	——	20	高阳县学	20	——	20

---

① 内大兴县取20名,宛平县取20名。同治八年大兴县增广1名。
② 《武场条例》仅书"围场学"。光绪二年置围场粮捕同知,属散厅建制。参景清等:《钦定武场条例》卷13,第517页。周振鹤主编:《中国行政区划通史·清代卷》,第124页。

续表

学名	原额	清季变动	清末定额	学名	原额	清季变动	清末定额
卢龙县学	15	——	15	安州乡学	15	——	15
迁安县学	15	——	15	河间府学	22	——	22
抚宁县学	15	——	15	河间县学	20	——	20
昌黎县学	15	——	15	献县学	15	——	15
滦州学	15	——	15	阜城县学	15	——	15
乐亭县学	15	——	15	任丘县学	20	——	20
临榆县学	12	同5（2）	14	交河县学	15	——	15
天津府学	25	咸4（5）	30	肃宁县学	12	——	12
商学①	商籍10人取进1名,不得逾2名			宁津县学	15	——	15
	灶籍10人取进1名,不得逾6名			景州学	20	——	20
天津县学	15	咸4（3）,咸9（4）,同5（6）	28	吴桥县学	15	——	15
青县学	12	——	12	东光县学	15	——	15
静海县学	15	——	15	故城县学	15	——	15
沧州学	15	——	15	正定府学	28	——	28
南皮县学	12	——	12	正定县学	15	——	15
盐山县学	15	——	15	获鹿县学	15	——	15
庆云县学	12	——	12	井陉县学	12	——	12
顺德府学	22	——	22	阜平县学	8	——	8
刑台县学	15	——	15	栾城县学	12	——	12
沙河县学	12	——	12	行唐县学	12	——	12
南和县学	15	——	15	灵寿县学	12	——	12
平乡县学	12	同6（1）	13	平山县学	12	——	12
巨鹿县学	12	——	12	元氏县学	12	——	12

---

① 商学所取武生附归天津府学管辖。

续表

学名	原额	清季变动	清末定额	学名	原额	清季变动	清末定额
广宗县学	12	同6（1）	13	赞皇县学	12	——	12
唐山县学	12	——	12	晋州学	15	——	15
内丘县学	12	——	12	无极县学	12	——	12
任县学	12	同6（1）	13	藁城县学	12	同6（2）	14
广平府学	20	——	20	新乐县学	12	——	12
永年县学	15	——	15	大名府学	20	——	20
曲周县学	15	同6（1）	16	大名县学	14	——	14
肥乡县学	15	——	15	元城县学	18	——	18
鸡泽县学	15	——	15	大名乡学	13	——	13
广平县学	12	——	12	南乐县学	15	——	15
邯郸县学	12	同6（3）	15	清丰县学	20	——	20
威县学	12	——	12	东明县学	20	——	20
成安县学	15	同8（1）	16	开州学	20	——	20
清河县学	15	——	15	长垣县学	20	——	20
磁州学	15	——	15	宣化府学	20	——	20
冀州学	26	——	26	宣化县学	15	——	15
南宫县学	20	同4（2）	22	赤城县学	8	——	8
新河县学	12	——	12	独石口厅学	1	——	1①
枣强县学	20	同5（2）	22	多伦厅学	1	——	1②
武邑县学	15	——	15	万全县学	15	——	15
衡水县学	15	——	15	张家口厅学	1	——	1③
赵州学	21	——	21	龙门县学	8	——	8
柏乡县学	12	——	12	怀来县学	12	——	12
隆平县学	15	——	15	蔚州学	15	——	15

① 光绪八年议准，不必作为定额，若不敷则任缺毋滥。
② 光绪八年议准，不必作为定额，若不敷则任缺毋滥。
③ 光绪八年议准，不必作为定额，若不敷则任缺毋滥。

续表

学名	原额	清季变动	清末定额	学名	原额	清季变动	清末定额
高邑县学	12	——	12	蔚州乡学	15	——	15
临城县学	8	——	8	西宁县学	12	——	12
宁晋县学	15	——	15	怀安县学	15	——	15
深州学	19	——	19	延庆州学	15	——	15
武强县学	12	——	12	延庆乡学	8	——	8
饶阳县学	15	——	15	保安州学	15	——	15
安平县学	15	——	15	定州学	25	咸9（3）	28
易州学	16	——	16	曲阳县学	12	——	12
涞水县学	8	——	8	深泽县学	12	——	12
广昌县学	8	——	8	遵化州学	15	——	15
				玉田县学	15	——	15
				丰润县学	20	——	20
合计	直隶省取进武生之学凡165所,内府学11所,直隶州州学6所,散州州学17所,县学121所,乡学4所,散厅厅学4所,卫学1所,商学1所。武生学额有定者,原为2274名(不含商学);咸、同年间因守城、捐输加广39名,清末学额共2313名。						

江苏省学额

学名	原额	清季变动	清末定额	学名	原额	清季变动	清末定额
江宁府学	20	——	20	苏州府学	17	咸10（10）	27
上元县学	15	同7（5）	20	长洲县学	8	咸9（8）	16
江宁县学	15	同7（5）	20	元和县学	7	咸9（7）	14
句容县学	15	——	15	吴县学	15	咸9（10）	25
溧水县学	12	——	12	吴江县学	7	同7（7）	14
高淳县学	12	——	12	震泽县学	8	——	8
江浦县学	8	——	8	常熟县学	8	同5（8）	16
六合县学	8	咸4（2）,同7（6）	16	昭文县学	7	同5（7）	14

续表

学名	原额	清季变动	清末定额	学名	原额	清季变动	清末定额
松江府学	20	咸8（10）	30	昆山县学	7	同6（4）	11
华亭县学	11	咸10（1）	12	新阳县学	8	同6（4）	12
奉贤县学	8	咸9（1）	9	常州府学	20	——	20
娄县学	11	咸10（2），同5（1），同8（1）	15	武进县学	7	同6（7）	14
金山县学	8	咸9（5）	13	阳湖县学	8	同6（8）	16
上海县学	9	咸8（9），同4（4）	22	无锡县学	7	同5（5）	12
南汇县学	10	同5（10）	20	金匮县学	8	同5（6）	14
青浦县学	15	咸9（2）	17	江阴县学	15	咸10（3）	18
镇江府学	20	同3（4），同5（4）	28	宜兴县学	8	同9（2）	10
丹徒县学	15	同3（10）	25	荆溪县学	7	——	7
丹阳县学	15	同5（10）	25	靖江县学	15	同3（2）	17
金坛县学	15	同7（9）	24	淮安府学	18	——	18
溧阳县学	15	咸9（2）	17	山阳县学	12	咸7（4）	16
扬州府学	17	——	17	盐城县学	12	同3（7）	19
江都县学	8	同2（6），同4（2）	16	阜宁县学	6	光2（2）	8
甘泉县学	7	同2（6），同4（1）	14	清河县学	12	同3（3）	15
仪征县学	15	同6（7）	22	安东县学	12	——	12
高邮州学	15	咸8（5），同3（3）	23	桃源县学	12	——	12
兴化县学	15	咸7（1），同3（4）	20	徐州府学	20	——	20
宝应县学	12	咸8（2），同4（5）	19	铜山县学	15	咸8（2）	17
泰州学	9	同1（6），同4（3）	18	萧县学	12	——	12

续表

学名	原额	清季变动	清末定额	学名	原额	清季变动	清末定额
东台县学	6	咸7（4），同5（2）	12	沛县学	12	——	12
太仓州学①	8①	同5（5）	13	丰县学	12	——	12
镇洋县学	7	同5（2）	9	砀山县学	12	——	12
嘉定县学	8	同6（4）	12	邳州学	15	——	15
宝山县学	7	同4（2）	9	宿迁县学	12	咸8（1）	13
崇明县学	12	同4（10）	22	睢宁县学	12	——	12
海州学	12②	同3（6）	18	通州学	14③	同1（5），同5（5）	24
沭阳县学	12	咸9（1）	13	泰兴县学	15	咸9（3），同7（6）	24
赣榆县学	8	——	8	如皋县学	12	咸9（5），同6（5）	22
海门厅学	2	同3（2）	4				
静海乡学	6	——	6				
合计		江苏省取进武生之学凡78所，内府学8所，直隶州州学3所，散州州学3所，直隶厅厅学1所，县学62所，乡学1所。武生学额有定者，原为897名；咸、同、光年间，因捐输、"助剿"、守城加广338名，清末学额共1235名。					

安徽省学额

学名	原额	清季变动	清末定额	学名	原额	清季变动	清末定额
安庆府学	20	——	20	徽州府学	20	咸9（10）	30
怀宁县学	15	同3（8），同6（1）	24	歙县学	15	咸5（2），咸9（10）	27

① 旧拨苏州府学3名，归太仓州及所属取进。
② 旧拨淮安府学2名，归海州及所属取进。
③ 旧拨扬州府学3名，归通州及所属取进。

续表

学名	原额	清季变动	清末定额	学名	原额	清季变动	清末定额
桐城县学	15	同3（5），同6（2），同7（3）	25	休宁县学	15	咸7（3），咸9（10）	28
潜山县学	12	咸6（3），同5（7）	22	婺源县学	15	咸9（5），同1（5）	25
太湖县学	12	咸7（3），同3（1），同6（7）	23	祁门县学	12	咸7（2），咸9（3），同1（7）	24
宿松县学	12	同3（1），同4（6）	19	黟县学	12	咸5（2），咸9（10）	24
望江县学	8	同4（2），同6（2）	12	绩溪县学	12	咸9（5），同1（3）	20
宁国府学	20	——	20	池州府学	20	——	20
宣城县学	15	咸9（3）	18	贵池县学	12		12
南陵县学	15	咸9（3），同6（2）	20	青阳县学	12	咸9（2），同1（2）	16
泾县学	15	咸6（3），同3（1），同5（2），同8（4）	25	铜陵县学	12	同6（3）	15
宁国县学	12	——	12	石埭县学	12	咸9（1），同1（1）	14
旌德县学	12	同3（1），同6（1）	14	建德县学	12	同1（2）	14
太平县学	12	咸5（2），咸9（5），同1（3），同6（1）	23	东流县学	8	——	8
太平府学	20	——	20	庐州府学	18	——	18
当涂县学	12	——	12	合肥县学	12	咸5（3），同3（10）	25
芜湖县学	12	——	12	舒城县学	8	同3（1），同5（4）	13

续表

学名	原额	清季变动	清末定额	学名	原额	清季变动	清末定额
繁昌县学	8	——	8	庐江县学	8	咸6（3），同3（1），同6（6），同7（1）	19
凤阳府学	20	——	20	无为州学	12	咸6（3），同3（3），同6（4）	22
凤阳县学	15	咸10（3），同3（1），同8（8）	27	巢县学	12	同3（3）	15
临淮乡学	8	咸10（2）	10	颍州府学	20	——	20
怀远县学	8	咸10（2），同3（3），同6（1）	14	阜阳县学	15	同3（4），同4（2），同6（4），−1①	24
定远县学	8	同3（4）	12	颍上县学	8	咸7（3）	11
寿州学	9	同3（4），同9（5）	18	霍丘县学	8	咸10（1），同3（2）	11
凤台县学	6	同3（1）	7	亳州学	12	同9（2），−2②	12
宿州学	12	−2③	10	蒙城县学	8	−2④	6
灵璧县学	8	——	8	太和县学	8	同3（4）	12
滁州学	15	同9（1），同3（1）	17	涡阳县学	7	——	7
全椒县学	15	同3（2）	17	和州学	15	同3（2）	17
来安县学	8	咸10（1）	9	含山县学	12	同3（2）	14
广德州学	15	同3（1）	16	泗州学	12	同3（2），同6（2）	16
建平县学	12	——	12	虹乡学	8	——	8

① 拨给涡阳县学1名。
② 拨给涡阳县学2名。
③ 拨给涡阳县学2名。
④ 拨给涡阳县学2名。

续表

学名	原额	清季变动	清末定额	学名	原额	清季变动	清末定额
六安州学	14①	咸4（1），同3（5），同5（4）	24	盱眙县学	12	同2（1），同3（6），同6（3）	22
英山县学	8	咸4（1），同5（4）	13	天长县学	12	同3（4）	16
霍山县学	8	同5（3），同6（5）	16	五河县学	8	咸10（2）	10
合计		安徽省取进武生之学凡70所，内府学8所，直隶州州学5所，散州州学4所，县学51所，乡学2所。武生学额有定者，原为853名（含省内移拨学额7名）；咸、同年间因捐输、克复城池、助战、兴办团练、保城加广321名，清末学额共1174名。					

江西省学额

学名	原额	清季变动	清末定额	学名	原额	清季变动	清末定额
南昌府学	20	咸4（5），咸11（5），同3（5）	35	瑞州府学	20	同3（6），同4（4）	30
南昌县学	15	咸4（3），咸7（1），咸10（6），同3（3）	28	高安县学	15	咸7（2），咸10（8）	25
新建县学	15	咸4（3），咸10（10）	28	上高县学	12	同3（4），同5（6）	22
丰城县学	15	咸7（1），咸10（4），同3（5）	25	新昌县学	15	咸10（6），同3（4）	25
进贤县学	15	同3（1），同9（9）	25	袁州府学	20	——	20
义宁州学	12	咸11（10）	22	宜春县学	15	同6（10）	25
武宁县学	8	咸11（8）	16	分宜县学	15	同4（6）	21

---

① 旧拨庐州府学2名，归六安州及所属取进。

学名	原额	清季变动	清末定额	学名	原额	清季变动	清末定额
奉新县学	12	咸7（1），咸10（2），同3（4），同4（3）	22	萍乡县学	8	同3（6），同6（2）	16
靖安县学	8	同3（1），同4（6）	15	万载县学	13①	同2（10），同3（1）②	24
临江府学	20	同4（5），同5（2），同9（3）	30	吉安府学	20	同3（2），同5（2），同6（6）	30
清江县学	15	咸7（5），咸10（3），同1（1），同3（1）	25	庐陵县学	15	咸7（3），咸10（4），同1（3）	25
新淦县学	12	咸7（1），咸11（8），同5（1）	22	吉水县学	15	咸7（3），咸10（3），同1（1），同7（3）	25
新喻县学	12	同4（10）	22	永丰县学	12	同5（10）	22
峡江县学	8	同6（6），同9（2）	16	泰和县学	15	咸7（1），咸10（1），同1（1），同3（7）	25
抚州府学	20	同1（5），同3（4）	29	安福县学	12	咸7（2），同3（3），同4（5）	22
临川县学	15	咸7（3），同3（4）	22	万安县学	12	同4（6），同9（4）	22
金溪县学	15	咸7（2），咸10（1），同1（2），同3（4）	24	龙泉县学	8	同3（8）	16

① 内客籍学额1名。
② 增广客籍学额1名。

学名	原额	清季变动	清末定额	学名	原额	清季变动	清末定额
崇仁县学	12	同3（10）	22	永新县学	10	同4（8），同8（1）	19
宜黄县学	12	咸7（1），同1（9）	22	永宁县学	8	同4（4）	12
乐安县学	12	咸10（9），同3（1）	22	莲花厅学	5	同4（5）	10
东乡县学	12	——	12	建昌府学	20	同3（3），同7（1）	24
广信府学	20	同9（5）	25	南城县学	15	咸7（2），咸10（1），同1（7）	25
上饶县学	15	咸7（1），同1（2），同4（3）	21	南丰县学	12	咸7（2）	14
玉山县学	8	同3（2）	10	新城县学	15	咸7（1），咸9（1），咸10（1），同3（1），同9（1）	20
广丰县学	12	同2（3）	15	广昌县学	12	咸7（1），同3（9）	22
铅山县学	12	咸7（2）	14	泸溪县学	8	——	8
弋阳县学	12	同2（3），同7（7）	22	饶州府学	20	同6（2），同7（3）	25
贵溪县学	12	同3（1），同9（9）	22	鄱阳县学	15	同3（10）	25
兴安县学	8	——	8	余干县学	12	同3（1），同7（9）	22
南康府学	20	同3（4），同9（1）	25	乐平县学	12	咸11（10）	22
星子县学	12	同3（7）	19	浮梁县学	12	同3（10）	22
都昌县学	12	咸10（1），同3（9）	22	安仁县学	8	同5（8）	16

学名	原额	清季变动	清末定额	学名	原额	清季变动	清末定额
建昌县学	12	咸10（10）	22	德兴县学	12	同6（10）	22
安义县学	8	同3（1），同9（7）	16	万年县学	12	同6（10）	22
九江府学	20	咸11（5），同3（3），同5（2）	30	赣州府学	20	同5（3）	23
德化县学	12	咸10（1），同3（9）	22	赣县学	15	咸7（1），咸10（1），同3（1），同5（7）	25
德安县学	12	同3（9）	21	雩都县学	12	同4（10）	22
瑞昌县学	8	同5（8）	16	信丰县学	12	同7（10）	22
湖口县学	12	咸11（7），同5（3）	22	兴国县学	12	咸9（1），同6（10）	23
彭泽县学	12	咸11（10）	22	会昌县学	12	同4（8）	20
南安府学	20	同3（5），同5（5）	30	安远县学	12	咸7（1）	13
大庾县学	12	同7（10）	22	龙南县学	12	同9（10）	22
南康县学	8	咸7（1），同3（7）	16	长宁县学	12	同6（10）	22
上犹县学	8	同9（8）	16	定南厅学	8	同5（7）	15
崇义县学	8	同5（8）	16	宁都州学	17	咸7（1），同1（9）	27
				瑞金县学	14	同3（6）	20
				石城县学	10	咸7（1），同5（9）	20
合计	江西省取进武生之学凡92所，内府学13所，直隶州州学1所，散州州学1所，散厅厅学2所，县学75所。武生学额有定者，原为1198名；咸、同年间因捐输、守城、团练增广759名，清末学额共1957名。						

浙江省学额

学名	原额	清季变动	清末定额	学名	原额	清季变动	清末定额
杭州府学	20	同5（10）	30	嘉兴府学	20	同7（10）	30
仁和县学	15	咸6（9），咸7（1）	25	嘉兴县学	15	咸6（1），咸10（1），同5（2），同7（5）	24
钱塘县学	15	咸6（9），咸10（1）	25	秀水县学	15	咸6（3），咸10（1），同5（2），同7（4）	25
海宁州学	15	咸6（1），咸7（1），咸9（3），咸10（1），同5（1），同7（3）	25	嘉善县学	15	咸6（1），咸10（1），同5（1），同7（4）	22
富阳县学	15	同5（1）	16	海盐县学	15	咸7（1），同5（1），同7（3）	20
余杭县学	15	同7（2）	17	平湖县学	15	咸6（5），咸10（1），同5（2），同7（2）	25
临安县学	15	——	15	石门县学	15	咸6（1），同5（1），同7（2）	19
新城县学	12	——	12	桐乡县学	15	同5（1），同7（4）	20
於潜县学	8	——	8	湖州府学	20	同5（8）	28
昌化县学	8	——	8	乌程县学	15	咸6（6），咸7（2），咸9（2）	25
宁波府学	20	同5（4），同7（6）	30	归安县学	15	咸6（6），咸7（1），咸9（3）	25

学名	原额	清季变动	清末定额	学名	原额	清季变动	清末定额
鄞县学	15	咸6（3），咸7（1），咸9（1），咸10（1），同5（4）	25	长兴县学	15	咸6（1），咸7（1），同5（2）	19
慈溪县学	15	咸6（10）	25	德清县学	15	咸6（1），咸10（2），同7（4）	22
奉化县学	12	——	12	安吉县学	12	——	12
镇海县学	15	咸6（2），咸7（1），咸9（3），咸10（1），同5（3）	25	武康县学	12	——	12
象山县学	8	同7（2）	10	孝丰县学	8	——	8
定海厅学	7	道23（3），同5（1），同7（3）	14	绍兴府学	20	同7（10）	30
台州府学	20	同3（3）	23	山阴县学	15	咸6（4），咸9（1），咸10（1），同5（4）	25
临海县学	15	同3（3），同5（1），同7（2）	21	会稽县学	15	咸6（4），咸10（1），同5（5）	25
黄岩县学	15	同3（3），同7（1）	19	萧山县学	15	咸7（3），咸9（1），咸10（1），同5（5）	25
太平县学	12	同3（3），同7（6）	21	诸暨县学	15	咸6（1），咸9（1），咸10（1），同5（1），同7（5）	24

学名	原额	清季变动	清末定额	学名	原额	清季变动	清末定额
宁海县学	12	同3（3）	15	余姚县学	15	咸6（5），咸7（1），咸10（1），同5（2），同7（1）	25
天台县学	12	咸10（1），同3（3），同7（1）	17	上虞县学	15	咸6（2），咸9（1），咸10（1），同5（3），同7（3）	25
仙居县学	8	同3（3）	11	新昌县学	12	——	12
金华府学	20	——	20	嵊县学	12	咸6（1），咸10（1），同5（2）	16
金华县学	15	——	15	衢州府学	20	——	20
兰溪县学	15	同5（1）	16	西安县学	15	咸6（1），同1（3），同5（1）	20
东阳县学	15	同5（4）	19	龙游县学	15	——	15
义乌县学	15	咸10（1），同5（1），同7（2）	19	江山县学	8	同5（2），同10（2）	12
永康县学	12	同4（3），同5（2）	17	常山县学	12	同5（1）	13
武义县学	12	——	12	开化县学	12	同5（1）	13
浦江县学	12	同5（4）	16	严州府学	20	——	20
汤溪县学	8	——	8	建德县学	15	——	15
处州府学	20	——	20	淳安县学	15	同5（1）	16
丽水县学	15	同7（1）	16	遂安县学	15	同5（1）	16
缙云县学	15	同4（3）	18	寿昌县学	12	——	12
青田县学	12	同5（3）	15	桐庐县学	12	同5（1）	13
松阳县学	12	——	12	分水县学	8	——	8
遂昌县学	8	同5（2）	10	温州府学	20	——	20

学名	原额	清季变动	清末定额	学名	原额	清季变动	清末定额
龙泉县学	12	同5（3）	15	永嘉县学	15	咸6（1），同5（4），同7（5）	25
庆元县学	8	——	8	乐清县学	12	同5（3），同7（1）	16
云和县学	8	——	8	瑞安县学	12	同5（2），同7（1）	15
宣平县学	8	——	8	平阳县学	12	同5（2），同7（3）	17
景宁县学	8	——	8	泰顺县学	8	同7（1）	9
				玉环厅学	4	——	4
合计	浙江省取进武生之学凡89所，内府学11所，散州州学1所，散厅厅学2所，县学75所。武生学额有定者，原为1207名；道、咸、同年间因捐输、保城、"助剿"等增广364名，清末学额共1571名。						

福建省学额

学名	原额	清季变动	清末定额	学名	原额	清季变动	清末定额
福州府学	20	咸10（10）	30	兴化府学	20	——	20
闽县学	15	咸5（2），咸7（8）	25	莆田县学	15	咸7（2），咸9（5）	22
侯官县学	15	咸5（2），咸9（8）	25	仙游县学	15	咸7（2），咸9（5）	22
长乐县学	15	咸9（10）	25	泉州府学	20		20
福清县学	15	咸9（10）	25	晋江县学	15	咸9（10）	25
连江县学	12	咸9（5）	17	南安县学	15	咸9（3）	18
罗源县学	8	咸9（1）	9	惠安县学	15	咸9（2）	17
古田县学	12	咸9（10）	22	同安县学	15	咸5（1），咸9（9）	25
屏南县学	4	咸9（3）	7	安溪县学	15	咸9（2）	17
闽清县学	8	咸9（8）	16	漳州府学	20	——	20

续表

学名	原额	清季变动	清末定额	学名	原额	清季变动	清末定额
永福县学	8	咸9（8）	16	龙溪县学	15	咸5（4），咸9（6）	25
延平府学	20	——	20	漳浦县学	15	——	15
南平县学	15	咸7（2），咸9（8）	25	海澄县学	15	咸9（3）	18
顺昌县学	15	咸9（1）	16	南靖县学	15	——	15
将乐县学	15	咸9（2）	17	长泰县学	15	——	15
沙县学	15	咸7（2），咸9（4）	21	平和县学	15	——	15
尤溪县学	8	咸7（1），咸9（4）	13	诏安县学	15	咸5（1）	16
永安县学	15	咸5（1），咸7（1），咸9（8）	25	建宁府学	20	——	20
邵武府学	20	——	20	建安县学	15	咸7（1），咸9（11）	27
邵武县学	15	咸7（3）	18	瓯宁县学	15	咸7（1），咸9（10）	26
光泽县学	8	咸7（4）	12	建阳县学	15	咸7（3），咸9（1）	19
泰宁县学	8	——	8	崇安县学	15	咸7（1），咸9（4）	20
建宁县学	15	咸7（1），咸9（3）	19	浦城县学	15	咸7（4）	19
汀州府学	20	——	20	松溪县学	12	咸7（4）	16
长汀县学	15	咸7（4）	19	政和县学	8	咸7（1），咸9（3）	12
宁化县学	15	咸7（2），咸9（3）	20	福宁府学	20	——	20
清流县学	15	咸9（1）	16	霞浦县学	8	咸9（2）	10
归化县学	15	咸9（3）	18	福鼎县学	7	咸9（4）	11

续表

学名		原额	清季变动	清末定额	学名		原额	清季变动	清末定额
连池县学		15	咸9（3）	18	福安县学		12	咸9（4）	16
上杭县学		15	咸7（2），咸9（8），同3（3）	28	宁德县学		12	咸9（9）	21
武平县学		15	咸7（3），咸9（7）	25	寿宁县学		8	咸9（3）	11
永定县学		15	——	15	永春州学		15	咸9（7）	22
龙岩州学		15	咸10（2）	17	德化县学		12	咸7（6），咸9（4）	22
漳平县学		15	咸10（4）	19	大田县学		12	咸9（1）	13
宁洋县学		8	咸10（1）	9	台湾府学	闽籍	10	——	10
台南府学	闽籍	20	咸8（9），光4（-4），①光16（-9）②	16		粤籍	2	——	2
	粤籍	4	咸8（2），光4（-3）③	3	台湾县学		6	——	6
安平县学		12	咸8（2）	14	云林县学		2	——	2
凤山县学		12	咸8（2）	14	苗栗县学		2	——	2
嘉义县学		12	咸8（2），光16（-4）④	10	彰化县学		8	咸8（3），光16（-2）⑤	9
台北府学	闽籍	7	——	7					
	粤籍	3	——	3					

① 拨4名归台北府学闽籍取进。
② 共拨9名归台湾府学闽籍取进。
③ 共拨3名归台北府学粤籍取进。
④ 拨4名归台湾县学取进。
⑤ 拨2名归苗栗县学取进。

续表

学名	原额	清季变动	清末定额	学名	原额	清季变动	清末定额
淡水县学	2	同 11（5）， 光 4（-3）①	4				
宜兰县学	4	——	4				
新竹县学	4	——	4				
合计		福建省取进武生之学凡 82 所，内府学 12 所，直隶州州学 2 所，县学 68 所。武生学额有定者，原为 1055 名（含省内移拨学额 25 名）；咸、同年间因捐输、保城增广 340 名，清末学额共 1395 名。					

湖北省学额

学名	原额	清季变动	清末定额	学名	原额	清季变动	清末定额
武昌府学	20	——	20	汉阳府学	20	——	20
江夏县学	15	咸 8（2）， 咸 10（9）， 同 3（1）	27	汉阳县学	15	咸 4（2）， 咸 10（3）， 同 3（4）， 同 4（1）	25
武昌县学	15	咸 8（2）， 咸 10（6）， 同 3（2）， 同 6（1）	26	汉川县学	15	咸 8（2）， 同 3（2）， 同 4（7）， 同 6（1）	27
咸宁县学	12	咸 8（1）， 咸 10（3）， 同 3（4）， 同 6（2）	22	黄陂县学	15	咸 8（2）， 同 3（2）， 同 6（2）， 同 7（6）	27
嘉鱼县学	15	咸 8（1）， 咸 10（2）， 同 3（1），	19	孝感县学	15	咸 8（3）， 咸 10（2）， 同 3（3）， 同 6（3）	26
蒲圻县学	15	咸 8（1）， 咸 10（2）， 同 3（3）， 同 6（2）， 同 8（1）	24	沔阳州学	15	咸 8（3）， 咸 10（5）， 同 3（4）， 同 6（1）	28

---

① 共拨 3 名归新竹县学取进。

续表

学名	原额	清季变动	清末定额	学名	原额	清季变动	清末定额
崇阳县学	12	咸10（1），同3（3），同6（6）	22	黄州府学	20	——	20
通城县学	12	咸10（1），同3（8），同6（1）	22	黄冈县学	15	咸8（2），咸10（4），同3（2），同5（4）	27
兴国州学	15	咸8（2），咸10（6），同3（4）	27	蕲水县学	15	咸8（2），咸10（2），同3（3），同6（5）	27
大冶县学	12	咸8（1），咸10（6），同3（1），同6（2）	22	麻城县学	15	咸8（2），咸10（1），同3（2），同6（7）	27
通山县学	8	咸10（1），同3（7）	16	黄安县学	15	咸8（2），同3（2），同5（8）	27
安陆府学	17	——	17	罗田县学	12	咸7（2），咸8（1），同3（10）	25
钟祥县学	15	咸8（2），咸10（1），同3（3），同6（2）	23	蕲州学	15	咸8（1），咸10（1），同2（9）	26①
京山县学	15	咸8（2），咸10（2），同3（2），同6（1）	22	广济县学	15	同3（6），同6（2）	23

① 此处原载咸丰八年因办团练加广定额2名，如此则学额累计应为27名。对勘《故宫珍本丛刊》所收《钦定武场条例》（海南出版社2000年影印本），见载咸丰八年增广1名，合于两种版本《条例》所载总额26之数，此从《珍本丛刊》本。参景清等：《钦定武场条例》，《四库未收书辑刊》第9辑第9种，第535页；《故宫珍本丛刊》第338册，第310页。

续表

学名	原额	清季变动	清末定额	学名	原额	清季变动	清末定额
潜江县学	15	咸8（1），咸10（1），同3（1），同6（1）	19	黄梅县学	15	咸10（2），同3（7）	24
天门县学	15	咸8（2），咸10（3），同3（2），同5（5）	27	德安府学	20	——	20
荆州府学	20	——	20	安陆县学	15	咸8（2），咸10（1），同3（1），同6（1），同9（3）	23
江陵县学	15	咸8（3），咸10（6），同3（4）	28	云梦县学	12	咸8（1），同5（1），同6（1）	15
公安县学	15	同3（1）	16	应城县学	15	咸8（2），咸10（2），同3（2），同6（4），同7（2）	27
石首县学	15	同6（1）	16	随州学	15	咸8（3），咸10（3），同6（7）	28
监利县学	15	咸8（1），咸10（1），同3（3），同6（3）	23	应山县学	8	咸8（2），咸10（2），同4（5）	17
松滋县学	12	咸8（1），咸10（1），同3（2），同6（1）	17	襄阳府学	20	——	20
枝江县学	12	咸8（1），同6（1）	14	襄阳县学	15	咸7（2），咸10（2），同6（3）	22

学名	原额	清季变动	清末定额	学名	原额	清季变动	清末定额
宜都县学	8	咸 10（1）	9	枣阳县学	15	咸 8（2），同 3（1），同 6（1），同 7（8）	27
郧阳府学	20	——	20	宜城县学	15	咸 8（1），同 3（2），同 6（1）	19
郧县学	15	同 6（1）	16	南漳县学	8	咸 8（2），咸 10（1），同 3（2），同 6（2）	15
郧西县学	12	——	12	光化县学	8	咸 8（1），咸 10（3）	12
房县学	12	同 6（1）	13	谷城县学	12	咸 8（1），咸 10（1），同 6（1）	15
竹山县学	8	——	8	均州学	12	咸 8（2），同 6（1）	15
竹溪县学	8	——	8	施南府学	4	光 11（2）	6
保康县学	8	同 6（1）	9	恩施县学	15	咸 10（2），同 3（1），同 6（1）	19
宜昌府学	20	——	20	宣恩县学	2	光 11（1）	3
东湖县学	15	咸 10（2），同 3（1），同 6（7）	25	来凤县学	2	光 11（1）	3
归州学	12	——	12	咸丰县学	2	光 11（1）	3
长阳县学	8	咸 10（1），同 6（1）	10	利川县学	2	同 9（2），光 11（1）	5
兴山县学	8	——	8	建始县学	8	——	8
巴东县学	8	——	8	荆门州学	17	咸 10（2），同 3（4），同 6（3）	26

续表

学名	原额	清季变动	清末定额	学名	原额	清季变动	清末定额
鹤峰州学	2	——	2	当阳县学	13	咸 10（1），同 3（2），同 6（1）	17
长乐县学	2	同 3（1）	3	远安县学	8	同 3（1）	9
合计		湖北省取进武生之学凡 78 所，内府学 10 所，直隶州州学 1 所，散州州学 7 所，县学 60 所。武生学额有定者，原为 993 名；咸、同、光年间因捐输、保城、团练等增广 432 名，清末学额共 1425 名。					

湖南省学额

学名	原额	清季变动	清末定额	学名	原额	清季变动	清末定额
长沙府学	20	咸 3（3），咸 11（10）	33	岳州府学	15	咸 8（9），咸 11（1）	25
长沙县学	15	咸 3（2），咸 7（10）	27	巴陵县学	15	咸 8（2），同 1（5）	22
善化县学	15	咸 3（2），咸 6（1），咸 7（9）	27	平江县学	12	咸 4（3），咸 7（1），咸 8（8），咸 11（1）	25
湘阴县学	15	咸 7（5），咸 8（5）	25	临湘县学	15	同 1（3）	18
浏阳县学	12	咸 7（4），咸 8（6）	22	华容县学	15	——	15
湘潭县学	15	咸 7（10）	25	衡州府学	17	同 5（5），同 7（5）	27
茶陵州学	15	咸 8（1），同 1（1），同 3（2），同 6（1）	20	衡阳县学	8	咸 7（1），咸 8（2），同 3（2），同 5（3）	16
攸县学	15	咸 7（1），咸 8（3），咸 11（1），同 1（1），同 3（3），同 6（1）	25	清泉县学	8	咸 7（1），咸 8（5），咸 11（1），同 3（1）	16

续表

学名	原额	清季变动	清末定额	学名	原额	清季变动	清末定额
益阳县学	15	咸7（2），咸8（3），咸11（3），同1（2）	25	衡山县学	15	咸7（1），咸8（2），咸11（2），同1（1），同2（1），同3（2），同4（1）	25
湘乡县学	12	咸6（3），咸7（2），咸8（1），咸11（1），同3（6）	25	耒阳县学	15	咸8（1），同3（3），同6（3），同8（1），同9（2）	25
宁乡县学	12	咸7（3），咸8（2），咸11（2），同1（3）	22	常宁县学	12	同3（1），同6（1）	14
醴陵县学	12	咸7（6），咸8（4）	22	安仁县学	12	同1（1），同3（1），同6（1）	15
安化县学	12	咸7（3），咸8（1），咸11（1），同1（1），同3（3），同6（1）	22	酃县学	8	同3（1），同6（1）	10
永州府学	20	——	20	宝庆府学	20	同2（4），同8（3）	27
零陵县学	15	同3（1），同6（4）	20	邵阳县学	15	咸7（4），咸8（1），咸11（1），同3（4）	25
祁阳县学	15	咸8（3），咸11（2），同1（3），同3（1），同5（1）	25	武冈州学	15	咸7（1），咸8（1），咸11（2），同6（5）	24

续表

学名	原额	清季变动	清末定额	学名	原额	清季变动	清末定额
东安县学	12	——	12	新化县学	15	咸7（4），咸8（1），咸11（2），同1（3）	25
道州学	15	同1（1），同2（1），同3（1），同5（2），同8（1）	21	新宁县学	12	咸7（3），咸8（5），同1（2），同3（3）	25
宁远县学	12	同3（2），同6（2），同7（6）	22	城步县学	8	——	8
永明县学	12	同6（2）	14	辰州府学	18	——	18
江华县学	8	同4（4）	12	沅陵县学	15	咸8（2），咸11（1）	18
新田县学	8	——	8	泸溪县学	8	——	8
常德府学	20	——	20	辰溪县学	8	咸8（2），同1（1）	11
武陵县学	15	咸7（1），咸8（2），咸11（2），同3（1），同6（2）	23	溆浦县学	12	咸7（1），咸8（1），同1（1），同5（1），同6（1）	17
桃源县学	15	咸7（1），咸8（1），同3（2），同6（4）	23	乾州厅学①	4	——	4
龙阳县学	12	咸8（2），咸11（2），同1（1），同3（1），同5（4）	22	沅州府学	13	——	13

---

① 《武场条例》将乾州厅学系于辰州府学下，实则嘉庆元年已升乾州厅为直隶厅，至于清末未见建制降裁。参景清等：《钦定武场条例》卷14，第539页。周振鹤主编：《中国行政区划通史·清代卷》，第352—353页。

续表

学名	原额	清季变动	清末定额	学名	原额	清季变动	清末定额
沅江县学	8	——	8	芷江县学	15	咸 8（1），咸 11（1），同 3（1）	18
永顺府学	12	——	12	黔阳县学	12	咸 11（4）	16
永顺县学	8	咸 11（1），同 3（1）	10	麻阳县学	8	咸 8（1）	9
保靖县学	8	咸 7（3），咸 8（1）	12	凤凰厅学	6	同 7（3）	9
龙山县学	8	咸 8（1）	9	晃州厅学	2	——	2
桑植县学	8	——	8	郴州学	15	同 3（1），同 6（2）	18
永绥厅学①	4	——	4	永兴县学	12	同 3（1），同 6（2）	15
靖州学	15	咸 11（1）	16	宜章县学	15	同 6（3）	18
绥宁县学	15	——	15	兴宁县学	12	咸 11（1），同 6（2）	15
会同县学	15	咸 8（1），咸 11（1）	17	桂阳县学	12	——	12
通道县学	8	——	8	桂东县学	8	咸 11（1），同 3（1），同 6（2）	12
澧州学②	15	咸 7（4），咸 11（3），同 1（1），同 3（1），同 6（1）	25	桂阳州学③	15	同 6（5）	20
安乡县学	12	——	12	临武县学	12	——	12

---

① 《武场条例》将永绥厅学系于永顺府学下，实则嘉庆元年已升永绥厅为直隶厅，至于清末未见建制降裁。参景清等：《钦定武场条例》卷 14，第 539 页。周振鹤主编：《中国行政区划通史·清代卷》，第 353 页。

② 雍正十三年拨岳州府学 5 名，归于澧州学及所属挑选取进。

③ 雍正十三年拨衡州府学 3 名，归桂阳州学及所属挑选取进。

续表

学名	原额	清季变动	清末定额	学名	原额	清季变动	清末定额
石门县学	8	咸 8（1），同 1（1），同 6（1）	11	蓝山县学	12	——	12
慈利县学	8	咸 7（1），咸 8（1），咸 11（1），同 1（1）	12	嘉禾县学	8	——	8
安福县学	12	咸 7（10）	22				
永定县学	8	咸 8（1）	9				
合计	湖南省取进武生之学凡 84 所，内府学 9 所，直隶州州学 4 所，散州学 3 所，直隶厅厅学 2 所，散厅厅学 2 所，县学 64 所。武生学额有定者，原为 1030 名；咸、同年间因捐输、募勇、"助剿"出力等增广 414 名，清末学额共 1444 名。						

河南省学额

学名	原额	清季变动	清末定额	学名	原额	清季变动	清末定额
开封府学	20	咸 3（3），同 1（5），同 2（4）	32	归德府学	20	——	20
祥符县学	20	咸 3（2），咸 7（9），咸 10（1）	32	商丘县学	20	咸 10（2），同 1（1），同 7（1）	24
陈留县学	15	——	15	宁陵县学	12	咸 7（1）	13
杞县学	20	咸 10（1），同 7（1）	22	永城县学	20	——	20
通许县学	15	咸 10（1）	16	鹿邑县学	20	同 1（1）	21
尉氏县学	12	咸 7（1），咸 10（1），同 7（3）	17	虞城县学	12	——	12
洧川县学	12	——	12	夏邑县学	15	——	15

续表

学名	原额	清季变动	清末定额	学名	原额	清季变动	清末定额
鄢陵县学	15	咸 10（1），同 1（2），同 7（1）	19	睢州学	22	咸 7（1），咸 10（1）	24
中牟县学	15	咸 10（2），同 7（1）	18	柘城县学	12	——	12
兰仪县学	12	咸 7（1）	13	考城县学	14	——	14
仪封乡学	8	——	8	彰德府学	20	——	20
郑州学	15	同 7（1），同 9（1）	17	安阳县学	20	——	20
荥泽县学	12	——	12	汤阴县学	12	——	12
荥阳县学	12	——	12	临漳县学	15	——	15
河阴乡学	8	——	8	林县学	12	——	12
汜水县学	8	同 7（2）	10	武安县学	12	——	12
禹州学	15	同 1（1），同 7（1）	17	涉县学	8	——	8
密县学	12	同 7（2）	14	内黄县学	15	——	15
新郑县学	12	——	12	卫辉府学	20	——	20
怀庆府学	20	咸 3（5）	25	汲县学	15	同 7（1）	16
河内县学	20	咸 3（3），咸 7（1），咸 10（2），同 1（1），同 7（1）	28	新乡县学	15	同 7（1）	16
济源县学	15	咸 7（1）	16	辉县学	12	同 7（1）	13
修武县学	12	同 5（6）	18	获嘉县学	12	——	12
武陟县学	15	咸 7（1），同 1（1），同 7（2）	19	淇县学	8	——	8
孟县学	15	咸 7（1），咸 10（1），同 7（1）	18	延津县学	15	同 7（1）	16

学名	原额	清季变动	清末定额	学名	原额	清季变动	清末定额
温县学	15	咸7（4），同1（1），同7（3）	23	滑县学	20	同7（3）	23
原武县学	12	——	12	浚县学	15	——	15
阳武县学	15	同1（1），同7（1）	17	封丘县学	12	同7（1）	13
河南府学	14	——	14	南阳府学	20	——	20
洛阳县学	20	咸7（1），同1（1）	22	南阳县学	15	咸10（1）	16
偃师县学	15	同7（1）	16	南召县学	12		12
巩县学	8	咸10（1），同7（1）	10	唐县学	15	——	15
孟津县学	12	——	12	泌阳县学	12		12
宜阳县学	12	咸7（1），同1（2）	15	镇平县学	12	——	12
登封县学	12	同1（2），同7（2）	16	桐柏县学	8	同8（1）	9
永宁县学	12	同7（1）	13	邓州学	15	咸10（6），同1（1），同2（1）	23
新安县学	12	咸7（1），咸10（1），同1（1）	15	内乡县学	15	咸10（1），同5（3）	19
渑池县学	8	——	8	新野县学	15	——	15
嵩县学	12	同1（1）	13	淅川厅学	8	——	8
汝宁府学	16	——	16	裕州学	15	——	15
汝阳县学	15	咸10（6）	21	舞阳县学	15	咸10（1）	16
上蔡县学	15	咸10（1）	16	叶县学	15	咸10（3）	18
确山县学	8	——	8	陈州府学	20	——	20
正阳县学	8	咸10（1），同1（1）	10	淮宁县学	15	咸7（4），咸10（2），同1（2）	23

续表

学名	原额	清季变动	清末定额	学名	原额	清季变动	清末定额
新蔡县学	12	咸 10（1），同 6（2）	15	西华县学	15	咸 7（1），咸 10（1）	17
西平县学	12	——	12	商水县学	12	咸 10（1），同 7（1）	14
遂平县学	12	同 1（1）	13	项城县学	12	咸 7（1），咸 10（1）	14
信阳州学	15	同 1（2）	17	沈丘县学	12	咸 8（3）	15
罗山县学	12	咸 10（1），同 1（1）	14	太康县学	20	咸 7（1），咸 10（1），同 2（3）	25
许州学	15	咸 3（2），咸 7（1），同 7（1）	19	扶沟县学	12	咸 7（1），咸 10（1），同 7（1）	15
临颍县学	12	——	12	汝州学	15	咸 10（1），同 1（2），同 7（1）	19
襄城县学	15	咸 10（2），同 7（1）	18	鲁山县学	12	同 1（1）	13
郾城县学	15	同 10（1）	16	郏县学	12	咸 10（1），同 1（2），同 7（1）	16
长葛县学	12	——	12	宝丰县学	8	咸 10（1），同 1（1）	10
光州学[1]	15	咸 9（1），咸 10（4），同 1（1）	21	伊阳县学	8	——	8
光山县学	15	咸 10（2），同 1（6）	23	陕州学[2]	15	同 7（1）	16

[1] 旧拨汝宁府学 4 名，归光州及所属酌取。
[2] 旧拨河南府学 6 名，归陕州及所属酌取。

续表

学名	原额	清季变动	清末定额	学名	原额	清季变动	清末定额
固始县学	15	咸7（2），咸9（2），咸10（5），同1（1）	25	灵宝县学	15	——	15
息县学	15	同1（5）	20	阌乡县学	12	——	12
商城县学	15	咸7（1），同1（4），同7（1）	21	卢氏县学	8	咸10（1）	9
合计		河南省取进武生之学凡118所，内府学9所，直隶州州学4所，散州州学6所，散厅厅学1所，乡学2所，县学96所。武生学额有定者，原为1643名；咸、同年间因捐输、守城、修城增广234名，清末学额共1877名。					

山东省学额

学名	原额	清季变动	清末定额	学名	原额	清季变动	清末定额
济南府学	20	——	20	泰安府学	20	——	20
运学	4	——	4①	泰安县学	15	——	15
历城县学	15	咸10（4）	19	新泰县学	12	——	12
章丘县学	15	咸9（4），咸10（1），同8（5）	25	莱芜县学	15	——	15
邹平县学	15	——	15	肥城县学	12	——	12
淄川县学	15	同10（5）	20	东平州学	15	同9（2）	17
长山县学	15	同3（2）	17	东阿县学	12	——	12
新城县学	12	咸10（2）	14	平阴县学	8	同9（3）	11
齐河县学	12	同6（3）	15	武定府学	20	——	20
齐东县学	15	——	15	惠民县学	15	——	15
济阳县学	12	——	12	青城县学	12	——	12

---

① 每10名取进1名，属济南府学监管。如人数不敷，任缺毋滥。

续表

学名	原额	清季变动	清末定额	学名	原额	清季变动	清末定额
禹城县学	12	——	12	阳信县学	12	——	12
临邑县学	12	同9（4）	16	海丰县学	12	——	12
长清县学	12	咸10（1），同10（6）	19	乐陵县学	12	——	12
陵县学	12	——	12	商河县学	12	——	12
德州学	15	咸10（1）	16	滨州学	15	——	15
德左二卫学	15		15	利津县学	12	——	12
德平县学	12		12	沾化县学	12	——	12
平原县学	15		15	浦台县学	12	——	12
兖州府学	18	——	18	沂州府学	20	——	20
滋阳县学	15		15	兰山县学	15	——	15
曲阜县学	12		12	郯城县学	12	——	12
四氏学①	15	——	15	费县学	8	——	8
宁阳县学	12		12	莒州学	12	——	12
邹县学	12		12	蒙阴县学	8		8
泗水县学	8	——	8	沂水县学	12	同9（6）	18
滕县学	15		15	日照县学	12	——	12
峄县学	8		8	安东卫学	8	——	8
汶上县学	12	——	12	曹州府学	20		20
阳谷县学	12		12	菏泽县学	15	咸10（1）	16
寿张县学	12		12	单县学	15	咸10（2）	17
东昌府学	18	——	18	城武县学	12	——	12
聊城县学	15	咸10（2），同3（1）	18	曹县学	15	咸10（1）	16
堂邑县学	12		12	定陶县学	12	——	12
博平县学	12		12	巨野县学	12	——	12

———

① 为孔、颜、曾、孟四氏圣贤后裔专设之学。

续表

学名	原额	清季变动	清末定额	学名	原额	清季变动	清末定额
茌平县学	12	——	12	郓城县学	12	——	12
清平县学	12	同 8（7）	19	濮州学	15	——	15
莘县学	12	——	12	范县学	12	——	12
冠县学	12	——	12	观城县学	8	——	8
馆陶县学	12	——	12	朝城县学	12	——	12
高唐州学	15	——	15	青州府学	20	——	20
恩县学	15	同 8（2）	17	益都县学	12	咸 10（1）	13
莱州府学	20	——	20	博山县学	8	同 8（6）	14
掖县学	15	咸 10（1）	16	临淄县学	12	咸 10（1）	13
平度州学	12	——	12	博兴县学	12	——	12
昌邑县学	12	同 5（6）	18	高苑县学	8	——	8
潍县学	15	咸 10（9）	24	乐安县学	12	——	12
胶州学	15	咸 10（2）	17	寿光县学	15	咸 10（1）	16
灵山卫学	5	——	5	昌乐县学	12	——	12
高密县学	12	咸 10（1）	13	临朐县学	12	同 9（3）	15
即墨县学	12	——	12	安丘县学	15	咸 10（1）	16
鳌山卫学	8	——	8	诸城县学	15	咸 10（1）	16
登州府学	20	——	20	济宁州学①	17	咸 10（8）	25
蓬莱县学	15	——	15	金乡县学	15	——	15
黄县学	12	咸 10（6）	18	嘉祥县学	12	——	12
福山县学	12	咸 10（1）	13	鱼台县学	15	——	15
栖霞县学	12	——	12	临清州学②	17	咸 10（1）	18
招远县学	12	——	12	武城县学	12	咸 10（5）	17
莱阳县学	15	——	15	夏津县学	12	同 6（3）	15
宁海州学	12	咸 10（1）	13	丘县学	12	——	12

① 旧拨兖州府学旧额 2 名，1 名定为州额，1 名三县轮拨。
② 旧拨东昌府学旧额 2 名，1 名定为州额，1 名三县轮拨。

续表

学名	原额	清季变动	清末定额	学名	原额	清季变动	清末定额
文登县学	12	——	12				
荣城县学	16		16				
海阳县学	16	——	16				
合计	山东省取进武生之学凡123所,内府学10所,直隶州州学2所,散州州学9所,县学96所,卫学4所,运学1所,四氏学1所。武生学额有定者,原为1620名;咸、同年间捐输增广123名,清末学额共1743名。						

山西省学额

学名	原额	清季变动	清末定额	学名	原额	清季变动	清末定额
太原府学	17		17	平阳府学	17	——	17
阳曲县学	20	咸9(2)	22	临汾县学	20	——	20
太原县学	12	——	12	襄陵县学	20		20
榆次县学	20	咸5(3),咸9(7)	30	洪洞县学	20		20
太谷县学	12	咸5(6),咸9(4)	22	浮山县学	12		12
祁县学	12	咸5(3),咸9(7)	22	太平县学	20	咸5(1),咸9(3)	24
徐沟县学	12	咸5(1),咸9(2),咸11(1)	16	岳阳县学	8	——	8
清源乡学	12	咸5(1)	13	曲沃县学	20	咸9(1)	21
交城县学	12	——	12	翼城县学	20	咸9(1)	21
文水县学	20		20	汾西县学	8	——	8
岢岚州学	8	——	8	吉州学	12		12
岚县学	8		8	乡宁县学	8		8
兴县学	12	——	12	潞安府学	20		20
汾州府学	20	——	20	长治县学	20		20
汾阳县学	20	咸5(2)	22	长子县学	12		12

续表

学名	原额	清季变动	清末定额	学名	原额	清季变动	清末定额
平遥县学	15	咸5（2），咸9（2）	19	屯留县学	12	——	12
介休县学	20	咸5（6），咸9（4）	30	襄垣县学	12	——	12
孝义县学	12	咸5（1），咸9（1）	14	黎城县学	12	——	12
临县学	15	——	15	潞城县学	8	——	8
石楼县学	8	——	8	壶关县学	12	——	12
永宁州学	12	——	12	平顺乡学	8	——	8
宁乡县学	8	——	8	大同府学	17	——	17
朔平府学	15	——	15	大同县学	15	——	15
右玉县学	12	——	12	怀仁县学	8	——	8
朔州学	15	——	15	山阴县学	8	——	8
马邑乡学	8	——	8	应州学	12	——	12
左云县学	8	——	8	浑源州学	12	——	12
平鲁县学	8	——	8	灵丘县学	8	——	8
宁武府学	15	——	15	广灵县学	8	——	8
宁武县学	8	——	8	阳高县学	8	——	8
偏关县学	15	——	15	天镇县学	8	——	8
神池县学	8	——	8	泽州府学	15	——	15
五寨县学	8	——	8	凤台县学	20	咸5（1），咸9（1）	22
蒲州府学	15	——	15	高平县学	20	——	20
永济县学	20	咸5（1）	21	阳城县学	20	——	20
临晋县学	15	咸5（1）	16	陵川县学	12	——	12
虞乡县学	10	咸9（1）	11	沁水县学	12	——	12
荣河县学	12	咸5（1）	13	辽州学	15	——	15
猗氏县学	20	咸5（1）	21	榆社县学	12	——	12
万泉县学	12	——	12	和顺县学	8	——	8

学名	原额	清季变动	清末定额	学名	原额	清季变动	清末定额
沁州学	15	——	15	平定州学	15	——	15
沁源县学	8	——	8	乐平乡学	12	——	12
武乡县学	12	——	12	盂县学	15	——	15
忻州学①	20	咸5（2），咸9（1）	23	寿阳县学	12	咸5（1）	13
定襄县学	12	——	12	代州学②	20	——	20
静乐县学	8	——	8	五台县学	15	——	15
保德州学	12	——	12	崞县学	15	咸5（1）	16
河曲县学	8	——	8	繁峙县学	12	——	12
解州学	20	咸8（1）	21	绛州学	20	咸9（4）	24
安邑县学	20	——	20	稷山县学	15	咸5（1），咸9（2）	18
河东商学	4	咸6（4）	8	河津县学	12	咸9（2）	14
夏县学	15	——	15	闻喜县学	20	咸9（1）	21
平陆县学	12	——	12	绛县学	15	——	15
芮城县学	12	——	12	垣曲县学	12	——	12
霍州学	12	——	12	隰州学	12	——	12
赵城县学	12	——	12	大宁县学	8	——	8
灵石县学	15	——	15	蒲县学	8	——	8
归化厅学	2	——	2③	永和县学	8	——	8
萨拉齐厅学	2	——	2④	和林格尔厅学	2	——	2⑤

① 雍正十三年拨太原府学1名,归于沂州及所属酌取。
② 雍正十三年拨太原府学2名,归于代州及所属酌取。
③ 光绪十一年议准,不必作为定额,不敷任缺毋滥。
④ 光绪十一年议准,不必作为定额,不敷任缺毋滥。
⑤ 光绪十一年议准,不必作为定额,不敷任缺毋滥。

续表

学名	原额	清季变动	清末定额	学名	原额	清季变动	清末定额
托克托厅学	2	——	2①	清水河厅学	2	——	2②
丰镇厅学	2	——	2③	宁远厅学	2	——	2④
合计		山西省取进武生之学凡122所,内府学9所,直隶州州学10所,散州州学6所,直隶厅厅学7所,⑤县学85所,乡学4所,商学1所。武生学额有定者,原为1547名;咸、同年间捐输增广88名,清末学额共1635名。					

陕西省学额

学名	原额	清季变动	清末定额	学名	原额	清季变动	清末定额
西安府学	20	——	20	同州府学	20	——	20
咸宁县学	20	咸4(1),咸8(1),咸11(2)	24	大荔县学	17	咸8(6),咸11(3)	26
长安县学	20	咸11(1)	21	朝邑县学	16	咸4(7),咸8(3)	26
三原县学	12	咸4(1),咸8(7),咸11(2)	22	韩城县学	20	咸4(1),咸8(3),咸11(6)	30
泾阳县学	15	咸4(3),咸8(7)	25	郃阳县学	15	咸4(2),咸8(3),咸11(4)	24
富平县学	15	咸4(1),咸11(1)	17	澄城县学	12	咸11(2)	14
临潼县学	15	咸11(3)	18	华州学	20	咸11(2)	22

---

① 光绪十一年议准,不必作为定额,不敷任缺毋滥。

② 光绪十一年议准,不必作为定额,不敷任缺毋滥。

③ 光绪十一年议准,不必作为定额,不敷任缺毋滥。

④ 光绪十一年议准,不必作为定额,不敷任缺毋滥。

⑤ 归化城、萨拉齐、和林格尔、托克托城、清水河、丰镇、宁远七厅,均在光绪十年改为抚民同知厅或抚民通判厅,隶于归绥道,属直隶厅厅建制。参傅林祥:《清代抚民厅制度形成过程初探》,《中国历史地理论丛》2007年第1期。周振鹤主编:《中国行政区划通史·清代卷》,第227—232页。

续表

学名	原额	清季变动	清末定额	学名	原额	清季变动	清末定额
高陵县学	12	——	12	蒲城县学	20	咸 4（1），咸 8（2），咸 11（3）	26
咸阳县学	12	同 8（1）	13	华阴县学	12	咸 11（1）	13
盩厔县学	15	咸 8（1），-2①	14	潼关厅学	9	——	9
鄠县学	15	咸 11（1）	16	白水县学	8	——	8
醴泉县学	12	——	12	延安府学	18		18
兴平县学	12		12	肤施县学	15		15
渭南县学	15	咸 4（3），咸 8（5），咸 11（2）	25	宜川县学	12		12
蓝田县学	12	——	12	甘泉县学	8	——	8
耀州学	8		8	延长县学	8		8
同官县学	8		8	延川县学	8		8
孝义厅学	6	——	6	安塞县学	8	——	8
宁陕厅学	6		6	安定县学	8		8
榆林府学	12	——	12	保安县学	8		8
榆林县学	8		8	靖边县学	8		8
怀远县学	8		8	定边县学	8		8
葭州学	8	——	8	凤翔府学	20	——	20
神木县学	12		12	凤翔县学	15	咸 11（3）	18
府谷县学	8		8	宝鸡县学	12	咸 11（1）	13
汉中府学	20	——	20	岐山县学	15	咸 4（1），咸 8（1），咸 11（1）	18
南郑县学	15	——	15	扶风县学	12	——	12
城固县学	15	——	15	郿县学	12	——	12

———————

① 内拨给佛坪厅学 2 名。

续表

学名	原额	清季变动	清末定额	学名	原额	清季变动	清末定额
洋县学	15	−1①	14	麟游县学	8	——	8
襄城县学	12	——	12	陇州学	12	——	12
西乡县学	8	——	8	汧阳县学	8	——	8
沔县学	8	——	8	兴安府学	12	——	12
宁羌州学	12	——	12	安康县学	9	——	9
略阳县学	8	——	8	汉阴厅学	7	——	7
凤县学	8	光 18（−2）②	6	平利县学	7	——	7
定远厅学	4	——	4	洵阳县学	7	——	7
佛坪厅学	3	——	3	紫阳县学	7	——	7
留坝厅学	6	——	6	石泉县学	7	——	7
乾州学	15	——	15	白河县学	7	——	7
武功县学	13	——	13	商州学	12	——	12
永寿县学	8	——	8	雒南县学	8	同 9（1）	9
邠州学③	8	——	8	镇安县学	8	——	8
三水县学	8	咸 8（1），咸 11（2）	11	山阳县学	8	——	8
淳化县学	8	——	8	商南县学	8	——	8
长武县学	8	——	8	绥德州学	15	——	15
鄜州学	13	——	13	清涧县学	12	——	12
洛川县学	13	——	13	米脂县学	15	——	15
中部县学	8	——	8	吴堡县学	8	——	8
宜君县学	8	——	8				
合计	陕西省取进武生之学凡 97 所，内府学 7 所，直隶州州学 5 所，散州州学 5 所，散厅厅学 7 所，县学 73 所。武生学额有定者，原为 1094 名（含省内移拨学额 5 名）；咸、同年间捐输增广 103 名，清末学额共 1197 名。						

---

① 内拨给佛坪厅学 1 名。

② 内拨给留坝厅学 2 名。

③《武场条例》将邠州学系于乾州学之下，实则邠州已于雍正三年升为直隶州，领三水、淳化、长武三县。参景清等：《钦定武场条例》卷 15，第 550 页。周振鹤主编：《中国行政区划通史·清代卷》，第 371 页。

甘肃省学额

学名	原额	清季变动	清末定额	学名	原额	清季变动	清末定额
兰州府学	20	——	20	巩昌府学	17	——	17
皋兰县学	15	咸9（4），同1（1）	20	陇西县学	15	——	15
狄道州学	15	——	15	安定县学	15	——	15
渭源县学	8	——	8	宁远县学	12	——	12
河州学	12	——	12	会宁县学	15	——	15
靖远县学	15	咸9（1）	16	通渭县学	12	——	12
金县学	8	——	8	陇西乡学	12	——	12
平凉府学	13	——	13	伏羌县学	12	——	12
平凉县学	12	——	12	西和县学	8	——	8
华亭县学	8	——	8	洮州厅学	8	——	8
静宁州学	12	——	12	岷州学	8	——	8
隆德县学	8	——	8	庆阳府学	20	——	20
庄浪乡学	8	——	8	安化县学	12	光3（-2）①	10
化平厅学	2	——	2	董志原乡学	2	——	2
甘州府学	12	——	12	宁州学	12	——	12
张掖县学	20	——	20	合水县学	8	——	8
山丹县学	15	——	15	正宁县学	8	——	8
凉州府学	12	——	12	环县学	12	——	12
武威县学	15	——	15	西宁府学	12	——	12
永昌县学	12	——	12	西宁县学	8	——	8
镇番县学	12	——	12	碾伯县学	8	——	8
古浪县学	8	——	8	大通县学	2	——	2
平番县学	15	——	15	贵德厅学	4	——	4
宁夏府学	20	——	20	循化厅学	4	——	4
宁夏县学	20	——	20	秦州学	15	咸5（1）	16

① 拨给董志原乡学2名。

续表

学名	原额	清季变动	清末定额	学名	原额	清季变动	清末定额
宁朔县学	20	——	20	秦安县学	12	——	12
灵州学	17	光3（-4）①	13	清水县学	8	——	8
中卫县学	16	光3（-1）②	15	礼县学	8	——	8
平罗县学	9	——	9	徽县学	12	——	12
宁灵厅学	4	——	4	两当县学	8	——	8
阶州学	17	——	17	安西州学	6	——	6
文县学	12	——	12	敦煌县学	6	——	6
成县学	12	——	12	玉门县学	6	——	6
迪化州学③	4	——	4	泾州学	13	——	13
昌吉县学	4	——	4	镇原县学	11	——	11
阜康县学	4	——	4	灵台县学	9	——	9
绥来县学	4	——	4	崇信县学	8	——	8
奇台县学	5	——	5	固原州学	15	光3（-3）④	12
镇西厅学	6	——	6	海城县学	5	——	5
肃州学	15	——	15	平远县学	5	——	5
高台县学	20		20				
合计	甘肃省取进武生之学凡81所，内府学8所，直隶州州学7所，散州州学6所，直隶厅厅学1所，散厅厅学5所，县学51所，乡学3所。武生学额有定者，原为869名（含省内移拨学额10名）；咸、同年间捐输增广7名，清末学额共876名。						

———————

① 拨给宁灵厅学3名，拨给平远、海城二县学共1名。

② 拨给宁灵厅学1名。

③ 迪化直隶州旧属甘肃省，光绪十年新疆建省，归属新疆省，光绪十二年升为迪化府。然其文、武生童仍归甘肃学政录取，故《武场条例》内将其置于甘肃省之下，此处统计亦暂从之；又《武场条例》内系于迪化州下之镇西厅，实为咸丰五年由镇西府改设之直隶厅，非隶于迪化州之散厅，此处统计为直隶厅学。参景清等：《钦定武场条例》卷11，第490页；卷15，第552页。周振鹤主编：《中国行政区划通史·清代卷》，第416—425页。

④ 拨给海城、平远二县学3名。

四川省学额

学名	原额	清季变动	清末定额	学名	原额	清季变动	清末定额
成都府学	20	——	20	资州学	12	咸7（1），同6（7）	20
成都县学	12	咸7（1），同6（8），同9（1）	22	仁寿县学	9	咸7（3），咸8（1），咸10（1），咸11（1），同3（1），同4（2）	18
华阳县学	12	咸7（1），咸8（1），咸9（1），同6（7）	22	资阳县学	9	咸7（2），同6（6）	17
简州学	15	咸7（2），咸9（1），咸10（1），同1（1），同3（1），同4（1），同5（1），同6（2）	25	井研县学	10	同6（1）	11
崇庆州学	15	咸7（2），咸11（1），同3（1），同4（1），同5（1），同6（3），同7（1）	25	内江县学	12	咸7（2），咸9（1），同6（7）	22
汉州学	12	咸7（1），咸8（1），咸11（1），同1（1），同6（3）	19	绵州学	10	咸7（4），咸8（3），咸9（2），同6（1）	20
温江县学	12	咸7（2），同6（4）	18	德阳县学	9	咸7（2），咸8（2），咸10（1），同1（1），同5（1），同6（2）	18

学名	原额	清季变动	清末定额	学名	原额	清季变动	清末定额
郫县学	8	咸7（1），同6（2）	11	安县学	8	咸7（1），同6（2）	11
崇宁县学	8	同6（1）	9	绵竹县学	8	咸7（2），咸8（4），同3（1），同4（1）	16
新都县学	8	同6（4）	12	梓潼县学	10	同6（1）	11
灌县学	8	咸7（1），同3（1），同6（4）	14	罗江县学	6	咸7（1），咸8（1），同6（1）	9
金堂县学	9	咸7（1），同6（2）	12	茂州学	6	——	6
新繁县学	8	同6（1）	9	汶川县学	5	——	5
彭县学	8	咸7（2），同6（4）	14	懋功厅学	2	——	2
新津县学	8	咸7（1），同6（2）	11	理番厅学	6	——	6
双流县学	8	咸7（1），同6（2）	11	松潘厅学	4	同13（1）	5
什邡县学	8	咸7（1），同6（4）	13	眉州学	12	咸7（3），咸8（1），咸10（2），同4（2），同5（1），同6（1）	22
嘉定府学	15	——	15	彭山县学	6	咸7（1），同6（1）	8
乐山县学	16	咸7（2），咸9（1），同1（1），同3（1），同5（1），同6（4），	26	丹棱县学	8	咸7（1）	9

续表

学名	原额	清季变动	清末定额	学名	原额	清季变动	清末定额
峨眉县学	8	咸7（1），同3（1），同6（1）	11	青神县学	6	——	6
洪雅县学	12	咸7（1），同4（2），同6（3）	18	叙州府学	20	——	20
夹江县学	12	咸7（1），同6（1）	14	宜宾县学	12	咸7（3），咸8（1），咸9（1），同1（1），同3（1），同4（1），同5（1），同6（1）	22
犍为县学	12	咸7（1），同3（1），同6（7）	21	南溪县学	8	咸7（1），咸8（1），同6（2）	12
犍乐商学	2	——	2	富顺县学	12	咸7（3），咸8（1），咸10（1），咸11（1），同3（1），同4（1），同5（1），同6（1）	22
荣县学	6	咸7（2），同3（1），同5（1），同6（2）	12	富荣商学	2	——	2
威远县学	6	咸7（1），同6（3）	10	长宁县学	8	——	8
泸州学	15	咸7（2），咸8（1），咸9（1），同3（1），同4（1），同5（1），同6（3）	25	隆昌县学	8	咸7（2），同6（3）	13

续表

学名	原额	清季变动	清末定额	学名	原额	清季变动	清末定额
江安县学	8	咸7（1），同6（3）	12	庆符县学	8	——	8
合江县学	8	咸7（1），同4（1），同6（4）	14	筠连县学	8	——	8
纳溪县学	8	——	8	高县学	8	咸7（1）	9
九姓乡学	8	——	8	珙县学	8	——	8
重庆府学	20	——	20	兴文县学	8	咸9（1）	9
巴县学	12	咸7（4），咸9（1），咸10（1），同6（4）	22	屏山县学	10	——	10
江津县学	12	咸7（1），同6（7）	20	马边厅学	5	——	5
长寿县学	8	咸7（1），同6（5）	14	雷波厅学	3	——	3
大足县学	8	咸7（1），同6（3）	12	叙永厅学[①]	12	咸7（1），同1（1）	14
永川县学	8	咸7（1），同6（3）	12	永宁县学	12	——	12
荣昌县学	8	咸7（1），同6（2）	11	西阳州学	8	同6（8）	16
綦江县学	8	——	8	秀山县学	8	——	8
南川县学	8	咸7（1）	9	黔江县学	8	——	8
璧山县学	8	——	8	彭水县学	8	——	8
合州学	12	咸7（1），同6（6）	19	忠州学	12	同6（2）	14

---

① 《武场条例》以叙永厅学系于叙州府学之下，实则叙永厅已于雍正八年升为直隶厅，领永宁县，光绪三十四年改为永宁直隶州，均为府级政区。此处相应统计为直隶厅学。参景清等：《钦定武场条例》卷11，第490页；卷15，第555页。周振鹤主编：《中国行政区划通史·清代卷》，第452—453页。

学名	原额	清季变动	清末定额	学名	原额	清季变动	清末定额
铜梁县学	7	咸7（1），同6（3）	11	酆都县学	8	同6（1）	9
安居乡学	7	同5（1）	8	垫江县学	8	咸7（1），同6（3）	12
定远县学	8	咸8（1），同6（3）	12	梁山县学	8	咸7（2），同6（5）	15
涪州学	12	咸7（1），同6（2）	15	石砫厅学	6	——	6
江北厅学	6	咸7（1），咸8（1），同6（4）	12	夔州府学	10	同5（10）	20
绥定府学	20	——	20	奉节县学	8	同5（8）	16
达县学	8	咸7（2），咸8（1），咸10（1），同3（1），同5（1），同6（2）	16	大宁县学	4	光8（2）	6
东乡县学	8	同6（2）	10	巫山县学	7	——	7
新宁县学	8	咸7（1），同6（2）	11	云阳县学	7	光15（1）	8
渠县学	12	咸7（1），咸8（1），同3（1），同6（2）	17	万县学	8	咸7（2），咸8（1），咸11（1），同6（4）	16
大竹县学	8	咸7（3），咸8（2），咸9（1），咸10（1），咸11（1）	16	开县学	8	同6（4）	12
城口厅学①	3	光9（1）	4	保宁府学	20	——	20

①《武场条例》内城口厅学另行排印，并以太平县学系于其下，似作直隶厅处理。实则自道光元年起，太平县及城口厅均为县级政区，隶于绥定府。此处统计相应校正。参景清等：《钦定武场条例》卷15，第556页。周振鹤主编：《中国行政区划通史·清代卷》，第446页。

学名	原额	清季变动	清末定额	学名	原额	清季变动	清末定额
太平县学	6	——	6	阆中县学	15	咸7（1），同6（2）	18
顺庆府学	15	——	15	苍溪县学	8	同6（1）	9
南充县学	12	咸7（2），咸9（1），咸10（1），同3（1），同4（1），同6（4）	22	南部县学	15	咸7（1），同6（3）	19
西充县学	12	咸7（1），同6（1）	14	广元县学	12	同6（2）	14
蓬州学	12	咸7（1），同6（2）	15	昭化县学	8	——	8
营山县学	12	咸7（1），同6（2）	15	巴州学	11	咸7（1），同6（1）	13
仪陇县学	8	咸7（1），同6（2）	11	通江县学	8	同6（1）	9
广安州学	12	咸7（2），咸8（1），咸10（1），咸11（1），同1（1），同3（1），同4（1），同6（2）	22	南江县学	8	——	8
邻水县学	8	咸7（1），同6（4）	13	剑州学	12	——	12
岳池县学	8	咸7（3），咸8（1），咸9（1），咸10（1），咸11（1），同1（1）	16	龙安府学	15	——	15
潼川府学	15	——	15	平武县学	8	——	8

学名	原额	清季变动	清末定额	学名	原额	清季变动	清末定额
三台县学	12	咸7（3），咸9（1），咸10（1），咸11（1），同3（1），同4（1），同5（1），同6（1）	22	江油县学	8	咸7（1），同6（1）	10
射洪县学	12	咸7（1），同6（3）	16	石泉县学	8	——	8
盐亭县学	10	同6（1），同7（1）	12	彰明县学	5	咸7（1），同6（2）	8
中江县学	10	咸7（2），咸8（1），咸9（1），咸10（1），同3（1），同4（1），同6（3）	20	邛州学	15	咸7（3），咸8（1），咸9（1），咸10（1），同1（1），同3（1），同4（1），同5（1）	25
遂宁县学	12	咸7（5），咸8（1），咸9（2），咸10（1），咸11（1）	22	大邑县学	8	咸7（2），同1（1），同4（1），同6（1），同8（1）	14
蓬溪县学	8	咸7（2），咸8（1），咸9（1），咸10（1），同1（1），同4（1），同5（1）	16	蒲江县学	8	咸7（2），同3（1），同6（1）	12
安岳县学	8	咸7（3），咸8（1），咸9（2），咸10（2）	16	宁远府学	8	——	8

续表

学名	原额	清季变动	清末定额	学名	原额	清季变动	清末定额
乐至县学	8	咸7（1），同6（2）	11	西昌县学	12	——	12
雅州府学	8	——	8	会理州学	10	——	10
雅安县学	12	咸7（1），同6（1）	14	盐源县学	10	——	10
名山县学	8	咸7（1），同4（1），同6（1）	11	冕宁县学	8	——	8
荣经县学	8	——	8	越巂厅学	6	光11（2）	8
芦山县学	8		8				
清溪县学	6	光16（2）	8				
天全州学	8	——	8				
合计	四川省取进武生之学凡157所，内府学12所，直隶州州学8所，散州州学11所，直隶厅厅学4所，散厅厅学6所，县学112所，商学2所，乡学2所。武生学额有定者，原为1474名；咸、同、光年间因改土归流、捐输增广554名，清末学额共2028名。						

广东省学额

学名	原额	清季变动	清末定额	学名	原额	清季变动	清末定额
广州府学	42[1]	咸4（4），同6（1）	47	韶州府学	21	——	21
南海县学	15	咸4（4），咸7（6），同5（4）	29	曲江县学	15	咸10（1），同5（1）	17
番禺县学	16[2]	咸7（10）	26	英德县学	12	咸7（1），咸10（2），同5（3）	18

[1] 含赤溪厅客籍学额1名，东莞县客籍学额2名，新安县客籍学额2名。
[2] 含客籍学额1名。

续表

学名	原额	清季变动	清末定额	学名	原额	清季变动	清末定额
东莞县学	15	咸5（2），咸7（4），咸11（4）	25	乐昌县学	8	——	8
顺德县学	15	咸4（1），咸7（9），同5（1）	26	仁化县学	8	——	8
香山县学	15	咸7（8），咸10（2）	25	乳源县学	8	——	8
新会县学	12	咸4（1），咸7（4），咸10（5），同5（3）	25	翁源县学	8	咸10（3），同5（4）	15
增城县学	12	咸7（2），咸10（1），同2（1），同5（2）	18	惠州府学	27	——	27
三水县学	12	咸10（1），同2（1），同4（2），同5（2），同6（1）	19	归善县学	16①	咸7（1），咸10（4），同5（5），同10（2）	28
新宁县学	8	咸7（1）	9	博罗县学	15	咸7（1），咸10（1），同5（3）	20
龙门县学	8	同5（1）	9	龙川县学	12	咸7（2），咸10（4），同5（3）	21
从化县学	8	咸8（1），咸10（1），同5（1）	11	河源县学	12	咸7（1），咸10（5），同5（4）	22
新安县学	8	咸7（1），同5（1）	10	连平州学	12	咸7（1），咸10（3），同5（6）	22

① 含客籍学额1名。

续表

学名	原额	清季变动	清末定额	学名	原额	清季变动	清末定额
清远县学	8	咸7（1），同4（2），同5（1）	12	和平县学	8	咸10（1），同5（2）	11
花县学	7	咸10（1），同2（1），同10（2）	11	永安县学	8	咸10（3），同5（5）	16
潮州府学	23	同7（2）	25	海丰县学	7	同5（1）	8
海阳县学	11	咸10（1），同5（7）	19	陆丰县学	8	同10（2）	10
潮阳县学	14	咸7（1），同4（1），同5（2）	18	长宁县学	8	咸10（1），同5（3）	12
揭阳县学	13	同5（1）	14	肇庆府学	28	——	28
澄海县学	15	咸7（2），同4（2），同5（2）	21	高要县学	15	咸7（1），咸10（3），同5（5）	24
饶平县学	12	同10（2）	14	新兴县学	12	咸7（1），咸10（1），同5（4）	18
大埔县学	8	咸7（1），咸10（1），同5（1）	11	高明县学	12①	同9（2）	14
惠来县学	8	——	8	阳春县学	12	咸10（1），同5（2）	15
普宁县学	9	同5（1）	10	四会县学	12	同3（2）	14
丰顺县学	8	同5（1），同7（2）	11	开平县学	8	咸7（2），同10（2）	12
高州府学	23	——	23	广宁县学	8	同5（3）	11
茂名县学	15	咸7（2），咸10（5），同5（3），同7（2）	27	德庆州学	8	同10（2）	10

---

① 含客籍学额2名。

续表

学名	原额	清季变动	清末定额	学名	原额	清季变动	清末定额
电白县学	12	咸 10（3），同 5（4），同 7（2）	21	封川县学	8	同 9（2）	10
化州学	12	咸 7（1），咸 10（5），同 5（3），同 7（2）	23	开建县学	8	——	8
吴川县学	8	咸 10（3），同 5（2）	13	恩平县学	8	同 5（1），同 10（2）	11
信宜县学	8	咸 10（1），同 5（1）	10	鹤山县学	7	咸 10（1），同 5（1），同 10（2）	11
石城县学	8	咸 10（1），同 5（1），同 7（2）	12	阳江厅学①	15	咸 7（1），咸 10（1），同 5（4）	21
雷州府学	21	——	21	廉州府学	12	光 16（-3）②	9
海康县学	12	咸 10（1）	13	合浦县学	8	咸 10（2），同 5（2），同 8（2）	14
遂溪县学	8	咸 10（1）	9	灵山县学	8	同 5（3），同 9（2），光 16（-1）③	12
徐闻县学	8	咸 10（1）	9	琼州府学	24	——	24
罗定州学	12	同 5（1），同 8（2）	15	琼山县学	15	咸 10（3），同 5（2）	20
东安县学	8	咸 10（1），同 5（1），同 8（2）	12	儋州学	12	——	12
西宁县学	8	同 5（1），同 8（2）	11	崖州学	12	同 5（1）	13

①《武场条例》以阳江厅学系于肇庆府学之下，似作散厅处理。实则同治六年已升阳江县为直隶州（领阳春、恩平、开平三县），同治九年改为直隶厅（不领县），光绪三十二年复改为直隶州（领阳春、恩平二县），均为府级政区。此处统计相应校正。参景清等:《钦定武场条例》卷15,第 560 页。周振鹤主编:《中国行政区划通史·清代卷》,第 517 页。

②拨给钦州州学 1 名,防城县学 2 名。

③拨给防城县学 1 名。

续表

学名	原额	清季变动	清末定额	学名	原额	清季变动	清末定额
连州学	9	同 10（2）	11	万州学	12	——	12
阳山县学	9①	同 9（2）	11	澄迈县学	12	咸 10（1）	13
连山厅学②	8	同 10（2）	10	临高县学	12	——	12
南雄州学	27③	同 5（10）	37	文昌县学	12	咸 10（5），同 5（4）	21
始兴县学	12	咸 10（1），同 5（4）	17	定安县学	12	咸 10（1）	13
嘉应州学	25④	咸 7（8），咸 10（2）	35	会同县学	12	咸 10（1），同 5（1）	14
兴宁县学	12	咸 7（9），咸 10（1）	22	乐会县学	12	咸 10（1）	13
长乐县学	13	咸 7（2），咸 10（1），同 5（4）	20	陵水县学	8	——	8
平远县学	8	咸 10（2），同 5（2）	12	昌化县学	8	——	8
镇平县学	9⑤	咸 10（1），同 5（1）	11	感恩县学	8	——	8
钦州学	8	同 7（2），光 16（1）⑥	11				
防城县学	4	——	4				
合计	广东省取进武生之学凡 100 所，内府学 9 所，直隶州州学 5 所，散州州学 6 所，直隶厅厅学 2 所，县学 78 所。武生学额有定者，原为 1198 名（含省内移拨学额 4 名）；咸、同年间因捐输、捐船、保城、团练增广 400 名，清末学额共 1598 名。						

---

① 含客籍学额 1 名。
② 《武场条例》以连山厅学系于连州学之下，似作散厅处理。实则嘉庆二十一年已设连山直隶厅，属府级政区。此处统计相应校正。参景清等：《钦定武场条例》卷 15，第 561 页。周振鹤主编：《中国行政区划通史·清代卷》，第 516 页。
③ 内 5 名由始兴县坐拨。
④ 内 4 名由本州及所属四县酌拨。
⑤ 含客籍学额 1 名。
⑥ 由廉州府学拨给 1 名。

广西省学额

学名	原额	清季变动	清末定额	学名	原额	清季变动	清末定额
桂林府学	20	咸 3（3）	23	平乐府学	20	——	20
临桂县学	15	咸 3（2），同 1（10）	27	平乐县学	15	同 5（1）	16
灵川县学	12	同 1（2）	14	永安州学	12	——	12
兴安县学	12	同 1（1）	13	恭城县学	12	同 1（1），同 5（1）	14
阳朔县学	12	同 1（1）	13	富川县学	15	——	15
永宁州学	12	——	12	贺县学	15	同 1（1）	16
永福县学	8	——	8	修仁县学	8	——	8
义宁县学	8	——	8	荔浦县学	8	——	8
全州学	15	同 1（5），同 5（5）	25	昭平县学	12	同 1（1）	13
灌阳县学	12	同 5（3）	15	梧州府学	17	——	17
郁林州学	15①	同 1（5），同 5（2）	22	苍梧县学	15	同 1（1）	16
博白县学	12	同 1（5），同 5（1）	18	藤县学	12	同 5（4）	16
北流县学	12	同 1（1）②，同 5（3）	16	容县学	8	同 5（4）	12
陆川县学	8	同 1（4）	12	岑溪县学	8	——	8
兴业县学	8	同 5（2）	10	怀集县学	15	同 5（6）	21
浔州府学	20	——	20	南宁府学	20	光 15（-1）③	19
桂平县学	12	同 1（1），同 5（1）	14	宣化县学	20	——	20
平南县学	8	同 5（4）	12	隆安县学	12	——	12
贵县学	12	同 5（3）	15	横州学	15	同 5（1）	16

---

① 雍正十三年拨梧州府学 3 名，归郁林州各属核计人数取进。

② 《武场条例》此处，《四库未收书辑刊》本似作 2 名，《故宫珍本丛刊》作 1 名。此从后者，以符总额 16 之数。参景清等：《钦定武场条例》，《四库未收书辑刊》第 9 辑第 9 种，第 562 页；《故宫珍本丛刊》第 338 册，第 337 页。

③ 拨给太平府学 1 名。

续表

学名	原额	清季变动	清末定额	学名	原额	清季变动	清末定额
武宣县学	8	——	8	永淳县学	12	——	12
泗城府学	12	道9（-2）①	10	新宁州学	15	——	15
西隆州学	6	——	6	镇安府学	12	光13（-2），② 光15（-2）③	8
西林县学	4	——	4	天保县学	4	同5（3）	7
凌云县学	4	——	4	奉议州学	4	——	4
太平府学	20	光15（1），④ 光18（-1）⑤	20	柳州府学	20	——	20
崇善县学	4	——	4	马平县学	12	同1（1）	13
左州学	15	——	15	雒容县学	12	——	12
养利州学	12	——	12	柳城县学	12	同5（1）	13
永康州学	15	——	15	罗城县学	8	——	8
宁明州学	15	——	15	融县学	15	同5（2）	17
太平土州学	4	——	4	怀远县学	8	——	8
庆远府学	20	——	20	来宾县学	8	——	8
宜山县学	15	同1（1）， 同5（3）	19	象州学	15	——	15
天河县学	8	同5（1）	9	百色厅学	4	——	4
河池州学	15	同1（1）， 同5（2）	18	恩隆县学	4	——	4
思恩县学	8	同5（3）	11	恩阳州学	2	——	2
东兰州学	4	同5（2）	6	归顺州学	4	同5（1）， 光15（2）⑥	7

① 拨给凌云县学2名。
② 拨给镇边县学2名。
③ 拨给归顺州学2名。
④ 由南宁府拨给1名。
⑤ 拨给上思厅学1名。
⑥ 由镇安府学拨给2名。

学名	原额	清季变动	清末定额	学名	原额	清季变动	清末定额
思恩府学	20	——	20	镇边县学	2	——	2
武缘县学	12	——	12	上思厅学	15	光18（1）①	16
宾州学	18	同5（3）	21				
上林县学	16		16				
迁江县学	8	——	8				
合计		广西省取进武生之学凡81所，内府学11所，直隶州州学2所，散州州学17所，直隶厅厅学2所，县学49所。武生学额有定者，原为939（含省内移拨学额8名）；咸、同年间因捐输、保城增广109名，清末学额共1048名。					

云南省学额

学名	原额	清季变动	清末定额	学名	原额	清季变动	清末定额
云南府学	20	——	20	曲靖府学	20	——	20
昆明县学	15	同9（3）	18	南宁县学	15	——	15
富民县学	12	——	12	沾益州学	12	——	12
宜良县学	15	——	15	马龙州学	12	——	12
罗次县学	12	——	12	陆凉州学	12	——	12
晋宁州学	15	——	15	罗平州学	12	——	12
呈贡县学	12	——	12	寻甸州学	15	——	15
安宁州学	15	——	15	平彝县学	12	——	12
禄丰县学	12	——	12	宣威州学	8	——	8
昆阳州学	15	——	15	临安府学	20	——	20
易门县学	12	——	12	建水县学	15	——	15
嵩明州学	15	——	15	石屏州学	15	——	15
澂江府学	20	——	20	阿迷州学	12	——	12
河阳县学	15	——	15	宁州学	12	——	12

① 由太平府学拨给1名。

续表

学名	原额	清季变动	清末定额	学名	原额	清季变动	清末定额
新兴州学	15	——	15	通海县学	15	——	15
路南州学	12	——	12	河西县学	15	——	15
江川县学	12	——	12	嶍峨县学	12	——	12
广西州学	20	——	20	蒙自县学	13	——	13
弥勒县学	15	——	15	元江州学	15	——	15
师宗县学	9	——	9	新平县学	8	——	8
丘北县学	3	——	3	开化府学	20	光 6（-5）①	15
广南府学	15	光 6（-4）②	11	安平厅学	4	——	4
宝宁县学	6	——	6	文山县学	6	——	6
昭通府学	12	——	12	东川府学	15	光 6（-4）③	11
镇雄州学	10	——	10	会泽县学	6	——	6
永善县学	10	——	10	巧家厅学	4	——	4
恩安县学	2	——	2	楚雄府学	20	——	20
大关厅学	2	——	2	楚雄县学	15	——	15
鲁甸厅学	2	——	2	镇南州学	15	——	15
武定州学	20	——	20	南安州学	12	——	12
禄劝县学	14	——	14	广通县学	12	——	12
元谋县学	12	——	12	定远县学	15	——	15
景东厅学	20	——	20	姚州学	20	——	20
大理府学	20	——	20	大姚县学	20	——	20
太和县学	15	——	15	白盐井学④	4	——	4
赵州学	15	——	15	永昌府学	20	——	20

---

① 拨给安平厅学 2 名、文山县学 3 名。
② 拨给宝宁县学 4 名。
③ 拨给巧家厅学 2 名、会泽县学 2 名。
④ 白盐井为提举司建制,直隶于云南盐法道,管辖区域在楚雄府姚州境内。参周振鹤主编:《中国行政区划通史·清代卷》,第 569 页。

续表

学名	原额	清季变动	清末定额	学名	原额	清季变动	清末定额
云南县学	12	——	12	保山县学	15	光 6（-2）①	13
邓川州学	15	——	15	龙陵厅学	4	——	4
浪穹县学	15	——	15	永平县学	12	——	12
宾川州学	12	——	12	腾越厅学②	15	——	15
云龙州学	12	——	12	顺宁府学	12	——	12
蒙化厅学	20	——	20	顺宁县学	8	——	8
永北厅学	22③	——	22	云州学	12	——	12
丽江府学	8	——	8	缅宁厅学	2	——	2
丽江县学	7	——	7	普洱府学	17	——	17
中甸厅学	2	——	2	宁洱县学	2	——	2
维西厅学	2	——	2	思茅厅学	2	——	2
鹤庆州学	15	——	15	他郎厅学	2	——	2
剑川州学	15	——	15	威远厅学	2	——	2
				镇沅厅学	16	——	16
合计	云南省取进武生之学凡 99 所，内府学 14 所，直隶州州学 3 所，散州州学 26 所，直隶厅厅学 4 所，散厅厅学 12 所，县学 39 所，（提举司）盐井学 1 所。武生学额有定者，原为 1207 名（含省内移拨学额 15 名）；同治九年捐输增广 3 名，清末学额共 1210 名。						

贵州省学额

学名	原额	清季变动	清末定额	学名	原额	清季变动	清末定额
贵阳府学	20	——	20	安顺府学	18	——	18
定番州学	12	——	12	镇宁州学	12	——	12
广顺州学	8	——	8	永宁州学	9	——	9

---

① 拨给龙陵厅学 2 名。

② 《武场条例》内腾越厅学另行排印，似作直隶厅处理。实则腾越虽在嘉庆二十五年升为直隶厅，道光二年已降为厅，属永昌府。此处计作散厅。参景清等：《钦定武场条例》卷 15，第 565 页。周振鹤主编：《中国行政区划通史·清代卷》，第 563、570 页。

③ 含客籍学额 2 名。

续表

学名	原额	清季变动	清末定额	学名	原额	清季变动	清末定额
贵筑县学	20	——	20	清镇县学	12	——	12
修文县学	12	——	12	安平县学	12	——	12
开州学	8	——	8	普定县学	12	——	12
龙里县学	8	——	8	郎岱厅学	10	——	10
贵定县学	12	——	12	兴义府学	12	——	12
普安厅学	10	——	10	普安县学	8	——	8
平越州学	28	——	28	安南县学	8	——	8
瓮安县学	12	——	12	贞丰州学	2	——	2
余庆县学	8	——	8	兴义县学	8	——	8
湄潭县学	12	——	12	都匀府学	16	——	16
镇远府学	20	——	20	清平县学	8	——	8
施秉县学	12	——	12	独山州学	8	——	8
镇远县学	8	——	8	麻哈州学	8	——	8
天柱县学	12	——	12	都匀县学	8	——	8
黄平州学	15	——	15	荔波县学	4	——	4
思州府学	16	——	16	八寨厅学	6	——	6
玉屏县学	8	——	8	思南府学	20	——	20
清溪县学	8	——	8	安化县学	12	同7(1)	13
石阡府学	17	——	17	印江县学	8	——	8
龙泉县学	8	——	8	婺川县学	8	——	8
铜仁府学	12	——	12	黎平府学	19	——	19
铜仁县学	8	——	8	永从县学	4	——	4
大定府学	18	——	18	锦屏乡学	8	——	8
水城厅学	5	——	5	开泰县学	12	——	12
威宁州学	20	——	20	古州厅学	2	——	2
平远州学	12	——	12	遵义府学	18	——	18
黔西州学	15	——	15	遵义县学	15	——	15
毕节县学	15	——	15	桐梓县学	8	——	8

学名	原额	清季变动	清末定额	学名	原额	清季变动	清末定额
仁怀厅学	4	——	4	绥阳县学	12	——	12
松桃厅学	4	——	4	正安州学	12	——	12
				仁怀县学	6	——	6
合计	贵州省取进武生之学凡67所,内府学12所,直隶州州学1所,散州州学13所,直隶厅厅学3所,散厅厅学4所,县学33所,乡学1所。武生学额有定者,原为752名;同治七年捐输增广1名,清末学额共753名。						

附录二　清代历科武进士人数暨鼎甲题名汇考[①]

科次	干支	西历	总数	一甲	二甲	三甲	史料来源
顺治三年	丙戌	1646	200	状元：郭士衡（山东章邱县） 榜眼：武韬（山东曹县） 探花：殷壮猷（直隶丰润县）※	27	170	《实录》九月壬戌、九月癸亥，《一统志》卷182，《旧典备征》卷4，《济南府志》卷44
顺治六年	己丑	1649	200[②]	状元：金抱一（直隶京卫） 榜眼：李圣祥（江南长洲县） 探花：茹羆（浙江山阴县）	?	?	《实录》九月己巳，《职官年表》，《旧典备征》卷4，《浙江通志》卷122、145，《江南通志》卷111，《苏州府志》卷67
顺治九年	壬辰	1652	200[③]	状元：王玉玺（浙江仁和县） 榜眼：不详 探花：不详	?	?	《实录》九月丙子，《职官年表》，《旧典备征》卷4，《浙江通志》卷171

[①] 关于清代武科进士人数、鼎甲名单及其籍贯，此前学界大多参考朱彭寿《旧典备征》及钱实甫《清代职官年表》等间接材料；对于《清实录》之记载亦未尽探求，且缺少辨析。因此不仅缺载较多，亦有差错。近年学界对此有实质推进，主要有三说：王晓勇统计为9347人，见王晓勇：《清代武科举制度之研究》，台北：花木兰文化出版社，2016年（据2013年博士学位论文修订出版），第289—303、307—311页；笔者此前统计为9634人，见李林：《"干城之选"——清代武举制度之设计、运作及其功效》，博士学位论文，香港中文大学历史系，2014年，第192—204页；王金龙统计为9514人，见王金龙：《清代武进士人数考》，《明清论丛》第16辑（2016年10月）；王金龙：《清代"武鼎甲"补考》，《清史论丛》2016年第2期。笔者修订本表之时，进士人数参核王金龙之统计；凡遇与笔者原有数据相异之处，均逐一重核原始记录，或依其改动，或仍持己见，皆出校记。鼎甲名单及其籍贯修订兼参先行研究，据以补足之处，表中以 ※ 号标示。鼎甲武进士考列其姓名及籍贯，二甲、三甲武进士尽量考清其人数。至于题名全录，留俟今后详细辑考。

[②] 此据武会试中额，并非登科史料明示之数，参表5-1及后附解析。

[③] 此据武会试中额，并非登科史料明示之数，参表5-1及后附解析。

科次	干支	西历	总数	一甲	二甲	三甲	史料来源
顺治十二年	乙未	1655	220	状元：于国柱（辽东宁远卫） 榜眼：单登龙（金吾左卫） 探花：范明道（神武左卫）①	？	？	《会试录》《实录》九月壬寅、十月己未，《苏州府志》卷67，《北游录》
顺治十五年	戊戌	1658	200	状元：刘炎（顺天大兴县） 榜眼：张国彦（神武左卫） 探花：贾从哲（龙骧卫）	46	151	《登科录》《实录》十月己卯
顺治十七年	庚子	1660	90②	状元：林本直（江南上元县）③ 榜眼：黄建中（龙骧卫） 探花：武灏（銮仪卫）	？	？	《会试录》《实录》三月己巳、四月乙巳，《旧典备征》卷4
顺治十八年	辛丑	1661	301	状元：霍维鼐（直隶京卫）※ 榜眼：不详 探花：不详	？	？	《实录》十月己巳
康熙三年	甲辰	1664	100	状元：吴三畏（顺天大兴县） 榜眼：不详 探花：不详	？	？	《实录》十月癸酉，《浙江通志》卷122

① 有关该科一甲三人之籍贯，《旧典备征》及《苏州府志》等文献一般依次载为：江南吴县、山东高密、江南上元，应为乡贯。此处依据该科会试录记载，应为著籍；第六章统计武科进士及其鼎甲之地域分布时，亦采取"属籍原则"。

② 依照武会试中额，该科应取中100名，会试录亦载此100人之名单。然再征诸《实录》，殿试后顺治皇帝以为李言（武会元）等10人（皆江南武举）"马箭、步箭俱甚不堪，著革去武举"，并将主考官议处。笔者原本亦依中额及《会试录》，计为100名；校核时参王金龙之说，改为90人。

③ 《浙江通志》作林本植，江宁人。见嵇曾筠等：《浙江通志》卷122《职官十二》，商务印书馆，1934年影印本，第2163页。此从朱彭寿：《旧典备征》，第82页。

续表

科次	干支	西历	总数	一甲	二甲	三甲	史料来源
康熙六年	丁未	1667	100	状元：秦藩信（顺天宛平县）※ 榜眼：张善继（直隶彭城卫） 探花：不详	？	？	《实录》十月丙戌，《清史稿》卷488
康熙九年	庚戌	1670	199①	状元：张英奇（山西安邑县） 榜眼：李开先（燕山右卫） 探花：张学纯（浙江钱塘县）	40	156	《登科录》，《实录》十月辛卯
康熙十二年	癸丑	1673	100	状元：郎天祚（燕山右卫） 榜眼：李世威（山东莘县） 探花：赵文璧（浙江仁和县）	27	70	《登科录》，《实录》十月甲辰
康熙十五年	丙辰	1676	149	状元：荀国樑（金吾左卫） 榜眼：何天培（燕山右卫） 探花：聂达（腾骧右卫）	30	116	小金榜，《实录》十月甲子
康熙十八年	己未	1679	101	状元：罗淇（浙江会稽县） 榜眼：王喆（江苏句容县？）※ 探花：储壎（浙江钱塘县）	27	71	《起居注》十月辛未，《实录》十月辛未，《旧典备征》卷4，《两浙輶轩录》卷9，《香山县志》卷30，《浙江通志》卷145

---

① 笔者原从《实录》载为200名，现改为《登科录》实载199名，乃接受王金龙关于二者记载优先顺位之辨析，此项原则后同。

续表

科次	干支	西历	总数	一甲	二甲	三甲	史料来源
康熙二十一年	壬戌	1682	98①	状元：王继先（陕西榆林县）※ 榜眼：徐启瑞（直隶永清卫）※ 探花：郑继宽（直隶京卫）※	27	68	《起居注》十月庚辰，《实录》十月庚辰
康熙二十四年	乙丑	1685	96	状元：徐宪武（顺天） 榜眼：陈廷玺（直隶丰润）※ 探花：李载（彭城卫）※	20	73	《起居注》十月甲午，《实录》十月甲午，《旧典备征》卷4，《贵州通志》卷18
康熙二十七年	戊辰	1688	94	状元：王应统（山东长山县） 榜眼：林云汉（顺天通州）※ 探花：吴开圻（甘肃宁夏）※	20	71	《起居注》十月丙午，《实录》十月丙午，《河南通志》卷39，《济南府志》卷44
康熙三十年	辛未	1691	100②	状元：张文焕（甘肃宁夏） 榜眼：袁铃（江苏铜山）※ 探花：韩良辅（陕西甘州）	20	77	《起居注》十月戊子，《实录》十月戊子，《旧典备征》卷4，人名权威
康熙三十三年	甲戌	1694	96	状元：曹曰玮（直隶京卫） 榜眼：丁爽（甘肃宁夏） 探花：石钧（湖南武陵）	20	73	《起居注》十月辛丑，《实录》十月辛丑，《旧典备征》卷4，《居易录》卷26，《宁夏府志》卷15，《湖南通志》卷145

---

① 笔者原从《实录》计108人，今改从《起居注》所载98人，亦采王金龙之辨析意见，此项原则后同。

② 笔者原从《实录》计200人，今改从《起居注》所载100人，符合康熙十八年定额100之制。此处亦为笔者原有统计与王金龙统计有差之最大关节。

续表

科次	干支	西历	总数	一甲	二甲	三甲	史料来源
康熙三十六年	丁丑	1697	101	状元:缴煜章(京卫) 榜眼:蒋焕(陕西长安县)① 探花:胡琨(江苏江都)※	7	91	《起居注》十月甲寅,《实录》十月甲寅,《(雍正)陕西通志》卷33,《居易录》卷29
康熙三十九年	庚辰	1700	97②	状元:马会伯(陕西宁夏后卫) 榜眼:林濬(江南江宁府) 探花:朱士植(陕西灵州)	47	47	《登科录》,《实录》十月丙寅
康熙四十二年	癸未	1703	99③	状元:曹维城(贵州贵阳府) 榜眼:刘弘善(陕西甘州) 探花:侯濚(陕西兴安州)	30	66	小金榜
康熙四十五年	丙戌	1706	94	状元:杨谦(江南仪真县) 榜眼:张国兴(顺天宛平县) 探花:王惟一(陕西宁夏卫)	14	77	《登科录》,《实录》十月辛卯
康熙四十八年	己丑	1709	101	状元:田畯(直隶献县) 榜眼:官禄(顺天大兴)※ 探花:韩光愈(江苏泰州)※	?	?	《实录》十月甲辰,《旧典备征》卷4,《甘肃通志》卷29

① 《(雍正)陕西通志》卷33记载,康熙三十二年(1693)年癸酉科取中武举有名"蒋焕"者,长安人。其姓名、身份及时间三项均能契合,应为同一人。

② 笔者原从《实录》计100人,今改从《登科录》实载97人。

③ 《实录》康熙四十二年十月己卯条,谓"赐殿试武举曹维城等一百二人武进士及第出身有差"。该科小金榜载"策试天下武举曹维城等九十九名",实载九十九人,然小金榜满文对应部分又作 uyunju nadan niyalma(九十七人),或为误译。小金榜满文落款作 juwan biyai ice nadan,同于汉文落款之十月初七,与实录十月己卯相符。此从小金榜汉文部分,以实见名单为准。

续表

科次	干支	西历	总数	一甲	二甲	三甲	史料来源
康熙五十一年	壬辰	1712	97①	状元：李现光（陕西宁夏卫） 榜眼：李惟杨（广东阳春县） 探花：杨炳（直隶内黄县）	20	74	小金榜
★康熙五十二年	癸巳	1713	96	状元：宋如栢（甘肃宁夏） 榜眼：丁士杰（顺天大兴县） 探花：赵涟（甘肃宁夏）※	12	81	《实录》十一月丙辰，《万寿盛典初集》卷33，《旧典备征》卷4，人名权威
康熙五十四年	乙未	1715	107	状元：赛都（正红旗汉军） 榜眼：孙世魁（甘肃张掖）※ 探花：许履亨（山西新绛）※	6	98	《起居注》十一月戊申，《实录》十一月戊申，《旧典备征》卷4
康熙五十七年	戊戌	1718	107②	状元：封荣九（直隶真定县） 榜眼：王时通（陕西府谷县） 探花：马召南（陕西宁夏卫）	11	93	《登科录》，《实录》十月癸亥
康熙六十年	辛丑	1721	110	状元：林德镛（广东揭阳县） 榜眼：杨大立（山东历城县） 探花：高瀚（山西朔州）	？	？	《实录》十月丙子，《旧典备征》卷4，人名权威，《揭阳县志》卷5

---

①《实录》康熙五十一年十月甲子条，记"赐殿试武举李显光等九十九人武进士及第出身有差"。小金榜书一甲一名李现光，此作李显光。又小金榜谓"策试天下武举冯云等九十七名"，对应满文亦作 uyunju nadan niyalma（九十七人）。此处以小金榜实见名单为准。
②笔者原从《实录》计110人，今改从《登科录》实载107人。

续表

科次	干支	西历	总数	一甲	二甲	三甲	史料来源
★雍正元年	癸卯	1723	136	状元:李琰(直隶献县) 榜眼:毕暎(山西大同) 探花:施景范(陕西靖边)	13	120	《起居注》十二月乙丑,《实录》十二月乙丑,《武鼎甲策》
雍正二年	甲辰	1724	137	状元:苗国琮(镶白旗汉军) 榜眼:吕杰(陕西榆林卫) 探花:茹銃(直隶晋州)	20	114	小金榜,《实录》十二月辛未
雍正五年	丁未	1727	116	状元:王元浩(山东胶州) 榜眼:谭五哥(镶黄旗汉军) 探花:马大用(江南怀宁县)	10	103	小金榜,《实录》十一月甲戌
雍正八年	庚戌	1730	118	状元:齐大勇(直隶昌黎县) 榜眼:张照(正黄旗汉军)① 探花:李发解(甘肃宁夏)	?	?	《实录》十一月己丑,《旧典备征》卷4,《武鼎甲策》
雍正十一年	癸丑	1733	101	状元:孙宗夏(陕西镇安县) 榜眼:袁秉敬(直隶宣化县) 探花:特格慎(正蓝旗蒙古)	11	87	小金榜,《实录》十一月丁亥

---

① 《雍正癸卯恩科至乾隆丁丑科武鼎甲策》作“张四儿”,清代刊本(年份不详),中国国家图书馆古籍部藏。

续表

科次	干支	西历	总数	一甲	二甲	三甲	史料来源
乾隆元年	丙辰	1736	108①	状元：马负书（镶黄旗汉军） 榜眼：韩锜（直隶天津县） 探花：李星垣（江南铜山县）	10	95	小金榜
乾隆二年	丁巳	1737	108②	状元：哈攀龙（直隶河间县） 榜眼：张凌霞（山西太谷县） 探花：冯哲（直隶丰润县）	10	95	小金榜
乾隆四年	己未	1739	111	状元：朱秋魁（浙江金华县） 榜眼：哈国龙（直隶古北口提标把总） 探花：罗英笏（福建沙县）	10	98	小金榜，《实录》十一月戊午
乾隆七年	壬戌	1742	109③	状元：贾廷诏（山西清源县） 榜眼：李世菘（湖南桃源县） 探花：白钟骧（山西太谷县）	10	96	小金榜

---

① 《实录》乾隆元年十一月乙卯条，载"赐殿试武举马负书等九十八人武进士及第出身有差"。然小金榜作"策试天下武举韩锜等一百八名"，满文部分亦载为 108 人（emu tanggū jakūn niyalma）。《实录》所记十一月乙卯，为十一月二十六日；而小金榜落款日期，汉文为十二月初一，满文亦同为十二月初一（jorgon biyai ice）。易言之，小金榜写于《实录》所记赐予出身日期之后，且《实录》乃后修文献，故此处从小金榜实见名单。

② 此从小金榜实见名单。《实录》乾隆二年闰九月丙子条，谓"策试天下中式武举一百七人于太和殿前"；同月壬午条又载赐一甲 3 名武进士及第、二甲 10 名武进士出身、三甲 15 人同武进士出身。

③ 此从小金榜实见名单。《实录》乾隆七年十月庚戌条载为 110 名，内一甲 3 名，二甲 10 名，三甲 97 名。

续表

科次	干支	西历	总数	一甲	二甲	三甲	史料来源
乾隆十年	乙丑	1745	85	状元:董孟(正黄旗汉军) 榜眼:李经世(直隶天津县) 探花:胡经纶(广东顺德县)	9	73	小金榜,《实录》十月癸亥
乾隆十三年	戊辰	1748	94	状元:张兆璠(江南泰兴县) 榜眼:温有哲(山西太谷县) 探花:孙仪汤(直隶宁晋县)	10	81	小金榜,《实录》十月丙午
乾隆十六年	辛未	1751	87	状元:张大经(山西凤台县) 榜眼:卜永泰(山东蒲台县) 探花:安廷召(直隶乐亭县)	8	76	小金榜,《实录》十月戊戌
★乾隆十七年	壬申	1752	65	状元:哈廷樑(直隶献县) 榜眼:林建鼎(福建福清县) 探花:马瑔(陕西提标兵丁)①	7	55	小金榜,《实录》十月丁未
乾隆十九年	甲戌	1754	59	状元:顾麟(顺天宛平县) 榜眼:徐渭(山东胶州) 探花:刘虎臣(直隶安平县)	5	51	小金榜,《实录》十月庚申

---

① 马瑔即乾隆二十五年庚辰科武状元马全,乃易名改籍后重考再中。事详赵尔巽等:《清史稿》卷334《马全传》,第11003页。《清史稿》载其籍贯为山西阳曲,本表马瑔、马全之籍贯均照小金榜直录,详细辨析参见正文第六章。

科次	干支	西历	总数	一甲	二甲	三甲	史料来源
乾隆二十二年	丁丑	1757	60	状元：李国梁（直隶丰润县） 榜眼：植璋（广东东莞县）① 探花：曹龙骧（镶红旗汉军）	5	52	小金榜,《实录》十月甲戌
乾隆二十五年	庚辰	1760	61	状元：马全（顺天宛平县） 榜眼：赵琮（镶黄旗汉军） 探花：孙廷璧（顺天大兴县）	5	53	小金榜,《实录》十一月辛丑
★乾隆二十六年	辛巳	1761	61②	状元：段飞龙（直隶永年县） 榜眼：李铨（河南虞城县） 探花：杨培枢（河南滑县）	5	53	小金榜
乾隆二十八年	癸未	1763	51	状元：德灏（正黄旗汉军） 榜眼：郭元凯（山西介休县） 探花：叶时茂（福建同安县）	5	43	小金榜,《实录》十一月戊午
乾隆三十一年	丙戌	1766	51	状元：白成龙（直隶河间县） 榜眼：黄宗杰（镶白旗汉军） 探花：彭先龙（湖北松滋县）	5	43	小金榜,《实录》十月辛亥

---

① 植璋：《实录》作桂璋,小金榜汉文作植璋,满文读如 Jy Jang,此从小金榜。

② 《实录》乾隆二十六年十一月乙未条,载为 60 人,内一甲 3 人,二甲 5 人,三甲 52 人。此从小金榜实见名单。

续表

科次	干支	西历	总数	一甲	二甲	三甲	史料来源
乾隆三十四年	己丑	1769	46①	状元:钱治平(顺天霸州) 榜眼:金富宁(镶蓝旗汉军) 探花:林天洛(浙江江山县)	4	39	小金榜
★乾隆三十六年	辛卯	1771	49②	状元:林天澎(浙江江山县) 榜眼:薛殿元(直隶容城县) 探花:郑敏(镶蓝旗汉军)	4	42	小金榜
乾隆三十七年	壬辰	1772	53③	状元:李威光(广东长乐县) 榜眼:左瑛(直隶清苑县) 探花:赵士魁(顺天宛平县)	4	46	小金榜
乾隆四十年	乙未	1775	48	状元:王懋赏(山东福山县) 榜眼:彭朝龙(湖北松滋县) 探花:德成(正黄旗汉军)	4	41	小金榜,《实录》十月己丑
乾隆四十三年	戊戌	1778	47④	状元:邢敦行(直隶定州) 榜眼:樊雄楚(湖北襄阳县) 探花:董金凤(江南合肥县)	4	40	小金榜

①《实录》乾隆三十四年十月癸亥条,载为 47 人,内一甲 3 人,二甲 5 人,三甲 39 人。此从小金榜实见名单。

②《实录》乾隆三十六年十月丁亥条,载为 50 人,内一甲 3 人,二甲 5 人,三甲 42 人,又林天澎作林天彪。此俱从小金榜实见名单。

③《实录》乾隆三十七年十月丙子条,载为 50 人,内一甲 3 人,二甲 4 人,三甲 43 人。此从小金榜实见名单。

④《实录》乾隆四十三年十月辛未条,载为 48 人,内一甲 3 人,二甲 4 人,三甲 41 人。此从小金榜实见名单。

续表

科次	干支	西历	总数	一甲	二甲	三甲	史料来源
★乾隆四十五年	庚子	1780	42	状元:黄瑞(浙江江山县) 榜眼:阎燮和(山西平遥县) 探花:金殿安(山东聊城县)	5	34	小金榜,《实录》十月庚申
乾隆四十六年	辛丑	1781	45	状元:刘双(顺天大兴县) 榜眼:黄国樑(福建平和县) 探花:黎大刚(广东新会县)	5	37	小金榜,《实录》十月甲申
乾隆四十九年	甲辰	1784	46①	状元:刘荣庆(江南泰州) 榜眼:李锡命(顺天东安县) 探花:卢廷璋(广东东莞县)	5	38	小金榜
乾隆五十二年	丁未	1787	36	状元:马兆瑞(山东临清州) 榜眼:侯璜(顺天武清县) 探花:麦鹰扬(广东鹤山县)	5	28	小金榜,《实录》十月甲寅
乾隆五十四年	己酉	1789	43	状元:刘国庆(江南泰州) 榜眼:马承基(顺天东安县) 探花:陈四安(正白旗汉军)	5	35	小金榜,《实录》十月壬申

① 《实录》乾隆四十九年十月丁酉条,载为45人,内一甲3人,二甲5人,三甲37人,又李锡命作李锡。此处俱从小金榜实见名单,小金榜内李锡命之对应满文亦作 Li Si Ming。

续表

科次	干支	西历	总数	一甲	二甲	三甲	史料来源
★乾隆五十五年	庚戌	1790	41	状元：玉福（正黄旗汉军） 榜眼：曾琼琲（广东长乐县） 探花：王万清（顺天大城县）	5	33	小金榜,《实录》十月丁卯
乾隆五十八年	癸丑	1793	37	状元：徐殿飏（山东掖县） 榜眼：鲍友智（安徽六安州） 探花：周自超（福建永春州）	5	29	小金榜,《实录》十月庚辰
★乾隆六十年	乙卯	1795	32	状元：邸飞虎（直隶定州） 榜眼：陈崇韬（广东博罗县） 探花：冯元（云南平彝县）	5	24	小金榜,《实录》十月丁酉
嘉庆元年	丙辰	1796	35	状元：黄仁勇（广东海阳县） 榜眼：常鸣盛（直隶新城县） 探花：高适（镶黄旗汉军）	5	27	小金榜,《实录》十月壬辰
嘉庆四年	己未	1799	57①	状元：李云龙（直隶阜城县） 榜眼：曾大观（湖北黄陂县） 探花：张万清（河南杞县）	6	48	小金榜

---

①《实录》嘉庆四年十月乙巳条,载为 64 人,内一甲 3 人,二甲 6 人,三甲 55 人。此从小金榜实见名单。

续表

科次	干支	西历	总数	一甲	二甲	三甲	史料来源
嘉庆六年	辛酉	1801	54	状元:姚大宁(广东南海县) 榜眼:满德坤(山东滕县) 探花:李廷扬(山东胶州)	6	45	小金榜
嘉庆七年	壬戌	1802	60	状元:李白玉(直隶藁城县) 榜眼:张大鹏(江西武宁县) 探花:陆凤翔(安徽蒙城县)	7	50	小金榜,《实录》十月戊午
嘉庆十年	乙丑	1805	58①	状元:张元联(直隶献县) 榜眼:白凤池(河南荥阳县) 探花:孙抡元(甘肃中卫县)	6	49	小金榜,履历单
嘉庆十三年	戊辰	1808	52	状元:徐华清(山东临淄县) 榜眼:尚永德(镶白旗汉军) 探花:王世平(顺天大城县)	6	43	小金榜,《实录》十月壬子
★嘉庆十四年	己巳	1809	57	状元:汪道诚(江西乐平县) 榜眼:积善(正蓝旗汉军) 探花:张青云(陕西富平县)	6	48	小金榜,《实录》十月丁未

①《实录》嘉庆十年十月己亥条,载为60人,内一甲3人,二甲6人,三甲51人,又张元联作张联元。此处俱从小金榜实见名单,小金榜内张元联之对应满文作 Jang Yuwan Lian,履历单亦作张元联。

续表

科次	干支	西历	总数	一甲	二甲	三甲	史料来源
嘉庆十六年	辛未	1811	49	状元：马殿甲（河南邓州） 榜眼：成必超（四川仁寿县） 探花：林方标（江苏铜山县）①	6	40	小金榜，《实录》十月乙丑
嘉庆十九年	甲戌	1814	48	状元：丁殿宁（山东益都县） 榜眼：史鹄（直隶肥乡县） 探花：杨定泰（湖北襄阳县）	5	40	小金榜，《实录》十月丁丑
嘉庆二十二年	丁丑	1817	46	状元：武凤来（陕西神木县） 榜眼：马维衍（甘肃固原县） 探花：王志元（四川华阳县）	6	37	小金榜，《实录》十月庚寅
★嘉庆二十四年	己卯	1819	41	状元：秦钟英（陕西神木县）② 榜眼：从缺 探花：从缺	5	35	小金榜，《实录》十月己酉
嘉庆二十五年	庚辰	1820	37	状元：昌伊苏（正黄旗满洲） 榜眼：李凤和（顺天大兴县） 探花：富成（镶蓝旗满洲）	4	30	小金榜，《实录》十一月壬申
★道光二年	壬午	1822	55	状元：张云亭（直隶清丰县） 榜眼：李书阿（河南南召县） 探花：程三光（直隶邯郸县）	5	47	小金榜，《实录》十月乙巳

---

① 林方标：《实录》作林芳标，此从小金榜。

② 原一甲一名徐开业、三名梅万清因传胪迟到被革，二名秦钟英拔补为一甲一名状元，二、三名从缺。详见《实录》嘉庆二十四年十月庚戌条。

续表

科次	干支	西历	总数	一甲	二甲	三甲	史料来源
道光三年	癸未	1823	54①	状元：张从龙（山西临县） 榜眼：史殿元（直隶清苑县） 探花：黄大奎（甘肃礼县）	6	45	小金榜
道光六年	丙戌	1826	31	状元：李相清（山西阳曲县） 榜眼：崔连魁（河南淮宁县） 探花：丁麟兆（直隶丰润县）	5	23	小金榜，《实录》十月戊辰
道光九年	己丑	1829	36	状元：吴钺（山东蓬莱县） 榜眼：秦定三（湖北兴国州） 探花：张斯奎（正黄旗汉军）	5	28	小金榜，《实录》十一月辛卯
道光十二年	壬辰	1832	72②	状元：李广金（山西大同府） 榜眼：张金甲（山东濮州） 探花：郝腾蛟（河南偃师县）	12	57	小金榜
道光十三年	癸巳	1833	38	状元：牛凤山（河南汜水县） 榜眼：孙和平（顺天大城县） 探花：张协忠（江西德兴县）	3	32	小金榜，《实录》十月丁巳

①《实录》道光三年十月乙卯条，载为53人，内一甲3人，二甲6人，三甲44人。此从小金榜实见名单。

②《实录》道光十二年十月壬戌条，载为73人，内一甲3人，二甲12人，三甲58人。此从小金榜实见名单。

续表

科次	干支	西历	总数	一甲	二甲	三甲	史料来源
道光十五年	乙未	1835	59	状元:波启善(正红旗满洲) 榜眼:奚应龙(陕西朝邑县) 探花:鞠殿华(山东安邱县)	8	48	小金榜,《实录》十月乙亥
★道光十六年	丙申	1836	61①	状元:王瑞(直隶安肃县) 榜眼:方台(江西上饶县) 探花:金连元(正蓝旗汉军)	8	50	小金榜
道光十八年	戊戌	1838	45	状元:郝光甲(直隶任邱县) 榜眼:佟攀梅(正蓝旗汉军) 探花:从缺	6	37	小金榜,《实录》十月戊子
道光二十年	庚子	1840	71	状元:赵云鹏(河南汝阳县) 榜眼:王万寿(四川灌县) 探花:李寿春(顺天大兴县)	13	55	小金榜,《实录》十月辛酉
道光二十一年	辛丑	1841	71	状元:德麟(镶白旗汉军) 榜眼:王振隆(山东长山县) 探花:刘宗汉(顺天宁河县)	13	55	小金榜,《实录》十月乙酉

①《实录》道光十六年十月庚午条,载为60人,内一甲3人,二甲8人,三甲49人。此从小金榜实见名单。

续表

科次	干支	西历	总数	一甲	二甲	三甲	史料来源
道光二十四年	甲辰	1844	82①	状元:张殿华(直隶枣强县) 榜眼:钱昱(直隶昌黎县) 探花:刘清江(山东巨野县)	10	69	小金榜,大金榜
道光二十五年	乙巳	1845	69	状元:吴德新(直隶东明县) 榜眼:蕙椿(正白旗汉军) 探花:赵鸿举(河南涉县)	5	61	小金榜,《实录》十月辛卯
道光二十七年	丁未	1847	64②	状元:李信(直隶晋州) 榜眼:姜国仲(四川越嶲厅) 探花:从缺	8	54	小金榜,《登科录》
道光三十年	庚戌	1850	52	状元:彭阳春(四川华阳县) 榜眼:岳汝忠(直隶静海县) 探花:从缺	6	44	小金榜,《实录》十月壬戌
★咸丰二年	壬子	1852	54	状元:田在田(山东巨野县) 榜眼:张虎臣(直隶沙河县) 探花:赵玉润(直隶永年县)	8	43	小金榜,《实录》十月壬午

① 《实录》道光二十四年十月戊戌条,载"赐中式武举一甲张殿华、钱昱、刘清江三人武进士及第,二甲王琴堂等十人武进士出身,三甲祥保等七十一人同武进士出身"。然该科大金榜及小金榜皆载为一甲3人,二甲10人,三甲69人,总凡82人,落款同署十月初五日。小金榜满文部分,亦作 abkai fejergi coohai tukiyesi Wang Kin Tang ni jergi jakūnju juwe niyalma be simnefi(策试天下武举王琴堂等八十二名),第三甲榜末亦为 ninju uyuci de Lio Da Peng(第六十九名刘大鹏)。该科大金榜以及满、汉文小金榜,皆记武进士总数共82名,三甲为69名,且各有姓名、甲第、籍贯,而《实录》仅载人数,且为后修文献,故悉从大、小金榜。该科王金龙统计为80人,此处未从。

② 《实录》道光二十七年十月辛亥条,载为68人,内一甲2人,二甲8人,三甲58人。此从小金榜及登科录实见名单。

续表

科次	干支	西历	总数	一甲	二甲	三甲	史料来源
咸丰三年	癸丑	1853	26	状元:温长湧(直隶天津县) 榜眼:王虎臣(山西河曲县) 探花:许梦魁(直隶平山县)	5	18	小金榜,《实录》十月辛卯
咸丰六年	丙辰	1856	38	状元:王世清(直隶南和县) 榜眼:韦应麒(河南永宁县) 探花:蓝家麟(直隶天津县)	5	30	小金榜,《实录》十月己丑
咸丰九年	己未	1859	29	状元:韩金甲(山东禹城县) 榜眼:杜遇春(直隶阜城县) 探花:李上嵓(四川邛州)	5	21	小金榜,《实录》十月辛丑
★咸丰十一年	辛酉	1861	25	状元:马鸿图(直隶抚宁县) 榜眼:刘英杰(直隶束鹿县) 探花:德绶(正蓝旗满洲)	3	19	小金榜,《实录》十一月己丑
★同治元年	壬戌	1862	45①	状元:史天祥(直隶邯郸县) 榜眼:徐寿春(直隶乐亭县) 探花:刘其昌(广东香山县)	8	32	小金榜,《实录》十月甲申,《登科录》
同治二年	癸亥	1863	49	状元:黄大元(直隶怀安县) 榜眼:岳金堂(直隶元城县) 探花:敦凤举(直隶获鹿县)	9	37	《实录》十月戊寅,殿试武举清单,《旧典备征》卷4

---

① 笔者原据《实录》及《登科录》,著录43名;今依王金龙所见小金榜,改为45名。

续表

科次	干支	西历	总数	一甲	二甲	三甲	史料来源
同治四年	乙丑	1865	83	状元：张蜀锦（直隶广平县） 榜眼：桂林香（湖南祁阳县） 探花：侯会同（四川南充县）	15	65	《实录》十月丙申，《登科录》
同治七年	戊辰	1868	78	状元：陈桂芬（浙江天台县） 榜眼：谢子元（四川射洪县） 探花：张光斗（四川眉州）	13	62	《实录》十月戊申，殿试武举清单，《旧典备征》卷4
同治十年	辛未	1871	92	状元：丁锦堂（福建上杭县） 榜眼：王可相（直隶元城县） 探花：佟在田（直隶天津县）	16	73	《实录》十月壬戌，殿试武举清单，《旧典备征》卷4
同治十三年	甲戌	1874	135	状元：张凤鸣（河南西平县） 榜眼：赵瑞云（河南杞县） 探花：刘云会（直隶长垣县）	17	115	《实录》十月甲戌，《旧典备征》卷4
★光绪二年	丙子	1876	108①	状元：宋鸿图（福建侯官县） 榜眼：张忠祥（河南西平县） 探花：景庆（正红旗蒙古）	18	87	小金榜，等第单

①《实录》光绪二年十月壬辰条，载为107人，内一甲3人，二甲18人，三甲86人。此从小金榜实见名单。

续表

科次	干支	西历	总数	一甲	二甲	三甲	史料来源
光绪三年	丁丑	1877	142	状元：佟在棠（直隶天津县） 榜眼：马尚德（直隶内邱县） 探花：林培基（福建侯官县）	20	119	小金榜，等第单，《实录》十月丙戌
光绪六年	庚辰	1880	122	状元：黄培松（福建泉州府） 榜眼：周增祥（广东潮阳县） 探花：景元（镶黄旗满洲）	15	104	小金榜，《实录》十月庚子
光绪九年	癸未	1883	136①	状元：杨廷弼（河南兰仪县） 榜眼：周选青（直隶天津县） 探花：刘占魁（直隶肃宁县）	19	114	小金榜
光绪十二年	丙戌	1886	119	状元：宋占魁（山东昌邑县） 榜眼：解兆鼎（江苏丹徒县） 探花：何乃斌（广东香山县）	17	99	小金榜，拟用单，《实录》十月甲子
光绪十五年	己丑	1889	136②	状元：李梦说（山东阳谷县） 榜眼：徐海波（四川资州） 探花：傅懋凯（山东福山县）	21	112	小金榜

---

① 《实录》光绪九年十月壬子条，载为135人，内一甲3人，二甲19人，三甲113人。此从小金榜实见名单。

② 《实录》光绪十五年十月丁丑条，载为140人，内一甲3人，二甲21人，三甲116人。此从小金榜实见名单。

续表

科次	干支	西历	总数	一甲	二甲	三甲	史料来源
★光绪十六年	庚寅	1890	162①	状元：张宪周（山东郓城县） 榜眼：李承恩（四川通江县） 探花：陈邦荣（直隶献县）	20	139	小金榜
光绪十八年	壬辰	1892	151②	状元：卞赓（江苏海州） 榜眼：张连同（河南宜阳县） 探花：李连仲（直隶大名县）	20	128	小金榜
光绪二十年	甲午	1894	123	状元：张鸿翥（江西鄱阳县） 榜眼：杜天麟（四川江津县） 探花：岳庆德（直隶元城县）	20	100	武进士清单,《实录》儿月己亥
光绪二十一年	乙未	1895	136	状元：武国栋（直隶天津县）③ 榜眼：张大宗（江苏海州） 探花：林宜春（福建大田县）	19	114	小金榜

---

① 《实录》光绪十六年十月辛丑条,仅载 57 人,内一甲 3 人,二甲 19 人,三甲 35 人。此从小金榜实见名单。

② 《实录》光绪十八年十月己未条,载为 155 人,内一甲 3 人,二甲 20 人,三甲 132 人。此从小金榜实见名单。该科王金龙统计为 150 人,此处未从。

③ 《实录》光绪二十一年十月壬申条,载一甲顺序依次为潘涛、武国栋、王熁燦,二甲、三甲人数缺;《实录》眉注"二甲三甲人数查补无查处"。小金榜一甲顺序为武国栋、张大宗、林宜春,小金榜内潘涛为第三甲第一名,王熁燦为第三甲第二名。此从小金榜,又《旧典备征》之记述亦与小金榜相符。

续表

科次	干支	西历	总数	一甲	二甲	三甲	史料来源
光绪二十四年	戊戌	1898	138	状元:张三甲(直隶开州) 榜眼:任联捷(江苏山阳县) 探花:苏克敦(镶白旗满洲)	20	115	小金榜
总计	清代武科总凡 109 榜(加★号者为恩科),取中武进士 9517 名;取中鼎甲进士 322 名,其中武状元 109 名,武榜眼 108 名,武探花 105 名。						

　　史料来源:核心史料为相应科次之武科小金榜(原件藏于中国第一历史档案馆)、武科大金榜(台北"中研院"史语所文物陈列馆展陈)及部分武进士登科录(台北图书馆藏缩微胶卷),详见书后参考文献。另外综合参考下列档案史料。

台北"故宫博物院"图书文献馆藏善本古籍
顺治十二年武举中式题名,编号:故殿 000639。
顺治十五年武进士登科录,编号:故殿 000630。
顺治十七年武举中式题名,编号:故殿 000626。

台北"故宫博物院"藏清代宫中奏摺及军机处档摺件
同治二年殿试中式武举人名清单一份,档案号:故机 092191。
同治十年殿试戊辰科中式武举清单,档案号:故机 110490。
光绪二十年甲午科武进士清单,档案号:故机 136477。

中国第一历史档案馆藏清代军机处录副奏摺、硃批奏摺等
呈殿试中式武举薛三纲等员履历单(嘉庆十年),档案号:04-01-12-050-1380。
呈恭拟殿试武举等第名次员名清单(同治七年),档案号:03-5002-090。
呈本年殿试武举等第单(光绪二年),档案号:03-7179-028。
呈本年殿试武举等第单(光绪三年),档案号:03-7179-024。
呈本年殿试武举拟用单(光绪十二年)档案号:03-7190-006。

武进士登科进呈录及鼎甲策(中国国家图书馆藏普通古籍)
雍正癸卯恩科至乾隆丁丑科武鼎甲策,清代刻本,年份不详。
同治元年武进士登科进呈录,同治元年刻本。
同治四年武进士登科进呈录,同治四年刻本。

清代历朝起居注及实录

《清实录》，中华书局，1986年影印本。

《清代起居注册·康熙朝》，台北：联经出版事业股份有限公司，2009年影印本。

中国第一历史档案馆整理：《康熙起居注》，中华书局，1984年。

中国第一历史档案馆编：《雍正朝起居注册》，中华书局，1993年。

其他史料

成瓘等：《济南府志》卷44《选举六》，台北：台湾学生书局，1968年影印本，第2—3页。

冯桂芬等：《苏州府志》卷67《选举九》，台北：成文出版社，1970年影印本，第1691页。

黄之隽等：《江南通志》卷111《职官志》，台北：华文书局，1967年影印本，第1807页。

嵇曾筠等：《浙江通志》卷122《职官十二》，第2163—2164、2166页；卷145《选举二十三》，第2571—2572页；卷171《人物四》，第3004页。

靖道谟等：《贵州通志》卷18《职官》，上海古籍出版社，1987年影印本，载《景印文渊阁四库全书》第571册，第510页。

刘业勤等：《揭阳县志》卷5《选举志》，上海书店出版社，2003年影印本，载《中国地方志集成·广东府县志辑》第29册，第358页。

穆彰阿等：《嘉庆重修一统志》卷182《曹州府二》，商务印书馆，1934年影印本，第23页。

钱实甫编：《清代职官年表》第4册，第2767—2880页。

阮元：《两浙輶轩录》卷9，上海古籍出版社，1995年影印本，载《续修四库全书》第1683册，第382页。

孙灏等：《河南通志》卷39《职官十》，上海古籍出版社，1987年影印本，载《景印文渊阁四库全书》第536册，第445页。

谈迁：《北游录》，中华书局，1960年，第409页。

王士禛：《居易录》卷26、29，上海古籍出版社，1987年影印本，载《景印文渊阁四库全书》第869册，第631、673页。

王原祁等：《万寿盛典初集》卷33《恩赉六》，第377页。

许容等：《甘肃通志》卷29《皇清武职官制》，台北：文海出版社，1966年影印本，第2654、2731页。

曾国荃等：《湖南通志》卷145《选举志十三》，上海古籍出版社，1995年影印本，载《续修四库全书》第664册，第592页。

张金城等：《宁夏府志》卷15《武进士》，台北：成文出版社，1968年影印本，第322页。

赵尔巽等：《清史稿》卷334《马全传》，第11003页。

朱彭寿：《旧典备征》卷4《武鼎甲考》，第81—87页。

参考文献

满文之部

未刊文献·档案之属

台北图书馆藏清代武科满汉文小金榜缩微胶卷

中国第一历史档案馆藏满文硃批奏摺、录副奏摺

中文之部

未刊文献·档案文物之属

美国加州大学洛杉矶分校东亚图书馆藏清代科举考卷

美国芝加哥大学东亚图书馆藏明代武举乡会试录缩微胶卷

上海市嘉定科举博物馆藏清代武殿试试卷

台北"故宫博物院"藏清代宫中档奏摺及军机处档摺件

台北"故宫博物院"图书文献馆藏善本古籍

台北"中研院"历史语言研究所藏内阁大库档案

台北图书馆藏清代武举登科录题名录缩微胶卷

中国第一历史档案馆藏宫中硃批奏摺

中国第一历史档案馆藏军机处汉文录副奏摺

中国国家图书馆藏清代武进士登科进呈录

传统文献·经部之属

杜预注，孔颖达疏：《春秋左传注疏》，载阮元校刻《十三经注疏》，中华书局，1980年影印本。

何休注，徐彦疏：《春秋公羊传注疏》，载阮元校刻《十三经注疏》，中华书局，1980年影印本。

何晏集解,邢昺疏:《论语注疏》,载阮元校刻《十三经注疏》,中华书局,1980 年影印本。

孔安国传,孔颖达疏:《尚书注疏》,载阮元校刻《十三经注疏》,中华书局,1980 年影印本。

李锺伦:《周礼纂训》,上海古籍出版社,1987 年影印本。

毛亨传,郑玄笺,孔颖达疏:《毛诗注疏》,载阮元校刻《十三经注疏》,中华书局,1980 年影印本。

赵岐注,孙奭疏:《孟子注疏》,载阮元校刻《十三经注疏》,中华书局,1980 年影印本。

郑玄注,贾公彦疏:《周礼注疏》,载阮元校刻《十三经注疏》,中华书局,1980 年影印本。

郑玄注,孔颖达疏:《礼记注疏》,载阮元校刻《十三经注疏》,中华书局,1980 年影印本。

朱熹:《诗集传》,中华书局,1958 年。

传统文献·史部·正史之属

班固:《汉书》,中华书局,1962 年。

陈寿:《三国志》,中华书局,1959 年。

范晔:《后汉书》,中华书局,1965 年。

房玄龄等:《晋书》,中华书局,1974 年。

李延寿:《北史》,中华书局,1974 年。

刘昫等:《旧唐书》,中华书局,1975 年。

欧阳修、宋祁:《新唐书》,中华书局,1975 年。

沈约:《宋书》,中华书局,1974 年。

司马迁:《史记》,中华书局,1959 年。

宋濂等:《元史》,中华书局,1976 年。

脱脱等:《金史》,中华书局,1975 年。

脱脱等:《宋史》,中华书局,1977 年。

魏收:《魏书》,中华书局,1974 年。

魏徵等:《隋书》,中华书局,1973 年。

薛居正等:《旧五代史》,中华书局,1976 年。

张廷玉等：《明史》，中华书局，1974 年。

赵尔巽等：《清史稿》，中华书局，1977 年。

传统文献·史部·政书典章职官汇编之属

《大清律例》，海南出版社，2000 年影印本。

《明实录》，台北："中研院"历史语言研究所，1962 年影印本。

《清代起居注册》（康熙朝），台北：联经出版事业股份有限公司，2009 年
　　影印本。

《清实录》，中华书局，1986 年影印本。

阿桂等编纂：《八旬万寿盛典》，上海古籍出版社，1987 年影印本。

陈谷嘉、邓洪波主编：《中国书院史资料》，浙江教育出版社，1998 年。

陈建华、曹淳亮主编：《广州大典》，广东出版社，2015 年影印本。

陈梦雷编：《古今图书集成·选举典》，台北：鼎文书局，1977 年影印本。

陈子龙等选辑：《明经世文编》，中华书局，1962 年影印本。

杜佑：《通典》，中华书局，1984 年影印本。

高时良、黄仁贤编：《中国近代教育史资料汇编·洋务运动时期教育》，上
　　海教育出版社，2007 年。

顾廷龙主编：《清代硃卷集成》，台北：成文出版社，1992 年影印本。

黄佐：《翰林记》，中华书局，1985 年。

嵇璜等：《清朝通典》，商务印书馆，1935 年影印本。

贾江溶主编：《贾江溶藏稀见清代科举史料汇编》，广西师范大学出版社，
　　2020 年影印本。

景清等：《钦定武场条例》，北京出版社，2000 年影印本。

景清等：《钦定武场条例》，海南出版社，2000 年影印本。

昆冈等：《钦定大清会典事例》，中华书局，1991 年影印本。

昆冈等：《钦定大清会典图》，上海古籍出版社，1997 年影印本。

来保等：《钦定大清通礼》，上海古籍出版社，1987 年影印本。

礼部辑纂：《钦定科场条例》，台北：文海出版社，1987 年影印本。

李东阳、申时行等：《大明会典》，台北：国风出版社，1963 年影印本。

李林甫等撰，陈仲夫点校：《唐六典》，中华书局，1992 年。

李心传撰，徐规点校：《建炎以来朝野杂记》，中华书局，2000 年。

刘琳等校点：《宋会要辑稿》，上海古籍出版社，2014年。

马端临：《文献通考》，商务印书馆，1935年影印本。

明亮等修：《钦定中枢政考三种》，海南出版社，2000年影印本。

秦国经主编：《清代官员履历档案全编》，华东师范大学出版社，1997年影印本。

清华大学图书馆科技史暨古文献研究所编：《清代缙绅录集成》，大象出版社，2008年影印本。

邵之棠辑：《皇朝经世文统编》，1901年宝善斋刻本。

素尔纳等：《钦定学政全书》，台北：文海出版社，1968年影印本。

谭吉璁：《历代武举考》，上海古籍出版社，1997年影印本。

铁保等：《钦定八旗通志》，台北：台湾学生书局，1968年影印本。

王溥：《唐会要》，中华书局，1955年影印本。

王炜编校：《〈清实录〉科举史料汇编》，武汉大学出版社，2009年。

王原祁等：《万寿盛典初集》，上海古籍出版社，1987年影印本。

吴荣光：《吾学录初编》，台北：台湾中华书局，1966年影印本。

杨学为总主编：《中国考试史文献集成》，高等教育出版社，2003年。

伊桑阿等：《大清会典（康熙朝）》，台北：文海出版社，1992年影印本。

允禄等：《大清会典（雍正朝）》，台北：文海出版社，1995年影印本。

允裪等：《钦定大清会典》，上海古籍出版社，1987年影印本。

允裪等：《钦定大清会典则例》，上海古籍出版社，1987年影印本。

张廷玉、嵇璜等：《清朝文献通考》，商务印书馆，1935年影印本。

张廷玉等：《续文献通考》，商务印书馆，1935年影印本。

中国第一历史档案馆、辽宁省档案馆编：《中国明朝档案总汇》，广西师范大学出版社，2001年影印本。

中国第一历史档案馆编：《雍正朝起居注册》，中华书局，1993年。

中国第一历史档案馆整理：《康熙起居注》，中华书局，1984年。

中国第一历史档案馆整理编译：《内阁藏本满文老档》，辽宁民族出版社，2009年。

朱有瓛主编：《近代中国学制史料》，华东师范大学出版社，1983年。

传统文献·史部·诏令奏议之属

郭琇:《华野疏稿》,上海古籍出版社,1987 年影印本。

哈恩忠编选:《光绪朝各省设立武备学堂档案》(上、下),《历史档案》
　　2013 年第 2-3 期。

清高宗敕选:《明臣奏议》,商务印书馆,1935 年。

宋敏求编,洪丕谟等点校:《唐大诏令集》,学林出版社,1992 年。

台北"故宫博物院"故宫文献编辑委员会编:《宫中档光绪朝奏摺》,台
　　北:台北"故宫博物院",1974 年影印本。

台北"故宫博物院"故宫文献编辑委员会编:《宫中档乾隆朝奏摺》,台
　　北:台北"故宫博物院",1982 年影印本。

台北"故宫博物院"故宫文献编辑委员会编:《宫中档雍正朝奏摺》,台
　　北:台北"故宫博物院",1978 年影印本。

陶葆廉辑,陆洪涛校:《陶勤肃公(模)奏议》,台北:文海出版社,1969 年
　　影印本。

王延熙、王树敏辑:《皇清道咸同光奏议》,台北:文海出版社,1969 年影
　　印本。

传统文献·史部·编年传记杂史笔记之属

陈康祺撰,晋石点校:《郎潜纪闻初笔》,中华书局,1984 年。

陈其元撰,杨璐点校:《庸闲斋笔记》,中华书局,1989 年。

冯玉祥:《我的生活》,中国青年出版社,2015 年。

李棠阶:《李文清公日记》,学苑出版社,2006 年影印本。

李焘:《续资治通鉴长编》,中华书局,2004 年。

李心传:《建炎以来系年要录》,中华书局,1956 年。

梁章钜:《浪迹丛谈》,上海古籍出版社,1997 年影印本。

刘向集录:《战国策》,上海古籍出版社,1978 年。

溥仪:《我的前半生》,东方出版社,1999 年。

钱泳撰,张伟校点:《履园丛话》,中华书局,1979 年。

沈德符:《万历野获编》,中华书局,1959 年。

王士祯:《居易录》,上海古籍出版社,1987 年影印本。

王栐撰,诚刚点校:《燕翼诒谋录》,中华书局,1981 年。

王钟翰点校:《清史列传》,中华书局,1987 年。

严修:《蟫香馆使黔日记》,贵州人民出版社,2019 年。

查继佐:《罪惟录》,浙江古籍出版社,1986 年。

赵翼:《檐曝杂记》,中华书局,1997 年。

朱彭寿:《旧典备征》,中华书局,1982 年。

朱熹:《五朝名臣言行录》,载朱杰人等主编《朱子全书》第 12 册,上海古籍出版社,安徽教育出版社,2002 年。

左丘明:《国语》,上海古籍出版社,1978 年。

传统文献·史部·地理志书之属

成瓘等:《济南府志》,台北:台湾学生书局,1968 年影印本。

冯桂芬等:《苏州府志》,台北:成文出版社,1970 年影印本。

贵阳市地方志编纂委员会:《贵阳通史》,贵州人民出版社,2011 年。

黄掌纶等:《长芦盐法志》,上海古籍出版社,1997 年影印本。

黄之隽等:《江南通志》,台北:华文书局,1967 年影印本。

嵇曾筠等:《浙江通志》,商务印书馆,1934 年影印本。

靖道谟等:《贵州通志》,上海古籍出版社,1987 年影印本。

刘业勤等:《揭阳县志》,上海书店出版社,2003 年影印本。

陆心源、丁宝书等:《归安县志》,台北:成文出版社,1970 年影印本。

穆彰阿等:《嘉庆重修一统志》,商务印书馆,1934 年影印本。

宁夏军事志编纂委员会编:《宁夏军事志》,宁夏人民出版社,2001 年。

阮元等:《广东通志》,上海古籍出版社,1997 年影印本。

孙承泽:《春明梦余录》,香港:龙门书店,1965 年影印本。

孙灏等:《河南通志》,上海古籍出版社,1987 年影印本。

谈迁:《北游录》,中华书局,1960 年。

魏源:《海国图志》,岳麓书社,2011 年。

许容等:《甘肃通志》,台北:文海出版社,1966 年影印本。

于敏中等:《日下旧闻考》,北京古籍出版社,1981 年影印本。

曾国荃等:《湖南通志》,上海古籍出版社,1995 年影印本。

张金城等:《宁夏府志》,台北:成文出版社,1968 年影印本。

传统文献·史部·试录试卷题名之属

武科金榜之目

道光二年武科小金榜

道光二十年武科小金榜

道光二十七年武科小金榜

道光二十四年武科大金榜

道光二十四年武科小金榜

道光二十五年武科小金榜

道光二十一年武科小金榜

道光九年武科小金榜

道光六年武科小金榜

道光三年武科小金榜

道光三十年武科小金榜

道光十八年武科小金榜

道光十二年武科小金榜

道光十六年武科小金榜

道光十三年武科小金榜

道光十五年武科小金榜

光绪二年武科小金榜

光绪二十四年武科小金榜

光绪二十一年武科小金榜

光绪九年武科小金榜

光绪六年武科小金榜

光绪三年武科小金榜

光绪十八年武科小金榜

光绪十二年武科小金榜

光绪十六年武科小金榜

光绪十五年武科小金榜

嘉庆二十二年武科小金榜

嘉庆二十四年武科小金榜

嘉庆二十五年武科小金榜

嘉庆六年武科小金榜

嘉庆七年武科小金榜

嘉庆十九年武科小金榜

嘉庆十六年武科小金榜

嘉庆十年武科小金榜

嘉庆十三年武科小金榜

嘉庆十四年武科小金榜

嘉庆四年武科小金榜

嘉庆元年武科小金榜

康熙十五年武科小金榜

康熙四十二年武科小金榜

康熙五十一年武科小金榜

乾隆二年武科小金榜

乾隆二十八年武科小金榜

乾隆二十二年武科小金榜

乾隆二十六年武科小金榜

乾隆二十五年武科小金榜

乾隆六十年武科小金榜

乾隆七年武科小金榜

乾隆三十六年武科小金榜

乾隆三十七年武科小金榜

乾隆三十四年武科小金榜

乾隆三十一年武科小金榜

乾隆十九年武科小金榜

乾隆十六年武科小金榜

乾隆十年武科小金榜

乾隆十七年武科小金榜

乾隆十三年武科小金榜

乾隆四年武科小金榜

乾隆四十九年武科小金榜

乾隆四十六年武科小金榜

乾隆四十年武科小金榜

乾隆四十三年武科小金榜

乾隆四十五年武科小金榜

乾隆五十八年武科小金榜

乾隆五十二年武科小金榜

乾隆五十四年武科小金榜

乾隆五十五年武科小金榜

乾隆元年武科小金榜

咸丰二年武科小金榜

咸丰九年武科小金榜

咸丰六年武科小金榜

咸丰三年武科小金榜

咸丰十一年武科小金榜

雍正二年武科小金榜

雍正十一年武科小金榜

雍正五年武科小金榜

武进士登科录之目

《道光二十七年武进士登科录》

《光绪二十年武进士登科录》

《嘉庆六年武进士登科录》

《康熙九年武进士登科录》

《康熙三十九年武进士登科录》

《康熙十二年武进士登科录》

《康熙四十五年武进士登科录》

《康熙五十七年武进士登科录》

《乾隆二十二年武进士登科录》

《乾隆十六年武进士登科录》

《乾隆四年武进士登科录》

《顺治十五年武进士登科录》

《同治四年武进士登科进呈录》

《同治元年武进士登科进呈录》

《咸丰六年武进士登科录》

武会试试录之目

《兵部武会试题名录册》（道光朝）

《兵部武会试中式额数册》（道光朝）

《道光二十七年丁未科武会试录》

《道光三十年庚戌科武会试录》

《光绪二十年甲午恩科武会试录》

《嘉靖十七年武举录》

《嘉靖四十四年武举会试录》

《嘉庆六年辛酉恩科武会试录》

《嘉庆七年壬戌科武会试录》

《嘉庆元年丙辰恩科武会试录》

《康熙二十七年武会试录》

《康熙二十四年武会试录》

《康熙三十三年武会试录》

《康熙四十八年武会试录》

《康熙四十二年武会试录》

《乾隆二十六年武会试录》

《乾隆十年乙丑科武会试录》

《乾隆十三年戊辰科武会试题名录》

《乾隆四年己未科武会试录》

《顺治十二年武举中式题名》

《顺治十七年中式武举题名》

《顺治十五年武举会试录》

《同治十三年甲戌科武会试录》

《同治元年壬戌科武会试录》

《咸丰十一年补行庚申恩科武会试录》

武乡试试录之目

《道光二十九年己酉科河南武乡试录》

《道光二十九年山西己酉科武乡试录》

《道光二十年庚子恩科甘肃武乡试录》

《道光十二年陕西满汉武乡试录》

《道光十四年甲午科四川武乡试录》

《道光五年乙酉科湖北武乡试录》

《道光五年乙酉科江南武闱乡试录》

《道光元年辛巳恩科广东乡试武举录》

《道光元年辛巳恩科云南武乡试题名录》

《光绪八年举行壬午科广西武乡试题名录》

《光绪八年壬午科江南武乡试题名录》

《光绪八年壬午正科江西武乡试题名录》

《光绪二年举行丙子科广西武乡试题名录》

《光绪十一年乙酉科陕西满汉武乡试题名录》

《光绪十一年乙酉正科甘肃武乡试题名录》

《嘉靖二十八年苏松武举录》

《嘉靖三十一年福建武举乡试》

《嘉庆五年庚申恩科云南武乡试录》

《康熙二十六年云南丁卯科武乡试录》

《康熙十七年浙江武举乡试题名录》

《康熙十一年壬子科云南武举乡试录》

《康熙四十一年浙江武乡试题名录》

《乾隆二十四年己卯科广西乡试武举题名录》

《乾隆二十四年己卯科贵州武乡试题名录》

《乾隆二十五年庚辰恩科云南武乡试题名录》

《乾隆二十五年湖广湖北武乡试题名录》

《乾隆二十一年丙子科广西乡试武举题名录》

《乾隆二十一年丙子科湖南武乡试题名录》

《乾隆二十一年丙子科顺天武乡试题名录》

《乾隆六年江西武举乡试题名录》

《乾隆六年辛酉科湖广湖北武乡试录》

《乾隆三年戊午科江南乡试武举题名录》

《乾隆三十九年甲午科四川武乡试题名录》

《乾隆三十六年辛卯科四川武乡试题名录》

《乾隆三十三年戊子科四川武乡试题名录》

《乾隆三十五年庚寅恩科四川武乡试题名录》

《乾隆十七年壬申恩科福建武举题名录》

《乾隆五十九年甲寅恩科湖南武乡试题名录》

《乾隆五十九年甲寅恩科陕西武乡试题名录》

《乾隆五十九年甲寅恩科云南武乡试题名录》

《乾隆五十九年甲寅恩科浙江武举乡试题名录》

《乾隆五十四年湖广湖北武乡试题名录》

《乾隆五十四年己酉恩科云南武乡试题名录》

《乾隆五十四年己酉万寿恩科广东乡试武举题名录》

《乾隆五十四年己酉万寿恩科山东武举乡试题名录》

《乾隆五十一年丙午科河南武乡试题名录》

《乾隆五十一年丙午科山西武举乡试题名录》

《同治八年贵州补行丁卯乙卯戊午三科武乡试题名录》

《同治九年庚午科四川武乡试题名录》

《同治三年甲子科带补辛酉科四川武乡试题名录》

《咸丰二年壬子科江南武乡试录》

《雍正七年江西武举乡试题名录》

《雍正十年壬子科广东乡试武举题名录》

《雍正四年丙午科河南武举乡试题名录》

《雍正四年湖广湖南武乡试题名录》

《雍正元年癸卯恩科云南武乡试录》

传统文献·子部类书之属

戴望:《管子校正》,中华书局,1954年。

冯桂芬:《校邠庐抗议》,台北:学海出版社,1967年影印本。

葛洪:《抱朴子》,中华书局,1954年。

焦赣:《焦氏易林》,上海古籍出版社,1987 年。

刘文典撰,冯逸、乔华点校:《淮南鸿烈集解》,中华书局,1989 年。

商鞅撰,严万里校:《商君书》,中华书局,1954 年。

司马穰苴:《司马法》,浙江人民出版社,1984 年。

孙武撰,曹操等注,杨丙安校理:《十一家注孙子校理》,中华书局,1999 年。

孙星衍校:《吴子》,中华书局,1954 年。

孙诒让撰,孙启治点校:《墨子间诂》,中华书局,2017 年。

王钦若等编:《册府元龟》,香港:中华书局,1960 年影印本。

王先慎:《韩非子集解》,中华书局,1954 年。

尉缭:《尉缭子》,中华书局,1985 年影印本。

许慎撰,段玉裁注:《说文解字注》,上海古籍出版社,1981 年影印本。

杨伯峻撰:《列子集释》,中华书局,1979 年。

郑观应:《盛世危言》,台北:学术出版社,1965 年影印本。

传统文献·文集全集之属

曾国藩:《曾国藩全集》,岳麓书社,2011 年。

陈廷敬:《午亭文编》,上海古籍出版社,1987 年影印本。

储大文:《存砚楼二集》,北京出版社,2000 年影印本。

韩愈著,马其昶校注,马茂元整理:《韩昌黎文集校注》,上海古籍出版社,1986 年。

纪昀:《纪文达公遗集》,上海古籍出版社,1995 年影印本。

李绂:《穆堂初稿》,上海古籍出版社,1995 年影印本。

李觏:《直讲李先生文集》,商务印书馆,1919 年影印本。

鲁九皋:《山木居士外集》,上海古籍出版社,1995 年影印本。

骆宝善、刘路生编:《袁世凯全集》,河南大学出版社,2013 年。

欧阳辅之辑:《刘忠诚公(坤一)遗集》,台北:文海出版社,1968 年影印本。

钱载:《箨石斋文集》,上海古籍出版社,1995 年影印本。

瞿鸿禨著,谌东飚校点:《瞿鸿禨集》,湖南人民出版社,2010 年。

阮元:《两浙輶轩录》,上海古籍出版社,1995 年影印本。

苏辙著,陈宏天、高秀芳点校:《苏辙集》,中华书局,1990 年。

唐才常撰,王佩良校点:《唐才常集》,岳麓书社,2011 年。

王世贞撰,魏连科点校:《弇山堂别集》,中华书局,1985 年。

元稹撰,冀勤点校:《元稹集》,中华书局,1982 年。

赵德馨主编:《张之洞全集》,武汉出版社,2008 年。

近代文献·报刊杂志之属

《点石斋画报》

《格致新报》

《申报》

《益闻录》

《政府公报》

近人汇编·电子资源之属

陈嘉上执导,周星驰主演:《武状元苏乞儿》(电影)。

加州大学洛杉矶分校东亚图书馆特藏清代科举考卷:https://digital.
　　library.ucla.edu/catalog/13zn9100zz-89112。

康文林、陈必佳、任玉雪、李中清:中国历史官员量化数据库——清代
　　(CGED-Q)缙绅录数据库,内部数据库。

台北"中研院"人名权威人物传记数据查询系统:http://archive.ihp.sinica.
　　edu.tw/ttsweb/html_name/。

近人著述·专书之属

安东强:《清代学政规制与皇权体制》,社会科学文献出版社,2017 年。

白钢主编:《中国政治制度通史》,人民出版社,1996 年。

陈东原:《中国教育史》,商务印书馆,1936 年。

陈梦家:《殷墟卜辞综述》,中华书局,1988 年。

陈文:《越南科举制度研究》,商务印书馆,2015 年。

陈寅恪:《隋唐制度渊源略论稿·唐代政治史述论稿》,生活·读书·新
　　知三联书店,2015 年,

戴伟谦:《中国武举与武术之探微》,台北:师大书苑,2006 年。

邓嗣禹:《中国考试制度史》,台北:台湾学生书局,1977年。

杜正胜:《编户齐民:传统政治社会结构之形成》,台北:联经出版事业股份有限公司,1990年。

方震华:《权力结构与文化认同——唐宋之际的文武关系(875—1063)》,社会科学文献出版社,2019年。

傅光森:《清代总督制度》,台北:花木兰文化出版社,2012年。

高明士:《隋唐贡举制度》,台北:文津出版社,1999年。

高明士:《中国中古政治的探索》,台北:五南图书出版公司,2006年。

宫崎市定著,韩昇、刘建英译:《九品官人法研究:科举前史》,中华书局,2008年。

宫崎市定著,张学锋、马云超等译:《宫崎市定亚洲史论考》,上海古籍出版社,2017年。

郭培贵:《明史选举志考论》,中华书局,2006年。

国家体委武术研究院编纂:《中国武术史》,人民体育出版社,1997年。

何炳棣:《读史阅世六十年》,广西师范大学出版社,2005年。

何炳棣著,徐泓译注:《明清社会史论》,台北:联经出版事业股份有限公司,2013年。

何忠礼:《南宋科举制度史》,人民出版社,2009年。

胡恒:《皇权不下县?——清代县辖政区与基层社会治理》,北京师范大学出版社,2015年。

黄光亮:《中国武举制度之研究》,台北:振英排版打字行,1977年。

黄华节:《关公的人格与神格》,台北:台湾商务印书馆,1967年。

江庆柏编著:《清朝进士题名录》,中华书局,2007年。

军事科学院主编:《中国军事通史》,军事科学出版社,1998年。

孔祥吉编著:《康有为变法奏章辑考》,北京图书馆出版社,2008年。

雷海宗:《中国文化与中国的兵》,香港:龙门书店,1968年。

李伯重:《火枪与账簿:早期经济全球化时代的中国与东亚世界》,生活·读书·新知三联书店,2017年。

李林:《最后的天子门生——晚清进士馆及其进士群体研究》,商务印书馆,2017年。

李世愉:《清代科举制度考辩(续)》,万卷出版公司,2012年。

李世愉:《清代科举制度考辩》,中央广播电视大学出版社,1999 年。

梁志平、张伟然:《定额制度与区域文化的发展:基于清代长江三角洲地区学额的研究》,漓江出版社,2013 年。

梁志平:《清代学额研究》,未刊书稿,2021 年。

刘海峰:《科举学导论》,华中师范大学出版社,2005 年。

刘琴丽:《唐代武官选任制度初探》,社会科学文献出版社,2006 年。

刘希伟:《清代科举冒籍研究》,华中师范大学出版社,2012 年。

刘兆璸:《清代科举》,台北:东大图书有限公司,1977 年。

刘子扬:《清代地方官制考》,故宫出版社,2014 年。

柳诒徵:《中国文化史》,中华书局,2015 年。

鲁迅:《且介亭杂文二集》,人民文学出版社,1958 年。

罗尔纲:《绿营兵志》,商务印书馆,2011 年。

吕思勉:《两晋南北朝史》,香港:太平书局,1962 年。

吕思勉:《秦汉史》,香港:太平书局,1962 年。

茅海建:《天朝的崩溃:鸦片战争再研究》,生活·读书·新知三联书店,2014 年。

茅海建:《戊戌变法史事考二集》,生活·读书·新知三联书店,2011 年。

齐如山:《中国的科名》,辽宁教育出版社,2006 年。

钱穆:《国史新论》,九州出版社,2011 年。

钱穆:《中国历代政治得失》,九州出版社,2011 年。

钱实甫编:《清代职官年表》,中华书局,1980 年。

商衍鎏:《清代科举考试述录》,生活·读书·新知三联书店,1958 年。

商衍鎏著,商志醰校注:《清代科举考试述录及有关著作》,百花文艺出版社,2004 年。

宋镇豪主编:《商代史》,中国社会科学出版社,2011 年。

童书业:《春秋史》,开明书店,1947 年。

王炳照、李国钧、阎国华总主编:《中国教育通史》,北京师范大学出版社,2013 年。

王洪军:《〈登科记考〉再补正》,广西师范大学出版社,2010 年。

王鸿鹏等:《中国历代武状元》,解放军出版社,2002 年。

王先明:《近代绅士——一个封建阶层的历史命运》,天津人民出版社,

1997 年。

王晓勇：《清代武科举制度之研究》，台北：花木兰文化出版社，2016 年。

王志明：《清代职官人事研究——基于引见官员履历档案的考证分析》，
　　上海书店出版社，2016 年。

韦庆远主编：《中国政治制度史》，中国人民大学出版社，1989 年。

魏秀梅编：《清季职官表：附人物录》，中华书局，2013 年。

吴宣德：《明代进士的地理分布》，香港：中文大学出版社，2009 年。

谢维扬：《中国早期国家》，浙江人民出版社，1995 年。

邢义田：《天下一家：皇帝、官僚与社会》，中华书局，2011 年。

徐苹芳编著：《明清北京城图》，上海古籍出版社，2012 年。

徐松撰，孟二冬补正：《〈登科记考〉补正》，北京燕山出版社，2003 年。

许友根：《〈登科记考补正〉考补》，南京大学出版社，2011 年。

许友根：《武举制度史略》，苏州大学出版社，1997 年。

许倬云：《西周史》，生活·读书·新知三联书店，1993 年。

阎步克：《察举制度变迁史稿》，辽宁大学出版社，1991 年。

杨承友：《武状元曹维城》，中央民族大学出版社，2019 年。

杨宽：《战国史》，上海人民出版社，1998 年。

杨学为总主编：《中国考试通史》，首都师范大学出版社，2004 年。

叶汉明、蒋英豪、黄永松编：《点石斋画报通检》，香港：商务印书馆，2007 年。

余英时：《士与中国文化》，上海人民出版社，2003 年。

袁俊杰：《两周射礼研究》，科学出版社，2013 年。

张光直著，张良仁、岳红彬、丁晓雷译：《商文明》，辽宁教育出版社，2002 年。

张杰：《清代科举家族》，社会科学文献出版社，2003 年。

张全海：《武状元：一个从庶民到将军的人才培养工程》，中国画报出版
　　社，2021 年。

张希清、毛佩琦、李世愉主编：《中国科举制度通史》，上海人民出版社，
　　2015 年。

张亚初、刘雨：《西周金文官制研究》，中华书局，1986 年。

张仲礼著，李荣昌译：《中国绅士：关于其在 19 世纪中国社会中作用的研
　　究》，上海社会科学院出版社，2001 年。

章伯锋编：《清代各地将军都统大臣等年表（1796—1911）》，中华书局，

　　1965 年。

赵冬梅：《武道彷徨：历史上的武举和武学》，解放军出版社，2000 年。

周兴涛：《宋代武举锥指》，云南人民出版社，2017 年。

周振鹤主编：《中国行政区划通史·清代卷》，复旦大学出版社，2017 年。

朱建新编著：《中国近代军事学校》，河南教育出版社，1992 年。

朱彭寿原著，朱鳌、宋苓珠整理：《清代大学士部院大臣总督巡抚全录》，
　　国家图书馆出版社，2010 年。

近人著述·书刊论文之属

曹循：《明代两京武学的会举》，《历史档案》2018 年第 1 期。

晁中辰、陈风路：《明代的武举制度》，《明史研究》第 3 辑（1993 年 7 月）。

晁中辰：《明代武举制度考论》，《文化学刊》2007 年第 5 期。

陈奕玲：《魏晋南北朝文武分途的基础性研究——几个概念的辨析》，《唐
　　都学刊》2012 年第 1 期。

陈志学：《唐代武举述论》，《四川大学学报》（哲学社会科学版）1988 年
　　第 4 期。

方震华：《文武纠结的困境——宋代的武举与武学》，《台大历史学报》第
　　33 期（2004 年 6 月）。

傅林祥：《清代抚民厅制度形成过程初探》，《中国历史地理论丛》2007 年
　　第 1 期。

高明士：《唐代的武举与武庙》，载《第一届唐代国际学术会议论文集》，台
　　北：唐代研究学者联谊会，1989 年。

葛天：《〈乾隆四十五年陕甘武闱题名碑〉考释》，《文博》2019 年第 3 期。

葛天：《万历四十六年陕西〈明武科题名记〉碑考释》，《中国国家博物馆
　　馆刊》2019 年第 11 期。

郭培贵：《明代武举的形成与确立》，《明史研究》第 15 辑（2017 年 4 月）。

黄谋军：《论明代京卫武学生员的出路》，《教育与考试》2015 年第 6 期。

黄谋军：《明代武学始置时间考辨》，《牡丹江大学学报》2016 年第 2 期。

黄兆宏：《从云梦秦简看秦军制》，《青海师范大学学报》（哲学社会科学
　　版）2014 年第 6 期。

蒋勤：《清代石仓阙氏的科举参与和文武之道》，《社会》2018 年第 5 期。

赖盟骐:《明代的武学与武举制度》,《高雄应用科技大学学报》第 33 期
　　（2004 年 5 月）。

兰婷、王梅:《金代武举与武学教育》,《黑龙江民族丛刊》2007 年第 5 期。

李超:《清末武举制度废除与地方督抚的关系》,《太原师范学院学报》
　　（社会科学版）2011 年第 4 期。

李建军:《明代武举制度述略》,《南开学报》1997 年第 3 期。

李林:《清代武场防弊与舞弊问题述论》,《传统中国研究集刊》第 16 辑
　　（2017 年 8 月）

李林:《清代武科乡试应试资格及考生来源》,《历史档案》2015 年第
　　3 期。

李林:《清代武科乡试中额及武举人群体结构试探》,《史林》2016 年第
　　6 期。

李林:《清代武生的管理、训练与考课》,《史学月刊》2015 年第 12 期。

李林:《清代武生学额、人数及其地域分布》,《华东师范大学学报》（教育
　　科学版）2015 年第 3 期。

李润强:《清代进士的时空分布研究》,《西北师大学报》（社会科学版）
　　2005 年第 1 期。

李世愉:《科举落第:一个被忽视的研究领域》,《探索与争鸣》2007 年第
　　3 期。

李忠林:《殷商兵制若干问题刍议》,《中国史研究》2014 年第 2 期。

廖志伟:《甲午至戊戌前议改武科探析》,《中山大学学报》（社会科学版）
　　2014 年第 5 期。

刘海峰:《台湾举人在福建乡试中的表现》,《厦门大学学报》（哲学社会
　　科学版）2013 年第 6 期。

刘琴丽:《从出土墓志看唐代的武贡举》,《中国史研究》2003 年第 3 期。

刘小龙、郭培贵:《明代武举未设殿试考》,《教育与考试》2014 年第 1 期。

刘瑛:《〈武经七书〉与宋代武学》,《北京大学中国古文献研究中心集刊》
　　第 5 辑（2005 年 5 月）。

龙炳峰:《清代武举制度之变革与废止》,《台东师院学报》第 14 期上
　　（2003 年 6 月）。

毛晓阳、金甦:《清代文进士总数考订》,《清史研究》2005 年第 4 期。

毛晓阳:《太平天国时期江西乡绅的捐输广额》,《福州师专学报》2000 年第 1 期

沈登苗:《清代全国县级进士的分布》,《社会科学论坛》2020 年第 1 期。

沈登苗:《张仲礼对太平天国前后绅士估算的表述及适用性》,《社会科学论坛》2014 年第 7 期。

盛奇秀:《唐代武举小考》,《山东大学学报》(哲学社会科学版)1988 年第 2 期。

宋镇豪:《从新出甲骨金文考述晚商射礼》,《中国历史文物》2006 年第 1 期。

孙璐:《论晚清武举改革思想的变迁》,《学术界》2013 年第 12 期。

孙亚冰:《从甲骨文看商代的世官制度——释甲骨文"工"字》,载宋镇豪主编《甲骨文与殷商史》新 4 辑,上海古籍出版社,2014 年,第 26—38 页。

王国强:《Etienne Zi 何许人也？》,载王国强《网洋撷英:数字资源与汉学研究》,江西高校出版社,2020 年,第 131—135 页。

王晖:《庠序:商周武学堂考辨——兼论周代小学大学所学内容之别》,《中国史研究》2015 年第 3 期。

王会超:《关于"科举家族"概念界定的几点思考》,《科举文化》2021 年第 1 期。

王金龙:《清代"武鼎甲"补考》,《清史论丛》2016 年第 2 辑。

王金龙:《清代回族武进士辨疑及考补》,《回族研究》2018 年第 4 期。

王金龙:《清代武进士人数考》,《明清论丛》第 16 辑(2016 年 10 月)。

王金龙:《清代武状元籍贯与地域分布》,《历史档案》2017 年第 4 期。

王金龙:《也谈清代小金榜》,《历史档案》2010 年第 3 期。

王凯旋:《清代八旗武举与八旗科举》,《辽宁师范大学学报》(社会科学版)2013 年第 6 期。

王乐庆:《荐福寺碑刻的特点与价值》,《文博》2016 年第 3 期。

王晓毅:《曹魏九品中正制的历史真相》,《文史哲》2007 年第 6 期。

王晓勇:《清代武科举废除的历史反思与借鉴》,《河北师范大学学报》(教育科学版)2013 年第 3 期。

王晓勇:《清代武科举考官防弊探析》,《教育与考试》2014 年第 2 期。

王晓勇：《清代武科举童试制度探析》，载刘海峰、胡宏伟主编《科举学的历史价值与现实意义》，华中师范大学出版社，2016年，第470—485页。

王妍：《清代旗人选任绿营提督考》，《历史档案》2016年第4期。

吴九龙、王菡：《宋代武学武举制度考述》，《文史》第36辑（1992年8月）。

许友根：《清末废武科探因（上）》，《盐城师专学报》（人文社会科学版）1997年第1期。

许友根：《清末废武科原因再探》，《盐城师专学报》（哲学社会科学版）1998年第1期。

许友根：《唐代武举及第者考述》，《湖北职业技术学院学报》2011年第1期。

许友根：《有关清代武举制度的两个问题》，《历史档案》2003年第3期。

闫兴潘：《金代武举的民族属性——民族关系影响下的制度变革》，《北方文物》2015年第2期。

杨康荪：《宋武举述略》，《中国史研究》1985年第3期。

叶鹏：《清代生员入学年龄新探——读翁心存辑生员名册两种》，"近代中国的科举制度与考试文化"学术研讨会论文，复旦大学，2021年11月。

臧知非：《汉代兵役制度演变论略》，《山东大学学报》（哲学社会科学版）1991年第1期。

张祥明：《明代武举新论》，《齐鲁学刊》2011年第3期。

郑国铭：《北宋武学初探》，《体育学报》（台湾）第21期（1996年6月）。

郑国铭：《宋代武学制度延续的过程与内容》，《东师体育》（台湾）第7期（2000年6月）。

郑国铭：《再论宋代武学》，《体育学报》（台湾）第22期（1997年1月）。

郑玉晶：《清光绪壬辰科武进士张渊澜科举档案文献考》，《自然与文化遗产研究》2019年第9期。

周兴涛、汪荣：《唐代武举考论》，《山西师大学报》（社会科学版）2009年第3期。

周兴涛：《〈武经七书〉确定及改动》，《昆明学院学报》2012年第4期。

周兴涛：《朝鲜李朝武举考略》，《东疆学刊》2009年第1期。

周兴涛:《宋代"不武"不能独罪武举、武学制度》,《孙子研究》2015 年第 4 期。

周兴涛:《宋代武举的程文考试》,《教育与考试》2011 年第 6 期。

周兴涛:《宋代武举三题》,《贵州大学学报》(社会科学版)2007 年第 5 期。

周致元:《明代武举开始时间考》,《文史》第 48 辑(1999 年 7 月)。

周致元:《明代武举研究》,《文史》第 52 辑(2000 年 10 月)。

周致元:《明代武学探微》,《安徽大学学报》(哲学社会科学版)1994 年第 3 期。

庄吉发:《清高宗乾隆时代的乡试》,载庄吉发《清史论集》第 3 辑,台北:文史哲出版社,1998 年,第 199—234 页。

近人著述·学位论文之属

陈珊:《明代武学与武举研究》,硕士学位论文,云南大学历史与档案学院,2017 年。

何晃理:《武周时代(690—704)武举制度研究》,硕士学位论文,香港大学中文学院,2009 年。

黄群昂:《明代武举乡试研究》,硕士学位论文,福建师范大学社会历史学院,2016 年。

李林:《"干城之选"——清代武举制度之设计、运作及其功效》,博士学位论文,香港中文大学历史系,2014 年。

廖志伟:《晚清武科举改制》,博士学位论文,中山大学历史学系,2015 年。

刘丹枫:《清代武进士仕途研究》,硕士学位论文,辽宁大学历史学院,2012 年。

龙炳峰:《清代武举制度之研究(1644-1901)》,硕士学位论文,台东大学教育研究所,2002 年。

佟红梅:《清代八旗蒙古武举探析》,硕士学位论文,内蒙古师范大学教育学系,2009 年。

王晓勇:《清代武科进士研究》,硕士学位论文,河北师范大学教育学院,2010 年。

王晓勇:《清代武科举研究》,博士学位论文,厦门大学教育研究院,2013 年。

谢建平:《明代武举与社会》,硕士学位论文,华中师范大学历史学院,
　　2002 年。

许继莹:《唐代武举制度初探》,硕士学位论文,西北师范大学文学院,
　　2007 年。

阴崔雪:《基于甲骨文的殷商学校教育研究》,硕士学位论文,华东师范大
　　学教育学系,2019 年。

张家宁:《清康熙武举制度之研究》,硕士学位论文,台北市立教育大学社
　　会科教育学系,2008 年。

周兴涛:《宋代武举武学研究》,博士学位论文,四川大学文学与新闻学
　　院,2009 年。

周祯伟:《清代武科举制度研究》,硕士学位论文,华东师范大学历史学
　　系,2013 年。

日文之部

楢木野宣:《清代重要職官の研究:滿漢併用の全貌》,東京:風間書房,
　　1975 年。

西嶋定生:《中国古代帝国の形成と構造:二十等爵制の研究》,東京:東
　　京大學出版会,1961 年。

松本隆晴:《明代武挙についての一考察》,載明代史研究会編《山根幸夫
　　教授退休記念明代史論叢》卷上,東京:汲古書院,1990 年,第 131-
　　147 頁。

宮崎市定:《科挙:中国の試験地獄》,東京:中央公論新社,2003 年。

李成茂著,平木實、中村葉子訳:《韓国の科挙制度:新羅・高麗・朝鮮時
　　代の科挙》,東京:日本評論社,2008 年。

林伯原:《中国武術史:先史時代から十九世紀中期まで》,東京:技藝
　　社,2015 年。

西文之部

Elman, Benjamin A. *A Cultural History of Civil Examination in Late*

Imperial China, Berkeley: University of California Press, 2000.

Elman, Benjamin A. *Civil Examinations and Meritocracy in Late Imperial China*, Cambridge, Mass.: Harvard University Press, 2013.

Elman, Benjamin A. "The Civil Examination System in Late Imperial China, 1400-1900", *Frontiers of History in China*, 2013, 8 (1): 32-50.

Gilbert, S. R. "Mengzi's Art of War: The Kangxi Emperor Reforms the Qing Military Examinations", in Nicola Di Cosmo ed., *Military Culture in Imperial China*, Cambridge, Mass.: Harvard University Press, 2009, pp. 243-256.

Han, Seunghyun. "The Punishment of Examination Riots in the Early to Mid-Qing Period", *Late Imperial China*, 2011, 32（2）: 133-165.

Ho, Ping-ti, *The Ladder of Success in Imperial China: Aspects of Social Mobility, 1368-1911,* New York: Columbia University Press, 1962.

Park, Eugene Y. *Between Dreams and Reality: the Military Examination in Late Chosŏn Korea, 1600-1894*, Cambridge, Mass.: Harvard University Asia Center, 2007.

Powell, Ralph L. *The Rise of Chinese Military Power, 1895-1912,* Princeton, N.J.: Princeton University Press, 1955.

Wilkinson, Endymion. *Chinese History: A New Manual* (Fourth Edition), Cambridge, Mass.: Harvard University Asia Center, 2015.

Zi, Etienne Siu. *Pratique des Examens Militaires en Chine*, Chang-hai: Imprimerie de la Mission Catholique a L'orphelinat de T'tou-sè-wè, 1896.

后　记

这册小书得以问世，乃由诸多人、事、物之善缘共同助成。我是作者，需要对其中的疏漏独任其责；但我深知，并非单凭自力即可致此。以下记述，既是作者的一段生活史，亦是本书的一段"生命史"。

我在硕士阶段以晚清进士馆为题撰写学位论文，属于科举之文科考试范畴。2010年硕士毕业前夕准备申请读博，初拟主题则是关于日占时期天津的城市管制问题。我以中、英文撰写研究计划，分别投递香港大学、香港中文大学及澳大利亚国立大学，结果两成一败。继续留在中大进学之后，我申请改换了研究主题，业师叶汉明先生也给了我很大的自由空间。起初我继续探索教育及考试类论题，乃至为了研究"五四"时期北京大学的学生社团，曾经整月在北大档案馆和图书馆搜阅文献。经历或长或短的摸索之后，我最终否定了起初的几个选题，或是因为自己力有不逮，或是史料文献不敷运用；更重要的是，我发现几个拟题展开时均觉支绌，作为博士论题，我还是希望使之更具拓展潜力。这些今日已能平心观之乃至足以珍视的摸索经历，当日其实伴随不少挫败和焦灼。不过，其中或许蕴含彼时尚未自觉的潜层意识：不愿过早画地自限，毕生枯守一隅而自诩专门。

其实，在对武科考试展开实质研究之前，我对此项制度知之甚少。今人对于清代武科最为直观的印象，大概来自周星驰主演的电影《武状元苏乞儿》。赴港读书初期为了尽快练熟本土方音，我将原本爱看的粤语电影反复刷了多遍，但是这部在制度史尺度上漏洞百出的喜剧作品，起初并未引发我的研究兴趣。不过，在前期的文科考试研究中，偶尔也会接触关涉武科的论述；此前在各地检阅档案，时见未经运用的武科史料；又见学界对于文科研究甚为精深，而武科则几乎湮没无闻。综合考虑之后，我最终决定再度回归到科举研究领域，以清代武科考试的制度设计及其运作为博士论文选题。明确此题之后，自己瞬间有种舒展畅快之感，此种"感觉记忆"至今仍然清晰，或是因为终于选定与前期研究有所关联而且颇有开拓空间的论题。

不过，舒畅与困顿相伴而来。定下选题方向之后，初期最大的困难是一手史料星散，未经系统整理，这也是过往武科研究难以深入的关键原因。我只能从头开始，先由《清实录》、清代历朝《会典》及其《事例》、《武场条例》《学政全书》及《清史稿》入手，梳理已刊史料之关涉武科考试者。2013年，我申请到中国文化研究所"洽蕙短期进修研究赞助金"补助，并蒙刘铮云研究员俯允接纳，前往台北"中研院"历史语言研究所做访问学员。旅台期间，除了每周去台湾大学旁听庄吉发老师教授满文，向他请教清史研究问题；其余时间多在史语所傅斯年图书馆、台北图书馆及台北"故宫博物院"图书文献馆，查阅列印清代硃批奏摺、内阁大库档案题本，以及武科金榜、登科录、乡会试录等档案史料，此行收获颇丰。随后又蒙历史系"利希慎基金"资助，再往北京中国第一历史档案馆和国家图书馆，补充蒐集硃批奏摺、录副奏摺及未刊武科题名资料，并有机会向张莉研究员请教满文录副奏摺的书写问题。史料爬梳过程艰辛而充实。在台阅档期间，为了分类和备忘，我逐日记录所得所感。某日条记："得虽一勺，索于沧海。后之读吾书者，必然草草看过，怎知当初开创之时，背后已熬过几多难眠之夜？做过多少无用之功？"于今看来，自己能在档案史料发掘拓展方面有所突破，无不受惠于上述图档机构和研究基金，以及自己做过的不少"无用之功"。

史料的整理与论文的构思，往往是"相互塑造"的过程。基于这些构思历程和史料积累，自觉可以动笔写作。随后，我申获研究生院"卓越研究全球计划"资助，再往澳大利亚国立大学亚太学院作短期访问研究，承蒙娜仁高娃（Narangoa Li）教授接待和指导。在这个被叶老师戏称适合"书呆子"的南溟小城堪培拉，我除了参加少数的学术活动及短期课程，主要就是集中精力撰写毕业论文。澳洲国大东亚图书馆藏书可观，中国研究基本典籍大致具备，普通线装古籍更可开架阅览，兼有澳大利亚国家图书馆同城。居此四月，论文进展颇为顺利，原稿半数篇章在此完成，回港后继续撰写修订，最终如期毕业。

攻读博士学位期间，通过修读课程或是担任助教，邓聪教授、科大卫教授、邱澎生教授、梁元生教授、萧锦华博士、郑会欣教授、金由美教授、合田美穗博士、堀江明子先生在专业知识和语文训练方面,给了我很多有益的教诲。业师叶汉明教授、辅修领域导师黎明钊教授,以及答辩委员李世愉研究员、卜永坚教授,对于论文写作和修订,提出了诸多指导意见。李世愉老师为此专程赴港参加答辩,这些年里又时常鼓励提携;卜永坚老师的博洽风趣,让我在毕业之后仍然时常“遥想风神”。毕业临行前叶老师的叮嘱,至今难忘。当时叶老师已届退休,并将卸下行政事务,以便更加专注于自己的研究。叶老师说,香港的博士生培养接近英国体制,常规学制较短,学术训练有其局限;人文社科的学习研究,大家总是需要相当时间不断积累,才能见到成效。叶老师早年在加州大学洛杉矶分校修得博士学位,她的判断是来自多年学习、教研和管理经验的直观体察,也是以此勉励和告诫我获得学位之后,还需持续精勤。毕业至今,服膺此言,未敢废学。

香港是我人生旅程中至为重要的港湾。衷心感谢居港问学六年之中,悉心帮助我的诸位友朋:陈霭玲兄妹、吴芬兰阖家、陈荣彬善长、梁小英女士、赖右明阖家、关小云女士、范宝仪小姐、吴省良伉俪、高佳莲(Carolyn Gomersall)阖家。负笈零丁,如果没有他们的帮助和照顾,我很难顺利完成学业。他们中的部分人士,当日与我或仅初识未久,甚或素昧平生,仅凭友人转介,即给予无私援助和悉心关照。往事历历,高谊常铭。

过去十余年间,我的硕士、博士论文的撰写和修订,很多时候是以“复调”的方式交替进行。硕士论文增订本以《最后的天子门生——晚清进士馆及其进士群体研究》为题,2017年由商务印书馆刊行。2018年,这份基于博士论文的修订稿承蒙中华书局推荐,亦获国家社科基金后期项目资助,并得到五名外审专家详实中肯的评审意见,我据此再次展开全面修订。修订成书比预期困难很多,有时甚至觉得难于当初拟撰其雏形,因此又用了将近四年时间。其间,我数次重访一史馆及国家图书馆,对关键史料查缺补漏。修订过程之中,下列师友惠我甚多,谨申谢悃。

李中清-康文林团队惠允使用他们尚未完全开放的清代缙绅录数据库,根据我的研究需要全面检索和提供其中关于武科人物的条目;康文林（Cameron Campbell）教授和陈必佳博士还就数据结构和使用方法答疑指导。王金龙研究员与我互相分享各自搜集整理的部分清代武科资料，并对书中涉及的武进士人数问题多有指点。蒋勤博士分享了他积累多年的清代官员履历档案数据库中涉及武科人物的资料，他近年关于石仓文书的研究也涉及清代文武科举，因此常有讨论教示。胡恒博士依据书中需要，为我重新绘制了清代紫禁城地图，并随时答疑解惑。廖志伟博士惠示其研究晚清武科改制的学位论文，交流讨论，启发甚多。梁志平博士拨冗批阅修订初稿，往复论议；又出其未刊书稿《清代学额研究》，以为参考。徐征伟先生提供嘉定科举博物馆藏武科殿试考卷，贾江溶博士惠允使用他珍藏的武科文物图版。沈登苗先生、吴宣德教授以其新近研究，就清代文科进士、贡士人数及其分布问题给予教示。裘陈江博士、马天运先生知我近年致力于此，皆曾提示所见武科资料线索。书中所引少数满文及法文资料，释读过程中分别得到梁永教授及任轶博士指教。许友根教授、杜成宪教授、汪维真教授、梁晨教授、张一弛博士、杨齐福教授、戴海斌教授、郭书愚教授，先后曾以不同方式赐下教益。这些帮助和教益，让我有机会在结项出版之前，能够尽量订补疏漏。

　　清代以制度化的考试选拔人才，规制严密而详备。其中主要有三套制度并行，即文科举、武科举及翻译科举。三套制度在当日的影响作用递减，今日的研究难度则递增。我自己研习清代教育与考试，窃存一"三部曲"之规划：先自"文系"入手，次及"武系"，再及八旗系统之教育与考试。对于武科研究，实际亦有"三部曲"之想望。分而言之，拟先考述清代武科制度之设计与运作，亦即本书《清代武科考试研究》所致力者；次则整合档案史料，试作《清代武进士题名辑考》；而后立足前两步，撰写《清代武进士群体研究》。如若"小三部"告成，则清代武科之切实研究，庶几可期小成；又若"大三部"亦得展开，循此并可更进一层，将清代文科、武科、翻译科稍作综合研究，考论清代考试抡才体系之全貌；甚或再进一步，将科举研究拓展至东亚范围，比较研究朝鲜李朝及越南后黎朝自中国移植的考试制度。这对促进前近代东亚政治与文化交流研究，亦有裨益。由文科转入武科，若要继续切入八旗系统的教育与考试，不仅将会涉及新的"论域"，自己还须精进满文学习，乃至需要补习其他语文。毕业以后，常觉需要以有限的心力，耗散于无尽的事务；加之不得不去兼顾"致期视成"的量化考核,未来能否循此展开研究,实在未可易言,不过"立此存照"而已。

这册远未完备的小书,同样让我倾注了许多心血,从2011年开始拟题,不觉已历十年。若从2009年开始写作硕士论文起算,韶华倏忽已过十二年。这十二年间,我在研习上的多数精力,都放在了"天子门生"及"武科考试"这两本小册,及其分别关联的硕士、博士学位之上。自己也从二十出头的懵懂青年,晋级为两个孩子的"中年父亲",且行且思,有苦有乐。寒士业史,除了自身的坚守,尤其需要家人的理解和师友的扶持。感恩过往三十余年间,不断提携鼓励我的家人和师友,让我有机会循着学校与考试之途曲折前行,安身立命。过后方知,那些曾被黄卷青灯定格的时光碎片,都会慢慢沉淀到记忆底层,不断形塑一个人的身份认同和价值取向,乃至催化韦伯所谓局外人嗤之以鼻的奇特的"陶醉感"。孟子所论"三乐",于今得庆其一,勉其二而待其三,殊为欣幸。长路漫漫,惟愿一切安好。

李　林

壬寅孟春记于疫中斗室